阅读社会学

基于全民阅读的研究

黄晓新 等◎著

Reading Sociology

Study Based On National Reading

人 民 出 版 社

序

阅读是个大学问

柳斌杰[*]

当《阅读社会学——基于全民阅读的研究》书稿摆在我面前的时候，我首先是惊喜，然后是心动。凭着多年"推动全民阅读、建设书香中国"工作的激情和敏感，我为有人从社会学等学术角度研究、总结全民阅读而惊喜，因为读书在古今中外都是大学问。我也为本书内容精到而心动，因为读书本来就是人类精神发育的大事，是任何个体生命和不同群落社会化的必经过程。从社会学角度考察全民阅读是一个理论研究的创新。因此，作为一辈子与书相依为命的人，我有话要说，欣然允诺作序，即使是"砖"，也想把书中的"玉"引给读者。

（一）

书籍是人类知识的总汇，是文明进步的阶梯。读书是人们学习知识、接受教育、发展智力、提高能力、孕育精神、获得教养的最根本途径。对人类来说，

---

[*] 作者为中国出版协会理事长、清华大学新闻与传播学院院长、第十二届全国人大教科文卫委员会主任委员、原新闻出版总署署长，本文原载于2018年10月2日的《人民日报》。

读书学习过程就是精神发育和代际智慧传递、升华、再创造的过程。这是人类世代生存的基本经验，也是地球上所有文明国家、优秀民族、进步人士的共识。古今中外的圣哲先贤留下了不少关于读书的格言和动人的读书故事，代代传而诵之，人人知而行之，激励着人们在知识的海洋里劈浪前行。

中国是世界文明古国之一，3000多年前就创造了文字，随后就有了文字刻写在各种载体上的"书"。从此，中华民族就有了崇文尚读的优良传统。先秦时期就有了经典图书，《尚书·说命》说"念终始典于学"，"典"可直接训作"经典"义，"典于学"即是"学于典"，古人强调的是念始念终不忘学习经典。中国古代四大发明中有两项——造纸术和印刷术就是关于大规模出书的，说明中国古代阅读对书籍生产的热切需求，由此也造就了中华民族素有的优良读书传统。"耕读传家久，诗书济世长""读万卷书，行万里路"的古训，家喻户晓；韦编三绝、孟母三迁、萤窗雪案、凿壁偷光、刺股悬梁的读书典故，人人皆知。自古以来，中国人始终如一地倡导读书风尚，引导读书方向，培养读书志向，形成"唯有读书好"的文化追求，渗透到了社会、家庭、个人的血脉里，融入了儿童启蒙、少年成长、青年培育和社会教育的各个环节。就历史和现实而言，从封建社会科举制度——"十年寒窗、金榜题名"，到今天的高考制度——"以分划线、择优录取"，考的都是十几年读书的功夫和阅读理解的能力。

人类社会经历农业经济、工业经济，已进入知识经济时代。相比土地与机器，知识与文化已成为社会发展与国家竞争的核心资源。国家崛起的过程，就是这个国家由相对落后状态转为繁荣富强的发展历程，体现为综合国力的显著提高与占位靠前。一个国家的综合国力主要包括经济实力、军事实力和软实力三大部分，软实力不仅是前两者的重要支撑，而且也是国家治理之魂和国家组织行动的整合能力。在现代世界上，一个国家要强大起来，不只是要靠经济实力、军事实力，也就是GDP和航空母舰，而且要靠公民素质、文化价值、基本制度和舆论影响力等构成的软实力。软实力竞争是当今世界最显著的特点。

而阅读正是提升一个国家软实力的基本手段和重要途径。如果没有丰富多彩的阅读生活，没有基于读书或教育的科学知识传播与先进理论的武装，要想建设一个讲文明、有文化、重知识、能创新的社会几乎是不可想象的。几千年实践证明，阅读（特别是读书）能丰富人的精神世界，能改变人的命运；阅读能改变一个民族的思维能力，提升各个民族文明进步的程度；阅读能丰富一个社会的精神生活，提升社会的创造活力；阅读能使国家包容开放，懂得如何建设全体人民的幸福家园，懂得维护人类生活的世界永远和平。

正因为阅读如此重要，早在1972年，联合国教科文组织向全世界发出"走向阅读社会"的号召，认为人人读书应该是人们日常生活中不可或缺的部分，建议各国政府要把推进国民读书纳入政府议程。1995年，作为国际阅读内容的重要组织者、生产者与传播者，国际出版商协会提出设立"世界图书日"的建议。后来经联合国有关机构协调，把莎士比亚纪念日——每年4月23日确定为"世界图书日"，宣传推广读书活动。

"世界图书日"得到各国的响应，产生了很好的效果。我国也积极参与。2006年，中宣部、国家新闻出版总署等11个部委联合倡议开展全民阅读活动，迅速受到社会各界和人民群众的欢迎。十多年来，各级政府在推动全民阅读工作上做了很多努力：推出书香社会建设的多项出版工程，为全民阅读提供优质出版物；投资建设农家书屋与职工书屋，把11亿册图书送到农民家门口；设立全民阅读节、全民阅读日、阅读周、阅读季，开展丰富的阅读活动；不少城市和单位设立国家阅读基金，建立推动全民阅读的制度，开拓各种社会阅读场所。2016年国家新闻出版广电总局发布了《全民阅读"十三五"时期发展规划》，2017年开始实施的《公共文化服务保障法》、全国人大常委会通过的《公共图书馆法》，都把全民阅读定为政府的重要职责，依法保障。这些举措为推进全民阅读提供了政策支持和法律保障，是对全民阅读持续稳定推进的重要法律支持，对构建现代公共文化服务体系具有重要意义。全民阅读被首次纳入国家法律体系，说明了国家促进全民阅读常态化的决心，是全民阅读工作地位的提升。

（二）

黄晓新等同志的《阅读社会学——基于全民阅读的研究》一书，主要是从社会学的视角去研究全民阅读，研究者综合运用传播学、社会学、政治学、经济学、管理学、历史学、心理学、教育学、图书馆学等学科理论，对全民阅读实践进行了一般规律总结与理论系统架构，这是有益的理论探索和尝试，其价值与意义是不言而喻的。

全民阅读是一种社会活动，需要全社会大众参与，自然它就符合社会学理论研究的特点与规律。《阅读社会学——基于全民阅读的研究》从阅读的社会效能、阅读的社会过程、阅读的社会互动、阅读的社会心理、阅读的社会结构、阅读的社会产业、阅读的社会组织、阅读的社会保障、阅读的社会控制、阅读的社会调查等十个方面对阅读社会现象进行了科学的实践分析，系统构建了理论框架，是我国全民阅读领域绽放的一枝理论之花。

纵观全书，主要有四个特点。

其一，以社会历史的宏大视野，首次超越个体阅读的具象研究，开辟社会化研究阅读现象的视角。之前无论是从心理学、教育学、语言学和图书馆学为依托的读者研究、文学艺术的审美接受理论研究，还是传播学的受众研究，都是从阅读者个体认知体验的角度去展开论述，尽管取得了一些理论成果，发挥了一定的指导作用，但在如何解决调动全社会系统资源去推进、引导规范全民阅读方面，这些理论都显得力不从心。《阅读社会学——基于全民阅读的研究》把阅读作为一个社会化的活动，挣脱了个体研究"只见树木不见森林"的窄狭窠臼，从社会效能、社会过程、社会心理、社会互动、社会产业、社会组织、社会保障、社会控制、社会调查监测评估等宏大层面进行结构化的研究，是阅读研究的新突破，真正触及全民阅读实践的核心与根本。

其二，从"以人为本"角度切入，深化阅读理论创新，提出了很多有价值的社会课题。在社会学这一理论视角下研究全民阅读，本身就是一个创新。阅读的社会心理等多个章节布局也是一种大胆创新。当然，我认为该书一个很有意义的创新是对"阅读产业"这一概念的提炼。在传统媒体与新兴媒体融合发展的大背景下，在新媒体技术对传统媒体生存发展的冲击下，作者从消费者的视角出发来研究知识生产、文化传播和大众阅读，可以避免新旧媒体谁主谁次、纸质内容与数字内容谁优谁劣、传统受众与新媒体用户谁盛谁衰的无谓纷争，冲破技术、人才、管理、机构、政策、资金、国家、历史等方面的羁绊，用人的视觉感官"阅读"统摄整个内容生产者、管理者、传播者与消费者。"阅读产业"作为一种共建共享的产业形态，就具有了超越时空的现实意义与神形兼备的文化价值和产业价值。它正是从"以人为本"的角度，极大地开阔了传统新闻出版产业的认识视野，延伸出版产品使用的产业链。

其三，坚持从"问题导向"出发，形成了比较严密科学的大众阅读社会学研究的逻辑体系和总体框架。作为一项学术研究，必须要有明确的研究对象、深入的历史考察、系统的理论认识与科学的研究方法。《阅读社会学——基于全民阅读的研究》紧紧围绕阅读这一普遍社会现象，综合运用社会学、历史学、心理学、传播学理论进行研究，梳理了国内外阅读社会学研究的现状与理论脉络，按照社会学的基础理论，根据全民阅读的社会实践，形成阅读社会学十个方面的基本理论架构，逻辑严密，结构合理，使用方法得当，论述系统周全。从理论架构的科学性与系统性看，可以称得上阅读社会学领域的开山之作。俄国的阅读心理学家鲁巴金最早提出对阅读这一现象进行社会学研究，芝加哥大学韦普尔斯·道格拉斯通过一系列实验与调查，阐明了社会集团与阅读之间的关系，并推出了《人们读什么》和《给人们读什么》等一系列社会阅读研究成果，为阅读社会学找到了社会学、传播学等学科理论的芝加哥学派理论归属。这本书代表了中国阅读社会学研究的新成果。

其四，从"知行合一"的实践认识论视域，对全民阅读经验进行理论总结，能对全民阅读活动发挥重要的实践指导作用。《阅读社会学——基于全民阅读的研究》对全民阅读实践进行了前所未有的深度机理分析与高度理论总结，厘清了全民阅读的渊源、本质、规律、特点与运行机理，它正是从"知行合一"的角度深入探究，不失时机地为我们递上了一把理论抓手，使全民阅读实践者能够用来评估自己的成效、调整自己的步调、研判自己的未来，真正实现全民阅读、建设书香社会的总体目标，促进中华文化血脉永续，中国出版发展繁荣，国民素质不断提高，进而实现文化创意喷流争艳，全民创新日渐成风。

（三）

我是一个忠实的读者，很早就养成了读书的习惯。原因是母亲临终前叮嘱的一席话，让我受用了一辈子。她说："我没有任何财产留给你，但一句话要你记住：读书是正道，知识是你的，水冲不走、火烧不了，能帮你。"从此，再穷也要借书读，再苦也要去上学。上学时正值接二连三的政治运动，图书馆很多书不让借，每个假期我都自愿去整理校图书馆，钻在里面看书。在"文革"那种图书贫乏的时代，我就只能读马列和毛主席的书。为了读懂马列，我想买一本英文词典，在城市书店都买不上。当时托了好多同事去买，最后在唐山一个县里面的书店才找到。"文革"后我考研究生靠的就是这本词典。1978 年我到北京上研究生，在大学校园那时候买本好书还要早上 4 点钟去排队，特别是开始引进和翻译进来的外国学术名著很抢手。那时导师要求我每年至少读书 200 种以上，我都照办并做笔记、卡片，报给老师检查。久而成习，从那时起到现在一年至少也要读 200 本书。从读书、写书、管书、教书中我感受很深，是书改变了我的命运，是书让我认识了世界，让我生活得充实而丰富。读书确实是天下第一等好事。

正因为有这个情结，我也希望更多的人在读书中改变自己的命运和困境，所以是一个热心而负责的全民阅读发动者、组织者与推动者。不论是在担任国家新闻出版总署署长还是全国人大教科文卫委员会主任委员期间，我都不遗余力地出政策、出法律、想办法为基层人民解决读书难问题，推动全民阅读活动深入发展，愿意为国民阅读做点事情。欣喜地看到，经过 10 年来的努力，60 多万个乡村有了书屋，11 亿册图书送到农民家门口，全民阅读活动广泛开展，全民阅读已深入城乡人心，并化为社会与个人的自觉行动，书香中国大有希望。

多年来，我们在促进全民阅读实践方面可谓是形式多样、成绩斐然。在促进阅读基础工作方面，我们已走在世界的前列，不论是出版机构与出版物数量、品种，还是多功能阅读空间和参与阅读人数，抑或是国家阅读政策与资金保障，都达到了历史空前高点，近年来国民阅读指数的不断提升就是力证。然而，全民阅读尚需重要理论来概括、归纳，来加以指导，在系统科学理论体系的指引下，通过富于前瞻性而又切合实际的总结并上升为系统的理论，促进全民阅读真正成为社会大众的自主自觉行为。《阅读社会学——基于全民阅读的研究》，就是这方面的先行者，我希望更多的人举起读书的火把，照亮每一个人前行的路，让读书成为每个家庭、每个人的生活方式和走向文明的动力。

一个人阅读能力的大小，直接影响到他的个人成长和他对社会的贡献。一个国家国民阅读率的高低，国民阅读力的大小，直接关系到国家软实力和综合国力的强弱，影响到全社会的总体文明程度和创造能力。当下中国，全民阅读由最初的倡议发展为一项国策，并有了法律保障。这实在是民族之运、人民之幸、文明之本。

当前，传统媒体与新兴媒体已进入深度融合，融合发展日益常态化，全民阅读经过十多年的培育和发展也逐渐常态化。常态化是基础认同的稳定要素，也是一种惯性力量，任何行业要突破惯性力量进一步发展，都是极其艰难的，都需要改革性勇气和创新性推力。全民阅读也是这样，要在高水平上突破，就比任何时候更需要科学理论的指导。只有理论的前瞻性、预测性与权威性，才能真正动员和调动全社会力量，形成群众性的社会实践活动。衡量全民阅读社会实践的标尺，就是智力健全的公民人人自觉投身阅读之中，并把阅读当成自己生活、工作乃至生命的一部分。让一代一代读书人通过读书的阶梯，勇攀人类文明进步的高峰。

是为序。

2018 年 8 月 1 日于北京

目　录

Contents

前　言

走进新时代　开启新阅读＊

黄晓新

我国作为世界历史上唯一没有断流的文明古国，先民很早就崇尚阅读，流传着"千百年旧家无非积德，第一等好事还是读书"等格言，传统士大夫也把"公卿白屋""渔樵耕读"视为理想生活。进入中国特色社会主义新时代，人们探索求知、修身养性、休闲消遣、社交娱乐更是与阅读密不可分，公众对阅读的要求越来越高，希望有更平等的阅读权益，期待更多的优质出版物可供选择，向往更多更好的阅读交流场所，期待更愉悦的阅读互动交流体验……这正是习近平总书记在党的十九大报告中强调的"人民日益增长的美好生活需要"的重要内容。因此，要"大力推动全民阅读"，开启阅读新篇章。

一、提高国民整体阅读力。这是全民阅读的前提和基础。阅读力应包括全社会的识字人口量，一定人口（时段）的阅读时长、阅读量、阅读率和阅读的深度、广度等。目前我国国民整体阅读力不平衡不充分。据 2010 年最新的全国人口普查统计，我国还有 5465 万左右的文盲和半文盲，特别是在中西部的贫困人口中。扶贫要医愚、立志，要持续深入开展扫除文盲和半文盲工作。在民族地区要加强"双语教育"（汉语和本民族语言教育），使更多的人能用国家通用的语言阅读。阅读习惯的养成要从娃娃抓起，尤其是在电影电视、手机游戏等

＊本文原为《新阅读》杂志改刊2018年第1期卷首语。

满天飞的当下，培养孩子的阅读习惯使之终身受益。国外研究表明，婴幼儿0—9个月是阅读教育的"起跑线"、黄金期，要进行初始的阅读教育，以保证阅读习惯的代际传承和后劲。要在基础教育（K12）的课内课外加重阅读的分量，开阔学生的认识视野，提高他们的分析综合能力和思考能力，加大阅读在素质教育、人格教育中的重要作用。加强外语教育和通过各种文本的互译互通打通阅读的语言障碍，拓展国民阅读的广度。

二、满足社会多样化阅读需求。在社会意识多元化、信息知识"爆炸"的当下，需要我们观照读者需求的多样化、个性化、差异化、优质化，使读者在最短的时间里选到最需要的读物，取得最满意的阅读效果。以读者为中心的社交互动式阅读和以书籍为中心的传统阅读并行不悖，要加快传统媒体和新兴媒体的融合和发展，线上线下一同发力，更精准、更精细地满足阅读的个性化需求，培养、延展、扩大读者的阅读情趣，唤醒读者潜在的阅读愿望和需求。推广分级、分众阅读也是满足阅读差异化的良好形式。

三、保障社会阅读条件。维护和保障每个国民平等、有效地获取、使用阅读资源，开展阅读活动，是政府、社会不可推卸的责任。要切实贯彻执行2017年我国先后颁布、实施的《公共文化服务保障法》《公共图书馆法》。在提高社会生产力的同时，保障劳动者更多闲暇阅读时间；保障供给社会丰富多彩、优质高品位的读物；保障社会的阅读场所，优先优惠设立更多的书店、图书馆、农家书屋、企业书屋、社区书屋，还有家庭图书馆等，要使传统书店、图书馆、书屋等的单一功能不断转型升级，使之成为公众人人向往的多功能的"会客厅"和有品位有格调开展各类文化活动的社交会聚场所；保障各种阅读介质提供，除传统书报刊外，还要提供诸如手机、平板电脑等各种智能终端、移动网络的阅读选择，为读者随时随地阅读提供各种可能；保障特殊困难群体如残障人士、老人和农村留守儿童等的阅读需要，充分开展阅读救济。

四、促进社会阅读趋势。要建立学习型社会，离不开政府和社会的推动与促进。要加强全民阅读的全国和地方性立法和执法，健全各级政府部门的全民阅读协调推进议事机构，倡导成立各类社会阅读组织特别是全国性的全民阅读协会和学会，加强社会阅读的调研、评估和考核机制，设立全国和地方性阅读日（月、季），鼓励各类书业机构开展阅读推广活动，交流阅读推广活动经验，聘请社会贤达和知名人士担当阅读大使，开展各种范围和层次的书展、作者签售、阅读演讲、阅读竞赛、阅读辅导，举办重大节庆的线上线下推销，开办广播电视阅读节目，开展群体性朗读诵读等多种活动，推广、促进社会阅读。

五、提升国民阅读品质。社会主义核心价值观是全体国民社会意识和社会价值的最大公约数。书报刊和融媒体、智媒体作为知识信息传播的有效载体，应通过各种推荐书目、图书评论、活动、会议、广告、影视、专家演讲、大 V 粉丝群、微博、微信朋友圈、抖音、快手等把社会阅读兴趣、倾向、品位引导到社会主义核心价值观的方向和维度，不断提高国民的阅读素养。政府部门要加强监管，确保各类读物的品质。文化、教育、科技和新闻出版工作者要守底线、知敬畏、明羞耻，杜绝为了经济利益，用低级趣味甚至违法违规内容去迎合读者，或者用假冒伪劣读物糊弄、欺骗读者。

总之，走进新时代，开启新阅读，去更好地推动人的全面发展和社会的全面进步。

第一章 阅读社会学概论

知识被社会世界塑造。

——卡尔·曼海姆

内容提示

从根本上来说，阅读是人类的社会活动

我国现阶段比历史上任何时候都更能称为"阅读社会"

网络时代的阅读越来越成为一个社会问题

国际社会广泛倡导"全民阅读"活动

"全民阅读"在我国深入推进

从社会学视角研究阅读既必要也有可能

阅读社会学自成一格

研究阅读社会学如何下手

阅读是人类社会独有的活动，是人类文明的标志和象征，是人们除直接参与社会实践外，认识自然和社会、获取知识信息的基本途径和手段，是人类一切文化、科学、教育和精神、社会信息交流交往活动的前提和基础。阅读活动虽有历史、民族、时代、语言、文字等的特征和特点，却是世界性的追求，是人类共同进步的阶梯。

阅读是人对文字、符号、图像的感知过程。从表面看，阅读活动似为盲目、随意、孤立的个体心理活动。实际上，阅读是人们吸收知识信息的一种有意识、有目的的社会活动，它不是盲目的，更不是孤立的，而是由"作者—文本（包括文档，下同）—读者"三者构成的社会交流交往活动，是带有广泛社会性的活动。

从现实来说，阅读是社会知识信息传播交流的接受环节，是以书报刊为主要形式的纸质文本内容和以网络为传播渠道的数字文本内容的各类文献的消费环节。简言之，以语言文字为基础、以知识信息为内容的文本生产和传播，无论以何种形式呈现，它都是供人们阅读才出现和存在的，也只有被读者阅读才能真正实现其社会价值；而且，只有使其被最大多数读者阅读，才能放大、倍增其社会价值和社会效益；只有对准读者的阅读需求，才能实现其利益的最大化；只有引导、升华全社会的阅读品位和情趣，才能提高整个国家和民族的科学文化水平。因此，阅读活动对社会思潮的影响、对主流意识形态的传播、对整个社会的核心价值观的塑造极为重要。

2006 年，中宣部、新闻出版总署、文化部、教育部等 12 个部门联合部署开展"全民阅读"活动，我国阅读社会推广、促进活动的广度、深度全面拓展，"全民阅读"得到党和政府以及社会各界的广泛重视。

2011 年，党的十七届六中全会决议首次提出要"深入开展全民阅读"，2012 年，党的十八大报告明确提出要"开展全民阅读活动"，2017 年，党的十九大报告中提出建立学习型社会和学习型政党，"全民阅读"成为题中应有之义。2014—2019 年连续 6 年，国务院的《政府工作报告》都倡导和推进"全民阅读"。"全民阅读"工作在我国已具有相当的基础。

"全民阅读"（Reading for All）作为一项具有国际性倡议的社会活动，其字面意思即是"让全体国民参与、实现阅读"。它既是一种文化理想，又是一项现实的社会活动，是指以政府为主导，凝聚全社会之力来保障国民阅读权利，培养国民阅读习惯，提高国民阅读能力，推动国民阅读内容资源、阅读设施、阅读服务建设发展和提升，满足国民阅读需求，促进人的全面发展和社会的全面进步。

当前，数字技术与网络技术特别是移动互联技术的普及、深入，给人们提供了多元、即时、互动与便捷的阅读选择工具，一定程度上克服了传统书面阅读交流交往的延时性、局限性，极大地促进了阅读活动的社交化和社会化，同时也给传统的纸质阅读模式造成巨大的冲击，改变着人们的生产、生活方式。因此，把阅读活动放到更广阔的社会背景下来考察，这对于在传媒多元化、多样化的时代，发现、理解阅读的社会作用和价值，探索掌握国民阅读的社会规律，有效组织开展国民阅读活动，满足社会不同类型和不同层次的阅读需求，优化社会阅读效果，促进全民阅读活动，对主流意识形态和社会核心价值观的有效形塑，都有重要的作用和意义。

第一节　对阅读行为开展社会学研究的必要性

从百度学术搜索的情况来看，有关"阅读教育学""阅读教学与研究""阅读方法""阅读心理学"等议题的论著和论文比比皆是，虽然近年来有关阅读社会调查报告和探讨数字阅读对传统纸质阅读模式的影响、冲击的论文多了起来，但把阅读行为（活动）上升到社会学理论高度来进行系统研究的论著和论文却寥寥无几。这是因为，人们更多把阅读活动看作是个人的私事和个体的心理行为，认为读者的阅读选择、阅读兴趣、阅读过程与阅读效果似乎都基于个人的兴趣爱好，与他人无太大关系。实际上，我们不能孤立、静止、表面、片面地来看待人的阅读活动，而应该从社会、历史、动态、本质的角度来研究了解它。

一、读者阅读行为具有社会性

人是有思想意识的高级动物，也是群体性、社会性和组织性强的动物。语言文字是人类最伟大的发明创造，它是人类为便于表达思想、情感，便于群体社会组织和代际沟通、交流而发明创制的一套表意的符号和代码，是只有人类才具有的社交生活表达工具。

阅读必须以社会约定俗成的语言文字为基础。同时，阅读行为所需的文献、传媒等阅读要素也是人类社会发展到一定阶段社会交往、交流、沟通、传播、传承的必然产物。文本等客体也只有通过阅读这一人类活动（行为）才能被"激活"和"点亮"，而发挥它应有的社会效用。因此，阅读活动的主体——读者和阅读的客体——文本都是人类社会化的结果。

阅读行为是一种社会互动。其真正奥秘在于读者与读物、主体与客体相互作用的过程中，对任一文本的感知、理解都会打上阅读主体对自然和社会已有的认识的烙印，阅读行为更可分为个体内部的精神活动与外部的社会互动两方面。

阅读行为是阅读主体意识与阅读客体内容之间的交流沟通。个体的阅读过程指对具象的文字、符号进行译码、解码等生理、心理过程，同时也是读者与作者沟通交流的社会过程。因此，阅读行为是读者对知识、信息的接受、消费和再创造过程，是个体社会化的重要手段，也是群体社会化的利器，整个社会的阅读是人类社会文明信息的交流、传播（承）过程。

阅读行为对社会作用与反作用。阅读受阅读主体所处的社会政治、经济、文化、教育、宗教、地理等诸多环境、条件所影响、局限、制约。社会与阅读活动是交互动态的，一方面，政治、经济、文化、教育、科技、宗教等诸多环境、条件都制约着个体的阅读活动，还有阅读需求的满足和供给依赖于社会；另一方面，人类通过阅读活动认识社会和自然，改造世界，阅读的效果影响或改造社会，如一本《共产党宣言》的阅读和流传曾经给世界带来广泛而深刻的影响和变革。由此可以看出，读者作为社会化的产物，其所处的社会环境、心理认知与个体的阅读行为之间存在强大的作用力与反作用力。

阅读交流互动会产生提升文明的社会效果。一个人一生的阅读史，构成他与社会的交流史、思想的成长史、精神人格的发育史，更是他的认知进化史，对个人一生的思想行为产生深刻影响；一个国家和社会一个时期的阅读倾向和潮流，构成了这个国家和社会的文化发展史、思想交流史、认知创造史、文明传承史。正是一个个翻腾、跳跃的阅读小溪，构成了社会阅读交流的汪洋大海。

阅读还是社会身份、地位的标志。能否阅读语言文字符号以及阅读的深度和广度是衡量、识别一个人社会地位的重要标准。在人类开始阅读行为的早期，阅读甚至是一种特权、一种社会地位的象征，是只有少数精英分子才能拥有的行为。

现代社会，能阅读能书写是文化人的入门证。能读善书作为受教育的标志，把人分为不同的人群和阶层，并使其在社会地位、自身修养、家庭收入、职业类别等方面判然有别。

人类社会越进步，社会知识信息累积越多，通过阅读获取社会知识信息越必需，阅读社会越普及，阅读方式越多样，直至阅读成为全体社会成员基本的生活方式。社会注定要通过阅读来提高全社会的文化科学水平，人类社会的文明借由社会化的文字符号和载体得以保存，通过阅读活动得以传播和传承，通过阅读创新扩大文化的体量和深度。

阅读是人特有的一种社交方式或者说是生活方式。这是由人性的特点、人类的生活方式、书刊等文本的内容以及阅读的性质所决定的。因此，对人的阅读行为进行社会学研究，也是从"以人为本"出发的。

二、我国的阅读已经社会化

阅读是有文字记录以来才出现的人类行为，但阅读行为的社会化，即主要是社会阅读人口的广泛增多和读物生产传播的社会普及，在人类知识、经验的传播与学习的历史中，并没有很长的时间。

阅读社会化之前，人类经历了漫长的口头语言传播信息、情感的时代。口头传播的时代、书籍印刷的时代和已经到来的数字文本的时代，它们既是文化史的不同历史阶段，也具有某种同时代性，口头传播的阶段与文字书写或者书籍印刷阶段应有一个长期并存的历史。目前，口耳相传的形式在一个人的学龄前阶段，仍然充当着早期教育和早期学习的主要形式。在传统的乡村社会，口耳相传的知识形式延续得更久一些，如我国蒙古族的口传史诗《江格尔》、藏族的口传史诗《格萨尔王传》、柯尔克孜族的口传史诗《玛纳斯》等。口头传播者也会被当作有知识的人加以尊重。生活在我国新疆克孜勒苏柯尔克孜自治州的柯尔克孜族，这个草原民族千百年来以游牧为生，有自己的语言，他们的经典是口传文学、英雄史诗《玛纳斯》，该州阿合奇县的玉素甫·玛玛依正是《玛纳斯》的口传人，被称为《玛纳斯》"活字典"而受到人们尊敬，活了95岁（2014年去世）。

据史载，发现于巴比伦城、写在黏土制平板上的约2000种苏美尔象形文字

（公元前 3500 年，距今约 5500 多年）是至今人类已知最早的文字[①]，应该说，人类从那时或更早的年代就开始了阅读的生涯。现藏于法国国家图书馆的"普里斯纸草"（因法国东方学家普里斯 1856 年于埃及底比斯发现而得名）包含两篇为教子而编的道德诫命即《卡格姆纳家训》和《普塔赫泰普家训》，而卡格姆纳生活于埃及第三王朝末期（约公元前 3100 年），该文献所包含的作品应撰写于公元前 4000 年或公元前 3000 年初期，这应该是人类至今发现的最早的（莎草）纸本读物[②]。

自此以后，人类的阅读活动经历了很长的"特权时代"与口语语言传播信息情感同时存在的时期。因为，在 15 世纪以前，"文字依然是难得一见的东西，其罕见的程度比起古罗马时期有过之而无不及。写在羊皮纸上的字符依然令人肃然起敬，手写书稿是独一无二的珍宝，因其内容往往仅存一份而身价倍增，普通老百姓根本望尘莫及，只有贵族、主教和名门望族才能拥有"[③]。

中世纪的欧洲社会受教会的严密控制，阅读成为宗教的"奴隶"，由于读物的珍稀（主要靠手抄），读者的特权化（教士、贵族等），阅读的方式主要是聚众集体听（被称为"强迫性的统治阅读"[④]）教士解读经典（《圣经》及有关典籍）。

阅读社会形成的标志应该是社会阅读人口占比达到相当数量和阅读物供给、保障的社会化。根据阿尔维托·曼古埃尔（Alberto Manguel）《阅读史》的研究，西方较有规模的阅读社会的出现是从 18 世纪末期开始的，以现代报纸、杂志和公共图书馆的出现，以及城市中产阶级和"小说的兴起"为标志[⑤]。

从阅读的内容来说，只有世俗读物的出现与兴盛才能真正形成阅读的社会，尤其是文学作品，诗歌与小说塑造了读者的社会，"阅读"这一行为本身就有相当丰富、复杂的意味，近代社会以来，传统私密性的阅读行为逐渐转换为公众化的活动，而另一方面也将阅读文化的领域推向社会化和具有经济效益、政

---

① ［美］伯纳德·格伦主编：《世界七千年大事总览》，东方出版社1990年版，第2页。
② ［英］弗雷德里克·G.凯尼恩著，苏杰译：《古希腊罗马的图书与读者》，浙江大学出版社2012年版，第22页。
③ ［新西兰］史蒂文·罗杰·费希尔著，李瑞林等译：《阅读的历史》，商务印书馆2009年版，第206—207页。
④ ［法］罗贝尔·埃斯卡皮著，于沛选编：《文学社会学》，浙江人民出版社1987年版，第95页。
⑤ ［加］阿尔维托·曼古埃尔著，吴昌杰译：《阅读史》，商务印书馆2002年版，第170页。

治意蕴的新场景。

按照加拿大著名传媒理论家麦克卢汉（Marshall Mcluhan，1911—1980）的标志性地界说，欧洲开始社会阅读普及是从 1450 年德国约翰内斯·谷腾堡（Johannes Gutenberg，1397—1468）金属活字印刷机的发明之后才有可能。谷腾堡印刷机启动了资本主义的近代进程。活字印刷术的发明解放了书籍生产力，使读物普及，它不仅仅意味着一场阅读领域的革命或称"转型"（即逐步地由教士等解读、集体听读向个人自由默读转型），它更标志着整个欧洲社会的革命，印刷品的影响力从此渗透到欧洲人生活的方方面面，预示着世界史上最伟大的一场社会、知识变革的到来。

据《阅读史》载，1450 年整个欧洲仅有一家印刷所，但到了 1480 年，德意志、法国、荷兰、英国、西班牙、匈牙利和波兰的主要城市都成功地建立了印刷出版机构。1500 年，全欧印刷中心出现 250 多个，印刷所达到 1700 余家，已知印制的图书约 4 万余种，印量达到 1500 万册，超过罗马帝国陷落以来书籍出版的总和。① 仅仅两代人的时间，欧洲读者数量由几万人骤增到几十万。当时欧洲人口数还不到 8000 万。15 世纪，德国的法兰克福和纳德林根的大型交易市场上出现了图书，生意越来越红火。与此同时，从 14 世纪始，学习读写差不多成为国民的义务。各地城镇居民开始从当地贵族、主教手中夺取政治权利，并随即对子女教育提出更高要求，地方承办的公立学校应运而生，商业阶级迅速崛起，以书籍和阅读为基石，彻底改变整个世界，到 1497 年，法国瓦朗谢纳市多达 70% 的居民都具备阅读能力。②

印刷物的普及把知识从少数人手中移交给大众，把书籍这种价值昂贵的稀世之物变成了廉价的商品，谷腾堡印刷机的出现把少数人的特权变成了大众的技能，把神圣语言变成了日常交流的语言，读物的增加使阅读阶级下沉（从贵族、教士到平民），阅读的范围扩大（从宗教到实用知识），阅读的内容通俗（从人生哲理到世俗小说），阅读的形式丰富（从手抄本到印刷物、从精装到平装），阅读的方式转型（由家庭和群体的听读变成个人自由静默的泛读），阅读的社

---

① ［英］杰里·布罗顿著，赵国新译：《文艺复兴简史》，外语教学与研究出版社 2017 年版，第 91 页。

② ［新西兰］史蒂文·罗杰·费希尔著，李瑞林等译：《阅读的历史》，商务印书馆 2009 年版，第 208 页。

会实践更为广泛（到处可见手捧书卷阅读的人群），阅读行为日益社会化。

正如法国历史学家昂利－让·马丁（Henri-Jean Martin）曾指出的："由口头表达的世界逐渐过渡到文字社会……归根到底，带来的是创新———一种全新的机制得以建立，它鼓励重新认识自我，提倡抽象精神，……鼓励行为逻辑和文字逻辑，提倡理性决策的能力和高度的自制力。"[①] 这种人本主义理念进而彻底打破教会对知识的垄断。印刷术释放书写文字的力量，成为现代文明发展的动力，加快人类获取知识的步伐。

15世纪中叶德国美茵茨地区掀起的金属活字机器印刷是生产方式的重大变革，也带来传播和阅读方式的革命。在谷腾堡印刷机发明后的50年里，由于机印书比过去的手抄（刻）书成本降低几百分之一，印刷工的效率提高上千倍，它使书面信息知识传输的效率大大提高；信息知识的广泛发行传播促进跨文化传播，使书籍阅读更为便捷可得；大量新版《圣经》尤其是通俗版的《圣经》的印行最终消解中世纪以来教会的权威，促使罗马基督教的分裂和新教的勃兴。

机印书促使教育体制的重组和教育的普及，造就更为广大新兴的阅读人群，使平民和贵族都可通过阅读获得话语权；使古希腊古罗马思想家复活，阅读材料的丰富又促进世俗主义和人文观念的普及，结合新的时代需要刺激社会产生更多新思想、新知识；阅读材料更多样化、标准化、规范化，促进作（编）者与读者互动交流，使勘误、修订、校订等出现；为方便检索查找日益丰富的阅读材料，书籍的编订、整理、重组、分类、编目、索引、标记、标注和参考书目、综合目录、文献摘录、名录、地图、字词典等应运而生；大规模印刷复制还使文献的固化、保存、内容的完善累积成为可能。地图的标准化促成新大陆的发现，图书的广泛贸易又促进国际学术共同体的形成。

阅读印刷文字时，人的思维模式受到影响，典型和个性意识的产生，使有效的计划、有条不紊、精打细算等理性思维成为可能；印刷文字署名更加明确承认个人发现、发明和创造，个人的首创精神得到弘扬，知识产权概念开始萌芽；印书还促进民族语言的固化和阅读认同，使近代民族国家从中世纪拉丁语基督教世界的统治中解放出来；最根本的是阅读变革彻底改变了那时公共生活和个人生活方式，使聚众聆听型公众成为个体默读型公众，带来社会心理不平衡发展，

---

① ［新西兰］史蒂文·罗杰·费希尔著，李瑞林等译：《阅读的历史》，商务印书馆2009年版，第191页。

西方社会个体优于群体、个体独立思考、个性解放等观念逐步确立。

以上所有这些由活字机印书带来的"多米诺骨牌效应"，尤其是阅读模式的转型与变革作为社会的一大动因，促进欧洲的宗教改革，成为新教伦理和资本主义精神兴起的温床，弘扬了启蒙思想，助推了文艺复兴，加快近代科学的兴起。①

应该说，人类阅读的介质经历了泥版、莎草纸、陶器、木板、树皮、羊皮、龟甲、竹简、绢帛等多种形式，直到我国汉代纸张的发明，及至现代的电子显示屏等复合介质阅读；阅读的文本经历了手抄（刻）本、印刷本到电子文本阶段；阅读的方式经历了朗读、吟诵、默读、听读等的变迁，从公共阅读到私密阅读的过渡；阅读场所经历了藏书楼、书院、经院、书房到公共图书馆、学校、书店、书屋、网吧等的普及；阅读方法经历了以背诵、精读（如《圣经》、"四书五经"等）为主到现代的以浏览、泛读等为主的涉猎；阅读的时间也由古人的"三上"（即床上、马上、厕上）到现代的随时随地进行；阅读主体由读者作为阅读的被动接受者到个人默读，再到现在的主动、互动式参与……每一次阅读变革都是社会政治、经济、文化、教育、科技和宗教等等因素作用的结果，而阅读的变革又反过来促进社会变革。

据考古发现，我国最早的汉字，出现在仰韶文化的晚期，约在距今4000年左右的新石器时代后期成形。据此，我国最早的阅读活动距今至少也有4000年左右的历史。

在我国，虽然雕版印刷在隋唐之际就已出现，造纸术已经发明了两千多年，书写方式与技能几乎伴随着华夏文明就出现了，在传统社会，乡村里也不乏能读会写的秀才儒生，但阅读却远不是一种普及的大众行为，只是少数经师、权贵、士大夫的"特权"，图书等阅读物也是掌握在社会极少数贤达手上，历朝历代的官私藏书楼非一般人能进入和使用，还远不能形成"阅读的社会"。

1840年鸦片战争后，直至清末民初，国门逐步打开。随着洋务运动的开展，现代公立私立大学和中小学的开办，阅读人口逐步增加并大众化，现代出版事业兴起，书报刊流行并逐步普及，公共图书馆运动开启，平民可免费进入，我国的阅读社会缓步走来。

---

① ［美］伊丽莎白·爱森斯坦著，何道宽译：《作为变革动因的印刷机：早期近代欧洲的传播与文化》，北京大学出版社2010年版，第42—95页。

19世纪60年代兴起的洋务派，设立译书馆和官书局，大量翻译西方技术、法律方面的书籍，自然科学和应用科学的译作占此时译作总数的70%以上，使中国传统的以经、史、子、集为主的传统的图书结构发生较大变化，读者阅读的视野扩大了。特别是19世纪末20世纪初中国现代出版业逐步形成，如严复翻译的《天演论》《原富》《法意》等有关西方资本主义政治、经济、社会学等著述，林纾翻译的《巴黎茶花女遗事》《黑奴吁天录》等反映西方社会生活的文学作品的出版，1897年在上海成立的商务印书馆、1912年在上海成立的中华书局等现代民营出版机构出版了大量哲学、宗教、社会科学、自然科学、文学艺术等方面的图书，大大丰富了读者的阅读内容。[①]

据史载，我国最早的现代报纸是1861年创刊的《上海新报》，我国最早的现代期刊是由普鲁士传教士1833年8月在广州出版的《东西洋考每月统纪传》[②]，我国最早的公共图书馆是1903年美国传教士韦棣华（Mary Elizabeth Wood，1861—1931）在武昌开办的文华公书林，我国最早的现代大学是1891年成立的上海圣约翰大学。

新兴印刷的现代书报刊逐步代替古老的线装书；新文化运动推广白话文，消除文本文字符号与口语符号之间的差距及对阅读发展的阻碍；现代中小学教育代替四书五经的传统教育；随着政治革新和文化启蒙的开展，面向大众的"送字下乡"逐渐成为政治和知识精英的一种共识，清末民初，西方传教士、民间知识分子以及当时的政府都十分重视"送字下乡"，对普通民众进行扫盲教育，普及科学文化知识，使教育平民化。阅读方式的转型与变革，阅读人口的增加，视野的开阔，现代意识的觉醒等，一起助推1911年导致清王朝的覆灭的辛亥革命和1919年提倡"民主与科学"的五四运动。

有数据显示，清朝末年，"即使是在经济较为发达的、教育较普及的地区，当时恐怕真正具有阅读能力的也不过十分之一二，如果再算上边远地区和深山老林中的民众，恐怕连这个比例也难以达到"[③]。到民国时期，全国各重要社会教育机构调查后估计，共有文盲3.3亿人，占总人口的75.33%，并且有5000万

---

① 王余光、汪琴：《中国阅读通史》（理论卷），安徽教育出版社2017年版，第180页。
② 汪家熔：《中国出版通史》（清代卷），中国书籍出版社2008年版，第133页。
③ 葛兆光：《〈时宪通书〉的意味》，《读书》1997年第1期。

失学儿童正在逐渐成为文盲。[①] 中间由于历经多年的战乱，到 1949 年，我国文盲数量仍占总人口的 80% 以上，农村文盲率甚至高达 95%。[②]

1949 年 10 月中华人民共和国成立后，人民大众成为国家的主人，国家普及高等和初等教育，还开展广泛的全社会工农速成教育和文化扫盲运动，使全社会的阅读人口大大增加，同时，促进新闻出版事业和图书馆事业的快速发展。

中华人民共和国成立 70 多年来，特别是 1978 年改革开放以来，随着社会政治经济文化的发展，目前，就我国社会阅读力来说，据 2010 年第六次人口普查数据显示，每十万人中具有大学文化程度的为 8930 人，具有高中文化程度的为 14032 人；具有初中文化程度的为 38788 人；具有小学文化程度的为 26779 人。即我国每十万人中有阅读能力的人口为 88529 人，能阅读人口为 95.92%，文盲率（15 岁及以上不识字的人口占总人口的比重）为 4.08%。这反映了我国普及九年制义务教育、大力发展高等教育以及扫除青壮年文盲等措施取得了积极成效，说明我国绝大多数国民拥有基本的阅读能力。

阅读量是指调查所覆盖地区人口中人均阅读的数量，阅读率是指阅读报纸、期刊、图书、数字媒介等的人数占调查所覆盖地区人口总数的比率。就全民实际阅读率来说，据调查统计，2017 年我国成年国民人均纸质图书阅读量为 4.66 本，图书阅读率城镇居民为 67.5%、农村居民为 49.3%，图书阅读量城镇为 5.83 本，农村为 3.35 本。2017 年我国 10.2% 成年国民全年纸质图书阅读量超 10 本；数字化阅读方式的接触率为 81.10%。我国成人国民覆盖书、报、刊及数字各媒介综合阅读率达 87.2%。[③]

就社会阅读内容的广泛丰富性来说，据统计，从 1978 年到 1990 年间，中国翻译出版外国图书 2.85 万种，年均翻译出版图书 2192 种，2003 年增加到每年上万种，2013 年翻译出版图书达到 1.82 万种，主要翻译图书来自美、英、日、韩等国。

就社会阅读方式和手段的多样性来说，既有纸质阅读，又有电子阅读器阅读，既有电脑网上阅读，还有听读，更有移动手机阅读……

---

① 谢培：《清末和民国时期上海的识字扫盲教育》，《上海成人教育》1996 年第 4 期。
② 顾明远：《世纪的回顾与展望——中国教育的发展前景和任务》，《中国教育学刊》2001 年第 1 期。
③ 中国新闻出版研究院 2018 年发布的《第十五次国民阅读调查发现》。

就社会阅读物的供给和保障能力来说，据统计，截至 2017 年年底，我国现共有新闻出版单位 30.5 万家，其中出版社 585 家（包括副牌社 33 家）。2017 年出版新版图书 255106 种，总印数 22.74 亿册（张），总印张 230.05 亿。全国共出版期刊 10130 种，总印数 24.92 亿册。全国共出版报纸 1884 种，总印数 362.50 亿份。全国共有电子出版单位 307 家，出版电子出版物 9240 种，出版数量 2.8 亿张。全国共有音像出版单位 381 家，出版音像制品 8259 种，出版数量 1.86 亿盒（张）。数字出版实现营业收入 5720.9 亿元，占全行业营业收入的 20%。全国共有出版物印刷企业 8753 家，出版物发行网点 16.28 万处。[①]

据统计，截至 2017 年年底，全国共有各类网站 540 万家，活跃微信公众号超过 1500 万个，微博日活跃用户近 2 亿，抖音、快手等网络视频平台日活跃用户达到 1 亿多。各级公共图书馆 3172 家，每万人拥有公共图书馆面积 90 平方米，人均拥有公共图书馆藏书 0.58 册，总流通量 64781 万人次。全国有各类高校图书馆 2000 多家，各类中小学图书馆 23000 多家，各类科研院所图书馆 5000 多家，农家书屋 58.7 万家，社区、职工书屋 10 万多家。1000 平方米到 5000 平方米的大型实体书店 658 个，1 万平方米以上的超级书城 33 个。

据中国互联网信息中心（CNNIC）2019 年 2 月在北京发布的第 43 次《中国互联网络发展状况统计报告》，截至 2018 年 12 月，我国网民规模达到 8.29 亿，手机网民规模达到 8.17 亿，网民通过手机接入互联网的比例高达 98.6%。

今天，纸质书、电子书、各种阅读类手机应用、有声书等多种阅读方式更便于读者选择，借助于移动互联网的微信公众号、直播、图书漂流、荐书等阅读传播形式更加多元。特别是自媒体荐书自带粉丝和"流量"，使阅读品种更细分。丰富的图书品种满足读者不同的阅读需求，又借助多元载体使得知识和信息能进一步下潜，覆盖到最广泛的群体，使阅读的人群更庞大，阅读产业链在不断延伸。今天的阅读产业已不是"作家写书、出版社发行、读者阅读"简单的线性流程，而是同一部作品，往往会有计划地推出文字、漫画、有声书等不同载体的版本，有的还被延伸至拍成电影、电视，制作成动漫、手机游戏，满足读者在不同场景的阅读需求。

综上所述，我国现在比历史上任何时期都更能称为"阅读社会"，阅读的

---

① 中国新闻出版研究院编：《2017 年新闻出版产业分析报告》，中国书籍出版社 2018 年版。

社会化水平处于前所未有的高度。

三、数字网络移动技术冲击着传统阅读方式

20世纪90年代以来，随着计算机和网络的广泛普及，特别是近年来移动智能手机的普及，数字时代已然来临，深刻改变着人们的生产和生活方式，也深刻冲击着人们接受教育和学习文化的方式，特别是阅读行为。网络最大限度释放人类创造阅读内容的能力，最大限度地减少人类获取阅读内容的成本，使阅读内容广泛化，阅读主体扩大化，实现以读者为中心自主选择阅读的时间和内容，增强读者社会互动、自我愉悦的能力和空间。据《2017年中国数字阅读白皮书》的数据显示，2017年，中国数字阅读用户规模达到近4亿，我国人均阅读电子书达到10.1本，数字阅读市场规模达到152亿元，2017年有声阅读市场规模达到40.6亿元。青年数字阅读用户占比超七成，并偏爱家庭、文艺、教育类内容，中年人群达27.3%，老年人群占比1.2%。

移动互联时代，当信息传递的基本过程由机械转向电路、阅读的载体由纸质转向屏幕时，人们的阅读方式发生了重大转变，即从纵向方式向横向方式变化，以广度换取深度。一方面，由于社会竞争压力加大，人们对海量知识信息的吸取增加；另一方面，随着生活节奏的加快，人们逐渐与传统的纸质阅读拉开了距离，而对检索互动能力强的网络阅读特别是移动数字阅读开始过度依赖。

有研究表明，网络数字阅读影响阅读载体（由纸质到电子、数字），网络数字阅读改变阅读媒介（从书报刊到计算机、手机等），网络数字阅读拓展阅读资源（从文本的有限到网络的无限），网络数字阅读扩大阅读方式（使"阅"与"读"分离，传统的听读借助现代数字网络技术复活），网络数字阅读重构阅读模式（随时随地阅读和点评），网络数字阅读颠覆阅读逻辑（可与作者和更多读者互动交流、阅读行为社交化）。

网络和数字阅读的好处首先在于单位时间内能给人带来更多的知识信息，满足人的社交、娱乐、资讯的需要；其次，它有快速、及时、交互、便携，以及充分利用零碎时间的优点；第三，现代人手一机，它对普及阅读起到促进作用，特别对纸质文本匮乏的农村、边远地区的读者提供阅读的方便；第四，阅读的

对象以文字、图像、动漫、语音短信、视频链接等"超文本"形式呈现，使网络的信息量更大；第五，强化读者与作者、读者与读者之间的沟通与互动。

应该说，人类文明越发达，知识信息积累越丰富，阅读越普及，个体阅读越活跃。当今互联移动大数据时代，阅读的客体正从纸质品过渡到移动网络，要尊重不断上升的社会数字阅读的现实，同时也要看到，这只是阅读方式和手段的变化，阅读效率的提高，而阅读的实质，即读者对文字、图像的感知过程没有变。正如美国著名的欧洲文化史专家、普林斯顿大学教授罗伯特·达恩顿（Robert Darnton）所说，数字移动阅读改变的是形式，不变的是阅读，与其说人们喜欢技术，不如说人们更喜欢读书本身。[①] 而且还由于这一阅读方式和手段的变化，使阅读更即时、更可得、更快餐、能社交互动，大大丰富了阅读的形式和手段，方便了阅读，普及了阅读，促进了阅读，阅读逐步成为现代人的一种生活方式。

现代社会，非但未能削弱阅读活动的社会作用和社会效能，甚或动摇阅读活动在人类社会生活中不可替代的地位，而且随着技术革命带来的社会文化交流运动的频繁加速，主要是出版物的剧增和数字出版手段的运用普及，使阅读成为日益普遍的社会现象，而且使阅读的社会交往功能和社会组织功能发挥得越来越强大。同时，也对阅读活动提出了严峻挑战，这种挑战突出地表现在阅读信息资料的无限增长趋势与社会个体阅读接受信息能力的有限性之间的矛盾。

在阅读方式面临变革和转型的时代，也带来一系列需要关注和研究的社会问题。即全社会在充分感受数字阅读的好处的同时，人们为迅捷获取对自己有用和自己感兴趣的信息，渐渐抛弃传统阅读的系统和深度品味，由此带来认知思维的崇尚理性又缺少理性、既崇拜权威又消解权威，阅读演化为消费文化的符号泛滥，甚至"娱乐至死"，人们通过屏读、频读、听读等，使所谓"泛阅读""浅阅读"成为文化精神生产和消费的主要形式（如表1–1）。

---

① ［美］罗伯特·达恩顿著，熊祥译：《阅读的未来》，中信出版社2012年版，第26页。

表 1-1　人类阅读方式发展的三种类型 [①]

阅读方式	特点
传统阅读	①以作者为中心或者作者导向型的。②小众化的，包括阅读对象的小众化、阅读内容的小众化和读书人人数的小众化。③阅读成为安身立命之本、治国兴邦之道。强调"万般皆下品，唯有读书高"。④他律的、被迫的，阅读的内容是事先安排好的。⑤具有功利指向和社会责任的二重性。⑥记忆导向型的。
现代阅读	现代阅读方式是现代化、产业化的伴生物。①生产导向型的。②现代阅读产品的提供方式是批量生产和大规模定制。③理性的或者标准化的。④基于内在需求的，以寻求知识和提高竞争能力为导向的。⑤提供的是理性化、系统化的知识，因此它强调纵向深入，也强调横向拓展。⑥具有较强的功利色彩。⑦存储式的，强调文献的归类、整理。
后现代阅读	①以读者为中心，体现消费者主权的、个性化的、具有充分主体性的阅读方式。②感性的、享受的，注重精神享受，但更看重物质的享受。③非线性的、跳跃式的、破碎的。④海量的、浏览式的浅阅读。⑤调侃的、消解（解构）的和颠覆传统的。⑥多元的、时尚的，充满着不确定性。⑦我行我素、率性而为的。⑧慵懒的、具有惰性的。⑨趣味指向型的。⑩交互的、互动的和对话式的。

　　为此，要探究数字技术如何改造和创新人类的阅读方式和内容，如何利用新信息技术最大限度地满足人们个性化、专业化、趣味化、娱乐化的阅读需求，数字阅读的增长对传统阅读产业即新闻出版业的影响，数字阅读方式与传统纸质阅读的优劣比较及其社会效果，数字阅读方式与传统纸质阅读如何融合发展，现代社会生存压力对阅读时间的严重侵占，由于移动网络带来的海量阅读材料所引起的读者焦虑，传统深度阅读不足带来哪些社会问题，移动数字阅读如何改变人们的生活和学习方式，网络时代如何在中小学开展素质教育阅读，如何开发读者新媒体的阅读素养，引导公众养成良好的新媒体阅读习惯，使新媒体阅读联系深阅读形成智慧型阅读，等等，这都是需要研究回答的。

---

① 周蔚华：《后现代阅读方式的兴起与出版转型》，《中国人民大学学报》2007年第2期，转引自王余光主编：《中国阅读通史》（理论卷），安徽教育出版社2017年版，第73页。

四、阅读日益成为一个社会问题

阅读首先是整个人类社会面临的问题。

以 20 世纪中叶计算机的发明为标志，人类已经进入一个瞬息万变、波涛汹涌的海量信息时代。作为信息知识接受吸取的重要环节，人类社会的阅读活动不得不面对以下挑战。

一是信息知识的过剩。根据联合国教科文组织的统计，从 1950 年到 1970 年，全世界出版的图书，按品种算增加了一倍，按册数算增加了两倍。在这期间图书给读者提供的信息，竟然等于过去 3000 年中各种读物为人类提供的信息的总和。从 20 世纪 70 年代以来，人类的知识信息的总量是不断加速度增长的，20 世纪 70 年代每 5 年知识信息增加一倍，20 世纪 80 年代每 3 年增加一倍，20 世纪 90 年代每 1 年就增加一倍。据美国社会学家詹姆斯·马丁（James Martin）的测算，如果把 2000 年知识总量标为一个定数，在其后的十年内，人类知识总量达到每三年翻一番，到 2020 年可能要达到每 73 天翻一番的空前速度。

根据著名阅读文化史家罗伯特·达恩顿的说法，人类信息技术经历几次变革：从文字出现到手抄本，经历了 4300 年；从手抄本到活字印刷术，经历 1150 年；从活字印刷术到互联网，经历 524 年；而从互联网到搜索引擎，只用了 17 年；从搜索引擎到谷歌的相关性排名算法，只有 7 年！[①]

因此，人类信息知识的扩张和碎片化的速度、数量都是惊人的。有人认为，我们所阅读的是"信息洪水"或者说"信息海啸"，"他们正汹涌拍打着文明世界的沙滩"。美国博学者赫伯特·西蒙（Herbert Simon）精妙的总结道出问题的实质，"信息的富足带来了注意力的贫瘠"，过量的信息导致压力、混乱甚至愚昧。用美国前总统克林顿的话说，"从理解、解读的角度来看，太多的事情同时涌入人们的脑海当中，所带来的危险未必小于头脑空空"。[②]

二是信息污染。在如此海量的信息库里难免泥沙俱下、鱼龙混杂，假冒伪劣读物和有害信息读物四处泛滥，甚至利用移动网络快速地广泛传播，造成信

[①] ［美］罗伯特·达恩顿著，熊祥译：《阅读的未来》，中信出版社 2011 年版，第 11 页。
[②] ［英］彼得·伯克著，汪一帆等译：《知识社会史》，浙江大学出版社 2016 年版，第 280 页。

息污染，危害读者和社会。"信息时代的新闻脱离了传统资料来源的支持，使全球性的信息误导成为可能，我们生活在能获取空前庞大的信息量和越发不可靠的时代。""过去几年，超过 100 万个博客涌现出来，提供大量关于人们传播虚假信息的趣闻轶事，有些听起来就像都市神话。"①

三是信息干扰。由于现代信息传播手段的多样化，特别是网络手段大容量、高清晰、立体化、高速度、数字化、共享性的特点，使可读、可听、可看、可感的众多大众公用信息一起作用于我们的五官和大脑，闯入我们的阅读生活，迫使我们无法选择，不得不被迫接受很多无用的信息。

信息理论家克劳德·香农（Claude Shannon）说，问题关键在于，"在无用的噪音中提取有用的信息"。美国政府没能事先发现"9·11"袭击的原因之一，就是因为情报机构的警告消失在一片嘈杂的数据之中②。

不可否认，"信息过载"引发"信息焦虑"和"信息溺水"。信息过剩、污染和干扰造成的阅读现实，使人们不得不面对，无限信息知识的读物对有限的阅读时间的挑战，无限膨胀的信息知识对读者有限的阅读接受能力的挑战，大量的新信息知识对读者理解能力的挑战，给社会阅读带来一系列问题。

现代信息技术发展也日新月异，数字技术、移动互联网、宽带、5G、大数据、物联网、云计算、VR、AR、智媒体等等新技术层出不穷，更新升级加速，改变着社会生态，革新着信息知识的生成、传播质量和效率，给人们接受反馈信息知识的方式（即阅读方式）带来革命性变化。

欧美阅读研究者提出"三次阅读革命"的假说③：第一次所谓"阅读革命"发生在近代早期，以 1450 年前后谷腾堡的活字印刷术发明为标志，书籍由手抄到印制，圣经等宗教阅读物的普及，使阅读方式由传统教士和作者的聚众朗读转向个体的默读；第二次"阅读革命"是在 18 世纪下半叶，由工业革命开启，识字人口增多，阅读公众扩大，宗教文本以外的小说、科技等大众读物增加，使阅读方式由精读转向泛读；第三次"阅读革命"就发生在现当代，文本实现了数字生成和电子传播，极大地改变了阅读模式和习惯，真正模糊了书写和阅

---

① ［美］罗伯特·达恩顿著，熊祥译：《阅读的未来》，中信出版社2011年版，第24页。
② ［英］彼得·伯克著，汪一帆等译：《知识社会史》，浙江大学出版社2016年版，第281页。
③ ［法］罗杰·夏蒂埃著，吴泓渺、张璐译：《书籍的秩序》，商务印书馆2013年版，第19页。

读的界限。读者直接参与写作，不仅随心所欲操控文本写作过程，还随心所欲改写原始文本。阅读和文本的生产、传播同时进行，书写、出版、发行和阅读过程也随之合而为一，使社交和社交化阅读成为可能，对传统新闻出版、广播电视业和相关传统业及人们的阅读适应能力都提出巨大的挑战，读者的阅读期待、阅读模式、书写方式、文本观念、阅读习惯、阅读行为、阅读场景、阅读时空、阅读功效等及其相关社会关系也被赋予新的内涵。

全球各主要国家通过调查逐步意识到信息知识爆炸所带来的阅读挑战。例如在超级大国美国，1983 年美国国家优质教育委员会向政府和教育部提交报告《国家在危机中：教育改革势在必行》，指出国际阅读能力测试显示，美国学生落后于其他先进国家。通过简单测试，大约 2300 万美国成人是半文盲（功能性文盲，指受过传统教育，会基本的读写算，但不能识别现代信息符号和图表、不能用计算机进行交流和管理、不会操作现代生活设施、与现代生活接不上轨的人）；约 13% 的 17 岁青少年可以被认为是半文盲，在少数族群中这一比例高达 40%。美国政府为之付出巨大代价，公司和军队领导抱怨要花费大量经费和精力补习员工和士兵的阅读、书写和计算的基本技能。同年，美国全国教育研究院组织数名阅读专家调研起草的《阅读之国：来自阅读委员会的报告》，详细说明阅读相关知识、阅读教育的要素和如何加强对国民开展阅读教育的建议。

以上两个报告引起美国政府和社会的危机感并深刻反思。1991 年，布什总统签发了教育部长起草的《美国 2000 年教育战略》，其中第五个目标为，每个成年美国人将能读书写字，并将掌握在全球经济中进行竞争的本领和责任。自此以后，美国历届总统都将推进未成年人的阅读视为重要国策和教育主轴。①

日本从 20 世纪 90 年代初以来就对国民远离活字、沉湎于数字化阅读和图片阅读现象表现出深深的焦虑和担忧，不时发出在国民阅读方面的悲观论调，担心这种国民阅读会削减国民的创造力。日本早就有"出版大崩溃""出版大沉没"等论调，虽然有些言过其实，但不得不承认日本民族对国民阅读危机敏锐的观察力和预见性，这就促使日本政府和社会早日采取措施防患于未然。

俄罗斯也注意到社会阅读的危机。据统计，在俄罗斯社会，完全不读书或只偶尔读书的俄国国民的比例在扩大。如果说 1991 年 79% 的国民一年至少读一

---

① 中国新闻出版研究院、江苏省全民阅读办：《国外全民阅读法律政策译介》，译林出版社2015年版，第417页。

本书，那么到 2005 年这个数字只有 63%；系统读书的年轻人比例从 1991 年的 48% 下降到 2005 年的 28%；家庭阅读传统在消失，20 世纪 70 年代有 80% 的家庭定期给孩子读书，而现在只有 7% 的家庭坚持这样阅读了；居民对印刷媒体的兴趣在降低，如果说 1991 年 61% 的俄罗斯人每天读报，那么到 2005 年只有 24% 了，对于杂志来说，这个数字从 16% 下降到 7% 了。[1]

阅读也是我国社会面临的问题。

我国国民阅读率整体比较落后。如前所述，阅读行为首先是阅读个体的精神生活方式。但据调查，受当今社会上新的"读书无用论"等观念的影响，主要是移动数字网络冲击，我国的国民阅读率连续下降，我国人均国民年图书阅读量远远落后于许多国家，有的国际人士也撰文直指中国作为一个文明古国，但现在中国人却不爱读书。阅读在我国青少年素质教育中的作用越来越重要，人们对移动互联网给传统纸质文本阅读方式带来的冲击、挑战越来越感到焦虑。

我国每年出版图书达到 40 多万种，但户均消费阅读图书只有 1.75 本。作为世界上最大的图书生产国，却又是人均阅读量最少的国家之一。据最新统计，2017 年我国成年国民人均年阅读量不到 5 本，比起以色列人均年阅读量 64 本，美国人均年阅读量 50 本左右，日本人均年阅读量 22 本，韩国人均年阅读量 11 本，还差得很远。

我国基础教育中阅读教育十分薄弱。按美国 CCSS 全美教学标准要求，美国小学毕业生至少需要阅读 1404 本课外读物，阅读量占到全部 K12（指基础教育）年级阅读总量的 77%，且涉及故事、诗歌、戏剧、信息等 13 种文体，在阅读深度上，美国要求小学毕业生不仅能够对文章细节与主旨进行精准理解，还要求对文章结构与内在逻辑进行严密分析。[2]

反观中国小学 1—6 年级语文教学大纲，不仅对课外阅读量要求低（6 年制阅读总量不少于 100 万字即可），而且在阅读深度上只要求做到初步理解句、段、篇之间的联系和分析概括文章主旨即可。此外在阅读技能、阅读策略及落实手法上也差距极大，美国更强调小学生毕业时已经能对阅读材料进行一定的分析

① 俄罗斯"国民阅读扶持和发展纲要"，《国外全民阅读法律政策译介》，译林出版社 2015年版，第132页。

② 郭英剑：《全民阅读舆情：经典阅读期待新思路》，《中国阅读：全民阅读蓝皮书》（第二卷），中国书籍出版社2011年版。

综合和评价，如通过讨论式阅读来增强对人际世界的认知和社交能力，通过阅读反思，提高自我认知能力。中国对孩子阅读基本功的教育可谓具有"先天缺陷"。

我国高等教育中大学生阅读质和量都比较低。据有关部门2009年对浙江16所高校的629名学生的抽样调查，大学生课余时间安排在阅读书报刊上的只有51.5%，上网却达到81.7%。每学期课外阅读的数量上，68%的学生读书1—5本，读5本以上的仅占26.4%，0本的占4%。复旦大学的一个调查显示，大学生阅读本专业经典著作的只有15.2%，阅读人文社科的只有22.8%，阅读专业期刊的只有9.3%，阅读外文文献的只有5.2%。[①] 而美国大学生的阅读量是每周达到500—800页。

阅读生态变革中，系统和深度阅读、思辨阅读较少，社会阅读乏力。我国的社会阅读方式、阅读生态正发生变革，一方面人们越来越依赖数字化阅读，数字化阅读方式接触率达到58.1%，另一方面对纸质读物的阅读耐心越来越少，主要问题在于人均量少；读者阅读日益依赖于移动手机而碎片化，满足于浅阅读，缺乏系统化的深度阅读和主题阅读，以思想思辨为主的哲学阅读更少；处于阅读起步阶段的中小学生受制于应试教育，缺少阅读时间，没有培养起良好的阅读习惯，没有获得好的阅读技能，因此社会阅读的普及和提高后继乏力。阅读日益成为一个社会问题，这引发了国家领导人和社会有识之士共同的忧虑和呼吁。

2013年3月19日，习近平总书记在接受金砖国家媒体联合采访时说："我爱好挺多，最大的爱好是读书。"2014年2月7日，习近平在接受俄罗斯索契电视台专访时说："现在我经常能做到的是读书，读书已成为我的一种生活方式。"他还说，读书可以让人保持思想的活力，让人得到智慧的启发，让人滋养浩然之气。

"历史是最好的教科书""领导干部要善读书"。2006年2月17日，习近平在《浙江日报》的"之江新语"专栏谈读书，"广大党员干部要养成多读书、读好书的习惯，使读书成为改造思想、加强修养的重要途径，成为净化心灵、培养高尚情操的有效手段"。2009年5月13日，习近平在中央党校2009年春季第二批进修班暨专题研讨班开学典礼上说，"我讲三个观点，一是领导干部要爱读书，二是领导干部要读好书，三是领导干部要善读书"，系统地阐述了

---

① 梁春芳：《浙江16所本科高校大学生阅读状况调查报告》，《中国阅读：全民阅读蓝皮书》（第一卷），中国书籍出版社2009年版。

他对阅读的观点。

李克强总理在 2015 年"两会"期间会见中外记者时指出："书籍和阅读可以说是人类文明传承的主要载体，就我个人的经历来说，用闲暇时间来阅读是一种享受，也是拥有财富，可以说终身受益。"并表示："我在听取各方意见的时候，不仅文化界、出版界的人士，而且经济界和企业家都向我提出要支持全民阅读活动，《政府工作报告》上要加上'全民阅读'的字样。而且还有人担忧，说现在我们国家民众每年的阅读量还不到有些国家人均的十分之一。这些建议让我深思，说明人们不仅在追求物质财富的增加，而且希望有更丰富的精神生活。"强调这是连续几年将"全民阅读"写入《政府工作报告》中的主要原因。

这几年，全国人大代表和全国政协委员朱永新、聂震宁、郝振省、李东东、邬书林、孙寿山等先后就全民阅读立法、建立健全全民阅读组织协调机构、设立国家阅读节、深入开展阅读活动推广、加强阅读公共服务设施建设等等送交多份建议、提案，或在媒体上为此鼓与呼。2013 年"两会"期间，115 位全国政协委员联名签署《关于制定实施国家全民阅读战略的提案》，推动全民阅读的立法工作，形成强大的促进全民阅读的舆论声势。

当国家领导人和社会各界有识之士都在呼吁要"多读书读好书善读书"的时候，阅读就不再只是个人自己的事情，阅读成了一个社会问题，这个问题将影响到社会、民族现实的精神状态和长远的精神走向。

面对社会阅读的上述问题，从"问题导向"出发，阅读研究学者更是在呐喊。包头师范学院的王龙提出，根据社会问题的存在永远是社会科学存在的理由和发展的动力这个最基本的原理，目前我国在阅读研究方面存在的不足主要有：①阅读社会学研究薄弱，缺乏深入社会实际的研究；②对阅读能力的丧失问题重视不够；③对非法和劣质出版物及其阅读问题的研究不够；④阅读史研究是一个需要开掘的重要领域。[①] 以上问题实际上都可归结为阅读社会学的研究薄弱和不足。

在中国阅读学研究会 2009 年的年会上，该会会长、河南师范大学教授曾祥芹在作题为《阅读学研究的历史检讨和未来愿景》的主旨演讲中，列举了社会

---

① 王龙：《阅读研究引论》，香港天马图书有限公司2003年版，第44页。

阅读的诸多问题后，提出的对策中强调要注重阅读学基础理论建设，并提出汉文阅读学的15项基建工程，其中就有"阅读社会学"这一项，指出要通过对阅读社会学等15项阅读学科建设，以发挥阅读学解决社会问题的能力，彰显阅读研究的深度、广度、厚度、高度和效度。①

五、全民阅读活动需要理论研究

早在1972年，联合国教科文组织（UNESCO）就明确提出"全民阅读"的理念，提出"走向阅读社会"的口号。1995年，联合国教科文组织更是宣布每年的4月23日为"世界图书和版权日"，其宗旨在于让阅读成为人们日常生活中不可或缺的部分，每个人都能享受阅读的乐趣。

我国的全民阅读活动自2006年开展以来，其广度、深度日益拓展，"全民阅读"得到党和政府以及社会各界的广泛重视，方兴未艾。2011年，党的十七届六中全会决议首次提出要"深入开展全民阅读"；2012年，党的十八大报告明确提出要"开展全民阅读活动"；2014年，国务院《政府工作报告》首次提出"倡导全民阅读"；2015—2019年，国务院《政府工作报告》都将推进"全民阅读"纳入其中。

在党中央和国务院的高度重视下，我国全民阅读活动已经开展十多年。这十多年来，全民阅读的组织机构纷纷建立，中宣部、原国家新闻出版广电总局等相关部门联合成立全民阅读活动组织协调办公室，各省、自治区、直辖市也都成立全民阅读组织领导协调机构，在推进立法、制定规划、配置资源、开展调查、组织活动、宣传推广等方面发挥了重要作用，推动全民阅读的深入开展。

全民阅读立法持续推进。2016年12月25日全国人大常委会通过《中华人民共和国公共文化服务保障法》，2017年11月4日全国人大常委会又通过《中华人民共和国公共图书馆法》。以上两法中明确把提供书报刊、服务全民阅读等作为公共图书馆、公共文化服务的重要内容。国务院《全民阅读条例》也即将颁布实施。与此同时，江苏、湖北、辽宁、四川、吉林、黑龙江省和深圳等地也相继制定颁布全民阅读的地方性法规，这些法规为开展全民阅读提供重要依据。

---

① 郝振省、陈威编：《中国阅读：全民阅读蓝皮书》（第一卷），中国书籍出版社2009年版。

全民阅读战略越来越清晰。2011年4月，原新闻出版总署发布《新闻出版业"十二五"规划》，首次将"全民阅读工程"作为新闻出版公共服务建设的工程之一，提出要"以推动儿童和青少年阅读、满足特殊群体阅读需求为重点，大力推广数字阅读，传播阅读理念，培养全民阅读习惯，提高全民阅读能力"。

2015年1月，中共中央办公厅和国务院办公厅共同发布《关于加快构建现代公共文化服务体系的意见》，其中多处提及全民阅读及具体推进措施。2016年，原国家新闻出版广电总局专门发布《全民阅读"十三五"规划》，这是我国首个关于全民阅读的国家规划，标志着我国全民阅读战略越来越清晰。

重点群体、重点对象的阅读工作受到关注。随着东风工程、农家书屋工程和扶贫攻坚任务有效推进，残疾人、留守儿童、贫困边远地区居民的阅读需求逐步得到照顾和满足。

阅读的基础设施如各类书店、书屋、图书馆等更加完善。农家书屋、社区书屋广泛建立。近些年，国家还采取切实措施，减免实体书店税收，补贴实体书店经营，促进实体书店作为文化传播载体的发展。同时，国家还加大对图书馆事业的投入。

各种阅读推广活动和推广举措如雨后春笋，方兴未艾。特别是每年"4·23"世界读书日前后，全社会的阅读氛围空前高涨……至今，全国31个省、自治区和直辖市都有了本土特色的读书活动，约400多个城市自发开展了读书节、读书月、读书日、读书季等活动，全国开展各种具体读书活动项目有3000余个。[1]

的确，当前"全民阅读"作为国家文化战略的定位日益明确，推进全民阅读事业发展的实践活动日益多元化，全民阅读理念的社会认可程度与全民阅读实践活动的开展互相促进。倡导全民阅读即构建书香社会、阅读社会，深入开展全民阅读活动，即为赋予全体国民以平等享有阅读的权利，为全体国民提供阅读的便利，让每个国民都有平等的机会通过阅读实现梦想，应成为实现小康社会的重要指标和内容。然而全民阅读的理论归纳和研究却普遍滞后，只停留在全民阅读的作用和意义等社会效果层面，丰富的全民阅读社会实践需要阅读社会学的理论总结归纳和指导，以便科学有效推进。

张波于2017年1月16日以主题词"全民阅读"和"国民阅读"入手，在

---

[1] 徐同亮、罗娟：《全民阅读视野下公共阅读服务体系建设研究》，江苏人民出版社2018年版，第7页。

2006—2016 年 10 年间的中文核心期刊上搜索（这 10 年正是我国"全民阅读"从全面部署至今的活动期），共获取有关论文 1526 篇，并制作可视化的知识图谱，形象展示 10 年来的研究成果。[①]

通过梳理分析，他发现，这一时期的论文主要集中在"全民阅读""公共图书馆""阅读推广""阅读立法"及"数字阅读"等 5 个方面。发表的"全民阅读"和"国民阅读"的论文主要集中于图书情报和数字图书馆（902 篇）、出版（417 篇）、成人教育和特殊教育（56 篇）、新闻与传媒（35 篇）、行政法与地方法制（23 篇）、文化（12 篇）等 6 个学科领域，分布极不平衡。

他发现，这些论文大多是关于西方全民阅读推进的经验介绍和借鉴，我国国民阅读研究仍然处于早期引进、消化、吸收阶段，缺乏真正本土化、深入性、系统性的理论和学科研究成果。

他认为，作为一项国家战略，我国全民阅读溯源性的基础理论研究薄弱，尚未形成对全民阅读具有较强解释力的诠释框架。研究视野过于狭窄，主要集中在图书馆学领域，缺乏多学科、多领域的交叉研究。急需从政治学、传播学、人类学、社会学和管理学等方面入手，在总结 10 年经验的基础上，构建我国全民阅读理论体系。

徐同亮、罗娟也认为，总体来看，我国全民阅读工作已具有一定基础，然而，理论研究却普遍滞后。一是全民阅读基础理论、公共阅读服务基础理论等关键性领域缺乏系统性研究，如何立足全民阅读实践深化全民阅读理论研究成为各地进一步做好全民阅读工作的必修课。二是研究主体单一。高校、图书馆界、出版界是全民阅读理论研究的主要力量。高校研究侧重理论性、图书馆界偏于行业性，而出版界工作实绩有目共睹，但理论研究却稍显薄弱。利用出版界全局视野、发挥出版界主体作用是突破全民阅读理论"实践性短板"和"行业性局限"的必然要求。[②]

"理论创新对实践创新具有重大的先导作用"，发挥好理论的先导作用是推动全民阅读工作科学发展的基本规律。例如，如何认识了解阅读群体的分层

---

① 张波：《全民阅读研究知识图谱分析——基于CSSCI论文（2006—2016）》，《出版发行研究》2017年第6期。

② 徐同亮、罗娟：《全民阅读视野公共阅读服务体系建设研究》，江苏人民出版社2018年版，第21页。

分类结构，如何从小培养国民的阅读习惯和素养，如何掌握阅读的社会心理规律，国家与社会如何保障和满足读者的阅读需求，如何组织和引导国民阅读、提高全民的科学文化水平，等等。因此，从现实科学推进全民阅读的实践来说，我国应大力开展、加强阅读社会学研究，为建立"书香社会"奠定理论与实践基础。

第二节　对阅读行为开展社会学研究的可能性

一、国际的提倡和各国阅读社会活动的开展

实际上，有关国际组织、各主要发达国家和发展中国家很早就充分认识到阅读的社会作用和意义，一直致力于社会阅读活动的推广和普及。

从 1946 年成立伊始，联合国教科文组织（United Nations Educational, Scientific and Cultural Organization，UNESCO）就将阅读推广工作视为促进人类文化传承、传播与创新的重要基础性工作向全球推广，开发了大量项目。

1972 年，联合国教科文组织在对多国尤其是亚非拉地区阅读和出版情况进行大量调研基础上，明确提出"全民读书"的理念，并把 1972 年定为"国际图书年"，开展大量阅读促进活动。

1982 年在伦敦举行世界图书大会，提出"走向阅读社会——20 世纪 80 年代的目标"活动项目，包括帮助各国制定一系列倡导性前瞻性图书发展战略规划、正确认识图书（出版）产业的重要性、在出版产业链中整合运用新技术、在各类各层社会创造阅读环境、鼓励国际合作以增强图书出版能力、增加图书进出口的双向流动等等，而且将出版和识字教育视为阅读推广的基础而优先推动。与此同时，联合国教科文组织一直将公共图书馆视为全民读书尤其是贫困人口、特殊群体能够平等享受阅读权利的重要平台加以推广。

1995 年，国际出版商协会（International Publishers Association，IPA）在西班牙巴塞罗那召开全球大会，首次提出以文学巨匠莎士比亚、塞万提斯和其他名作家都比较集中的出生、逝世纪念日即 4 月 23 日作为"世界图书日"的设想，后又加入俄罗斯代表提出的"版权"理念，以此与西班牙政府一起向联合国教科文组织申请倡议，得到联合国教科文组织第 28 次大会的通过认可。联合国教

科文组织在当年 10 月宣布，将每年的 4 月 23 日作为"世界图书和版权日"，其宗旨在于让阅读成为人们日常生活中不可或缺的部分，每个人都能享受阅读的乐趣。目前，全球已有 100 多个国家和地区参与此项活动，许多国家的爱书人将其视为读书的盛大节日，并创造衍生出各种类型的阅读活动，如英国的国家阅读年（1998 年）、"阅读起跑线"计划，日本的儿童读书年（2000 年），澳大利亚的"阅读闪电战（2013 年）"，美国的"世界读书夜"，法国的读书节，加拿大的全民阅读峰会，新加坡的"读吧！新加坡"，等等。①

1997 年，联合国教科文组织第一届国际全民阅读专门委员会召开会议，回顾总结埃及 1991 年以来开展全民阅读活动的成就，正式建议发起国际"全民阅读"（Reading for All）项目并在全世界范围内推广。此后，该理念传播范围不断扩大，欧洲、非洲、大洋洲分别召开全民阅读推广会议，许多国家越来越意识到国民阅读的文化战略作用，以"全民阅读"为旗帜，制定各种政策，采取各种措施，动员全社会加以促进。

1956 年，在美国成立了国际性的非营利阅读研究组织——国际阅读协会（International Reading Association，IRA）和一系列阅读研究机构。国际阅读协会的宗旨是提高人们的阅读水平，倡导终身阅读的习惯，加强阅读指导，促进阅读研究。到目前为止，它联合近 80 个国家的阅读学会、协会和基金会，在全世界拥有 35 万个会员和机构。国际阅读协会每年召开一次年会，每两年举行一届世界大会和各种中小型专题会议，就广泛深入的阅读学专题进行研究和探讨。

1974 年，在维也纳举行的会议上，国际阅读协会宣称"一切人享有阅读权利"，并且提出"迈向阅读的新境界"的口号。国际阅读协会通过组织课题研究、出版学术著作、创办学术刊物等方式，整合国际学术资源，推动国际阅读领域学术交流与进步。该协会还建有专门的研究所，有《阅读教师》《阅读杂志》《阅读研究季刊》《今日阅读》等六种专业报刊，每年出版至少 20 种阅读专业新书及电子读物。为了总结阅读研究成果，该组织每年出版一本《阅读研究年度摘要》，其中 1989.7—1990.6 / 1993.7—1994.6 两本年度摘要中，对阅读社会学专题列出"大众传媒的使用和作用""阅读兴趣爱好习惯""社会和文化对阅读的影响""阅

---

① 中国新闻出版研究院、江苏全民阅读办编：《国外全民阅读法律译介》，译林出版社2015年版，第420页。

读史""阅读的社会影响"等研究课题，总结和鼓励开展阅读社会学的研究。[①]

作为图书杂志的生产者，1896年在法国巴黎（现秘书处设在瑞士日内瓦）成立的国际出版商协会（IPA）是图书和杂志出版业的国际性行业联盟组织，它有60多个国家的70多个集体会员单位。该协会宗旨是为全世界出版业服务，维护出版者出版和发行人类智力产品权利。大力发展具有创造性的作品，同时鼓励更为广泛地发行图书和其他出版物。鼓励各国新作家和新出版者发挥创造性，积极参加消灭文盲的运动，促进出版自由和阅读自由。该协会在国际的版权保护和各国智力产品的自由交流方面做了大量工作。他们出版会刊《国际出版商联合会出版新闻》和有关报告、会议记录等。如前述，该协会曾大力呼吁、建议设立"世界图书日"等。

作为书报刊等读物的收藏利用者，成立于1927年的国际图书馆协会联合会（International Federation of Library Associations and Institutions，IFLA），是国际图书馆界最大最高的行业组织，它现有130多个国家和地区的1400多个协会、组织会员。国际图联一直致力于全球范围内民众阅读习惯的培养和阅读能力的提升，通过设立专门机构、发出阅读倡议、组织阅读研究、开展阅读评奖等多种形式，指导和推动全世界阅读推广事业发展。

成立于1953年、总部设在瑞士巴塞尔的国际儿童读物联盟（International Board on Books for Young People，IBBY）目前已在全球有69个分会，是与联合国教科文组织、联合国儿童基金会有咨商关系的国际非营利组织。其宗旨在于通过儿童图书增进国际间了解，帮助全球儿童尽可能多地接触高水准的文学艺术读物，鼓励支持高品质儿童读物的出版和发行，并援助培训儿童出版工作者，激励儿童文学领域的学术研究。该组织开展大量儿童阅读推广活动，实施儿童阅读关爱项目，设立国际儿童阅读奖项。

还有欧洲阅读促进组织（EU Read）也很活跃，该组织2000年成立于比利时的布鲁塞尔，按照比利时的法律建立组织机构并开展面向全欧洲的阅读促进活动。该组织认为，阅读是今天全面参与媒体主导的多元文化社会的先决条件。该组织的目标是交流知识、经验和观点，一起为促进阅读制定新战略。欧洲阅读促进组织经常向政治、产业与商业开展一些常规性的游说，提高了大家的共识，

---

① 王龙：《阅读研究引论》，香港天马图书公司2003年版，第110页。

即在国家和整个欧洲层面，建立一个强有力的阅读促进组织是极为有利的。

欧洲阅读促进组织目前有 16 个成员，包括德国、英国、比利时、荷兰等，轮流当值董事会主席，2018 年是由德国担任主席。欧洲阅读组织目前没有专门的工作经费，靠募集和捐赠经费运作。每年召开一次年会，专门讨论一个主题，包括资金来源问题、新媒体阅读问题等等。在最近的一次小组会上，主要讨论了"如何在欧洲重振阅读"这个主题，专家讨论了如何采取方法使阅读进入孩子、青年人、家庭和整个欧洲更广的社会公众，需要出版社、作者、非营利组织一起努力，这个主题会在 2018 年 10 月的年会上继续讨论。[①]

培根曾经说过："读史使人明智，读诗使人聪慧，学习数学使人精密，伦理学使人高尚，逻辑修辞使人善辩。总之，知识能塑造人的性格。"实践证明，阅读是个体实现智力发展、人格培育和精神成长的重要途径，而一国国民的整体阅读能力标志着国家的文化软实力和核心竞争力，是社会稳定发展、经济持续发展、国民素质提高的重要支撑，对国家和民族文化的传承、创新与发展起着关键作用。

智慧的民族和发达的国家无不鼓励国民阅读，将此视为综合国力的重要组成部分，无不大力推广和促进全社会阅读，以色列和德国等传统阅读大国对阅读的热衷和追求自不用说，还有许多国家都在不遗余力推广阅读，譬如美国、法国、日本、俄罗斯、葡萄牙、巴西、韩国等国用法律、政策来保障和促进社会阅读的普及和推广。

德国作为阅读大国早在 1988 年就成立了促进阅读基金会，历任名誉会长由总统担任；政府不仅免征书店所得税，还在增值税上予以优惠；政府还推行书价联盟政策，避免书价上的恶性竞争伤害读书人。

从 1995 年起，美国政府陆续实施"阅读挑战行动""卓越阅读方案""读书高峰会"等计划，时任总统克林顿亲自作"美国阅读挑战行动报告"，并不断推动以立法的形式将儿童少年的早期阅读能力的培养制度化。1998 年国会通过了《阅读卓越法》，2001 年，布什总统提出"不使一个孩子落伍"的中小学教育法案，以"经费补助"和"师资培训"的方式提高儿童阅读能力的"阅读优先"政策是其主轴。在英国，为营造阅读环境，1998 年和 2008 年分别被确定为"阅

---

① 刘建华：《德国、匈牙利阅读出版学术考察报告》，《新阅读》2019 年第 1 期。

读年"，政府与媒体、企业、民间组织合作，拨出专款赞助民间组织的各类阅读推广计划。

在法国，政府颁布实施长期免征书店所得税政策，让书店生存发展吸引读书人。

日本2001年通过并施行《关于推进中小学读书活动的法律》，2005年又通过《文字及印刷品文化振兴法案》；韩国2006年通过《读书文化振兴法》，确定文化体育观光部为国民阅读官方推广机构，并成立读书振兴委员会，每5年制定一份读书文化振兴计划，中央政府有关部委和地方政府据此制定年度实施方案。

俄罗斯于2006年发布《国家支持发展阅读纲要》，2012年更是在国家范围内采取紧急措施，制定通过《民族阅读大纲》，保证俄罗斯读书人数量的快速增长。

2006年6月，葡萄牙社会党政府推出一项"国家阅读计划"。2006年巴西政府推出"全民阅读计划"，力图在三年内将全民阅读率从30%提高到50%。此外，许多国家设立全国性的读书机构、阅读基金、阅读计划、阅读活动、阅读节日来推动和普及阅读，提高国民素质，这些国家的阅读活动的开展为阅读社会学的研究提供了各国经验和范例。[①]

二、国外的阅读社会学研究进程

对阅读现象进行深入的认识与研究，已经成为与阅读有关的教育学、心理学、语言文学、大众传播学、图书馆学、编辑学等学科共同感兴趣的问题，全世界发表的有关阅读研究的论文已成千上万。

阅读社会学不是新提法，国外对阅读的社会学研究开始比较早，阅读的社会调查也比较普遍，应该说，有关阅读的社会问题的研究从教育学、传播学、历史学、文学、图书馆学等方面都不同程度地有所涉猎。

最早提出"阅读社会学"研究这一概念的是俄罗斯作家、目录学家、阅读心理学家鲁巴金（1864—1946），他特别重视以帮助读者自学为目的的推荐书目工作，编撰了大型推荐书目《书林概述》（第2版第1—3卷于1911—1915

---

① 郝振省、陈威主编：《中国阅读：全民阅读蓝皮书》（第一卷），中国书籍出版社2009年版。

年在莫斯科出版）。他以自己收藏丰富的图书馆——"鲁巴金文库"作为指导读者自学的基础。在瑞士期间，曾从事图书宣传和阅读指导问题的研究，在洛桑设立了阅读心理学研究所，以他对读者基本类型心理研究的成果，创立了阅读心理学理论，有《阅读心理学入门》《读者和阅读心理学》等专著。他提出："阅读学可以采用生物学、人类学和社会学等多种方法进行研究，阅读社会学是阅读心理学的必然结果，它研究印记的搜集和储存、公众舆论和文献发展趋势、世界观和宗教信仰等。"[①] 这句话虽然笼统，但明确提出了"阅读社会学"的研究课题。鲁巴金曾有名言："读书是在别人思想的帮助下，建立自己的思想。"[②] 特别值得说明的是，鲁巴金是列宁和夫人克鲁普斯卡娅的朋友。

早在 1885 年，彼得堡大学的一个小组就提出过一项研究农民阅读的纲要。1887 年，普鲁加文发表了《关于"民众阅读什么"》的调查资料提纲。之后，读者及其阅读的社会学研究成为俄国图书馆学研究的重要内容。20 世纪 20 年代，十月革命胜利后，苏联开始重视阅读研究。列宁认为，识字与阅读是社会主义建设的头等大事之一。当时曾多方收集和了解有关新型工农读者面貌的资料，并形成了苏联"阅读社会学"组织原则。

苏联学者认为，组织群众性阅读是提高社会和个人思想、道德和文化水平的强大手段，必须经常研究阅读的社会作用和出版物的传播媒介这一精神文明的子系统，这两方面的研究是社会思想发展史的组成部分。苏联各大型图书馆和文化学院曾合作进行调查研究，取得了有关苏联各社会阶层阅读内容、方向及普及程度的基本资料。如 1965—1967 年列宁图书馆的苏联读者专题研究，1969—1972 年城镇生活中的图书与阅读，1973—1975 年苏联农村生活中的图书与阅读调研等。在这些研究基础上，又出现归纳和集中这一领域理论的图书，其中比较著名的是苏联国立列宁图书馆编辑的《阅读社会学和阅读心理学问题论文集》，代表了苏联 20 世纪 60—70 年代的阅读社会学理论成果。[③]

这些调查研究都广泛收集了有关读者需求形式、内容和出版物在群众文化交流体系中的地位、阅读普及程度、利用出版物的动机和大众图书馆的社会作用等经验性资料，但苏联时期的阅读社会学理论建设始终没能完善和系统化。

---

① 黄晓新编译：《鲁巴金和他的阅读心理学》，《贵图学刊》1987 年第 2 期。
② 黄晓新编译：《鲁巴金和他的阅读心理学》，《贵图学刊》1987 年第 2 期。
③ 赵世良、余葭生：《苏联的阅读社会学研究》，《贵图学刊》1984 年第 3 期。

　　1993 年，俄罗斯《哲学问题》杂志编辑部就"书籍问题"举行了一次研讨会，来自各方面的专家在会上就书籍和阅读问题各抒己见，所谈的问题涉及阅读的功能、阅读与大众传媒、阅读与政治、阅读与教育。其中，莫尔多瓦国立奥加廖夫大学教授、鲁巴金阅读基金会主席 C.H. 普洛特尼科夫就读书是一个社会学问题，对阅读的教育意义、社会功能、苏联当局对阅读的态度、书籍的命运、禁书运动以及社会阅读状况等鲜为人知的历史真相进行了披露，是一部简要的苏联社会阅读史，为我们了解苏联的社会阅读状况提供了难得的史料。如他所说，"如果用一位社会学家的眼光来看这巨大的图书世界……几十万人的活动仅仅是为了一个具有历史意义的社会现象：阅读"，阅读不仅有保存文化、发展智力、培养品质和给人带来快乐的功能和特点，而且"还是一种极其准确可靠的甚至普遍适用的社会状况指示器，首先是当局对文化态度的指示器"。[①]史蒂芬·娄威尔（Stephen Lovell）曾经研究过苏联和苏联解体后的阅读习惯，在讨论 20 世纪 60—70 年代苏联"书荒"、地下书市、出版改革、80 年代开禁、90 年代衰退时，他都利用了社会学调查材料。[②]

　　匈牙利于 20 世纪 60 年代开始对阅读的社会调查，80 年代始开展阅读社会学的研究，许多人文和社会科学学者都涉足了这个领域，特别是一些知名的社会学家一度从事阅读研究，皮埃尔·若萨（Pierre Jozsa）、埃里莫·汉杰斯（Elemer Hamkiss）和帕尔·米克洛什（Pal Miklos）等，匈牙利图书馆和信息科学中心对书籍、阅读和读者利用图书馆的阅读习惯等进行 30 年的系统调查，以不断紧跟变化着的社会阅读需求。他们还与国外如芬兰进行合作研究，比较两国读者在小说阅读方面的异同。还注意"怎样读"的问题，调查《船长与玛格丽特》这部小说在匈牙利的接受、理解和影响程度：读者的心理和认知过程。20 世纪 90 年代初，匈牙利塞切尼国家图书馆成立专门的阅读社会调查研究所，还举办了阅读社会学讲习班，进行有关的学术研究，推进阅读社会学的发展。

　　欧美早在阅读社会学作为一门学科产生前，已经出现有关阅读社会现象的论述。从 18 世纪所产生的针对教育方法的怀疑论催生了阅读社会学到 19 世纪后期的出笼，英国、德国和法国当时涌现的海量教育学著作中，可以找到有关

[①] 王龙：《阅读研究引论》，香港天马图书公司2003年版，第123页。
[②] 戴联斌：《从书籍史到阅读史——阅读史研究理论与方法》，新星出版社2017年版，第108页。

阅读社会学的起源。

19世纪特别是人口大迁移之后，主要资本主义国家在工业上取得突飞猛进的发展。在这种社会背景下，除新产生的成人社会化的需求外，还催生了对子女进行知识和道德方面教育的需要。尤其是美国社会不同移民族群的涌入，构成20世纪早期文化和阅读功能整合的诱因。①

与社会学的所有学科分支一样，阅读社会学的发展与社会政治经济局势紧密相连，20世纪30年代经济大萧条时期，有组织的以"阅读"现象为目的的社会学研究首先在美国兴起。

这里要提到道格拉斯·韦普尔斯（Douglas Waples，1893—1978）的研究，他主要研究社会态度对阅读现象的指向作用。

道格拉斯·韦普尔斯是美国芝加哥大学教授，曾就读于哈佛大学、宾夕法尼亚大学，并分获文学硕士和教育心理学哲学博士学位，担任过心理学与教育学的副教授。1928年，他调入芝加哥大学图书馆学院任教授，他的主要研究领域为"阅读问题""公共传播研究""图书馆学研究方法"。他主要的学术贡献在于借用社会科学的统计分析方法研究图书馆和阅读行为的社会效应，不再关注阅读技能，而是把图书馆和阅读行为纳入社会学领域。通过一系列的实验和调查，阐明了不同社会集团与阅读之间的关系。当时他所在的芝加哥大学的社会学研究，在杜威（John Dewey，1859—1952）等人影响下，俨然成为芝加哥学派，韦普尔斯参与创建芝加哥大学图书馆学院，这里也借势成了当时研究阅读行为的重镇。

韦普尔斯通过对各种社会集团的调查发现，人的阅读兴趣和阅读行为之间有时并不存在直接的关系，两者存在"鸿沟"问题。他通过大量的实验数据成功地验证了他的结论，他在分析产生兴趣和行为之间鸿沟的原因时，认为图书馆藏书的选择不当和服务不善是导致阅读兴趣不能形成阅读行为的重要原因之一。在他的阅读理论中，阅读活动的"捍卫者"是教育工作者和图书馆员。韦普尔斯认识到这些社会阅读的推广者和传播人作为一个时期内书籍阅读和社会意识的传播中介具有强烈的社会影响，为此他呼吁帮助他们克服困难和危机的重要性。在当时美国经济大衰退时期，1939年韦普尔斯的团队著有《大萧条时

---

① ［法］雅克·莱恩哈特、［匈］皮埃尔·若萨主编，邱昂等节译：《读书：论阅读社会学》序，法国阿尔马唐出版社1982年出版、1992年再版。

期的社会阅读研究备忘录》，对研究那个特殊时期的读者和阅读活动发挥了重要作用。[1]

韦普尔斯和他的学生伯埃尔森（B. Berelson）在1940年还编撰了《人们读什么》和《给人们读什么》等一系列社会阅读研究成果，他侧重把阅读看作一个社会过程，做经验主义考察，尝试衡量阅读活动对社会和人产生什么影响。他认为阅读不仅和书面意义上的社会组织相关，同时也和阅读行为的价值投资体系，以及个人和群体的社会心理需求有关。这些研究都是先对问题要素进行分解，然后通过观察和直接调查获取第一手的数据，在数据收集的基础上运用各种定性和定量的分析手法验证假说，阐明事物之间内在联系的原理性和规律性见解。他们的研究受经验论影响，也受到信息交流理论的影响。伯埃尔森后来还提出所谓"四追问研究公式"，即：谁？什么？什么时候？为什么？他们用这种方法提出问题，为阅读社会学的定性和定量研究打下基础。尽管这一研究有创新，但在战后社会学的蓬勃发展时期没有获得多少反响，主要是当时缺乏研究阅读社会学的经济社会动因。

20世纪50年代末期，法国学者罗贝尔·埃斯卡皮（Robert Escarpit）出版《文学社会学》[2]，实际探讨了"文学"的阅读社会学。他认为，基于宏观的数理统计分析，用社会学视角有益于解释文学作为一种社会现象是如何运转的。他假定，文学在各种环境下都是可读的，因此文学社会学要探讨作者、文学的生产、传播及消费诸环节以及其商品属性。他对法国的阅读社会学发展有重要影响。此外，罗贝尔·埃斯卡皮1955年还在巴黎出版了《书籍与征兵》等。这以后的1968年，罗贝尔·埃斯卡皮还与人联合编写、由巴黎工人出版社出版了一本文集《法国读与写》，其中包括约翰·哈森福德（John Hassenforder）的"读者与阅读"课题研究等。

20世纪60年代以来，由于传播技术现代化带来的信息危机，加之出版业的重组，经济结构转型和知识传播渠道的双重需要促使人们重新将注意力集中在图书、阅读及其用途上，促进阅读的社会学研究。阅读社会学已经发展到全球范围，甚至出现专门研究的机构，如法国高等社会科学研究院设立阅读社会

---

[1] 范并思：《20世纪西方与中国的图书馆学：基于德尔斐法测评的理论史纲》，北京图书馆出版社2016年版。

[2] ［法］罗贝尔·埃斯卡皮著，于沛选编：《文学社会学》，浙江人民出版社1987年版。

学研究室、奥地利维也纳的国际儿童文学与阅读研究所、美国社会学家威廉·S.格雷（William Scott Gray，1885—1960）主持的芝加哥大学教育系研究生院阅读研究专业（格雷还担任国际阅读学会首任会长）等，阅读社会学研究渐成体系，被纳入学科范围，研究该学科的出版物逐渐增多，几乎欧美主要国家都对该学科有所研究，从海因茨·斯坦博格（Heinz Steinberg）的《欧美图书和读者研究》书目（1977 年编）中可见一斑①。1974 年德国汉堡出版《阅读研究手册》，该书 600 多页，广泛引证各种观点的大量文献，是一部总结性的学术著作。

综合欧美从 20 世纪 20—30 年代兴起的大众阅读社会调查和研究，主要表现在以下几个方面。

（一）从图书、报刊等阅读物的角度进行阅读的社会需要调查

在欧洲，最早的阅读行为调查出现在 18 世纪 90 年代，当时有《苏格兰统计报告》，这是调查统计阅读习惯和地方藏书的滥觞。② 以后欧美进行阅读社会学的调查更多是根据各出版企业和读书俱乐部的出资要求组织的。从 20 世纪 30 年代起，美国开始了阅读社会调查，学术界对于畅销书领域的研究已经相当贴近阅读社会学方面的研究，从畅销书这一文化现象入手，探讨什么样的人（身份、阶层）在读畅销书，畅销书与社会思潮的关系，反映了哪些当时社会主导的价值观与文化趋向，等等。

因为资本社会出版企业都有强烈的营利性，在各个竞争的出版企业、图书俱乐部等之间，其经营得失往往以了解读者的阅读需要、市场行情及图书市场的发展趋势为前提，即了解哪些社会集团、阶层或群体是积极的阅读者，他们的阅读兴趣、要求及愿望如何，出版社的图书哪些是适合读者需要的。同时还广泛开展了有关出版广告的阅读社会学应用研究，比较典型的是对报刊等出版物发行广度及其在各社会阶层的普及程度的调查等，如 1938 年对美国的《生活》杂志的读者进行了全国抽样调查，1939 年英国出版物传播局为研究报纸读者的人口分布情况对 43000 多名读者阅读情况做了调查。

20 世纪 50 — 60 年代，由于经济结构的调整和知识传播产业的重组、现代

---

① 黄晓新：《阅读社会学刍论》，《武汉大学研究生学刊》1987年第2期。
② 戴联斌：《从书籍史到阅读史——阅读史研究理论与方法》，新星出版社2017年版，第108页。

化教育的危机、出版产业流程再造等一系列因素的相互作用，阅读的社会学调查在短期内得到很快的发展。这一时期，罗森伯格（Rosenberg）和怀特（White）在美国出版其第一份阅读调查问卷。罗杰·史密斯（Roger H. Smith）1962 年主编了《美国读者》一书，深入教育和出版业内部探究美国读者阅读什么，为什么阅读，目前的观点、现状和未来发展趋势。

20 世纪 80 年代以来，面对社会广播电视等媒体带来的阅读危机，美国开展了对社会阅读的全面调查研究。美国阅读委员会先后推出了《阅读之国：来自阅读委员会的报告》（1983 年）、《预防阅读困难：早期阅读教育策略》（1997年）。美国国民阅读调查是美国国家艺术基金会定期开展的关于美国国民阅读及相关问题趋势的调查和研究，并定期发布报告，2004 年的调查结果是《阅读危机：美国成人文学阅读调查》，这一调查报告揭露了美国的教育危机，自此，美国政府、民间更加重视社会阅读。2007 年发布《阅读，还是不阅读：一个影响国家命运的问题》，2009 年则发布报告《上升中的阅读：美国文化史的新篇章》，这些调研奠定了美国儿童和成人阅读促进的基本国策。

韩国的《国民阅读情况调查》是从 1993 年开始的综合读书指标调查，2008年该调查被认定为"国家认证统计"，每年周期性进行。此外，近年来，新加坡、日本等国都开展国民阅读需求调查，为制定全民阅读政策、开展社会阅读活动提供切实有效的定量分析。

欧洲方面，法国国民阅读情况由法国国家统计和经济研究所统计公布，从20 世纪 80 年代开始，还对青少年的阅读状况进行调查。德国 1988 年成立促进阅读基金会（历届德国总统是该会名誉主席），该会的科研项目部定期向社会公布全国阅读行为的最新调查报告和各类型读者阅读的细分报告，德国 2000 年由联邦教育和科研部资助开展了"新千年德国阅读行为调查"。依据经济合作与发展组织成员国共同实行的国际学生评价项目（PISA），德国还对"中小学生阅读能力"进行调查研究。全球五大市场研究公司之一的德国 GFK 集团还发布针对全球主要国家的国民阅读行为的调查报告。

英国广播公司（2006 年）、英国图文电视公司（2007 年）、英国图书市场营销公司（2005 年）、《英国图书馆快报》杂志（2007 年）、英国劳工联合会（2006年）都对有关的读者阅读倾向和状况进行调查，英国教育研究基金会 2004 年就英国未成年人的阅读情况进行调查。①

（二）从图书（文本）对读者的社会影响，或阅读在文本阐释中的社会作用方面考察阅读与社会的关系，并对读者的阅读质量和类型进行了分析

20 世纪 40 年代以前，欧美阅读社会研究通常只是局限于记录个别的表面事实，从功利性出发，注重考察的焦点是某书的销售情况和各报刊的阅读情况，以了解作为商品在社会中的流通情况。直到 20 世纪 30 年代末 40 年代初才开始认识阅读与社会的多方面联系，并深入了解其本质规律，把研究的重心最终集中在阅读过程中人与书的相互影响上。美国曾就阅读对普通教育的影响进行了一系列研究，如对学生的阅读动机与需求、对阅读态度和阅读与各类教育之间的关系进行的考察。

20 世纪 40 年代中期起，研究出版物的生产、传播与内容及其作用（报刊对政府和社会阶层的影响）的学术著作不断增长，图书及一切印刷文本被视为价值、艺术特点和其他质量内容的有机体，这些影响着它在各阶层读者中传播的广度。同时，还应用综合分析法对印刷品及其内容作出足够严格的描述。

1957 年，研究维多利亚时代的英国文学的美国学界泰斗理查德·阿尔提克（Richard Altick）分析大众文学文本的生产和传播，力图证明大众阅读的扩展史其实是英国的民主演进史。白瑞尔松和索尔特分析了文艺作品的内容及其他成分对各种读者情绪和艺术需要的作用。20 世纪 60 年代，杰克·古迪（Jack Goody）比较研究读写社会和非读写社会的区别，认为读和写这两种技能是古希腊文化成就的动力。

阅读是对文本意义进行理解和阐释的社会文化活动。从 20 世纪 30 年代起，特别是 60 年代以后，在文艺阐释学领域兴起的接受美学和读者反应批评理论，倡导以读者为中心的阅读理论，其代表人物包括德国学者汉斯·罗伯特·姚斯（Hans Robert Jauss）、沃尔夫冈·伊塞尔（Wolfgang Iser）和美国学者斯坦利·费什（Stanley Fish），还有法国的著名学者罗兰·巴特（Roland Barthes，1915—1980），等等。读者反应批评理论认为，是读者和阅读过程赋予文本以意义，

---

① 姜晓娟、王卉莲：《西欧三国的国民图书阅读情况》，《出版发行研究》2008年第9期。

读者以隐含的方式参与文本生产，阅读行为是读者阐释策略的体现和应用。同时，阅读的历史环境和文化、文学环境是影响阅读行为的重要因素。

姚斯提出读者在阅读前的"期待视域"理论，即一部作品的读者怀持的一套文化、伦理和文学期待，在此基础上，读者创造、受容作品。他认为，为了阐释这个作品，读者会牢牢持守一些主观的模式、范式、信仰和价值观，这些东西都来自他们的文化和社会背景。文学史实际上是文本与读者接受不断互动和影响的历史，在研究读者及其阅读效果时，除了考察文本给读者提供的意义和读者自己的解读以外，还应充分重视与文本相关的阅读史。

费什著有《读者反应批评：理论与实践》（文楚安译，中国社会科学出版社1998年版）等，他的理论把个体读者拓展到读者社群，提出"阐释共同体"和"阐释策略"概念，以解决读者个体多样性、复杂性导致的文本意义的不确定性，对研究阅读的社会组织有很大帮助。沃尔夫冈·伊塞尔著有《阅读行为》（金惠敏等译，湖南文艺出版社1991年版）等，他在文本与阅读接受相互作用中提出"隐在读者"概念，是一种"超经验范式"的现象学意义上的"读者"，包括两方面的含义，一是潜在的文本条件，二是使这些条件得以实现的阅读过程。[①]

法国社会学家、社会和文学评论家罗兰·巴特在其著作《S/Z》中介绍他对于文本的划分——可读性文本（结构主义）和可写性文本（解构主义）——可读性文本是封闭的、没有外部意义阐释的死文本，读者是消费者；而可写性文本是可以无穷无尽地进行解读、没有固定结构、不存在唯一意义的无限文本，读者在可写性文本中成了生产者。《S/Z》是对于可写性文本（解构主义）的一次实验，巴特把巴尔扎克的小说《萨拉辛》分成了561个语汇，通过其中往复来回地各种阐释和解读将文本彻底地碎片化了。在《文本的快感》中，巴特把他的享乐主义融入到了文本之中，一方面承接解构主义强调文本的断裂性，另一方面注重"身体"的地位，这里的身体既是文本的身体，也是人的身体，是一个纯粹的欲望组合。他认为阅读者的身体和文本的身体是在缠绵调情，阅读实际上是一种色情游戏，充满了享乐和欲望。

学者诺曼·霍兰德（Norman Holland）出版《五个读者的阅读》，试图从精

---

① 戴联斌：《从书籍史到阅读史——阅读史研究理论与方法》，新星出版社2017年版，第35页。

神分析角度对阅读行为进行定义。他认为阅读者"给文本赋予意义"[①]。新西兰人、后来执教英国牛津大学的麦肯锡（Donald Mckenzie）还提出"文本社会学"理论，他在书籍史研究中注入历史学和社会学"血液"，拓展传统目录学研究领域，将之转换成持续关注文本的形成、流变、传播及其对读者的意义的"文本社会学"。

此外，接受美学与阅读社会学之间的界线也是学术界争论最多的问题。

以上这些理论本质上是工具，提出来是为了揭示文学（文本）的意义，而不是从社会层面描述阅读行为。

（三）对阅读现象本身，即把阅读当作读者与出版物或印刷文本的交互作用的过程进行研究，强调了阅读的社会作用，这是阅读社会学研究的重心

如前述的美国的韦普尔斯和伯埃尔森的研究，通过社会观察和调查，探讨了阅读活动的社会影响。韦普尔斯还对受教育水准和收入水平的读者进行区分，针对不同社会阶层的读者的不同阅读指标能力"对症下药"，有效抵制经济大萧条对阅读的影响。韦普尔斯还予以乐观的假设，阅读在此时被当成社会道德和行动的指标来解决美国的社会问题。

联合国教科文组织 1965 年在维也纳建立的国际儿童文学与阅读研究所领导人鲍贝尔格·R. 教授认为，阅读的主要价值在于它能"发展思维"，阅读是一个复杂的过程，其内容是领悟词义、理解其含义联系，批判地思考文本的内容（包括了解作者的立场，并对之作出评价）和阅读内容对读者产生作用、扩展或改变读者对世界的认识。他认为，作用于阅读的要素有专业需要、社会形势、道德和宗教观、审美倾向和个体存在的空间形式（即社会环境）。这些因素取决于年龄、行业、教育、工种和家庭影响等各种特征，也取决于个人心理素质和先天特性。

20 世纪 50 年代中期，阅读社会学研究继续取得重大进展，其重要特征之一是研究对象的整体化趋势。著名的美国社会学家格雷在主持芝加哥大学专设的"阅读研究室"工作中，提出从三个方面、分五级标志去研究阅读的建议。三个方面是，读者个人状态、读物特点和阅读结果。每一个方面从表面性质到实

[①] ［法］雅克·莱恩哈特、［匈］皮埃尔·若萨主编，邸昂等节译：《读书：论阅读社会学》序，法国阿尔马唐出版社，1982 年版、1992 年再版。

质性标志分五级从低到高地发展，例如测定读者个人情绪的五级级差是：①阅读愿望；②阅读时间；③阅读的广度及其理由；④阅读目的系统及其认识；⑤阅读修养。格雷研究阅读的指标体系，无疑表现出明显的整体化的特点，对揭示阅读的深广度、图书的社会规律及其对读者的作用都是具有较新意义的。①

1982 年，法国高等社会科学研究院阅读社会学研究室主任雅克·莱恩哈特（Jacques Leenhardt）与匈牙利社会学家皮埃尔·若萨（Pierre Jozsa）主编并出版了《读书：论阅读社会学》（法国阿尔马唐出版社 1982 年出版、1992 年再版）。该书作者采取问卷调查形式，着重分析了乔治·佩雷克（Georges Perec，1936—1982）的《物》和恩德雷·费耶斯德（Endre Fersder）的《铁墓场》这两本小说在法国和匈牙利的读者阅读情况，进行比较研究，并得出结论：人们在读书过程中，一方面通过阅读对作品进行再加工；另一方面，一个人的阅读过程与他本人的知识水平以及所处的社会阶层密切相关。这可以说是欧美首部以"阅读社会学"为名的著作，实际上是一部实证主义的调查报告。

（四）对人类阅读史的研究

1910 年，历史学家丹尼尔·莫纳（Daniiel Mornet）罗列了法国旧制度时期流行的一些书籍，试图分析它们在当时法国读者中如何流传。在莫纳看来，这些颠覆性文本的广泛传阅，在很大程度上从思想史的角度解释了法国大革命的起源。费弗尔（Lucien Febvre）也用同样的方法探寻 16 世纪法国宗教改革和异端的起源，他们俩的研究成为阅读史研究之滥觞。

20 世纪 60—70 年代，西方兴起的后现代运动，以法国思想家、历史学家米歇尔·福柯（Michel Foucault，1926—1984）为代表的后现代派学者对 18 世纪以来的理性王国进行颠覆性批判，揭示理性是如何运用强大的技术手段去控制、压制、消灭个性和差异，从而建立井然有序的现代社会秩序的。他通过《疯癫与文明》《规训与惩罚》等一系列著作开辟了文化研究的新模式，即后现代的新文化史、新社会史，意图通过各种文化体系的调查，去研究话语、仪式，再现权力体系的运作机制，及其所使用的技术手段和达到的成效，从而揭示权力是如何通过控制知识的生产、传播和运用来展开博弈的。因为阅读接受在文化知识传播控制

---

① 曾祥芹、韩雪屏主编：《国外阅读研究》（阅读学丛书之五），河南教育出版社1992年版，第2页。

中的重要作用，由此产生西方学者对阅读史研究，即研究某一时期知识的传播接受和大众的运用对重大社会历史事件的影响的兴趣。因此，研究个人阅读史和社会阅读史成为时尚，为考察人类社会史和文化发展史提供独特的认知视角。

在研究某个社会、某个时期的阅读倾向、潮流对社会历史和重要人物思想行为的影响方面，美国普林斯顿大学教授、著名的欧洲文化史专家罗伯特·达恩顿是媒体与传播史中研究印刷和阅读文化的领军人物，他著有《阅读史初阶》（1986年）、《法国大革命前的畅销禁书》（1995年）等，还与丹尼尔·罗什（Daniel Rose）合作著有《印刷中的革命：法国的出版业1775—1800》（1989年）等，与彼得·伯克合作著有《媒体的社会史：从谷腾堡到互联网》（2001年）等，他将媒体出版和文化体系作为研究对象，以存在与意识互动，强调文化（主要是阅读）对社会关系的形塑作用来研究社会史。伯恩顿提出的"传播循环"模式成了书籍史研究的主流。他还建议把以读者为中心的批评理论移植到阅读史研究，用来考察读者是靠什么动机、以什么方式参与文本互动的。[①] 美国传播学者、密执安大学教授伊丽莎白·爱森斯坦（Elizabeth Eisenstein）《作为变革动因的印刷机：早期近代欧洲的传播与文化》（1979年）研究了15世纪中叶兴起的欧洲活字机器印刷这场传播革命对欧洲人文主义、文艺复兴、宗教革命、近代科学、思想启蒙和工业革命的巨大影响。

法国学者罗杰·夏蒂埃（Roger Chartier）也是新文化史研究的代表人物，他的阅读史研究扩大了书籍史的外延。他提出"读书行为"论点，认为正是阅读的发生，书籍的真正意义才会产生。因此，他主张要把文本生产的历史（写作史）、书史（作为物的历史）、阅读行为和读者的历史三个方面有机结合起来研究图书的历史。其主要著作有：《法国编辑史》（主编）4卷（1989—1991年）、《旧制度下法国的阅读和读者》（1987年）、《书籍的秩序》（1992年）、《阅读的实践》（1993年）、《西方世界的阅读史》（1997年）等等。此外，还有佛雷德里克·巴比耶（Frederic Barbier）的《书籍的历史》，鲁道夫·希尔施的《印刷、销售与阅读》，吕西安·费夫贺（lucien Fevre）和马尔坦（Henri Martin）的《书籍的诞生》，艾伦（James Smith Allen）的《透过大众的眼睛：现代法国阅读史（1800—1894）》，等等。

---

① 戴联斌：《从书籍史到阅读史——阅读史研究理论与方法》，新星出版社2017年版，第23—27页。

英国学者从"读者阶层"角度研究阅读史。如韦布（Webb）以传播史来研究读写能力问题。前述理查德·阿尔提克的《普通英语读者：阅读大众的社会史 1800—1900》把读者阶层放在整个社会历史背景下考察其在 19 世纪社会中的位置，即"大众读者层的社会史"。因为读写能力是形成读者阶层的主要因素，是研究读者与出版的重要线索。贝耐特（H. S. Bennet）1969 年著有《英语图书与读者，1475—1557；1558—1603；1604—1640》（剑桥大学出版社出版），克雷希（David Cressy）1980 年出版了《读写能力与社会秩序》（剑桥大学出版社出版），沃尔夫（D. R. Woolf）2000 年出版了《英国现代早期阅读史》（剑桥大学出版社出版），斯帕达（Marina Frasca-Spada）和贾丁（Nick Jardine）主编了《历史上的书籍与科学》（苏贤贵等译，上海科技教育出版社 2006 年），还有戴维·芬克尔斯坦（David Finkelstein）和阿利斯泰尔·麦克利里（Alistair Micleery）的《书史导论》（何朝晖译，商务印书馆 2012 年版）等。

20 世纪 70 年代，苏联列宁格勒文化学院出版了《俄罗斯读者史》论文集，集中反映苏联阅读史方面的研究成果。美国 1991 年成立"作者、读书与出版史学会"，除前述罗伯特·达恩顿外，学者凯伊斯特勒（C. F. Kaestle）著的《美国的读写：1880 年以来的读者与阅读》（耶鲁大学出版社，1991 年版）是近年来美国在阅读史研究方面的代表作。此外，日本学者越谷和子、前田美也有这方面的研究。[①]

在研究阅读活动自身发生发展的历史方面。1997 年，加拿大著名作家、翻译家阿尔维托·曼古埃尔（Alberto Manguel）在弗拉明哥出版社出版《阅读史》一书，通过"阅读活动""读者的力量"两大部分详述人类阅读的历史。2003 年，新西兰学者史蒂文·罗杰·费希尔（Steven Roger Fischer）所著的《阅读的历史》是一部人类阅读行为史，也是人类阅读的思想史，更是一部人类文明发展史。作者引经据典，旁征博引，跨越历史时空，折射出人类社会阅读史的全貌。对书写文化与口述传统、文字审查与自由阅读、各国本族语言与拉丁语的纷争，乃至宗教改革小说兴起、阅读的未来等重大论题都有论述。在作者看来，阅读与意识形态、个人信仰一脉相承，是经济发展、社会进步的最佳佐证，是人类文明之声。也正是借助阅读之力，读者才得以超越自我，借鉴观念，谋求信息

---

① 王龙：《阅读研究引论》，香港天马图书公司2003年版，第144—146页。

对称，最终实现社会进步与共同发展。

2011年，英国麦克米伦公司出版了三卷本的《阅读史》，其中特韦德（Shafquat Towheed）和欧文斯（W. R. Owens）主编的《〈阅读史〉（第一卷）：全球概览 1500—1900 年》展现了英国、波兰、德国、美国、南非、印度、新西兰等不同国家 1500—1900 年间的阅读历史；凯蒂·哈尔西（Katie Halsey）和欧文斯主编的《〈阅读史〉（第二卷）：来自不列颠群岛的证据，1750—1950》介绍了英伦三岛的阅读情况；罗沙林德·克龙（Rosalind Crone）和特韦德主编的《〈阅读史〉（第三卷）：方法和策略》介绍了世界各地历史学家研究阅读史的不同方法和策略，反映了全球阅读史的研究面貌。此外，还有卡特琳娜·萨雷丝（Catherine Salles）的《古罗马人的阅读》（2005 年）、弗里德里克·G. 凯尼恩（Frederic George Kenyon）的《古希腊罗马的图书与读者》（2012 年）、罗伯特·达恩顿的《阅读的未来》（2001 年）等等。

（五）电视、网络数字技术对传统纸质阅读模式冲击及其后果的研究

这是 20 世纪 50—60 年代电视出现后逐步展开的。20 世纪中叶以来，先有电视、后有网络数字技术极大地改变了人们的生产、生活方式，也从根本上冲击了纸质阅读社会产业和传统的阅读方式，人们不知道技术革命带来的这些改变的后果对人类文明的传播及接受行为的阅读的影响，社会学家、传播学家、生理心理学家都开展了很多这方面的研究。如 1951 年，著名的加拿大传媒理论家马歇尔·麦克卢汉（Marshall Mcluhan，1911—1980）的第一本专著《机器新娘》出版，这本书广泛分析报纸、广播、电影和广告产生的社会冲击和心理影响。20 世纪 60 年代初，他出版了《谷腾堡星系》（1962 年）、《理解媒介》（1964 年），认为"媒介即人的延伸""媒介即讯息"，按媒介的"清晰度"高低与受众"参与度"高低提出"冷媒体"（包括电话、卡通、电视）、"热媒体"（包括印刷品、广播、电影等）的概念并进行优劣的比较分析，在人文学科领域引起强烈震撼。[①]

美国著名传媒批评家尼尔·波兹曼（Neil Postman）1985 年初出版的《娱乐至死》一书中阐述了口头媒介、文字媒介以及电视媒介是如何以不同形式传播信息的。

---

① ［加］马歇尔·麦克卢汉著，何道宽译：《理解媒介——论人的延伸》，商务印书馆2000年版，第51—64页。

该书追溯了传媒的变迁，阐述了电视声像逐渐取代书写语言的过程。波兹曼认为电视传媒的娱乐本性使得非娱乐性的信息不得不在"声像"上包装自己，最终导致这些信息在内涵上缩水（换句话说，信息越来越具有作秀的成分）。另外，由于电视传媒仅仅是单向沟通，无法与观众进行有意义的交流，它也就没办法实行教育的职责（因为他认为交流是学习的重要组成部分）。波兹曼深化了麦克卢汉的观点，认为不同的传媒适合传播不同的信息。他认为19世纪的美国之所以被认为是"理性时代"，一大原因就是当时的主要传媒是印刷传媒。他还著有《童年的消逝》等著作。这些从传播学角度出发的研究和观点对认识阅读在现代社会中的意义有重要借鉴作用。

阅读生理学权威、美国塔夫茨大学（Tufts University）阅读与语言中心主任和儿童发展学教授玛雅内·沃尔夫（Maryanne Wolf）认为，人类的阅读方式影响人类的思维方式，因此，她担心，网络阅读会改变我们大脑和我们的思考方式，她的担忧具有充分的神经科学依据。在沃尔夫的新书《普鲁斯特和鱿鱼：人类大脑的故事与科学》中，沃尔夫描述了人类祖先发明各种文字系统以来，5000年里人类大脑进化发展的过程，以及阅读行为如何改造了人类的大脑，使其成为"阅读大脑"，而这个阅读的大脑又反过来增进了人类的智力，增进了人类作为一个物种的智力水平。在移动互联时代，我们的"阅读大脑"正在变为"数字大脑"。[1]

《哈佛商业评论》前执行主编尼古拉斯·卡尔（N. G. Carr）在他的畅销书《浅薄》（*The Shallows*）里提出，互联网正在把我们变为高速数字处理机一样的机器人，我们失去了以前的大脑。凯文·凯利（Kevin Kelly）的《数字化时代：全新的阅读方式》（《斯密森尼》杂志，2010年8月）比较了书籍阅读与屏幕阅读的差异以及效果，认为屏幕阅读更功利实用，屏幕激发行动而不是开发沉思冥想性思维等。[2]

综上所述，国际阅读的社会学研究越来越倾向于朝多学科综合研究的趋势发展，已经从不同角度和层面运用社会学的观点和方法来认识社会阅读现象，特别重视阅读行为的社会教化功能，即阅读在个体社会化、社会变革和转型中

---

[1] 练小川：《数字时代的阅读》，郝振省、陈威主编：《中国阅读：全民阅读蓝皮书》（第一卷），中国书籍出版社2009年版。

[2] 靳琰、郑媛：《网络如何影响阅读》，《新华文摘》2015年第23期。

的重要作用；普遍开展阅读的社会调查，注重阅读普及和推广，以提高社会整体阅读力；已开始通过研究阅读史开辟认识社会文化历史的独特视角；注意到数字阅读方式对人类的影响；等等。但与阅读心理学、阅读教育学相比，阅读的社会学研究还是相对薄弱，比较零散，始终没有形成比较丰富、完整、系统的研究理论框架、体系。

三、国内阅读社会学研究进展

阅读社会学研究必须以广泛、深入的阅读的社会活动和社会调查为基础展开。

（一）我国阅读的社会推广活动

1949 年中华人民共和国成立后，我国政府、文化界、出版界和社会团体开展过多种面向公众的图书推荐和阅读推广活动。我国真正意义上的阅读推广社会活动开始于 20 世纪 80 年代改革开放初期，伴随解放思想，1979 年的《读书》杂志复刊卷首语"读书无禁区"开启社会阅读的先声。

1982 年，在"尊重知识、尊重人才"的大背景下，由全国总工会发起，在全国职工中开始"振兴中华"读书活动。1982 年，上海成立振兴中华读书活动指导委员会。1988 年，共青团中央牵头发起"中国青少年新世纪读书计划"。1993 年，中宣部、教育部、新闻出版署、全国妇联在全国范围联合发起"全国青少年爱国主义读书活动"，每年一届。

1997 年，中宣部、文化部、新闻出版署等 9 部委联合启动"倡导全民读书，建设阅读社会"的"知识工程"，并于每年 12 月举办"全民读书月"。此外，全国各地各行业、部门，特别是图书馆界、出版界、教育界，随着精神文明建设的深入，开展了不同形式、不同规模、不同范围的阅读推广活动。

最有影响的是 2006 年中宣部、新闻出版总署、文化部、教育部等 12 部门联合部署开展"全民阅读"活动，我国阅读社会推广、促进活动的高度、广度、深度全面拓展，"全民阅读"得到党和政府以及社会各界的广泛的重视和响应。

2011 年，党的十七届六中全会决议首次提出要"深入开展全民阅读"；2012 年，党的十八大报告明确提出要"开展全民阅读活动"；2014—2019 年连续 6 年，国务院的《政府工作报告》都号召"全民阅读"。

　　这些年在全民阅读活动背景下，各地结合自身实际，各显其能，阅读推广活动形式丰富多彩，如"北京阅读季"、广东的"南国书香节"、陕西的"三秦读书月"、新疆的"天山读书节"、深圳"读书月"等等。各地阅读活动推广的方式和手段不断创新，先进经验不断涌现，全社会多读书读好书的社会氛围日益浓厚。

　　（二）全国各地的阅读社会调查

　　与全国方兴未艾的社会阅读推广活动相伴的是我国的阅读社会调查活动的蓬勃开展。

　　1981 年 6—12 月，吉林省图书馆对经常利用各类型图书馆的 8538 名读者进行了一次阅读情况的普及性调查，这次调查所获得的大量数据成为图书馆了解读者、进一步改进工作的重要参考依据。这是我国最早开展真正意义上的读者阅读行为社会调查。

　　在阅读的社会调查方面最有影响的是，从 1999 年开始，中国新闻出版研究院（即原中国出版科学研究所）受国家新闻出版广电总局（原新闻出版总署）的委托，至今连续开展了 15 次国民阅读与购买倾向调查（2007 年，该项调查获得中央财政资金支持，从每两年一次改为每年一次），以了解国民阅读与购买图书、报纸、杂志、音像制品、电子出版物等变化的规律和发展趋势，从而为管理部门制定有关出版和阅读政策提供决策咨询，为出版企业预测发展走向，有针对性地制定选题计划，进行科学投资、组织市场营销提供决策参考，也为国民更好地选择和消费出版物提供相应的信息资料，积累了广泛的国民阅读原始数据，受到读者、出版者和教学、科研、管理部门的肯定和好评，调查所得资料被广泛引用。此项调查工程是一项连续的、大规模的国家出版基础工程，已形成规范。随着全民阅读的普及和深入，这项调查工程的作用和意义越来越大，将长期坚持。[①]

　　近年来，在全民阅读活动的推动下，江苏、湖北、浙江、江西、福建等省以及深圳等城市，甚至湖南省永兴县也开始进行社会阅读调查，公布本省（市、县）的阅读调查数据，以监督（测）本地的全民阅读开展的成效。

[①] 郝振省：《让阅读成为国民基本生活方式的一部分》，《中国阅读：全民阅读蓝皮书》（第一卷），中国书籍出版社2009年版。

2008 年，全国全民阅读协调办公室发布《各省市自治区进行的读书情况的调查》。2011 年，上海市新闻出版局开始发布《新媒体环境下上海市民阅读现状报告（2010 — 2011）》《2017 年上海市民阅读状况》。湖南省新闻出版局和民进湖南省委联合组织开展湖南省农村阅读情况专题调研，并对本省 14 个市、州的城市阅读指数进行调查。2011 年，重庆市读书月办公室组织进行重庆市城镇居民阅读调查。

此外，民间的阅读调查也取得多方面的成果，各地区、各阅读年龄层次、各阅读类别、各个阅读介质的阅读调研报告和阅读推广案例层出不穷。

各地区的阅读调查报告，如 2011 年亚马逊中国网的《中国最爱阅读的二十座城市排行榜》，清华大学新媒体研究平台 2015 年发布的《中国城市阅读指数报告》，郑州市推广阅读志愿者发布的《2011 年度郑州城市阅读调查报告》，江西农村阅读需求调研报告，厦门市全民阅读调研报告等。

各阅读年龄层次读者和特定读者对象的阅读调研报告，如中国儿童（0—8 岁）阅读现状分析，2005 年郑惠生主持的《小学生、中学生、大学生课外阅读系列调查》，曹淑香和孙娟的《湖南大学生课外阅读调查与分析》，2009 年陶本一、曹建召的《全国初中生课外阅读调查报告》，2009 年刘秀明的《南疆少数民族大学生预科汉语阅读调查研究》，2007 年《公务决策》杂志社的《公务员阅读调查》，2008 年至今中国出版传媒商报社的《中国书业从业人员阅读调查》，2019 年 2 月当当网联合"易观"共同发布的《中国学生阅读行为综合分析 2019》，青岛出版集团、幸知在线发布的《2018 中国女性阅读报告》，京东大数据研究院与京东图书发布的《悦己·阅读：2019 中国女性阅读报告》，等等。

各种阅读情景的调查报告，如由当当网和易观网发布的《2018 年中国图书阅读市场专题分析报告》，朱红等人的《高校学生利用图书馆进行课外阅读调查研究与分析》，2006 年张硕主持的《贵州大学生阅读经典书籍状况调查》，2005 年上海师范大学的《上海大学生购书情况和阅读倾向调查》。还有《从统计学视角看未成年人的阅读状况》《香港学生阅读能力测试报告》等等。

各个阅读介质的阅读调研报告，如《中国国民数字阅读调查报告》，亚马逊中国发布的《亚马逊中国全民阅读报告》，2007 年中国青年报社甘肃记者站对兰州 9 所高校进行的《网络时代大学生读书状况调查》，孙裕金的《地方高校大学生手机阅读调查与访谈分析》等。

各地阅读推广案例，如《打造图书馆中的学校——大阅读教育理念走进深圳后海小学》《梦想从阅读开始——上海真爱梦想公益基金会的阅读推广模式》等。

这些各个方面的阅读调研报告和推广案例为加强我国的阅读社会学研究提供了丰富的第一手资料，打下了扎实的基础。

（三）我国阅读社会学研究

在我国，最早开展阅读研究是在语言学和教育学领域。图书馆界对读者和阅读的研究是随着 20 世纪初叶"公共图书馆"运动的展开，图书馆的文化教育职能的确立和加强开始的。特别是 1979 年以来，图书馆学研究主题进一步深化，图书馆工作中读者和社会阅读调研次第展开，北京大学、武汉大学图书馆学系都开设了"读者工作"课程，涉及社会阅读推广的内容，图书馆界还提出了建立诸如读者学、阅读学、读者服务学的构想；出版发行领域也出现了对读者和阅读市场的调查，特别是对畅销书社会现象和规律的研究的萌芽。[①]但不管是教育学、语言文学，还是图书馆学、出版发行领域的读者阅读研究，都只是局限于对文本的研究和阅读活动的微观认识，突出地表现在更多地运用了心理学、教育学的研究成果来剖析阅读心理过程和心理特质，比如：对读者阅读兴趣、需要、动机的了解，阅读技能的掌握等方面的研究，或者从读者对出版物的印刷文本注意点的转移来认识词句与理解读物之间的联系，等等。

所有以上这些研究固然对认识阅读规律有益，但它们却只能描述阅读活动的个别、精微、具象的方面或是局限于某个行业的认识。而对阅读作为一种社会行为，则有待于我们加强对阅读社会学的分析和研究。尤其是随着我国现代化建设的演进，全民阅读活动广泛开展，都需要我们站在社会历史高度来把握阅读规律和动向，以总结、归纳和指导社会阅读活动。

我国对社会阅读研究的起步在 20 世纪 80 年代，"阅读社会学"概念的最早提出和倡导研究也有近 30 年历史。早期有黄晓新撰写的《阅读社会学刍论》（《武汉大学研究生学刊》1987 年第 10 期）、《读者阅读需要及其社会保障》（《图书情报知识》1988 年第 3 期）、《强化社会的阅读指导功能》（《中国图书评论》1989 年第 3 期）、《阅读的社会过程研究》（《出版发行研究》1989 年第 12 期）、

---

① 伍旭升：《大轰动：中外畅销书解秘》，广州出版社1993年版。

《试论阅读与社会的联系》（《出版发行研究》1991年第1期）等发表于《出版发行研究》《图书情报知识》等理论核心刊物，这是我国最早关于社会阅读和阅读社会学论文。①卿家康撰写的《文献社会学》（武汉大学出版社1994年版），这是与阅读社会学较为相关的专著。

1992年，河南教育出版社出版了曾祥芹、韩雪屏主编的《阅读学原理》（作为阅读学丛书之一），对阅读的客体——读物、阅读的主体——读者、阅读的本体——阅读过程进行系统的阐述，其中在阅读的本体中提出"阅读是物质过程和精神过程的统一""阅读是个人行为也是社会活动"的结论，并在其中提到要研究"阅读社会学"。

包头师范学院的阅读学研究者王龙在其专著《阅读研究引论》（香港天马图书有限公司2003年版）中在谈到国内阅读研究的不足时，首先指出阅读社会学研究的薄弱，缺乏深入社会实际的阅读研究。在书中他还辟有专门的章节论及"阅读与社会的互动——关于阅读社会学"，对阅读社会学有详细的介绍与论述。王龙从阅读学理论入手，为阅读社会学的历史追溯、国内外的研究现状及未来发展提供了翔实的文献线索，其核心内容是以"个体"与"社会"的结合为主线。提出以"群体研究"为例，强调阅读社会学要研究不同社会群体年龄、教育水平、职业、收入等的阅读习惯、兴趣、数量、方式以及不同的阅读需求。同时可以对那些不阅读的人群与阅读人群进行社会比较，以及在阅读人群中对不同种族的阅读文化、阅读历史、阅读传统进行研究。对于开启我国的阅读社会学研究具有重要的参考价值，提供了有益的路径和思路。

中国台湾地区的学者周庆华的《阅读社会学》（台北扬智文化2003年版）是华语世界第一本以"阅读社会学"命名的专著，该书重在从阅读文本的解析、文本接受学等微观和中观层面解释阅读行为的社会性、探讨阅读活动的社会化现象、强化阅读主体的社会性认知与展望阅读客体的社会化创新途径，为我们提供了一些新的研究思路，例如阅读行为的"权力关系预设"、阅读客体的"角色理论"与"强化理论"、阅读行为的"传播"欲求等，但其研究更多以西方读者反应批评理论为背景，深化对社会阅读的认识。

我国改革开放40年来，出版、传媒、图书馆、教育界研究阅读社会学所涵

---

① 王瑛琦：《我国"社会阅读"的缘起及其研究述评》，《图书馆理论与实践》2015年第5期。

盖的有关主题的著作、文论、论文逐渐增多。

近年来，全民阅读活动开展如火如荼，进行阅读社会调查、研究的著作、论文逐步增多。教育、文化、新闻出版、图书馆界知名人士大力推广阅读、振兴阅读、促进阅读，就建立阅读社会建言献策，提出新的社会阅读观念和理念。如朱永新提出"一个民族的精神境界取决于这个民族的阅读水平""一个没有阅读的学校永远不可能有真正的教育""改变，从阅读开始"等观点，他还积极实践"新阅读"，推广朗（领）读者；聂震宁提出强化"社会阅读力"；郝振省提出"让阅读成为国民基本生活方式的一部分"；于殿利提出"阅读是一种社会责任"；孙月沐破解阅读的力量，提出建立"书香社会"；等等。

关于社会阅读史和个人阅读史方面，成果也是层出不穷。如王余光历时 10 年主编、安徽教育出版社 2017 年 12 月出版的《中国阅读通史》（10 卷本），该书不仅集中国阅读史所有内容，而且在其理论卷中从阅读史角度探讨了文本变迁与阅读，社会环境、教育与阅读，社会意识、宗教与阅读，学术、知识体系与阅读等阅读社会学问题，是少有的总结归纳中国阅读史的集大成之作，填补了这方面的研究空白。

海外华人学者、加拿大的戴联斌出版《从书籍史到阅读史——阅读史研究理论和方法》（新星出版社 2017 年版）一书，从脱困、论人、说史、划界、设问、立规、取材、琢玉、著说等 9 个方面全面翔实梳理欧美书籍史和阅读史研究中的重大问题和重要成果，试图理清这些研究的学术背景和发展脉络。此外，还有深圳报业出版集团 2009 年出版的《1978—2008 私人阅读史》；张维特主编，中国对外翻译出版公司 2008 年出版的《30 年中国人心灵阅读史》；康晓光、吴玉伦所著，广西教育出版社出版的《中国人读书透视：1978—1998 大众读书生活变迁调查》；巴丹主编，东方出版社 2004 年出版的《阅读改变人生：中国当代文化名人读书启示录》；逄先知等著，生活·读书·新知三联书店 2010 年出版的《毛泽东的读书生活》；陈晋著，生活·读书·新知三联书店出版的《毛泽东的阅读史》；等等。

徐同亮、罗娟出版的《全民阅读视野下公共阅读服务体系建议研究》（江苏人民出版社 2018 年版）是为适应全民阅读事业蓬勃发展新趋势，解决公共阅读服务体系建设中面临的新问题，反映国内外全民阅读工作研究的新进展的国内首部论著。该书重点对全民阅读服务设施网络体系、公益性出版物供给体系、法规政策体系、评价指标体系进行分类研究，试图探索公共阅读服务体系的理论框架。

关于国民阅读、社会阅读等方面的论文和文论。据李新祥研究[①]，截至 2009 年 10 月 10 日 20 点，从拥有 6500 万篇论文的《中国学术文献网络出版总库》中，分别以国民阅读、社会阅读等为题名关键词检索，得出的检索结果为：国民阅读 110 篇、全民阅读 297 篇、大众阅读 79 篇、大学生阅读 299 篇、电子阅读 291 篇、文学阅读 258 篇、网络阅读 205 篇、手机阅读 42 篇、图书阅读 98 篇、期刊阅读 58 篇、报纸阅读 46 篇、泛阅读 69 篇、阅读调查 134 篇。

这些文论和论文主要集中在国民阅读的功能及重要意义研究、国民阅读现状与变化表现研究、国民阅读存在问题与行为变化的影响研究、改善和促进国民阅读的对策研究等。

李新祥由此得出结论，这些年，研究国民阅读、社会阅读的论文尽管总数不多，但在不断增长；研究成果的学科分布以出版学、新闻传播学、图书馆学、文化学、教育学等领域为主，尤其是出版领域。这一方面反映了我国国民阅读研究主体的学科背景，另一方面说明，关注国民阅读问题的学科主要集中于出版学和图书馆学；研究成果的发布平台以报纸和期刊为主，专门研究国民阅读的论著尚未出现；文献出版的来源主要是以发布出版行业信息为主的报刊，学术期刊发表的研究论文偏少，这与研究层次集中于行业指导和职业教育相吻合，说明研究的深度不够。

总之，我国阅读社会学研究的提出只有很短的时间，用社会学的观点和方法研究阅读的社会现象也已开始。随着国民阅读调查的开展和阅读推广活动的深入，特别是近十多年来"全民阅读"活动的兴起和深入，"社会阅读"和"国民阅读"的调查研究越来越受到有关学者的青睐，引起学界的重视和兴趣，但仅仅是开始。阅读社会学研究的深度和广度都有待拓展和提高，比较完整的阅读社会学理论体系尚有待建立。

四、政府部门的倡导和支持

[①] 李新祥：《成果述评：我国国民阅读现状研究》，《浙江传媒学院学报》2010年第1—4期。

从国际经验看，一国的阅读调查、研究水平对全民阅读开展及其广度、深度有重要的促进作用。我国这些年来，阅读研究在国民阅读情况的调查与分析、译介国外社会阅读经验、阅读心理和行为的本土化研究、阅读推广案例分析、阅读教育、阅读史、探索制度建设等方面都有进步，但本土化、系统化、概括力方面强，能指导阅读推广、内容生产的阅读理论研究还显得比较薄弱，国内有识之士多有呼吁。2011年4月，新闻出版总署发布的《新闻出版业"十二五"时期发展规划》首次列入"全民阅读工程"，并强调要"加强阅读研究和指导，逐步整合各地区、各部门的阅读活动资源，建立健全全民阅读组织机构"。

2015年11月25日，由国家新闻出版广电总局首次组织召开的全国全民阅读工作会议在北京举行，国家新闻出版广电总局负责人出席会议并讲话，强调"要鼓励和支持高校和科研单位加强阅读学科建设"。

2016年1月5日，国家新闻出版广电总局发布的《关于开展2016年全民阅读工作的通知》中明确指出，要"鼓励、动员和引导社会各方面力量积极参与全民阅读工作，鼓励和支持高校、科研单位加强阅读学科建设，开展阅读学理论研究，并做好研究成果的普及和推广工作"；要"将全民阅读工作纳入国民经济和社会发展规划""建立全国性的书香社会指标体系，并定期评估和发布"。这是政府部门首次就加强阅读学科建设、阅读理论研究发表意见、提出要求，具有很强的针对性和指导意义。

国家社会科学研究基金也开始积极资助社会阅读方面的课题，如2009年资助的《数字时代我国国民阅读行为变化及对策研究》等。

第三节　阅读社会学研究的主要内容

阅读社会学研究什么？国际组织和中外学者有不同的认识和解读。

国际阅读协会（IRA）出版的《读写词典》对"阅读社会学"的研究内容表述为：①研究各种社会力量，如社会经济形式和各种社会机构，如家庭等对阅读行为和阅读教育的影响；②研究阅读对读者习惯和态度的影响，人与人之间的相互作用；③对出版物媒介特点的研究、内容分析；④研究各种组织以及他们对阅读效果和使用的影响。①

国际阅读协会为了总结阅读研究成果，在每年出版的《阅读研究年度摘要》中都有相关阅读社会学方面的研究成果，所列举的"阅读社会学"专题中内容有17项之多，概括起来，主要包括以下几方面的内容。

一是出版物自身的社会学研究。包括内容分析（分析研究各类型出版物的内容特点、发展趋势及其影响）、出版物可读性分析及类型（研究出版物在内容、语言、文字、形式方面对读者接受的影响，即是否通俗易懂、与读者接受能力相符等），这个类型的研究在文献学研究、图书分析及评论中有不少现存的学术成果。

二是读者研究。包括读者数量（研究某种、某类型、某种语言出版物的读者数量）、阅读兴趣、爱好、习惯（如对各类型读者、不同的读者群体的阅读倾向、喜好的研究，如老人、大学生、儿童等），这类研究在图书馆学、情报学研究领域中的读者、用户研究比较普遍。

三是阅读传媒的使用与影响。阅读的内容通过传媒深入到每一个人的日常生活当中，研究广播、电视、书刊、报纸、网络等传播媒介在不同社会群体中的使用情况和作用，尤其是平面媒体的图书、报纸、期刊出版，对其内容、编辑质量、来源等方面的研究，关注其对社会的作用与影响。读者对出版物内容、形式的反应，同时，图书馆的接触与使用，从使用图书馆的角度探讨阅读行为，社会和文化对阅读的影响，也是其中研究的重要组成部分。

四是史的追溯。包括研究教育史、读写史（探讨、总结阅读教育和阅读活动的历史，阅读教育和阅读活动在不同阶层、群体、不同历史时期的作用和地位等）、报刊史与传媒史，包括对报刊出版史及其他新闻媒介对报刊的影响的研究，印刷与出版史，研究印刷和各类型出版物的历史。

五是专题。涉及阅读的影响，研究阅读活动对人们的观念、行为的影响。例如识字和文盲（对读写能力和文盲的调查研究）、审查制与出版自由（研究各国政府对出版的法规政策、出版物的审查制度和出版自由及其影响）等。

六是研究技术与研究方法。阅读社会学的研究内容相当宽泛，涉及新闻传播、出版、教育及图书馆学等多个领域。阅读社会学对社会阅读状况的描述，不仅

① 王龙：《阅读研究引论》，香港天马图书公司2003年版，第110页。

反映了一个社会的文化品质，而且也反映了一个社会人们的价值趋向和心态结构的变化，这种趋向和变化也是社会发展状况的指示器。通过阅读社会学研究，揭示影响阅读的社会因素（政治、经济、文化、教育等），发现这些因素中普遍存在的问题，并为解决这些问题提供可靠的依据和指标。

法国学者埃斯卡皮 1968 年为《国际社会科学百科全书》撰写的"文学社会学"条目无疑也是一篇论文，他认为，缺乏阅读社会学和文化消费社会学的文学社会学是不能成立的。他给阅读社会学确定三个研究方向：①研究阅读物质状况，搞清楚阅读在日常生活中的地位，从而揭示出阅读与多种大众传播和文化消费（电影、广播、电视、唱片等）的关系。②从社会心理学角度（并运用其方法）根据读者的性别、年龄、职业、教育程度、社会阶层、智商等方面的异同确定其不同的阅读动机和态度。③研究文学欣赏语言。[①]

"阅读社会学"按照苏联学者的定义，它是研究"出版物发挥社会功能的规律及其推动力量，它要说明社会阅读需求的产生是社会发展过程的必然结果，因此，对阅读的社会学分析能揭示读者需要与兴趣的社会性实质和阅读在社会现象系统中的地位及其个人精神世界形成中的作用"。

阅读作为人类精神交流的重要途径，它是人类特有的社会活动。其强烈的社会性主要表现在阅读的主体——读者和阅读的客体——图书文献信息载体都是人类社会发展的结果。要研究阅读社会学，首先必须弄清阅读现象的社会历史作用，把阅读现象放在纵向和横向的社会历史过程中进行考察。

中国台湾地区周庆华的解释，"阅读社会学"是从社会学的角度来研究阅读行为及其相关的模式所形成的学问，它是一种"方法"的突破，目的在于深化对阅读的认识及其可能的期待，从而转益于文化心灵的"日渐提升"。他认为，阅读社会学的研究范围包括，解释阅读行为的社会性，探讨阅读活动的社会化现象，强化阅读主体的社会性认知，展望阅读客体的社会化创新途径，他的《阅读社会学》专著的章节也由这几个方面展开。

王龙撰写的《阅读研究引论》提出，阅读社会学就是运用社会学观点和方法研究阅读行为，包括阅读的社会功能、阅读行为发生的社会机理、社会阅读活动的发展规律、阅读行为与社会各因素之间的相互关系、阅读活动的社会化、

---

① ［法］罗贝尔·埃斯卡皮著，于沛选编：《文学社会学》，浙江人民出版社1987年版，第272—273页。

阅读的社会过程及其社会学特点，阅读群体或读者共同体、阅读活动的社会规范、阅读社会作用效果及其预测与控制、各类型出版物内容特点、发展趋势及其社会功能、出版物在不同社会群体中阅读使用的社会调研等等。他还就此提出研究内容的12个专题：阅读与社会发展、阅读与政治、阅读与经济、读写文化的边缘地带及阅读人类学、阅读与宗教信仰、阅读社会形成的社会因素、国家干预和个人计划、社区阅读研究、阅读与闲暇社会、社会群体阅读研究、阅读与家庭、阅读与社会控制、大众传媒与网络中的阅读。

社会学是研究人类社会及其社会关系的科学，它研究"超个人化"的行为和运作方式。阅读社会学就是从社会学的角度、运用社会学的方法来研究"阅读"这种人类社会的现象，分析它与社会其他系统、要素、结构之间的相互影响和制约关系，以及在整个社会系统中的地位，从社会的整体上来认识和把握阅读的规律。

阅读社会学就是运用社会学观点和方法研究阅读行为，看来没有疑义。但究竟应研究什么内容呢？我们认为，应总结归纳国内外大众阅读的社会调查和研究成果，根据我国全民阅读活动的需要，建立和完善我国阅读社会学研究体系。

一是要研究阅读的社会功能、社会作用等。了解总结社会阅读的驱动因素、活动机理、普及流传推广的内在规律，建立全民阅读活动机制。

研究阅读与其他人类知识信息获取途径作用的优劣异同。"了解并说明社会阅读需求产生的背景，确定阅读在社会现象中的位置及其在形成精神世界中的地位"[1]；研究阅读在个体和社会生活中的特殊作用和功效，尤其是在移动网络数字时代，阅读方式的变化变革对社会生产生活和精神文明建设的重要影响等。

二是研究阅读的社会过程。对阅读社会过程的研究也就是从纵向角度考察阅读作为一种社会活动逐步发展进化的历史，即研究社会阅读史。

阅读史首先要研究某个社会、时期的阅读倾向、潮流，说明和反映某种社会思潮和走向、趋势，某个重要人物的阅读经历，对他思想的形成、对他个人行为乃至对社会历史的影响。包括一个社会的阅读史、一个历史阶段的阅读史、一个人的阅读史对他个人行为和历史的影响，如毛泽东的阅读史、曾国藩的阅

---

[1] 张树华、赵世良、张涵编：《图书馆读者工作教程》，北京大学出版社1986年版。

读史等。

其次，阅读史要研究阅读活动作为人类特有的文明现象、它本身发生发展的历史。要考察阅读作为一种社会活动逐步发展进化的历史及对人类社会的影响。研究网络数字时代社会阅读的发展趋势等。

三是研究阅读的社会心理。在文本的选择、阐释过程中，社会规范和个体心理从社会思维、社会关系、社会影响三个方面发挥影响和作用于人的阅读行为，人们如何产生阅读的从众心理（周围的人互相影响阅读同一本书）、逆反心理（越查禁的书越要看个究竟）、服从心理（集体阅读等）、猎奇心理、求新心理、求异心理等等。要研究这些阅读社会心理行为，通过适当的阅读推广，最大化地推进全民阅读。

四是要研究阅读与社会的互动原理。阅读与社会的互动，是一种典型的"符号互动"，是人类社会最主要、更高级、更理性、更有成效的互动形态，阅读既受社会环境和各种社会因素如政治、经济、文化、教育、宗教、科技等的制约和影响，又反作用于社会，对社会文明进步产生重要影响。随着移动网络数字技术的兴盛和普及，读者越来越喜爱在网络上进行数字互动即社交化阅读。社交化阅读给阅读的社会互动带来变革，使互动主体广泛化、读者中心化；使互动的中介客体流动化、分享化；互动的过程即时化；互动的规模和广度、深度、频度和效度空前；互动的结果海量生成、丰富多彩，形成知识信息的汪洋大海；互动还重塑了读者与作者、编者、出版者的社会角色和关系，重构阅读互动的循环生态，促进阅读行业的发展。要研究阅读与社会互动的规律，特别是社交化阅读的变化规律，更好地认识、适应和促进阅读与社会的良性互动。

五是要研究阅读的社会结构。社会结构理论是社会发展理论的核心内容。阅读的社会结构是一个复杂的系统，由作者、阅读文字、阅读内容、阅读介质、读者、阅读方式、阅读方法、阅读设施、阅读服务、阅读时间和空间、阅读的氛围等等这些阅读的社会基本元素和它们的组成、架构方式、关系所确定。要看到，今天我们所谓的"阅读问题"，其实质是由于网络数字技术对传统的阅读社会结构冲击，造成其结构的失衡、失序。要研究适应这种结构变革，促进传统阅读社会结构的转型升级，重构阅读行业内外社会生态链。

六是要研究阅读的社会产业。阅读已成为现代人的一种生活方式，即信息获取方式，阅读活动的普及，拉动了满足这种需要的生产和服务，使之逐步形成产业。特别是由于科技的不断进步，支持这个产业不断规模化、丰富化。我们认为，在以读者为中心的数字阅读模式时代，从"以人为本"的角度，用人的社会行为——阅读产业来概括移动网络数字时代的线上和线下的所有为阅读服务的生产和服务行业是最恰当不过的了。全民阅读为当代阅读产业的形成和发展提供了互动的助推力，全民阅读也需要聚合各种阅读资源和要素共同发力，更需要阅读产业的融合推进。要研究阅读产业的特点、结构、产品、服务、盈利模式、发展趋势及其相关产业，为全民阅读和建立学习型社会服务。

七是要研究阅读的社会组织。阅读行为本身具有社会的自组织的整合功能，通过阅读人们可获取语言文字、民族、文化、职业、阶层、信仰、信念甚至是兴趣爱好等等身份和价值认同，同时，通过组织来培养和丰富、完善、促进阅读活动效能。要研究各种社会阅读组织、网络阅读社群对阅读的作用和影响。目前，随着全民阅读活动的普遍开展，各类阅读社会组织普遍生长。要研究这些组织的现状和发展趋势，包括如何运营、维护和管理，如何发挥其在阅读普及、推广和社会整合中的功效和作用。

八是要研究阅读的社会保障。我国阅读已经社会化、普及化，信息的获取和利用成为现代读者须臾不可离开的生活需要。在全民阅读早已成为国际共识，移动网络数字技术又带来阅读方式革命的今天，政府和社会应依据《宪法》规定，像确保国民最低物质经济生活的责任一样，要确保国民最基本的阅读这种精神需求，也就是最基本的信息知识获取的权利和条件。要研究充分发挥社会公共管理职能，调动全社会的力量，优化资源配置，从保障社会成员的最基本的文化阅读权益、培养读者阅读习惯、提高读者阅读能力和品质、培植读者的经济基础、增加读者的闲暇阅读时间到丰富阅读内容、完善阅读设施、改善阅读环境和服务、满足社会阅读需要等多个角度，为全体国民创造一个稳定、持久、不断发展的良好的基本阅读条件。

九是要研究阅读的社会控制。阅读的社会控制是借用社会学的"社会控制"概念来描述一种阅读的社会现象，是指社会力量（包括政府、社会组织等）通过一定的（直接和间接的）方式和手段作用于人的社会阅读活动系统，使人的阅读活动系统自身规范化，以适应当时的社会要求，使之为社会服务，从而维护整个社会活动秩序的过程。

人的阅读活动系统指为了保障和维持阅读活动顺利进行的一整套工作系统，

包括赋予社会主体阅读能力的教育系统,阅读客体(读物)的创作、生产、传播(发行)、消费、利用系统,保障读者阅读活动顺利进行的时间、空间、设施等的服务系统等,这是一个开放的、可控的社会系统。

阅读的社会控制就是根据一定的社会意志和原则赋予阅读主体以阅读权能,对海量的阅读文本的数量和质量等进行选择、优化、浓缩、规制等并协调其内部主体、客体和服务保障等要素有效运转的过程。其方法途径有法规、行政的约束,更多的则采取疏导指引,即阅读推广、阅读促进和阅读指导,以传播经典阅读,传承人类文明。

十是要研究阅读的社会调查、监测与评估。通过确定一定的指标体系,对社会成员阅读状况的客观描述和实时了解,不仅可以掌握一个社会的阅读的广度和深度,社会的文化品质,还可以反映社会整体的价值趋向和不同群体的阅读的变化,为阅读的产业、组织、保障、引导、服务提供参考。

总之,社会发展对全民阅读有着更高的要求,加强对阅读社会学研究,有助于推动全民阅读活动的有效开展,提升国民的文化素养,为全面实现小康社会和构建"书香社会"提供理论基础,最终促进人的全面发展和社会的全面进步。

第四节　阅读社会学研究方法和意义

阅读社会学是阅读学与社会学的交叉学科,其学科性质决定了其研究对象、研究内容,也决定了其研究方法,即社会学的研究方法。社会学的方法作为社会学的灵魂,已经形成了社会学的一个分支学科——社会调查,它的基本内容大致包括三个方面,即基本方法、具体技术、程序和步骤。归纳起来,阅读社会学的主要研究方法如下。

普查法:就是对所有要研究的读者对象进行全面的分类分层调查,这是为掌握研究对象全面资料,进行全面研究和分析而常用的方法。

抽样法:从调查读者对象总体中抽出部分样本来进行分析和研究,然后将其结果推论到总体上去,得出总体结论。在有限的人力、物力条件下,抽样法不失为一种掌握读者总体情况的最好方法,如我国的国民阅读情况调查、各类读者阅读率的调查等。

个案法:即个案研究法,亦称个案历史法,将某一个社会单位——个人、家庭、社区、村庄、市镇、企业、学校等或某一读物作为案例，对其进行全面、深入的调查研究，追踪研究其行为的一种方法。它包括对一个或几个个案材料的收集、记录，并写出个案报告。它通常采用观察、面谈、收集文件证据、描述统计、测验、问卷、图片、影片或录像资料等方法。

在大多数情况下，尽管个案研究以某个或某几个个体、团体作为研究的对象，但这并不排除将研究结果推广到一般情况，也不排除在个案之间作比较后在实际中加以应用。对个案研究结果的推广和应用属于判断范畴，而非分析范畴，个案研究的任务就是为这种判断提供经过整理的经验报告，并为判断提供依据。在这一点上，个案研究有点像历史研究，它在判断时常需描述或引证个案的情况。因此个案研究法亦称"个案历史法"。个案研究要求选择的对象的典型性（个别性）、研究过程的深入性、研究成果的可操作性（综合性）。

问卷调查法：是以书面提问方式调查读者的一种方法，这种方法由有关部门提出问题，制作调查表，发给有关读者填写，然后将填好的表集中起来，按内容逐项统计，并对统计结果进行定性定量分析，从而得出读者阅读的有关情况的一般结论。这种方法简便易行，可以用较少的时间获取读者阅读的大量信息。由于互联网的普及，这种调查可以在网上进行。

典型法：选取有代表性的若干读者个人或单位、事件等进行深入系统的研究。

实验法：实验法是研究者有意改变或设计的社会过程中要研究的读者的外显行为。实验法的依据是自然和社会中现象和现象之间普遍存在着一种相关关系——因果关系。

访谈法：又称晤谈法，是指通过访员和受访读者面对面的交谈来了解读者的心理和行为，是社会学、心理学基本研究方法。因研究问题的性质、目的或对象的不同，访谈法具有不同的形式。根据访谈进程的标准化程度，可将它分为结构型访谈和非结构型访谈。访谈法运用面广，能够简单而迅速地收集多方面的工作分析资料，因而深受人们的青睐。

文献分析法：指搜集、鉴别、整理文献，并通过对文献的研究，形成对事实科学认识的方法。文献分析法是一项经济且有效的信息收集方法，它通过对与工作相关的现有文献进行系统性的分析来获取工作信息。一般用于收集工作的原始信息，编制任务清单初稿。

大数据分析研究法：利用现代移动网络技术，搜集整理有关阅读对象的海量数据。应该说，大数据为社会学提供研究读者行为的新工具，为研究阅读的社会互动与社会交往提供新的可能，为宏观层面的阅读社会研究提供新的测量手段，它还产生了新的数据分析方法和分析技术。因此完全可以运用大数据分析研究法对一定范围的读者阅读兴趣、需求、行为、动机、倾向进行统计分析研究，掌握其阅读行为规律，开展有针对性甚至个性化的阅读服务。

比较法：是一种自然科学或社会科学常用的研究方法，它通过观察、分析，找出研究对象的相同点和不同点，它是认识事物的一种基本方法。可以采用比较法研究不同国别、不同地域、不同时期或同一时期、不同阅读对象等的阅读情况，找出其读者和阅读的异同规律。还可以在一定条件下对古今中外的阅读活动进行纵横比较，可以看出异同，找出规律。

阅读社会学是一门交叉学科，涉及多种学科领域，包括社会学、心理学、阅读学、传播学、编辑出版学、教育学、图书馆学、书籍史、文学、阐释学、接受美学、读者反应批评理论、精神分析学等，其中图书馆学、阅读学、教育学的许多领域都涉及阅读社会学的内容，如基础理论、阅读指导、文献研究、参考咨询、读者服务等，同时需要借鉴社会学研究的概念、观点和方法。

阅读社会学的研究至少有如下意义。

其一，关心阅读社会学问题就是关心阅读的根本问题，也就是人类的生存和发展问题，人类文明的进步问题。知识经济的发展和国家竞争力的提升依赖于全民文化素养的提高，全民素养的提高依赖阅读社会普及和深入。开展阅读社会学研究，促进人的全面发展和社会的全面进步。

其二，阅读社会学对某一个社会的阅读状况的描述，是社会精神文明建设情况的重要指标，不仅反映社会文化品质，而且反映人们的价值取向和社会心理结构的变化。阅读社会学也为研究考察社会历史文化的演进提供独特视角。

其三，通过阅读社会学研究，揭示影响阅读的社会因素，发现问题，为解决阅读的社会问题提供依据。

其四，通过阅读社会学研究，探寻阅读在个体社会化方面不断增强的影响和作用，促进全民阅读活动对主流意识形态和价值观的有效形塑。

其五，阅读社会学研究阅读产业（以新闻出版业为主）生产、传播、利用的规律。只有了解社会阅读的现状和发生、发展规律，特别是了解当今移动网络数字阅读对传统阅读行为和模式的冲击和影响，才能有效地、有针对性地组织阅读物的生产和传播、利用。

其六，阅读社会学为新时代的阅读文化建设、全民阅读提供理论和实践依据。

小　结

阅读是人类文明的社会活动。阅读活动所需的文献、媒介等阅读要素是人类社会发展到一定阶段社会交往、交流、沟通、传播、传承的必然产物。阅读活动的主体与客体都是人类社会化的结果。我国现已进入程度较高的阅读社会。网络数字时代，阅读的社会交往功能和社会组织功能发挥得越来越强大，同时也对阅读活动提出了严峻挑战，即阅读信息资料的无限增长趋势与社会个体阅读接受信息能力的有限性之间的矛盾等一系列问题。

国内外对阅读社会学研究的提出已有一百多年历史，并从不同角度对阅读活动进行了社会学的调查和解读，但始终比较零散，没有形成全面的、系统的理论体系。

全球全民阅读的生动实践和我国国民阅读社会调查的成果为阅读社会学研究提供丰富的资料，建立阅读社会学的理论体系的条件已经成熟。

阅读社会学研究的内容应包括，阅读的社会价值、阅读的社会效能、阅读的社会过程（阅读史）、阅读的社会心理、阅读与社会的互动、阅读的分层分类的社会结构、阅读的社会产业、阅读的社会组织、阅读的社会保障、阅读的社会控制、阅读的社会调查监测和评估等。阅读社会学可以运用社会学、心理学、传播学、管理学、历史学、教育学、图书馆学、读者反应理论等多种学科方法下手开展研究。

第二章　阅读的社会过程和效能

不去读书就没有真正的教养，同时也不可能有什么鉴别力。

——亚历山大·赫尔岑

内容提示

阅读行为有其生理心理基础

阅读是读者对知识信息的选择过程

阅读是读者对文字信息的理解阐释过程

阅读是读者认识的重构过程

阅读是信息知识的社会交流过程

阅读是文本的消费过程

阅读是文本传播社会功能的实现过程

阅读是个体社会化的主要途径

阅读成为现代人的基本生活方式

阅读是人的社会权利和责任

阅读是人的社会身份地位的内蕴和标志

阅读是社会历史文化积累与传递的非常通道

阅读是社会自组织的利器

阅读是提高人口质量的重要手段

阅读活动进行的深度和广度是测定一个社会文明程度的重要标尺

人们对阅读现象的认识，有不同的解读和定义。在我国"读"与"籀"是互训的，诵而能释其义曰"籀"，东汉许慎《说文解字》称"读，诵书也""籀，读书也"。读即是通过"看"和"诵"而达到对阅读含义的理解。

《现代汉语词典》定义为，阅读"即看（书报）并领会其内容"。《中国大百科全书·教育卷》定义为，阅读"是一种从印的或写的语言符号中提取意义的心理过程"，"阅读也是一种基本的智力技能，这种技能是取得学业成功的先决条件，它是一系列过程和行为的总和"。《阅读词典》（四川辞书出版社 1988 年版）解读为"阅读"是一种从书面语言和其他书面符号获取意义的社会行为、实践过程和心理过程"。学者黄葵、俞君立（《阅读学基础》，武汉大学出版社 1996 年版）认为"阅读活动是读者从文献（记录有知识的载体）中获得信息与知识的社会实践活动、生理过程和心理过程"。学者高瑞卿（《阅读学概论》，吉林教育出版社 1987 年版）认为，阅读"是人们吸收知识的一种有意识、有目的社会活动"。

从以上人们对"阅读"的多种定义中可以看出，阅读是以个人已有的经验知识（包括直接和间接经验）为基础，对阅读物内容的感知过程。即阅读过程首先是一种生理和心理的反映过程；其次，阅读更是一个社会过程，而且这一社会过程对个体和社会群体都有重大的作用和效能。

第一节　阅读的生理心理基础

阅读是一种智力活动，也是人类所特有的高级心理活动。在世界范围内，对阅读过程的心理学研究最早始于被称为心理学之父的 W. 冯特（Wilhelm Wundt，1832—1920），他于 1879 年在德国莱比锡大学创办了世界上第一个心理学实验室。稍后，冯特的第一位助手、美国心理学家卡特尔开展字词认知的研究和实验。然而，对阅读心理最具创造性的分析反映在 1908 年伯克·休伊（Burke Hueg）发表的有影响的著作《阅读的心理学和阅读教学法》中。

已有的研究表明：阅读首先是由眼睛对文字符号的感知，然后把信息通过神经，再传至大脑，在大脑中产生极其复杂的神经活动。这里，大脑皮层的视觉中枢、言语听觉中枢等的协同活动是进行阅读的关键。对大多数人来说，大脑左半球的布罗卡氏区和威尔尼克区及"角回"区域（位于大脑皮层的顶下叶）

起着重要的作用。

正常人阅读的神经活动路线大致是这样的：文字符号以光波反映到眼睛视网膜，引起兴奋后，由视神经传到大脑皮层的初级视觉区，然后再传至角回区、威尔尼克区、布罗卡氏区及受益人运动中枢，便引起唇、舌、喉等处肌肉的活动，从而发出声音，如果默读，唇、舌、喉及肌肉活动受到抑制，便只有声带的轻微颤动，一般无法觉察。

如上所述，进入大脑皮层的各种文字符号信息，在神经元网络中进行着复杂的分析、综合活动，如识别、校正、改造、储存、重组、联想等，人们总是根据已有的经验来理解当前的信息，并把它按自己特有的方式进行大脑的编码、储存。这里的所谓"理解"即是将文本中读者还没掌握的知识与读者头脑中固有知识之间建立必要的逻辑联系，这种联系的深度和广度决定着理解读物的水平，即联系愈全面，理解读物的内容就愈深刻，理解的结果是使新的信息成为读者固有知识的有机组成部分，并成为进一步阅读理解新知识的基础。

现有的研究发现，早期分辨语音的能力影响到儿童成长后的阅读，这意味着我们的阅读能力和听说能力有很大的关联性，成年人的大脑中有一个专门与字词阅读相关的区域，负责字形和词形，它既与阅读本身相关，也与听、说有关。从大脑神经机制发育来看，自从人类用语言进行交流后，人类语言"听""说"的神经系统就存在了，儿童出生后语言发展的进程与人类大脑语言区进化的过程具有某种相似性。

达尔文的进化论适用于人类语言进化所对应的脑的改变，但阅读和书写的产生只有几千年的历史，无法用达尔文的进化论来解释它的脑机制。科学家们更倾向于认为，阅读能力是基于已经存在的脑区和脑功能的改造利用后产生的新功能。儿童发展中，学习阅读和书写的时间也晚于听说能力的形成，其对应的神经机制还不甚了解，也是近年来研究的重点。[①]

美国神经认知科学家帕特里夏·库尔（Patricia Kuhl）等的研究发现，刚出生的婴儿就已经可以分辨母语和外语中的音。出生6—12个月之间的语言环境，影响他一生的语言能力和阅读能力。21世纪以来，科学家发现，阅读能力与视觉词形区域相关，这一发现与早期的脑电波发现是一致的，婴儿在出生一个月

---

① 姜澎：《阅读并非在10岁就已定型》，《文汇报》2016年7月8日。

后就建立了三维识别视觉机制，而阅读障碍的孩子很多在特定的视觉识别上存在问题。

　　了解阅读的心理认知过程也是心理学家和教育学家一向关心的课题。从心理学上对阅读下定义，也并非易事。因为各种类型的阅读活动具有各自不同的目的，并且要求不同的心理加工策略。因此，阅读心理的内涵是十分复杂的，阅读心理学家对阅读有着许多不同的理解和定义。

　　国外把阅读的心理机制定义分为两类：一类强调的是译码的过程，一类则强调意义的获得。强调阅读是一种译码过程的心理学家认为，阅读是从书写的符号"翻译"成声音，强调阅读是从视觉信号到听觉信号的一种转变。而强调阅读是意义的获得的心理学家则认为，在阅读中的译码不是把视觉信号转变为声音，而是把它转变为意义。

　　以上两类心理学家的观点并不是对立的，他们之间的差别在于所强调的是阅读加工的不同水平，即人们一般所说的"阅读乃是对于符号的解释""阅读乃是从书面材料中提取意义的过程""阅读是从书面材料中提取信息并影响读者的非智力因素的过程"。而吉布森和利文（Gibson & levin）关于阅读的定义被认为具有一定的综合性，他们所认为的"阅读乃是从文本中提取意义的过程"，被许多人所接受。为了能够从文本中提取意义，需要做到：①把书写符号译码为声音；②具有相应的心理词典，因而可以从语义记忆中获得书写词的意义；③能够把这些词的意义进行理解。因此，实际上吉布森和利文的定义包括了阅读过程中加工的各级水平，是对阅读比较完善的定义。

　　在国外，阅读心理学家根据信息加工的认知心理学的观点和方法，也对整个阅读过程进行了许多研究和分析。一般认为，阅读理解涉及三个主要的成分：一是读者的认知能力（即有关外部世界的一般知识），一是读者的语言能力（包括他们的语音知识、句法知识、语义知识），一是文本（文章）的结构组织。在不同的理论模型中，研究者强调的重点不同，有些强调文本的作用，假定文本本身对读者有重大的影响；另一些则强调读者的作用，假定理解同时以文章提供的信息和读者已有的知识为基础。因此，阅读理解的理论模式大致可以分三类。

　　一是自下而上的模式，也就是所谓的"外向内"理论，这种模式假设信息处理过程始于信息的最小单位（笔画），即阅读是从字词的解码开始一直到获取意义。[①]代表人物是高夫（P. B. Gough）。

二是自上而下的模式，即所谓"内向外"理论，以美国州立万恩大学肯尼思·S.古德曼（Kenneth S. Goodman）博士为代表，他主张阅读是一个预测下一步信息并作确实或否定的过程，即读者利用已有的知识和吸收的少量信息，猜测、构想出字母、字词和语音。古德曼把阅读看作是一个"取样、预期、检验和评实"的循环过程，认为阅读是一种心理语言学的猜测游戏，它包括思想和语言之间的相互作用。他说，有效的阅读不是对文章所有元素准确知觉及辨别，而是选择最少、最有建设性的必要线索去猜测，而且一次猜测正确的技能。换句话说，他力主阅读是追求意义，是读者已有知识配合篇章信息的过程，这就是所谓自上而下的模式，阅读始于智略层次，向下按序作信息分析，读者运用已有的知识猜测文章继之而来的文字或意义。

三是相互作用的模式。1977年，美国人工智能专家鲁姆哈特（David E. Rumelhart）提出了相互作用的"交叉式阅读模式"。相互作用模式吸取了自下而上与自上而下两种模式的合理之处，不再偏重文章提供的信息或读者已有的信息，而是把两者有机地结合起来，认为成功的阅读离不开"自下而上"加工和"自上而下"加工。也就是说，读者阅读时要同时运用"自下而上"与"自上而下"的策略。用"自上而下"过程先激活"智略"去预测及推想。[②]

鲁姆哈特的相互作用模式能够说明阅读过程中的许多现象，这些现象用高夫模式或古德曼模式来解释是有困难的。然而，阅读过程中各种信息之间的相互作用问题是十分复杂的，要进一步具体说明这种相互作用过程还需要不断深入地进行研究。

这些模式反映了阅读心理学家不同的阅读观和研究的侧重点。

在我国，专家学者也从不同的角度对阅读及其过程进行阐述，下面列举几种有代表性的观点。

著名教育家叶圣陶在《略谈学习国文》中认为，阅读是"吸收"的事情，"从阅读，咱们可以领受人家的经验，接触人家的心情"[③]。叶圣陶主要是从阅读的

---

① 曾祥芹、韩雪屏主编：《国外阅读研究》（阅读学丛书之五），河南教育出版社1992年版，第27页。
② 张必隐：《阅读心理学》，北京师范大学出版社2003年版，第36—46页。
③ 叶圣陶：《怎样学好语文》，浙江文艺出版社2012年版，第24页。

功能方面作出说明。其中"领受人家的经验""接触人家的心情",既指明了"吸收"的内容,也点出了"吸收"的特点是"领受"和"接触"。

顾晓鸣在《阅读学·拓展阅读研究的广度与深度》中认为,阅读的过程无非是一种根据作者及其创作环境以及文字语法修辞特征而进行的"释义"过程。[①]在"释义"的前头,顾晓鸣指出了释义的根据,也可以说是特定范围。他进一步指出,通过直觉、联想、想象、逻辑分析和综合判断等一系列的思维活动,把符号及其作品还原为具有特定个人特征和社会情境特征的"意思",把言变为"意"。简言之,"释义"便是把"言变为意",也就是"还原"。他认为,这种"还原",是凭借读物、读者与作者双向沟通的过程,即所谓"设身处地"的活动。

章熊、张隆华在《语文教学的再认识》中说:"阅读就是通过视线的扫描,筛选关键性语言信息,结合头脑中储存的思想材料,引起连锁性思考的过程。"这里不仅点明了接触读物的是视觉,而且提出了"结合头脑中储存的思想材料"这一重要条件,给上述"还原说"以不可缺少的补充,从而较为完整地揭示了阅读的实质。换言之,关键性的语言信息与读者头脑中已有的有关材料的结合,便能实现读者与读物的沟通,即将"言"还原为"意"。要实现还原,即读懂读物,两个条件是必不可少的。只有当一定的语言信息激活了或者再造了读者头脑中的有关表象时,阅读的过程才能展开,阅读才有效果。

综上所述,随着研究的深入,中外学者对阅读心理的阐释曾经走过一段从读物客体到读者主体的研究道路。众多研究者已经越来越明确意识到阅读活动的真正奥秘发生在读者和读物、主体和客体相互的作用过程中。虽然读物一经出版或发表就已经成为一件不变的产品,它仍然传达着作者冷静的观点、热烈的情感和明白的态度。读者阅读的目的是要从读物中提取信息、提取意义,但在阅读过程中,他绝不是被动地接受,他必须调动自己原有的知识和经验、情感和态度,才能从读物中有所获取。

作家萧乾曾指出:"阅读是经验的汇兑。"德国的研究者也指出,有创见的阅读的突出特点,就在于读者的自我意识程度、综合想象能力、阅读兴趣和技能等必须全部展现在文章信息的前面。美国的学者则以各种不同的言辞称"阅

---

① 《语文学习》1987年第3期。

读是一个选择的过程""猜测的游戏"，或者说，"阅读过程充满了期待和预测"。美国阅读研究专家弗兰西斯·格瑞莱特（Franciose Grellet）更明确指出："阅读是读者积极活动的过程，读者带入这一过程的东西，往往比他从读物中所找到的东西还重要。"

总之，每个读者的阅读活动，他对文字符号的感知并不是一种简单的条件反射，而是人的主观对客观（文字）的一种再认识和发现过程。阅读必须调动人们已有的知识和经验以达到对文字的理解，其间伴随着感知、记忆、思维、意志、想象、注意等心理活动，并受到兴趣、气质、能力、性格等个性的潜移默化的影响。

第二节　阅读的社会过程

阅读作为特定社会环境下的生理、心理反应过程，既是一种有目的的意识活动，更是一项复杂的社会活动，阅读都要根据自身头脑的思想、情感储存（也就是自身社会化的效果）和阅读的社会环境来"翻译""还原""理解""体会"感知到的文字符号。阅读的心理过程既指读者阅读的"解码""体会"过程，又指向读者的阅读需求、动机、兴趣、选择、行为、效果等因素。"阅读是读者针对以物质形态呈现的符号以精神和身体作出反应的过程；其先决条件是语言能力，结果是阐释和认识。这就将个体读者与社会规范联系了起来，也就是说，阅读不仅是个人行为，也是社会行为。"正如读者反应批评理论学者认为的"阅读本质上是一种集体现象，个体读者只是读者公众的一分子"[①]，在这里，从社会学的角度，我们更感兴趣的是后者，因为它更能说明读者的阅读行为受到自身其他因素和各种社会因素的制约。

一、阅读是读者对信息知识的选择过程

阅读行为的选择性是读者阅读的基本战略，读者有选择地阅读是阅读的基础和前提。阅读活动总是由一定的个体，为了一定的目的或根据自己的兴趣和

[①] 戴联斌：《从书籍史到阅读史——阅读史研究理论和方法》，新星出版社2017年版，第58页。

爱好，选取一定的读物、在一定的时间和一定的地点进行的。读者的任何阅读行为都是选择的过程或结果。可以说，没有选择就没有阅读。

读者阅读选择对象和内容无外乎三个方面：阅读的主体（读者）、客体（文本读物）和阅读的环境、条件（包括时间、空间等）。从选择阅读内容和文本来看，首先是根据读者的社会角色而定，如年龄、性别、文化程度、职业等；比如中小学生和老年人的读物选择会有明显的差别，一个女性工科大学生与一个中年男律师阅读选择也会很不同。二是根据个体的兴趣爱好、专业素养、阅读品位、信仰价值观等决定，也就是其社会化的程度。三是根据一定社会思潮和社会心理的影响而定，读者所处的时代流行的思想和品位，其社会周边人群如同学、同事、亲友等和传媒的推荐介绍等。四是根据阅读物的质量包括公信力、影响力、感召力、吸引力而定，读者总是根据自己的认识水平选择那些自认为优质的文本来阅读。五是根据社会提供的阅读条件主要是阅读物的获取条件如提供读物、购买读物、取得读物等条件，包括读者收入水平、地区经济总量、宏观经济政策等，还有阅读场地、阅读时间而定。

阅读的选择性表面上看是读者的个性、兴趣使然，从实质上看，都是社会化作用的结果，是信息的社会选择过程。比如近 40 年来，中国社会始终处于急速变化之中，而与之相伴的是我国读者不断变换主题、兴趣、思潮的阅读生活。人们选择图书的方式不仅仅是单纯地逛书店，或靠师友、同事之间的口耳相传，还通过同名影视剧的广泛热播，社会时兴话题的热烈讨论，针对名人名家的追逐热捧，各种各样排行榜的相继出炉……这些因素都在潜移默化地影响着读者的阅读选择取向。

从阅读过程来看，阅读的选择包括选择性关注、选择性阅读内容、选择性地阐释和理解、选择性记忆、选择性复述和再创造等。从阅读环境的选择看，有图书馆阅读、家庭阅读、学校阅读、户外阅读等。

阅读的选择性从根本上说是由于读物的无限性和阅读个体阅读接受的有限性之间的矛盾的结果。首先是由于古今中外人类思想认识成果及其读物的无限丰富性决定的，我国古代对文献的丰富性就有"汗牛充栋"的形容，现代网络数字技术的发展，信息化社会的到来，阅读内容更是快速呈几何级数倍增，信息知识"爆炸"，读者当然更要有所选择，要在一定时间内阅读一定的读物；其二是由于阅读物质量的千差万别，有精华的也有糟粕的，有优质的也有平庸的，更有粗制滥造的，即使是同一个主题也有多种著作，同一种著作也有多种不同的版本，良莠不齐，读者要有所选择，一般情况下总是尽可能选读比较优质的版本；其三是读者阅读时间的有限性，"生也有涯，而知也无涯"，读者只能选择其中与自己有关或自己感兴趣的那部分来阅读；其四是阅读效率的最佳化，阅读讲求效率，读者总是希望在最短的时间里取得最好的阅读效果，要选择最好的阅读路径和方式，因此有精读、也有浏览，有默读、也有听读，有群体阅读、也有个体阅读，等等。

二、阅读是读者对文字信息的理解阐释过程

读者阅读文字信息首先是解码过程，也就是读者理解并阐释文章的事、意、情、景的过程。理解，就是将文本中读者还不掌握的知识信息，与读者头脑里的固有知识信息建立必要的逻辑和情景联系。这种逻辑和情景联系的深度和广度决定着理解的水平。如果没能建立联系或联系薄弱，就说明读者无力理解所读文本；而这种联系建立得越全面、越充分，理解得就越深刻。理解的最后结果是使新吸取的知识信息变为读者知识信息的有机组成部分，并成为其理解新知识信息的基础。阐释，即在理解基础上的表明，它是一个赋予意义和理解体验的过程，即读者把意义赋予你所看到的一段文字的过程，是读者"使用符号引导自己激活的信息构建对作者所传达信息的合理解释"[1]。

文本作为一种精神产品，由内容与形式组成，形式是指其外观等物质属性，如印刷出来的图书、显示屏上的文档等；内容是指蕴藏在文本文字中的知识、思想与价值等内容。某一读者对特定文本内容的理解阐释程度主要由政治、经济、文化、教育甚至宗教等背景因素以及这些背景因素构成的读者心理等决定的。

一条（段、篇）文字信息可以有多种理解和领会，不同的读者由于性别、年龄、学历、职业、兴趣爱好、理解能力、个人经历、文化背景等的不同，可能对同一段阅读内容有不同的理解和阐释，这是阅读自由的重要内容。读者阅读时必须调动自己原有的知识和经验、情感和态度，才能从读物中有所获取，也就是根据读者个体差异的选择性理解和阐释。尤其是对文学性读物的阅读方面，想

---

[1] ［新西兰］史蒂文·罗杰·费希尔著，李瑞林等译：《阅读的历史》，商务印书馆2009年版，第6页。

象理解的空间广大。

正如鲁迅先生所说："《红楼梦》是中国许多人所知道，至少，是知道这名目的书。谁是作者和续者姑且勿论，单是命意，就因读者的眼光而有种种：经学家看见《易》，道学家看见淫，才子看见缠绵，革命家看见排满，流言家看见宫闱秘事……"[1] 这段话的意思是说，每个人的身份、地位、学养不同，故阅读同一部书的侧重点也截然不同，所以对书的理解也各不相同。有一句话叫作"一千个读者心中，就有一千个哈姆雷特"，说的也是这个意思。

在阅读史家看来，阅读行为总是在具体场合依循特定习惯展开。阅读能力不一样，接触文本的方式也不一样。各色各样的读者群，都有他们自己独特的阅读规范和套路，这些条条框框又决定了他们如何使用书籍，如何解读文本，使用什么样的工具，遵循什么样的阐释程序。而不同的读者又在阅读过程中注入不同的阅读期待和兴趣。所有这些因素，一起决定读者怎么阅读文本，怎么抽译出意义。表面上他们是在读同一个文本，但抽译出来的意义和价值可能千差万别。[2]

国外读者反应批评理论特别关心读者与文本之间的结合，他们认为读者与文本的结合，决定了文学作品的存在。在有些主观主义的批评家看来，阅读是读者接触一个文本并予以阐释的私人体验，与读者自己的性格、生活经历以及文本意义紧密相关。[3]

汉斯·罗伯特·姚斯提出读者"期待视域"理论，即一部作品的读者怀持的一套文化、伦理和文学期待，在此基础上，读者创造、受容作品。他认为，为了阐释这个作品，读者会牢牢持守一些主观的模式、范式、信仰和价值观，这些东西都来自他们的文化和社会背景。而在读者反应批评家沃尔夫冈·伊瑟尔看来，在读者阅读中，读者不是被动的，而是主动的，阅读行为和文本都是文学价值的来源。因此是读者和作者一起创造了作品，读者参与构建了作者没有形诸文字但确实寄寓其中的真意。阅读行为本身就是寻求文本意义的活动。

---

[1] 鲁迅：《〈绛洞花主〉小引》，《鲁迅全集》（第八卷），人民文学出版社2005年版，第179页。

[2] 戴联斌：《从书籍史到阅读史——阅读史研究理论和方法》，新星出版社2017年版，第89页。

[3] 戴联斌：《从书籍史到阅读史——阅读史研究理论和方法》，新星出版社2017年版，第30页。

在此过程中，读者选择、组合、期待、回顾、规范、修正他在文本中吸取的东西。

阅读行为随着读者的个体差异，随着阅读环境的变化而千差万别，这又导致对文本解读的五花八门。伊瑟尔为了从理论上描述阅读的精神过程，提出"文本不确定性"理论，即所有文本都包含不确定因子，他称之为"留白"。读者行为是创造性的，就是因为他总是想方设法填补这些空白，以找到一个规范性的意义，并把文本转变成一部完整的作品（或者说实现该文本的价值）。

斯坦利·费什更关注阅读行为本身，将读者确定为文本意义的唯一来源。他认为，是读者主动参与创造文本的意义，文本意义和文学本身也随之重新界定。读者体会到文本的不同，不是因为文本的形式结构，归根到底是因为读者所处不同的阐释社群（由拥有相同感知、判断、观念的读者组成的暂时群体），而拥有不同的解读、阐释策略在起作用，生成了不同的形式结构。

总之，阅读就是个生成意义的过程，而文本中的不确定因子导致解读的千变万化。阐释是大脑的一个积极、有序的过程，一个搜寻所阅读的文字内容的"可能意义"的创造性行为。在阅读中，读者的内心世界是被阅读过程所塑造的。阅读要求个人处于独处状态，要求安静的环境与心态。特别是阅读文学的过程，是读者自我内心分裂与丰富的过程。在阅读中，读者会不知不觉地在小说、诗歌等文本中寻找自己的影子，寻找自己的另一个自我角色的可能性，对读物中的人物产生强烈的认同感，在读物中产生自我投射，产生自我的"镜像"或"映像"，产生对阅读内容不同的理解、意会。个人"镜像自我"的阶段是在文学作品的阅读活动中产生与生根的。这个自我的确认、自我的投射都是文学话语活动的产物，是想象力的意会、阐释的结果。

阅读文学作品的过程是一个人自己与自己对话的过程，是自我质询、自我探索、自我反省的复杂的内心活动。在阅读中，读者不仅对读物中的某个人物产生某种"自居"作用，阅读还产生自我的分裂，一个读者在作品中可能扮演彼此不同的性格与角色，扮演彼此冲突的性格。除了在阅读活动中，一个人很难在现实中体察到另一个人的如此真切的内心世界、行为的隐秘动机，很难听到另一个人的心声或腹语、感知到另一个人的隐秘的内心感受。分享人类共同的和有巨大差异的情感世界，既包括人类隐秘的内心或公开的疯狂行为，也包括他（她）隐秘的道德情操的冲动。阅读产生了近现代特有的内心生活样式。

阅读的理解和阐释发生在现实与虚构、想象与思想之间，阅读使读者置身于一个虚构的世界或一个可能性的环境之中。在阅读中，读者会从作品中像寻找安娜·卡列尼娜或者孙悟空那样寻找自己的影像，甚至在自己真实的生活中"扮演"这个自己喜爱的文学角色，如很多青年找对象时都投射了自己对某一读物中所喜爱角色的理解和想象。应该说，自我是阅读的产物，也可以说在作为读者的经验中诞生了自我认识。

文本赋予阅读推崇客观和理性的思维，同时鼓励严肃、冷静、有序和具有逻辑性的思维特征。因为阅读时，读者往往孤立地面对文本，读者的反应是孤立的。面对文本上的句子，读者看到的是冷静的抽象符号，文本一行行、一页页地把要说明的世界展现出来，这个世界是严肃的，读者需要跟随一条思路，依据理性生活，通过线性富有逻辑的思维等不断丰富和完善自己。

从本质上说，相对看电影电视等其他文化活动，阅读是一件严肃而冷静、孤独的理性活动，需要读者有较强的分类、推理和判断能力。因此，美国著名媒介文化批评家尼尔·波兹曼把印刷机统治美国人思想的那个时期即16—20世纪初称为"阐释年代"，阐释"是一种思维模式，一种学习方法，一种表达途径，即富有逻辑的复杂思维，高度的理性和秩序，对于自相矛盾的憎恶，超常的冷静和客观以及对待受众反应的耐心"①。

现代阐释理论始于19世纪初德国哲学家、新教神学家弗里德里希·施莱尔马赫（Friedrich Daniel Ernst Schleiermacher，1768—1834），他试图建立一个系统来探寻作者们在其文字中究竟要表达什么意义。他运用一种科学方法进行文本分析，认为这将是找到作者初始意义和感情的钥匙。阐释理论流派是试图从古代文献到青少年行为中找到行动和文本中的意义的理论。这一流派的理论试图在个人理解和科学解释之间作出区分。阐释的目的不是去发现制约事件发生的法则，而是揭示人实际理解其经验的方式。

国外有几个传播理论都持阐释论观点，其中包括文本阐释论和文化阐释论。在文本阐释方面最有名的学者是法国哲学家保罗·利科（Paul Ricoeur），他认为文字具有的意义与原作者意图无关，可以不受限制地提供多种解读的可能性。他还认为文字与解释者之间存在一种密切的相互作用的关系，文字可以帮助解释者进行交流而且可以改变解释者。解释以距离化（文本从情景中脱离出来）

---

① ［美］尼尔·波兹曼著，章艳译：《娱乐至死》，中信出版社2015年版，第77—78页。

开始，却以据为己有（对文本的意义保持开放）结束。

三、阅读是读者社会认识重构过程

读者的社会认识的重构即是读者阅读阶段及阅读之后以自己以往的知识、经验为基础重新建构自己的知识、情感和能力的过程，在阅读过程中，每一个阅读者都在重建自己的社会认识。在此基础上，整个社会的认识也在重建创新。

俄国著名教育家鲁巴金认为，读者对储存的特定"印记"（即已知知识——笔者注）的回忆及赋予一本书以一定意义的主要因素是读者的思想，而不仅仅是书籍内容本身，即读者往往按其不同的知识和生活经历来理解同一本书。我们不难发现，在整个阅读活动中，阅读者都调动了自己所有的文化积淀（包括知识结构、情感意识、道德观念等）来加深理解、补充或更换自己已有的认知系统。[①]

正如法国著名思想家萨特所说："阅读确实好像是知觉和创造的综合……确实不应该认为阅读是一项机械性的行动，认为它像照相底版感光那样受符号的感应。如果读者分心、疲乏、愚笨、漫不经心，他就会漏掉书里的大部分关系，他就不能使对象'着'起来（就像我们说火'着'了或'没着'那样）。如果读者处于自身最佳状态，他将越过字句而获得一个综合形式：'主题''题材'或者'意义'，而组成这个形式的每一句话，将只不过是一种局部性的职能"。[②]

美国宾夕法尼亚州阅读能力评估咨询委员会给阅读的定义是：阅读是一个读者与文本相互作用、构建意义的动态过程。构建意义的实质是读者激活原有的知识，运用阅读策略适应阅读条件的能力。读者通过阅读必然形成带有自己主观色彩的新认识，主观色彩包括读者的学校教育、先前的阅读经验、知识水平和其个性心理特征等。"在这里，心理因素同社会性紧密地联系起来"，阅读"无论从哪方面都反映了读者在书籍创造的个人生活情景中所拥有的自由"。

阅读时，大脑对原文进行复印，也对原文信息进行加工处理，读者将自己的感情和知识融入阅读过程，进行想象、推理、参照、重构以及其他许多复杂

---

① 黄晓新编译：《鲁巴金和他的阅读心理学》，《贵图学刊》1987年第4期。
② ［法］萨特著，施康强选译：《萨特文集·文论卷》，人民文学出版社2000年版，第124页。

的大脑活动，阅读就等于思考本身。阅读不是照搬原样，而是一种升华的传递，阅读的过程是读者对文本文档内容的重新建构和再生过程。

著名阅读史家罗伯特·达恩顿认为，阅读并不单单是一种能力，而是在传播体系内积极构建意义的过程。① 古希腊内科医生、社会心理学家盖仑（Galen，129—200）谈到阅读前辈哲学家兼内科医生希波克拉底的文本记录时，这样写道，在阅读时，"我会解释（他的）那些晦涩难懂的知识，然后把自己的知识补充进去。我的知识是用他记录下来的那些方法获得的"。这才是阅读的本质所在，即理解文本，学习文本，然后构建新文本。②

保罗·利科对读者与文本彼此依存关系作了理论描述，他认为，没有读者，就没有解读文本的行为；没有读者使用、阅读，就没有文本展示的世界。夏蒂埃认为，"文本总是被形形色色的读者不断再造，而他们的阅读机制又是随着阅读环境变化的"。

重生建构和再生的关键，依赖于千差万别的每一位读者，因此阅读过程的结果必然带有浓厚的个人色彩，这种个人色彩表现在阅读过程中，读者会将文本内容与个人的情感、兴趣、喜好和知识有机地调和在一起，从个人的社会经验、阅读经历、社会成规、个人品位来体会和思考文本的意义并导出结论，这自然是一种重新建构，其结果必然生成一种与作者在文本中所表达的原来的思想情感既互相联系又不相同的具有读者自己个人色彩的新思想和情感。因此，阅读是读者认识的重构过程，是作者的思维通过文本的跨越时空的传递，被特定的目标读者的阅读再现，同读者的自身的思维相互影响和融合形成新思维的过程。

阅读活动是以文本为媒介的读者与著者进行的社会信息交流，因而阅读必然使读者的主观色彩和作为社会产品的文献所表现的内容之间建立一种"相适应或相对抗的平衡"，在交流过程中，由于读者的文化沉淀的作用以及读者不同程度的附和心理和创造心理的综合作用，这种交流的结果实际上成了读者社会认识的重构过程，整个社会的认知也在这种交流创造中得到加速发展。

当今，在移动互联的数字阅读情景中，阅读的客体——文本的生产与阅读

---

① 戴联斌：《从书籍史到阅读史——阅读史研究理论和方法》，新星出版社2017年版，第61页。

② ［新西兰］史蒂文·罗杰·费希尔著，李瑞林等译：《阅读的历史》，商务印书馆2009年版，第48页。

接受的同时性和重叠性，主要是读者的各种意见和建议参与其中，造成原始创作文本的改变，偏离当初作者的创作意图，因为任何人都可以在阅读中表达观点、倾诉意见，这种阅读方式有利于读者主观建构表达思想的时空，作者可以根据反馈随时改变文本框架，并结合读者的喜好设计脉络、结局，也可根据读者意见决定是否继续创作或中止，一定程度上颠覆了作者和读者的关系。因此，在移动数字阅读中，读者的主导性在文本创作、重构中起决定性作用，读者与作者随时交流、碰撞，不断生发思想和知识火花，重构新内容。整个社会文明在这种文化重构中加速创新、创造、升华。

一个国家和社会的创新力的前提首先在于整个社会的阅读广度和深度，因为人的创造力更多的是在通过阅读吸取前人和今人的思想认识成果的基础上产生的，是在阅读这种社会信息的交流、交往、碰撞中升华、实现的，而移动数字阅读大大加速了这种重构创新进程。

四、阅读是信息知识的社会交流过程

任何事物的存在和由低级向高级发展都离不开其存在的外延性和累积性，人类社会更是如此。交流是人类整体延续和累积的必要条件，人类如果没有交流，个体之间彼此分离，个体经验不能在群体中实现和分享，就不能形成具有社会性的人，信息交流是其本能的一部分。

美国心理学家曾试图进行这样的试验，把大学生志愿者安排在隔绝的场所，住一天付给 20 美元，同意签订这种志愿协定的人，失去了图书、报纸、无线电和其他信息源，结果发现，处于这种隔绝状态，会使受试者感到极度苦恼，尽管有奖励，也维持不了几天。

人类最早的通信交流是靠口耳相传，这种通信交流虽然简单，但容易信息失真，也不可能系统化，且信息不能在时间和空间上延伸，仅限于此时此地、转瞬即逝。直到有了语言文字和载体，人类的通信交流才开始靠写作和阅读来实现。特别是纸张和印刷术发明后，可以一人写书，供千万人阅读，一人求知，可读千万种书，使人与人之间的通信交流跨越时空。

通信专家认为，信息交换有 5 个阶段：产出、传输、接受、存储和重复。如果一个社会存在书写系统的话，那么这 5 个阶段要么以听觉方式呈现（听人读），就像口头交流一样；要么以视觉方式呈现，将视觉官能纳入阅读过程（盲人凭借的是触觉）。阅读常常是联觉过程，听觉和视觉两个感官并用。然而，最值得注意的是，习惯上听觉往往被架空（现在的"听书"除外），阅读这种生活方式依赖的主要是视觉（或触觉）。[①]

阅读活动的主体是人，阅读的客体从表面上看似乎是文本，而实际上则是文本的著作者运用语言文字注入其中的信息、思想、情感内容，它是人们意识形态的结晶，人类有语言文字本身就是为了人类社会的交流和交往，也是人和动物的本质区别所在，文本更是人类的交流交往工具。因此，阅读不是纯粹个人与世隔绝的私属活动，而是通过语言文字和文本与他人交流分享知识、思想、情感的活动。

文本是著者为了将个人的认识、信息、想象、情感存储，并与他人交流而用文字符号载入其中的。阅读是从文字符号中获得意义的一种社会活动，阅读活动可以看作是人与人之间以文本作为中介物的一种社会信息交流过程，它的发端是文本的著作者，其终端则是读者，并以读者的阅读活动作为交流的基础。没有阅读，这种交流便不可能发生和实现。因此，汲取、接受文本内容的阅读活动是实现著者—读者社会信息交流的必要环节，著者和读者之间的关系在这里正是大众传播学所界定的传者与受者之间的关系。

从单个的阅读行为来理解，似乎著者与读者是一种单向的交流，而实质上，阅读影响和改变读者心灵思想的同时，读者的心灵也在影响改变着阅读，文本因阅读而存在，而显出其社会价值。书本和读者之间是双向互动，"如果说我们让书展现生命，书也使我们展现自我"，阅读的时候，读者沉迷于文本中，进入作者营造的另外一个世界，它影响着读者的心灵，读者的心灵也在塑造作者的文本世界，阅读是读者心灵与作者心灵的交流、碰撞与结合。因此，阅读是个体从符号中获取意义的活动过程，阅读使个体"卷入了"群体的信息交流之中，阅读的普及构成广泛的社会信息交流互动。

阅读是在孤独之中与作者交流，这类交流更胜于与众多活生生的人的泛泛之交，它好比读者在寂寞时与多位高品格的人谈话，并使读者因此而度过一段有意义的时光。曼古埃尔在《阅读史》中说："整本书就是他与文本如何相互

[①] ［新西兰］史蒂文·罗杰·费希尔著，李瑞林等译：《阅读的历史》，商务印书馆2009年版，第11页。

改变的历史。"

社会的阅读活动是一种复杂的双向交流过程。信息交流作为一个过程，受、传双方总是处在不断的互动之中，著作者写文章，对读者来说，著者是交流的主体，但换一个思考角度，今天的读者，会是明天的著者，昨天的交流客体又变成了今天的交流主体，整个社会由于阅读活动而成为一个纵横交错的复杂的信息和情感的交流网络。移动网络文档这种新技术中的阅读因其互动、社交功能的使用而使读者和众多作者之间的即时交流成为可能，从而拓展了阅读交流交往的社会效果，更是使阅读的社交化功能得到极大的发挥。

阅读所反映的社会交流过程包括纵向交流和横向交流两种功能。纵向交流功能是由阅读物的存贮作用所决定的，在没有阅读物之前，人们是靠大脑记忆来储存每一个人直接参加社会所利用的经验和知识，靠口语来传播和交流，因而其存贮交流是围绕人的活动而进行的，传播和交流受到人的活动的自身局限，人尽则经验、知识亡。阅读物——文本的出现使人类能通过对文本存贮的符号化、系统化记录的阅读来与非身边人甚至前人和后人进行社会信息情感的交流，阅读超越了一般的社会交往（流）活动，可以超越时空与自己素不相识的先人（作者）或异域的同代人（作者）展开心灵的交流。在一定时空内的交流是有限的，而超越时空的交流是无限的，这是阅读这一信息交流方式的优越性，它大大拓展了人类交流的深度和广度。人们除了能与前人进行纵向交流外，还通过阅读与同代人交流，即横向交流，阅读又使相隔遥远的不同地域的人们之间的交流变为可能，并使社会意识得到外延性的开拓和绵延。

这里要特别强调，由于文本的保存功能这一前提，使得阅读行为成为人类文明的代际传承、积累过程，即纵向交流。文本的载体由最初的结绳记事到龟甲、兽皮、绢帛、竹木，再到近现代普遍使用的纸张，伴随着科技的进步，文本的保存和普及，通过人的阅读，使人类文明能够不断延续、积累并扩展，成为改变世界和历史的巨大力量。

就阅读的横向交流来说，据伊丽莎白·爱森斯坦记载，活字机印书产生后，塞巴斯蒂安·明斯特（Sebastian Munster）的《宇宙结构学》的首版问世于1544年，在作者的有生之年出了8版，到1628年一共印了35版，作者和编辑认真而敬业，建立庞大的通信网络，听取阅读者对每一版的批评，不仅储存信息数据，还公开承诺有错必纠，并感谢指出书中错漏、提供新修订信息和数据的读者。因此《宇宙结构学》每一版都根据读者的要求和意见增加了篇幅，其数据更充实，插图更丰富，图表更多，其索引使读者能够检索到书中储存的快速增长的信息。

1554 年意大利植物学家马蒂奥利（Pierr Mauiol，1501—1577）的《迪奥斯科里德斯的药物学》出版问世后，印行了一版又一版，每隔一段时间就根据读者通信中得到的药物样本和信息修订一次，许多奇花异卉、异域树木因该书不断的新版而被引进欧洲，很多来自外域的读者报告还使人对本国植物的描绘更加完整而精确。读者的不断被激起的博物实地考察兴趣促进了读者和作者、编者的交流，交流又推动新的调查数据和信息的积累，从而使更精确的植物分类成为必需，以至无穷。这一读者和作者、编者阅读交流互动，改进、完善知识信息文本的良性循环，在中外阅读史上是反复出现、屡见不鲜的。①

而就纵向交流而言，早在古希腊时期的历史学家狄奥多罗斯·西库鲁斯（Diodorus Siculus）便认识到，正是通过读写，生活中最重要、最有用的事情才得以实现。"逝者才得以在生者心中永存；正是通过书面文字，天各一方的人才可沟通交流，宛如近在咫尺……总之，唯有书面文字才使智者的箴言、神的圣谕、哲学思想和所有的文化得以保存，并一代一代地传承下来。因此，自然是生命的本原，美好的人生源自基于书面文字的教育。"②

据专家研究推断，谷腾堡在欧洲发明活字印刷机之前，全欧洲的书籍仅有数万册，且深锢于教堂及修道院，平民难得一窥。随着谷腾堡发明活字印刷机，机械化大量复制的书籍释放的力量，使更多的人能够阅读更多的书，从而对欧洲的知识普及、科技进步、宗教改革、思想启蒙起到了无与伦比的作用。正如加拿大哲学家、传播学家马歇尔·麦克卢汉所说："印刷品为过去的著述提供了容量宏富的新型记忆器，这就使个人的记忆力不够使用了。""借助积累的手段，这一过程（指书籍印刷和阅读）可以使任何群体实现无限的拓展。""万古不朽的属性是印刷物不可思议的可重复性和延伸性等固有的属性。"③

谷腾堡印刷《圣经》，使之大量传播，宗教改革家马丁·路德（Martin

---

① ［美］伊丽莎白·爱森斯坦著，何道宽译：《作为变革动因的印刷机：早期近代欧洲的传播与文化》，北京大学出版社2010年版，第64—65页。
② ［新西兰］史蒂文·罗杰·费希尔著，李瑞林等译：《阅读的历史》，商务印书馆2009年版，第89页。
③ ［加］马歇尔·麦克卢汉著，何道宽译：《理解媒介——论人的延伸》，商务印书馆2000年版，第222—223页。

Luther，1483—1546）为之欢呼，誉为上帝的"至上神恩"，教徒们再也不必非要到教堂听神父的讲经，而可广泛直接阅读《圣经》，马丁·路德因此发起轰轰烈烈的宗教改革，使欧洲逐步走出了黑暗的中世纪。

意大利《马可·波罗游记》的大量印行并深入人心，激发起探险家哥伦布远征大洋的雄才大略并最终发现了新大陆。1620年，102名新教徒因阅读《圣经》，为坚持信仰，躲避旧教迫害，另觅人间天堂，登上"五月花号"扬帆启航，成为北美大陆的第一批移民，使欧洲文明最终在北美大地开花结果。没有书籍和阅读，古老的欧洲文明不可能完整地在北美大陆得到延续。

《诗经》《黄帝内经》《本草纲目》等古代典籍经过数百乃至数千年的流传，终于等到了它的一位特别的"知音"，当代中国人屠呦呦通过阅读它们所得的提示和启示，最终发明了治疗疟疾的新药——青蒿素，挽救了无数人的生命，并因此获得2014年的诺贝尔医学奖。我国之所以成为四大文明古国中唯一没有断代的文明，就因为我国从殷商以来不间断地保存了丰富的古代典籍。

现代移动网络的运用，不仅使人类文明信息的传播和阅读更加便捷、通畅、高效，而且由于光电等技术的采用，使人类文明信息的载体更多样，保藏更长久、更生动，从而使人类文明信息的代际传播和积累更多元、更周全、更完整。

现代人阅读的交流过程较之原始的人与人之间面对面的交流更具有间接、抽象、系统、累积的特点，只有掌握了语言文字符号的社会个体（即符号人）才能加入。随着移动互联网的运用，人类信息交流的社交化程度空前提高，与传统阅读先出版、后阅读具有较长的延时性不同的是，数字阅读特别是移动互联环境下，数字信息快速生成，可以被读者快速地获得并阅读，生成与阅读几乎同时发生，信息生产和信息接收具有共时性，读者不再被动地接受作者的思想表达和知识给予，而成为文本创作除作者之外的另一主体。在阅读中，读者对所阅读的文本进行信息（评论、回复）添加又常常成为其他读者的阅读文本，文本生产和文本阅读接受产生重叠性，其交流效率、频率、效果又得到新的延伸和提高，从而极大地加快了人类社会文明发展的进程，提高了人类认识、改造自然、社会的能力。

在当今文化全球化的背景下，所有民族的文化都是交流融合的结果。当今世界最重要的问题是交流，不仅是物质的交流，更是精神的交流，而这种交流的第一步就是阅读，阅读世界上经社会历史沉淀下来的所有经典。

五、阅读是文本的消费过程

消费是指消耗生活资料以满足人的需要的过程。根据人的需要的不同，消费分为物质消费和精神消费。阅读是消费文本的过程，是一种精神消费，精神消费或文化消费是人类的高级消费形式，其与物质消费有质的区别。首先其消费的对象是知识、信息、思想、观点、情感等，其外在形式是影、音、书、画、报刊等。其次，其消费过程是对精神产品的内容的阅览、理解、阐释、体认、欣赏的过程。其三，与物质消费不同，其可保存多次反复利用消费。其四，其消费过程是无形的。最后，其消费结果是不断提高人的综合知识、能力和素养。

阅读行为从表面看，是通过视觉和听觉，消耗的是纸张、油墨、光盘、网络、屏显等介质，从本质来看，阅读消费的是介质中内涵的知识信息，还有读者的时间、身心和智力，这里通过阅读文本内容的消费不能是简单的"消耗"，因为读者所阅读消费的是科学、文化、艺术等意识形态，其与一般的物质和商品消费的意义是不同的。这个"不同"就在于，阅读消费后会使读者产生新的科学、文化、艺术成果，这种消费是无形的，而且阅读消费的文本内容越多，阅读主体所产生的新认识、情感成果越多。阅读活动本身可以使人的精神生活变得丰富多彩，可以提高人的素养，可以使人变得知书达礼、气韵生动、姿态优雅……阅读是人类所特有的一种以文化符号为载体的价值消费，具有更多的复杂性和潜生性，人类通过阅读这种特有的消费行为，积累知识和情感，促进人类社会的进步。文本还有可长久保存、被反复多次阅读消费的特点。正如法国哲学家萨特所说，图书只有在阅读时才存在。"无人阅读的书是不能算存在的，不予演奏或无人听的音乐不能算音乐，仅仅是一些音符而已。""一件印刷文本只有被人阅读的时候，才会获得美学价值，倘若无人问津，那只是一组文字而已。"①即文本"活"在阅读中。

在研究英国乔治国王时代苏格兰的启蒙运动和近代美国报纸时，有学者使用"消费"这个词描述受容知识和信息的过程，这样一来，读者就成了购买物

---

① ［法］罗贝尔·埃斯卡皮著，于沛选编：《文学社会学》，浙江人民出版社1987年版，第134页。

质形态文本的消费者，与其他商品和服务没什么区别，而阅读就是谋生活、找乐子。法国阅读史专家罗杰·夏蒂埃认为，这样的"消费"假说不全对，他认为即便在书籍生产和阅读商品化的环境下，阅读也不简单是一般的消费行为。这样就把文本世界与读者世界之间的复杂关系简化为一个没有受到外界影响的被动过程。书籍不是饭菜，阅读也不仅是吃饭。把阅读简单视为物质消费就把阅读认识过程简单化了，这样还有可能把读者接触文本的机会等同于他的经济能力，文化差异结果被简化为社会经济差异。因此，阅读"消费"除了消费读物的物质形态，更多消费的是其文化、精神内涵。[①]

完整的文本消费包括两个环节，即获取文本和阅读文本，唯有阅读才是实现文本价值的最终的、实质性的行为，才真正完成整个消费过程。阅读是实现文本消费中人的社会联系的过程，文本从作者到出版到发行，再到读者手中，只有经阅读消费才能实现整个社会联系的链条，完成整个产品（文本）的生产消费从人（作者）到人（读者）的社会过程。作者写作文本、编者编辑文本、出版者出版文本、印者印制文本、发行者传递（输）文本，书店销售文本、图书馆档案馆整理保存文本，这些由于社会分工的局部劳动都因为阅读的作用而得到社会的承认，其信息知识价值为社会所认可，转化成社会劳动，完成了文本作为精神产品从生产到消费的完整过程。

阅读消费过程是具有主动性制约性的环节，因为文本生产、传播的目的是为了满足读者阅读的需要进行，消费决定生产，阅读需要反过来又制约生产，成为主宰生产传播的制约性力量。所谓按需出版、按需印刷都取决于读者的阅读需要。只有打通从作者到读者整个文本生产、传播、消费、阅读的产业链，才能促进作者与读者的互联互通的传播交流，也就是人与人的交流互动，不断推动阅读产业的良性循环、发展提高。

畅销书是阅读消费中很有意义的现象，指一段时期销量很大的书籍，是被读者踊跃购买和阅读的某种书籍，是一种广泛、普遍的社会读者消费价值认同现象。某时期内，各阶层读者主动踊跃地认购、消费、传阅、点击、议论某一本书的盛况，不仅给作者和出版者带来巨大的经济效益，而且给社会思潮带来巨大影响。畅销书是出版者追求的，也是读者所追逐（捧）阅读消费的。文本

---

① 戴联斌：《从书籍史到阅读史——阅读史研究理论和方法》，新星出版社2017年版，第64页。

的旺盛生命，正是被更多读者的热读和追捧所迸发出来的。

畅销说明某书的主题和结构、叙事方式契合广大读者的潜在需要，又在恰到好处的时机发售。某一种书之所以畅销，更深层次是因为其主题、人物、思想作为一个源头，嵌入当时社会的思想构成、组织构成和行为构成中，其文化价值在被阅读消费中得以引起巨大的共鸣，并外化为整个社会的共同趋向，是值得深入研究的社会文化现象。[①]反过来说，尤其在大众读物领域，某书滞销，说明其不符合、不能够满足读者的阅读消费需要，或读者还不够了解它，需要写作者、出版发行者改进工作，加强沟通和传播，等等。

前述读者反应批评学者汉斯·罗伯特·姚斯的"期待视域"理论认为，为什么有的书风行一时，有的书很快被遗忘，而有的又很超前，这些现象都和读者的期待视域有关。在某个时期内，一个作品如何迎合、背离或逆料阅读大众的期待视域，决定它在读者中的命运。所谓期待视域，即一部作品的读者怀持的一套文化、伦理和文学期待，在此基础上，读者创造、接纳作品。而作品要成功，就要符合读者的期待，只有读者的文学期待成为他生活期待的一部分，形成他对世界的解读，进而影响他的社会行为，文学的社会功能才得以实现。这一理论有助于我们对畅销书现象的认识和研究。

现代社会，一个国家和社会的国民素质越来越以国民的阅读消费力和阅读消费量来考评和衡量，因为一国和社会的竞争力也与国民的阅读消费力和阅读消费量成正比，如德国、日本、以色列、美国、俄罗斯、英国、匈牙利等阅读力和阅读量排名靠前的国家无一不是国民素质高而科技创新能力强的国家。2002年年底，国际经济合作与发展组织公布的"国际学生评估项目"研究报告指出："今天，有多大比例的学生具备了第五级阅读能力，可能会决定每个国家在未来的全球经济中能拥有多少世界级知识工作者。"[②]据调查，我国成年人平均年阅读纸质图书不到5本，少于很多先进国家，说明我国促进全民阅读、建设书香社会、促进人的全面发展和社会的全面进步方面还任重道远。

---

① 伍旭升：《大轰动：中外畅销书解秘》，广州出版社1993年版，第82页。
② 郝振省、陈威主编：《中国阅读：全民阅读蓝皮书》，中国书籍出版社2012年版，第122页。

六、阅读是文本传播社会功能的实现过程

传播是信息在时空中的流传、交换和共享。文本的传播是传播的一种形式，文本是思想、知识和情感的载体和固化，无形的信息是其实质，有形的文本是其外壳，读者借它而获取信息。文本传播的根本目的就是要通过最大程度的时空流转，使其内含的思想、知识和情感活化起来并为社会所共享，以最大限度发挥其社会价值，并使其为最广大的读者所阅读接受而实现创造性地增值。文本的传播者是作者和书报刊的出版发行机构、图书馆情报机构等，受传者是广大读者，中介是各种文本。

以纸介质为代表的书报刊等文本文献和以互联网为代表的数字文档文献作为人类认识社会和自然的成果，都具有向社会传播、发散其内蕴，从而诱导、激励、促进、提醒阅读者进行新的科学文化意识创造的功能，而阅读活动则是文本文献传播功能的实现过程。文本的内容只有被读者阅读，才能被激活起来，才能实现其社会价值和功能的共享——传递信息、知识和情感。文本的潜在生命正是读者阅读所赋予并激活的，文本因读者反复多次阅读而增加其生命的厚度，而且常读常新。只有千百年来被千千万万读者所争相阅读的文本，才是有恒久的生命。

阅读史家罗伯特·达恩顿曾提出其"传播循环"理论，对我们认识理解文本传播社会功能的实现很有帮助。这个传播循环，从作者开始，经出版者、印刷商、运输商、销售商，书籍才能到达读者手中。读者是这个循环的终点，因为他们影响了作者——作者提笔前会大致意识到读者的存在和需要，书籍出版后他会收到读者反馈，根据读者的反馈进行修订、补充，或再版、或重印等。一次循环就这样完成了，新的循环又从此开始。顺着这个循环路径的传递的是信息（见图2-1）。在这个过程中，书籍是思想观念的物质化表现形态，经过阅读，书籍又转化为思想观念。这一循环的每一个环节都受当时社会、经济、政治、思想观念的影响，而这些影响，也只有在具体的环境中才能捕捉到。在所有环节中，阅读是最难考察的。[①]

---

① 戴联斌：《从书籍史到阅读史——阅读史研究的理论与方法》，新星出版社2017年版，第54页。

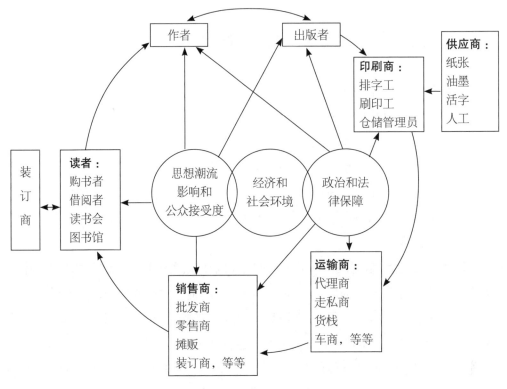

图 2-1　书籍的传播循环

　　文本的知识价值通过被阅读，与现实产生联系，文本其中蕴含的知识信息被读者接受和利用，文本的知识价值才被对象化、现实化，文本的价值才能真正实现。与物质产品的一次性消耗掉的特点不同，文本的产品价值是在反复的体味、理解中被开掘和享用的，而开掘、享用的程度和效果则取决于读者的阅读修养和理解能力，这种能力建立在健全的生理心理基础上，源于语言文字认知程度，更是个体社会化的结果——除个体特殊经验感受外，更是所处的国家、民族、时代、阶层、地位等综合影响的结果。文本的复杂性和读者的多样性，必然使得不同情境下的阅读会有不同的效果。

　　阅读史家罗杰·夏蒂埃认为，阅读就是"读者世界"与"文本世界"结合产生意义的过程。他认为正是阅读的发生，书籍的真正意义才会产生。任何著述和要表达的观点，只有变成物质的现实存在，只有有人去读，有受众，它们才存在。斯坦利·费什更关注阅读行为本身，提出"读者中心"论，他将读者确定为文本意义的唯一来源。他认为，是读者主动参与创造文本的意义，文本意义和文学本身也随之重新界定。

阅读是最终实现文本文献社会价值的过程。因为人们买书可以不是为阅读，而是收藏或附庸风雅、或迎合上意、或从众心理、或是把书作为馈赠亲友的礼物等，还有读者交际阅读文本也可能不是他自己购买的，而是从图书馆借阅或从亲友处借阅，或是受赠予团体和个人。可以说，读者购买，只是实现消费文本的经济价值（效益）。而只有通过阅读行为，才能实现文本的社会价值（效益），而社会价值（效益）的实现是文本生产目的的全部。认识到这一点，我们就可以在实际中忽视甚至舍弃"无效"发行量（有偿发行出去，实现经济效益，但读者根本没有阅读），而注重、追求书报刊的"有效"发行量（无偿发行出去，但读者确实阅读了，达到了影响读者的目的）。

文本文献的社会效益和传播功能是否能实现，主要看是否被读者所阅读，阅读的人数（包括网上点击率）和阅读后理解程度的深浅，对某一文本阅读者越多，理解越深，则这一文本的社会效益和传播功能发挥得越大，反之则越小。因此，阅读行为是实现文本传播社会效益的过程，这是文本与其他社会商品所不同的重要方面，也是其特殊性所在。

在实践中，我们可以用一本书（刊）的发行量大小，或用一个文档在网上的点击率来衡量其所带来的经济效益，但不能简单地仅仅以发行量、点击率来考察其社会效益。因为某一文本文档的发行量或点击率与其发挥的社会效能可以成正比，但也常出现不一致或相反。如有些不是读者所需要而是为了某种目的而强制发行的书，虽发行量很大，但读者阅读得很少或没有阅读，这类书所发挥的社会效益便不能与发行量成正比。再比如，有些淫秽色情、宣扬凶杀暴力和赌博、吸毒贩毒的文本或文档，阅读者越众，社会危害越大。还有，比如现实中即使是购买或借阅了的书，读者也不一定是为了阅读，还有出于其他目的（如作为满足虚荣心的摆设或满足藏书癖）。还有"购买"点击量的行为，实际读者没有阅读。因此有的人买的书多，但阅读得很少，其所拥有的图书的社会效能便不能从购买量上体现出来。

同理，书店和图书馆、资料室的图书，购买、阅读人次多，则待购和馆藏图书的社会效能便得到充分的发挥，没有被购买、借阅的呆滞书则没有实现其向社会传播的效能。从这个意义上说，写作者、出版社、书店、书屋、图书馆、移动网络阅读中心等都要树立读者阅读观念，关心文本内容的阅读命运、阅读质量和阅读效果，关心文本是否为读者感兴趣和接受，积极引导读者阅读，并把充分满足读者阅读需要、发挥文本最大的社会效益作为自己的工作目标。同时，重视读者的反馈，把某本书或某种书是否被阅读和阅读的多寡、成效作为检验和改进自身工作的依据。

第三节　阅读对社会个体的作用

一、阅读是个体社会化的主要途径

个体的社会化就是社会将一个自然人转化为一个能够适应一定的社会环境（或文化），参与社会生活，履行一定社会角色的社会人的过程。个体社会化更多关注的是社会所需要的个体人格的健全与完善，适应参与社会生活的能力和水平，包括掌握基本的生活劳动技能，培养价值观念（能秉持社会正义、能分清真善美和假恶丑），传递社会文化，学习社会规范，扮演理想的社会角色，完善社会人格等内容。人的社会化实际上贯穿人的一生整个过程。

人的社会化除了长辈和别人的角色示范、指引，主要靠阅读。人的社会化的中介包括家庭、工作单位、学校和大众传媒等，这些社会环境条件对于人的影响是通过各种直接、间接的渠道进行的。由于个体经历的有限性，个体社会化更多的是通过各种学校的教材阅读和社会传播媒介（如报纸、图书、期刊、广播、电视、网络等）的阅读来实现的。因此，英国著名哲学家培根说，阅读在于造就完全的人格。阅读文本文档成为最普遍、最方便地获取信息知识，完成其社会角色定位和社会行为塑造的有效手段。阅读为个人当下和未来的美好生活提供准备。

在一个人的人生生涯中，从小学、中学到大学毕业，估计大约有三分之二至四分之三的时间是用来从书报刊、网络阅读中获取知识信息营养。离开学校后，在继社会化过程中，阅读书报刊网络依然是一种恒定而有效地获取知识信息营养、不断完善自我社会角色定位的手段。阅读的社会化重在培养个体的知识涵养、精神气质、智力结构、道德品质，改善社会风气，提高整个社会的文明素质。

阅读是成人的"敲门砖"。正如加拿大阅读史专家阿尔维托·曼古埃尔所说，在文字社会中，学习阅读算是一道入会仪式，一个告别依赖与不成熟沟通的通关仪式。学习阅读的小孩借由书本之途径得以参与集体的记忆，熟稔此一社会的共同过去——每一次阅读，他/她或多或少都会对此共同过去获得新知。例如在中世纪的犹太社会中，学习阅读是以公开的仪式来加以庆祝。[①]"自从有了印刷术，未成年人通过学习识字、进入印刷排版的世界，才能变成成人。为了达到这个目的，他们必须接受教育"。[②]

阅读使人生更丰富。读书是一种复杂的脑力活动，阅读能培养一个人的智力和想象力，一个人在成长过程中如果缺乏阅读必然导致思考能力、分析能力和想象力的下降，阅读的意义在于通过文字激发思考和想象，阅读是使人生变得丰富的最简便易行的手段。没有阅读的人生是没有自由和趣味的人生，关键是人被现实环境所困而封闭，不能在社会立足并取得较高的社会自由和社会地位。

阅读是读者认识自然和社会的基本途径。个人的人生经验往往由两部分构成——直接经验和间接经验。人所处的自然和社会无限广阔深邃，个体不可能事必躬亲才能确知；再者，即使一个阅历再丰富的人，其生命和精力也是有限的。因此，作为个体出生后，要认识周遭的自然环境和融入人类社会，除了自身有限的直接观察和体验，更多的是靠父母、亲朋、老师的教导，还有一个重要途径就是通过对文本的阅读，个体从文本的阅读中获得关于他没有经历的自然和社会的其他认识和情感（即间接经验），这种从阅读获得的知识经验能丰富一个人的心灵，激发一个人的感受和想象力，拓宽一个人的人生视野，使他更容易理解他人，更富于同情心，更具有分析判断能力，这都会成为个体融入社会并改造自然的知识、精神力量。德国阅读学家维利阿姆·D.贝克尔（William D. Becker）指出，人们全部知识的百分之八十五，都是通过阅读而获得的。[③]因此，阅读活动影响一个人素质中最基本、最核心的东西——人生观、价值观、审美观、道德观。

阅读被服务于知识的获取。早在1250年，法国大主教里夏尔·德·富尼瓦尔（Richard de Fournival）就曾坦言：人生苦短，唯有通过文字借助他人的所得，才能尽数获取自己所需的知识。上帝赋予人类记忆，让他们通过眼耳并用，看

---

① ［加］阿尔维托·曼古埃尔著，吴昌杰译：《阅读史》，商务印书馆2014年版，第89页。
② ［美］尼尔·波兹曼著，吴燕莛译：《童年的消逝》，中信出版社2015年版，第53页。
③ 曾祥芹、韩雪屏主编：《国外阅读研究》，河南教育出版社1992年版，第132页。

图听音，形成记忆。而文本和图画也并非一成不变，每次重见或重听都会让人重新思考与建构。"每逢阅读，即使我不在你的眼前，文中的图画和词汇也会使我显现在你的脑海。"①阅读再现过去，同时丰富了现在。

英国著名学者、藏书家、辞书编纂家、文学家塞缪尔·约翰逊（Samuel Johnson，1709—1784）曾说，"阅读是基石，普遍真理一定要从书中得到，并经受实践的检验。谈话获得的知识缺乏完整的体系。了解一个话题需要和上百个人对话。由此获得的知识参差不一、彼此相距甚远，从而无法让我们对真理产生全面的认识"②。因此，可以毫不夸张地说，阅读是学习的主要途径，阅读就意味着学习，学习就是阅读，阅读是读者最重要的探索求知的文化技能，正所谓"秀才不出门，全知天下事"。

特别是现代社会，由于移动网络的广泛普及，知识信息的海量增长，使人的阅读变得紧张而迫切，阅读成为人们离不开的生命和社会支撑，大到国际国内的政经时事、社会动态、科技发明、文艺趣事，小到婚丧嫁娶、生儿育女、升学工作、烹饪剪裁、家居布置，人们都要通过阅读文本来了解和掌握，以便自立自强。个人在社会各个领域的运转和进步，都取决于他通过阅读获取可靠的知识和信息，否则，就意味着与社会脱节，就不能有任何的"发言权"。

阅读使人生更有趣味。阅读是读者娱乐消遣、修身养性的重要手段，阅读本身是一种高尚有趣味的艺术享受。一篇散文和小说、一篇幽默故事、一幅漫画，甚至一则新闻、一本历史书，都可能使人在一天的劳累后得到难得的休息和放松，调剂精神。对于体力和脑力劳动者，阅读更是一种"换脑筋"，对其缓解身心疲劳大有裨益。

欧洲早期的阅读多是通过口语进行的公共阅读，公众以在特定的场所如教堂、城市广场、节日集市等地听作者阅读文本为主，作者在朗读自己或别人的作品过程中，其声音、语气、激情、外貌和气质，都为听读者所关注，具有娱乐的功能。据《阅读的历史》记载，这种阅读方式最早开始于公元前5世纪的希腊，中止于公元6世纪，整个西方的中世纪都是听读的世纪，也是一种公众

---

① ［新西兰］史蒂文·罗杰·费希尔著，李瑞林等译：《阅读的历史》，商务印书馆2009年版，第169页。
② ［新西兰］史蒂文·罗杰·费希尔著，李瑞林等译：《阅读的历史》，商务印书馆2009年版，第243页。

的社交娱乐活动，多数阅读活动包括朗诵会，都在白天进行。当西方走出中世纪，下层人民开始有书可读，朗读又变成一种休闲的居家朋友聚会的方式。现代人的朗诵诗歌和美文，依然是人们喜闻乐见的文娱形式，带给人无穷的精神愉悦和享受。①

恩格斯在《德国的民间故事书》一文中说，民间故事书的使命，是在一个农人晚间从辛苦的劳动中疲乏地回来的时候，使他得到安慰，感到快乐，使他恢复精神，忘掉繁重的劳动，使他的石碛的田地，变成馥郁的花园。鲁迅先生也说，消闲地读书——随便翻翻，就如同逛公园似的。如果每一个文本的作品都连接着无限情（理）趣世界的大门，那阅读就是打开大门的钥匙，只要被打开，就会使我们进入一个与凡尘不一样的世界，其乐无穷。

阅读使人生更充实。阅读确实可使人类打破寂寞和孤独，驱散无情，赶走生活中的绝望，带来友爱和慰藉，阅读可把人们带入至高的精神境界，获得美的享受。阅读的时候，文本内容会触动读者的情感和生活经验，读者的喜爱、遗憾、高兴、痛苦、成功和失败都会在阅读经历中得到体现。当读到感兴趣的内容时，大脑系统会整合所有的视觉、听觉、语义、句型等信息，而读者会不自觉地将阅读的内容和本人的思想与感情联系起来，从而产生各种意向和情绪。阅读具有一种使人陶醉的力量，常常使人忘记了时间、烦恼和痛苦，而迷醉其中。

阅读是个人的"私事"，读不读、读什么、怎么读、读多少是个性化的选择，根据自身偏好、文化程度与生活习惯而定。如果一个人养不成阅读的习惯和对书的感情，就很难从阅读中找到乐趣，阅读的大门可能会永远对其关闭。因此，推进全民阅读，关键在于唤醒人们对于阅读的渴望，使阅读成为一种生活态度、一种兴趣、一种精神享受。

阅读甚至可以治疗众多的精神疾病。古时希腊、罗马的医生，甚至开出"阅读"处方，让病人调养心神。中世纪时，欧洲不少牧师把阅读视为消除烦恼的灵丹妙药，因为阅读行为中蕴含着莫大的慰藉。②我国古代也有阅读治病的传统。

---

① ［新西兰］史蒂文·罗杰·费希尔著，李瑞林等译：《阅读的历史》，商务印书馆2009年版，第58页。
② ［新西兰］史蒂文·罗杰·费希尔著，李瑞林等译：《阅读的历史》，商务印书馆2009年版，第160页。

近年来，国际国内的"阅读疗法"治理现代人的精神疾病开始逐步盛行。说明阅读的确能愉悦身心。

阅读使人更富理性和创见性。如前所述，以文本为基础的阅读文化具有冷静、严肃、客观、抽象、理性、有序和具有逻辑性的思维特征。因为阅读时，读者往往孤立地面对文本，读者的反应是孤立的，面对文本上的句子，读者看到的是冷静的严肃的抽象文字符号，读者需要跟随一条思路，依据线性富有逻辑的理性展开。相对看电影电视上网等生动、写实、感性、互动、激情、娱乐的其他活动，阅读是一件比较严肃而冷静、孤独而抽象的理性活动，需要读者有较强的分类、推理和判断能力。这是电视、网络等音像接受途径所无法比拟的。

美国著名传媒批评家尼尔·伯兹曼在《娱乐至死》和《童年的消逝》中认为娱乐是电视的主题，正如思想是书籍和阅读的主题。16—19世纪的美国之所以被认为是"理性时代"，一大原因就是当时的主要传媒是印刷品。印刷媒介有效地将成人世界与儿童世界相隔离，由此"发明"了童年，这个发明是与印刷文化的普遍推广和现代学校的建立直接有关的。

印刷文化的推广表明，书写文化成了社会文化的主要形态，一个人只有具备了书写能力，才能进入成人社会，才能了解社会的文化秘密，才能与社会公众对话。现代学校的主要任务就是要培养儿童的书写能力，为他们进入成人社会做准备。如此一来，儿童与成人的世界就被读写能力的门槛隔开，至此童年和成年两个概念才从文化和文明的意义上诞生。

然而时至现代，成人世界的文化与规则不再是秘密。在一个拥有电视的时代，一切的信息都基本不受限制地被全体社会成员共享，这样原来被读写能力所限制的成人世界的信息就以影音形式和极大的数量与速度入侵儿童的世界。如此儿童世界与成人世界的界线就变得愈加模糊，导致童年的消逝，即儿童的"成人化"和成人的"儿童化"。电视以不容置疑的姿态从父母的怀中夺走孩子，现代"孤儿"都在电视、电脑和手机的陪伴下长大，而父母只不过是替他们付账单的那个人。电视将人们带入一个"娱乐至死"的年代，精英文化被大众文化淹没，沦为边缘化的小众文化，影像受众远超文字读者，电视通过控制人们的时间、注意力和认知习惯，获得了控制人们教育的权力。

在电视、电脑和手机等媒介环境下长大的新一代与在纯文本阅读环境下长大的一代人的思维方式、生活习惯和精神面貌是不同的。换言之，一个人通过阅读的社会化过程与通过电视、网络的社会化过程，其人格特征和思维方式是不一样的，阅读培养冷静、严肃、客观、抽象、理性、有序和具有逻辑性的思维特征和气质，而电视、电脑和手机则培养相较感性、互动、激情、娱乐、浮躁的人格特征和气质。现代传媒包括电视、电脑和手机带来的社会影响及其出现的社会问题，从反面证明，阅读在人的社会化和智力成长中的良好作用。

阅读是个体创新的基础和前提。无论是社会科学和自然科学的研究探索，都要首先通过检索阅读了解掌握大量前人和别人在同一领域的研究成果作为基础和借鉴，再有所发现、有所发明、有所创造。

总之，文本的阅读在个体的社会化中起着重要作用。个体通过阅读不仅可以在较短时间获取前人和今人的社会角色示范，而不必重复经历其漫长的过程，同时阅读所得知识信息内化为个体的文化、道德修养，还可以培养和改变人的心智结构和精神气质，长期的阅读，必然潜移默化，使阅读者养成具有浩然精神气质、完整人格的"魅力社会人"，成为其贡献社会、再造新知识的潜能。同时，读者阅读的不同内容反映了他们社会化的不同定向和文化价值取向。阅读的范围和程度亦可体现一个人的世界观、大体上的文化水准品位、兴趣和需求、信息知识的获取能力、社会积极性等多方面。

二、阅读成为现代读者的基本生活方式

所谓生活方式，指不同的个人、群体或全体社会成员在一定的社会条件制约和价值观念指导下所形成的、满足自身生活需要的全部活动形式与行为特征的体系。阅读是以吸取知识、信息、情感、社会价值为目的的生活方式，是人之所以为人、区别于其他动物生活的根本特征。阅读也成为现代人除衣、食、住、行、劳外的另一种生活方式。古人说，非学无以广才。对现代社会上的大多数人来说，阅读为了生活，阅读就是生活。一个人如果一辈子不会阅读，就一辈子不会生活。[1]阅读的过程，就是人的一种生活方式，也是把知识信息转化为生活本领的过程。

阅读是一种社会交往方式。据阅读史研究，19世纪中期，很多美国人喜欢

---

① 蒋建国：《推进全民阅读　建设学习大国》，《中国新闻出版广电报》2014年8月5日。

看杂志上的小说，其中一个主要动机便是社交，因为这些人渴望进入一个交往圈子，那些阅读杂志小说的人其实把这种阅读经验作为一种社会交往活动。作为一个社群的一员，你只有阅读这些杂志小说，才能与社群的人有共同的语言，才能与群内其他读者和杂志编辑同声相气。如艾米·弗莱哥尔摩通过一个个"个案研究"，她调查末日幻想类小说"劫后余生"系列小说及读者对这套书的反应，认为阅读这些小说行为本身就是一种交往手段，也是各方就许多共同话题、众说纷纭的问题协商共论的一种机制。[①]

罗杰·夏蒂埃认为，阅读不仅仅是一种抽象的智力活动，它还涉及运用身体的活动，在具体空间中建立与自身、与他人的关系。因此，我们应特别关注那些在今天世界中已被遗忘的阅读方式。如高声朗读便有两个功能：一是将文本传达给不识字的人，二是巩固大大小小聚会的人际关系——家中成员的亲密，上流社会的亲和以及文人间的默契。[②]

我国作为世界上唯一没有断流的文明古国，先民早就崇尚阅读这种生活方式。在农耕文明时代，我国民间即流传"忠厚传家久、诗书继世长""书中自有黄金屋、书中自有颜如玉""千百年旧家无非积德、第一等好事还是读书"的格言，传统士大夫的理想生活就是"公卿白屋""渔樵耕读"，阅读是当时上流社会美好生活方式的一部分。

现代数字信息社会，作为一个以语言文字和文本文档为媒介的"符号社会"，阅读更是人们基本的生活方式，像衣食住行一样，成为人赖以生存不可或缺的手段，成为我们日常生活的一部分。现代社会，个体要在社会上立足，要取得必要的生存技能和手段，要摆脱个体的孤寂，要获取更多的社会、自然的"自由"，就必须成为一个"符号人"，把阅读作为一种生活方式和本领。对于现代人，就如吸氧喝水维持人的生命体一样，阅读则既是维持人的生命体的需要，更是维持人的社会体的需要。正如《德国促进阅读基金会章程》中所示，不会读书的人在社会中处于劣势，因为阅读能力是学习能力的基础，对于个人的生存发展和社会融合来说，阅读能力至关重要。如经济合作与发展组织2014年报告《教

---

① 戴联斌：《从书籍史到阅读史——阅读史研究的理论与方法》，新星出版社2017年版，第109—110页。
② ［法］罗杰·夏蒂埃著，吴泓渺、张璐译：《书籍的秩序》，商务印书馆2013年版，第92页。

育概览》所显示的，阅读能力极大地影响着人的收入。①

现在的移动互联网时代，智能手机成了年轻人须臾不可离开的随身信息交流互动联络的工具，读者因不同的世界观、价值观、人生观和阅读兴趣爱好，而加入不同的微信交往群和公众号，讨论阅读话题，展开观点交锋，进行交流沟通交往，更能说明信息交流对人的极端重要性。如果说在农耕文明时代人类行为主要是衣、食、劳，工商文明时代主要是衣、食、住、行、劳，那么，信息时代人类行为就主要是衣、食、住、行、劳、信了。

在这里要强调的是，由于现代生活节奏的加快，生活环境的复杂，社会选择的多样性，人们对知识、信息的依赖性更强了，一个人要在社会上生活、立足并有较高的社会地位，他需要通过广泛、开放、自由、多元、平等、充分地阅读获取知识信息来为自身思考、行为、交往的判断作依据，并为社会创造更多的精神和物质财富。

同样，一个国家、一个民族、一个社会在开放、包容、自由、多元的阅读交往和交流中，充分掌握信息和知识，才能不至于判断决策失误，少走弯路，行稳致远，所谓"兼听则明"、兼收并蓄，使社会的创新、创造潜流奔涌，为国家、民族、社会造福，为人类作出较大的贡献。因此，社会要尽可能为个体和社会阅读提供开放、自由、多元、包容、平等、充分的制度、思想环境。

阅读是现代化生活的美好元素和题中应有之义。可以说，现代人探索求知、修身养性、休闲消遣、社交娱乐……哪一样都离不开阅读。公众对阅读的要求越来越高，希望有更平等的阅读权益，期待更多的优质出版物可供选择，向往更多更好的阅读交流场所，期待更愉悦的阅读互动交流体验……这正是"人民日益增长的美好生活需要"②的重要内容。

三、阅读是读者的社会权利和责任

自然界的生存压力和社会中的竞争能力是人类永恒的主题，也是人类生存、

---

① 中国新闻出版研究院、江苏省全民阅读办编：《国外全民阅读法律政策译介》，译林出版社2015年版，第179—180页。
② 习近平：《决胜全面建成小康社会　夺取新时代中国特色社会主义伟大胜利——在中国共产党第十九次全国代表大会上的报告》，人民出版社2017年版，第11页。

发展的动力。人类要在自然和社会中获得自由和幸福，必须具备必要的生存和竞争本领。阅读以语言文字记录认识、思想、情感内容的文本为基础，是人类获取信息知识的重要途径，是培养社会个体生存和竞争力的必要手段，阅读这种生存和竞争力的培养不仅关乎个体自身的命运，也关乎个体赖以生存的整个社会和人类的命运。因此，阅读是读者的社会权利和责任。

社会科学家在讨论文本阅读的社会效应时，一般认为阅读技能是文化权力、社会权力乃至政治权力的基础。阅读学者杰克·古迪（Jack Goody）认为，在一个社会内部，读写技能与权力紧密相关，政治、职业、经济领域都是如此。他认为，读和写这两种技能是古希腊文化成就的动力。欧亚大陆的主要帝国，其政治声望的扩张，总是得益于文字的扩张以及图书的储藏。古迪将书籍看作权力的重要法器，尽管书籍也臣服于权力。借助公共图书馆等制度设施，书籍得以进入寻常百姓家。在这种阅读社会化的过程中，没有权力的人借助它获得了权力。民众借书籍获取权力，技术上还得取决于他们的读写能力。①

联合国教科文组织 1972 年发布的《图书宪章》第 1 条就明确规定："每个人都有阅读的权利，社会有责任保证每个人都有机会享有阅读的利益。"

从人类阅读史的角度来说，阅读的普及和阅读方式的变革，凸显读者的社会权利和责任，推动社会进步。个体默读彰显人类独立、自由、批判、创新的精神。被动听牧师阅读、解释经典是"中世纪阅读"的本质特征。1450 年，金属活字印刷在德国美茵茨问世，羊皮纸时代宣告结束，纸张时代从此来临，人类的阅读方式从教条的、集体听读的阅读方式向读者个体自由的默读的阅读方式转变，由于默读要求读者积极参与，读者转而成为行为人，作者则仅仅沦为引导，在沉默、素未谋面的读者面前展现出一条条道路。读者阅读自由权利得到保障，逐步开始对自己的阅读负起责任，实现向积极、主动、怀疑性阅读的转变。

在印刷术的推动下，可供阅读的书籍越来越多，更多读者得以选择自己想读的书，并私下自由按照自己的标准对书的内容加以品评和阐释，挣脱了经院牧师口述的传统和统一认知，从此西方文化打破了中世纪思想的禁锢得以蓬勃发展。

越来越多的读者摆脱教区牧师，开始独立阅读《圣经》，他们开始独立思考，并逐步涉猎非宗教出版物，如回归古典，阅读古希腊哲学家的文本，印刷

---

① 戴联斌：《从书籍史到阅读史——阅读史研究的理论与方法》，新星出版社2017年版，第85页。

成书并广泛传播，迅速摆脱经院主义的影响，从而兴起汹涌澎湃的知识创新浪潮。他们凭借自己的天资禀赋推动社会进步，这种人本主义的理念进而彻底打破了教会对知识的垄断。从此，阅读者的责任不仅是传授知识，更重要的是发现新知。这预示着阅读领域的革命，更标志着整个欧洲的社会革命。文本阅读的影响力渗透到欧洲人生活的方方面面，也预示着世界上最为伟大的一场社会、知识革命即"文艺复兴"运动的来临。由印刷术技术进步带来的阅读方式的变革释放了书写文本的力量，成为现代文明发展的动力，加快了人类获取知识的步伐。

我国读书人自古就有"国家兴亡，匹夫有责"的情怀。清末洋务运动带来西学和现代书报刊的阅读兴起，直至20世纪20年代的新文化运动，一代读书人提倡白话文的写作，极大地普及了阅读。1919年的五四运动更提倡"民主"与"科学"，促进知识分子要"为中华崛起而读书"，为民族解放和人民自由幸福夺得先声。1978年开始的改革开放，也是以《读书》杂志复刊的"读书无禁区"卷首语吹响解放思想的集结号。今天，在民族复兴的大道上，促进全民阅读，更要为构建"人类命运共同体"而读书，负起作为世界国民的权利和责任。

阅读对于现代文明社会的每一个国民来说，既是需要提供切实保障的基本生存权利，更是一种社会发展的权利。国家和社会有义务和责任培养每一个国民的最基本的阅读能力，普及阅读教育，同时，作为一项社会公益，有必要提高国民的阅读素养，促进全民阅读。

只有通过阅读，人人达到"自由和幸福"，才能达到社会和整个人类的自由和幸福。通过阅读他人的著作，学习他人，有所思、有所想，再著述向别人传递智慧，靠这样不断交叉和代际传递智慧，使人类的智慧和情感不断交流、碰撞、积累，不断增长人类文明的新高度，达到人类社会的自我完善。从此看，阅读更是一种社会责任，是国民对自己的责任，更是对整个国民社会共同体和历史的责任。[①]

四、阅读是读者社会身份地位的标志和象征

阅读是一种利用语言文字符号吸取知识信息交流情感的能力。一个人是否

---

① 于殿利：《阅读是一种责任》，《光明日报》2015年4月21日。

具有阅读这种能力、这种阅读能力的高低和水平以及这种阅读能力运用的频率和效果就成为这个人社会身份、地位的标志和象征，因此有"你手中的书正在泄露你的社会地位"之说。

阅读把人分类，阅读成为社会"文化人"的标志。戴联斌谈到阅读的社会属性时认为，"阅读可以定义文化社会身份"，能"断文识字"和"目不识丁"是确定社会身份的重要特征。[①] 他提到，在法国，从17世纪60年代到18世纪80年代，印刷品从城市流到乡村，从教士、贵族传到下层，印刷文本这时不再是特权的象征，一些旧的社会分层变得模糊，阅读行为本身和相关描述都显示一些新的区分已经形成，这时就用"读什么"和"怎么读"来区分城里人和乡下人的身份。

阅读有助于信息的获取和控制。从世界阅读史来说，人类自结绳记事起，阅读就是少数人的能力和权力，是社会特权阶级掌握的工具。无论是印加人最初阅读不同色彩的结绳记号以了解商品的交易过程，还是法国人在万年前阅读鹅卵石上的图样记事，还有后来的苏美尔人发明的书写系列符号，世界上最早的主动阅读者都看到的是一个结构简单的文本（名称、商品、金额），统治者一旦控制了这种文本，就意味着被赋予了某种权力。据考古发现，公元前2000年前后，美索不达米亚的巴比伦乌尔地区最大的城市只有12000人，但能阅读的最多只有120人，读写能力是达官显贵的特征之一，"正是这种能力把贵族定位为一个与众不同的阶层，受人敬重和崇拜"[②]。

对于阅读的特权，埃及人比开创完全书写的苏美尔人体会更深刻，能书写会阅读的人从未超过百分之一，"由于社会精英早已攫取了书写的社会权力，再者，埃及的大量阅读都是行政类的，阅读行为的实施者在社会上享有特权，因此，精英地位完全等同于读写能力"[③]。后期埃及的法老国王都能识字读写。能读写者乃是古代获得高贵地位的必要条件。在古印度，阅读和书写是社会等级地位的象征，阅读限定于高等级社会阶层，并主要用于确证和巩固经济权力。

---

① 戴联斌：《从书籍史到阅读史——阅读史研究的理论与方法》，新星出版社2017年版，第109—110页。
② ［新西兰］史蒂文·罗杰·费希尔著，李瑞林等译：《阅读的历史》，商务印书馆2009年版，第12页。
③ ［新西兰］史蒂文·罗杰·费希尔著，李瑞林等译：《阅读的历史》，商务印书馆2009年版，第26页。

　　在我国，据考古发现，最早能阅读刻在龟甲和兽骨上的文字的是殷商时期的王公贵族和占卜的祭师，"惟殷先人，有典有册"，只有他们才有阅读和解释文本文字的权力。在以后漫长的年代里，士大夫、政府官员、宗教学者等少数上层人士掌握阅读权力、也就是对经典和意识形态的解释权，能读善写才能成为"人上人"，我国古代几千年来的达官贵人的藏书楼只面向家族和亲朋借阅、不向社会开放就是明证。

　　据阅读史载，欧洲中世纪的世俗世界，"聚在一起聆听朗读也变成必要的日常活动，印刷术发明之前，读写能力并不普及，书本仍属于富有者的财产，为一小撮读者的特权。虽说这些幸运的主人偶尔也会把藏书借给他人，但却是借给同阶层或家族的少数人，一心巴望熟悉某一本书或某个作家的一般民众，其聆听背诵或朗读的机会可能远大于将珍贵书籍一卷在握"①。"中世纪鼎盛时期能阅读的人所占百分比是多少？大都市可能最多5%，或者是古罗马时期的一半，农村至多1%。在以农村城堡为主体的小镇和村庄，能阅读的人也就两三个。"②

　　19世纪中期，在多数发达国家，阅读成为人们习以为常的能力，不识字、不能阅读被社会视为耻辱。③瑞典在1700年以前就没有了文盲，因为宗教规定，年轻人要想结婚，就得能识字阅读。而在20世纪的发达国家，如果没有阅读能力，则根本无法在社会上发挥作用。文盲甚至比残疾人更为悲惨，因为其心灵被放逐。阅读成为人类社会的"会员证"。

　　即使到了阅读逐步普及的现代社会，能阅读能书写依然是文化人的入门证。阅读作为受教育的标志，把人分为不同的人群和阶层，并能据此判定其在社会地位、职业类别、家庭收入、自身修养等方面的差别，阅读能力和阅读的深度、广度成为衡量个人社会修养、社会地位高低的重要指标。阅读把人培养成精神贵族。显然一个文盲和一位读者的社会地位是不能相等的，能书善读者更能得到社会的尊重。同时，一个初中的阅读者与一位具有研究生学历的读者他们的

---

① ［加］阿尔维托·曼古埃尔著，吴昌杰译：《阅读史》，商务印书馆2014年版，第117页。
② ［新西兰］史蒂文·罗杰·费希尔著，李瑞林等译：《阅读的历史》，商务印书馆2009年版，第157页。
③ ［新西兰］史蒂文·罗杰·费希尔著，李瑞林等译：《阅读的历史》，商务印书馆2009年版，第278页。

社会地位也不会是一样的。一位著作等身的科学家读者与一位研究生读者他们的社会身份也是不同的。能阅读某一专业读物并与同专业人士深入对话者，掌握一门和多门外语并熟练运用进行跨国交流者，掌握古文并熟练运用能与古人沟通者，掌握计算机并进行专业运用者，能领略网络信息世界变化者，这无疑都是社会的精英和主流人士。现代的白领，阅读成为他们的"衣食父母"。总之，那些掌握着良好阅读能力的人连同书写、诵读能力一起，成为一个社会群体中智慧的代言人和制度的守护者。

"腹有诗书气自华。"由阅读的能力、阅读的购买力、阅读的经历、阅读的广度和深度、阅读的品位、阅读的成效、阅读的创造力等共同构成阅读个体的社会身份和地位，是现代社会对读者的印记、鼓励和褒奖，是识别一个人社会地位的重要标准，因此，阅读是社会身份地位的标志和象征。

第四节　阅读的社会效能

人类的阅读行为具有多方面的社会作用和功能。

一、阅读是社会历史文化积累与传递的非常通道

社会的生存、运转和变迁的基础和根本条件之一是文化的积累与传递，而阅读是社会历史文化积累与传递的非常通道。

阅读行为是建立在个体对人类言语符号系统的掌握基点上的。语言文字符号系统的出现，是人类彻底脱离动物界的最显著标志之一，正如我国著名语言文字学家、文化学者周有光先生所说，"语言使人类别于禽兽，文字使文明别于野蛮"[1]。由于语言文字的出现，首先使得人类可以运用符号来界定、标记一切事物，并逐步发展了符号化的想象力和智慧。其次，使人类的一切认识成果能够用文字记载下来，流传后世。其三，因为语言文字的普遍适用性，使人与人之间的认识、情感交流成为可能。这一切都极大地提高了人类社会化的程度。

阅读行为又是建立在书籍等读物出现之后。比之口耳相传，读物有更多的

---

[1] 周有光：《从世界看中国——周有光百岁文萃》（上），生活·读书·新知三联书店2015年版，第6页。

便利：一是避免艰苦的记忆训练；二是节省记忆的时间投入；三是避免记忆过程的差错，提高信息知识传播交流的可靠性；四是拓展了信息知识传播交流的时间和空间；五是由于书籍等文本一次性记录的内容远远超出人类记忆，也提高信息知识传播交流、积累的系统性、完整性。

社会生存、运转和变迁的根本条件之一是文化的积累和传递。人类文化的创造是遵循其本身固有的规律进行的，后人的每一新的创造都是在前人成就的基础上吸取原有文化的积极成果，总结新的认识和改造自然、社会的经验实现的。而前人的文化成就基本上是通过文字符号记录在一定的信息载体之上，它保证了人类文化传递的系统性和完整性，这种记录是人脑记忆功能的延伸。只有通过阅读，把前人创造的文化接收过来、传递下去，并在阅读过程中产生一种人类文化运动的加速度（创造新知识和新文化），才能使人类文化不断发扬光大。同时，阅读也是同代人之间交流的手段。因此，阅读是人类文化信息沟通的有效而普遍的非常通道，它不受时空局限，具有不可替代性。

以美国社会学家、社会心理学家乔治·赫伯特·米德（George Herbert Mead，1863—1931）、查尔斯·霍顿·库利（Charles Horton Cooley，1864—1929）和赫伯特·布鲁默（Herbert Blumer，1900—1987）为代表的"符号交往论"认为：①人类同低等动物不同，具有思维能力；②社会交往决定了人类思维能力的形式，特别是人类早期和成年期的社会进化过程；③在社会交往中，人们逐渐掌握了能使他们实践自己所具的思维能力的"意义"和"符号"；④"意义"和"符号"反过来促进人们能够进行独特的人类行为和交往的能力；⑤以对具体的解释为基础，人们能够修正和改变他们在行为和交往中所使用的"意义"和"符号"；⑥人们之所以能作出这样的修正和修改，部分是因为他们具有同自身交往的能力，这种能力允许他们去考虑行动的可行因素，并确定他们相对的利弊条件，然后作出选择；⑦行动和交往的模式相混便构成了社会。符号交往论的所谓"意义"和"符号"正是指人类能运用语言文字的思维能力及其在形成人类社会中的作用。

阅读学者古迪（Jack Goody）研究比较了书写传统和口头传统的优劣。他认为，在强调读写能力的社会里，书写作为传播渠道，对于口头传播是补充、是修正，而不是取而代之。在书写出现后，口头传播继续发挥重要作用，就像电子媒体出现后，书写仍然是基础。但是，在强调读写能力的社会里，口头传统往往会边缘化，因为作为传播渠道，书写极大地改变了"口耳相传"这一途径的性质、结构、语言，特别是它的内容和功能。古迪相信，书写传统比口头传统要高级，在思想和认知层面，书写文化比口头文化有相对优势，它能逐字逐句地回忆以前的内容。作为一种传播模式，书写会减少甚至消除差异，以视觉形式把信息固定下来，白纸黑字，稳定持久，因而书面记录理论上会流垂万世，影响持续。文本可借助书写固定，这就提供了相对稳定的参考点。这样的文本可脱离具体环境，在特定的情形下再次具体化。因此，作为一种传播渠道，书写有利于知识的有效积累。而口耳相传，口诵心识，这些实质都不稳定，都有选择性，尽管一些创造性的发明会出现，旧的东西消失得也快。因此，书写和阅读提高了人类认识、理解和操作环境的能力。正因为书写作为一种传播方式的这些优势，可用来记录和储存知识信息，人类与"写下来的话"得以互动，这种技术是其他技术的基础，是思维创造的前提。①

的确，人类优于其他动物物种的突出特点是检索和组织信息的能力，首先通过发声言语，接着是书写，然后便是发展为阅读的形式和途径。一旦出现更庞大和复杂的社会，读写可以通过辅助记忆和提供知识的方式（文档、档案、图书馆等），增强社会的精细化组织，其作用是人脑所不及的。②因此，具有阅读能力的人可以超越交际活动的时空界限，还可以延长记忆时间，扩展记忆范围。人类通过阅读活动来维持社会的生存、运转和变迁。

读者不论是个人还是群体，他们的阅读行为总是发生在一定的时空之中的，其阅读环境、条件、工具都是真实可见，因此阅读是一个具体、现实的存在。同时，阅读也是一种历史的记录，且不用从大的方面来说，一个社会的读书风气、一个特定时期的出版物状况等，都将作为历史记录在人类文明的史册中，即使是读物和读者本身，也存在于无穷的历史中。正如阅读史家夏蒂埃所认为的："所有的阅读文本，都必须在具体明确的历史背景下去理解、阐释。只有在特定的历史背景下，读者才会赋予文本以具体意义。"③

---

① 戴联斌：《从书籍史到阅读史——阅读史研究的理论与方法》，新星出版社2017年版，第85页。
② ［新西兰］史蒂文·罗杰·费希尔著，李瑞林等译：《阅读的历史》，商务印书馆2009年版，第36页。
③ 戴联斌：《从书籍史到阅读史——阅读史研究的理论与方法》，新星出版社2017年版，第116页。

首先，读物是历史的一页。一个时期的读物反映着作者所生活的那个特定时期的科学文化水平，优秀的读物虽然具有划时代的超前意识，成为不朽的传世之作，但作者所处的时代仍然为他的创作提供了必要的物质和精神准备条件，任何读物在人类历史特别是精神文明的历史长河中都只是一个页码，打上了那个时代的印记。[①] 因此，读者的阅读——哪怕他阅读的是最新的出版物——也就是在读昨日的历史，因为读物本身就是历史的记载和陈迹。

正如俄国作家赫尔岑曾经有过如下一段论述："书，这是这一代对另一代人精神上的遗言，这是将死的老人对刚刚开始生活的青年人的忠告，这是准备去休息的哨兵向前来代替他的岗位的哨兵的命令。人类的全部生活都依次在书本中留下印记：种族、人群、国家消逝了，书却依然存在。它跟人类一起成长，一切使智慧震惊的学说，一切使内心激动的热情都在书本中结晶化起来；人类蓬勃动荡生活的那种宏伟的自白，人们叫作世界通史的那种巨大的自传，都在书本中记录下来。"[②]

其次，读者是历史的一员。人的生命是有限的，最长寿者不过百年，其中用于有效读书的时间不过几十年，一个人几十年的阅读史，与漫长的人类历史相比，只是一瞬；一个人一生所能读的书与无穷的知识海洋相比，也只是沧海一粟。但是阅读的绝妙的价值，就在于读者能在较短的时间，去掌握人类长期积累下来的文化和科学财富，而不必重复祖先们的漫长经历，从而能够保障人类文明能持续地加速度递增发展。这就是我们付出阅读这样小小的代价，换来了人类的神奇——对时空的掌握，历史上已知的所有语言和文化唯有通过阅读才得以延续，进而以阅读方式继续参与人类活动。[③]

读者从前辈手中接过人类文明的接力棒，阅读成为人类文化的传递过程。读者在新的环境和条件中对历史做出的新的阐释，代代相传，阅读成为人类文化不断增值的过程，读者从阅读中学习、发明、发现和创造，生生不息，阅读成为人类文明不断创新的过程，人类文明在阅读中前进。

---

① 曾祥芹、韩雪屏：《阅读学原理》，大象出版社1992年版，第293页。
② ［俄］赫尔岑著，辛未文译：《赫尔岑论文学》，上海文艺出版社1962年版，第3页。
③ 曾祥芹、韩雪屏：《阅读学原理》，大象出版社1992年版，第293—294页。

二、阅读是提高人口质量的重要途径

社会的运行和发展的基础是物质资料的生产和人的生产，这两种生产的统一构成人的自身存在方式。人口是社会的主体，指在特定的时间和特定地域所存在的人的总和。人口总是呈现一定的数量、质量和构成特征。

人口质量是人口各方面素质的综合体，其对社会发展具有重要影响，包括身心体质、文化素质、道德品质等，其中文化素质又包括科学文化水平和劳动技能，一般以人们的阅读能力和水平作为重要标志和考评指标。随着生产的发展和科技水平的提高，要求有一定科学知识和技能的劳动者，智力密集性劳动的比例将逐步提高。而科学知识和技能的获得，很大程度上依赖阅读能力的取得。从根本上说，一个国家和社会的人口质量取决于整体的社会阅读力和社会阅读活动开展的程度。

按照最权威的世界经济论坛（WEF）以及瑞士洛桑管理发展学院（IMD）每年发表的《世界竞争力报告》，国际竞争力主要包括八大要素——经济实力、国际化程度、政府作用、金融环境、基础设施、管理程度、科学技术、人口结构和素质，其中人口结构和素质就是国民素质。其实，在当今全球化的形势下，其他七项要素也要以国民素质为基础，因为人才是核心竞争力，国民素质是一国竞争力中关键的要素。[①]而国民阅读能力、阅读深广度与国民素质之间有着直接的关系，国民阅读不仅奠定了国民基本知识技能，而且是国民修身养性、社会化的重要途径。

阅读能力是人们掌握科技和谋生手段的基础，包括认读能力，即对字、词、句的认识能力，这是阅读行为的基础和前提；查找、检索、选择读物（文本）的能力，就是如何找到自己所需要的读物、从众多同类读物中选择优质或适合自己的读物；理解阅读内容的能力，即准确理解、领会、掌握读物的中心内容、主体思想、精神实质；阐释能力，即在理解的基础上能以一种合适的方式把所阅读内容意义表明出来，体现对阅读内容的选择性阅读吸收和表达能力；批判分析和创新能力，指读者所具备的阅读文本后的分析、推理、想象、思考、判断、

---

① 《图书情报工作》杂志社编：《国民阅读推广与图书馆》，海洋出版社2011年版，第38页。

重构和创新能力，这是阅读的最高境界和能力。大家都读书，但读的方式方法和效果却可能有天壤之别，博学雅士和普通平民，不可同日而语。而阅读能力越高，读的书越多越深，信息量越大，越有办法适应社会环境，越能创造新知识和理念，改变社会环境。

社会阅读力则包括全社会的识字人口量，一定人口（时段）的阅读时长、阅读量、阅读率和阅读的深度广度、阅读成效等。调查表明，有阅读能力和水平的社会成员更能理智地优生优育，使下一代也能受到很好的阅读教育。

社会阅读的成效和结果必然为社会人才提供备用资源，人们通过阅读提高自身的科学文化素质，社会通过阅读，造就一批又一批文化人口，文化人口的数量和质量标志着整个社会的文化水平，文化人口是社会建设所需要的各种人才的备用资源。

人类社会发展历史表明，科学、文化和教育是社会发展的强大动力，科学技术是第一生产力，人的素质是决定社会经济发展的首要因素。一个社会阅读人群的大小和成效，反映了其综合国力的强弱，阅读社会的建立和发展是知识经济发展的土壤和条件。从根本上来说，科技的发展，经济的振兴，乃至整个社会的进步，都取决于人口质量的提高和合格人才的培养。

阅读人口的数量和质量决定着社会精神财富的消费市场，也是社会精神财富的生产力。阅读人口的数量和质量依赖于社会阅读力的普及与提高，先有普及，才能在此基础上提高。历史发展证明，社会阅读力的普及和提高，大大促进文化信息传播的质量和速度，人类文明也得到加速发展。所以一个国家和社会阅读人口越多，这个国家和社会的总体文化水平也越高，文化发展潜力也越大，知识创新和由此决定的可持续发展和竞争能力也越强，对人类社会发展的贡献就越大。

犹太—以色列人是富有阅读传统的民族，也是世界公认富有创新智慧的民族。以色列人年平均阅读64本书，居世界各国之首，该国约每4500人即拥有一个图书馆，正是这种阅读习惯使这个民族人才辈出，一百多年来，犹太—以色列人获诺贝尔奖者有170余位，以色列国小而强，被称为"小小超级大国"。匈牙利是一个只有千万人口的小国，因为居民爱阅读，居然出了15位诺贝尔奖获得者，对人类作出较大贡献。德国、日本也是如此。我国深圳市人均购书量连续27年保持全国第一，人日均阅读图书63分钟，年平均阅读电子图书10本，均高于全国平均水平。该市 2013 年荣获联合国教科文组织授予的"全球全民阅读典范城市"称号，在麦肯锡发布的 2016 年中国可持续发展指数报告中，深圳位列全国第一，成为全国的"创新温室"。

我国是世界人口最多的国家，人口基数大，人均资源少，这是我国的基本国情。人口既是最大的负担，也可以成为最大的资源，即所谓"人口红利"。而要使人口成为最大的资源，避免其成为最大的负担，走出发展的瓶颈和陷阱，其中重要的一条就是必须提升全民素质，提高人口的质量，而提升人口质量的根本之策就是要推动和实现全民阅读。

提高国民整体阅读力是全民阅读的前提和基础。首先，阅读习惯的养成要从娃娃抓起，尤其是在电影电视、手机游戏等满天飞的当下，培养孩子的阅读习惯使之终身受益。国外研究表明，婴幼儿 0—9 个月是阅读教育的"起跑线"、黄金期，我国 2—3 岁开始阅读教育太迟要提早，以保证阅读习惯的代际传承和后劲。要在基础教育（K12）的课内课外加重阅读的分量，开阔学生的认识视野，重在提高他们分析问题和解决问题的能力。其次，要持续深入开展扫除文盲和半文盲工作。在民族地区要加强"双语教育"（汉语和本民族语言教育），使更多的人能用国家通用的语言阅读。其三，加强外语教育和通过各种文本的互译互通打通阅读的语言障碍，拓展国民阅读的广度。其四，通过倡导全民阅读，提供阅读条件，营造阅读氛围，激励、促进、诱导社会阅读，使潜在的读者成为显性的读者。其五，通过阅读能力教育，不断提高读者的阅读能力和修养，包括阅读习惯的养成、快速广泛阅读的才能培养、终身继续教育的不断阅读历练更新等。

阅读对社会的价值和意义主要包括提升劳动者素质、提高社会生产力、构建先进文化、促进社会和谐等。知识经济时代，知识和人才已成为各国经济发展的核心竞争力。

中华民族要想实现伟大复兴，全体国民素质必须加强。因为社会越发展，对个人素质的要求也越高。如何快速地提高我国国民素质，倡导全民阅读是众多方法中最为有效的一种方法。

倡导全民阅读、建设书香社会，不仅关乎个人修身养性，更关系到国家的前途命运。因此，不难理解，"深化群众性精神文明创建活动，倡导全民阅读，普及科学知识，提高国民素质和社会文明程度"，我国"全民阅读"已连续多年被写入政府工作报告，已经上升为一项国家战略。

三、阅读是社会自组织的利器

社会自组织是一种由社会人自发形成的规范、有序的系统，通常存在于正式组织（比如政府）管理空白的领域。也就是说，哪里存在政府职能缺失，哪里就有可能存在自组织来填补这部分社会管理职能。

阅读是一个社会自组织的利器和主要手段。人类优于其他动物最主要一点就是具有发现、认识、组织、管理信息知识的能力。小的社群靠口语就可组织，庞大的社会管理需要通过读写和辅助记忆的方式（文档、档案、图书等）来加强精细化的管理组织。有良好、古老阅读传统的社会都是自组织良好的社会，有向心力和凝聚力的社会，也是富于创造力的社会，对人类做出重要贡献的社会。

研究表明，阅读是阅读群体内部和阅读群体之间协商整合的手段。阅读某一读物（某一本图书，某一报纸或期刊）可以作为一种纽带，用以维系社群价值观（如彼此依存、舆情、人情、共同爱好、话题等）。正是依赖这种社会整合功能，印刷品得以创建各种社群、维持社群，可以把不同的社群联系起来。有人研究19世纪美国宗教印刷品的传播和使用，当时出版的宗教期刊和赞美诗集广行于世，社会上被边缘化的人得以进入美国宗教文学世界，结果形成一个全国性的读者群，他们实时接触相同的读物信息，能共同讨论同一宗教话题，借助印刷品，19世纪美国基督教的福音神学广泛交流，逐渐形成一个基于文本交流的社群，把个人阅读经验与社会活动关联起来。[①]

正如麦克卢汉所说："从社会角度看，印刷术这种人的延伸产生了民族主义、工业主义、庞大的市场、识字和教育的普及。因为印刷品表现出可重复的、准确的形象，这就激励人们去创造延伸社会能量的崭新的形式。""因为它把人从传统的群体中解放出来，同时又提供一个如何把个体凝聚成一股强大力量的模式。""印刷物的心理和社会影响之一，是将其易于分裂而又整齐划一的性质加以延伸，进而使不同地区逐渐实现同质化。结果使力量、能量和攻击性

---

① 戴联斌：《从书籍史到阅读史——阅读史研究理论与方法》，新星出版社2017年版，第110页。

都得以放大，我们把这种放大与新兴的民族主义联系在一起。"[1]他认为，印刷和阅读之前的社会自组织是靠部落和血亲关系。

尼尔·波兹曼说得更明白："所有这一切都说明，我们绝不能低估语言从耳朵转移到排版这个过程对人类心理造成的撞击。能够看到自己的语言持久存在、反复印刷，而且以标准的形式出现，这使人类与语言产生最深厚的关系。今天，我们完全生活在一个书面语言的世界，如果没有阅读能力，我们就无法处理自己的事情，因此很难想象拥有阅读能力在16、17世纪是多么的美妙和重要。具备阅读能力可以产生巨大效力，甚至魔力，它可以将一个人从绞刑架上拯救出来。""印刷术首次使方言进入大众媒介。这个事实不仅对个人，而且对国家产生重大影响。不容置疑，固定的视觉语言在国家民族主义的发展上产生巨大的影响。"[2]

在中世纪的欧洲，能阅读的主要是天主教教士和贵族，读物主要是手抄的拉丁文和希腊文书籍。随着1460年前后谷腾堡的铅活字印刷术的发明和推广，促进欧洲各国越来越多的人以本民族语言（英语、德语、法语、意大利语、西班牙语等）作为表达和书写的媒介，出版了大量民族语言的书籍，而以日常民族语言印刷的书籍推动了使用同一民族语言的人们塑造其民族共同体的形象，这最终使个体根据民族关系而不是宗教或臣属关系来界定自己的身份。[3]人们通过阅读获取语言、文字、民族、文化、信仰、观念、理念、阶层等身份和价值认同，从而自发、自觉、自愿地呼应组织起来。

以色列犹太民族和日本大和民族的发展史最能说明阅读的社会自组织作用。

发源于西亚的以色列的犹太民族是一个流亡2000年依然不被世界同化的民族，一个经历百般忧患却顽强坚守信仰的民族，一个被公认智慧且能干的民族。这个民族有一个重要的特征就是他自古就是个崇尚阅读的民族。

据史载，早在公元前7世纪，中东的犹太人就在希腊人的引领下，成为第一批崇尚文化阅读并从中受益的民族，他们甚至赋予阅读以神圣的色彩。最早，

---

① ［加］马歇尔·麦克卢汉著，何道宽译：《理解媒介——论人的延伸》，商务印书馆2000年版，第220、223页。

② ［美］尼尔·波兹曼著，吴燕莛译：《童年的消逝》，中信出版社2015年版，第47—48页。

③ ［英］杰里·布罗顿著，赵国新译：《文艺复兴简史》，外语教学与研究出版社2017年版，第91页。

黎凡特地区的犹太人开启了崇奉书面文字的先河，从而为阅读开拓出全新的视角。继信仰上帝之后，学习《圣经》等（阅读和阐释"神圣"文本）就成了犹太人的另一职责，阅读和争论成为理解神明的主要途径。通过礼拜仪式，他们把阅读神圣文本这种做法以及书面文字的新观念传播到整个西方世界。犹太人对书面文字的赞美，是基督教创立的基础，也是基督教得以迅速传播的手段。当时阅读早已超越了教会的权威。阅读早已演化为神谕。小孩刚会说话就教他们阅读，并举行隆重仪式，用蜂蜜涂在文本上让孩子舔净，让孩童感知阅读的浓郁和甜美。早在中世纪，犹太人就几乎消灭了文盲，基本实现人人拥有阅读能力。

犹太人崇拜书面文字和阅读，谱写了一部新的民族史，也塑造了犹太民族的身份。自公元 1 世纪开始，由于战乱和自然灾害，犹太人就被迫流离失所，流散世界各地，只有《圣经》和《塔木德》两部经典的阅读、阐释、研讨伴随犹太人游走四方。正是由于崇尚宗教阅读又旅居各地，当一切身外之物失去后，唯有阅读经典和书籍给予他们祖先的智慧和知识并代代相传。以至于经过近2000 年的四散流落，虽然犹太人与各地居民通婚融合，并有了多种肤色、样貌、语言、文字和生活习惯，但他们仍然能通过相同的阅读和经典，作为辨识民族身份的标识，维系民族统一的纽带。这些经典中的思想，支撑了犹太人从 1948 年以来的复国行动，以及今天以色列的科技创新和高速发展。

犹太人在对典籍的不断研读领悟中继承、创新，悠久的阅读传统优化了这个民族的基因。2016 年以色列犹太人有 637 万，加上散居世界其他地区犹太人共约 1600 万，约占全世界总人口不到 0.25%，但犹太人却获得全球 27% 的诺贝尔奖及大量世界知名的科学、文化、教育奖，诺贝尔奖获得率是全球平均水平的 108 倍，出现了如马克思、爱因斯坦、弗洛伊德、贝多芬、毕加索、海涅等思想、科学、文学、艺术大师。今天的以色列国民阅读保障水平和国民阅读率在全球也是遥遥领先。以色列虽国小人少，土地贫瘠，资源匮乏，但教育、文化和科技创新成就国际公认，民族团结，国力强悍，被称为"小小超级大国"，对人类发展和进步作出巨大贡献。

日本也是如此。日本人是世界上最早的阅读者，日本文化是阅读的产物。

就阅读对一个国家的影响而言，日本是个最为极端的范例。① 从 19 世纪 70 年代明治维新以来，日本实行"脱亚入欧"，全面学习西方，加强国民教育，普及阅读，迅速提高国民素质，虽经二战失败，因国民素质高，后劲足，战后在美国扶持下迅速崛起，现在的"日本经济社会发展已经进入高度发达文明的程度"。

虽说日语是世界上最复杂的书写文字，有两个独立的系统（外语语标系统和本土音节系统）和三种书写形式（汉字和两种日语），然而日本却是世界上识字率最高的国家之一（高于文字系统较为简单的法国和美国），也是世界上人均购书报刊最多的国家之一。2013 年 10 月，经济合作与发展组织发布首次"国际成人能力评估计划"调查报告，结果显示，在阅读能力方面，日本成人居首，美国成人排第 9 名。专家认为这是日本较早普及义务教育，并培养国民阅读、写作、计算能力的结果。② 如今的日本，以技术立国，全球的科技专利申请数仅次于美国，大学排名和科技贡献仅次于美、英，人均 GDP 是中国的 10 倍。③ 日本国民的整体素质，如重信用、守秩序、讲礼节、敬业、自律、团结、友爱、节约、环保、创新等方面都位居世界前列。以上两个民族的阅读史和发展史充分说明，阅读在社会自组织中所发挥的巨大作用。

这里，社会的自组织需要通过广大的阅读社会作为基础，要通过社会传播来实现。社会传播指社会信息的交流和精神交往活动，又指社会信息在一定系统内运行，具有行为性、系统性和过程性。社会信息主要包括社会的核心价值观、社会的主流意识形态、社会正能量、社会道德评价标准等，这些内容要交流和运行并深入人心，必然要通过语言文字的内容和文本文档的保存、传递、传播，也必然离不开社会个体的接受、吸收，不能被社会个体广泛接受和吸收的社会信息传播注定是不成功的传递、传播。而要达到社会传播的效果和目的，语言文字的内容要真实可信、亲切感人等，要能吸引读者和受众，还要求传播介质的高保真和高效率，讲求时效度等，最重要的是，广大的读者喜爱阅读并能阅读到，这样才能达到受众传播效果，产生普遍的社会价值认同、凝心聚力的好效果，否则就是无效劳动。

---

① ［新西兰］史蒂文·罗杰·费希尔著，李瑞林等译：《阅读的历史》，商务印书馆2009年版，第114页。
② 中国新闻出版研究院等编：《国外全民阅读法律政策译介》，译林出版社2015年版，第31页。
③ 刘应杰：《深刻认识中国和日本的差距》，《前海财富资本》2018年4月4日。

无论是以书报刊为载体的传统纸质媒体，还是以移动互联网为载体的数字媒体的命运，都离不开这一社会传播的"铁律"。因此，阅读是社会信息传播的目的和归宿，更是社会自组织的主要手段。

四、阅读活动进行的深度和广度是测定一个社会文明程度的重要标志

一个社会的阅读深广度（质量与数量）既能体现该社会对人类文化的接受、吞吐能力，消化、创造知识的潜能，又是测定这个社会文化程度的重要标尺，还是社会进步的基础。

阅读社会化普及的程度，是社会阅读发展程度的重要指针，主要表现为社会阅读能力的大小、社会阅读水平的高低、阅读内容的广度和深度、社会阅读设施和服务的优劣、社会阅读结构是否合理等，其衡量指标包括一个社会阅读人口的数量、各层次阅读人口的比重、阅读活动的社会参与程度及影响大小、阅读物的世俗化程度、阅读物供给能力和阅读设施、服务的水平等。

社会阅读活动的发展过程。以读者个人阅读活动为基础，形成各个方面、各种类型、各个层次的社会阅读活动，各个方面、各种类型、各个层次的阅读活动的总和，构成一个国家、民族、地区的社会阅读活动。社会阅读活动是一种从无到有、从弱到强的发展过程，而且发展的速度愈来愈快。这一过程经历了四个方面。第一，参与阅读活动的人不断增多，其发展以整个社会的全体成员为极限，最终目的是使所有潜在读者都变为现实读者，即全民阅读。第二，人们的阅读数量不断增加。包括投入社会交流的文本数量的与日俱增，因而可供阅读选择的读物越来越多；同时每一个读者用于阅读的时间也越来越多，阅读不仅作为人的业务活动，而且作为业余活动的重要内容。第三，由于人们阅读能力水平的提高，人们阅读的内容越来越深化，社会提供的阅读文本的内容也在不断更新加深。第四，阅读方式日益多样化。由于科技的发展，更多的新型文本，如数字移动网络文本逐步占领读者的生活，阅读的方式更加丰富多彩了。这四个方面体现着社会阅读的强度和能力。

阅读社会活动的表征。阅读作为一种社会文化活动，其特征主要表现为社会整体的阅读能力、阅读方式、阅读水平和阅读结构等。社会阅读能力是在一

定的社会发展阶段读者获取文本并进行阅读消费以满足精神需要的程度和能力。社会阅读方式是指社会中普遍存在的或占主导地位的读者和文本的结合方式，如听读、默读、朗读，个体阅读与集体阅读等。

社会阅读水平是指社会阅读活动发展水平的实际状况，它反映一定时期内人们阅读需要的实现程度，包括社会总体阅读量、人均阅读量和阅读时间等。社会阅读结构是指不同文本在社会总体阅读的种类和数量中所占的比重。社会阅读结构根据不同的标准可以分为不同的类别，以满足需要的层次来看，可以分为消遣阅读、学习阅读和研究阅读等类；以文本类别来看，可以分为图书阅读、报刊阅读、数字阅读等。[①] 提高国民素质和社会文明程度，就要改进社会阅读方式，优化社会阅读结构，增强社会阅读能力，提高社会阅读水平。

阅读可以明理、修身、娱情，一个不阅读的人是没有前途的；阅读可以齐家、治社、兴国，一个不阅读的民族是没有希望的。智慧的民族、生命力顽强的民族、有前途的民族无不将阅读视为生活的重要组成部分，如以色列和德国对阅读的热衷和追求。以色列人口仅 710 万，年人均阅读量却为 64 本书，居各国之首。该国拥有 2 万余家各类图书馆，平均每 4500 人就有一座图书馆。

德国只有全世界 1.2% 的人口，却出版了占全世界 12% 的德语书，德国每 1.7 万人口就有一家书店，首都柏林每 1 万人有一家书店，有 91% 的人每年至少读过一本书，其中 23% 属平均阅读者，年阅读量在 9—18 本，25% 属大量阅读者，阅读超过 18 本，而我国有超过一半的人口全年没读一本书。德国人口 8180 万人，却拥有全球第二大的图书市场，仅次于美国，年市场销量达到 96 亿欧元，比中国高出 17%。德国史上获得诺贝尔奖的人数达到 102 人，按国别论，数量仅次于美国和英国。德国全球科技实力排名在世界第五。

以上这些成就的取得与这两个国家广泛的阅读传统和习惯、国民阅读力和社会阅读保障水平有着深刻的联系。

据新西兰费希尔著《阅读的历史》记载，16 世纪中叶，德国宗教改革领袖马丁·路德宣扬，只有通过个人的努力，虔诚地阅读经卷、表达个人的信仰，才能够实现救赎。由此，从本质上肯定了人们独立阅读和思考的权利，冲破了中世纪由教士阅读和解释经卷的特权，加之谷腾堡活字印刷的发明，《圣经》

[①] 王余光、汪琴：《中国阅读通史》（理论卷），安徽教育出版社2017年版，第131页。

的大量印行和普及，才使欧洲最终冲破了中世纪的黑暗，迎来了文艺复兴的曙光。

1900 年前后，英格兰、法国、德国、美国的社会由于政府大力推进并切实执行教育立法，其社会的功能识字率达到 90%，比利时达 88%，奥匈帝国达到 78%，意大利达到 60%，俄罗斯一些中心城市超过 50%，因而成为当时社会大变革的基础。通常当传统社会阅读人口超过 50% 时，社会就会发生巨变，英格兰在 17 世纪，法国在 18 世纪末，俄罗斯在 20 世纪早期都发生大革命，都证明阅读能力的积极运用，为当时的社会革命、工业技术革命进步奠定了群众和思想基础。[①]

反之，如果一个社会阅读人口下降、习惯经常阅读的人口少，这个社会就缺乏进步的基础和动力。大卫·托斯卡纳在《一个不再阅读的国家》一文中报道，墨西哥一度是全社会教育水平较高的国家，但近几年，虽然识字人口的百分比在增加，但从绝对人数来说，现在的文盲多于 12 年前，因为有阅读行为的人没有增加，包括学校的老师大多不读书，主要因为教育部的腐败。几年前，在联合国教科文组织对阅读习惯进行的一项评估中，墨西哥在 108 个国家中名列倒数第二，以至学校只能培养大多如"洗碗工"这样水平的学生，使墨西哥在社会、政治、经济领域陷入困境。这引起新上任的总统培尼亚的重视，他一上任就提出改善社会教育和阅读的改革计划。

李克强总理说，读书不仅事关个人修为，国民的整体阅读水准，也会持久影响到整个社会的道德水平。要测定一个社会的文明程度，首先，要看这个社会的阅读力，即在所有人口中有多少能阅读的人口，其中大众阅读的人口是多少，各个专业阅读人口是多少，正在受教育的人口占多少，经常性的阅读人口占多少，经常阅读的是哪个层次和水平的书。其次，要看一个社会的阅读购买力，当地社会经济水平，人均文化消费占比情况，人均购书情况，等等。其三，看阅读的社会环境条件如何。多少人共有一家实体书店，多少人共享一家图书馆，等等。其四，看社会阅读率的情况。有多少人经常阅读，闲暇有多少时间用于阅读，图书馆的利用率，书店的购买率，阅读是什么目的，等等。

由中国新闻出版研究院组织实施的全国国民阅读调查，从 1999 年至 2018 年已经开展并发布了 15 次全国国民阅读调查报告。调查结果显示，2017 年我

① ［新西兰］史蒂文·罗杰·费希尔著，李瑞林等译：《阅读的历史》，商务印书馆2009年版，第274页。

国成年国民人均纸质图书阅读量为 4.66 本，图书阅读率城镇居民为 67.5%、农村居民为 49.3%，图书阅读量城镇为 5.83 本、农村为 3.35 本。而据有关统计，2012 年，日本人年均图书阅读量就为 22 本，韩国人年均阅读量为 11 本，法国人年均阅读量 20 本，美国人年均阅读量为 50 本，以色列人年均阅读量为 64 本。

社会阅读力之不发达，反过来也是造成社会阅读活动的组织者图书馆的利用率极低的原因。据统计，我国县以上的公共图书馆平均藏书利用率仅为 70%，而列宁 1913 年为《真理报》介绍过的纽约公共图书馆 1911 年的图书利用率即达 400%，列宁还不太满意。[①]

以上情况反映了我国文化现状特别是国民阅读现状还比较落后；另一方面也说明我国社会阅读活动的开展还具有深广的潜力，任务十分艰巨。

小 结

阅读作为特定社会环境下的生理、心理反应过程，既是一种有目的的意识活动，更是一项复杂的社会活动，阅读的社会化程度受到政治、经济、文化、科技等社会环境因素的有效制约。对社会个体来说，阅读是读者认识自然和社会的基本途径，是个体社会化的主要手段，是现代读者的基本生活方式，是读者的社会权利和责任，甚至是读者社会身份地位的标志和象征。对社会整体来说，阅读有利于社会文化历史积累与传递，是社会自组织的有效途径，是提高人口质量的重要手段，阅读活动进行的深度和广度是测定一个社会文明程度的重要标志。总之，阅读对个人与社会的效能是极为重要的，在理论上值得我们去不断认识与总结，在实践中我们要遵循阅读的一般规律，最大化地发挥其社会效能。

---

① 列宁：《对于国民教育能够做些什么》，《列宁全集》（第19卷），人民出版社1956年版，第272页。

第三章　阅读的社会心理

人类其实是社会文化规范和角色的产物。所有的文化都会赋予个体一定的角色，扮演一定的角色常常会使人们内化自己的行为。改变角色也能够改变我们的观点。

——戴维·迈尔斯

内容提示

阅读行为的基本要素：读者、文本和阅读环境

阅读要素互动关系的不同解读

作为消费者的阅读行为抉择

社会心理是文本选择、理解与阐释的决定性因素

社会思维规定下的阅读

社会影响决定下的阅读

社会关系互动中的阅读

如前所述，阅读的实质是以读者生理、心理反应为基础，利用文本进行的社会知识信息的交流过程，阅读不只是读者孤立的个别行为，而是在社会环境中进行的社会活动，是整个社会生产生活的重要组成部分。因此，在阅读行为中，读者会受到政治、经济、文化、教育、宗教、科技诸多社会因素的影响，并通过社会心理通道作用于读者的阅读行为，产生一定的阅读社会效果，反作用于社会的生产生活。

在阅读实践中，读者的社会思维（认知）、社会关系、社会影响这三大板块的社会心理因素，以从众、逆反、服从、求新、求异等多种社会心理路径作用于人们对阅读文本的选择、理解、阐释和评价。

第一节　阅读社会心理

一、阅读行为的基本要素

阅读是读者通过文本与作者和社会的沟通交流过程。一般的社会个体获得"读者"的身份，必须要掌握一定的辨识语言文字和理解文本的能力，因为文本总是有一定的信息知识文化的载体，只有具备辨识理解能力才能保证其通过文本的沟通交流顺利进行，这种能力就是阅读能力，这是社会个体成为读者的前提条件。阅读能力是读者的根本属性，它决定着读者阅读活动的方方面面，包括阅读选择、理解、阐释和评价的深度、广度、频度、效度等等，其对读者的行为方式具有基本意义。

仅有阅读能力不进行阅读行为只是"潜在读者"，潜在读者在与社会个体和群体的互动中因为学习、消遣、娱乐、工作、研究等产生某种阅读需求，在一定情景中有了阅读动机，从而对某个文本实施阅读行为（借阅、购阅、点击等），成为"现实读者"。因此，阅读能力是基础和前提，阅读行为是读者的本质特征。阅读的形（方）式有听读、诵读、朗读、默读、浏览等等。这里要指出，"能"阅读还要"愿"阅读，"可"阅读，"善"阅读。

"从本质上说，阅读是读者对文本进行认知的过程。阅读不仅是对文本的意义进行理解和阐释的个体活动，而且是一种社会文化活动。"①

文本，有各种不同的解说，其主要是书面语言的表现形式，是指任何由书写所固定下来的话语体系，也是由语言文字组成的内容实体，即文字作品，相对于作者，其构成一个独立、自足的文字语义信息系统。

苏联符号学家洛特曼（ЛОТМаН）指出，文本是外观的，即用一定的符号来表示；它是有限的，即有头有尾；它有内部结构。罗兰·巴特的文本一方面是"能指"，即实际的语言符号以及由它们所组成的词、句子和段落章节，另一方面是"所指"，即固定的确定的和单一的意思，为表达这种意思的正确性所限定。总之，文本是语言的实际运用形态，在具体场合中，文本是根据一定的语言衔接和语义连贯规则而组成的整体语句或语句系统，有待于读者阅读。

应该从文化这个大范畴中来认识理解"文本"。文本是承载文化的一种形态，而且仅仅是以书面语言传之于世的那些文化形态。在人类历史长河中，人们最初是通过号子、声音、图画等符号进行交流沟通，对于空间的突破比较困难，在时间突破方面，人们发明了结绳记事。后来通过在石头、龟甲等载体上刻画符号，从而实现了人类传播在时间与空间上的突破。这种根本性的突破就是缘于文字的发明创造。有了文字，人们就可以把声音语言记录下来，从而产生了专门从事于文字记录工作的人，有了体力劳动与脑力劳动的分工。文本也就出现了，今天人们所看到的岩画、甲骨文就是初级文本。

科学技术不断革新开创的近现代工业社会，催生了新的传播媒介，特别是活字机器印刷发明后，使文本的标准化、工业化、大规模化生产成为可能，阅读社会化也应运而生。社会阅读是指在近现代工业社会背景中产生的，与市场经济发展相适应并受市场规律支配，以社会大众为主要阅读对象、以娱乐消遣为主要功能、以现代生产方式进行生产与经营并通过大众传媒广泛传播的阅读文化形态。

满足社会阅读的行业所赖以发展的资源是大众文本，包括报刊、图书、广播影视、互联网、手机媒体等各种媒介中生产与传播的形态多样的文本。这里所指的文本是通过视觉器官进行阅览的，由文字、图片、影像、图画等构成的多形态文本。

---

① 王余光：《中国阅读通史》，安徽教育出版社2017年版，第77—80页。

读者、文本，还有阅读环境都是人类社会文化发展的产物，它们构成阅读社会行为的三个基点。文本是作者经过写作过程成就，又通过出版者、印刷者、发行者实现制造和传输的；读者阅读则是针对文本实施的具体行为，最终赋予文本以意义；没有读者，就没有解读文本的阅读行为，也就没有文本展示的世界。而读者又是历史的、具体的，不是抽象的，即阅读的一定历史具体的社会环境既作为一种"内化于心"的"潜规则"决定着、制约着读者对文本的理解和阐释，又作为一种"外化于行"的具体情景影响着读者的阅读。

二、阅读要素社会关系的不同理论解读

阅读是读者对文字信息的理解和阐释过程，也是读者社会认识的重构过程。因此，从阐释学的角度来说，早期的阅读活动就是文本的释义过程，也就是以文本的语言符号意义的解释为基础，其特点是以作者为中心，通过文本理解作者的意图。后又发展为以文本为中心，注重对作者原意和意图的探询，忽视读者对文本的选择、接受、反馈、再识。直到人文主义成为人们普遍接受的世界观和方法论之后，读者的重要性在阐释学中才得到关注。特别是 20 世纪 60 年代以后在文艺阐释学领域兴起的接受美学和读者反应理论，倡导以读者为中心的阅读理论，产生广泛的影响。其代表人物是前面章节中提到的德国学者汉斯·姚斯、沃尔夫冈·伊塞尔和美国学者斯坦利·费什，他们认为，是读者和阅读行为赋予文本以意义，读者以隐含的方式参与文本生产，阅读行为是读者阐释策略的体现和运用，同时阅读的历史和文化环境是影响阅读的重要因素。

接受反应理论探讨了文本、读者及其互动关系。阅读是读者理解和阐释文本意义的过程，而语言能力和文本阐释策略是阅读发生的基础，这就将个体读者和社会规范联系起来，也就是说阅读既是个人行为，也是社会行为。接受反应理论从宏观层面对读者和文本的互动机制进行补充和拓展研究，将视野从个体延伸到社会，从个人能力扩展到制度体系。

以姚斯和费什为例。姚斯提出"期待视野"和"文学接受史"理论。他认为，文本本身是客观固定的，但文本的意义却是变动的，它在世界、作者、文本、读者的多极关系中产生，阅读不仅是共时性的，而且是历时性的，同一时期读者的阅读行为和不同时期、环境下的读者阅读经验的差异，使阅读行为都各不

相同，文本的意义在阅读中被不断赋予新的特质，并在历史的发展中或传承、或改变，因而从封闭走向开放。在研究阅读效果时，除了考察文本给读者提供的意义和读者自身的解读外，更要充分重视与文本相关的阅读史。

费什提出了"阐释共同体"和"阐释策略"理论，以解决读者个体多样性、复杂性导致的文本意义的不确定性。他认为，"阐释共同体"是由拥有相同阐释策略的读者组成的，每个读者即是这个阐释共同体的一部分，这一共同体是暂时稳定的，随着个体读者在这里进进出出。读者的阅读经验根源于某种历史文化情境，文本意义产生与控制的深层机制是某种内在于读者的社会思维模式，也就是通俗意义上的文化。共同的历史文化参考框架作为规则约束了读者对文本作出的反应，也划定反应的范围，规定了反应的方向，如讲同一种语言的读者对同一文本的理解趋于一致。同一"阐释共同体"形成相同的阐释策略，即有迹可循的一套知识系统、标准、步骤等，从而对同一文本才能做到相似的判断解释，避免毫无章法的随意阐释。费什认为，文本的形式特征、作者的意图、读者的阐释策略，彼此的关联依赖，共同生成文本的意义。他认为，他的理论模式既能解答读者阅读阐释的稳定性，又能说明其多样性。阐释文本时所遵循的原则不是读者创造的，而是制度和体系教给他的。

夏蒂埃从费什的阐释社群理论转换出"墨守"和"出新"两个对立的范畴。一方面阅读个体有能力推陈出新，另一方面，种种限制、规范和传统则束缚读者思考、表达和实践。他认为，文本总是被形形色色的读者不断再造，而他们的阅读机制又是随阅读环境变化的，"都必须在具体明确的历史背景下去理解、阐释。只有在特定的背景下，读者才会赋予文本以具体意义"[①]。保罗·科利对读者和文本彼此依存关系作了描述，他说，没有读者，就没有解读文本的行为；没有读者使用、拈借，就没有文本展示的世界。

针对上述论点，美国学者麦肯锡的"文本社会学"理论强调承载文本内容的物质形态对构建意义的重要性。他提倡注重对物质对象及其生产和接受过程进行分析，而不是仅仅注重文本的知识内容。他认为，文本是一种社会产品和媒介产品，只有具备物质形态，才有了文本意义得以生成的基础，文本的意义不是与生俱来的，是由一系列连续的阐释行为构建的，那些写作的人、设计的

---

① 戴联斌：《从书籍史到阅读史》，新星出版社2017年版，第116页。

人、编辑的人、印刷的人、购买的人、阅读的人都会参与文本意义的构建过程。书籍的物质形态承载文本，并影响读者的阅读期待。在阅读行为中，阅读接触的不是抽象的文本，不是与物质形态割裂的文本，而是实实在在的文本。他认为，以前的文本批评理论，对于书籍的历史、书籍的构成、字体表述的意义等等漠不关心，而是一门心思地处理文本蕴含的政治、经济、社会、文化、美学意义，有失偏颇；只有他的综合性的文本社会学理论才能包括所有内容。

上述理论和观点足以说明，读者的阅读行为和文本之间的社会互动关系极为复杂，既有个人心理因素，更有社会文化传统、规范、具体环境等因素的影响和介入。

三、作为消费的阅读行为抉择

如前所述，阅读是对信息知识的选择和文本的消费过程，既是选择购买读物的具有物质属性的社会客体，更是消费蕴含其中的知识、思想等精神内容的过程。因此，从消费行为学理论来看，阅读实际上是指消费者（或用户）对图书等文化产品的选择、消费过程。这里所说的阅读，也就是选择、接受或消费，不仅包括对阅读产品的购买与获得，更重要的是指对阅读产品的体验，也即对阅读内容的、理解与重构。即使在消费者购买决策中，也会受到很多因素的影响。

1990 年，由 Engel、Blackwell 和 Miniard 三人共同修订的所谓 EBM 模型是目前消费行为模式中最具代表性的模型之一，它假定消费者都是理性的，并且尝试从理论上去解释消费者的购物决策过程。该模型认为，环境、个人差异和心理程序这三大因素，影响消费者购买决策过程。美国著名消费行为学者德尔·I. 霍金斯（Del I. Hawkins）等认为，"对于市场营销而言，特别重要的因素是情境、内部与外部因素"。这些情境处于消费者个人之外，包括物质环境、社会环境、时间观、先前状态，消费者对产品的即时情感反应也影响决策。美国著名学者、有"现代营销学之父"之称的菲利普·科特勒（Philip Kotler）认为，"影响消费者购买决策行为的因素，可以分为文化、社会、个人和心理四个方面"[①]。

美国消费者行为学者韦恩·D. 霍依尔（Wayne D. Hoyer）认为，"消费者

---

① 转引自廖以臣：《体验消费的购买决策过程及其影响因素研究》，武汉大学出版社2010年版，第70页。

行为反映了消费者个人或群体获得、消费、放弃产品、服务、活动和观念的所有决策及其历史发展"①。基本领域包括心理核心、决策的过程、消费者文化、消费者行为的结果等。心理核心与消费者文化影响着消费者的行为决策，决策的过程与结果影响着对产品的下一轮获得，最终影响产品的再生产。从霍依尔的消费者行为结构模型来看，消费者文化影响着消费者的心理核心，心理核心再影响决策，决定消费者行为的结果：或接受或抵制或扩散，进而引起对产品的符号性消费。

借鉴科特勒与霍依尔的理论，读者对图书等文本的选择阅读中，也会受到各种因素的影响，包括经济的与非经济的因素。经济因素主要影响文本的获得与购买，也即影响对文本社会客体的接受（文本作为一种文化产品，其实是由社会客体与精神客体组成，社会客体是指其外观等物质属性，如印刷出来的图书；精神客体是指蕴含在图书文字中的知识、思想与价值等内容）。经济因素主要包括消费者收入水平、地区经济总量、宏观经济政策。当然这不是充分条件，非经济的因素也影响文本的获得与购买，比如在对一个文本的使用、处置与体验中，由于非经济因素的影响，不能实现恰当的解释、理解与整合，从而影响其对该类文本的下一轮购买。非经济的因素主要是影响对图书等文本的解释、理解与整合这一接受过程，包括政治的、文化的、心理的、人口统计特征（即性别、年龄、婚姻状况、家庭人数、收入、职业、受教育程度、宗教信仰、种族、国籍）等，这多种因素决定着对文本的精神客体的接受，足见文本选择及阐释的复杂性。

总之，在所有以上的因素中，文化因素与心理因素是影响文本选择与阐释的主要决定因素，一是从社会层面施加规范性影响，一是从个体层面施加个性化影响，两者本质而言也是一种社会心理。人类选择阅读及阐释文本的历史，实际上也是社会性规范与个体性选择共同对文化消费施加影响的历史。

前述的阅读史家夏蒂埃认为，即便是在书籍生产和阅读商品化的环境下，阅读也不全是一种消费行为，"消费者"一词，其实等同于把文本世界与读者世界之间的复杂关系简化为一个没有受到外界影响的被动过程，从而"把读者接触文本的机会等同于他的经济能力，文化差异结果被不恰当地简化为社会经

---

① ［美］韦恩·D. 霍依尔等著，刘伟译：《消费者行为》（第四版），中国市场出版社2010年版，第2页。

济差异"。

美国著名学者戴维·迈尔斯（David Myers）在《社会心理学》一书中构建了科学的社会心理框架，即社会思维、社会影响与社会关系，我们将以此作为理论分析框架，阐述阅读的社会心理。

第二节　阅读接受的社会心理机理

在阅读过程中，读者接受的心理机理主要表现在七个方面。

一、新奇性趋近心理

新奇性（或者说陌生化）趋近机理，也称之为感应性机理，指正是由于阅读文本对于接受主体（读者）的新奇性与陌生化，致使接受主体（读者）对其有一种求异式的喜欢，从而趋向它、接近它，形成一种感官层面的接受，或者说是感应性接受。克雷齐（Krech）在《心理学纲要》中指出，人们对外界的刺激有趋新、好奇的特点，而那些"完全确实的情境（无新奇、无惊奇、无挑战）是极少引起兴趣或维持兴趣的"。所以新奇的东西才能唤起人们的兴趣，才能在新的视角、新的层面上发掘出新的层次并进而保持它。在阅读接受中，必须有效利用新奇性趋近机理。

独特新奇的图书内容会吸引读者阅读。2008 年，有一批关于西藏的书《藏獒》《藏地牛皮书》等先后热销，北京读客公司看准社会上对神秘的西藏的新奇阅读趋近心理，他们认为这些书都只涉及西藏的某一方面，希望能出版一部"关于西藏的百科全书式小说"，刚好有位编辑在网上发现了作者何马写的《最后的神庙》符合期望，于是他们与作者联系，将之改名为《藏地密码》后很快推出了，后来《藏地密码》系列书共销售 300 多万册，在社会读者中产生了广泛影响。

读物新奇独特的编排形式也能吸引社会阅读。如《答案之书》是美国作家、艺术家卡罗尔·博尔特（Carol Bolt）于 1999 年在美国面世的作品，18 年来已在全球 22 个国家出版。2016 年 6 月，我国外语教学与研究出版社将其引进出版。该书出版发行以来，在当当网已有 3.8 万条读者用户评论，好评率占 99.3%；在京东平台上收到的反馈为 1.3 万条，好评率达 95%。从两大购书平台反映的数据来看，《答案之书》在中国阅读市场上广受欢迎。

《答案之书》吸引社会公众阅读的神奇就在于全书的独特编排。该书每页都大面积留白，页面上只有位处中央的寥寥几个黑字，大都是类似于心灵鸡汤的励志名言，如"没有什么是对的""等下一个天亮""活下去"等。拿起《答案之书》，放在腿上或者桌子上，单手手心向下放在书上，构思或说出想问的问题，觉得时机成熟时，打开这本书就会有问题的答案。不管这些答案是否能解决读者心中的疑惑，这种新颖的设计已经引发了众多读者的好奇之心，许多人都口耳相传地推荐这本书，不少人都抱着买来试试看的心理购买了该书，这就是独特新奇的编排创意的力量。

独特的文本体裁内容风格也能吸引社会阅读。中外历史上各个时代的文化精英往往通过自己的努力，创造出许多优秀而又各具特色的作品，不仅作者之间的作品内容风格不同，而且同一作者的不同作品也是各具特色。如李白的诗歌、苏轼的词作、莎士比亚的戏剧，数量很多且每篇都是精品，每篇都有独特风格。借用苏轼的诗来说，就是"横看成岭侧成峰，远近高低各不同"。最近，刘慈欣的《三体》以独具特色的创新内容、体裁和风格拉开了中国科幻小说走向世界的序幕。《三体》的成功出版，不仅为出版社带来了可观的创新效益，而且在很大程度上推动了中国科幻小说出版的进步。可以说，许多引起读者阅读兴趣的文本都有其新奇独特之处，也是利用社会陌生化趋近效应使然。

新奇性（或者说陌生化）只是促进读者接近阅读的一种策略手段，但绝不能使阅读的整体价值为读者完全接受。因此，必须认识到陌生化的有限性，并且要在产品生产的陌生化程度上适可而止。其缺陷在于，如果陌生化过于脱离社会生活或者偏离读者接受的知识地图，读者理解不了，将会适得其反，为他们所抛弃。

外国人对中国很感兴趣，也是陌生化效应的结果，觉得中国古老神秘的文化异于他们，所以趋近它。在实施中国图书"走出去"的过程中，要力图使阅读有别于东道国同类阅读，彰显中华文化特色，促进东道国读者对中国阅读物的接受。在图书出版实践中，应当立足于独特的民族文化资源，重在履行陌生化，彰显新奇特，通过自身的主观能动性，自觉改造、升级与发展本民族文化。

二、陌生化排斥心理

陌生化排斥机理与新奇性趋近机理正相反，由于接受主体有自己业已遵循的知识地图与认知图景，对陌生的东西有一种刻板印象式的排斥，从而对阅读有一种结构性的拒绝。这个拒绝就如同"格式塔心理"一样，在消费者的知识结构中，根本就没有与新的阅读内容对应的成分。也就是说，新的阅读内容无法在读者的认知中完形为已有的认知结构，从而遭到拒绝。

人们总是习惯自己熟悉的东西，对同一区域的事物感兴趣。新闻的接近性也告诉我们，身边的人和事是人们比较关心的内容，报道身边人和事的变动，是新闻选择标准之一。对阅读的接受而言，陌生化排斥机理在跨文化传播与阅读接受中，作用非常明显，会对阅读接受产生较大阻碍。人们经常说到的共通的意义空间，与陌生化排斥机理是同一个道理，只是角度相反而已。这个意义空间有两层含义，"一是对传播中所使用的语言、文字等符号含义的共通的理解，二是大体一致或接近的生活经验和文化背景"。美国圣迭戈大学传播学教授拉里·A.萨默瓦（Larry A. Samovar）认为，"跨文化交流指的是拥有不同文化感知和符号系统的人们之间进行的交流，这些不同足以改变交流事件"。

国与国之间、地区与地区、民族与民族之间在语言、历史习惯、价值观、思维方式及所属文化模式上存在差异。对于阅读消费者而言，就形成一种陌生感，从而有一种本能的排斥。这种排斥不仅是对阅读社会客体的排斥，更重要的是对精神客体的排斥。

对社会上这种陌生性的排斥心理运用得当，也会取得意想不到的效果。有人把熟悉的事物（趋近）和陌生的事物（排斥）两者有机集合在一起形成出版物，吸引社会阅读。如《水煮三国》把人们耳熟能详的三国故事、三国人物与人们陌生的管理学知识糅合在一起，形成"宋江的管理学""晁盖的管理学"等，把人们不太熟悉的相对枯燥的管理学知识通过大家熟悉的人物形象有趣地传达出来，给人耳目一新的感觉，成为畅销一时的好书。

还有，不同文化模式的人们，有自己的知识地图与认知图景，会照此去认知、理解与评判新事物。一旦新事物超出他们的知识地图与认知图景，必然会遭到排斥。并且，人们对事物的认知还有刻板印象的障碍。

　　所谓"刻板印象"，是指人们通过整合有关信息及个人经验形成的一种针对特定对象的既定认知模式，即"人们对某个社会群体以及社会事物的一种简单而固定的看法，是对认知对象的一种'先入为主'的印象"，如我们时常听到的"女人温柔、男人健壮""北方人豪爽耿直、南方人精明细致""德国人严谨、法国人浪漫、美国人开放、中国人含蓄"等等。刻板印象有助于简化人们的认知过程，减轻认知负担，节约认知资源，提高认知效率，从而使人适应复杂环境。美国新闻评论家和作家、在宣传分析和舆论研究方面享有很高声誉的沃尔特·李普曼（Walter Lippmann，1889—1974）曾说过，"多数情况下我们不是先理解后定义，而是先定义后理解。我们倾向于按照我们的文化所给定的，我们所熟悉的方式去理解"。知识地图、认知图景及刻板印象理论，能够很好地解释陌生化排斥机理。

　　人们通过社会学习获得社会环境中所流行的集群的观念和态度，反过来这些观念系统又会得到社会的强化来影响人们的行为。刻板印象具有消极的"僵化性"和"对抗相反信息的能力"，但也是可以改变的，如直接接触不符合原有刻板印象的对象、媒体信息的影响、有关的立法规范等。

　　《狼图腾》是出版人纠正读者的"刻板印象"、满足读者潜在需求的典型案例。起初，该书责任编辑在看完书稿后激动不已，他凭自己的经验和多年对阅读社会心理的把握，判断《狼图腾》可能会畅销。然而，《狼图腾》刚出版时，读者仅凭书名的经验性的印象简单认为，这是一本一般性描写野生动物的书，还可能是研究古代某些部落以狼为"图腾"的深奥的学术著作。因此没有引起读者的过多重视和肯定，销量不大。后来经过广泛宣传营销，才使读者逐渐认识到《狼图腾》的阅读价值，该书最终成为国内国外广泛畅销的书，还被改编为电影，同样广获好评。这就是编者通过自身积累的丰富人生体验看到了读者自身没有看到的潜在需求，最终改变了读者的刻板印象，后来《狼图腾》的畅销证明编者的看法是正确的。假如编者在《狼图腾》出版前做市场调研，一个一个问读者是否会购买《狼图腾》，那可能没有多少人说会买，《狼图腾》一书可能就不会诞生了。

　　由于语言符号（包括非语言符号）、时空认识及生活方式的不同，读者很可能也会对阅读的社会客体产生排斥。如中国人喜欢用的红色封面、竖排的文字可能就会为西方读者所排斥。中文语言符号与英文语言符号在形式与发音方面的陌生，可能导致国外读者对阅读的排斥。比如，一部中文版的《红楼梦》，即使再经典，对于英语国家读者而言，因对其完全陌生，而无法拥有共通的意义空间，会遭到拒绝。即使有共通的符号空间，读者接受了阅读的社会客体，也可能由于语言符号与非语言符号"直指"与"涵指"的不同，由于不同读者价值观与思维方式的不同，由于产品中形象与产品所指的陌生而产生拒绝的心理。

三、偏向性理解心理

当代文化研究之父、英国媒体理论家、思想家斯图亚特·霍尔（Stuart Hall，1932—2014）的"编码—解码"理论，是偏向性理解、反向性误读、认同性因应、认可性兼容、价值场同啸等五种机理的理论基础。在《电视话语的编码—解码》中，霍尔借鉴符号学与结构主义理论，以主体间性的视角，主张电视话语其实就像商品，是一个意义生产阶段，也要经历马克思所描述的生产、流通、使用、再生产四个环节。电视话语的生产环节就是信息的编码。同商品一样，在编码环节，生产者必须在一个有意义的话语环境内生产符码。

"在编码阶段，占主导地位的是原料的加工者、制作者，以及占主导地位的意识形态对他们世界观的控制和影响。"霍尔强调，不论是编码阶段的意义结构，还是解码阶段的意义结构，都会基于编码者与解码者一定的知识框架和技术支持。当然这两个主体的知识框架与技术支持是否一致，就影响到消费者对电视话语的择取、解释、理解与整合。偏向性理解机理类同于霍尔所说的"协商解码立场"。

在阅读接受中，读者不会完全按照作者赋予阅读文本的意义去理解，而是在自己的文化背景，尤其是在价值观与思维方式的影响下，偏离阅读的本义。对于阅读符合自己价值观的东西，给予肯定；而对于那些与自己价值观不同的内容，予以否定。比如莫言小说，虽然符合西方读者的思维方式与价值观，获得诺贝尔文学奖，但并不表示西方读者完全理解该作品的原意。西方读者会从莫言的《丰乳肥臀》等小说的荒诞情节与人物描写中，误以为中国老百姓普遍就是这种生活方式，从而会影响他们对中国形象的正面认知。

四、反向性误读心理

反向性误读机理与霍尔解码方式中的对抗立场相近。读者理解的意义与生产者赋予的意义正好相反。当然，这个反向性误读与对抗立场还是有些区别的。对抗立场是指受众（读者）能看出编码中所赋予的意义，然而却偏偏不按照该意义去解码，而用相反的意义去解释、理解和整合。反向性误读既可能是受众（读者）了然编码者的意义，也可能是真的不懂其意义（主要是因为文化背景完全相反），所以其赋予意义的出发点既可能是故意对抗，也可能是无意碰巧。

阅读接受中，针对读者的反向性误读，需要判定到底是哪种原因导致反向立场去理解。如果读者是故意反向解码，就要分析其为什么要故意这样做，这往往与前面提到的文化传播与产品营销策略有关。如果不尊重对方的文化立场，而一味要用自己的价值观与思维方式去规服对方，则会造成读者对读物的厌恶心理。如"中国龙"形象的传播，作为中华民族文化的图腾，代表的是一种祥和、自立、上进的精神，但在西方受众（读者）眼中，可能被反向误读为一种凶恶、暴力与威胁。

在阅读消费市场，利用社会的反向性误读心理，可以从市场热点"反其道而行之"，发掘市场"冷点"，努力使市场冷点变为热点，突出新意和个性，吸引读者的注意力。如在影视文化圈的"戏说"历史风盛行时，许多出版社也纷纷出版"戏说"同期书。中华书局却反向而行，推出了旨在"解密历史真相，走出戏说误区"的"正说清朝十二帝""正说历史"书系，在图书市场上掀起了"正说风"，满足了广大读者了解历史真相的需求，受到了读者的欢迎。

一般的长征史都是通过正面人物来书写的，中国文史出版社出版的《国民党将士话长征》却通过国民党将士的特殊对立视角，记述当年国民党军队围、追、堵、截红军长征的史实，使读者能从一个反向视角对红军长征有一个正向的新的认识。

2010年2月至今销售100多万册的《天才在左疯子在右》也是利用社会反向性误读心理获得成功的范例。该书从"非正常人群"看待世界的独特视角展示了精神病患者、心理障碍者等边缘人群的所思所想，内容涉及生理学、心理学、宗教、量子物理、符号学以及玛雅文明和预言等众多领域，让人大开眼界，并发人深思。这都是利用社会反向性误读心理策划出版读物取得成功的案例。

五、认同性因应心理

认同性因应机理较近于霍尔模式中的"支配—霸权立场"。受众（读者）完全按照编码者的支配意义去解码，自己处于被动地位。所谓认同，是指受众（读者）已臣服于符码意义的支配地位，有意识地去学习编码者的文化，使自己的知识框架、技术基础尽量与编码者相同，在一个共通的意义空间中接受图书产品。

认同可分为两类：一是自我认同，是指对自我现况、生理特征、社会期待、以往经验、现实情境、未来希望、工作状态等各层面的觉知，统合成完整、和谐的结构。亦即追求自我统一性及连续性的感觉。二是社会认同，是个人拥有关于其所从属的群体，以及这个群体身份所伴随而来在情感上与价值观上的重要性知识。亦即个体身为一个群体成员这方面的自我观念。

所谓因应，是指图书产品的有效接受，是受到一定因素引起和推动的。这些因素主要有动力因、压力因和合力因。动力因是指读者确实对某一图书产品有生存、发展和完善自己的需要。压力因是指读者受自身之外强制力量的作用，不得不接受某种图书产品。合力因是指动力因与压力因以一定方式合力作用的结果。

文化价值认同并不是一成不变的，它会随着政治、经济、社会、文化、技术革新等因素的作用而变化转移，原来的文化价值会被新的文化价值所替代，形成另一种认同，这就对民族国家形成了挑战。

在阅读市场有很多利用认同性因应心理成功的案例。周梅森是"中国政治小说第一人"，他曾出版过《中国制造》《国家权力》等作品，都曾被改编为电视剧，在社会上产生过很大影响，他的名字在社会政治小说领域有一定的社会认同因应效应，原本读者喜爱他写的反腐小说以泄愤。周梅森的新著《人民的名义》不同于其他官场小说，不一味地展示官场腐败与权谋，也不同于一般的反腐小说一味地歌颂高大上的纪检干部，而是从纪检干部与贪官的交锋中展示出正义与邪恶的搏斗场景，并揭示出正义必将战胜邪恶的正能量。这样的主题既契合社会阅读原有的对周梅森的认同因应心理，又有新的视角和写法，反映出时代和国民的心声。2017年1月《人民的名义》出版后，3月底前即销售约 7 万册，改编的同名电视剧播出后又推波助澜，图书销售快速增加到 150 万册，得到社会各界广泛认同，成为年度当之无愧的"爆品"，可以说又一次放大了社会阅读对周梅森的认同因应心理。

六、认可性兼容心理

认可性兼容机理是指读者在保持自己文化价值观主体地位的前提下，以一种主人翁的姿态，给予他文化一定的存在空间，是一种兼容性的接受。认可就是承认、许可。价值认可是在客体文化价值观主导下的一种彼此独立存在前提下的肯定，主体已有的文化价值观念与客体的价值观念不融会，但可以和谐并存。在主体的范围世界，客体要想获得栖身地，必须通过努力，让自己的文化价值观念主动停留在一定的空间。使主体不会有威胁与压迫之感，要以一种友好、谦和的态度与主体交往。如此，客体便能在主体认可的基础上，延展自己的友好之旅。价值认同是主体与客体融会一体，主体与客体不是彼此独立的存在，根本上来说，主体成为客体的一分子，要取得客体族群与社会认同。

价值认可是指主体与在客体文化主导下的文化价值兼容式的两个独立并存，彼此肯定，互致友好，消弭冲突。譬如以中华民族文化、中国饮食、中国艺术等为内容的图书，用一种亲和的方式向全世界传播中国文化价值观，赢得了全球各国读者的喜欢和尊重。这是一种文化认可兼容性的接受，既尊重了东道国文化主体地位，又以一种和风细雨式、让人喜爱的风格让他国读者认可并包容。

七、逆反心理

逆反心理是社会心理现象之一，指客观环境要求与主体需要不相符合时所产生的一种强烈的反抗心态。逆反心理有两种表现：一是指社会成员反抗权威、反抗现实的心理倾向；二是指青少年成长中为求自我独立对父母或对师长所表现出来的反抗心态。逆反心理产生的原因有三种：一是好奇心，例如，一些不健康的文艺作品，越是受批评，人们越是想看，想方设法弄到手，一睹为快；一是对立情绪，由于存在这种情感态度，一方总是站在另一方的相反立场去看待问题；一是心理上的需要，主要是指未成年孩子，越是得不到的东西越想要，越是不让知道的事情，越是想知道。

阅读中的逆反心理最强烈的表现就是对禁书的追寻。

禁书是指国家通过行政手段而禁止刊行或阅读的书籍，古今中外都有过禁书。秦朝的焚书坑儒；西汉杨恽因给安定太守孙定宗的复信而受到腰斩；唐朝严禁出版收藏妖书、天文、图谶、兵书、占卜等杂书；宋朝的"乌台诗案"①，高潮时期禁书禁诸子百家，禁《字说》，禁雕印本朝会要、实录，禁传写国史、实录、传习诗赋，禁释经，禁野史，等等；明朝时禁冒犯程朱理学、禁八股文选本；清朝康熙、嘉庆、乾隆时期大兴"文字狱"，如庄廷龙刻《明书》案，尤其是明清两代通俗小说的禁毁，等等，足见禁书历时之长，范围之广。因此，中国古代历来就有"雪夜闭门读禁书"的传统。

法国大革命前的畅销禁书《克雷乌斯的公主》《风流的法兰西》《不合适的首饰》《蒲赛儿》等，英国的《查太莱夫人的情人》②等，日本德川幕府禁书政策，美国由于读者或社会团体反对出现的禁书，如《我们为什么在越南》《西尔维斯特和魔幻鹅卵石》《五角大楼文件》等书，在西方国家还有很多世界文化史上的重要著作（如《圣经》《可兰经》《犹太法典》等）都曾在不同历史阶段和地方被禁止过。

中国的第一部禁书是《商君书》，其他有名的禁书如《金瓶梅》《红楼梦》《水浒传》等，当然也有些被公认为不健康的文艺作品，如《剪灯新话》《醋葫芦》《隔帘花影》《灯草和尚》《国色天香》，中华人民共和国成立后出现的《少女之心》《玫瑰梦》等。纵观这些禁书，不论是不合当时政治时宜的作品，还是公认的不健康文艺作品，由于社会逆反心理作祟，不论如何禁止，总是有它自己的读者，而且会有更多的读者千方百计地去谋求到手，一睹为快。禁书往往成为一时不公开的畅销书，一书难求。例如，我国宋代对苏轼、黄庭坚的诗集，明代对李贽的著作都实行查禁，但查禁越严，读者越想看，书价也越高，甚至出现一斤黄金换10篇东坡文的情况；一些书坊为迎合读者需要，纷纷编印李贽的著作，甚至不惜弄虚作假来牟取暴利。③之所以如此原因很多，其主要原因就是人们的

---

① 陈正宏、谈蓓芳著：《中国禁书简史》，学林出版社2004年版，第76页。
② ［美］罗伯特·达恩顿著，郑国强译：《法国大革命前的畅销禁书》，华东师范大学出版社2012年版，第92页。
③ 王余光、汪琴：《中国阅读通史》（理论卷），安徽教育出版社2017年版，第213页。

逆反心理，或出于猎奇，或由于对立情绪，或由于未成年人的好奇心理需要，这些书不但没有因禁止而消失，反而是越禁越兴，这是出乎禁书者的预料的。

第三节　社会思维与阅读

社会思维是指在特定的社会历史环境条件制约下，群体或个人为追求某种特殊需要在社会实践的相互交往、相互作用过程中进行的一种具体思维。这种具体思维可以社会个体的、群体的或集体的思维形式表现出来，如某个企业为追求某种经济效益和社会效益而形成的群体思维，某科研单位为科技攻关而进行的集体思维，某个个人在解决某个问题过程中受众人的影响、启发而进行的思维，等等，都是社会思维。

社会思维是建立在人们之间相互交往、相互作用基础上的。社会思维实质上是一种集体思维，它是人作为集体对客观现实的认识，是在社会实践、社会关系基础上无数人交互作用、多元复合的观念体系。因为人的思维不仅靠实践，而且还要靠吸纳他人和前人创造出来的思维成果和精神财富。从社会思维的结构层次看，可分为情意思维和认知思维；从主体范围看，可分为个人、群体和人类思维三个层次。

社会思维是历史性产物，不同的历史阶段、不同的科技与生产力水平、不同的生活方式，社会思维是不一样的。社会思维以"某种公开的或隐含的主体态度、价值取向作为自己围绕的轴心，以某些既定的思想观念体系作为自己的出发点，以便从中获得社会思维所必需的普遍概念、共同话语、可为共同体理解的思维框架，这些取材于以往的思想观念体系中的普遍概念、共同话语、思维框架，即社会思维因子，是社会思维建构的现实基础"[①]。

胡珍生认为，"人的科学思维形式，不仅有抽象思维、形象思维、灵感思维等个体思维，而且还有控制与影响个体思维的社会思维。随着人类社会历史的发展，每一时代的社会思维都深深地打上了时代的烙印，正如恩格斯指出的那样，每一时代的思维'都是一种历史的产物，在不同的时代具有非常不同的形式，并因而具有非常不同的内容'。社会思维制约着个体思维进程的发展，

---

① 王效民：《论社会思维》，《前进》1998年第6期。

决定着个体思维如何按照时代的要求，实践的需要，有机组合到一起，解决社会实践提出的问题"①。

曾杰认为，"社会思维形式，是指人们在社会群体中，为了更好地进行集体思维所采取的思维交流、加工形式，主要包括对话沟通、文字交流、音像传播、会议讨论、参谋咨询、文化教育、信息网络等"②。

如前章所述，首先，阅读是个体社会化的主要途径，个体要通过阅读了解学习掌握社会思维，内化为自身的社会行为思想规范，以适应、参与社会生活；其次，阅读是个体与群体、社会交流的形式和过程，即个体通过阅读参与创造和改造社会思维，无数人的阅读交流最终会更新重构社会思维；其三，阅读的选择、阐释和认识重构也要受到已有社会思维的影响和规范，而真正发挥影响作用的是社会思维的构成因子。

正如前面提到的美国读者反应理论学者费什所指出的，读者的阅读经验根源于某种历史文化情境，文本意义产生与控制的深层机制是某种内在于读者的社会思维模式，也就是通俗意义上的文化。共同的历史文化参考框架作为规则约束了读者对文本作出的反应，也划定反应的范围，规定了反应的方向。读者在阐释文本时，都会遵守一些规范。这些规范是在具体阅读行为开始前就设定的，但绝不是先验的。在读者开始读一本书之前，各种社会机构和制度已经教给他一些东西，而这些东西又有很多是通过阅读习得的，在阅读过程中，读者经过消化和吸纳，改变和丰富学会的东西。

根据戴维·迈尔斯的界定，社会思维主要包括社会中的自我、社会信念和判断、态度和行为等范畴。下面将从这几个方面分析社会思维是如何影响、规范阅读中的文本选择、阐释和认知重构的。

一、社会中的自我与阅读

社会中的自我是人们对自己的认识，而这种认识主要取决于整个社会环境，也可以说是社会环境塑造了人们的自我概念。认识自己是一件较为困难的事，社会实践中，经常会看到不恰当的自我认知对个人生活、工作与事业的负面作用。

① 胡珍生：《论社会思维的发展规律》，《长白学刊》1997年第2期。
② 曾杰：《论社会思维的基本形式》，《理论探讨》2007年第3期。

美国"开国三杰"之一、美国政治家、出版家本杰明·富兰克林（Benjamin Frankin，1706—1790）说过："世界上有三样东西极其坚硬：钢铁、钻石以及认识自己。""自我概念已成为社会心理学的主要焦点，因为它有利于组织人们的思想并指导人们的社会行为。对双胞胎的研究发现，除了基因对自我概念有重要的影响外，社会经验扮演了很重要的角色，它们包括：人们扮演的社会角色、人们形成的社会同一性、人们和别人的比较、人们的成功与失败、其他人评价自我、周围的文化。"①

读者扮演的社会角色对阅读文本的选择及阐释有较大影响，譬如当小孩时，倾向于选择冒险性的、怪诞的、充满好奇性的书来阅读；而当作为家长时，出于对孩子所谓正确阅读的引导，会不惜放弃那些自己从小就喜欢的野史外传，而以身作则，陪孩子阅读《三字经》、诸子百家、四大名著等经典文本。

社会比较是指周围的人会帮助他自己建立富有或贫穷、聪明或愚蠢、高大或矮小的标准。人们把自己和他人进行比较，并思考自己为何不同。这种比较投射到阅读文本选择中，往往从功利性出发选择人们自己不了解的文本。比如，当看到身边的人通过商业与市场一夜致富时，他往往会选择《穷爸爸富爸爸》《人人都能成为有钱人》《股票作手回忆录》等文本，并且根据自我认知来阐释汲取书中的思想与观点。

其他人的评价影响人们的自我认知，进而影响人们阅读文本的选择及阐释，譬如一个孩童，当你称赞他的画是多么漂亮时，他就把你的评价融入其自我观念和行为中，他就会不断地要求父母购买绘画文本，而且会不断地临摹并创作，甚至因为成人的奖赏，这个孩童会根据动漫中的形象与生活中的实物进行创造性的绘画创作，赏识教育的确会对少儿起到意外的教育效果。

正如著名社会学家查尔斯·库利（Charles H. Cooley）的"镜像自我"所说，"我们总是根据自己出现在他人面前的样子来感知自我"。美国著名社会学家米德（G. H. Mead）进而也指出，"与我们的自我概念有关的并不是别人实际上如何评价我们，而是我们想象中他们如何评价我们"。明了于此，就不难理解有些学历不高的商人为什么喜爱在自己的办公室书架上摆满各种文史哲经典文本（尽管从未或很少阅读），甚至还强记大量的著名诗词章句，这是要努力给他人造

---

① ［美］戴维·迈尔斯著，侯玉波等译：《社会心理学》（第11版），人民邮电出版社2014年版，第38页。

成一种"儒商"形象。

周围的文化对自我认知的影响更为深刻与复杂，东西方文化的特征可以简单概括为集体主义与个人主义，但这种两分法太过简单，中国人也有个人主义，而美国人也有集体主义。文化差异存在于不同文明、不同国家、不同民族、不同区域、不同阶层、不同学历、不同性别、不同年龄中，这些丰富而不同的文化对自我认知必然是不一样的。投射到阅读上，不同时间、不同空间、不同人口统计特征的人们，由于文化差异，在阅读文本的选择与阐释上也就大相径庭了。

中国日益进入老龄化的社会，养老日益成为社会关心的大问题。有人利用社会上自我认知和阅读的社会心理，针对大中城市大量知识老人身体健康、心理孤独、缺友失偶，希望倾诉获得社会的认同和理解，希望"忠厚传家久、诗书继世长"，在自己的余年能给子孙后代留下宝贵的经验和心得，让后代和社会能很好地认知自己的这样一种社会心理现状，开办了"缓老大学"，让老年人一边学（爱情、书画、诗律、花卉、养生、理财），一边玩（避寒避暑，到国内外游学），一边以班级为单位"耕读"（种菜和读书），最重要的是请志愿者帮他们写回忆录、出版口述史，使老年人在社会群体的"学养融合"中、在想象别人和后代评价自我的"苦难与辉煌"满足感中延缓衰老，取得很好的社会效果。

总之，自我认知是一种重要的社会思维因子，但它会产生一对相反的事实：傲慢的危险与积极思维的力量，也即自我效能感和自我服务偏差。自我效能可以鼓励人们在逆境中也不要轻言放弃，全力奋斗而不要因为怀疑自己而过于分心。自我服务偏差会产生盲目乐观，而且在失败的时候怨天尤人，而在成功时安享荣誉。反映到阅读文本的选择与阐释时，人们真正需要的文本（包括思想、观点与知识）往往不是手头所选择的文本，而往往与阐释有偏差，甚至是截然相反。

二、社会信念及判断与阅读

社会信念是表现为信任态度、产生追求心理的一种社会意识，是一种最基本的社会心理现象。在社会中，共同的社会实践和社会生活使人们普遍地自发地生成一种朴素的信念，这些信念并没有经过专门的整理加工而成为深奥的理论，但起着维系人们协同活动、保持基本一致的心境的重要作用。

"信念是人类特有的一种精神现象，是人们在一定认识基础上确立的对某种思想和理想坚信不疑并身体力行的精神状态。"在社会实践活动中，当人们确信某种思想见解或理论主张并将其付诸实践时，就表明人们形成了一定的信念。信念中包含着认识。人们如果没有对一定的思想和理想的认识，就没有相信的对象，也就不会有信念，但认识并不等于信念，它只有与人的感情紧密联系在一起时，才能构成信念。

英国著名哲学家、思想家罗素（Bertrand Russell，1872—1970）认为：信念"是由一个观念或意象加上一种感到对的情感所构成的"。信念是一个复合性整体，是人的认识、情感、意志的统一体或"合金"。信念是多样化的。不同的人由于成长环境和性格等方面的差异而形成不同的信念。即使是同一个人，也会形成关于社会生活不同方面的许多信念。一个人所拥有的信念有高、中、低层次之分，它们各安其位，形成有序的信念系统。其中，信仰是最高层次的信念，是信念的最高形式，在信念系统中居于支配地位。[①]

人们没有信念无法从事任何活动，信仰、信念、信心支撑着人类不断向前，如共产党人把共产主义作为一种信仰，"全心全意为人民服务"就是一种信念，"勇往直前"就是一种信心。凡是从事活动，必然表现出一种信念。信念可以由理论的宣传、灌输、教育而获得，但一经变成大众意识中的信念，它就不再以系统的严密的理论状态存在，而是以不言而喻、无须论证的朴素心理保持着。

社会信念伴随着社会生活的变迁而变迁。社会生活发生急剧变化的时候，往往发生信念动荡与危机，造成旧信念的瓦解，渐渐形成新的信念。信念能够促使人们投入新的实践和生活，从而促进现实社会生活的不断变化和进步。信念有正确与错误之分。认真地研究大众中流行的信念，积极倡导正确的、有益的信念，纠正和克服错误的信念，是推动社会进步的重要任务和环节。

社会判断是指一个人对社会性质的自我主观意识的一个定义，也可以指社会舆论对某个人、某件事的一个评论。从一个人的社会判断通常会看出一个人的精神追求、社会立场。张庆认为，"社会判断分为热情与能力两个维度。热

---

① 吴潜涛：《正确理解理想信念的科学含义》，《教学与研究》2011年第4期。

情维度主要反映了有关意图的特质，诸如友善的、真诚的等积极特质和欺诈的、冷酷的等消极特质。能力维度主要包括与能力状况有关的特质，如自信的、睿智的等积极特质和愚蠢的、优柔寡断的等消极特质"[①]。

戴维·迈尔斯认为，社会信念影响人的社会判断，而社会信念又来自于人的社会认知，但往往错觉思维会影响人们的社会信念，从而也影响社会判断。信念一旦形成（不论是正确的还是错误的），它便会存在较长一段时间，对人的社会判断、社会态度及社会行为发挥持久而重大影响。[②]

首先，社会的信念大部分靠阅读获得；其次，人们的社会信念促使他们选择相应的文本来阅读；其三，人们的社会信念会成为他们阐释理解阅读内容和重构、评价阅读认知的标准和尺度。如共产党先辈，当他们在别人的影响下阅读《共产党宣言》《新青年》《湘江评论》，就会形成共产主义的信念，而这种信念越坚定，就会更多地寻找这类读物来阅读，即使遭到查禁与限制，他们还是千方百计去选择及阐释这些文本，这就是社会信念对人的社会判断的影响，进而影响阅读这一社会行为。相反，当时的进步青年拒绝阅读和相信国民党的宣传文章也是社会信念使然。

在书法艺术领域，往往有厚古薄今的信念，即总是觉得古人的书法比同时代的书家好，因而不论是阅读书论还是书帖，基本是选择并阐释古人的作品。当下社会，有一些极端西化者，他们的信念就是"西方的月亮比中国圆"，于是，不论是图书文本、影视文本，还是游戏文本、新媒体文本，他们都非西方的不读，这也就不难理解有些人对美国的影视剧与演员如数家珍，而说起中国的影视作品及演员，竟然不甚了了。

三、态度与阅读

态度及行为实际上与社会信念、社会判断是一脉相承的，正是一定的社会信念，才产生一定的社会判断，从而形成一定的社会态度，最终产生一定的社会行为，文本阅读选择及阐释是一种社会行为，受这个社会心理链条上前端所

---

① 张庆、王美芳：《社会判断内容的基本维度研究》，《心理科学》2011年第4期。
② ［美］戴维·迈尔斯著，侯玉波等译：《社会心理学》（第11版），人民邮电出版社2014年版，第82页。

有环节的影响。

人们经常说"态度决定一切"，可见态度对阅读行为的决定性影响。态度是个体对特定对象（人、观念、情感或者事件等）所持有的稳定的心理倾向。这种心理倾向蕴含着个体的主观评价以及由此产生的行为倾向性。对于态度的定义最早是英国哲学家、社会学家赫伯特·斯宾塞（Herbert Spencer，1820—1903）和亚历山大·培因（Alexander Bain，1818—1903），他们认为态度是一种先有主见，是把判断和思考引导到一定方向的先有观念和倾向，即心理准备。美国著名人格心理学家奥尔波特（Godon W. Allport，1897—1967）认为，态度是一种心理和神经的准备状态，它通过经验组织起来，影响着个人对情境的反应。社会心理学家克雷齐（Krech）认为，态度是个体对自己所生活世界中某些现象的动机过程、情感过程、知觉过程的持久组织。

迈尔斯认为态度是对某物或者某人的一种喜欢或者不喜欢的评价性反应，它在人们的信念、情感和倾向中表现出来。"最初，社会心理学家们赞成，了解人们的态度就可以预测他们的行为。纳粹的种族灭绝和伊拉克的自杀式爆炸说明，极端态度会导致极端行为。"[1] 但是，社会心理学家艾伦·威克（Alan Wake）研究发现，人们表现出的态度很难预测他们的种种行为。譬如，"吸烟有害健康"的警告也仅仅是在最低限度上影响吸烟者而已（尽管他们也承认吸烟的确不利健康），电视暴力节目会导致漠然和残酷，尽管许多人要求在电视节目上减少暴力，但他们却一如既往观看那些谋杀节目，选择并阐释类似的阅读文本。再如当下的微信，尽管人们一再抱怨微信占据了大家大量的生活与工作时间，但是却依然使用微信，甚至从早到晚、情不自禁地一刻也不曾放弃阅读微信。

态度对行为到底有无影响？迈尔斯的研究答案是，人们所表露的态度和做出的行为各自受许多因素的影响。如果满足以下条件，态度当然能预测人们的行为：①如果把"其他因素的影响"最小化，②如果态度与预测的行为（比如对投票的研究）紧密相关，③如果态度是强有力的。具体到阅读行为，人们的阅读态度对阅读行为有较大影响。譬如大家认为报刊纸媒在人们及时获得信息与社会交往中的角色基本不存在，也就不去选择报刊文本，而宁愿选择与阐释

---

[1]　［美］戴维·迈尔斯著，侯玉波等译：《社会心理学》（第11版），人民邮电出版社2014年版，第119页。

新媒体文本（互联网超文本与手机文本等）。

目前，微信、微博、Facebook、抖音等社交媒体的大量使用，对阅读态度和行为产生重要影响。黄晓芸在其硕士学位论文《社交媒体使用对年轻人阅读行为及态度的影响研究》发现：①年龄、性别、身份等人口背景因素未成为影响阅读态度的因素；②社交媒体使用数量、时间和频次越高，阅读态度越消极，但不能忽视社交媒体对阅读的积极影响；③纸质阅读和电子阅读的不同阅读媒介形态对阅读态度也存在一定的影响。纸质阅读对阅读态度有一定程度积极影响，而电子阅读则有一定的消极影响。

安园园认为，"社会对纸质文献的态度（包括对纸质文献的认知、情感及对纸质文献所采取的行为倾向），以及对电子文献局限性的认知态度，影响着人们对纸质文献所采取的行为。当人们客观地认识电子文献的不足，认识到纸质文献所具有的独特的历史文化研究价值、收藏价值，认识到纸质文献的存储持久性、保健性，认识到纸质文献的权威性以及法律对纸质文献知识产权和版权的完善保护体系，认识到阅读时因为人们的阅读习惯而产生的对纸质文献的偏爱，那么，人们就会逐渐形成对纸质文献的积极态度。未来很长一段时期内纸质文献依然稳步增长，并与电子文献长期并存，优势互补"[1]。这个研究从理论上可以佐证2015年为什么报刊纸媒断崖式下滑，而图书出版业却能稳步增长的原因。人们对纸质文本的这种态度可以预测，图书文本会长期成为人们的阅读选择。

第四节　社会影响与阅读

社会影响是指他人的言辞、行为或仅仅是其"在场"就对个体的思想、感觉、态度或行为产生影响和效果。有许多种形式，不只是要改变别人行为的意图，而且仅仅是他人的存在就能使个体受到影响。人们在社会生活中的相互作用即为社会影响。其效果与程度受影响的发生者、传播者和接受者的制约，如传播者的可信赖程度、人格魅力和传播技巧，发生者在人们心目中的地位，接受者的主观状态如智力水平、性格特点，等等。多数心理学家认为，它不是单个人

---

[1] 安园园、孙凤梅：《从社会态度视角看纸质文献的存与亡》，《科技情报开发与研究》2015年第4期。

的属性，是人们的相互作用。

社会影响的深浅、范围大小，取决于人们之间的关系是否协调，目标是否相互依存。如人们拥有共同的目标，关系和谐，彼此间容易相互影响，反之，任何一方都不容易接受对方的影响。其基本成分，依照行为学家的观点，可分为人的奖励能力、专长、逻辑观点、拥有的信息、使他人希望与之协调一致的能力、强制能力六种。

在现实社会中，每个人不是与外界隔绝的孤立个体，是作为社会的成员活动着，社会的各种条件给人以直接或间接的影响。具体有经济、政治和精神三个方面，即一定的物质生活条件和生产关系，对于生活在其中的人的身心发展具有决定作用；政治制度，特别是国家制度，对人的思想品德的影响很明显；科学文化水平、社会道德风貌的状况，对社会成员道德品质的影响很大。

社会影响是社会心理的核心问题，像诸如基因、文化及性别，社会服从，群体影响等社会因素，是一种无形的力量，人们看不到它，但却使社会中的个体彼此影响、彼此联系。"了解了这些影响后，也许我们就能更好地理解为什么人们会那样想、那样做。而且，我们自己也许能够更好地抵御那些有害因素的影响力，并且更好地把握自己的行为。"① 从阅读史或者阅读行为史来看，古今中外人们的阅读文本选择与阐释，无不受到"社会影响"这些社会心理的重大影响。尊孔读经、程朱理学、唐诗宋词、民国新诗与白话读本、"文革"八个样板戏及红宝书、改革开放后的西方经济管理学译丛、当下的心灵鸡汤与人生读本，无一不打上当时历史文化、社会服从与群体压力等社会心理影响的烙印。

一、基因、文化及性别与阅读

基因是一种自然天性，自然科学认为，基因（遗传因子）是具有遗传效应的 DNA 片段。基因支持着生命的基本构造和性能，储存着生命的种族、血型、孕育、生长、凋亡过程的全部信息。环境和遗传的互相依赖，演绎着生命的繁衍、细胞分裂和蛋白质合成等重要生理过程。生物体的生、长、衰、病、老、

---

① ［美］戴维·迈尔斯著，侯玉波等译：《社会心理学》（第11版），人民邮电出版社 2014年版，第150页。

死等一切生命现象都与基因有关。它也是决定生命健康的内在因素。因此，基因具有双重属性即物质性（存在方式）和信息性（根本属性）。中国的道家很讲究自然天性，"道家言性，立足自然。《淮南子·泛论训》载：'全性保真，不以物累形，杨子所立也。'《吕氏春秋·情欲》载：'天生人而使有贪有欲……故耳之欲五声、目之欲五色，口之欲五味，情也。此三者，贵贱愚智贤不肖，欲之若一，虽神农、黄帝，其与桀、纣同。'庄子认为，人性就是生命本真的状态：素朴自然、无知无欲；个体的真正自由也就是顺本性自然而然地行事，自发形成和谐的秩序；任何人为的造作、智巧的机心、道德的规范、政治的行为，都是对个体生命的束缚和限制"①。

在迈尔斯论述中，基因就是其所说的自然天性，文化就是其所说的后天教养。他认为，"在人类的相似性和差异性方面主要有两种观点：演化的观点强调人类的共通性；文化的观点强调人类的多样性"②。正是有了基因，人类才有共通性，不管哪个国家的人，只要生活在地球这个星球上，我们都是拥有共同祖先的大家庭成员。因此，人们不仅在生态学上具有共同点，还具有共同的行为倾向，都要睡眠、醒转、饥渴、习得语言。就阅读而言，基因的影响会促使人们去选择大致相同的文本，如关于个体成长的文本、养生的文本、医疗的文本、生活与工作所需的知识文本等，这也能够解释自然科学文本能够在全球通行的原因。

幸福、自由地生活是人的天性。如今，快节奏的现代生活给现代人的心灵造成了沉重的压力。如米兰·昆德拉（Milan Kundera）的小说《缓慢》主张放慢生活的节奏，享受从容不迫的生活乐趣。美国作家、电影编剧加布瑞埃拉·泽文（Gabrielle Zevin）的《岛上书店》主张通过读书战胜孤独与生活中的各种磨难。这两本书都给喧闹的都市提供了静谧的栖息地，引起了读者的共鸣，成为一时的畅销书。

江苏古城苏州的独立书店慢书房，以"繁华静处遇知音"为理念，以放慢生活的节奏为目标，通过独特的设计与陈设将书店与外面喧闹嘈杂的世界隔开，营造出一种静谧安详的氛围，使得读者可以在这里慢慢地阅读、静静地思考、专心地聆听各种讲座。在快节奏生活的现代社会，慢书房倡导慢生活理念，为

---

① 平飞：《自然天道·自然天性·自然天序》，《社会科学论坛》2008年第8期。
② ［美］戴维·迈尔斯著，侯玉波等译：《社会心理学》（第11版），人民邮电出版社2014年版，第150页。

广大读者提供了一种使生活慢下来的方式，受到了广大读者的欢迎。

《秘密花园》作为引进的成人填色书曾经掀起一波畅销潮流。该书预设了一套程序，按照既有的黑白构图填色，形成优美的插画，不同的人在同一黑白图上填色会形成不同的画卷。按黑白画限定的规则完成涂色会有一定的成就感，会感到颇有趣味，能起到减压的作用，这是该书畅销的根本原因。现代社会的快节奏加大了人们的生活压力，减压成为许多人的迫切需求。许多心灵鸡汤类的文章、图书、电影、电视都有解压作用，但其缺乏参与感。绘画、书法可以亲身参与但比较难。照着画涂色简单易行，既可以亲身参与又可以放松心情，能吸引人自愿无条件地参与。

以上读本和书店都满足了人从基因里带来的自然天性即自由幸福地生活，因而受到欢迎。

生活在世界各地的人是社会动物，他们会加入团体组织，服从并认可社会地位的差异；他们会知恩图报，惩罚冒犯行为；会悲伤恐惧，会嬉笑哭泣。他们有不同的语言、历史与习惯、思维方式与价值观，这就是文化的差异，或者说是文化的多样性。人类共有的生理基础使得人们具有了文化上的多样性，它可以令一种文化里的人珍视决断、喜欢坦率或者接受婚前性行为，而另一个文化里的人们则完全相反。尽管某些社会规范具有普遍性，但不同文化都有自己的社会规范——可以接纳和期待的社会行为规则。这些不同的社会规范主要受语言、历史与习惯、思维方式与价值观四个文化维度的影响，最终决定人们的态度与行为。

阅读行为会因为不同的文化而不同，有时是截然相反甚至是对立的。中国人重在选择侧重意象的诗词文本与绘画文本，西方人则喜欢选择侧重逻辑推理的文学文本与美术作品；北方人喜欢东北二人转，而南方人则更愿意选择上海清口；哈尼族喜欢歌舞类的文本，有时更喜欢口传史诗文本，藏族人喜欢经书文本，而汉族人则更愿意接受知识性与技能性文本。

性别也是影响人们阅读文本选择与阐释的一个重要社会因素。人类的差异表现在很多方面，但是对于自我概念和社会关系而言，最重要和最先适应的两个维度是种族和性别。人必分男女，性别不是选择的问题。"与北美文化一样，很多文化中都推崇：每个人都必须有指定的性别。"①男性和女性存在较多差异，这些差异会影响男女的阅读与阅读行为。譬如游戏、友谊、职业、家庭关系、微笑、共情、社会支配性、攻击乃至性特征，男女之间的差异明显。

在演化与文化的双重影响下，性别所呈现的差异投射到阅读行为上，主要表现是：女性倾向选择美容化妆、旅行、美食、服装等相关内容的期刊文本，如 ELLE、VOGUE、《瑞丽》《时装》《时尚芭莎》等，男性倾向于阅读《世界军事》《经济学家》《经理人》等；女性喜欢阅读琼瑶、席慕蓉等作家的小说诗歌，而男性却倾向购买金庸、梁羽生的小说；女性喜欢《大长今》《太阳的后裔》《芈月传》等宫廷剧，男性却热衷《三国演义》《水浒传》《荒野猎人》等战争冒险的文本。对于不同年龄、不同文化程度、不同国家、不同民族的人来说，男女在选择与阐释阅读文本时存在丰富生动的差异，需要文本生产者与销售者熟悉这些规律，找到恰当的营销策略，以更好促进国民阅读。

二、从众、服从与阅读

从众是指根据他人所做出的行为或信念而改变。从众与群体压力紧密相连，也就是说，个人在群体压力下，一般会选择跟群体一致的行为，也就是模仿，之所以这样做，一方面可能因为想要被他人接受，一方面则可能是想要保持安全的立场。"从众即个体受到群体的影响，由于某个或者某些动机在行为或者信念上和群体的规范、立场或者标准保持一致。在营销领域，则表现为消费者在他人的产品评价、购买意愿或购买行为影响下，改变了自己的对产品的评价、购买意愿和购买行为。日常生活中，消费者在购买决策中的随大流也被认定为是受到大多数人影响做出的从众行为。"②"从众有三种形式：顺从、服从和接纳。由外部力量施压而违心的从众行为叫作顺从，之所以顺从，是为了得到奖励或逃避惩罚；如果顺从行为是由明确的命令引起的，那么称之为服从；有时人们真的相信群体要求自己所做的事情理所当然，如成千上万的人一起锻炼、一起

---

① ［美］戴维·迈尔斯著，侯玉波等译：《社会心理学》（第11版），人民邮电出版社2014年版，第162页。
② 赖红霞：《从众和服从的神经机制探索——以消费者在线购书为例》，2010年浙江大学硕士学位论文。

做体操，这种发自内心真诚的从众行为叫作接纳。"① 这三种形式，接纳是一种自觉自愿的从众行为，不需要文本生产者和推广者去做什么营销了，服从形式下面将详细讨论，在此，简单阐述一下由于群体压力而导致的顺从与阅读的关系。

正如前文所述，在图书等文本营销和阅读推广活动中，要很好地运用读者从众社会心理，向读者推荐好书，让他们从阅读中受益。譬如我们在当当网购书时，商家总会为你适时推荐一些图书，如称"前面好多人都买了这本书"等，增加你购买此书的意愿，这就是利用从众行为。人们对新媒体博客、微博、微信等媒介的使用，最初也基本是从众行为所致；微信朋友圈中，如果某条信息有 2 人以上转发，你必定也会打开阅读。诸如此类，都是典型的群体压力或暗示下的从众阅读行为。

20 世纪 90 年代，素质教育开始在国内兴起，《素质教育在美国》将美国的教育理念引入国内受到欢迎，随后出版的《哈佛女孩刘亦婷》则借素质教育的热潮给出了素质教育成功的案例。后来阅读市场又出了"耶鲁女孩高某""快乐女孩某某"等多种从众"跟风"读物。

同一时期，随着经济发展、国力的增强，国际地位的提高，民众的民族自信心和自尊心大增，在日益频繁的国际交往中，诸如首次申办奥运会失败、美国贸易制裁等矛盾冲突产生，民众的民族认同意识愈加强烈，集中体现为《中国可以说不——冷战后时代的政治和情感抉择》（中国工商联合出版社）出版后迅速畅销，后来"跟风"出版了《中国何以说不——猛醒的睡狮》（华龄出版社，首印 6 万册）、《中国为什么说不——冷战后美国对华的误区》（新世界出版社）等等十多种类似读物。

安顿的《绝对隐私——当代中国人情感口述实录》出版后，由于满足了人们的窥视、移情的社会心理而受到读者的追逐，一时间，真实的和假冒的各种"隐私实录"充满书刊市场。

以上案例说明出版企业迎合大众阅读从众"跟风"心理，更是社会读者从众阅读的反映。

前述美国阅读学者费什认为，"阐释共同体"是由拥有相同阐释策略的读者组成的，每个读者即是这个阐释共同体的一部分。在同一个群体里，人们的

---

① ［美］戴维·迈尔斯著，侯玉波等译：《社会心理学》（第11版），人民邮电出版社2014年版，第187页。

阅读选择互相影响，当群体内某人读到某好书时，会向同一群体内的读者推荐，从而产生从众阅读行为和阐释交流讨论，这也能解释阅读社团和组织的重要性。

服从是主体在特定社会情境中，通过对客体提供的社会信息的概括、判断和推理，为寻求奖赏或免受惩罚而产生的与客体一致的行为或态度。个体在社会要求、群体规范或他人意志的压力下，被迫产生的符合他人或规范要求的行为。个体服从有两种，一是在群体规范影响下的服从，二是对权威人物命令的服从。社会生活要求每一个体服从基本规范，任何一个群体，不论其规模大小与层次高低，都要求其成员遵守一定的规章制度，完成其承担的工作任务，以实现群体目标并维护团结。美国心理学家考斯林和罗森伯格（Stephen M. Kosslyn & Robin S. Rosenberg）认为："服从是对命令（order）的顺从。"泰勒（Shelley E. Taylor）等认为："服从是对有权力提出要求的权威（authority）的信仰。"[1] 宋官东认为，服从是主体在特定的社会情境中，通过对客体提供的社会信息的概括、判断和推理，为寻求奖赏或免受惩罚而产生的与客体一致的行为或态度。[2] 耶鲁大学心理学家米尔格拉姆（Milgram）的服从实验指出，有四种因素影响服从：一是与受害者的情感距离，二是权威的接近性和正当性，三是机构权威性，四是群体影响的释放效益。服从对阅读文本选择的影响比较直接，发生机制也不复杂。譬如"文化大革命"时期，全国范围地普遍要求中共党员学习《毛泽东选集》《毛主席语录》等，只要你是党员，就必须无条件地服从，还必须自觉主动地去学。还有一些政策性、规范性的强制性任务，也得无条件地服从。如中小学生教材、各种资格考试的教材等，像这些文本，不但是自觉自愿地服从阅读，而且还是自觉自愿地服从阐释，因为要服从标准答案。

当然，有些服从影响下的文本阅读，如伪满洲国时的人们，被要求阅读日文读本，虽然在服从压力下选择了此类文本，但人们并不是按照文本内容的思想导向去阐释的，有时甚至是反向阐释。

三、说服与阅读

所谓说服，是指耐心地向对方说理，使之接受，试图使对方的态度、行

① 转引宋官东等：《服从行为的心理学研究》，《心理科学》2008年第1期。
② 宋官东等：《服从行为的心理学研究》，《心理科学》2008年第1期。

为朝特定方向改变的一种影响意图的沟通。美国社会心理学家霍夫兰（Carl Hovland）运用控制实验法对小团体和个人意识形成过程中的说服现象进行研究，揭示了传播效果形成的条件性和复杂性。在霍夫兰的说服模式中，一个成功的、可以让人态度转变的传播要满足以下三个条件：说服者具备高的专业背景和声誉、信息本身有说服力、问题的排列技巧。霍夫兰还验证了有的人之所以被说服是出于不同的心理动机，如考虑到要调整人际关系，有的人被说服（或不被说服）是因为集体归属感等。张鑫专门就图书馆要保持信息中心的优势地位，如何不断吸引师生来馆选择阅读文本作了研究，认为"提升馆员综合素质、树立馆员的专家形象，优化图书馆信息资源、提供全面而专业的个性化信息，完善个性化服务方式、对信息因素加以序列化，是霍夫兰说服模式在高校图书馆个性化服务中的具体应用"[1]。"当然，生活中的很多力量都是双刃剑，说服的力量有助于我们增进健康，却也可以成为出售毒品的手段；可以倡导和平，也可以煽动仇恨；可以启蒙，也可以欺骗。"[2]

对于图书等文本的生产者甚至更大的文化产业而言，促进人们进行阅读的说服是一种正向的力量，它是希望人们通过文本阅读去学习知识、获得思想、引发创造力，为人类社会的进步作贡献。

如何运用说服力量去促进人们的文本选择与阐释？首先，按照霍夫兰的三条件说服理论严格规约自己。作为生产者与营销者的出版社、文化、新媒体制作公司等必须具有专业的背景与好的声誉。我国的1900多家报纸、1万多家期刊、500多家出版社大部分进行了企业转制，都是国有企业，大多数特别是人民出版社、商务印书馆、中华书局、生活·新知·读书三联书店等出版机构具有良好的专业背景与声誉，是不容置疑的；那些高度市场化的民营新媒体（如新浪等四大门户网站、BAT企业等），也是高新技术与专业背景的代表，这为阅读文本的营销推广奠定了坚实的基础。但是，在具体文本产品质量及有序推广方面，出版业乃至文化产业还有很多不足，如报刊的同质化，高品质图书的缺少，以及新媒体的大量转载、"标题党"原创缺位等，都很难说服观众去选择类似文本，更不用说进行有意义的阐释。

---

① 张鑫：《基于霍夫兰说服模式的高校图书馆个性化服务》，《情报探索》2015年第1期。
② ［美］戴维·迈尔斯著，侯玉波等译：《社会心理学》（第11版），人民邮电出版社2014年版，第223页。

其次，出版业与文化产业要根据不同的目的选用不同的说服路径。说服产生影响力的路径包括中心路径说服与外周路径说服，当人们积极主动且能全面系统地思考问题时，这种系统性的或者"中心路径"的说服就发生了。如果论题没有引发个体做出系统的思考，个体只是根据启发法或者偶然的线索匆忙下论断时，此时会接受外周路径说服。广告商、传教士甚至教师的最终目的是要改变人们的行为（如购买商品、善待邻居、更有效地学习等），他们倾向于中心路径，因为它比外周路径引起的行为变化更持久。一般而言，传统文本因为其本身生产的复杂性、系统性，更需要用中心路径说服方法；新媒体文本（尤其是微博、微信等），因为其本身生产的简易性、碎片化、易逝性，外周路径的说服方法更有效并节约资源。

由著名作家余华创作的长篇小说《活着》，1993 年首次出版时引起圈内人士的关注，并得到相当高的评价。可是，《活着》诞生的前 5 年，总的销量不足 1 万册，新经典公司认为《活着》有很高的文学价值，对书稿进行重新装帧后于 1998 年 5 月交南海出版公司再出版，不到一年时间，《活着》发行 20 多万册。可见，转换说服路径即可取得完全不同的推广说服效果。

第五节　社会关系与阅读

社会关系是人们在共同的物质和精神活动过程中所结成的相互关系的总称，即人与人之间的一切关系。从关系双方来讲，社会关系包括个人之间的关系、个人与群体之间的关系、个人与国家之间的关系；一般还包括群体与群体之间的关系、群体与国家之间的关系。这里的群体范畴，小到民间组织，大到国家政党。这里的国家实质上是一方领土之社会，即个人与国家之间的关系就是个人与社会之间的关系，而个人与世界的关系就是个人与全社会之间的关系。从关系的领域来看，社会关系的涉及面众多，主要有经济关系、政治关系、法律关系等，经济关系即生产关系，此外，宗教、军事等也是社会关系体现的重要领域。

社会心理学正是研究人们相互之间思考、影响和联系过程的科学，社会关系就是指人们彼此的联系过程。人与人之间关系的感受和行为有时是负性的（如偏见、攻击等），有时是正性的（如亲密、利他等），正是在这种正性与负性交错的社会关系中，会有此起彼伏的冲突，当然，最终是采取各种办法公正、和平地解决这些冲突。

一、偏见、攻击及亲密与阅读

偏见指人们不以客观事实为根据建立的对特定的人或事物的情景色彩明显的倾向性态度，即根据一定表象或虚假的信息相互做出判断，从而出现判断失误或判断本身与判断对象的真实情况不相符合现象，可能表现为偏爱（如多数人对本群体成员评价的正面等），但往往是消极的负面的态度倾向，且带有明显的情感色彩。偏见来源于个体社会化过程中吸收文化传统中的偏见（如男尊女卑等），社会给予的刻板印象，日常的紧张、情绪、恐惧和潜在需要，社会分层等因素。一旦产生偏见又不及时纠正，扭曲后或可演变为歧视，最明显的是性别歧视和种族歧视。

偏见与态度有关，可偏见又不同于态度。我们知道态度包含三个成分：认知、情感和行为倾向。其与态度的认知成分相对应的是刻板印象，它代表着人们对其他团体的成员所持的共有信念。偏见则是与情感要素相联系的倾向性，它对别人的评价建立在其所属的团体之上，而不是认识上。从这一点来看，偏见既不合逻辑，也不合情理。偏见会影响到人们对他人的知觉与他人的行为表现，减少偏见和歧视的方法在于对抗刻板印象、与偏见对象的平等接触、受教育和创造消除偏见的环境规范等。

偏见作为一种负面态度，会影响人们对文本的认知与行为选择。譬如国民党统治时期，共产党被斥为"共匪"，对于国民政府官员及国统区的人们来说，"共匪"首脑的文本一般是拒绝阅读的，当《论持久战》科学地预测了中国抗战形势与结果时，蒋介石才让大家去阅读这本书。同样，毛泽东到重庆谈判时发表的《沁园春·雪》，席卷重庆文化界，一时洛阳纸贵，人们后悔由于偏见错失了阅读毛泽东作品的机会。

当前的图书文本也会由于不同区域、不同民族、不同阶层、不同文化程度的人们的偏见而被接受的命运不一。一部反映哈尼族迁徙史的口传史诗，可能由于人们的偏见，即使印刷出版，也只能在很有限的范围传播；一些受到国家资助出版的少数民族典籍可能甫一出版就被束之高阁，因为普通读者由于偏见很难认识其高远的历史价值；在金钱至上的拜物教时代，那些阳春白雪的新诗旧诗，都会被认为是无病呻吟；那些弘扬主旋律、歌颂英雄和好人好事的报刊、图书、新闻与影视文本会被世俗眼光消解于无形，甚至还会由于偏见而被进行反面解读。因此，作为文本的生产者与营销者，一定要清楚不同群体不同阶层消费者的偏见态势，采取各种方法消除偏见，促进文本的选择与阐释。

攻击是意图伤害他人的身体行为或者言语行为，是比偏见程度更高的负性力量，它会伤害他人，破坏人与人之间的关系。攻击有敌意性攻击与工具性攻击两种形式，前者是由愤怒等情绪引起并以伤害为目的，后者是达到其他目的的一种手段。不论是何种形式的攻击都是有意图的伤害，处在这种社会关系中，文本的选择与阐释变得非常困难，也可以说阅读几乎成为不可能的了；即使有阅读，也是通过家庭、亚文化和大众媒体选择那些通过习得能够获得攻击好处的文本。

与偏见和攻击相反，亲密是一种正向的社会力量，能够利他，从而形成良好的社会关系，促进包括阅读行为在内的各种社会活动。人与人之间终身的相互依赖，使得人际关系成为我们生存的核心。亚里士多德将人称为"社会性动物"，确实，人类有一种强烈的归属需要，即与他人建立持续而亲密的关系的需要。[①]迈尔斯认为，有助于建立亲密友谊的因素主要有接近性、外表吸引力、相似性与互补性、喜欢那些喜欢我们的人、关系中的奖赏等。就阅读而言，这些因素都可以找到佐证它的例子。譬如接近性，传统社会，家里人、邻居、亲朋好友、老师、同学是接近性最高的群体，人们的阅读文本基本来源于他们的介绍、推荐或藏书，很难有超越这些范畴而选择更远距离的文本，这也是"一门三进士""五里三状元"等社会现象的根源。

在信息时代，朋友微博、微信圈虚拟空间的接近性较高，大家一般愿意阅读其发布的各种文本，当然，这个接近性也产生了无穷无尽的微商。一些明星的出书热，读者之所以买单还是得益于明星们的外表吸引力，即"脸熟"和"网红"。对文化企业而言，读者要求其社会形象必须有很好的知名度、美誉度与影响力等。

相似性与互补性能促进人们对阅读文本的选择。一个喜欢看武侠小说的人，只要有同类型的武侠图书上市，必定会去购买阅读。互补性是指刚好对上了其

---

① ［美］戴维·迈尔斯著，侯玉波等译：《社会心理学》（第11版），人民邮电出版社2014年版，第387页。

短板所在，譬如一个学习书法的人，由于古诗词与书法相得益彰，他便会对诗词歌曲文本有明显偏好。对于中国人而言，"喜欢那些喜欢我们的人"所导致的文本选择，更是印象深刻。20世纪中苏交好蜜月期，中国进口的文学图书、音乐、电影等文本，几乎全是苏联的，《钢铁是怎样炼成的》《静静的顿河》《战争与和平》影响了中国几代人的阅读选择。

　　相似性与互补性还是我们分析研究"读者群"的一个主要切入点。读者群是由具某种共同阅读兴趣爱好的读者所组成，同时也具有阅读观念、认识、评价程度和广度、深度上的互补性，是热爱阅读同类文本的松散的聚合体，如"哈利·波特"读者群、"变形金刚"读者群、武侠小说读者群等等。这些读者群都显示出鲜明的整体特色，正如前述法国文学社会学家罗贝尔·埃斯卡皮所说，"实际上，所有社会群体都有自己的文化需要，当然也有属于自己的文学。这一群体可以是某种性别、某一年龄或某一阶级；由此人们可以谈论女性文学、儿童文学和工人文学。其中每一种文学都拥有各自特殊的交流系统"[①]，由此而成为无形的社会阅读细分市场。

　　在出版方面，可以利用读者群对阅读市场上已熟悉并建立起亲密关系、有深厚的读者基础的读物，开发出相似、互补的系列阅读产品。众所周知，风靡世界的系列小说《哈利·波特》是由布鲁姆思伯里出版公司的出版商巴瑞·康宁汉慧眼识珠，与作者罗琳签下合约，才有了1997年《哈利·波特》作品的问世。《哈利·波特》凭借出奇的想象力和层层推进的悬念，几乎一夜之间成了世界各地少年读者的挚爱。后来，出版社和作者罗琳据此社会阅读基础又先后策划、创作了《哈利·波特与密室》《哈利·波特与阿兹卡班的囚徒》《哈利·波特与火焰杯》《哈利·波特与凤凰社》《哈利·波特与"混血王子"》等系列小说。至今为止，《哈利·波特》系列小说被翻译成70种语言，在全球200多个国家销售，广受读者欢迎和追捧。

　　"关系中的奖赏"对于阅读选择是不言而喻的，不仅文本本身会对读者给以奖赏，而文本所属的群体或集团也会给予奖赏，如科举考试中，考生皓首穷经阅读那些八股文及各种经注，都是希望能够在科考中获得功利回报的。

---

① ［法］罗贝尔·埃斯卡皮著，于沛选编：《文学社会学》，浙江人民出版社1987年版，第52页。

二、冲突及和解与阅读

冲突指两个或两个以上相互对立的需要同时存在而又处于矛盾中的心理状态，有内部需要与外部限制的冲突，外部需要之间的冲突和内部需要之间的冲突，等等。冲突的特征主要有：①冲突的直接目的是打败对方，是直接以对方为攻击目标的一种互动行为；②冲突双方必须有直接的交锋；③冲突各方所追求的目标既可能相同又可能不同，这与竞争必须是对共同目标争夺的情况不一样；④冲突在形式上比竞争激烈得多，它往往突破了规则、规章甚至法律的限制，带有明显的破坏性。

社会学领域最早将冲突作为一种互动类型来研究的是德国哲学家、社会学家 G. 齐美尔（Georg Simmel），他认为冲突是社会生活的精髓，是社会生活不可缺少的组成部分。冲突与和平是世仇，冲突与秩序是相互关联的，习惯的稳定和变革构成了社会生活永恒辩证的规律。他认为冲突与秩序并列是一元两极，将冲突划分为 4 种类型：①战争，即群体之间的冲突；②派别斗争，即群体内部的冲突；③诉讼，即通过法律途径处理的冲突；④非人格的冲突，即思想观念上的冲突。迈尔斯认为，冲突的成分都是类似的，从国与国之间的军备竞赛，到中东地区的冲突；从公司管理者与一般职员关于工资水平的争议，到长期不和处于"冷战"中的夫妇。不论处于冲突中的人们能否正确认识对方的行为，他们总是认为一方的获益就是另一方的损失。

其实，冲突有时造成双方甚至多方都蒙受损失。同时我们也要认识到，冲突并不一定是坏事。缺乏冲突的关系或组织可能是死气沉沉的，冲突体现了参与、承诺与关心，如果能够被理解和解决，冲突可以促进人际关系的变化与发展。当人们受到公正对待并彼此尊重时，社会就会和谐。[①] 引发冲突的原因有：社会困境、竞争、知觉到的不公正、误解等。获得和平也有好的途径，主要有：接触、合作、沟通、和解等。

对于阅读而言，不同的冲突类型背景下，文本选择与阐释的境遇截然不一。如果碰上战争及社会政治运动这种极端的社会冲突，阅读会遭受重大影响，纵观历史上的乱世，包括抗日战争及解放战争期间，已"放不下一张平静的书桌"，

---

① ［美］戴维·迈尔斯著，侯玉波等译：《社会心理学》（第11版），人民邮电出版社2014年版，第475页。

文人无心创作，人们无心阅读。

　　然而，如果一个社会没有任何形式的冲突，包括局部利益冲突与思想观点上的冲突，也很难有好的作品出现，人们也没有阅读的动力。在人们的利益冲突与思想观念冲突的催促下，总是会碰撞出各种思想火光，触发各种情感，以寻找解决问题的思路、知识与方法，总是会出现各种文本，从而从需求层面拉动文本生产的大发展，如春秋战国时期的诸子百家的著书立说，民国时期学者名人辈出，改革开放后书报刊出版业的繁荣发展，信息时代微信等新媒体与传统媒体阅读的冲突达到的融合共生，都是社会变革及转型期多元利益、思想冲突的结果。

小　结

　　读者、文本和阅读的时空环境是阅读的三要素，缺一不可，正是这三者的相互作用，传承人类文明，并不断启迪思想，催生新的知识与文化。阅读就是文本的不断选择与阐释过程，不论是个体抑或是群体组织，其阅读都受到社会规范的影响。在影响阅读文本选择的诸多因素中，文化与个体心理又占据主要地位。实际上，这两者就是一种社会心理，一般会从社会思维、社会影响与社会关系三方面发挥直接而明显的影响。社会中的自我、信念、判断、态度、基因、文化、性别、逆反、从众和服从、说服、偏见、攻击、亲密、冲突与和解等诸多社会心理因素对阅读都有作用和影响。研究发现，尽管很多社会心理因素的影响是不可避免的，但对于读物的生产者与营销者而言，可以因势利导运用这些因素，通过适当的营销技巧与方法，最大化地推进全民阅读。

第四章　阅读的社会结构

对社会结构的分析是理解一切社会现象的出发点。

　　　　　　　　　　　　　　　　　　——涂尔干

内容提示

阅读社会结构的内涵

阅读社会结构的基本要素

作者、语言文字、文本、读者、出版者、传播者、阅读的时间、空间……

阅读社会结构中的主要互动关系

阅读社会结构主要类型

年龄、学历、地域……

阅读社会结构转型进行时

社会结构理论是社会发展理论的核心内容，社会结构理论也为社会学的发展与研究奠定了深厚的理论基础。我们在社会发展中遇到的社会问题，包括政治、经济、文化等问题，不少都是社会结构性矛盾和问题，都可以从社会结构的角度找到其症结所在。

阅读的社会结构是一个复杂的系统，既具有一般社会结构的基本要素与规范特征，也具有自身行业的独特组成与个性特征。要看到，今天我们人类社会的所谓"阅读问题"，其实质是由于网络数字技术对传统阅读的社会结构的冲击，造成阅读社会结构的失序、失衡。因此，我们要迅速适应阅读的社会结构这种变革，促进传统阅读社会结构的转型升级，重构阅读行业的社会生态链，迎接社会阅读结构的新生。

第一节　阅读社会结构的内涵

一、社会结构的概念

西方哲学社会学一直以来都十分重视对社会结构理论的探索。法国著名的哲学家、社会学家、古典结构功能主义的创始人孔德（Auguste Comte,1798—1857）认为，社会是一种有规律的结构，是由各种要素组成的类似生物有机体的整体。这种整体基于人性和人类自然拥有的博爱而具有一种"普遍和谐"，它引导人类迈向秩序。孔德尝试用整体与部分的关系，以人性、博爱与秩序的联系来串联社会结构的概念。英国社会学家斯宾塞（Herbert Spencer，1820—1903）在区分结构与功能的基础上，引入功能需求的概念，以功能体现社会结构现实，在一些显性可见的功能中去把握社会结构的实在。

法国社会学家涂尔干（Emile Durkheim，1858—1917）认为，社会是一个不可化约的实体，是外在的、可观的社会现象，其基本的社会学理论都是以社会团结为主线展开，即根据社会各部分之间的结合方式和紧密程度，可以分为机械团结社会和有机团结社会两种类型，机械团结是建立在社会中个人之间的相同性或相似性特质的基础上的一种社会联系，有机团结是建立在社会分工与个人异质性基础之上的一种社会联系。

德国社会学家韦伯（Max Weber，1864—1920）认为，社会行动意指具有主观意义的涉及他人的行动，社会结构也就是社会关系结构。这些都反映出早期社会学家们在社会结构层面上对社会关系和社会问题的解析，他们将社会结构看成是由多种元素和成分构成的组合体，其内部随关系变化可建立机制进行相应的调整和整合，以维系社会结构的稳定和有序发展。

二战后至20世纪60年代，美国社会学家塔尔科特·帕森斯（Talcott Parsons，1902—1979）的结构功能主义一直处于主导地位，他将社会结构概念发展成一种旨在解释一切人类行动的系统理论，认为社会结构是具有不同基本功能的多层面的次系统所形成的一种"总体社会系统"，包括"目的达成""适应""整合"和"模式维护"4项基本功能的完整体系，这是一个整体的、均衡的、自我调节和相互支持的系统；帕森斯认为结构由功能体现，结构又是互动关系模式，社会结构同时还是一种社会规范。

此后，英国社会学家安东尼·吉登斯（Anthony Giddens）对社会结构理论的研究影响广泛。他认为，个人自由与社会秩序的各自诉求、个人的权益自主与社会权力规范的彼此冲突，行动与结构、主体与客体的二元对立日显冲突，因此，吉登斯认为社会结构就是这样一个世界，人具有能动性同时受着客观存在场景的制约，行动者的反思能力是一种能够改变情景的能力，社会结构能转化成行动者在具体情景下所用的规则和资源，而不是到处挤压行动者的外在现实。①

美国当代结构主义理论大师彼特·布劳（Peter Michael Blau，1918—2002）的结构变迁理论认为：社会结构是指由个人所组成的不同群体或阶层在社会中所占据的位置，以及他们之间表现出来的交往关系，"更精确地说，社会结构可以被定义为由不同社会位置（人们就分布在它们上面）所组成的多维空间"②。戴维·波普诺（David Popenoe）在《社会学》一书中提出："除了组成社会的人以外，社会还有其自身的存在。伴随着社会的发展，产生出了地位与角色、群体与组织、社会设置与社区的概念……社会结构，就是指一个群体或一个社会中的各要素相互关联的方式。"③

国内社会结构理论的研究兴起于1978年改革开放以后，当时国内理论界开

---

① 刘建娥：《浅析对社会结构理论的认识》，《玉溪师范学院学报》2005年第2期。
② ［美］戴维·波普诺著，李强等译：《社会学》，中国人民大学出版社2007年版，第107页。
③ ［美］戴维·波普诺著，李强等译：《社会学》，中国人民大学出版社2007年版，第107页。

始复兴社会学研究，同时随着改革开放的日渐深入，飞速发展的生产、生活实践和不断涌现的各种社会问题亟须加强对社会结构理论的研究，为中国改革开放和现代化建设实践提供理论指导。

作为马克思思想的重要组成部分，马克思社会结构理论有着丰富的内涵。马克思认为，社会结构广义上来说是指与生产力相适应的生产关系与上层建筑的统一体。"人们在自己生活的社会生产中发生一定的、必然的、不以他们的意志为转移的关系……这些生产关系的总和构成社会的经济结构……社会的物质生产力发展到一定阶段，便同它们一直在其中活动的现存生产关系或财产关系（这只是生产关系的法律用语）发生矛盾……随着经济基础的变更，全部庞大的上层建筑也或慢或快的发生变革。"①

马克思认为，人类社会既是包括自然与社会在内的宇宙大系统中的一个子系统，又是具有相对独立性的社会系统。整个社会系统就是由生产力、生产关系的总和、上层建筑三大层次组成动态结构。在社会系统中，以生产关系经济基础为中间环节，内在地存在着生产力与生产关系、经济基础与上层建筑的两对社会基本矛盾，它们贯穿于社会的始终，是推动整个社会前进的根本动力。经济结构是全部社会结构的基础，是区别不同社会形态的根本标志，经济结构的发展变化，决定着政治结构和文化结构的发展变化，这是马克思社会结构理论的基本观点。马克思社会结构理论对指导我国改革开放、社会主义现代化建设实践有着重要的理论指导意义和实践价值。

以马克思社会结构理论为指导，许多社会学者开始展开对社会结构的研究和探讨。李强在《当代中国社会分层：测量与分析》中提出：社会结构是指"社会各要素或各部分相互之间的一种比较稳定的关系模式或互动模式"②。杜玉华在《社会结构：一个概念的再考评》一文中指出，社会结构是由要素构成的一个系统，而每一系统又都有特定的内在结构。要素是结构组成的基本单元，要素分析也就成了结构分析的起点。而关键的问题在于我们如何科学地寻找和分析这些要素，并对这些结构要素进行有序的排列组合。③

---

① 《马克思恩格斯选集》（第1卷），人民出版社1972年版，第82—83页。
② 李强：《当代中国社会分层：测量与分析》，北京师范大学出版社2010年版，第1—2页。
③ 杜玉华：《社会结构：一个概念的再考评》，《社会科学》2013年第8期。

绝大多数社会学家都承认,除了组成社会的人以外,社会还有其自身的存在。伴随着社会的发展,产生出了地位与角色、群体与组织、社会设置与社区的概念。这些概念被看作为一个整体而存在的社会的局部,而不是属于个别人的。它们在个人的眼中是作为外在之物而存在的,在某种意义上有时还是一种强制性的力量,在许多方面迫使我们去调整自身的行为。

一般认为,结构这一术语是指某一整体中的各部分相互联系的方式。社会结构,就是指一个群体或一个社会中的各要素相互关联的方式。[①] 社会结构的内涵包括两方面:一是由何构成,即作为一个整体的社会或社会现象(单位)都是由一定要素组合而成,因而是可以分析的;二是如何构成,即这些组成要素不是杂乱的组合,而是遵循一定规则组合起来,维持较为固定的关系,具有一定的稳定性。社会环境和人的创造性活动又必然导致社会结构的变化,因此社会结构是动态的,是会转型的。

社会结构问题是社会学的基本问题,几乎所有的社会问题都涉及其与社会结构的关系。社会学对社会结构概念的阐释有助于我们分析阅读的社会结构及其各要素间的关系及相互作用情况。

二、什么是阅读的社会结构

马克思认为:"从物质生产的一定形式产生:第一,一定的社会结构;第二,人对自然的一定关系。人们的国家制度和人们的精神方式由这两者决定,因而人们的精神生产的性质也由这两者决定。"[②] 阅读是人类特有的智力活动,更是社会活动,是社会精神生产的必要而主要的环节,也就必然有它的社会结构。同时,阅读的社会结构是社会精神生产社会结构的子系统。

阅读行为作用于社会系统,因为阅读行为而产生并形成了一个特有的系统,这是一个由阅读社会要素构成的系统,这些要素来自人类的阅读行为而产生的地位与角色、群体与组织、社会设置和设施等。阅读的社会结构的基本要素包括作者、语言文字、文本、读者、出版者、传播者、阅读的时间、阅读的空间、

---

① [美]戴维·波普诺著,李强等译:《社会学》,中国人民大学出版社2007年版,第107页。
② 《马克思恩格斯全集》第23卷,人民出版社1979年版,第201页。

阅读推广组织、阅读的活动氛围等，是我们分析阅读的社会结构的起点和基石。要素是阅读的社会结构组成的基本单元，要素和单元的不同排列组合方式、互动模式形成不同的分类、分层关系系统，组成不同的结构，如汉语社科作者、英文纸书的大学生读者、老年听读、中小学读者的课外家庭阅读、图书馆的英文科技读者、男性青年读者的闲暇数字阅读等等。应该说，阅读的社会结构具有一定的稳定性，但在个体构建阅读行为的过程中，这些阅读要素与外部社会环境会不断整合实践，阅读的社会结构也一并进行了再生产。社会阅读活动会不断升级转型，发生变化，因此这一结构也是动态的。

综上所述，阅读的社会结构就是社会的阅读系统的内在结构，指一个国家或一个社会的阅读系统的各基本要素、单元或各部分之间相互关联的方式，即各要素之间形成的关系模式或互动模式，通过不同排列组合而形成的具有复杂分类和分层构成的不同的关系系统。

阅读的社会元素组成不同类型和层次的阅读社会结构。如阅读的类型，可以根据阅读场合、交流模式、参与读者数量、阅读的内容、阅读的主体等多种元素和单元来界定，如就场合，有公共阅读和私密阅读、图书馆阅读和学校阅读、书斋阅读和书店阅读等等；就交流模式来分，有朗读和默读、泛读与精读、思辨式阅读和冥想式阅读等等；就参与读者数量，有个体阅读和集体阅读等等；就阅读内容来说，有政治阅读、宗教阅读、人文阅读、艺术阅读、科技阅读等等；就阅读的主体来分，有儿童阅读、青少年阅读、老年阅读和男性阅读、女性阅读等等。

阅读的层次，也可根据多种元素来分，如根据阅读主体的学历，有中小学生阅读、大学生阅读、研究生阅读等；根据读物，从消遣娱乐型阅读、学习型阅读到研究型阅读等；根据阅读能力，从听读到能博览群书等。

阅读的社会结构在不断的社会阅读整合实践中，经常地重构和变化。

第二节　阅读社会结构的基本要素

结合阅读的社会过程来看，阅读的社会结构的基本要素主要包括作者、语言文字、文本、读者、出版者、传播者、阅读的时间、阅读的空间、阅读的活动氛围等。各要素并非独立的个体，相互之间存在着巨大的影响力与作用力，并通过这种相互的影响和作用推动整个阅读进程。同时，结构要素在漫长而悠久的阅读历史中逐渐发展，每个要素也随着社会历史环境的变化而不断变化，才呈现出当下我们所看到的阅读的社会结构。其中，作者和文本是从阅读的社会结构构建之初就始终存在的最基本的要素。

一、作者

在阅读的社会结构中，作者指文本的创作者，但同时作者首先是读者，是那些通过阅读别人的著作后有了创作的欲念、能力，最后通过文本表达自身观点、理念或情怀的那部分读者。法国作家、思想家、社会学家罗兰·巴特认为，语言先于作者而存在，作者不过是"名义上的作者"，一旦作者结束了写作行为，作者与自己创作出的文本就毫无关系了。但从文本的社会生产角度来看，无论是从书籍传播过程的角度，还是意义构建的层面来看，作者是文本意义的核心塑造者。我们更愿意承认意义的形成过程是发生在作者、读者以及和书籍的制作发行有关的其他人之间的一个交流过程。[①]虽然看起来作者的身份被分散了，但不可否认的是，作者对文本核心意义的塑造作用是不可替代的。由于文本形态的多样性和复杂性，作者可以是一个人，也可以是几个人，也可以是一个团队、组织或机构。

在我国，最初的文本创作从结绳记事、竹木陶器等材料上的契刻、图画符号、象形文字甚至到在文字出现之后原始的图书典籍，作者的初衷多是帮助记忆、互相传达劳动和生活的信息，以及农事崇拜、祭天祭祖等原始的宗教活动内容。此时作者的行为与其说是创作，不如说是记录和交流。从夏末商初开始，汉字体系逐渐走向成熟，也出现了原始的编辑活动，但是文字记录和编辑活动主要掌握在史官手里，主要内容是祭祀典礼、征伐纪功、赏赐锡命、书约文件、对臣民的训诰、颂扬祖先等内容[②]，多是从统治阶级的利益出发，成为封建统治的政治工具，这一时期的主要作者群体虽然受制于统治阶级，但文本制作中已经有创作意识和编辑活动。之后，随着社会政治环境的变化和经济的日益繁荣，

---

① ［英］弗拉斯卡·斯帕达、尼克·贾丁主编，苏贤贵等译：《历史上的书籍与科学》，上海科技教育出版社2006年版，第443页。
② 肖东发等：《中国出版通史·先秦两汉卷》，中国书籍出版社2008年版，第35页。

春秋战国时期，官学衰落、私学兴起，学校教育和工商业的发达推动了出版活动的迅速发展。

首先，图书类型日渐丰富，史书、诸子书、科技书籍等的撰写、编辑、收藏非常普遍；第二，改变了史官的学术垄断的局面，作者的身份开始下移到没落的贵族和知识分子阶层，即"士"阶层，这些作者往往怀着高远的理想抱负和强烈的社会责任感，用著书立说来发表自身的治国主张，此时的这部分作者已经成为真正的创作者；第三，此时的图书只是流传，而并非买卖得来，表达和宣传自身观点为主要目的，图书也并没有成为商品，作者也没有营利目的。

西汉开始出现了图书商品贸易的萌芽，西汉末年书肆的出现和发展，标志着图书贸易正式开展。此时的作者创作图书的目的与以前相比，又多了营利目的。自唐代雕版印刷术的发明，再到普及，阅读产业链日益完备，内容的生产、流通、消费更为方便快捷，作者创作的积极性也更为高涨。

可以看出，随着人类文明程度的增长、民主政治的建立、经济社会发展水平的提高、科学技术的进步，作者对创作的主体意识是在不断提高的。当今作者创作文本形态早已不再局限于文字，可以是图片、照片、视频、影视等多种文本形态，通过传统物流发行，或从网络渠道以数字化的形态即时传播，作者的规模日益扩大，创作范围更加广泛、创作手段更加多样、创作技巧更加精湛、传播渠道更加丰富。同时，作者创作的商品意识、市场意识、读者意识、著作权保护意识也在不断强化，如今的内容创作早已成为可以谋生的职业，以营利为目的的创作就要把内容当作商品来打造，从市场和读者的需求出发进行创作。

此外，随着出版业相关法律制度的完善，版权意识也是作者所不可忽视的。在不侵犯他人版权的同时，也要维护自身的版权，既是对自身精神生产劳动和应得利益的尊重，也可以维护整个出版业的良性有序可持续发展，让精神生产活动和内容创作产业更加欣欣向荣。

二、语言文字

语言文字也是阅读社会结构的要素之一，它们是构成文本的重要组成部分。语言和文字的诞生对人类文明进程具有里程碑式的意义。语言的产生说明人类开始采用抽象的符号传播信息，然后将这些声音符号具象化为书写符号，文字就诞生了，人类从此进入文明时代。美国著名学者塞缪尔·亨廷顿（Samuel Phillips Huntington，1927—2008）认为，任何文化或文明的主要因素都是语言和宗教，文明的冲突主要是不同语言民族和不同宗教信仰之间造成的隔阂、误解，为此，人们常常提出通用语言的要求。亨廷顿认为，人们在不停地寻找进行文化交流和知识交流的方式，并强调通用语言是处理语言差异和文化差异的方式，而不是消灭它们的方式，它是交流的工具，而不是认同和社会群体的根源。① 为了进行知识共享和文化交流，作为集中承载知识和文化的各类文本被翻译成不同的语言文字，在不同国家和地区出版，被不同民族、不同文化、不同宗教的读者阅读。由于文化背景和文明程度的巨大差异，读者对文本的理解可能与作者、与其他文化背景下的读者存在很大的差异，除了科技、医学等科学类著作外，文化特质较强的文本在不同国家和地区的受欢迎程度和影响力也可能大不相同。

根据语言文字国别的不同，文本可以中文版、英文版、法文版、德文版等不同语言文字出版和发行。而不同国家语言中也包括其不同民族的语言，如中文文本也包括藏文、蒙文、维吾尔文、哈萨克文、锡伯文等少数民族语言文字的文本，还包括特殊人群所使用的文本，如盲文文本等。语言文字也可以根据读者对象来分类，包括婴幼儿、青少年、教科书、成人大众、专业研究等不同语言文字性质的文本。这些针对不同读者对象的文本所运用的语言文字都有适用于其读者对象的特点。语言文字的不同组成不同的阅读世界。

语言文字的运用直接体现了作者的初衷和目的，也很大程度上决定了读者的阅读效果，因此对语言文字运用的研究也逐渐发展成了语义学、叙事学、阐释学等专门学科。语言文字运用的主旨是否明确、逻辑是否合理、语义是否清晰流畅，直接影响着阅读的效果，也决定了文本的传播力和影响力。而语言和文字的运用水平取决于两个方面：宏观上也是客观上，一定的时代背景和社会条件决定了语言和文字的话题、内容和传播禁忌等；微观上也是主观上，作者的教育程度、知识水平、生活经历、经验积累、文学素养、语言风格等都影响着其对语言和文字的运用。无论宏观因素还是微观因素，无论客观环境还是主观意识，都制约着文本内容的表达。

第一，语言文字能传递信息、传播知识。运用得当、准确的语言和文字，

---

① ［美］塞缪尔·亨廷顿著，周琪、刘绯、张立平、王圆译：《文明的冲突与世界秩序的重建》，新华出版社1998年版，第49页。

最基本的是要做到表达清晰，能帮助读者正确理解作者所要表达的意义，并通过词语、词组、句子、段落、章节等有条理的组织，形成不同层级的结构和单位，让读者在整体语境的把握中全面理解意义，不会对词、句等产生歧义。

第二，语言文字能传达深层含义。对语言文字的高水平运用，如通过不同的叙事框架或反讽、双关等多样的修辞手法，可以帮助读者理解到文本的深层意义，透过字面意思而看到作者想要表达的言外之意，且能提升文本的冲击力和感染力。当然，深层含义的探究和理解也与读者的文化修养、教育水平、人生经历等息息相关。

第三，语言文字能产生增值价值。语言文字除了可以提供知识、传播信息、开启民智之外，还具有陶冶情操、培育品行、享受审美等增值作用。语言和文字求知开智、促进生产力的教育价值和立德养性、休闲怡情的审美价值共同构成了其文化价值。扎实深厚的语言文字功底和灵活出众的语言文字运用能力，能创造出优秀的文本，将会对读者的个人成长和社会的精神文明建设起到重要的促进作用，也是作者社会地位的表现。

第四，语言文字是知识的利器，也是不同语言的人获取知识的藩篱。不同语言谱系把阅读分成不同的阅读世界，造成阅读的困难，也造成文化信息知识的传播隔阂和误解等，一定程度上阻碍了信息知识的全球流动，可能造成文明的隔阂和冲突。另外，语言文本和阅读的多寡、质量在世界上分配的不平衡可能造成文化的垄断和控制。

随着语言的全球化进程，英语成为"世界通用语"，特别成为科学技术交流的主要"国际用语"，而其他语言逐步被边缘化。有研究者统计近10年（2006—2015）国际学术论文的语言分布，以英语发表的自然科学的论文占总数的96.94%，而同期以中文发表的论文占自然科学论文总数的0.59%，仅次于德语，排在世界第三位；而以英文发表的论文占社会科学的94.95%，中文根本排不上前十位，说明占比之微弱。而以英文发表的论文占艺术人文类的73.26%，以中文发表的论文占艺术人文类0.56%，排在世界各种语言的第八位。[①]

---

① 北京语言大学李宇明教授在"2018年海内外中国语言学者联谊会"上的演讲。

三、文本

文本是阅读的客体，由内容和载体两部分构成。罗兰·巴特把物质性的具体存在形态称之为"作品"，而把在具体存在之上的存在形态称之为"文本"①。罗杰·夏蒂埃认为，文本应是各种符号形态的集合，即文本的呈现方式并不局限于目前常见的印刷物，还包括戏剧、表演、音乐、舞蹈等在内，其最终目的就是完成意义的构建。

文本给阅读者最直观最具象的呈现就是载体。文本的意义需要依托物质形式到达读者面前，当文本成为可触可感的现实后，便于读者利用其理解文本。从最早的结绳记事，竹、木、陶等材料上的图画符号、象形文字，夏商周时期的甲骨文、铜器铭文、玉石刻辞和竹木简牍，再到春秋战国时期的帛书，秦代的石刻文字（被称作碑），古埃及使用的莎草纸、欧洲使用的牛羊皮纸等，人类最初用于记录和阅读的载体也是多种多样。直到西汉时期发明造纸术，纸张终于在东汉时期得到了改进和普及，最终纸张逐渐彻底取代了之前一千多年所使用的所有载体。从雕版印刷到活字印刷再到谷腾堡活字印刷机的发明，再到电台、电视、计算机、互联网、移动互联网和移动终端的出现，技术导致的媒介革命迅速推动了科学和社会的发展，人类的精神文化产品极大地丰富起来，推动人类文明进入了新的阶段。

如今，人们可以选择图书、报纸、期刊、广播、电视、电影、台式电脑、平板电脑、电子书阅读器、手机等各种载体进行阅读，而由于载体不同的特点可以将文本以不同的形式呈现，如文字、图片、音频、视频、影视等，在网络终端还可以选择不同的网络应用来阅读自己感兴趣的内容，如博客、微博、微信、客户端、电子书报刊等数字出版物。在文本载体的发展过程中，既有新旧载体的替代和更迭，也有新旧载体以各自独有的优势互补共存，尤其是在互联网带来的信息技术时代，载体形态和传播形态发生了根本性变革，但文本载体的发展总体上是促进并有利于信息交流和知识的传承，特点是内容越来越海量、形式越来越多样、传播越来越即时、互动越来越方便、携带越来越轻便、保存

---

① Roland Barthes. Image, Music , Text. New York: Hill & Wang, 1977, p.157.

越来越容易。

"文献学出现于文本被承认为有别于书籍的独立形态之时。一个文本不仅可以从一个载体复制到另一个载体，而且可以被认为是独立于传播它的载体的，作为由字母、词语、句子及其展开——它们表达意义，而且受逻辑的一致性、语法的正确性、文体的优美性准则支配——组成的一个客体而存在。"[①]文本作为作品的重要组成部分，附着于载体之上，"文本是文献传播的内容和受众阐释的对象，是以标准化的编码形式表达整体意义的符号系统，是经过人类加工处理，付诸一定载体形式的社会文献信息"[②]。因为载体的变化，文本呈现形式也日益多样，其呈现形式或具象化、直观化，或碎片化、社交化，或虚拟化、趣味化，等等，不一而足。但作为文本的核心所在，其最初是因为社会发展的需要而产生，随着社会政治、经济、文化、教育的发展而发展，受到社会政治环境和制度的影响，因为技术革命而发生变革，但其作为精神产品，满足人们精神文化需要的价值和功能性是亘古不变的，文本和以文本为核心的作品总是具有以下一项或几项价值和功能。

一是交流信息的社交功能。在文字还没有诞生的史前时代，人类出于生存需要，就有信息交流的需求，用各种符号刻画的文本应运而生。无论个人、团体，还是一个国家，出于生存和发展的需要，都要与自然、与社会发生各种各样的联系，要适应并应对环境、了解和监测环境，就必须掌握信息并交换信息。而随着经济社会的迅速发展，人们在物质生活需求得到满足的同时，精神生活需求水平大大提升，开始有更高层次的精神需求，如渴望了解他人、了解社会、了解多样的观点和文化，也希望表达自己对事情的观点和思想，通过社会参与，在心理和行为上影响他人和社会，对互动性和社交性的需求与日俱增。如今的互联网已可以实现文本传播的无远弗届，可传播到世界上的任何一个角落，极大拓展了信息交流的边界。

二是传播知识的教育功能。人类在生存、生产、生活中认识世界，进而创造工具改造世界，到创造出今天高度发达的人类文明，都离不开知识的积累和传递，反过来，由于社会政治经济文化的发展，人类需要获取更多更广泛的知识，

---

① ［法］克里斯蒂昂·雅各布著，陆象淦译：《从书籍到文本——文献学比较史刍议》，《第欧根尼》2003年第1期。
② 周庆山：《文献传播学》，书目文献出版社1997年版，第85页。

并不断实现知识的更新，而这些都是需要通过阅读文本来实现的。文本使一个人获取的知识得以传播和分享，可以使千万人受益；也可以让一个想获取知识的人，有获得的来源和渠道。

文本传播知识的教育功能不仅局限于学校教育，还有家庭中各种形式的教育，如应试教育、思想教育等，还有社会教育、职业教育，以及个人的终身学习，等等。教育的最终目的在于培养终身学习的意识和能力，每个人一生都应学习知识。

三是积累文化的传承功能。在社会构成中，文化属于意识形态的范畴，是上层建筑的一部分。文化是在积累中发展的，是民族、国家、社会自身语言体系、民风民俗、生活方式、信仰传统等的统一体，以文献、文物古迹等物质的形式和音乐、舞蹈、仪式等非物质的形式通过传承和保护延续下来，是长期传承和发展的结果，都有各自的独特性。现在保留下来的历史上的所有文本，都起到了文化积累的重要作用，如今各国已经非常注重对自身文化的保护和传承，已有专门机构来完成文本的收藏，文本的文化传承功能将发挥更大的作用。

四是舆论宣传的政治功能。春秋战国时代，各国争雄，战乱不断，出于对政治形势和社会现实的关注，以及强烈的社会责任感，同时也因为自身的政治抱负和理想，当时许多思想家和政治家著书立说，表达自己的政治观点和治国主张，此时就已经体现出了文本舆论宣传的政治功能。从更广义的角度来说，文本总是会体现出作者的意识形态，包括政治立场、主张、观念等会潜移默化地贯穿其中，这是一种普遍存在的常态，只是有的文本这一功能凸显，有的文本这一功能并不明显或并不以这种功能为主而已。而在政治形势复杂、党派斗争激烈，尤其是战争时期，这种功能就会被放大，文本成为不同国家、不同政党、不同政治群体宣传自身政策、主张的工具，甚至成为政治斗争、舆论斗争的工具。

五是科学论证的学术功能。学术期刊、学术著作、科学技术文献等相关的各种文本，通过提出学术观点、建立理论体系、完成科学论证、提出技术专利等极具创新性的成果来实现其学术功能，促进学术发展。有的技术设计或技术专利对应某种现实的社会需要，应用于实践后，学术成果可以转化为现实生产力，解决现实问题，推动社会生产力的发展。

六是娱情养性的审美功能。无论是制作精良、赏心悦目的文本外观，还是文本中风格独特、性格迥异的艺术形象；无论是美轮美奂的视觉冲击，还是严密深刻的逻辑推理；无论是跌宕起伏的故事，还是嬉笑怒骂的谈论；无论是艺术美，还是科学美；无论是观点共振，还是情感共鸣……文本都会带给读者审美的享受，起到娱乐身心、调节情绪、净化心灵、陶冶情操的作用。

四、读者

读者是作者和文本的最终指向所在，也是阅读行业的出发点和落脚点。读者通过对文本的阅读，从中汲取到文本传达的意义，赋予文本存在的价值，因为文本只有被阅读才能体现其价值。然而读者个体千差万别，他们对文本的选择、理解和需求等都完全不同。但是，有一点是可以确定的，就是人类的行为都是有动机、有需求、有目的的，我们可以将读者的阅读需求大致分为休闲娱乐型、学习求知型、解疑实用型、专业研究型四种。

休闲娱乐型是指以娱乐消遣、休养身心、调节精神、丰富生活、享受审美、陶冶情操为目的的阅读。一般来说，任何读者群体都会有通过阅读休闲娱乐的需要，但是只有这种阅读需求的读者群体往往受教育程度较低。文艺文本、大众类报刊、综艺节目、社交视频等，不同渠道不同形式的此类文本层出不穷，都是满足读者休闲娱乐的需求，这种需求往往可替代性强。学习求知型是指通过家庭教育、学校教育、社会教育、职业教育等形式系统学习掌握文化知识或专业知识为主要目的的阅读，这种需求的读者对内容要求明确，指向明晰。

解疑实用型是指以解决生活或工作中各种疑难问题、学习某种实用技能，或仅仅是为了通过某项考试、获得某种资格为目的的阅读。这种需求对内容要求非常清晰，以释疑解惑、解决问题、通过考试为目的，实用性和目的性很强。专业研究型是以专业学习、研究或各种业务工作学习、研究为目的的阅读。这一需求类型的读者群体往往受教育程度较高，以专业技术人员和领导层为主，这类需求的读者往往对内容要求专业性强，内容指向明确，需求量大，且需求稳定化、常态化。

不同的读者群体往往拥有以上几种或全部的需求类型。人在成长和发展的过程中，阅读需求也会随之发生变化，在人生的不同阶段或不同的时间节点上倾向于以其中一种或几种需求为主。影响读者阅读需求的因素很多，读者作为人，既有自然属性也有社会属性，无论是自然属性，还是社会属性，都会影响读者的阅读行为和习惯，影响读者的阅读品位和偏好。

读者的自然属性包括读者的年龄、性别、民族等，不同年龄有着不同的阅读水平；不同性别有着不同的生理特征和心理特质，以及不同的社会分工，自然就产生了不同的阅读偏好；不同民族有着不同的语言文字、风俗习惯和文化背景，在阅读需求和阅读习惯上存在明显差异。

读者的社会属性是在读者个人社会化的过程中形成的属性，包括知识水平、职业特征、地域特征等。读者的知识水平是其受教育程度的体现，阅读是对精神文化产品的消费，知识水平直接影响着阅读的广度和深度、阅读量和阅读方式，较高的知识水平使阅读不仅仅局限于欣赏和审美，也不再局限于学习和研究，而是达到批判性和创造性阅读的层次。读者的职业特征决定了其所属社会阶层、收入水平、生活方式和消费能力，这些直接影响着阅读需求、阅读品位和阅读习惯。读者的地域特征是指居住在不同地域的人们往往会在长期的社会活动和社会关系中形成不同的民风民俗和生活方式，形成不同的经济条件和社会文化，拥有不同量级的阅读资源。如城市和农村、沿海省份和边疆地区等不同的经济发展水平和地域条件导致了阅读资源拥有数量、质量的参差不齐，使这些地域居民的阅读意识、阅读需求和阅读水平都呈现出很大的差异。

五、出版者和传播者

文本只有被传播出去才能体现其存在的社会价值，故而出版者和传播者是阅读产业链上不可或缺的重要组成部分，是联结作者与读者之间的桥梁。出版者一般是以出版机构的形式存在，从作者创作的文本中遴选出符合自身出版定位和符合目标读者群体阅读兴趣的文本进行编辑加工、装帧设计、印刷装订，或是剪辑、整合、编排，进行合成和再加工，生产成纸质出版物、电子书、图文、视频等形式各异的文本，并将其通过不同的物质载体呈现出来，这时的文本已经完成生产，成为待交换的商品。传播者是指促进文本在时空间流传、交换和消费的人或机构，包括发行人、国内发行机构、进出口贸易机构、报刊的邮局发行点、出版社报刊社的自办发行点、各种发行公司、各类书店、新媒体发行人、影视发行机构、影院等。广义上说，广播、电视、网站、客户端、微博、微信等运营者本身既是内容生产者、又是内容传播者，集作者、出版者和传播者于一身。再广义一点，图书馆、档案馆、文献中心、信息中心等以扩大阅读范围为目的组织都是传播者。

我国出版者和传播者早在雕版印刷术发明之前就已经存在，当时的书籍都要靠人工抄写，这些人就是早期的出版者。到东汉时期，由于教育的兴盛，读书人对书籍的需求日益增长，当时的图书传抄复制已成为用来谋生的专门职业，被叫作"佣书"，有的为官府抄书，有的就是自抄自卖，这就是最早的出版者和传播者。

随着社会生产力的发展，社会分工日益精细化和专业化，同时又由于图书、报纸、期刊、广播、影视、音像制品、电子出版物、网络出版物、手机阅读等出版物形态的层出不穷，出版者和传播者的队伍日益壮大，覆盖到图文编辑、版式和封面设计、装帧装订、印刷、发行、翻译、物流、音视频剪辑制作、渠道供应商、平台提供商、终端厂商、后期宣传推广等环节，这些环节都由相关人员或相关机构来完成。

出版者和传播者，作为一种商品贸易的"中间商"，需要遵循市场贸易原则，同时由于其所从事贸易的商品的特殊性，又需要遵循出版传播规律。文本作为精神产品的特殊性，决定了出版传播活动对社会政治、经济、文化的发展具有强大的影响力，因此必然要受到内容、资格准入、版权等更多的社会规制，承担更多的社会责任。出版传播业也因此既有产业属性，又有事业属性；这就要求出版传播者具有更高的文化素质和个人修养，在将社会效益放在第一位的前提下追求经济效益的最大化。和其他商品贸易不同的是，出版传播者所追求的商品质量不仅追求物质形态上的保质保量，而且还要追求更大的信息量、更高的出版文化价值、更大的易读指数、更好的审美品格等精神层面上的高质量。

六、阅读的时间

阅读活动是一个行为过程，伴随着时间和空间而发生。马克思说："时间是人类发展的空间。"那么，阅读时间也是人类阅读发展的空间。阅读的时间也是阅读的社会结构的构成要素之一。

首先，阅读行为本身需要时间来进行。没有时间，就没有阅读，文本的价值必须通过一定的阅读时间来实现。因为不同读者的阅读效率不同，所以阅读的收获与阅读时间也不一定呈正相关。一个人在其阅读效率一定的前提下，阅读的收获与阅读的时间成正比。如今在知识密集和不断更新的信息社会，我国国民的阅读时间在不断增长。2018年中国新闻出版研究院发布的第十五次全国国民阅读调查报告显示，2017年我国成年国民各媒介综合阅读率保持增长势头，数字化阅读方式的接触率和纸质图书阅读率均有所增长。2017年我国成年国民每天阅读图书的时间为20.38分钟，有12.1%的人平均每天阅读图书的时间在1小时以上。

未来社会是劳动"智化"的社会，阅读将成为社会生产力发展的必然需要，成为人类物质文明和精神文明的需要，人们不仅需要提升工作中的专业阅读，也需要提升生活中的业余阅读，而国民阅读时间的长短和由此产生的创新力与生产力，则决定着一个国家的文明程度。

其次，探寻自身阅读时间的生理节律，安排合理的阅读时间。一个人除了在学校教育阶段或从事科研等特殊工作需要用大段的时间来进行阅读以外，大部分人在成年之后，都是通过安排特定的阅读时间来进行阅读的。这往往是个人在自身已有的阅读经验和了解自身生活习惯和生理节律的基础上，为提高阅读效率，科学安排阅读时间的结果。

第三，阅读介质的多样和阅读空间的拓展，必然会进一步开发阅读时间。各种移动式电子阅读设备的兴起和不断更新换代，极大地拓展了阅读空间，阅读时间也被进一步开发，阅读行为可以发生在随时随地、每时每刻。在原来可被安排的特定的阅读时间之外，出现了很多随机出现的阅读时间，如等公交、地铁、火车、飞机的时候，乘坐各种交通工具的时候，排队的时候、用餐喝茶的间隙等任何需要暂时等候或停留的时间，都可以成为阅读的时间。时间是不断延续的，却也是最易分割的，如今的阅读时间已被无限分割，呈现出碎片化的特点。

第四，阅读时间是衡量文本价值的标尺。一般来说，文本被阅读的时间历史越长，流传越久远，那么文本的社会价值越高。但是，由于文本的性质不同，其价值也随着阅读时间的快慢、长短而不同。如消息、通讯等新闻类文本，只有及时阅读，才能实现其新闻价值，时间越久新闻价值越低，只具备史料价值和工具价值。而科学成果、文学著作等文本，随着阅读时间的推移，阅读时代的变迁，当阅读主体和阅读环境发生变化，有的随着时间的流逝冲淡了或否定了其社会价值，有的则经得起时间的考验，呈现出文化、科学和真理的光芒。

七、阅读的空间

阅读的空间指读者阅读时所处的具体的物质环境或场所，是最直接、最微观的阅读环境，由公共阅读空间和私人阅读空间组成。公共阅读空间，主要包括教室、学校或企事业单位的图书馆和阅览室、公共图书馆、社区阅览室、书店、书吧、飞机等公共交通工具等安静的、有阅读工具（如书架和书桌）、采光或照明条件好、有良好的阅读氛围和阅读条件的地方。私人阅读空间主要是指家庭的书房、卧室、起居室、私家车等私人进行阅读的场所。

随着手提式电脑、电子阅读器、平板电脑、手机等移动阅读设备的兴起，阅读行为随时随地可以发生，阅读空间变得愈来愈多样，快餐店、咖啡厅、医院、公交车候车亭、飞机火车候车室、飞机、地铁、火车、公交车等需要暂时等候或停留的地方，都成了阅读空间，其中，随处可见拿着书、报刊、移动电子设备进行阅读的人群。

首先，家庭和学校是阅读空间中的基础部分。既是阅读空间，也是阅读环境，营造阅读氛围、提供阅读指导、推动阅读习惯的养成是其最基本的功能。

家庭是社会的细胞，也是阅读最初始、最基础、最舒适的空间环境。一个人的最初阅读就发生在家庭，家里的书桌和书房是孩子们最早产生阅读意识的地方，家庭的阅读氛围和家庭的阅读教育对一个人的阅读行为习惯和阅读偏好的养成起着不可忽视的作用。安排家庭阅读时间，组织家庭参加阅读活动，为孩子或其他家庭成员推荐书单，提供阅读指导，等等，都会对孩子和所有家庭成员的阅读行为和习惯产生潜移默化的影响。良好的阅读兴趣和习惯是父母献给孩子的最好的礼物，也是家庭教育最成功的标志之一，阅读会让人成为一个不断提升自己、不断成长的人，阅读可以改变命运，甚至可以改变人的一生。

不同阶段、各种类型的学校也是重要的阅读场所。这些场所为有共同需要的读者群体进行集中阅读某类文本提供了一个重要的阅读场景，并由老师来为学生提供专业的阅读指导和阅读服务。学校教育的时间都是有限的，一般是一段时间或一个阶段，但是其可以提高阅读能力和阅读水平，培养阅读习惯，为终身阅读打下基础，而终身阅读是实现终身教育的好方法。教育的最终目的就是要培养终身阅读、终身学习的能力，使个人能适应社会而全面发展。

家庭和学校是阅读空间的基础设置。一个人即便再少接触文本，也不与作者、出版者、传播者打交道，即便性格孤僻或生活方式闭塞，或是因为生活地域环境的阅读资源有限，从未使用过任何阅读服务设施，从未听过任何阅读推广组织，也没有参加社会阅读活动，但是一般都会经历家庭和学校中阅读培养和阅读氛围的影响，对一个人的阅读行为习惯的养成起着最基础的作用。

其次，政府和各种社会机构设立的阅读服务设施，构成了公共阅读空间的主要部分。这些阅读服务设施包括公共阅读服务设施和企业公益性阅读服务设施两种。为人们提供阅读的场所和资源，从而起到推广和促进阅读的作用，是建立阅读设施的初衷，并且在阅读活动中发挥着越来越重要的作用。在我国公共文化建设中，阅读基础设施建设一直备受重视，各级政府都非常注重对各级公共图书馆、社区书屋、社区阅览室、职工书屋、农家书屋、数字农家书屋、报刊栏、电子阅报栏（屏）等阅读服务设施的建设，并一直努力提升阅读服务的质量。国家图书馆、北京各级图书馆、浙江图书馆、深圳图书馆等越来越多的公共图书馆免费开放，以方便读者、服务读者为己任，提供更加优质的阅读服务。

除公共阅读服务设施之外，一些企业或社会团体为了履行社会责任，也为了自身品牌塑造和形象建设，也出资建立了一些公益性阅读服务设施，并开展相关阅读活动，提供阅读服务。如借助社交新媒体推广阅读的上海黄豆网络科技有限公司的樊登读书会已经在全国建立几十间爱心公益图书室。

这些阅读设施往往会采用多种手段来吸引其所定位的服务群体前来使用阅读设施，享用阅读服务。如举办各种主题活动、读书沙龙；邀请文化名人定期来举办荐书或读书分享会；改善阅读环境，改为提供食物和饮料的书咖或书吧形式；有的数字农家书屋还搭载了政务、电商、社区等应用来拓展服务功能；等等。

现代化的阅读栏、阅报屏、阅览室、图书馆等在当前社会已较为常见，这些阅读空间平时似乎不被重视，而曾经的古代先贤为了读书"囊萤映雪""凿壁借光"，他们在如此恶劣的环境下坚持阅读，就可知今天的阅读空间来之不易，阅读空间的多样和繁荣是政治民主、经济发达、文化繁荣的结果和社会文明进步的体现。对阅读空间获取的便利，并且让所有国民无差别地自由使用，让更多人使用这些阅读设施，就可以在潜移默化中培养出更多的读者。其中，学校教室、阅览室、图书馆、家庭的书房等阅读空间对正在培养阅读习惯和提升阅读能力的青少年来说尤为重要，应不断予以优化和完善。而如今国家对公共阅读空间的打造，是对全民阅读环境的创造，是对阅读环境的全面治理，也是一项需全社会参与的持久工程。

八、阅读的活动氛围

阅读的活动氛围也是阅读的社会结构的重要组成部分，主要包括各级政府部门、政府阅读推广机构、民间阅读推广组织的营造和推动。

社会心理学研究认为，群体对群体中的个体行为有助长作用，他人在场引起行为的唤醒，群体对个体行为会形成情景压力，个体有从众行为，而且在群体中可以强化个体的某种观念。潜在的阅读需求、动机和行为需要社会群体阅读氛围的唤醒和助长。在当下知识经济的时代，一个国家国民的阅读能力和水平是国家文化软实力和综合国力的象征。世界发达国家一直以来都十分注重营造阅读氛围、推广全民阅读，美国、法国、德国、日本、俄罗斯等国家都设立了全国性的读书机构阅读节日，开展多种多样的读书活动。我国近年来也意识到了推广全民阅读的重要性，各级政府部门和政府阅读推广机构成为营造阅读氛围、推广全民阅读的主力军。

近年来，在中央各部门和各级政府的直接参与和带头推动下，越来越多的省份和城市定期举办读书节、读书月、读书日活动，还有各地书市和全国图书交易博览会等活动，以及配合六一儿童节等节日促进儿童和青少年阅读的朗诵比赛、征文比赛等阅读文化活动和图书捐赠活动，配合农家书屋建设开展农民读书等主题活动。在这些活动中，往往是由政府部门牵头，多种社会力量参与，营造浓厚的全民阅读氛围和情景压力，推进社会阅读活动。

民间的阅读推广组织多由学校、出版单位、企事业单位和社会团体建立，或是联合政府机构、机关单位建立的，基本上都是公益性质的。如北京读者协会、中国阅读学研究会、福建省阅读学会、唐山快乐儿童联盟读书会、慈溪市桥头镇农民读书协会、公益小书房公益阅读项目组织委员会、一起悦读俱乐部、深圳弘爱人文阅读推广中心等。

学校是学生集中阅读和学习的场所，各级教育部门联合学校经常举办班级读书会、读书节活动、书香校园活动等校园主题读书活动，为学生推荐书目、捐赠图书、分享读书精华等，因此学校也是阅读推广的重要场所和力量。

通过阅读网站或阅读类自媒体来推动阅读的线上和线下的阅读社群逐渐成为新兴的阅读推广场域。这些阅读网站或阅读类自媒体有许多是经营性的，一般是会员付费制，通过建立书友会，为会员推荐书目、交流信息或用图文、音频、视频等方式分享阅读精华，或举办优惠购书、读书讲座、读书分享会、读书论坛等会员活动。如新浪文化读书频道、腾讯读书频道、搜狐读书频道、樊登读书会等。也有非营利性质的，通过建立网站或自媒体，为阅读爱好者提供交流、互动和分享的平台，同时扩大自身的社会影响力，如小书房公益儿童阅读网等，都推进新兴的网上阅读。

第三节　阅读社会结构中的主要互动关系

阅读的社会结构是由作者、文本、读者、出版者和传播者等要素共同组成的复杂结构，这些基本要素之间相互关联的方式，即他们的关系模式和互动模式也是阅读的社会结构的重要研究范畴。只有平衡好各个要素之间的相互关系，把握好各方利益的平衡，在把社会效益放在首位的前提下，追求各方经济效益的最大化，实现多方共赢，阅读的社会结构和阅读产业才能实现良性、有序、健康和可持续的发展。

一、读者与文本的关系

罗杰·夏蒂埃认为，阅读是"读者世界"和"文本世界"结合而生成意义的过程。可见，读者与文本是阅读的社会结构中最重要的元素和互动模式。根据读者与文本不同的联结方式和互动模式，如根据阅读场所、交流模式、参与数量、阅读内容等，我们可以把阅读行为分为多种形式，如公共阅读与私密阅读、默读和朗读、集体阅读和个体阅读、精读和泛读、宗教阅读和世俗阅读等等。

根据夏蒂埃的说法[①]，欧美学界提出三次阅读革命假说，即第一次革命发生在近代早期，由朗读转向默读；第二次是在18世纪下半叶，由精读转向泛读；第三次就发生在我们的时代，文本实现了电子传播，文本的生产、传播和阅读可以同时进行，书写、出版、发行和阅读过程也可随之合而为一，模糊了文本世界和读者世界的区别，读者也可以是作者，他们参与写作，不仅随心所欲操控文本写作过程，还随心所欲改写原始文本，极大地改变了阅读模式和习惯。其本质是书写与阅读的关系在变化，或者说是文本和读者的关系在变化。这不仅对传统出版业和相关行业是巨大挑战，读者的阅读期待，还有他们的书写观念、文本观念，也都会有新的内涵。[②]

对于以上这一假说，西方学术界虽有不同看法，但大多基本是赞同的。

作为阅读史研究专家，夏埃蒂还认为，阅读是"读者世界"和"文本世界"（保罗·利科语）的相交方式。他认为，文本的意义首先依赖于形式，即读者接受和吸纳文本时所遇到的种种形式。读者所面对的，从来就不是凭空存在的理想抽象文本，他们接触和感知的是实物和形式，后者的结构和形态将支配阅读（或接受）活动，将左右他们对所读（或所闻）之文本的可能理解。"我们必须记住，形式会生成意义，文字虽是恒定的，但当呈现它的方式变化时，它就会获得新意义和新地位。"其次，依赖于阅读的行为方式（包括动作、空间和习惯），他认为，阅读能力的大小，如博学雅士与庶民百姓的阅读方式是不一样的，后者也许要读出声来才能理解且只能理解某种特定的形式的文本或印刷读物；阅读规范和习惯，决定每个阅读群体书的合法用法、阅读方式，以及诠释的工具、步骤；不同的读者群体对阅读的期待和兴趣也有很大不同。以上因素决定了阅读实践（方式）的不同。[③]

阅读就是读者与文本进行信息交流的过程。文本提供了读者所获取的信息，也决定了读者阅读的思路，文本从很大程度上决定了读者所收获的意义和功能，也是读者对文本意义再创造的前提和基础。读者的阅读过程是文本创作的出发点和落脚点，读者阅读的过程是文本意义生发和价值实现的过程，是文本创作

---

① ［法］罗杰·夏蒂埃著，吴泓渺、张璐译：《书籍的秩序》，商务印书馆2013年版，第19页。
② 戴联斌：《从书籍史到阅读史》，新星出版社2017年版，第137页。
③ ［法］罗杰·夏蒂埃著，吴泓渺、张璐译：《书籍的秩序》，商务印书馆2013年版，第88—89页。

的最终目的所在。可以说文本因读者阅读而生存"活命"。

然而文本本身的意义与读者阐释的意义是不同的，不同的读者由于个人经历、知识结构、文化素质、认知水平等的不同对同一文本的意义阐释也可能相去甚远，甚至截然相反。这是读者依据个人经验习惯重新整合构建出的意义。布迪厄（Pierre Bourdieu）认为，读者在阅读文本的时候会不可避免地带有个体的经验习惯，并在阅读这一社会实践中不断重新整合，构建出新的结构。

读者知识背景不同和认识的差异性导致了对文本理解的不同。阅读被视为对文本的"挪用"，不仅因为阅读实现了文本的语义潜力，而且因为它使读者能够通过理解文本来调解有关自身的知识。①

需要强调的是，读者对意义的阐释并非不受文本的控制。读者认识的差异性是由文本本身主题内涵和文本思想的多样性和深刻性所决定的，一定是建立在文本本身的基础之上。文本的意义的确是通过读者的阅读实现，但所有不同的意义都是从文本的多样内涵和深刻思想中发掘出来的。读者对文本意义再创造的空间也是文本给予的，文本的开发性和不确定性越强，读者再创造的空间就越大。不同时代、不同国家、不同文化、不同民族、不同阶层对同一文本的理解和创造差异很大，但是文本的客观内涵还是有相对的一致性和稳定性。再以《红楼梦》为例，林黛玉的多才孤傲、多愁善感、体弱多病等特征已成为人物标签，这一点在读者心中还是统一的。

此外，文本也提高了读者的阅读能力和个人素质。马克思指出，生产为消费创造作为外在对象的材料，决定消费的方式；消费为生产创造作为内在对象、作为目的的需要，而且消费也生产出生产者的素质。②阅读是消费精神产品——文本的过程，读者的阅读能力和个人素质正是在阅读的过程中不断获得提升的。

二、作者与文本、读者的关系

之所以把这三者放在一起讨论，是因为把读者孤立出来，谈作者与文本的关系，或是把文本孤立出来，谈作者与读者的关系，都无法做到真正全面和具体。作者是文本的书写者和创作者。首先，作者也是读者，作者是读者的高阶形式，

---

① ［美］林·亨特编，姜进译：《新文化史》，华东师范大学出版社2011年版，第148页。
② 《马克思恩格斯选集》（第二卷），人民出版社1972年版，第10—12页。

作者往往是在阅读了很多文本之后才创作文本，成为作者的，当然作者也是自己文本的第一读者。文本是作者精神世界和观点意见的外化形式，与作者的个人经历、生活阅历、学识素养、人格情感、思想品质，以及创作意图和创作水平有着密切的关系，这一切都将直接或间接、明显或潜在地体现在他的文本里。作者通过文本表达来影响读者。

其次，文本表达未必能完全体现作者意图。文本意义的生发是基于作者的精神世界和观点意见，其基本内涵是作者赋予的，意义范围也是作者赋予的，但是作者受自身学识、表达能力、叙事水平所限，在文本形成的表达能力上也有高下之分，可能与作者表达宗旨和意图完全相符，也可能会有距离。而且，无论文本表达是文字、图画、图表、视频等哪一种符号或符号的组合，文本本身也是有局限性的，是有范畴和边界。文本内容无论如何修辞、文本形式无论如何搭配、文本介质无论如何多样，文本意义表达也有完美和不完美之分，与作者原有的精神和观点都可能有不符甚至冲突的地方。

第三，读者与作者共同完成了对文本的意义建构。布迪厄的"场域"理论为作者在文化生产场域中所占据的重要位置奠定了基础。他认为，在社会场域中，不同成员依据所处的位置对阅读过程发挥作用。也就是说，读者和作者依据各自在场域内位置的区分，依据场域赋予各自的权利与资源完成阅读行动。

作者是文本形式上的创作者，作者的最终目的是通过自己的文本传达意义，而读者阅读的终极目标也是通过阐释文本构建意义，从而实现文本的价值。读者阅读文本之时，是文本意义生成和价值实现的过程。读者阅读的过程是通过文本与作者对话，也是与自己对话的过程，但是读者的理解和作者意图不可能完全重合，因为读者对文本的理解和意义建构总是受着自身所处时代和环境、文化背景、民族地域、职业特征和知识水平等的影响和制约，读者对文本意义建构的主动性不容忽视。因此，罗兰·巴特认为文本的意义一直处于动态的、不断"编织"的过程之中，读者跟作者一同参与了文本意义的构建。

第四，读者通过互动参与并影响作者创作。"文本的意义是某种客观存在的东西，这些东西是作者通过自己的创作活动赋予文本的，人们对文本的阅读就是被动地去发现和挖掘这些东西。作者、文本和读者之间就形成了一种简单的线性关系，作者成了绝对的主动者而读者成了被动的接受者。"[①]而在当下，科学技术的发展早已改变了这种情况，读者早已不是被动的接受者，过去，读者通过电话反馈、书写信件或电子邮件、签名售书活动等方式进行缓慢、滞后的阅读反馈的情况早已被改写，各种社交应用、电子留言板、电子论坛、学术服务平台等即时互动的渠道可以让读者与作者、编辑和出版商之间无障碍交流，从而直接影响作者和出版商的后续创作、推广和营销等活动。

读者作为阅读活动的主体，也是整个阅读生产、消费过程的最后一环，并非简单的被动接受者，是阅读过程的主要参与者，与其他要素之间存在着强大的作用力与反作用力。读者通过阅读文本与作者进行交流，同时，读者对文本的评价、偏好对作者如何创作文本、创作什么样的文本有着极其重要的影响。

三、出版者和传播者与作者、读者、文本的关系

首先，出版者与作者之间是平等合作的关系，出版者与读者是以文本为纽带所形成的服务与被服务的关系。出版者与作者通过签订契约，在自觉自愿、等价有偿、诚实守信的原则下，在法律框架内进行合作。通过创作出版的文本，实际上往往是作者和出版者共同劳动的结果，著作权属于作者，出版权属于出版者。出版者通过后期的编辑、设计等环节让文本成为产品，在自己权利范围内让产品最优化，并制作成不同媒介形式的产品。出版者搜集读者反馈请作者修订内容，或通过市场反馈为长期合作的作者提供选题，作者根据读者和出版者的意见创作内容，出版者与作者都是在履行各自义务和尊重对方权利的前提下，实现合作利益最大化并"双赢"。

出版者与作者的沟通主要在前期产品设计阶段，读者与作者、与出版者的交流主要在阅读后期阶段，出版者和作者应从反馈信息中发现问题、解决问题，从而为下一步选题策划和出版互动提供建议和意见。

其次，出版者通过自身的出版行为从一定程度上参与文本意义的构建。法国阅读史专家罗杰·夏蒂埃认为，作者并非文本意义的唯一来源，文本的意义还受到读者和文本的专业化生产者的影响。一是因为文本只有被读者阅读才能

[①] 马汉广：《从"作者"到"写手"——作者：作为精神主体的确立与缺席》，《文艺理论研究》2009年第3期。

体现其意义，读者对同一文本意义的阐释受到自身"前知识"和所处社会群体的影响而有所不同；二是文本的物质形式生产者即制作者和出版发行者对于文本成为书籍前的编辑、排版、印刷等环节又对文本意义的构建与阐释产生了不可忽略的影响，使其与作者创作的文本意义产生了客观偏离。

罗杰·夏蒂埃认为，从文本自身的属性来看，以印刷文本为例，书籍的开本、页码布局等都对意义的构建产生不可忽视的作用。从社会层面来看，夏蒂埃认为文本分三类，作者构思的文本、出版商发行的文本、读者阅读到的文本[1]。这种在社会层面构建的文本差异，以多样的方式影响着读者。

因此，作者对作品文本赋予的意义并不是意义的终点，出版者在将文本意义传达至读者的社会过程中，可通过对文本的编辑加工、剪辑整合、一系列设计制作等生产流程在不同程度上为文本赋予新的意义或分解原有的作者赋予的意义。之后，读者会在前两者的基础上，再依据个人的经验习惯对文本的意义进行阐释与再创造，在实现作品文本价值的同时，生成新的意义。无论是作者、出版者还是读者，都由文本及文本的生产和阅读来重新构建意义，通过阅读形成认知与思想，进一步推动社会进步与发展，这是人类历史发展的客观规律，也体现了人类社会将阅读延续至今的必要性。

第三，传播者与出版者、作者、文本的关系。出版者和作者是阅读产品的创作、生产者，而传播者是阅读产品的输送、传递者，如果把阅读产品比作水，那么作者和出版者就是源头，传播者是渠道。只有作者和出版者生产出足够多高质量的文本，传播者才能有向读者传播的对象。而没有传播也是不行的，作者创作文本，再由出版者加工成阅读产品，就是希望能被更多的读者选择，能有更多的读者阅读，实现阅读产品价值的最大化。让更多的文本向社会大众传播，并让优质的文本脱颖而出，流传后世，正是传播的意义所在。如果没有传播，没有最大范围的阅读，文本创作作用功能就不能得到最大限度的发挥，其实际意义就大打折扣。当然，出版者和传播者有时在组织机构或从业人员上是重合的，有的组织机构既做出版也做传播，有的从业人员既担任出版者的角色，也担任传播者的角色。

第四，出版者、传播者与读者的关系。出版传播者是以服务读者和市场为

---

[1] 刘璞：《解读阅读之解——从布迪厄与夏蒂埃的阅读研究看社会学与历史学之交融》，北京大学2011年硕士学位论文。

主要目的,有读者才有市场,读者的认可是公司或机构生存和发展的关键。因此,出版传播者都是从自身定位和目标读者群出发选择合适的作者和文本并与之合作,并非常注重读者反馈和维护读者关系。读者服务和读者关系管理早已成为出版传播管理的主要方面。同时,出版者和传播者作为联系作者和读者的纽带,应积极搭建渠道促进作者与读者的各种互动,策划线上线下主题活动,为读者提供更好的阅读服务,提升读者阅读体验。

出版传播者所建立的读者关系是非常重要的,他们往往根据自身对目标读者群的定位,了解目标读者群的需求并进行市场调查,建立读者数据库并动态管理、及时更新,还将所掌握的信息进行深入的分析,发掘如何理解和满足读者需求,发掘如何吸引、保持和发展盈利读者,分析市场上同类出版物的情况及自身的优劣势,等等。在对市场了解的基础之上,可以对作者和自身的选题策划和内容创作、出版和传播的方向、内容和营销计划等,提出建议或及时作出调整。

随着我国出版体制改革的不断深化,基于自身的生存和发展,出版传播者必须以读者和市场为核心导向开展出版传播活动。建立读者数据库,识别读者、保持读者、拓展新读者,既要维护现有读者,又要开发新的潜在读者,主动建立读者关系,优化现有读者价值,推出增值服务,提升读者的满意度和忠诚度,为读者提供最好的内容和服务,才是赢得市场的关键。

第四节　阅读的社会结构主要类型

社会结构最重要的组成部分是地位、角色、群体和制度。同理,阅读的社会结构的内容实际上是社会的主体——人及其阅读行为与社会关系的存在方式。从人口结构来看,阅读的社会结构可以年龄段或某一特定时期为划分依据,如儿童、青年人、老年人等。从城乡和性别结构来看,阅读的社会结构可按照城乡居民和性别划分为独立的二元结构。从社会阶层来看,阅读的社会结构主要体现在不同学历和不同职业、身份群体的划分中。

除了阅读的主体结构之外,客观存在着诸多其他阅读的社会结构,如语言结构、历史结构、媒介结构、方式结构等。本节将重点针对阅读的主体——读者的年龄结构、城乡结构、性别结构、学历结构中的重点群体的阅读特点进行分析，以便于了解重点群体的阅读特征和规律，有针对性地促进社会阅读。

一、年龄结构

从阅读主体的年龄结构来看，儿童是阅读活动中的弱势群体，而成年人却是阅读活动的主体，其阅读需求常常被忽略或曲解，导致其面对种类繁多的读物却无从下手，真实的阅读需求得不到满足，因而对阅读越发失去兴趣。因此，培养儿童阅读的兴趣与解决成年人阅读的障碍是实现各年龄群体阅读权利均等化的关键所在。下面重点分析儿童和成年人阅读的特点倾向。

（一）儿童阅读

1. 学龄前是培养儿童阅读兴趣的关键时期

从个体发展来看，阅读与儿童身心的健康成长息息相关，尤其对培养儿童的健全人格有着重要的意义。从长远意义来讲，儿童是一个国家阅读的起点，儿童阅读关系到整个民族的创新力，是未来国家的核心竞争力所在。根据 1989 年 11 月 20 日第 44 届联合国大会通过的《联合国儿童权利公约》，儿童是指 18 岁以下的任何人，即不满 18 岁的青少年，均属于联合国公约层面的儿童。

学龄前是培养儿童阅读兴趣的关键时期。研究表明 0—6 岁是幼儿语言发展的关键期，其中，2 岁是口头语言发展的关键期，而 4—5 岁是学习书面语言的关键期。在 0—2 岁和 4—5 岁时如果能抓住时机，给幼儿书面语言方面的刺激，幼儿学习起来比较容易，而且效果比较显著。相反，如果在此关键期缺乏足够的口头、书面语言的影响，幼儿在以后的学习生活中就难以养成阅读的习惯，造成语言理解能力差的现象，进而影响其他学科的学习。因此，在幼儿学习书面语言的关键期培养幼儿对阅读的兴趣和习惯，会成为孩子一生取之不尽的财富。[①]

对于儿童阅读兴趣的培养，首先有助于提高儿童的思维能力。幼儿期是儿童思维能力培养的关键期，在此过程中，幼儿的思维逐步由简单、具体、形象

---

① 谢兰燕：《培养幼儿早期阅读的策略与实践》，《中国校外教育》2010年15期。

向抽象的逻辑思维转变。通过对幼儿阅读兴趣的培养，幼儿在阅读的过程中会主动吸收知识，不断丰富自身的想象力和观察力，遇到自己无法解决的问题时，幼儿会主动地思考、提问，如果配合教师、家长的鼓励和引导，可以有效地促使幼儿更积极主动地探索未知的问题，从而有效地培养和确立其主体意识，使孩子从依赖型的学习向主体型的学习转变。

其次，对于儿童阅读兴趣的培养，可以提高儿童的自信心。幼儿刚开始接触阅读的时候，并不能独立地完成任务，需要教师、父母的协助。从大图大字的读物入手，随着儿童年龄的增长和理解力的提高，在潜移默化中学会了识字并理解了文字的意义。伴随着幼儿对阅读产生兴趣，幼儿的阅读积极性和阅读能力随之提高，从看不懂、读不懂到自己能独立地讲述简单的故事再到复杂的故事，这种能力的转变也使得他的自信心得到了提升。

第三，对于儿童阅读兴趣的培养，可以促进幼儿语言的发展。阅读能够使幼儿的词汇量增加，幼儿较强的模仿能力可以促使其与他人交流时使用阅读中学到的书面语言，从而提高幼儿的交际能力。[①]因早期读物多是以图文并茂的形式呈现，这样的形式很容易引起孩子对阅读的兴趣，有助于幼儿养成良好的阅读习惯，进一步激发孩子学习文字的兴趣。

2. 男孩与农村儿童的阅读起始年龄较大

行为心理学的研究表明，影响动作习惯形成的因素，一是年龄对习惯形成的影响，二是练习的分配。早在1925年的一项研究表明：有百分之四十四的天才男童和百分之四十六的天才女童是在五岁前开始阅读的。

我国儿童的阅读起始年龄较早，由中国新闻出版研究院组织实施的第十五次全国国民阅读调查数据显示，2017年，八成以上（82.7%）的我国0—8周岁儿童在3周岁之前（包括3周岁）就开始了不同形式的阅读活动（含挂图、绘画、识字卡片等）（见图4-1）。2017年我国0—8周岁儿童平均阅读起始年龄为2.41周岁。从性别来看，男孩的阅读起始年龄略晚于女孩，男孩的平均阅读起始年龄为2.43周岁，稍晚于女孩的2.38周岁。

从城乡对比看，城镇儿童的阅读起始年龄早于农村同龄人，城镇儿童的平均阅读起始年龄为2.34岁，略早于农村儿童的2.52岁。说明与对应群体相比，

---

① 余珍有：《日常生活中的早期阅读指导》，《学前教育研究》2005年1月期。

启蒙阅读应更侧重于男孩和农村儿童。另外，实验发现，在学习中，即使可供我们支配的时间非常少，但如果能在这期间集中练习，我们所取得的成果也是十分惊人的。[①]因此，在儿童时期培养阅读兴趣就显得格外重要，只有让儿童对阅读产生兴趣，才能为阅读动机的产生奠定基础，而阅读动机和阅读需求是引发阅读行为的关键。

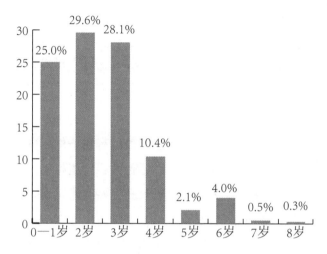

图 4-1 2017 年 0—8 岁儿童阅读的起始年龄

关于培养儿童阅读兴趣的方式，以绘本阅读为例，绘本阅读作为学龄前儿童的主要阅读材料，以其内容、形象、语言表达和艺术呈现方面的丰富性和独特性，带给孩子丰富的思想空间和情感价值。感性的文学阅读让孩子情感丰富、思想开阔；理性的科普阅读让孩子对世界充满好奇，激发探索的欲望。绘本以图画和文字的精彩交织述说故事，既让孩子体验读书的乐趣，也是积累生活经验和文字经验的重要途径。

3. 营造浓厚的阅读氛围

阅读氛围的营造也是激发阅读兴趣的重要因素，对于儿童而言，学校和家庭的阅读氛围至关重要。首先，学校应针对不同年龄段身心发展水平的儿童的特点开设阅读启蒙与指导课程，由受过专业培训的老师对每个学生进行阅读指导。其次，家庭是儿童最主要的活动场所，家庭阅读无疑是进行课外阅读非常重要的一个环节。在家庭阅读中，亲子阅读又显得尤其重要。苏霍姆林斯基认

①　［美］华生著，刘霞译：《行为心理学》，现代出版社2006年版，第33页。

为许多有教养、品行端正、值得信赖的年轻人，他们的家庭也大多是对书籍非常热爱的。阅读不但能明显地增进父母与子女的沟通，让双方在分享阅读的乐趣中共同进步，对于孩子学习兴趣的激发也有很重要的作用。家长是否热爱并践行阅读对孩子的阅读行为关系密切，第十五次全国国民阅读调查数据显示，喜欢并经常看书的家长，孩子喜欢并经常看书的比例较高，而不喜欢也不看书的家长，孩子同样不喜欢也不看书的比例相对较高。调查数据显示，从家长层面来看，在表示自己对于书籍"喜欢，经常看"的家长中，孩子同样喜欢并经常看书的比例超过六成（64.5%），而对于书籍"不喜欢，基本不看"的家长表示，孩子喜欢并经常看书的比例仅为38.8%。

4. 儿童读物质量有待提升

儿童读物质量的提升是当前引导儿童阅读的有利条件。虽然少儿出版物的种类和数量在不断增长，但与儿童家长的评价并不呈正相关。北京开卷信息技术有限公司通过"全国图书零售市场观测系统"观测到的数据显示，2016年，我国少儿类图书占整体市场的码洋比重继续增加，由2015年18.16%增加到18.86%，上升了0.7个百分点，是实体店市场仅次于教辅和社科码洋规模第三大的细分市场。然而第十五次全国国民阅读调查数据显示，大部分（67.7%）我国0—8周岁儿童家长认为市场上的儿童图书种类"很丰富"或"比较丰富"，但认为当前市场中儿童图书质量高（"很高"或"比较高"）的家长比例却不足三成（29.5%）。

（二）成年人阅读

1. 成年国民倾向于手机阅读方式的增速有赶超纸质图书的趋势

随着技术的进步，阅读媒介日趋多元化，我国成年国民倾向的阅读方式也由过去单一偏爱纸质阅读向多元化的阅读方式发展。由中国新闻出版研究院组织实施的第十五次全国国民阅读调查对我国成年国民倾向的阅读形式的数据显示，有四成以上（45.1%）的成年国民更倾向于"拿一本纸质图书阅读"；最受成年国民青睐的阅读方式第二位为手机阅读，有三分之一（35.1%）的成年国民更倾向于"手机阅读"；成年国民中更倾向于"网络在线阅读"的比例在一成左右（12.2%）。虽然纸质阅读在成年国民倾向的阅读方式中仍占据优势地位，但相较于5年前，选择"拿一本纸质书阅读"的比例已出现了大幅下降（2013年，有 66.0% 的成年国民倾向于"拿一本纸质图书阅读")。相应的，倾向于"手机阅读"的占比较 5 年前有了显著增长（2013 年，成年国民倾向于"手机阅读"的比例为 15.6%）。

此外，在成年国民倾向的阅读方式中，手机阅读不仅在阅读覆盖范围上高于纸质图书阅读，在增长速度上也拉开了较大的差距。2017 年，我国成年国民的手机阅读接触率为 71.0%，比 2016 年的 66.1% 上升了 4.9 个百分点。而成年国民的图书阅读率低于手机阅读接触率，为 59.1%。

2. 50 周岁以下的中青年人是手机阅读的主力军

2017 年，在我国成年手机阅读接触者中，18—29 周岁群体所占比例最高，为 34.6%；其次是 30—39 周岁群体和 40—49 周岁群体，所占比例均在两成以上（分别为 26.1% 和 22.8%）。受阅读习惯和视力等客观因素的影响，成年手机阅读接触群体中，50 周岁以上群体的占比较低，占一成左右（10.6%）。由此可见，手机阅读设备的操作性能与阅读内容的特点，决定了其受众群体大多为中青年人。

3. 微信阅读融入成年国民的生活

除了纸质阅读、手机阅读、网络在线阅读等方式外，以微信阅读为代表的社交阅读满足了当下成年人，尤其是青年群体的碎片化、及时性、交互性的阅读需求，微信阅读成为我国成年国民的一种生活方式。在 2017 年，有超过六成（63.4%）的成年国民进行过微信阅读，较 2014 年初次调查的数据（34.4%）相比，增幅较大。与之相对的是，成年国民的纸质图书阅读率早已进入缓慢增长期。

从微信的使用频次与阅读时长来看，2017 年我国成年手机阅读接触群体的微信阅读使用频次为每天 3.08 次，人均每天微信阅读时长为 42.61 分钟，超过纸质图书的日均阅读时长（20.38 分钟）。在微信阅读接触者中，日均阅读时长集中在 10 分钟至 2 小时之间（见表 4–1）。由此可见，在我国成年国民每日对各媒介作出的时间分配中，在微信阅读中花费的时间较图书的阅读时间更多，对成年国民阅读习惯的养成产生了较大的冲击。

表4-1　微信阅读接触群体的微信阅读时长

微信阅读时长	百分比
10分钟以内	12.6%
10—20分钟	22.2%
20—30分钟	26.0%
0.5—1小时	19.0%
1—2小时	12.2%
2—3小时	6.5%
3小时及以上	1.6%

4."听书"方式的回归

近年来，"听书"作为一种古老的阅读方式，搭载着新的技术形态，重新回到大众视野之中。准确来说，听书并非新兴的阅读方式。在人类产生阅读活动之初，诵读、演讲就是最早的阅读方式，不论是在古希腊，还是在前现代的中国，阅听书籍内容、知识信息都是民众获取知识最广泛、最直接的途径。随着印刷技术的兴起，阅读印刷符号这一主流的阅读方式使得读书真正从精英文化走向大众。

科技浪潮为"听书"提供了新的介质，为内容提供了新的载体，为文本提供了新的演绎形式，因此有声阅读异军突起，成为成年国民阅读的新选择。在2017年，两成以上的成年国民（22.8%）有听书习惯。听书介质以广播和移动有声APP为主，从收听的内容类型来看，听书者的听书目的以休闲娱乐和提升自身修养、满足兴趣爱好为主。

2017年，在有过听书行为的成年国民中，分别有超过三成（34.2%和34.0%）的人喜欢收听"历史文化、经典诵读"和"情感故事"类内容。约三分之一（30.5%）的听书者喜欢"文学（诗歌、散文、小说等）"类内容（见图4-2）。

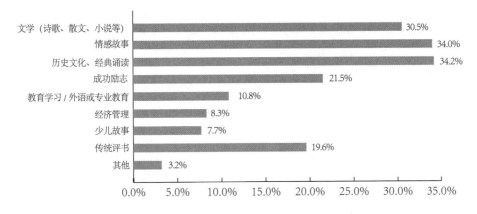

图 4-2　听书内容兴趣偏好

5. 没有良好的阅读习惯是制约成年人阅读的最大阻碍

与未成年人和老年人阅读不同的是，成年人具备良好的阅读能力与阅读基础，但从第十五次全国国民阅读调查数据来看，我国成年国民的图书阅读率、阅读量与未成年人之间的差距较大。2017 年，我国成年国民的图书阅读率为59.1%，反观我国 0—17 周岁未成年人的阅读率，高达 84.8%。从图书阅读量来看，2017 年我国 0—17 周岁未成年人的人均图书阅读量为 8.81 本，约为成年国民的两倍（4.66 本）。为何在青少年时期高涨的阅读热情在成年之后就逐渐冷却下来了呢？国民阅读调查的数据显示，当问及我国成年国民不读书的原因时，"工作太忙没有时间读书"和"没有读书的习惯"是我国成年国民不读书的最主要原因。有 37.6% 的人表示因"工作太忙没有时间读书"，有 35.4% 的人表示没有读书的原因在于"没有读书的习惯 / 不喜欢读书"。

研究表明，一个人阅读习惯的养成，有赖于阅读行为的练习，充分的阅读时间也是养成阅读习惯的重要因素。对于不读书的成年人来说，"工作太忙没有时间读书"只是表面的客观原因，究其根源，还是因为从主观上没有养成良好的阅读习惯，导致其无法形成有效的阅读行为。分别有 15.6% 和 13.4% 的人表示会受到电视和网络的影响而没有读书，可见这部分人群在媒介的时间分配上更倾向于娱乐化的大众媒介（见图 4-3）。

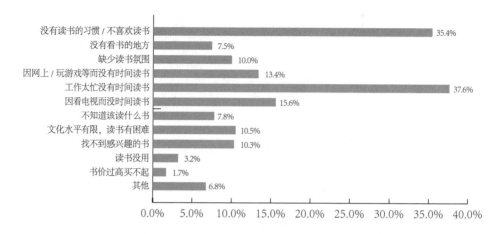

图 4-3　没读书的原因

　　除了其他媒介的干扰因素外，阅读内容欠缺吸引力也是成年国民不读书的重要因素。在阅读内容方面，有 10.3% 的人不读书是因为"找不到感兴趣的书"，有 7.8% 的人因"不知道该读什么书"而不去读书。可见提升阅读内容的质量才是解决国民"没书可读"的基础；政府及相关部门有针对性地为不同阅读基础、不同阅读需求的群体提供专业的阅读指导，才是根治国民"不知道该读什么书"的良方。

二、城乡结构

　　从阅读的城乡结构来看，受经济文化等因素的影响，城乡居民在阅读需求、阅读动机与阅读兴趣方面存在差异，农村居民的阅读现状亟待改善。我国作为农业大国，农业人口比例大，农民人口众多，且教育水平受限，普遍存在文化水平低、经济收入少、缺乏理性独立思考的特点，体现在阅读上，大部分人有喜爱阅读通俗易懂的读物，倾向实用性阅读，倾向阅读物美价廉的图书等特点。目前来看，农民阅读除了具有盲目化、庸俗化的特点外，广泛的数字化阅读也是其鲜明的特点。

　　（一）阅读水平相对较低，喜爱阅读通俗易懂的读物
　　由于教育资源的落后及经济发达水平欠佳，农民群体普遍文化程度不高，

因此阅读水平相对较低。虽然在闲暇时间喜欢阅读的农民比例不高，但是越来越多的农民已经逐渐意识到通过阅读可以获得科学知识，改善种植、养殖技术，以提高收入。由于阅读水平低，比起专业性词汇集中、科学理论深奥的读物，农民更喜欢通俗易懂的读物。文字浅显易懂，内容"贴近群众、贴近实际、贴近生活"的可读性强的书刊更适合农民阅读。比起文字集中的读物，农民更喜欢图文并茂、易于理解、可操作性强的读物。

（二）倾向实用性阅读

与城镇居民为丰富精神文化生活而阅读相比，农民阅读更倾向于通过阅读获取实用的知识和技能，从而减少劳动投入，增加收益，农民期盼可以引导他们发家致富的图书。一般情况下，农民的阅读是为了满足以下需求。

满足对于科技知识的需求。如新品种引进、种养新技术介绍、农产品的加工储藏与保鲜、现代农业新技术等和农村新兴产业介绍、新能源开发利用、农村医疗保健等领域的介绍。

满足对致富信息的需求。如政策信息、科技信息、市场行情信息、经济信息、就业与劳动力转移信息等的获取。

满足获取法律法规知识的需求。使农民能树立良好的守法遵法意识，维护自身合法权益。通过阅读，满足农民获取经营管理知识的需求，现在农村出现了一些家庭型和小型的农业企业，但是经营者的管理水平亟待提高，学习经营管理知识，对培养新型农民和新型农村经济模式非常重要。

随着农民生活水平的日渐提高，对于精神文化的需求也逐渐提升，阅读是农民满足精神文化需求的途径之一。[1]

（三）农民倾向阅读物美价廉的图书

农民群体收入较低，负担重，有效购买力不足，因此在选择阅读的书籍时，更愿意购买价格低廉的图书，因为相较于装帧精美、包装完善的图书，农民更注重价格的可接受性。因此，定价低于10元的农业科技类图书非常受欢迎，而定价高昂的图书则鲜有农民问津。在图书定价时，应充分考虑农民群体对价格

---

[1] 沈银书、刘建、徐平丽：《新时期农民的阅读习惯与阅读需求》，信息技术分会学术研讨会2007年会议论文。

的承受能力。

（四）阅读动机不明确，需要阅读指导

随着农村公共文化服务设施的完善，农民可接触的图书已不再局限于农业科技类，面对种类繁多的图书，农民的阅读内容日渐广泛，但是阅读目的不明确，不知道如何选择喜欢或需要的图书。

由于客观条件的限制和缺乏有效的阅读指导，他们在选择阅读内容时存在盲目性，并不是因为喜欢阅读，或是需要增加知识而有选择地阅读，而是被动阅读，有什么可阅读的材料就读什么，因此便会阅读或浏览各种庸俗、低俗的书报刊和网络信息。由于缺乏指导和管理，很容易沉迷其中，这样对于自身素质的提升非常不利，因此，亟须政府提供专门的阅读指导人或组织，针对农村居民的阅读水平和阅读需求制定阅读计划、推荐阅读书目。

（五）数字化阅读方式被广泛应用

随着互联网技术和数字化技术的发展，数字化阅读成为在农村普及阅读的有效方式。由于设备和技术的限制，在传统农民中，有数字化阅读行为的人群仍较少，而新生代农村居民文化程度较高，年纪较小，对新技术的学习适应能力强，进行数字化阅读的比例较高。农民通过数字化方式更多的是进行浏览信息、阅读小说等倾向于快餐式的浅阅读，很少集中注意力进行深入的思考。因此，需要加强对农民数字阅读的引导，让他们更好地利用数字化阅读方式开放、便捷、高效、免费的特点进行阅读，规避不良信息的干扰。

综上所述，目前我国农民阅读现状堪忧，亟须有针对性地改善。虽然农村居民对于阅读重要性的认知处于较高水平，但认为阅读重要并不代表其会产生阅读行为。究其根本原因，在于农村居民缺乏阅读动机和阅读兴趣，没有迫切的阅读需求，就难以产生阅读行为。

农村居民缺乏阅读动机是何原因？一是受教育程度不同，阅读能力参差不齐，不具备基本阅读能力或阅读能力较低的人很难产生强烈的阅读动机。二是阅读难以在短期内改变生活状况，对于农村居民而言，阅读行为并不会在短期内产生肉眼可见的收益，如显著改善收入水平、家庭环境等，如果无法看到阅读行为带来的收益，对于农村居民而言，阅读与否就没有那么重要了。因此，

要改善农村居民的阅读现状，就要从激发农村居民的阅读兴趣开始，在完善农村阅读基础设施的同时，针对农村居民的阅读需求提供阅读材料，并由政府组织专业的阅读志愿者或阅读指导人定期下乡对农村居民进行阅读指导。

三、学历结构

从阅读的学历结构来看，不同受教育程度群体呈现出不同的阅读需求与特点，大学生人群整体具有学历高、学习能力强、对新鲜事物敏锐等特点，总的来说，大学生阅读具有鲜明的时代性特点，阅读内容广而不精，具有功利化和消遣娱乐化趋势，数字化阅读倾向明显。

（一）大学生阅读具有功利化和消遣娱乐化趋势

目前，我国的高等教育事业发展迅猛，扩招速度加快，加之我国的经济体制改革的不断深化，导致现在的高等学校毕业生就业模式发生转变，就业形势日益严峻。正因如此，大学生阅读功利化的特点逐渐突出。多数大学生阅读的目的，已经不再是为了增加学识、提高自身文化修养，而是为了学习各种技能知识，应对各类资格证书考试，提升自己的就业竞争力，在就业时，吸引用人单位的注意，增加就业砝码。

随着网络文学的发展和智能手机的普及，网络小说成为诸多大学生的课余爱好。其中也不乏题材新颖、逻辑严密、内容积极的小说，但绝大部分的"网文"内容题材多涉及玄幻、武侠、言情等，长篇累牍却毫无营养价值，有的甚至涉及暴力、色情等低俗内容，对读者的要求非常低，但由于设置的离奇情节会让读者觉得"过瘾"或"觉得爽"，很多大学生痴迷于此。阅读这类小说并不能提升自身的文学素养，对人生观、价值观的塑造不能产生积极影响，长期沉迷于阅读此类网络文学百害而无一利。

大学生的阅读出现功利化、消遣娱乐化的趋势，将精力过多的用于各类考试书籍和网络文学，很少有精力进行专业知识的深度学习和阅读哲学、历史、文学相关的经典书籍，导致大学生自身专业知识掌握不牢固、人文素养缺失等问题出现。无怪乎最受我国大学生欢迎的书多为探险、侦探类小说，而美国大学生在图书馆借阅率最高的均为政治、经济类的经典著作。

（二）更倾向于数字化阅读

随着互联网技术的迅猛发展和电脑、手机、电子阅读器等移动端的普及，阅读方式发生了明显的变化，数字化阅读方式的发展已经势不可挡。大学生作为学习能力强、对新鲜事物敏锐的年轻一代，是最先接触和接受网络、手机等数字化阅读的群体，其主流阅读方式已经由传统的纸质阅读方式转变为数字化方式。

数字化阅读因其具有开放性、自主性、多元性等特点，信息资源广泛、阅读手段多样，极大地吸引了大学生读者。利用数字化图书馆和专业数据库资源，下载和借阅专业书籍，了解专业领域最新研究进展，这种阅读方式打破了传统方式的时效慢、资源少的局限，便于大学生读者查阅所需内容。同时，携带方便、易于随时随地查询和阅读，也是大学生选择数字化阅读的原因。虽然数字化阅读优势明显，但是由于网络的开放性，网络上的各种阅读资源良莠并存，有许多无营养甚至低俗的网络文学文本随处可见，因此，大学生应学会查找和利用繁杂、无序的数字化信息，去芜存菁，有针对性地阅读优质的文本。此外，数字化信息的阅读存在着分散性和跳跃性等特点，不利于大学生读者进行深层次的阅读和思考，易于对内容的理解过于肤浅和表面。

（三）阅读内容广而不精

当代大学生较以往的大学生而言，在阅读内容的选择上范围更广，在获取方式上更为便捷，在阅读成本上更为低廉，因此，当代大学生阅读具有广泛性特点。其阅读范围已不仅仅局限于文学、哲学、历史、自身专业相关的文本，而是涵盖文学、历史、哲学、政治、法律、经济、科技、天文、生物、计算机、军事、生活等多个门类的文本。这种广泛性阅读的根源在于当代大学生价值目标的多元化。

广泛的阅读有助于大学生开阔视野，了解不同学科的知识，会使其在今后的工作和生活中受益匪浅。但是，广泛的阅读需要更多的阅读时间，而调查结果发现[①]，当代大学生的阅读时间逐渐减少，由此可见，与以往大学生精读、深度阅读相比，当代大学生的阅读方式已经转变为泛读、浅阅读。泛读、跳跃式

---

① 吕冬梅：《基于多校区大学生阅读新特点的阅读指导策略》，《江西图书馆学刊》2010年第2期。

的阅读，虽然可以使大学生快速了解一些知识，但是由于没有进行深入的理解和思考，对知识的掌握浅显，在实际应用中无法发挥作用。由于很少进行深入阅读和思考，当代大学生的阅读理解能力有所下降。

目前，数字化阅读资源广泛，新闻、娱乐、时尚、资讯类信息繁多，大学生通过电脑或手机对相关信息进行快餐式、跳跃式、碎片化的阅读，由于当下数字阅读信息量大，因此大学生对获得的信息只进行浅尝辄止的阅读，并没有时间进行深入的思考和理解，浅阅读趋势明显。大学生广而不精的阅读，使得其获取的知识零散，缺乏系统性和完整性，不利于大学生思维的培养和阅读能力的提升。

（四）阅读媒介多元化

随着数字技术的发展和新媒体技术的成熟，应运而生了许多新的阅读介质，如 PC、手机、PDA、Pad（平板电脑）等，大学生阅读的媒介已经不仅仅局限于传统的纸质书报刊，具有阅读方式多样性的特点。与传统的纸质阅读方式相比，新媒体阅读方式具有大容量、及时性、交互性、便携性、多样性、阅读资源获取便利、价格低廉等诸多优点，加之大学生读者学习能力强，易于接受新鲜事物，各种新媒体的阅读方式已逐渐被大学生读者选择和喜爱。由于传统的阅读习惯的影响，更多的大学生仍然愿意选择纸质媒体进行阅读，但是选择新媒体阅读的大学生比例也较高。[①]

（五）大学生阅读具有时代性和从众性特点

大学生对于新鲜事物的变化和社会热点的涌现非常敏感，因此，其阅读具有时代性和从众性的特点。大学生的阅读内容容易受到时下流行的热门信息、时尚话题、畅销书籍的影响，跟风阅读现象普遍，缺乏有目的、有计划、有规律的阅读。培养大学生有清晰、明确的阅读目的，避免因时下流行、大家都在阅读等因素影响自身阅读内容的选择。关注时事、了解社会热点是好的现象，但是如果对于热点信息缺乏理性的思考，人云亦云，则不利于大学生独立思维的培养。此外，许多时代性强的热点读物，是媒体单位、出版单位为了追求经

---

① 吕冬梅：《基于多校区大学生阅读新特点的阅读指导策略》，《江西图书馆学刊》2010年第2期。

济效益而出版的快餐式读物,好书较少,长期阅读不利于大学生的价值观的塑造。

四、阅读的其他社会结构

除了阅读的主体结构之外,还存在着诸多阅读的其他社会结构,如历史结构、环境结构、媒介结构、方式结构等。

第一,研究阅读的历史结构是研究一切阅读社会结构的基石。文本的历史、文本物质形态的历史、出版传播的历史、读者的历史与阅读行为的历史共同构成了阅读的历史结构。

第二,阅读的环境结构是完成阅读行为的必要条件。《中国阅读大辞典》中对"阅读环境"的定义为:与阅读相联系的所有客观条件。它既指阅读主体所处的时代与社会,即"阅读的大环境",也指阅读主体进行阅读的具体处所,如教室、图书馆及其他阅读的处所,一般称之为物理环境,又叫"阅读小环境"。[①]在阅读的社会过程中,家庭、学校、单位、书店、图书馆是一般读者较为经常使用的阅读场所,营造阅读氛围与提供阅读指导是阅读环境的必要功能。

第三,文本不能脱离物质载体而独存,在不同的时代,涌现出了层出不穷的文本物质形态,从莎草纸到抄本,从碑刻到印刷文本,从纸质印刷物到电子出版物,不同媒介承载着文本相继或同时出现在一个时代中。其中延续时间最久的媒介形式为纸质印刷物,较为常见的形式为书籍。由于文本的物质形态与其他因素一起影响读者的阅读期待与阐释策略,读者若想解读文本的意义,首先接触的就是文本的物质形态,然后才是内容,因此,即便是由不同媒介承载同一内容,读者从中获得的意义也不尽相同,所以说,研究阅读的媒介结构是研究文本意义的必经之路。

第四,随着经济社会的发展,从阅读主体的生理结构来看,阅读的社会方式结构可分为朗读、默读和听读。从阅读史来看,朗读是古代通用的一种阅读方式,尤其是在公众场合的阅读,是某些特权阶层独有的权利。默读的出现标志着阅读正式成为私人的阅读行为,即现代阅读的狭义概念——看书。默读一方面加快了阅读速度,另一方面有助于阅读主体更加深入地理解作者通过阅读

---

① 王余光、徐雁主编:《中国阅读大辞典》,南京大学出版社2016年版,第425页。

客体传达的信息，并构建意义。

听读是指通过听他人朗读书面文字的方式获取信息的阅读方法。在生活节奏越来越快的今天，通过手机软件、网站、广播等途径"听书"已成为受到众多读者欢迎的新兴阅读方式。事实上，听书的"阅读"方式由来已久。在前现代中国，民众识字率极低，少数特权阶层具备读书识字的阅读技能，而下层社会的民众则主要通过评书、戏剧等方式阅读文学文本。

从阅读的本质来看，阅读印刷符号与阅听评书、戏剧的效果是一致的。"对于前现代的中国下层民众来说，口耳相传才是他们交流信息的主要手段，阅听戏曲对下层民众文化的重要，不亚于印刷文本之于精英文化。"①古代文学文本中惩恶扬善的价值观通过说、唱等表演方式得到传播，有助于读者突破阅读能力、识字水平的限制，完成意义的构建。现如今各类听书网站、APP层出不穷，听书的内容从单纯的人工或电脑朗读文字内容，发展到在有限的播放时间内对文本的内容进行提炼、点评，有助于读者快速了解、消化文本的内容，成为知识获取的便捷途径。

五、阅读的社会结构转型进行时

互联网技术的发展和新兴媒体的崛起已经改变了读者传统的阅读习惯和阅读行为，从前文可以看出，阅读的社会结构也随时代的发展和科技的进步相应发生了变化，阅读的社会结构及各要素的相互关系也变得更加错综复杂。

新媒体和社交媒体的出现及其快速发展，将越来越多的人吸引到阅读中来。2018年4月18日中国新闻出版研究院发布的第十五次全国国民阅读调查报告结果显示，2017年，我国成年国民的网络在线阅读接触率为59.7%，手机阅读接触率为71.0%，电子阅读器阅读接触率为14.3%，Pad（平板电脑）阅读接触率为12.8%；超过六成（63.4%）的成年国民进行过微信阅读。调查显示，在传统纸质媒介中，我国成年国民人均每天读书时间最长，为20.38分钟。在新兴数字媒介中，我国成年国民人均每天手机接触时长为80.43分钟，人均每天互联网接触时长为60.70分钟，人均每天微信阅读时长为27.02分钟。可见，手机和互联

---

① 张仲民：《种瓜得豆——清末民初的阅读文化与接受政治》，社会科学文献出版社2006年版，第36页。

网成为我国成年国民每天接触的主要媒介，且接触时长多于图书。

新兴阅读的形式主要是网络化、数字化的阅读，阅读文本海量丰富、文本形式类型多样，信息获取方式极为便捷，读者阅读自主意识增强，读者对内容和阅读渠道有了更多的选择且更加具有主动性。读者较为普遍地存在主动搜索、主动书写、主动分享等主动性阅读行为。

读者也可以通过 BBS 论坛、博客、微博、微信公众号、视频 APP、直播平台等数字出版平台或以自媒体的形式，自己制作各类文本并分享出去，从而成为作者和传播者。在网络世界里，真正赋予了普通大众，也就是每一个读者平等参与文本创作的权利，为他们成为作者提供了条件，读者可以从被动的文本接受者成为主动的文本创作者，读者和作者的界限不再那么分明，身份可以随时转换，读者可以成为作者，作者也是读者，两者已无明显界限。

读者与作者、出版传播者之间的关系也开始变得更为深入、更加紧密，并可以在不同程度上影响文本创作。读者与作者、出版传播者之间传统的互动方式包括书信、见面、举行发布会或签售活动等，现在随着互联网平台的发展，出现 BBS 论坛、QQ 群、博客、微博等线上互动，同时，一些出版社运用技术力量建设专门的网站吸引自己的读者群与作者、出版者，以及读者与读者间进行即时互动，形成社群，通过线上交流和线下活动结合的方式来增强读者黏性，维护读者关系，提升读者忠诚度，如人民出版社建立的社交平台"读书会"等。

如今，借助微博、微信、客户端等社交媒体与读者进行互动和交流，已成为很多出版社、报纸、期刊、广播、电视等出版传播者的首选。读者与作者、出版传播者的互动已经做到方便即时，互动渠道随时开放且畅通。读者和作者、出版传播者可以进行深入的互动和交流，彼此之间对意义的建构通过交流可以达到更多的一致和重合，作者可以引导读者理解，读者可以向作者、出版传播者反馈意见，读者和作者、出版传播者的距离前所未有地缩短了，读者可以直接影响作者、出版传播者的后续创作和出版过程。

作者和出版传播者的读者意识和用户意识也在不断增强，利用新媒体技术和大数据技术可以追踪读者阅读行为数据，并实现"读者画像"，建立更为完备精确的读者数据库，从而可以根据读者的阅读习惯和兴趣偏好创作和传播个性化的、定制化的内容产品和服务。此外，还可以通过 H5、增强现实（AR）、虚拟现实（VR）等多种技术手段优化阅读产品，从内容到形式全方位提升读者的阅读体验。由于自媒体、自出版的出现，读者也可通过手机和互联网的应用手段成为出版者和传播者，读者、作者、出版者、传播者的角色界限进一步被打破，在线上，这几者的传统关系变为随时转换的互动关系。

随着传统出版业和传统媒体的介入，以及相关部门对互联网出版传播的资格准入、内容服务等的一系列规制，网络数字出版日益有序化和规范化，从最初冗杂无序的信息、娱乐甚至低俗内容充斥的阅读，到现在以实用信息为主、深度内容为辅的多层次内容，满足读者对信息资讯、专业知识、娱乐审美等多层次的需求。第十四次全国国民阅读调查报告结果显示，手机已经超越报纸、图书成为我国成年国民阅读的第一媒介，这标志着阅读可以随时随地发生，不再受时间和场所的限制，在任何场所只要有时间就可以用手机阅读；用户阅读时间的碎片化，再加上阅读文本的数字化和网络化，也使得阅读内容呈现出碎片化、视频化、互动化、社交化的趋势。

综上所述，移动网路、数字阅读冲击着传统的阅读社会结构，使原来比较稳定的结构失序、失衡，甚至颠覆整个阅读的社会结构体系，使传统的阅读产业、阅读组织、阅读保障、阅读控制等的主体结构逐步崩解和坍塌，导致整个结构体系的内外生态出现重构重组和再造：

一是原有结构的中心出现转移。由传统的以文本生产者（出版者）为中心，向以读者和阅读为中心转移。在网络和数字阅读新结构中，由于阅读内容的海量丰富，阅读形式的立体多样，阅读获取的便捷通畅，读者的主动性大为增强，使读者阅读为中心主导这一新的社会结构，其他一切阅读要素都要自觉自动地围绕这一中心转移并为之服务，这是在以文本的生产为中心的传统阅读社会结构中前所未有的。读者在这一新的阅读结构中实现了主体普及最大化，内容丰富化、行为自由便利化，于是变得随意任性起来，出现了前所未有的浅阅读、碎片化的阅读、趣味性阅读和社交化阅读等。

二是原有结构中的多个主体（如作者、编者、出版者、发行者、读者等）出现了即时互动、碰撞、位移，甚至角色兼职和换位、重合，他们之间的关系发生重大的变化，促进阅读数量的增多，阅读内容针对性更强，阅读表现力更丰富多彩，更富吸引力。自媒体和自出版的流行，线上读者参与创作、出版，读者、作者、编者等交互、互动融为一体，共同完成阅读内容的创作生产过程，使阅读产品的生产、服务、营销和销售、消费利用等环节和生态向新的结构靠拢、聚合、融合和转型升级。

三是原有结构中的阅读客体（对象）要素，即文本的创作生产在网络和数字阅读的新结构中生产主体最大化，即谁都可以参与创作生产；文本的呈现立体化全息化，即各种图片、视频、虚拟现实空间等的采用；内容通俗化趣味化，即更能吸引阅读者，以增加读者的忠诚度和用户黏性；信息流动化，使所有阅读的知识信息在网络中无限流动，千百万用户（读者）可以同时随意阅读、利用、添加、修改、重现等。

四是原有结构中的阅读环境要素即阅读的空间大大超出专有(业)的空间(图书馆、教室、书房等）和时间，使读者的阅读行为无所不在、无时不在，阅读的时间和空间的利用碎片化、最大化。

小　结

社会结构理论是社会学研究的核心问题，在此基础上，无论是宏观上的社会阅读，或是微观上的个体阅读，对于阅读社会结构的研究，均是研究社会阅读的基础。在阅读这一社会活动的生产与消费中，无论是作者、文本、出版者、传播者，还是读者这些构成阅读的社会结构的各要素，它们本身的结构是错综复杂地交织在一起的。阅读的社会结构一定程度上是稳定的，但在社会环境的冲击下也会失衡和失序。当今移动网络技术的出现和不断更新，冲击着传统的阅读的社会结构，使内部各阅读要素及其相互关系出现革命性的变化，阅读的社会结构的转型升级正在进行中，以读者和阅读要素为中心，正在重构社会阅读活动的内外结构和生态，我们要认识并顺应这种转型升级，促进传统阅读社会要素在新的社会结构中合理流动和重新就位，促进社会阅读。

第五章　阅读的社会互动

我们大部分的生活都是由某种类型的社会互动构成的。

——安东尼·吉登斯

内容提示

阅读的社会互动的理论视角

阅读的社会环境

　　阅读的政治气候

　　阅读的经济基础

　　阅读的文化背景

　　阅读的教育水平

　　阅读的科技塑造

阅读对社会环境的反作用

　　社会政治与阅读

　　社会经济与阅读

　　社会文化与阅读

现代社交化阅读与社会互动

社会互动是社会形成的条件，正是人们在互动过程中形成的各种社会关系，组成社会网络，结成社会群体，进而形成复杂的社会结构，互动也是社会结构变化的重要动力。

阅读是运用语言文字等符号进行社会知识信息交流的过程，正是人类最主要、更高级、更理性化的社会互动过程。社会的政治、经济、文化、教育、科技、宗教等活动都无时无刻不通过阅读活动进行社会互动，也无时无刻不作用于社会阅读活动，规范、改变着阅读活动，同时阅读活动也对社会的政治、经济、文化、教育、科技等有很强的反作用力。移动网络数字时代，对社会互动的方式和效度产生革命性冲击，使人类的互动超越时空，互动更即时、更广大、更频繁、更自由、更便捷、更平等，使人类社会整体联系更为紧密。社交化阅读使阅读更为普及和泛在化，阅读的效率更高，也带来了阅读的社会问题。

第一节　社会互动的理论视角

一、什么是社会互动

社会互动可以称为社会相互作用或社会交往，一般认为，它是指个人与个人、个人与群体、群体与群体之间通过信息的传播而发生的相互依赖性的社会交往活动。[①] 社会是由不同个体、不同群体之间的合作、竞争、协调、冲突、强制、利用、帮助、顺从（应）等社会关系构成的动态体系，人们也通过一定的社会情景，在复杂的社会关系和社会交往中按照一定规范，追求着自己的目标，使得社会呈现出复杂、变动的局面。著名社会学家吉登斯在其经典教材的术语汇编中对社会互动理论做了这样的释义：社会互动是"个体之间任何形式的社会接触""所有大规模的社会系统都依赖于我们每天所从事的社会互动模式"。[②] 由此，社会互动是个体层次与群体层次、社会结构层次的中介，是最基本、最普遍的社会现象之一，是人与人、人与群体、群体与群体联系的纽带，也是社会学的基本分析单位。对个人而言，人的社会化是在社会互动中完成的，社会

---

① 郑杭生：《社会学概论新修》（第四版），中国人民大学出版社2013年版，第124页。

② ［美］安东尼·吉登斯著，李康译：《社会学》（第五版），北京大学出版社2009年版，第104页。

互动是个体自我观念形成和人格发展的过程。对社会来说，互动是社会结构形成的条件，也是社会结构变化的重要动力。

在现实社会中，参与社会互动的主体是多元的，既可以是个体自然人，也可以是群体和组织，包括家庭、学校、公司、行会、学会、政府等人的集合。当相关双方相互采取社会行动时就形成了社会互动。社会互动是在一定情景下进行的，情景不同，人们的互动方式往往不同。社会发展尤其是社会转型必然引起社会互动模式的重要变革。移动互联网等现代传媒技术手段的发展，对社会互动产生深刻的影响。对于社会互动的特点和性质，可以通过社会互动的向度、深度、广度、频度来描述和界定。

社会互动的类型包括二人互动、三人和多人互动（按参与人数），人际互动和群体互动（按主体类型），熟悉情景互动、社交情景互动和工作情景互动（按互动中的情景），情感性互动、工具性互动和混合性互动（按互动中人际关系及其性质），合作、竞争、协调、冲突、强制、利用、帮助、顺从、顺应（按互动中的主体利益关系），等等。

社会互动的意义在于提高互动行为者的自我认识，一个人的自我意识都是在社会互动中形成的，人们都以他人为镜子来认识自己；满足互动行动者的非自足性需求；构成社会发展的基础，在社会互动中产生的社会关系是社会结构的基础。

社会互动可以是面对面的交往，也可以是借助媒介来进行。人的阅读行为既是个人的事情，也是社会化的行为或活动。如前所述，人的阅读行为是社会信息交流的过程，是文本的社会功能的实现过程，是典型的社会互动。因为社会互动要在一定的情景中通过信息传播（递）来进行，人的阅读行为正是这样一种以社会信息的结晶——文本为媒介的互动，因而是最有质量和能量的社会互动。

人们的阅读行为会受到各种社会因素的影响和制约，如政治气候、经济基础、教育背景、科技水平、价值观和意识形态等的影响；同时，人的阅读行为也会对社会历史和文明的发展和进步产生作用。因此，有必要研究阅读的社会互动，分析阅读与社会的相互作用，塑造和发展促进阅读行为的社会环境，从而实现阅读与社会的良性互动。

二、社会互动中的符号互动论

社会学关于社会互动的理论长期存在各种观点和流派，其对社会互动不同的研究思路逐渐形成了三个主要的理论视角，即功能主义（或称为结构—功能视角）、社会冲突视角和符号互动论。这里主要以马克思的社会交往理论为基础，重点选取符号互动理论入手进行分析。

马克思认为，交往是发生在人与人、人与群体、群体与群体之间的相互作用的所有形式，包括生产活动、产品交换和思想交流沟通等。交往具有社会性，是在一定历史和现实条件下进行的。交往对于满足人的需要、促进社会发展具有重要意义。因为交往是个体生存的基础，人们之间只有经过交往才能满足个体需求，否则无法生存。交往是个人自我呈现的方式，人天生具有社会性，只有通过交往个人才能表现自己，才能展现自己的真正天性。交往也是构建社会的基础，人们之间的交往互动每天都在重建着现存的社会关系。

符号互动论由美国社会学家米德（G. H. Mead）创立，并由他的学生布鲁默（H. Blumer）于 1937 年正式提出。[①] 詹姆斯（Wiliam James）、库利（Charles Horton Cooley）、实用主义哲学家杜威（John Dewey）等人也对符号互动论做出重要贡献。这一理论被认为是真正意义上的、最具代表性的社会互动理论，它通过分析日常环境中人们的相互作用的方式、机制和规律来研究人类群体生活。

美国心理学家詹姆斯认为，人们关于自我的感知源于同他人的互动，因此提出"社会自我"概念。库利提出，"自我"源于以群体为背景的同他人的符号性互动，在社会互动中人们通过他人对自己的态度和反应来认识自己，就如通过从镜子中照见自己，有"镜中我"概念。杜威提出，人类独特之处在于其心智意识，它是人类努力去适应社会环境所表现出来的，也只有通过人们的社会互动才能形成和延续。

米德将以上概念和思想进行了综合，将心智、社会自我、镜中我以及社会的出现和延续贯穿于互动中，成为符号互动论的实际奠基人。米德认为，人的生理性冲动与反应性理智之间的互动是心灵的本质，本我（I）与客我（me）之

[①] 赵万里、徐敬怡：《符号互动论视野下的科学社会研究》，《自然辩证法通讯》2007年第6期。

间的互动是自我的本质，自我与他人的互动是社会的本质，所有这些本质又通过作为符号性的行动外化于世。[①] 本我是行动者，客我是通过角色获得形成的在他人心目中的我，即社会我。行动由主我引起，受客我约束控制。前者是行动动力，后者是行动方向。自我是社会的产物，是主我和客我互动的结果。社会因为个体间的调适性互动而得以被改变和重新建构。

米德认为，心灵、自我和社会不是分离的结构，而是人际符号互动的过程。心灵、自我和社会的形成和发展，都以符号使用为先决条件。如果人不具备使用符号的能力，那么心灵、自我和社会就处于一片混乱之中，或者说失去了存在的根据。语言是心灵和自我形成的主要机制。人与动物的区别就在于人能使用语言这种符号系统。人际符号互动主要通过自然语言进行。人通过语言认识自我、他人和社会。

布鲁默总结出"符号互动论"的三个基本假设：①人们在应对事物时会依据事物给他们带来的意义采取行动。其中，事物包括物质客体（如鸟、虫、鱼等）、其他主体（如父母、老师等）、制度（政治制度、经济制度等）、道德规范（如诚信、孝顺等）、其他主体的社会活动（如指令或邀请等）以及日常生活中个体所面对的其他情境；②事物的符号价值是由主体在社会互动中所赋予的，而不在于事物本身；③人们通过与自我进行交流和内在阐释过程，赋予某种情景以意义并予不断修正。

符号互动理论认为，事物具有的价值是其在社会互动中被行为主体所赋予的，并不具有客观意义；个体在社会活动中会根据自己的主观理解与判断来修改及应用事物对于它的意义；事物对于个体的象征价值会随着社会情境的改变而发生变化。情境通常是个体在发生社会互动时所处的环境或面对的场合，它不仅仅是指代时间和地点，还包括构成情境的主体、角色关系、行为活动等。这些要素共同组合才能将个体间的互动含义完整地表现出来。可以说，任何符号若与其所处的情境相剥离，就会瞬间失去其具有的象征性价值。可见，符号互动论与主体和情境密不可分。

符号可以分为语言类与非语言类两种，作为一种具有指代意义的外在载体在个体间、群体间以及个体与群体之间的沟通过程中起到了信息传播的重要作

---

① 郑杭生主编：《社会学概论新修》（第四版），中国人民大学出版社2013年版，第149页。

用。因个体、群体阅读行为和过程与符号的构建、传播和阐释的天然联系，因此我们认为符号互动论与阅读的社会互动在理论上有着天然的逻辑契合点。而这种对事物符号价值的解读和理解可以看成是一种广义的阅读行为，因此，根据符号互动理论，人们的阅读行为通过语言文字，以文本为媒介，不仅是主我与客我的互动交流，更是自我与他人和社会的互动交流；不仅与个人主体的社会化过程息息相关，也与其所处的社会情境不可分割，因为人的阅读行为丝毫不能脱离他所处的社会历史环境条件，都是他所处的具体社会历史条件所界定的。不同的国家、不同的历史文化和社会情境造就了人们不同的阅读行为决策、行为过程和行为效果。

需要明确的是，符号互动论的主题是个人和社会之间的双向互动，强调个体与社会的互动和相互影响的过程。而阅读的社会互动不仅研究影响阅读行为及其行为决策的社会因素，也研究阅读行为与社会的互动和相互影响的过程。

第二节　社会环境与阅读

阅读活动是在一定的环境条件下进行的，它受环境的影响和制约，一定的阅读环境影响着阅读的过程和效果。阅读环境泛指影响读者阅读的所有外在条件和力量的总和，它有宏观和微观之分：宏观社会环境指读者所处的社会历史时代环境，包括政治制度、经济基础、文化背景、科技水平、教育能力等，这是阅读活动的大环境；微观环境指读者阅读最具体、最密切的环境因素，如个人阅读的时间、空间，个人的经济条件，以及个人所在的家庭、学校、单位和朋友圈等人际关系状况，等等，这是阅读的小环境。阅读社会环境还有主客观之分：客观环境指阅读的物理环境，包括阅读的自然、人文环境和读物的语境；主观环境指阅读时读者的精神心理环境，包括读者的世界观、人生观、社会价值观、思想境界、阅读水准和当时的阅读心境等。所有这些互相联系又互相制约，对读者阅读行为进行制约和规定。

一、阅读的政治气候

德国社会学家马克斯·韦伯认为，"政治意指争取分享权力或者争取对权力分配施加影响"①。如果对人类政治文明几千年积累的体系机构进行划分，可分为两大板块四个层次。"两大板块指古代政治文明与近代政治文明，前者总体特征是专制制度，后者总体特征是民主政治。四个层次指政治意识、政治制度、政治主体、政治行为。"②

（一）政治制度决定着国民的阅读活动尺度

政治是上层建筑，是经济的集中反映，政治制度、政治文化、政治风气是社会生活的大气候，它干预主宰一切社会生活，自然也干预、限制、影响或促进社会阅读活动。

政治制度和意识形态反映统治阶级的意志，统治阶级总是通过控制社会的阅读活动来为自己的利益服务。纵观古今中外的历史，专制政治总是想方设法采用各种手段限制民众的阅读，一部世界和中国文化发展史就是一部活生生的阅读书籍的禁毁史。开明、民主政治往往通过各种途径鼓励和促进社会阅读，同时促进社会发展和进步。

欧美新历史主义学者的阅读研究关注文本生产与流通对于权威与权力的关系，关注文本生产与流通过程中的社会政治生态，对于重构阅读行为赖以发生的社会、文化和历史环境有很多贡献，其研究核心是权力及其在文本生产、传播和接受中的分配。如凯文·夏丕（Kaiwen Sharpe）在研究阅读史时认为，阅读中有政治，政治需要阅读，阅读本身就像政治。因为，在人类历史上，社会个体的阅读能力和阅读行为在很大程度上代表一种政治权利、政治能力。

政治制约阅读的主要手段是通过限制社会的阅读能力和控制出版、发行读物来限制阅读行为。写作和阅读能力作为信息指令的发布和解释、接受能力，始终掌握在社会上层少数人手里，中外阅读史概莫能外，因为统治者明白，"阅读是一种力量，不消几个字就可以造成风吹草动之效，能够读一个句子的人就能够阅读一切"。

古希腊历史学家狄奥多罗斯·西库鲁斯记载，从古希腊、罗马历史伊始，居于统治阶级的精英阶层每天都会接触阅读和写作，他们追求的只是阅读赋予

---

① ［德］马克斯·韦伯著，林荣远译：《经济与社会》（下卷），商务印书馆1997年版，第731页。
② 李宏、李民：《传媒政治学》，中国传媒大学出版社2006年版，第3页。

的"崇高无上的感觉"①。在古埃及，能读写的人十分鲜见，"识字的人从未超过百分之一""大凡能读写者乃属社会精英，颇受人敬重"。在古巴比伦，大多数美索不达米亚的文书末尾都以此箴言结尾——"让受过教育的向未受过教育的传达实事真情"，意为掌握读写能力的屈指可数，他们责任重大，是信息知识的控制者。在孔雀王朝的印度，阅读能力掌握在上层婆罗门和刹帝利及少数吠舍阶层手上，社会下层的首陀罗和贱民则几乎是文盲。西方中世纪鼎盛时期能阅读的人是多少？大都市可能最多 5%，农村最多 1%，在以封建城堡为主的整个城镇，能阅读的人也就 2—3 个。我国史籍记载，最早的阅读者是殷商时期王公和占卜的巫师。直到 15—18 世纪，在欧洲绝大多数地区，阅读的情况比中世纪好不了多少，读书人多为医师、贵族、富商和牧师。这说明在生产力落后、阅读资源稀缺的情况下，社会上层和统治者首先掌握着阅读权和话语权。

纵观古代，中外专制统治者都热衷于攻击异己者和他们阅读的书籍。正如美索不达米亚和埃及一样，欧洲最早的文学作品，不论是批评性的，还是颠覆性的，不论是反省性的，还是纯粹哲理性的，都让统治者怒火中烧。公元前 411 年，雅典人烧毁了希腊哲学家毕达哥拉斯（Phthagoras，前 580—前 500）的著作。罗马大帝奥古斯都封杀了政治家兼诗人加卢斯（Sulpicius Gallus）和诗人奥维德（Publius Ovidius Naso）的作品。罗马卡利古拉大帝在位时，颁布焚书令，将荷马的《伊利亚特》和《奥德赛》（是西方抄本最多的两部书）等著作一焚而尽。公元 303 年，罗马大帝下令将所有基督教的书籍付之一炬，生怕这些东西会威胁到自己的统治。

1478 年，西班牙宗教裁判所成立，立刻建立严格的文字审查制度，对西班牙所有的书面作品加以限制，使整个国家的知识进步在后来四百年里陷于停顿。1500 年，上千卷犹太和阿拉伯书籍在西班牙宗教裁判所火堆中灰飞烟灭。罗马天主教廷的异端裁判所于 1559 年设立，颁布第一版的《教廷禁书目录》，直到 1966 年才停止刊行，很多书目中的作者不得不因此流亡异地。15—17 世纪，英国和法国国王都颁布过检查书籍出版和禁止阅读的法令。德国纳粹时期盛行书籍审查制度，更多读者不惜冒着坐牢的危险读禁书。我国历代专制统治者对禁止阅读及查禁书籍也乐此不疲。如众所周知的秦始皇的"焚书坑儒"，汉武帝

---

① ［新西兰］史蒂文·罗杰·费希尔著，李瑞林等译：《阅读的历史》，商务印书馆2009年版，第40页。

的"罢黜百家、独尊儒术",清雍正时期的大兴"文字狱",一直到蒋介石的文化围剿,都是政治干预阅读活动的极端史例。

查禁书籍和禁止阅读的后果是阅读内容和形式的统一即集体阅读的出现,"阅读是一种权利,限制他人阅读是一种暴力,政治时代的集体阅读常伴随着文字狱"①。在整个人类文化发展的进程中,专制统治者总以为限制阅读、销毁书籍可以为自己争得权力、赢取时间,可以抹消历史从而创造新的命运。然而每次都是自食其果,以失败而告终。文明社会认为,真正强大的力量在于个人自由,而首要的表现形式就是不受审查的自由阅读。总之,"专制政治只能使阅读衰落、文化枯萎、思想凋谢。民主政治和思想解放一定会使社会阅读繁荣,文化生长"②。

(二)政治统治思想意识主导阅读的向度

政治统治的思想通过政治文化心理始终主导阅读价值观的方向。据阅读史载,古巴比伦时期,文字审查就时有发生,主要是清除刻写在公共纪念碑、寺庙和宫殿墙壁上的文字,以消除对某一杰出人物的记忆,此举被看成是对当政者最大的侮辱。于是,"阅读者读到的只能是现政体想让他们读的,这与擦掉的那些文字宣传一样往往与客观事实相去甚远"③。在西方、中东,宗教教士身边的书记员是社会最早的阅读者,随后才是精英学者、神父和世俗的司仪等。在公元前第一个千年,宗教文学的阅读者是接受过书记员培训的教士,他们写下口述的传说,然后在神圣的场所诵读。他们形成了一个特殊的精英阶层,凭借其特殊的社会地位影响、控制和把握社会的(阅读)方向。

欧洲中世纪由天主教会统治,其经院哲学这种当时的主流意识形态主导同时期的阅读方向。经院哲学是天主教会用来在其所设经院中教授的理论,教师和学者被称为经院学者(经师),故取名经院哲学(scholasticism)。这种哲学运用理性形式,通过抽象的、烦琐的辩证方法论证基督教信仰,为宗教神学服务,对欧洲阅读的内容和形式产生重大影响。

---

① 《语文现代化》1980年第4期。
② 王龙:《阅读研究引论》,香港天马图书公司2003年版,第136页。
③ [新西兰]史蒂文·罗杰·费希尔著,李瑞林等译:《阅读的历史》,商务印书馆2009年版,第14页。

10世纪的欧洲接触到璀璨夺目的阿拉伯文学传统，在其影响下兴起一股发掘古希腊作品的复古风潮，此风一起，直到13世纪早期才告一段落。整个中世纪，君士坦丁堡曾为欧洲提供大量希腊文语法书、神学作品以及有关圣徒传记。此后，大批拉丁语文学者同时开始关注穆斯林学者翻译的希腊古典作品，这些穆斯林学者主要以科学研究见长。12—13世纪后，经院式阅读方式开始大行其道，教师主要训导学生以所学教义信条领悟文本思想，泾渭分明的人类逻辑推理与神学信仰得以求同存异。经院哲学同时还推动了学术语言的变化发展。截至13世纪中叶，整个西欧（北至苏格兰、丹麦，南到西班牙、意大利）都开始采用单一、同质的拉丁文书面语，这种不同于古典拉丁语的全新的拉丁语成为欧洲所有学者学术阅读对话的主要工具。

我国西汉时思想家董仲舒把儒家思想与当时的社会需要相结合，同时吸收了其他学派的理论，创建了以儒家宗法思想为中心，杂以阴阳五行说，把神权、君权、父权、夫权贯穿在一起的帝制神学体系，系统地提出了"天人感应""大一统""三纲五常"，后来发展到"存天理，灭人欲"学说和"罢黜百家，独尊儒术"的主张，为汉武帝所采纳。从此，儒家的伦理教化成为占支配地位的社会政治思维和社会阅读观念，主导社会阅读的选择和评价，影响长达两千多年。

（三）政治氛围影响阅读行为模式和思维方式

政治影响阅读活动还表现在国家的政治主张、政治风气影响着社会阅读活动，主要表现为阅读审美政治化或阅读思维政治化的现象，即在阅读活动中把每一部作品打上政治化的标签并加以解读和理解，强行施加泛政治化思维。

上述欧洲中世纪教会"经院哲学"主导社会阅读时期，大多数经院学者都要求读者在阅读过程中，接受阅读内容必须通过经院信条的"过滤"，读者无须分析，只要逐行消化吸收即可。因为每一卷书都代表着权威，目录、索引以及文本空白处满载评论，字里行间挤满注释，便于精读领会，更能便于引导阅读者明晰作品的内涵，即读者只能被动地接收智慧，而非主动汲取智慧。欧洲先后经历了文艺复兴运动、启蒙运动，最后终于解放思想，得以摆脱这一中世纪阅读心态。"经院哲学"主导的阅读行为没能启发创造性、批判性思维，而成为僵化教条的卫道士。①

我国"文化大革命"十年内乱时期这种阅读政治化倾向也走到极端。人们在政治正确的号召下，只选择出版"颂扬"的少数文本，热衷于阅读政治题材的作品，用政治化的标准来理解阐释、评判阅读内容，强制进行集体阅读活动，阅读审美的泛政治化使读者形成一种僵化的政治思维模式。"文革"过后倡导"解放思想""实事求是"，才得以改变。

阅读原本是一种个人行为，是个人自由的体现，只有缘于个人的自由选择、自觉自愿爱好阅读的书籍，通过个体安静的默读，才能满足个性需求快乐，从而产生冷静、理性、客观、批判、创新的知识、思想和智慧；只有无数个人自由阅读产生的思想文化火花相互激荡，人类的文明才能得以积累和传承。政治性强制性的阅读，更注重仪式性和象征性，那种表态性的阅读限制了人们的阅读自由，造成"集体阅读"现象，其表现为阅读的内容受限、阅读的形式单一、阅读的心理扭曲、阅读的思维僵化，钳制了社会思想文化的创新和发展。

改革开放以来，我国进入社会主义现代化建设的新时期，以《读书》杂志的复刊并开宗明义发表《读书无禁区》一文为标志，我国社会的阅读进入前所未有的好时代。最近，习近平总书记和李克强总理都身体力行，号召全民阅读，目前我国的各种阅读活动生机蓬勃，是史上文化发展最好的时期。

（四）现代政府保障、促进社会阅读

18—19 世纪以来，随着专制制度的衰落，国际社会和各国政府都充分认识到国民获取知识与信息权利对社会发展的重要意义，因此，都相继颁布相关法令，以保障阅读活动的平等和自由。1763 年，德国颁布《普通义务教育法》，在全国普及中小学义务教育，包括阅读教育。1787 年美国"宪法"问世时，费城著名的出版商和印刷商、宪法之父本杰明·富兰克林大声呼吁，这部关于人权的根本纲领应当让尽可能多的美国人民阅读，这不仅是他们的基本权利，更是一个自由国家的平等国民的责任。因而，普遍、自由地阅读成为这个新生"平等"社会的柱石。1850 年英国议会通过世界首部《公共图书馆法》，1905 年瑞典发布《图书馆法》，保障和促进公共阅读。1970 年，联合国教科文组织第 16 届大

---

① ［新西兰］史蒂文·罗杰·费希尔著，李瑞林等译：《阅读的历史》，商务印书馆2015年版，第68页。

会提出"阅读社会"的概念，意指全民阅读，要使读书成为个人生活中不可缺少的一部分，这标志着保障和促进社会阅读成为国际的"共识"。

美国 1939 年的《美国图书馆权利宣言》、日本 1979 年的《图书馆自由宣言》、韩国 1994 年的《图书馆及读书振兴法》等，这些国法都有力地保障和促进了本国国民的阅读。我国的《宪法》和 2016、2017 年全国人大常委会相继通过颁布的《公共文化服务保障法》《公共图书馆法》是我国保障和促进社会阅读的主要依据。

总之，政治对阅读的影响主要在于它控制着阅读内容的取舍，规定着阅读活动发展的方向，调节着社会阅读的需求多寡，调整着阅读活动的社会关系。

二、阅读的经济基础

首先，阅读作为人的精神活动是人类社会物质生产达到一定程度的产物。1898 年恩格斯在马克思墓前讲道："正像达尔文发现了有机界的发展规律一样，马克思发现了人类历史发展的规律，即历来为繁芜丛杂的意识形态所掩盖着的一个简单事实：人们必须首先吃、喝、住、穿，然后才能从事政治、科学、艺术、宗教等等；所以，直接的物质的生活资料的生产，从而一个民族或一个时代的一定的经济发展阶段，便构成为基础。"[1]马克思的历史唯物主义告诉我们，属于精神生活领域的阅读首先要以物质生产生活为基础，语言、文字、书籍、教育、读者等阅读要素都是物质、经济生产生活发展到一定阶段的产物。阅读的发展总是与经济发展水平相适应的。在食不果腹、衣不蔽体的社会，阅读是注定不可能有的。

人类社会发展到一定阶段，有了等级，有了商品交换，就意识到，"口头指示、协议、记账之类很容易被歪曲、引起争执和忘记，因此就需要一个特别的证人或'不朽的见证者'准确无误地回想交易的商品和数额，可以在任何时候应答疑问，以文字形式确认事实，进而终止争议"[2]。于是便诞生了书写形式，人类的声音转瞬间变成了石刻等。后来，"城邦扩张，王国出现，书写之需求

---

[1] 恩格斯：《在马克思墓前的讲话》，《马克思恩格斯选集》（第三卷），人民出版社 2012 年版，第 1002 页。
[2] ［新西兰］史蒂文·罗杰·费希尔著，李瑞林等译：《阅读的历史》，商务印书馆 2009 年版，第 5 页。

急剧增长，更为复杂且可读的书写形式应运而生"。如早在公元前第四个千年，埃及人就阅读刻在岩石、陶器、象牙板等物上的象形文字，这种文字用于书写信件、账目、货物标签等普通文档。同时，"印加人阅读不同色彩的结绳文字，以了解复杂的交易过程"①。对公元前3000年的美索不达米亚的古伊朗和伊拉克人来说，阅读就是统计和计算，因为在这里出土的15万件楔形文字文献中，簿记和行政记录超过75%，最早主要是些简单的货物、人名、付款明细表等。显然书写和阅读最早源起于经济活动。

其次，人的阅读能力最初是由有权有势的富裕阶层掌握的。原始的记录系统所包含的编码只有少数使用者懂得，阅读有助于信息的获取和控制，统治者一旦控制了这种文本，就意味着赋予了某种权力。对此，古埃及人和开创完全书写系统的苏美尔人体会得都很深刻。"在古印度河流域，阅读和书写主要用于确证和巩固经济权力"②，并与一些重要中心城市的精英统治者有密切的联系。我国考古发现的最早汉字是殷商时期刻写在龟甲和兽骨上的文字，用于祭司、巫师为国王占卜，所以推测最早的阅读者为国王和祭司、巫师。从秦汉到明清的两千多年漫长的自然经济社会里，能识字断文的主要是王公、士大夫、门阀贵族和庶族地主等。到19世纪末，我国也才有30%—45%的男性具有识字阅读的能力。只有到了社会主义社会，随着社会经济的发展，人民大众通过扫盲教育和九年制义务教育的普及，才大多真正掌握了阅读能力。

其三，社会经济基础的兴衰更替是推动阅读变革的最深刻的根源。人类的阅读需求从粗糙到精致、阅读对象从甲骨到纸张再到电子显示屏、阅读方式从精读到泛读、从精英阅读到大众阅读和全民阅读的发展等等乃至每一个阅读潮流的进退流转，都是以经济发展水平为基础的结果。

其四，读物也是需要有一定经济基础的富有阶层才能购买和储存的。在古代埃及和罗马，书写工具大多为莎草纸和羊皮纸书，罗马人从埃及进口莎草纸主要用于记账、存档、正式文件和官方决议的终稿。只有非常富有的人才可拥有完整的莎草纸书卷，收藏的人更是少之又少。例如据考古，在庞贝和海格立

---

① ［新西兰］史蒂文·罗杰·费希尔著，李瑞林等译：《阅读的历史》，商务印书馆2009年版，第9页。

② ［新西兰］史蒂文·罗杰·费希尔著，李瑞林等译：《阅读的历史》，商务印书馆2009年版，第32页。

斯两个城市，多数最富有的人家里只有几部书卷，因为当时的莎草纸实在太昂贵了。即使在罗马帝国兴盛时，唯有元老院议员和他们有钱的亲戚才买得起质量上好的收藏版本，不过那得出大价钱。

《新约全书》记载，当时人们的正常日工资是1个第纳里，然而一部法术书卷竟卖到5万个第纳里，可见书卷之贵。后来希腊人于公元前后发明了羊皮纸，虽比莎草纸便宜耐用，但对多数普通用途来讲，还是过于昂贵。莎草纸和羊皮纸成为西方世界两千多年来主要的书写阅读材料，普通人不敢问津。直到16世纪后，印刷机促成大规模生产时，昂贵的羊皮纸才被便宜的人造纸张所代替，从而使书籍"飞入寻常百姓家"。

现代阅读，无论是纸质读物还是数字读物都是作为商品来流通的。虽然图书馆、社区书屋、职工书屋、农家书屋等公共阅读场所可提供免费读物，网络和手机阅读越来越方便，但由于公共阅读场所本身的发展水平所限和读者利用的条件所限，加之人们所阅读的读物不可能全靠公共阅读场所和网上提供（数字阅读也需花费），因此，个人在阅读活动中都需要购买一定数量的读物，需要一定的经济能力和条件。

其五，在小康社会的经济基础上才能建成稳固的书香社会。国强民富，社会稳定和谐幸福，才能放得下"平静的书桌"，才有可能建立阅读的社会。按照马斯洛的需求五层次说，人们只有解决生理、安全需要后，才能解决社交、自尊和自我实现的需要，阅读需要应该主要包含在自尊、自我实现需要里。简言之，无论是受教育培养阅读能力，还是购买读物，都需要一定的经济条件和购买力，都需要必要劳动时间外的闲暇时间来阅读。因此，国家实力是影响社会阅读普及程度的重要因素，包括教育发展规模和质量。家庭经济收入水平影响家庭阅读状况。

凯恩斯的宏观经济理论认为，对商品总需求的减少是经济衰退的主要原因，因此，可以通过维持整体经济活动数据平衡的措施，达到宏观上平衡供给与需求的目的。也就是说，宏观经济政策，会影响生产者对产品的供给和消费者对产品的需求。对于传媒文化产业而言，近年来，我国影响供给和需求的宏观经济政策很多，如2009年的"文化产业振兴规划"，2010年中央提出的"推动文化产业成为国民经济支柱性产业"，2018年"两会"国务院政府工作报告中第五次提到的"全民阅读"，2019年"两会"国务院政府工作报告中第六次补充加入了"倡导全民阅读，推进学习型社会建设"，都是有利的宏观文化经济政策，对我国图书等文本的阅读消费产生重要的影响。具体而言，最终决定一个社会、一个国家对图书等文本购买意愿的是"恩格尔系数"，该系数的比例水平影响人们决定是否购买文本产品及数量的多少。恩格尔系数是指食品支出占个人消费支出总额的比重，它说明了消费结构变化的一个规律即国家越穷，人们用于食品的支出越大，随着国家富裕，比例呈下降趋势。据国家统计局的数据，2015 年恩格尔系数降至 30.6%，连降三年。这个数据有力说明人们购买图书等文本的能力日益增强。

读者的购买力决定拥有阅读物的多寡。2015 年中国新闻出版研究院第十三次国民阅读调查就成年国民图书、期刊和电子书的价格承受力做了专门调查，结果是，我国成年国民对于购买一本 200 页左右的文学类简装书能接受的价格平均值是 14.39 元，其中不足三成（29.5%）的成年国民可接受一本图书 20 元以上的价格。我国成年国民对于购买一本期刊可接受的价格为 6.39 元，其中66.1% 的成年国民愿意花 3—9 元购买一份期刊。而数字化阅读的接触者能够接受的一本电子书的平均价格是 1.64 元。

三、阅读的文化背景

广义的文化是人类一切生活方式的总和。一般而言，文化包括物质文化、精神文化、行为文化与制度文化四个层面。这里所指的文化背景包括所在民族社会的历史文化传统（民族阅读文化观念等）、读者所处时代文化制度和发展水平（包括出版水平、图书制度、知识体系演化情况和学术水准等等）和阅读普及、社会化程度，读者自身的文化素养，网络时代还包括文化全球化水平等，这些都成为社会阅读的文化背景。

民族历史文化传统。小到家族渊源，大到一个民族几千年来的文化演变、文化意识和文化价值，都会在每个读者身上打下与生俱来的烙印，也是民族文化传承的基因。作为一种认知背景，每个民族的个体成员都会在其文化传统的熏陶下形成较为稳固的价值评判标准、审美心理特征，无形中制约着读者的阅读观念和态度，并形成读者的思维定式、心理结构、审美取向和经验存储，从而左右着读者对阅读内容的取舍和理解。

任何民族，对文本的尊重、对知识的崇敬、对书籍的爱护的传统，都涵养和传承热爱阅读的土壤。早在公元前7世纪，中东的犹太人就在希腊人的引领下，成为崇尚文化阅读并从中受益的民族，后来发展到信仰上帝外的最主要崇奉，他们赋予阅读这一活动以神圣色彩，把阅读和辩论视为理解神明的基本途径。这一历史文化传统使犹太民族成为世界上最爱阅读的民族。德国由于马丁·路德领导的宗教新教改革，鼓励教徒逐步从教条的、集体听读《圣经》的二维阅读方式向读者个体自由独立默读理解《圣经》的阅读方式转变，于是，越来越多的读者迅速摆脱经院哲学统一认知的影响，文本阅读的影响力渗透到德国乃至欧洲人生活的方方面面，加快人类获取和创造知识的步伐，引发德国和欧洲的阅读革命和社会革命，这也成为德国乃至欧洲各民族爱阅读传统的主因。

我国自古文人的"学而优则仕"和"耕读"文化传统也影响久远，但由于统治者对儒家经典的固守，意识形态的落后，知识体系的僵化，使现代科技和文明没有从我国产生，不能不说是我国读书人的悲哀。据统计，近年来，35%的美国人爱阅读科幻小说，50%以上的英国人喜爱阅读探险的西部题材的图书，而大多数的中国人喜爱武侠小说和历史书，这都与民族历史文化传统和性格有很大关系。

作为民族文化核心的信息知识的生产，信息知识的分类、体系流变，信息知识的传播，信息知识的阐释和翻译，信息知识的选择和分配，信息知识的交换和交流，等等，都是规范和影响阅读观念、阅读内容、阅读方法、阅读方式、阅读理解能力等的核心要素。[①] 知识是人类经验认识的总结和智慧的结晶，是人类文明、文化的核心内容。人类的知识经验起初是从零碎片断到系列化、系统化的不断积累完善的过程。在这个过程中，知识的分门别类是知识系统化的标志，而作为知识信息载体的图书文本的分类成为知识分类的主要表现形式。文本只有经过分类组织才能条理化、秩序化、系统化，而便于读者检索和阅读，引导治学。

古今中外的阅读文本都是根据知识分类来组织整理藏书，形成各种书目。书目为读者的阅读选择提供依据，有利于读者掌握知识体系及其源流，即"辨章学术，考镜源流"。我国古代从孔子的整理诗书的"六艺"，西汉刘向、刘

---

① 吴刚：《知识演化与社会控制——中国教育知识史的比较社会学分析》，教育科学出版社2002年版，第1—36页。

歆父子的《别录》《七略》的"七分法",西晋荀勖的甲、乙、丙、丁"四分法",到唐初魏征等人编撰《隋书·经籍志》,首提经(经学为我国文化的根源)、史(史实之记录)、子(为各家哲学思想)、集(文学作品)"四部"分类,直到清代修《四库全书总目》,使四部分类趋于完善。"四部分类"统领我国知识体系数千年,对我国知识的传承发展创新和阅读的影响巨大,特别是对自然科学没有给予应有的位置。

不可否认,目录、索引、排序法、标引、插图、图表、标点、校勘、注释、翻译和字词典、文摘、汇编等工具书的产生发展都促进了知识信息的整理、编订,对读者阅读效率和质量的提高产生重要影响。正如伊丽莎白·爱森斯坦所指出的,活字机印书出现后,"人们越来越熟悉的规整的页码、分节符、页头书名、索引等等,这些创新都有助于重组一切读者的思想,无论其职业和技艺背景是什么"。"阿拉伯数字标注页码的方法说明,最不起眼的创新也可能产生很有分量的结果——这种标注页码的方式使检索、评注和相互参照都更加准确。"[1]

作为信息知识生产的出版是阅读得以实现和满足的必要条件,决定着阅读的内容、质量和方向,出版业的发展状况、发达程度和服务水平规定着读者阅读需求的满足程度,优秀的出版物能培养和提高读者的阅读品位。出版还在引导社会阅读,开拓阅读市场,组织社会阅读活动上发挥重要作用。同样,阅读是出版的前提和目的,是实现出版物社会价值的途径,阅读为出版提供智力资源,读者阅读的需求期待通过市场作用于出版业的发展方向和结构。

作为读物的收藏、利用机构的图书馆的状况(分布、开放程度、馆藏数量、质量等)对社会阅读有重大影响。如我国自汉初萧何抢救秦丞相御史律令图书起,到汉惠帝四年"除挟书之律",私学逐渐开禁,民间藏书开始合法流传。后来汉武帝搜求图书、广开献书之路,汉成帝时,派陈农到处搜求散落民间之书,又请光禄大夫刘向、刘歆父子校勘编目。国家藏书愈多,民间流传的就愈少,因为藏之宫廷之书(都是手抄、手刻本)都秘不示人。20世纪初,我国公共图书馆的兴起,对社会阅读普及起到很大的推动作用。

文化全球化。由于移动互联网的普及和交通的便捷,地球成为一个村落,各国、各地、各民族的文化交往、交流加速加剧,传统与现代、东方与西方、

---

[1] [美]伊丽莎白·爱森斯坦著,何道宽译:《作为变革动因的印刷机:早期近代欧洲的传播与文化变革》,北京大学出版社2010年版,第62页。

主流与支流、强势与弱势、普世与本土的各种文化相互冲突、碰撞、交融，一方面会消解、同化民族历史文化特性；另一方面，也会彰显民族优秀历史文化的活性和生命力，形成多元文化。多元文化必然产生多元的价值观念和精神需求，从而影响、制约、改变着读者的阅读兴趣、选择、习惯和理解、评判。

读者当时的文化制度和发展水平。读者所在社会当时的大文化制度、文化政策、文化观念、文化潮流、文化保障、文化氛围都决定着读者的数量与质量、阅读的时间和空间、读物的数量与质量、流通供给水平等，如2006年以来，我国政府大力推动全民阅读，出台一系列推动全民阅读的立法和政策措施，有力保障和推动阅读的社会化。在研究文化发展对社会阅读的影响时，要充分考虑和正视大众娱乐和消费文化（如广播、电视、网络视频等）对阅读文化的冲击、挑战、侵占、削减和稀释。还有读者自身的文化素养决定着阅读的层次、范围、质量、深度以及阅读的效果、创新的结果。

四、阅读的教育水平

掌握语言文字和读写能力是教育的首要目的，阅读是教育的主要手段，同时教育水平对阅读有重要影响。

教育首先就是要让受教育者学会语言文字、开发智力，要能够阅读，然后以阅读为通道，学习知识，掌握技能，启迪心灵，陶冶情操，培养健全高尚的人格，丰富其精神世界，提高其人文和知识修养，"教育使先进别于落后"。因此，教育是个体具备阅读能力的基础和前提。而且，受教育程度的高低决定读者接受信息知识的多寡、优劣，也决定读者是否能接受新的文本的技术能力和对信息知识的消化吸收程度。

阅读是一种教育行为，也是教育的重要手段和途径，阅读习惯和素质的养成对教育功能、目标的实现至关重要。阅读不同的内容有助于实现不同的教育功能和目标。科学研究表明，7岁以前是儿童智力高速发展的时期，也是儿童口头、书面语言即阅读能力习惯培养的"黄金期"，对人的一生发展至关重要，早期阅读和书写能力对启发儿童的求知欲、培养日后的学习能力、提高知识素质、完善健全社会人格有重要影响。

世界各国都重视儿童阅读能力的教育培养。如美国有"阅读是基础"的教育改革运动，英国有"阅读起跑线"计划和婴幼儿"阅读包"服务计划，俄罗斯有"阅读早于走路"的儿童教育共识。一个人的学前教育、中小学教育还有大学教育是人生的起步阶段，教育就是要培养一个人的阅读兴趣，使之养成阅读习惯，发展其阅读能力，终身爱阅读。通过广泛阅读，不仅获取博约知识，学习基本的人生技能，感受美好的情感，培养情操，而且培养思辨能力和创新思维，健全人格。现在是提倡终身教育的学习型社会，因此继续教育就是要不断提高受教育者阅读信息知识的能力，包括掌握知识信息的检索术、浓缩术、筛选术、储存术，在知识经济时代的社会生活中立于不败之地。因此，阅读有助于教育目标的实现和发展。

教育制度、模式的变迁决定着社会阅读的广度和质量。如我国古代教育分官学和私学两套制度和模式。春秋以前，学在官府，教育垄断于王官。春秋战国时期，诸子百家兴起，著述讲学，读物大为增加，读者范围扩大到民间。秦朝"焚书坑儒"禁私学。汉代"独尊儒术"，经师自立"精舍""精庐"，讲学又兴盛起来。[1] 魏晋时期，社会动荡，官学兴废无常，世卿世禄制、察举制、九品中正制的实行，使私学又有很大发展，教育面扩大。隋唐时期，科举制开始实行，官学私学盛行，为庶族地主和平民百姓提供读书做官的机会和途径。唐代末年，书院的出现，又使读书人的范围进一步扩大，教育的发展又使讲学和读书著述活动活跃起来。

中国古代的阅读始终维持在一个稳定的王侯贵族和士官儒生的阶层以内，而文字与口语相分离的教育制度成为普通百姓阅读的障碍。再比如，科举制是我国封建时代主要的选拔官吏的考试制度，直到 20 世纪初，随着国门的洞开，科举的废除和新学的开启，西式学校和教育内容的兴旺，以新式知识分子发起的"五四运动""新文化运动""白话文运动"和"文字下乡运动"等共同发力、共同作用，使涵盖初等教育、中等教育、高等教育、职业教育和平民扫盲教育在内的较完善的现代教育体系建立健全起来，阅读向大众普及，新的大众阅读教育体系和读物保障体系开始逐步形成。

家庭教育在培养阅读习惯中也有着不可替代的作用。研究表明，一个人能力和成就的大小与其从小所受到的家庭教育关系密切，而家庭教育的核心内容

---

[1] 王余光、汪琴：《中国阅读通史》（理论卷），安徽教育出版社2017年版，第154页。

便是亲子阅读、家庭共读活动。一个家庭的父母喜爱阅读、藏书丰富，耳濡目染，必然对子女的阅读兴趣、习惯形成感染。

我国自古就有"耕读传家""诗书继世"的传统，也特别重视家庭、家风对子女教育的启迪作用。习近平总书记在 2016 年 12 月 12 日会见第一届全国文明家庭代表时说，家庭是人生的第一课堂，父母是孩子的第一任老师。"我从小就看我妈妈给我买的小人书《岳飞传》，有十几本，其中一本就是讲岳母刺字，精忠报国在我脑海中留下印象很深"，可见家庭教育对阅读兴趣和习惯养成之重要。

社群和朋友圈对阅读的影响。社会因年龄、性别、地域、职业、教育水平、收入、爱好等的不同而分为不同的社会群体，这些群体成员之间互相帮助互相教育影响而有不同的阅读兴趣、习惯、爱好、层次、内容等，构成色彩斑斓的社会阅读现象。

五、阅读的科技塑造

其一，科技对阅读的塑造在于改善阅读介质，优化阅读方式，提高阅读效率，带来阅读革命，形成阅读社会。人类每一项关于读物的科技进步，都引起一场阅读的革命性变化，这突出反映在读物的生产技术和传播技术上，当读物的物质载体还是石头、甲骨、兽骨、青铜器、竹简、木板和绢帛时，读物的贵重和不易携带，极不利于其生产和流通。纸的发明和使用，带来人类文化的大发展，使阅读内容能实行自写自读的自我传播和手写手抄的人际传播以及小规模的团体传播。金属活字机器印刷术的发明和推广，使读物生产和传播效率大大提高，读物的价格便宜，从而能大量生产和实现广泛的大众普及，促进了阅读的社会化和人类文化的繁盛。

除了上述阅读介质材料和印刷术的发明给社会阅读带来的变革，单说合成胶的发明，就极大推动平装书和口袋书的出版，普及了阅读。合成胶发明之前，欧美书籍出版主要专注于宗教读物，书籍的装帧以手工制作的线装书为主，工艺烦琐，需要耗费大量的人工，成本居高不下。在物质匮乏、民众教育程度普遍不高的情况下，图书依然昂贵而稀缺。

合成胶的发明使平装书的出版成为可能。与动物胶相比，合成胶更为牢固，不易掉页，用于平装书装帧方便快捷，价格低廉。1931年，德国信天出版社率先使用标准化的方式出版平装书。1939年，罗伯特·德·格拉夫（Robert de Graff）从欧洲引进平版书的理念，借用西蒙·舒斯特出版社的平台，在北美发行"口袋书"（指袖珍版的大众读物、普及本）。

口袋书一改过去图书只在书店售卖的方式，以低价和"小而可爱"，便于携带迅速占领报摊、杂货店、车站、香烟店，吸引社会各色人等"冲动"消费，以动辄每种上千万的发行量满足社会需求。二战期间，美国民间的"战时图书委员会"为战场上的士兵出版了1.23亿册不同的"军供版"图书，受到战士的热烈欢迎，许多战士甚至通过阅读忘记了战场上的痛苦和烦恼。后来许多退伍老兵回到美国家乡后一生都保留良好的阅读习惯，甚至有的人又重回校园，修读文学学位。[1]

从历史上来看，口袋书对美国的大众阅读产生深刻的影响，它革新了书籍的物质形态，降低图书普及的门槛，让更多的人养成阅读的习惯，进而改变阅读必须在书斋中进行的传统模式。口袋书的"军供版"更是一个值得深入研究的文化现象，它依靠特殊的时空环境获得巨大的成功，激发了一大批年轻人的阅读兴趣，改变了一个时代的阅读样貌。

人类社会进入印刷图书时代以来，由于科技的进步，先后经历至少4次对纸质书籍阅读的挑战，第一次是电影的出现，第二次是广播的出现，第三次是电视的出现，第四次是电脑和移动互联网的出现，下一次可能还要受到虚拟时空和机器人的挑战。数字化的电子文档比纸质书的出现更具革命性，文字影像构成的信息和思想已经彻底摆脱了实物状态，以数码的形式抽象化存在和传播，互联网络技术更是使信息知识的生产和传播分秒万里，阅读的模式发生翻天覆地的变化，阅读的效果大大提高。甚至人们更多的面对面或电话等的直接交流方式要被短信、微信和微博这些间接阅读的文字社交方式所取代，社会个体到了不阅读就不能适应现代生活的时代，阅读的确成了人们一种必不可少的生活方式。

从造纸术到活字印刷术到如今的互联网，从甲骨、青铜、绢帛到纸质再到屏幕，阅读技术和阅读载体经过漫长的历史演变，发生了翻天覆地的变化。然而，

---

[1]　［美］莫里·古皮提尔·曼宁著，犹家仲译：《当图书进入战争——美国利用图书赢得二战的故事》，广西师范大学出版社2017年版。

任何一种阅读技术的出现，都不是简单的相互独立，而是一种此消彼长、互补共存的演进过程。任何一种载体和技术形态都有其发生发展的周期和规律，只有当其使用价值完全消亡时，它才会灭亡。当今，移动互联网阅读冲击纸质书，但纸质书一时还不会消亡，还会在人类社会文化的传播与传承中发挥其应有的作用。

其二，科技也给阅读带来挑战。加拿大著名传播学家麦克卢汉认为，以书面文字为主的印刷品属于"热媒体"（高清晰度、人的参与度低），而以口头语言为主的电话、电视属于"冷媒体"（低清晰度、人的参与度高）[①]，前者偏重于知识信息和逻辑推理，后者偏重于嬉戏娱乐。与中世纪的聆听型听众不同，现代公众往往是阅读型的，偏重知识的逻辑推理，思维缜密。如在德国人的心目中，只有图书才是显赫的，正是由于热爱阅读的滋养，才培育了德国人严谨的态度和缜密的思维，才出现了众多思想家、文学家和顶级技术品牌，如海德堡（印刷机）、奔驰（汽车）、宝马（汽车）、莱卡（照相机）等。以色列和犹太民族也是如此。

现代人由于闲暇时间的有限，大众传媒的多元，提供多种选择，人们往往花在电视和互联网上的时间长达数小时，却难得与家人说上一两句话。据国家统计局发布的"2018年全国时间利用调查公报"，中国居民平均每天的学习培训时间为27分钟，看电视的时间平均为1小时40分钟。2013年英国人均每天看电视的时间为3小时55分30秒。2014年美国人（15岁以上）每天的闲暇和体育锻炼时间为5小时5分钟，其中每天用于阅读书报刊等的时间为19分钟，上电脑（也包括数字阅读）的时间为27分钟。

1960年，89%的美国家庭至少拥有一部电视机，这一代美国国民完全在电视前长大，被称为"失落的一代"。与上一辈人通过阅读获取抽象信息不同，电视新生代获得的是直观感受，天花乱坠的电视广告带给他们的是不信任和玩世不恭，电视颠覆了传统的阅读与文字，抹杀了知识和思维的意义，人们从此得到最多的娱乐和最少的信息，这种强大的口头文化带给人们支离破碎的时间和被隔离的注意力，精英文化被大众文化淹没。最为严重的是大众化的电子媒体造就了一个"被动的"接受、缺乏个人孤独冷静的阅读思考、从而"被他人

[①] ［加］马歇尔·麦克卢汉著，何道宽译：《理解媒介——论人的延伸》，商务印书馆2000年版，第51—52页。

统治""娱乐至死"的时代。

美国著名思想家、媒介生态学家丹尼尔·贝尔(Daniel Bell, 1919—2011)指出，当代大众文化正从印刷文化变成一种视觉文化，文化的聚合力遭到瓦解。现在的年轻人已经失去共同阅读的传统，同时也失去普世文化，进入速食主义时代。针对"数字化生存"带来的困惑，美国科技作家卡尔总结为"浅薄"。德国著名脑科学家施皮茨尔则用了"数字痴呆症"这个警告性的新词。我国著名学者余世存先生指出："从大众社会到网络社会，文明的波浪一波波推进，知识的获取和致用之道发生根本性的变化。其中重要一环可能在于省略了苦行僧般的智力推理过程，直陈根本。"新兴大众传媒一方面带来了信息和知识的民主化，但同时也颠覆了启蒙文化的理性思考，从而瓦解了书面阅读本身。

随着手机的深度介入，这种"机器隔离"还在加剧。有很多年轻人沉迷于电子游戏，网游成瘾，就像海洛因一样，正给家庭和社会造成困扰，甚至有批评者将遍布大街小巷的游戏网吧与早年的鸦片馆相提并论。

对早期工业国家来说，在广播电视和互联网普及之前，普遍经历了二三百年和数代人的阅读时期，养成了阅读的代际传递和符号思维的习惯。有学者认为，与西方社会不同，中国从未经历过印刷革命和启蒙运动，直至70多年前，中国基本上还是一个文盲占大多数的农业国家，对农民来说，都处于勉强度日的温饱状态，没有阅读的条件，也没有阅读的必要，更没有阅读的兴趣。如果不是科举制度，中国社会阅读的人可能更少。随着现代化的到来，广播、电影、电视迅速成为中国的主流媒介，从而跳过了印刷化的阅读阶段，中国的现代化进程中的大众恰恰缺失了这种书面化的阅读传统和阅读训练，所以在中国社会人群中，普遍存在阅读障碍和表达困难，严重损害了中国人的逻辑理性思维能力。这也从另一面说明，技术革命造成的大众阅读理性思维的缺失所造成的社会后果。阅读的确是一项复杂的脑力劳动，缺乏阅读必然导致思考能力和分析辨识能力的低下。

其三，科学技术促进阅读也是有条件的，不总是带来社会的成功。比如早在16世纪晚期，德国便由于谷腾堡的金属活字印刷术发明开始了一场"阅读革命"。我国宋代毕昇的活字印刷技术比德国人的发明更早，却因为政治、宗教、文化体制上的不同，而没有出现同样的"阅读革命"。

德国人约翰内斯·谷腾堡在15世纪发明了含锌、铅和锑的金属活字印刷术，还发明了一种含油墨水，他用这一技术印刷了 180 份《谷腾堡圣经》（其中 49 份尚存）。谷腾堡的合金铅字能够承受印刷时的压力，因而能反复使用，当时用的纸张多为羊皮纸。

1517 年德国教士马丁·路德发起的"宗教改革"运动导致了基督教的分裂和新教的产生，出现了新教与天主教的二元对立并存的局面，这就为欧洲的思想自由打开了缝隙。马丁·路德要求新教徒必须识字，自己阅读《圣经》、理解《圣经》，而不是因应传统、依赖教士读经和讲经，从而给德意志的世俗文化、教育发展带来巨大的繁荣，谷腾堡活字印刷术的发明又为《圣经》的大量印刷复制准备了技术上的条件。

1763 年世界上第一个《普遍义务教育法》在德国的普鲁士诞生后，1807 年普鲁士政府承担起"教育整个民族"的重任，所有的小学、中学和大学一概由国家出资实行义务教育，德意志从此走上了一条全民免费教育的道路，从而也将这场"阅读革命"推向了高潮。当德意志帝国于 1871 年建立时，已基本上消灭了文盲（当时的法国和英国还分别有 24% 和 30% 的文盲）。德国大诗人席勒将 18 世纪称为"一个被墨渍铺盖的世纪""一个读书成瘾的世纪"。正是在这场"阅读革命"的高潮中，德意志民族才成了一个"教育的民族"，一个具有"严守时刻、一丝不苟、精益求精、廉洁奉公、井然有序、热爱科学"的美德的民族。

反观我国，北宋庆历年间的毕昇在世界上最早发明活字印刷，他的发明比谷腾堡早 400 年，但在我国没有产生一场"阅读革命"，主要是政治体制的原因，"一项新技术的成功是由其市场保证的，然而，在中国，从长远的角度来看，那些能够拓展书市的条件并没有被集中利用"。"官僚主义和中国社会凝固的特点阻挡了书籍体系的发展。"①

中国自秦汉以来就建立起了大一统的中央君主专制制度，千百年来对老百姓实行"愚民政策"。汉代经学家董仲舒提出"罢黜百家、独尊儒术"得到朝廷的认可，以后历朝历代都在"君君、臣臣、父父、子子"的规制下阅读。当中国人还在读"四书五经"，体味并追求"官本位"，大兴"文字狱"时，德国人却在启蒙的理性中逐步走出神学的蒙昧，向科学和自我意识"奔跑"，并在大改革中走向全民教育。这就是中德两国虽然历史上发明同样的技术，却在

---

① ［法］弗朗德里克·巴比耶著，刘阳等译：《书籍的历史》，广西师范大学出版社2005年版，第104页。

社会历史中产生不同的社会阅读结果的原因。

第三节　阅读对社会环境的影响

社会环境对个体的阅读行为会产生普遍的、长远的、潜移默化的影响。环境是一系列复杂而又可辨识的刺激源，它是真实的、可测量的，它以自己的形式存在，并以各种信号来加强影响阅读行为的各种可能性。同时，我们必须以更广阔的、交互性的视角来评量自己的阅读行为和阅读过程，评量阅读与社会环境之间的交互状态，因为人们的阅读行为、阅读过程和阅读效果也始终作用于社会发展的方方面面。

一、阅读与社会政治

如上所述，一个社会的政治制度、政治主张、政治风气和政策法令等无疑对人们的阅读行为的方方面面都有着深刻和重大的影响。但同时，人们的阅读也以其特有的方式作用于人的精神和思想，然后再反映到实践和行为中，影响着社会政治。

第一，政治领袖或重要人物、政党或政治团体通过阅读形成自己的政治观点，然后又通过统治或著书立说来影响社会政治环境和思潮。统治者的政治观点和立场主要源于他的生活经历、社会阅历和学习背景等，有一个发展和成熟的过程。除了亲身经历以外，其通过各种阅读和思考所形成的立场和倾向也在其中占着很大的比重。古今中外，执政者、领导者无不强调读书学习的重要性。毛泽东一生都爱读书，手不释卷。毛泽东在诸多政治问题上的思考和决策，以及推动决策实施过程中，在重要关头和重大问题上，通过读书、荐书、编书，来理清思路，提高认识，丰富知识，端正风气，倡导正确方向，是他习惯使用的领导方法和工作方法，也是他比较习惯的一种决策方式。[①]如中华人民共和国成立前，他早年阅读《新青年》《共产党宣言》等，逐步确立马克思主义、共产主义信仰等。中华人民共和国成立后，他阅读比较中外宪法文本，制定"五四宪法"；

---

① 陈晋：《政治路上——读书、荐书和编书（上）》，《新湘评论》2015年第11期。

阅读和谈论"红学"，反对思想文化界的唯心论；阅读报刊杂志，关注学术文章，指导和促进学术建设，提出了"百花齐放、百家争鸣"的方针；等等。

有的政治文化领袖，可能身处政权边缘或政权之外，但胸怀天下、洞察世事，有经世济民的政治抱负和政治才华，通过著书立说、游说演讲、开班讲学表达政治见解，会在一定程度上影响统治者的政治观点，影响社会政治思潮。例如，思想家、教育家孔子通过私人讲学、周游列国、著书立说的形式开创儒家学派，后来，他的儒家思想对中国乃至世界的政治和文化都产生了深远的影响。再如晋初，读经习文是门阀世族的家学和家风。[①] 皇甫嵩之孙皇甫谧，受到良好的家庭教育，虽没有直接担任官职，但以著书立说的方式影响着君主和百官的思想意识，这种著书、进言、立教的行为方式，构成了其时门阀世族阶层社会活动和政治参与的一道风景线。

第二，阅读可促进现代社会民主政治的建设。阅读能提高国民素质，国民素质的提高可以增强国民的权利意识和政治意识，加强权利、平等、民主等现代政治意识，因此阅读是实现国民权利的重要保障，可极大地促进民主政治建设。

在封建社会，阅读的资源被限制在统治阶级和贵族阶层等一小部分人手中，统治阶级所采取的文化专制政策和愚民政策，打压知识分子，就是为了巩固自身中央集权的统治，压制民主思想和权利意识，维护统治威权，不允许有不同的政见存在。例如，秦朝的"焚书坑儒"开启了封建社会愚民政策的先河，再如，因文字犯禁或藉文字施加罪名以清除异己而设置的刑狱——文字狱，在封建统治时期的历朝历代屡见不鲜，朝鲜、日本等国也有类似事件，在我国尤以清朝时期的文字狱最为暴虐，目的也是打击政治上的异己分子，镇压对当朝统治不利的思想言论。封建统治者对文字、书籍、知识所带来的政治思想和见解的惊恐惧怕和强烈压制，充分反映出阅读行为对民众觉醒、政治民主的重要意义和巨大作用。

在经历了封建与反封建的长期斗争之后，整个社会的文明意识觉醒，国民素质得到提高，世界上大多数国家都已经实现了现代民主政治，"人民当家做主"已形成共识，国民的权利已得到充分的重视和尊重。因此必须通过提高国民阅读率，促进社会民主建设，因为权利的拥有和权利行使的能力是两回事。只有

---

① 赵昆生、陈晓倩、谭杰妮：《读书、议政思潮与晋初政治》，《重庆师范大学学报（哲学社会科学版）》2016年第1期。

通过阅读，普遍提高群众的受教育水平，提高全民文化素质，提高人们的主体意识、权利意识、参与意识、平等意识和法治意识，理解政治事务的本质和具体内容，使民众具备行使政治权利的意识和能力，具备参与和管理政治事务和公共事务的能力，提高参政议政的水平，才能真正实现民主政治，实现全面依法治国，社会民主政治才会不断地健全和完善。

第三，阅读可以使民众加深对政治理论和政治思想的理解，而民众对政治读物所表现出的阅读偏好和评价也可以反映出民众的政治观念和政治立场。民众通过阅读政治理论和政策规范来理解和接受政治主张和政治观点。所以，阅读能力和阅读水平一定程度上也决定着政治理论和政治思想的影响力度、广度和深度。阅读可以加强民众对当前执政理念、主流价值观和主流意识形态的理解，有利于现行政治制度的稳固。读书活动一直是中国共产党思想政治工作中非常重要的组成部分，目的是希望民众通过对政治理论的学习，明确政治方向，确立一致的世界观和方法论，产生更大的政治认同感和向心力、凝聚力。

随着社会经济的发展，世界范围内各种思潮的交流、交融、交锋日趋激烈，价值观日益多元化，人们的思想日益呈现多样性。在这样一种环境下，加强对马克思主义思想理论创新、发展及其当代最新成果的传播与落地，使其成为主流价值观和意识形态，用以面对和处理社会中的复杂问题，指导人们的行为与实践，就显得非常重要和必要。

习近平同志曾在中央党校的开学典礼上强调，领导干部要爱读书、读好书、善读书，推动学习型政党、学习型社会建设。面对新形势新任务，领导干部读书学习，是加强修养、增强本领的内在需要，也是与时俱进的政治要求。同时，推动学习型社会建设就是要推动全民阅读，提高民众的政治理论水平，加深对现行政治理论和政治思想的理解和认同。

二、阅读与社会经济

人力资源经济学早已证明，人的素质是决定社会经济发展的首要因素。一个社会阅读人群的大小，反映了其综合国力的强弱。[1]

---

① 王龙：《阅读研究引论》，天马图书有限公司2003年版，第116页。

阅读能力早已成为一种社会生产力。一个社会的阅读能力和阅读水平的提升是促进社会经济发展的重要条件之一。

第一，阅读本身已经成为一门产业，成为社会经济的重要组成部分。当下，阅读产品是可以生产、流通、分配和消费的商品，阅读产业作为文化产业的一部分，成为国民经济的支柱性产业之一，为社会经济的发展做出了巨大贡献。阅读产业的类别很广，包括图书出版业、报刊业、影视业、互联网业和移动阅读业等，且产业规模在不断壮大。

当前，移动互联网的普及率和互联网接入速度都大幅提高，极大地推动了移动视频等影视业和移动阅读业的发展。不仅如此，阅读产业也是保持发展活力的朝阳产业。根据普华永道的数据，2016 年全球娱乐及传媒产业的总体规模为 1.79 万亿美元，虽然产业的整体收入仍会持续增加，但是增速将会低于全球 GDP 的增长速度；从 2016 年开始，全球娱乐及传媒产业产值占 GDP 的比重也将开始下跌，预计将从 2016 年的 2.54% 降至 2021 年的 2.39%；从年复合增长率来看，未来 5 年娱乐及传媒产业的年均复合增长率为 4.2%，比上一个 5 年降低 0.2 个百分点，而全球 GDP 的平均增速将达到 5.6%。2017 年，中国传媒产业总规模达 18966.7 亿元人民币，较上年同比增长 16.6%。[①] 中国的阅读产业中，传统报刊业收入仍在持续下滑，移动阅读业发展势头迅猛，同时，新旧媒体的融合与博弈正在持续，阅读产业正在面临着深刻的结构转型。

第二，阅读为社会经济增长提供优秀的劳动者。只有通过阅读吸收了先进知识和理念的、具备优秀素质的人才有能力从事较高层次的经济活动，才能够适应不断发展变化着的新技术、新产业、新经济领域。高素质的劳动者、管理者和技术人员在生产新产品、开发新技术、创新企业管理、改善企业营销和服务等方面，会有更高的劳动效率，会有更好的创新表现，极大地推动社会经济的发展。优秀人才也会起到榜样带头作用，从整体上提高从业人员的业务水平和行业竞争力，从而对企业和社会经济的发展起到促进作用。

当下，世界各国的竞争首要的是经济实力的竞争，一个国家的国际影响力与经济实力息息相关，而经济竞争的背后首先是人才的竞争。高素质的劳动者是经济发展必须具备的基本条件之一，国家经济实力的增长必须依赖高素质的

---

① 崔保国：《2017—2018 年中国传媒产业发展报告》，《中国传媒产业发展报告（2018）》，社会科学文献出版社 2018 年版。

劳动者，而高素质的劳动者是需要通过阅读来吸收智慧成果和精神财富而造就的。

第三，阅读为经济增长带来高质量的消费者。消费是经济增长的源泉，没有消费，产品就无法转化成财富，而消费包括两种类型，一种属于低质量的、保守的、基本的消费，另一种属于高质量的、扩张型的消费。当然，第一种消费不能促进经济的实质性增长，第二种消费趋势才是经济增长的关键因素。这样的消费市场需要满足三个条件：一要生产出高技术、高质量的产品，二要形成高素质的消费群体，三要形成理智而超前的消费心理。阅读可以提高国民素质，能促成高素质的消费群体，这样的群体也能够具有理智和超前的消费心理，从而拉大消费需求，促进经济发展。有研究数据表明，随着教育程度的提高，国民收入、消费相应提高，教育水平、收入水平、消费水平三者具有明显的相关性。[①]教育水平和教育程度的提高，离不开阅读，因此阅读通过造就高质量的消费者，促进经济增长。

第四，阅读带来的科学技术革命可以极大地推动社会经济的创新发展。邓小平同志曾指出，科学技术是第一生产力。当代的科学技术以空前的规模、速度与生产相结合，使社会经济的各个领域发生着巨大的变化。科学技术革命都是由高素质的人才实现的，而这些人才的成就无不与阅读和学习密切相关。高素质劳动者的创新思维和智力成果，可以加快科学技术的发展。当科学技术应用于各行各业，又可以大大促进生产力的发展，从而加快社会经济发展的速度。

第五，阅读有利于社会经济可持续发展。经济可持续发展，目的是创造一种持续的经济发展模式，满足国民的物质和精神需求。而转变经济发展方式，发展节约型经济，提高经济中科技含量，扩大高新技术产品的比重，带动高新科技产业发展，均需要通过阅读提升国民素质。社会经济的可持续性发展，需要国民素质的提高作为基础和前提。无论是经济发展规划的制定、执行，还是转变经济发展方式、投资科技教育文化产业；无论是应用高新科技带动产业发展，还是转变消费观念、刺激高新技术产品的消费，都需要具有较高文化素质和科技素质、了解可持续发展观念的高素质国民，而这些素质的提高都离不开阅读。

---

① 胡炜青：《国民素质在经济增长过程中的重要性》，《中国集体经济》2014年11月下旬刊。

三、阅读与社会文化

阅读本身就是一种普遍的文化现象，同时它又从个人的精神建设层面长期地、潜移默化地影响着大众文化和社会文化，推动社会文化的发展，是当今社会不断进步发展的重要因素和重要动力。

第一，阅读可以有效提升国家文化软实力。"文化软实力"这一概念的提出，体现了文化在经济建设和社会发展中的重要作用，而阅读恰恰是对文化的继承和延续的一种方式。图书、报刊等流传的时间性，形成了有效的人类文化的储存功能，是传承人类文明成果的重要载体，而阅读则使文化的继承和创造成为可能。

阅读是传承文明、更新知识、提高民族素质的基本途径，可以看到，推崇知识、爱惜人才的国家和民族，才能够屹立于世界民族之林。纵观历史，中华民族为了实现知识的延续从未放弃探索与尝试，从甲骨文到竹简，从帛书到纸质书籍的出现，从雕版印刷到活字印刷，承载知识的载体虽然改变了，但中华民族对于知识文化的渴望从未发生变化。可以说，中华文化之所以能够长盛不衰传承至今，离不开一代代人对于阅读的喜爱与推崇。

从一定意义上讲，全民阅读水平是衡量一个国家社会文明程度的重要标志。一个国家国民阅读率的高低，国民阅读力的大小，直接关系到国家软实力和综合国力的强弱，影响到全社会的总体文明程度和创造能力。因此，"倡导全民阅读，建设书香社会"，是传承中国文化、提升国家形象的有效途径，也是文化强国的重要组成部分和坚实基础，同时也能有力地促进文化软实力的提升。

第二，阅读可以提高国民素质，推动构建和谐社会。阅读是提升民族素质的重要途径。马克斯·韦伯提出的无形的社会精神气质、时代的精神力量，无不体现在民众阅读的普及程度和阅读水平上。阅读为人们理想道德情操的树立提供了条件，一个人的精神发育成长史就是一个人的阅读史，一个民族的精神境界在很大程度上取决于这个民族的阅读水平。一个人，读书习惯不可缺；一个组织，读书之风不可无；一个民族，读书之风不可衰。个人的自我提升与知识积累离不开阅读与实践，一个人的素质和涵养会因为阅读而得到不断的提升。同样，一个民族对于阅读的喜好和重视，对国民素质的养成大有裨益，阅读能真正造就城市发展所需要的高素质的市民群体，因此，阅读是实现国民文化权利的重要保障。

　　阅读是构建和谐社会的重要内容。和谐社会就是全体人民各尽其能、各得其所而又和谐相处的社会，用社会学的术语来表达就是良性运行和协调发展的社会。人的发展决定着社会的发展，社会的发展又直接影响着人的发展。只有高度发展、高度文明的社会才能使每一个人得到最充分最全面的发展，也只有全面发展了的人才能更好地推动社会的发展。因此，全民阅读的开展，文化氛围的营造，对构建和谐社会起着非常重要的作用。除此之外，社会和谐的关键在于内心的和谐，而阅读也可以让人获得内心的冷静与宁静，去除浮躁。因此，和谐社会必须树立人人学习、终身学习的理念，学习不再局限于文化教育和职业需要，学习应从原始的传道授业解惑转变为一种积极的生活方式。

　　第三，阅读激发人类的创造力，从而推动科技进步和促进社会文明。创造力是指产生新思想，发现和创造新事物的能力，是由知识、智力、能力及优良的个性品质等多种因素综合、优化而成，是成功地完成某种创造性活动所必需的心理品质，是人类特有的一种综合性本领。创造力是一系列连续的复杂的高水平的心理活动，它要求人的全部体力和智力的高度紧张，以及最高水平的创造性思维。一个人是否具有创造力，是一流人才和三流人才的分水岭。例如创造新概念、新理论、新技术，发明新设备、新方法，创作新作品都是创造力的表现。真正的创造活动总是给社会产生有价值的成果，人类的文明史实质上是创造力实现的结果。

　　创造力包括吸收知识的能力、理解知识的能力和记忆知识的能力。吸收知识、巩固知识，掌握专业技术、实际操作技术，积累实践经验，扩大知识面，运用知识分析问题解决问题，是创造力的基础。任何创造都离不开知识，知识丰富有利于更多更好地提出创造性设想，对设想进行科学的分析、鉴别与简化、调整、修正，对创造方案的实施与检验，有利于克服自卑心理，增强自信心，这是创造力的重要内容。所有这些都离不开阅读，阅读是创新意识、创新能力和学习创造技法的途径，正是阅读所带来的人类创造力推动了科技的不断进步，也促进着社会文明的不断累积和提高。

　　第四，阅读也可能产生消极的社会因素，应通过法律和制度进行社会控制。18 世纪德国著名思想家歌德说过："读一本好书，就是和许多高尚的人谈话。"之所以读书有这种功效，主要在于好书给人以正气，给人以学问，给人以情感，提升人的认知境界。

随着阅读内容、形式和手段的不断丰富，尤其是互联网开放、共享式的阅读渠道使各种流言、淫秽、暴力、隐私、泛娱乐化甚至低俗的内容也得以传播，阅读内容海量的同时也造成了信息冗杂、良莠不齐的局面，这些内容虽然也迎合了一些读者的口味和偏好，满足了一部分读者群体的低级趣味，但却可能给未成年人等带来误导，会产生模仿效应或出现错误的行为反馈，从而造成审美情趣降低、价值取向偏差，甚至出现道德行为失范、发生犯罪行为等后果，影响社会安定和谐，破坏社会秩序，对此应通过法律、制度、政策等阅读的社会控制手段进行规避和疏导。

第四节　现代社交化阅读与社会互动

当前，网络和数字技术带来的信息革命，改变了人类的生产生活方式，网络互动使人际交往超越了传统的时空界限，使人们有可能与世界任何角落的人即时互动，网络互动中的匿名性和符号性，也使社会互动可以突破性别、年龄、种族、地域、职业等各种现实社会地位和身份限制。在新的层面上使人们社会互动得更自由、便捷，也使得人类社会的整体联系更为紧密、更自由、便捷。网络沟通互动主体实现真实性与虚拟性的统一，实现物理时空和心理时空的转换，网络生活实现公共性与私密性的矛盾统一，网络社会实现与传统社会有别的新的社会分层标准，即谁控制了网上资源，谁就是未来世界的主人，强化了以掌握网络技术、信息资源的多少为标准的分层观念和标准。[①] 网络互动也极大地拓展了阅读的方式和手段，使阅读过程可以与社会直接互动，也就是读者和作者、读者与编者、读者与读者等借助互联网进行即时沟通交流成为可能，使千百年来的纸质静态阅读成为依托网络特别是移动网络的互动式阅读。

一、社交化阅读的内涵

社交化阅读是相对于过去以纸质书籍为基础、以内容为阅读核心的传统阅

---

① 肖云忠主编：《社会学概论》，清华大学出版社2012年版，第199页。

读方式而提出的一种基于网络数字技术的新的阅读模式，它将阅读的重点放在以读者为中心的社会互动之上，强调个体在群体交流中所创造出的新的价值。

社交化阅读的中心词是社会化。人通过与社会环境、社会成员的相互作用、相互影响而产生的互动来获取知识，并实现自我认知和人格完善。社会化的中心是互动，社交化阅读的内容来源于社会互动，社会互动的基础是网络和数字信息的传播与交流。可以说，社交化阅读离不开个体之间、群体之间、个体与群体之间的多层次阅读互动。

社交化阅读是依托于现代新媒体飞速发展而产生的一种新的阅读模式，它鼓励合作共赢、共同创造，在读者间或读者与作者、编者间的互动交流中完成阅读的升级与再造。因此，社交化阅读是一种交流分享式阅读，个体通过社交网络平台将其对阅读内容的理解与感悟和他人进行即时的交流与评价，信息的载体可以是文字、图片或视频等多种形式。

二、社交化阅读的实现方式

社交化阅读中的分享通过以下两种方式实现。

一是由用户通过社会化媒体如个人博客、微博和 SNS 账户实现。个体的社交媒体网络将会促使关系网中的其他群体与之进行阅读层面上的多角度社会互动，具体表现形式为收藏、转发、回复、评论等等。成千上万的人获取内容的方式不再是传统机构发布出的资讯、信息，而是那些认识或不认识、有过或从未有过点滴交际的人分享出来的。所有的人基于共同的兴趣、爱好和认知，浏览着同一篇文章，欣赏着同一幅图片，阅读着同一部书籍，甚至还能通过批注、笔记和评论从心灵深处与分享的人产生共鸣。

二是通过公共机构或第三方平台来完成。例如，Flipboard 就是将人们在 Facebook 或 Twitter 上分享的文章和图片进行分门别类的处理、排版，然后再由用户订阅、接收。

可见数字化阅读正在悄无声息地对现代人的阅读习惯产生影响。首先，信息获取成本低廉造成阅读上的低门槛，更多的人能够参与到知识的学习与交流当中。其次，信息传播的即时性造成知识获取上的高效率，对于提升国民素质与知识水平起到了重要的推动作用，网络文学的发展也大大地丰富了公众的精神娱乐生活。最后，信息交流的无障碍性催生了个体的社交需求，新媒体时代的阅读离不开分享与共享。可以说，围绕着读者互动本身的内容再创造成为社交化阅读的最终价值。

三、社交化阅读的特点

基于网络数字技术的社交化阅读的特点是显而易见的：

第一，从技术上看，社交化阅读是智能化、跨平台阅读。社交化阅读的核心是互动，这种互动存在于个体之间、个体与社会环境之间的交互。众所周知的云计算技术正在从云端落地，对用户每一次的阅读搜索、阅读浏览和阅读分享所产生的数据进行分析和定位，进而为用户提供智能化的阅读体验，推送出最贴近用户需求的阅读内容。同时，云计算还能实现用户跨平台阅读，个体通过自己的数据终端，最终汇合到同一个云数据库中，与志趣相投的群体进行信息的共享与交流。目前，拥有云技术的公司都在规划着云服务，苹果的云服务可以有效保证用户在苹果的不同终端中实现信息共享。利用开放的 API 接口或开源代码，各种分享按钮相互链接，实现跨平台的社交化阅读。跨平台阅读的重要应用还在于催生了不同经济体之间的合作互动。

第二，从读者层面看，社交化阅读是个性化、主动式阅读。传统阅读时代，读者接受的理念是"有什么读什么""印刷什么看什么""公布什么关注什么""售卖什么买什么"，阅读内容是这一过程中的基础和中心，个体的主观能动性被弱化。而社交化阅读则从改变主体地位的角度对其阅读习惯产生影响。"我读我想读""我读我愿读"，一切都是以"我"即读者为中心，读者主动寻找内容，主动分享阅读，主动参与讨论，使得阅读真正回归到读者，而不仅仅是书本或作者本身。个性化、主动式阅读固然是读者诉求和行为习惯的改变，更是技术进步为之创造了改变的条件。在诸多社会化媒体和移动应用客户端，读者都可以便利订阅、下载自己喜好的内容，同时还能主动地、便捷地发表意见，及时满足了读者与志同道合的朋友分享交流的意愿。

第三，从阅读结果看，社交化阅读是关系式、信任型阅读。在选择阅读内容时，社会网络能够进行经验的大量分享，构建基于关系与信任的社交图谱，从而为新参与者提供阅读内容价值的预判，最终节约阅读内容筛选的时间成本。

在阅读过程中，社会化也将增加读者的认知体验与理解深度，阅读是一个旅程，读者随着作者的思路渐进，在旅途中不断寻求更深层次的思考和成长。因此，社交化阅读的最大价值在于与他人思想碰撞后产生的阅读之外更深层次的交流。

国外开发出一款能够实时更新正在被阅读内容的相关评论的社交产品，就是通过将许多志同道合的群体进行集聚，从而形成社区，完成阅读的社会化。也就是说，在阅读完毕评价阶段，社会化的阅读不仅重新梳理自我体悟与价值，而且还通过撰写评论为他人提供参考信息，这就完成了阅读社会化的闭合曲线。目前，在微信、微博等平台上，人们习惯于根据自己关注对象所推荐的书籍、视频、文章来选择阅读内容；而在阅读报刊、杂志时，信任与关系网络也会增加社交图谱中其他成员对这一阅读内容点击和关注的可能。

综上所述，社交化阅读使阅读的社会互动这种高级的符号互动带来革命性的变化：

1. 互动的主体社会化，即任何读者都可以通过终端利用任一移动互联网平台参与阅读互动交流，读者成为互动的主动者，在网络空间真正实现与作者、编者、出版者随时随地的平等双向互动交流，读者由阅读消费者成为出版生产过程的参与者，形成生产消费的良性循环。

2. 互动的中介、客体流动化、分享化。社交化阅读互动所利用的中介质移动网络数字平台上不断流动的知识、信息，可以同时成为成千上万的读者、编者和出版者分享、交流和互动，极大提高了互动规模和成效。

3. 互动过程的即时性和超时空。读者与作者、编者、出版者的交流超越时空，即时互动，方便快捷、使互动交流的广度、深度、频度前所未有。

4. 互动结果生产海量知识信息，这些知识信息以多种声形并茂的各种文字、符号、图人像显现流动，形成丰富多彩的信息知识的汪洋大海。

5. 互动使社交化阅读逐步向社群化阅读演变、转型，塑造新的社会交往关系，重构阅读互动循环生态，促进线上线下阅读产业健康发展。

四、社交化阅读的未来

从发展趋势看，社交化阅读的发展将会呈现出"跨媒体化""智能化""社会化""应用化"，以及"通过个性化的增值服务盈利"这五大趋势。以读者为中心的社交化阅读终将取代以书籍为核心的传统阅读，成为主流阅读方式，个体的主观意愿将得到最大程度的重视与满足，阅读将会更加高效，更富价值，更具社交性。阅读已成为读者而非单一作者的倾诉方式。在信息技术飞速发展的今天，回归用户早已是普遍共识。传统的阅读方式仅仅是知识的单一流动，不能满足当今社会个体社交的需求。社交化阅读则完成了知识增长闭环，通过反馈与交流让价值循环往复，不断增值。

据 MTC 联合创始人、社交化阅读俱乐部发起人钟雄的观点，未来可以通过技术实现所谓云阅读，以此来实现社交化阅读的跨媒体化，而个性化的内容推送及信息筛选能够实现社会阅读的智能化。[①] 在新媒体时代下，网络社区日益发展壮大，网民间的分享、互动和沟通也越来越频繁，由此推动了阅读的社会化。这种社交化阅读早已不局限于书籍本身，而是通过线上线下信息交流完成内容的再造与价值的增加。而且是参与者越多，越富有价值。除了内容创造之外，社交化阅读还重点突出了阅读的整个过程，包括前期观看书评选择书籍，中期内容交流与互动，以及阅读完成后的反馈与推荐。这种在传播中实现互动，在互动中创造价值的方式也是社交化阅读快速崛起的重要原因。

此外，相对于传统阅读，社会阅读呈现出应用化的发展趋势，它逐步变成了一项应用，阅读不再是看书，而是变得更加务实和具有实效。同时，个性化的增值服务能够使得阅读创造出更大的价值。社会阅读的盈利模式不再是书籍本身，写作的目的不在于出版并从纸质销售中获利，而是在互动交流中互相获取知识，并因此从服务等领域获取利润。[②] 在不同于传统的阅读价值链中，媒体作为内容的传播者乃至创造者早已成为利润撬动的重要杠杆，是整个社交化阅读过程中必不可少的一环，也是文化产业生态系统良性发展的重要推动力。

小 结

阅读的社会互动是一种典型的符号互动，是人类社会最主要、更高级、更理性、更有成效的互动交流形式，它既受社会环境和各种社会因素的影响和制约，同时也作用于社会、影响着社会，在社会系统的可持续发展中发挥着难以估量

---

① 崔保国主编：《中国传媒产业发展报告（2017）》，社会科学文献出版社2017年版。
② 胡炜青：《国民素质在经济增长过程中的重要性》，《中国集体经济》2014年第33期。

的重要作用。社会是由无数个体组成，单人的成就或许璀璨夺目，但唯有全体国民的知识水平、道德素养、科学精神的提升才是社会可持续发展的真正依托，才能推动社会的进步与发展。

　　随着移动网络数字技术的兴盛和普及，公众的阅读习惯以及阅读偏好伴随着新媒体海量内容的涌入逐渐发生着改变，以纸质书籍为主的传统阅读模式受到了猛烈冲击，越来越多的人喜欢在网络上进行数字互动的社交化阅读。社交化阅读给阅读活动带来革命性变化，使互动主体广泛化，读者中心化，互动的中介、客体流动化、分享化，互动的过程超越时空而即时并丰富多彩，使阅读互动的规模和广度、深度、频度和效度前所未有，互动的结果海量生成、声形并茂，互动还使社交化阅读逐步向社群化阅读演变，重塑新的社会交往关系，重构阅读互动循环生态，促进阅读行业的健康发展。

第六章　阅读的社会产业

如果没有生产就不能满足需要，那么没有需要就没有生产。在满足需要过程中而产生的新的需要是生产发展的理想的、内在的动力，生产发展的客观前提。

——卡尔·马克思

内容提示

阅读产业的基本概念

阅读产业的概念的由来、作用和重要意义

阅读产业的基本特征

阅读产业及其相关产业

阅读产业组织和阅读商业模式

各类阅读产业概况

产业是具有某种同类属性的企业经济活动的集合，它是人类社会分工和生产力不断发展的产物和必然结果。

如前所述，阅读是人的一种社会活动，并逐步成为现代读者的基本生活方式之一。正是这种文本的消费过程即阅读活动及需要的逐步普及，拉动了满足人们阅读需要的产品和服务的生产、分配和交换，特别是由于科技的支持和发展使其规模化和丰富化，从而形成阅读的社会产业（简称"阅读产业"）。

移动互联数字技术改变人们的生产生活方式，首先改变人们的信息获取方式，带来社会阅读方式的变革，以读者和阅读为中心的当代社会阅读重构了传统阅读生态圈，使阅读产品和服务的生产营销各环节出现前所未有的变革。

全民阅读为阅读产业的形成和发展提供了强劲的助推力，不仅从国家层面确立阅读在产业结构中的主体性，还从个体的层面凸显了阅读在产业结构中的能动性。全民阅读需要聚合各种阅读资源和要素共同发力，更需要阅读产业的融合推进。

第一节　阅读产业概论

一、阅读产业的概念和发展过程

产业是生产物质产品的集合体，它是由利益相互联系的、具有不同分工的、各个相关行业所组成的业态的总称。尽管它们的经营方式、经营形态、企业模式和流通环节有所不同，但是，它们的经营对象和经营范围是围绕着共同产品而展开的，并且可以在构成业态的各个行业内部完成各自的循环。

在我国，参照了国际劳工局的分类方法，把产业划分为三大产业：第一产业为农业。第二产业为工业。第三产业为流通和服务两部分，即为提高科学文化水平和居民素质服务的部门，包括教育、文化、广播、电视、科学研究、卫生、体育和社会福利等；为社会公共需要服务的部门，包括国家机关、政党机关、社会团体以及军队和警察等。

阅读产业就是那些可以为消费者提供阅读产品或阅读服务的所有相关产业的总和，其中具体包括线上线下的教育培训业、新闻出版业、广播影视业和互联网信息服务业、数字阅读产业等。

任何一个概念的产生都体现了一定时代环境变化和社会需求，阅读产业这个概念也是一样。阅读产业的定义与饮食业、住建业、旅游业一样，是从人的接受行为和消费行为的角度来界定的。从这一角度看，新闻出版业、影视业和移动互联网产业，无论是属于何种题材的内容信息，无论内容是通过图书、报纸、期刊、广播、电视、互联网新媒体等何种渠道传播，无论信息是以文字、音频、视频、动漫、游戏等何种形态呈现，这些由于内容生产和传播环节的技术和介质不同而带来的传统媒体和新兴媒体的产业类别的差异和冲突，最终消弭于消费环节，通过阅读这一人的内容消费行为和社会行为得到统一，通过阅读行为最终完成内容产品的消费和产品价值的实现，因而这类产业统称为阅读产业。在阅读产业这个产业链条的上下游，重新整合和优化配置阅读产业的资本、资源、技术和人才等，生产阅读产品和服务，满足国民日益增长的精神文化需求。

阅读产业与经济、政治、文化、科技、教育事业和产业的发展息息相关，经济、政治、科技、教育、文化等因素所造就的历史环境从宏观上决定着阅读产业的发展状况。

我国在西汉之前，政府和民间的编辑出版活动具有很强的政治教化和文化传承意图，具有鲜明的政治性和学术性，没有商品性。西汉后期，由于经济、教育与著述事业的发展，在都城长安开始出现售卖书籍的专门商店——书肆，且出现专门的书籍交易场所，因列槐树数百行而得名为槐市。东汉发明造纸术，书肆得到了进一步的发展，尤其是都城洛阳书肆尤负盛名。书肆的出现和发展，标志着我国图书贸易事业的萌芽，出版物开始具有商品属性，成为阅读产品，阅读产业开始萌生。

东汉以后，读物载体材料逐渐以纸为主；唐朝初年，雕版印刷术出现；宋庆历年间，毕昇发明了泥活字印刷术，成为世界上第一个活字印刷发明人。从此以后，刻书活动开始兴起，包括官刻、私刻、坊肆刻、寺庙刻书、书院刻书等类型。一般来说，由政府各机构出资或者主持刻印书籍的官刻，由官府委派官员和僧人、道士在寺院庙宇刊印佛道经藏或者由僧人、道士募捐在寺庙刊印佛道经藏的寺庙刻书，古代书院为教学和研究而自行刻印书籍的书院刻书都不以售卖营利为目的，主要为记录、收藏、习用、纪念先人、崇尚名家、教学研究、宗教传道和收藏等目的。

坊肆刻书是一般书商刻印书籍的场所，具有卖书兼刻书的性质，是一种具有商业性质的私人出版发行机构，以营利为目的。书坊刻印的书又称坊刻本、书坊本或书棚本。书坊刻书始于唐中期，五代、宋以后发展迅速。宋代坊肆书商规模空前发展，出现汴梁、杭州、建阳崇化、麻沙等坊刻中心，金代坊刻有平阳，元明清坊刻除旧有刻印中心外，增加了北京、南京、苏州等刻印中心。他们接受委托雕印业务，刻印和售卖书籍。有的甚至拥有自己的写工、刻工和印工，亦聘人编书，印刷出售，编印发一条龙。两宋坊刻以建安余氏和临安陈氏最为著名，元代有叶日增"广勤堂"，明代有建阳余氏"勤有堂"、金陵"富春堂"、北京"永顺书堂"、汪氏书肆，清代有"扫叶山房"等。其中，宋、元、明时雕版印刷集中地福建建阳有"图书之府"的美誉，刻印书籍的数量居全国之冠。其萌芽于五代，繁荣于两宋，延续于元、明和清初。而在建阳刻书中，始于南宋的建阳余氏刻书是中国古代最知名的坊刻活动，经营书籍出版长达五六百年，留下了大量精美的雕版印本，形成了绵绵不绝的刻书世家。坊刻本内容广，有科举应试之书，日常生活用书，民间诗歌、戏曲、小说、平话、弹词等文学作品，政府禁书等。坊刻书多有艺术创新，发明了黑口、书耳、竹节栏、博古栏、插图、牌记等便于阅读的标记。

在西方，公元前7世纪前后，希腊的商人把埃及的莎草纸带入日常生活，促进地中海地区的读写活动，以交易莎草纸书籍的书市在罗马发展起来，随之出现数十家出版商，这可以看作是西方阅读产业的发端。公元前1世纪奥古斯都时期，当拉丁文学进入繁荣时代，图书贸易也开始兴旺起来。[①]15世纪中叶，德国的约翰内斯·谷腾堡发明了金属活字和印刷机，使文本可以标准化复制，这种工艺、技术的出现和进步使得出版物能够被大量复制，对现代印刷和出版的发展起到里程碑式的作用。随着出版物印刷设备的发明、应用和普及，出版物得以大量生产，出版物的种类和印数大为增加，西方阅读产业得以形成和发展。15世纪，欧洲产生了出版印刷物的企业——出版社。[②]欧洲最早机印的书市，是1564年由当时的图书业组织在德国的法兰克福和莱比锡举办的书市。19世纪初，出版物的推销和发行工作逐渐从印刷出版者的手里转移到书商手里，图书出版

---

① ［法］弗雷德里克·巴比耶著，刘阳等译：《书籍的历史》，广西师范大学出版社2005年版，第24—25页。
② ［法］弗雷德里克·巴比耶著，刘阳等译：《书籍的历史》，广西师范大学出版社2005年版，第166—167页。

商逐渐开始与印刷商与书商分工区别开来。到 18 世纪末 19 世纪初，图书批发商首先在德国出现[1]，社会分工更加细化，阅读产业的链条得到进一步拓展。

1807 年之后，西方机印技术开始缓慢传入中国，最先接受这种西方技术的是位于中国东南沿海的澳门、广州、香港、上海和其他通商口岸。1876 年至 1937 年间，越来越多的中国人投资资本密集的西式机印技术，出现了很多印刷作坊和印刷商，工业化印刷业开始出现，印刷业和出版业走向现代化，现代印刷技术和阅读产业形成并发展起来。技术革命促进了中国现代大众文学的发展，并且扩大了商业化的阅读市场。

19 世纪晚期，上海成为诸多西方印刷技术的引进地，成为当时中国阅读产业最为重要的中心。上海的大型综合出版商为追求更大的市场而不断地革新技术，其中商务印书馆和中华书局成了技术先锋。[2]19 世纪 80 年代之后，在上海公共租界中，沿着河南路（原来称作棋盘街）向西一直到福州路（今天仍被人熟知的四马路）一带集中了大量的图书与报刊出版商；同时，还聚集了许多零售书店和行业组织，也有零件印刷商、文具商以及贩卖字画、文玩的商铺，被称为上海书店街或文化街。19 世纪末至 20 世纪初，300 多家出版商与书店聚集于此，生产了大量的现代文化产品，促进了中国阅读产业的发展。[3]

20 世纪 30 年代以来，特别是 1949 年中华人民共和国成立和改革开放以来，随着经济、文化和教育事业的日渐繁荣，同时也由于人们精神文化需求的不断增长，图书贸易蓬勃发展，阅读产业链逐渐完善，编撰作者和出版机构类型日益多样，新作品大量涌现，出版内容丰富、题材广泛，出版形式富于创新，从偶尔的图书集市到出现大批固定书铺、流动书商，图书流通方式增多，流通速度加快，流通范围日益扩大[4]，中国的阅读产业开始形成规模并发展壮大。

目前阅读产业作为国家软实力的重要组成部分，对于健康的社会文化氛围的形成，具有举足轻重的作用；同时，作为社会舆论的引导者和宣传者，阅读

---

[1] 《出版词典》（修订本）编委会编：《出版词典》，中国书籍出版社2014年版，第528页。

[2] [美]芮哲非著，张志强等译：《谷腾堡在上海：中国印刷资本业的发展（1876—1937）》，商务印书馆2014年版，第3—17页。

[3] [美]芮哲非著，张志强等译：《谷腾堡在上海：中国印刷资本业的发展（1876—1937）》，商务印书馆2014年版，第3—17页。

[4] 《出版词典》（修订本）编委会编：《出版词典》，中国书籍出版社2014年版，第426—430页。

产业在弘扬社会主流价值观，营造和谐发展的舆论环境方面也肩负着重要的责任和使命。改革开放以来，新闻出版业体制改革不断深入，阅读产业组织的市场主体地位得到强化，阅读产业开始更多关心和重视市场和营销，更多关心和重视读者和阅读体验，阅读产业属性得到进一步加强，特别是信息技术革命的冲击，移动网络的出现，又进一步重塑了阅读产业生态，读者和阅读在产业中的核心地位进一步确立。

广播电视、影视等以音频与视频为主要信息传播载体的行业从行业诞生起就更侧重信息输出的体验与效果。与之相较，互联网信息服务业与数字阅读产业基于信息技术在强调注重体验与效果的同时，进一步拉近信息内容与消费者的距离。借助大数据的运算与分析，互联网信息服务业与数字阅读产业可以为消费者提供精准的服务与服务品质的提升，更强调服务意识与服务品质，重策略、讲方法，增强内容提供方与消费者之间的黏度。有效地拓展了阅读产业的边界，提升阅读产业的品质，推动了阅读产业的升级。

二、"阅读产业"概念的由来、作用和意义

自人类产生文字和阅读活动以来，就有了满足人的阅读需要的阅读行（产）业的萌芽，如教授语言文字的学校、抄刻阅读物的作坊、收藏阅读物的处所等等。直到 1450 年德国的谷腾堡发明金属活字印刷技术，逐步实现读物的大规模机器生产，并改变了整个社会的阅读方式，进行社会阅读的变革，实现由聚众朗读到个体默读；阅读的教育，读物的创作、编辑、制作、出版、印刷、发行、销售、消费和图书馆的提供利用、社会读者阅读等开始逐步形成一整套的行（产）业链条。西方从工业革命开始，需要大量有文化有知识的工人，社会逐步普及义务教育，阅读活动逐步社会化，为阅读服务的行业逐步产业化。只是由于阅读活动的"贵族化""小众化"，人们还不习惯把教育、出版、印制、发行、图书馆阅读消费联系起来统称为阅读行（产）业，而是分段，切割、零散地将其称为出版产业、印刷产业，或报刊业、图书业等等。

如第一、二章所述，现代社会的阅读早已社会化，阅读已成为现代读者的一种不可或缺的生活方式，阅读也成为现代人除衣、食、住、行、劳外的另一种生存和生活方式即信息需求。对现代社会上的大多数人来说，阅读为了生活，

阅读就是生活。阅读的过程，也是把知识信息转化为生活本领、适应现代社会的过程。因此，从"以人为本"的角度来看，可以像从人的行为、活动出发称饮食产业、住建产业、旅游产业等一样，把为人类的阅读行为生产服务的所有行业统称为"阅读产业"。

互联网特别是移动网络数字技术极大地延伸了人类获取信息和表达自我的能力，也带来了"通过视觉获取信息"的阅读方式的变革。应该说，传统阅读以作者为主（作为内容创作者处于核心主导地位），作者写什么，读者就读什么，而且读者对作者的内容要反复诵读精读，以理解其"微言大义"，如东西方对各种传统经典（如"十三经""圣经"等）的背（吟）诵等，阅读内容和读者群体"小众化"、贵族化；现代阅读是在工业化、规模化生产的基础上产生的，阅读内容的生产者根据读者的需求进行出版内容和形式的设计，然后根据内容和形式找到作家和作者，作家和作者根据出版者的要求进行写作和创作，最终编辑成稿，制作生产后，通过出版宣传和各种渠道推向阅读市场，诱导和满足读者需求，引领阅读方向。因此，内容生产者即出版商是现代阅读的主导者，其特点是工业化生产、理性深度阅读、竞争性阅读等，也是"渠道为王"的时代。

后现代阅读或者说"当代阅读"，不同于传统和现代阅读，它以读者为中心，是一种突出主体、彰显个性、强调特色的阅读方式，读者在阅读行为中有绝对的自主权，不再是知识信息内容被动的接受者，而成为主动者。信息内容在网上数字化海量生成、流动式发散，必须根据读者兴趣需求、符合读者的习惯、迎合读者的喜好，吸引读者的注意，维护读者的黏性。由于阅读内容的无限性和读者时间、精力有限性之间的矛盾，读者阅读以碎片化、浅阅读、趣味阅读和交互式阅读为特色。即当代已从过去"作者为王""渠道为王"过渡到"读者（阅读）为王"的时代。当代阅读的读者成为整个阅读生产的主体和中心，阅读产业的概念也正是随着这个时代和社会环境的改变逐渐形成的，充分体现出时代特色，同时也体现出产业发展规律的结果。阅读产业的概念注重强调阅读消费的体验和效果。今后的出版、发行一定是更基于读者或用户的，是立足于自身的资源产品，通过网络与读者即时连接的，产生基于读者阅读行为的信息和数据，然后用算法方式做知识、信息的内容分发。因为海量的知识信息让读者的阅读时间越来越稀缺，新的数字阅读一代将会通过互联网新介质来筛选、甄别有用信息，碎片化时间将被高效利用。因此"体验与效果"更将成为评价该产业的重要指标。因此，称"阅读产业"恰逢其时。

互联网特别是移动网络数字技术严重冲击了传统和现代阅读方式，传统阅读产业模式需要转型升级，要以"互联网＋"的形态适应和融合移动网络时代，互联网本身又重构了新的阅读产业生态圈。在这个生态圈中，作者、编者与读者分别在两端并能通过网络即时互动，作者、编者和读者的身份也随时变更互换，中间通过阅读产品、阅读服务企业促进阅读信息的传递和阅读行为的完成。在这个圈层里有阅读内容提供、发行、平台运营、产品渠道销售四个基本环节，但彼此的界限正在消解。从媒体融合的角度，通过"阅读产业"可以消弭传统媒体与新兴媒体的界限，实现以读者（用户）阅读行为为中心的传媒各种新旧客体的一体化，即全媒体传播。

随着信息时代的到来，信息数字化、碎片化的输入方式成为人们获取知识信息的主要途径，浅阅读和泛阅读成为明显趋势，传统的纸质阅读与深度阅读习惯逐渐趋于劣势。更值得一提的是，随着我国经济与科技的迅猛发展，公共文化服务体系的逐渐完善，人民日益增长的精神需求导致越来越多的消费者接受并认可通过付费的方式完成信息与知识获取，因此，阅读，从原来单一"读"的行为逐渐形成生产—交换—流通—消费的基础产业模型，并最终形成完整的产业链条，其中"消费"成为产业闭环的重要因素，因此，以刺激消费（阅读行为）为目的的产业模式受到消费者与市场认可。从此看，称"阅读产业"可以更好地使相关产业聚合体树立读者和阅读观念，从供给侧结构性改革出发，为读者创造更多吸引读者阅读的有温度、有质量的精品力作。因此称"阅读产业"恰如其分。

全民阅读需要各种阅读要素、资源的整合和融合。在国际全民阅读的倡导和国内全民阅读的号召下，人们需要运用互联网思维，从分散到集中、从分割到共融、从孤立静止到互动交流，整合出版、传媒、图书馆、教育、文化、艺术、科技、电信、广告、产品、资本、装备、读书会等线上线下一切资源，打通阻碍整合、融合的一切体制机制障碍，用读者阅读行为"统摄"所有相关产品资源、生产和服务，实现共生和大融通、大融合，共同推动全民阅读。因此，"阅读产业"应运而生。

2014—2019 年，"全民阅读"连续 6 年被写入《政府工作报告》，李克强总理连续多年在《政府工作报告》中提出"倡导"和"大力推动"全民阅读，建设书香社会，引起社会各界对全民阅读的广泛关注与参与，这不仅为传统的新闻出版业的发展创造了更加向好的外部环境，也加快了我国"阅读产业"的生成，"阅读产业"的概念逐渐深入人心。

三、阅读产业、内容产业、文化产业与创意产业

（一）阅读产业与内容产业

新世纪以来的技术革命带来了互联网与各大产业的迅速融合，"互联网＋新闻出版"也使原有出版行业的产业分类界限模糊。技术的发展使得内容可以在不同的载体、不同的空间实现方便快捷地转移、流动和使用，内容对载体的依赖度已大大减小。同时，以文字、图片、视频、音频、软件等各种形式存在的出版产品的消费对象、用途、服务方式都开始呈现出共性，同一种内容可以以不同的形式和载体出现，并呈现出不同的运营模式和产业形态，因此内容产业的概念应运而生。

欧盟"Info2000 计划"中把内容产业定义为"那些制造、开发、包装和销售信息产品及其服务的产业"，内容产业的范围包括各种媒介上所传播的印刷品内容（报纸、书籍、杂志等），音像电子出版物内容（联机数据库、音像制品服务、电子游戏等）、音像传播内容（电视、录像、广播和影院）、用作消费的各种数字化软件等。从这个定义可以看出，内容产业的主体就是新闻出版业和视听传媒业。内容产业与阅读产业的内涵和外延有很多相似的地方，比如，两者都是围绕"内容本身"形成产业链条与产业结构的，同时两者都侧重对受众群体的定位与分析。

阅读产业与内容产业一样，既生产物质产品，又生产精神产品，既创造经济效益，又创造社会效益。不同的是内容产业是从内容价值生产者角度定义的，而阅读产业是从内容体验与服务的消费者角度定义的。内容产业的集中发力点与盈利模式关键点在于传播，而阅读产业的重心则体现在消费行为的样式与种类。前者更重视渠道，而后者则侧重参与与体验。相对于内容产业的生产逻辑，阅读产业更强调对人类阅读这种智力活动及其影响进行全方位的考量，关注的是人们的阅读行为、阅读习惯、阅读状况、阅读效果以及阅读的价值传播和社会影响。互联网时代的内容产品是以市场为主要导向，将用户体验放在第一位，

因此阅读产业的概念是符合网络时代产业发展规律的。

（二）阅读产业与文化产业

"文化产业"的英语译法为 Culture Industry，这一点是统一而明确的，而在内涵的解释上，学界仍没有统一的概念。美国一般都把文化产业叫作版权产业，他们的概念所强调的是文化产品的知识产权属性。日本对文化产业的理解非常宽泛，凡是与文化相关联的产业都属于文化产业，包括演出、展览、新闻出版、休闲娱乐、广播影视、体育、旅游等。可以看出，日本对文化产业的定义更强调内容的文化属性。联合国教科文组织将文化产业定义为按照工业标准，生产、再生产、储存以及分配文化产品和服务的一系列活动。[①] 这是从文化产品的工业标准化生产、流通、分配、消费的角度进行界定的。

2003 年 9 月，中国文化部制定下发的《关于支持和促进文化产业发展的若干意见》，将文化产业界定为："从事文化产品生产和提供文化服务的经营性行业。文化产业是与文化事业相对应的概念，两者都是社会主义文化建设的重要组成部分。文化产业是社会生产力发展的必然产物，是随着中国社会主义市场经济的逐步完善和现代生产方式的不断进步而发展起来的新兴产业。"国家统计局在其发布的《文化及相关产业分类 2012》中将文化及相关产业定义为，为社会公众提供文化产品和文化相关产品的生产活动的集合，包括以文化为核心内容，为直接满足人们的精神需要而进行的创作、制造、传播、展示等文化产品（包括货物和服务）的生产活动；为实现文化产品生产所必需的辅助生产活动；作为文化产品实物载体或制作（使用、传播、展示）工具的文化用品的生产活动（包括制造和销售）；为实现文化产品生产所需专用设备的生产活动（包括制造和销售）。

文化产业这个概念在中国的兴起，一方面是因为受到了国外有关文化产业理论传播的影响；另一方面也是世界范围和区域经济发展的必然要求，是经济社会发展到一定阶段的必然产物。随着文化产业在国民经济中逐渐占据支柱性地位，其对于国民经济发展的战略性意义已经不容置疑。

文化产业概念的内涵和外延相较于阅读产业来说都更为宽泛，文化产业几

---

① 马国柱：《关于文化产业发展路径的思考》，《中国出版》2012年第19期。

乎涉及文化生活的方方面面。范建华在其所著的《中国文化产业通论》中提出：文化产业的相关门类包括新闻出版产业、广播影视产业、动漫游戏产业、文化休闲娱乐业、节庆会展产业、数字内容产业、创意设计产业、广告产业、演艺产业、民族民间工艺品业等。[①] 其中，新闻出版产业、广播影视产业、数字内容产业都与阅读产业息息相关，文化休闲娱乐业、创意设计产业中也有与阅读产业相关的部分。

（三）阅读产业与创意产业

创意产业的概念在诞生初期曾被称为文化创意产业。很多研究者认为，创意产业最初是从文化产业发展而来的。而创意产业正式出现在文献中是在1998年英国文化媒体体育部发布的《创意产业图录报告》，报告认为创意产业是"源于个体创造力、技能和才华的活动，而通过知识产权的生成和利用，使这些活动发挥创造经济效益和就业的成效"[②]。这份文件把广告、建筑、艺术、古董市场、手工艺、设计、时尚设计、电影、互动休闲软件、音乐、电视和广播、表演艺术、出版、软件、电视、广播等行业都划入创意产业，并认为发展创意产业必须具备4个基本条件：创意人才、创意管理者、生产适销对路的创意产品、创意价值存在于知识产权之中。

我们认为，约翰·霍金斯（John Howkins）《创意经济：人们如何从思想中创造金钱》中所作的定义更能体现创意产业的本质。他认为，版权、专利、商标和设计产业4个部门共同构建了创意产业和创意经济，并提出，创意资本投入把所有产业联系在一起。[③] 这个定义不仅体现了创意产业与其他产业的关系，而且揭示了创意产业重组、优化和提升其他产业的关键。创意产业渗透到第一产业到第三产业，当然也包括文化产业、内容产业和阅读产业的所有产业生产环节，是以创新应用作为产业核心基础的高级产业形态。创意产品也是品牌、设计、制造工艺、生产标准、技术、管理机制、咨询服务、营销模式等高附加值的知识产品和文化产品，技术创新、知识生产和人才资源是创意产业发展的

---

① 范建华：《中国文化产业通论》，云南出版集团2014年版，第47—64页。
② ［美］理查德·E.凯夫斯著，孙绯等译：《创意产业经济学：艺术的商业之道》，新华出版社2004年版，第311页。
③ ［澳］斯图亚特·坎宁安著，苑洁编译：《从文化产业到创意产业：理论、产业和政策的涵义》，《世界文化产业发展前沿报告》，社会科学文献出版社2004年版。

重中之重。

　　这里需要强调的是，创意产业与文化产业的紧密联系一直被关注、讨论和研究，打造中国自己的创意产业以加快文化产业的发展，这是非常正确的论断。创意产业渗透和融入其他所有产业，从第一产业到第三产业，从制造业到服务业，传统产业业态和产业分工也随之发生变化，产业价值链也随之重组。可见，阅读产业、内容产业、文化产业都离不开创意产业，都包含着创意产业，但是创意产业的内涵超越了这些产业的范畴，这个概念的提出强调应通过科技进步和知识创新来实现各种产业以及国民经济的跨越式发展，要通过打造创意产业，来为其他产业集聚和整合品牌、设计、制造工艺、生产标准、技术、管理机制、咨询服务、营销模式、人才、自主知识产权等高级资源和要素，从而引导和推动产业和经济的发展。事实证明，创意本身所形成的产业是国家及地区经济发展到高级阶段的产物，创意产业的发展规模与发展程度已成为衡量国家和地区综合竞争力高低的重要标志。①

　　综上所述，阅读产业强调对消费者阅读需求的满足和最大化的阅读效果。内容产业更重视内容的质量和数量，更关注如何能更有效地为受众接受并更好地发挥内容产品的社会职能。文化产业相较于阅读产业和内容产业来说，内涵和外延更广，涵盖产业门类更多，几乎涵盖了所有提供文化产品和文化服务的行业。而创意产业已广泛渗透和融入三大产业，其脱胎于文化产业，以知识产权为依托，更强调人的创造力，是包括阅读产业在内的所有其他产业发展的动力源泉，它与阅读产业的关联和融合将极大地助推阅读产业的发展。创意产业能提高阅读产品的附加值，增强阅读产业的聚合力，必将促进阅读产业结构升级，增强阅读产业的吸引力和竞争力。

　　因此，阅读产业概念的提出是为应对新的产业发展环境所作出的创新探索，是顺应产业自身特点和发展规律对现有产业和新兴产业的研究角度、研究方向、研究理论和研究目的所作出的调整和创新。更是结合时代特征，根据消费者的消费习惯的转变和精神层面的需求而产生的新型产业类型，符合经济发展的普遍规律和随着科技进步而带来的消费观念以及消费方式的变革。

① 厉无畏主编：《创意产业导论》前言，学林出版社2006年版。

四、阅读产业的基本特征

（一）阅读产业具有双重属性

阅读产品既是物质产品，也是精神产品；既具有文化属性，也具有经济属性；既能产生经济效益，也能产生社会效益。由于阅读产品的双重属性，使阅读产业也具有了双重属性。阅读产品是满足人的精神需求的产品或服务，使消费者接受和体验各种无形的文化思想和文化形象的内涵，激发创意、传播知识，给人以启迪和共鸣，涤荡心灵、陶冶情操，具有知识传递、教育、审美、娱乐等功能，通过作用于人的精神领域并得以接受主体内在转化对社会各个领域发挥作用；同时，阅读产品也是一种商品，可以满足消费者对于精神层面的直观消费。不同种类的阅读产品提供类型多样的阅读服务，但从本质上分析，各式各样的阅读产品都完成了产品自身所具有的满足消费者购买、消费、享用、体验等基本属性，与此同时，也存在文化产品所具备的满足消费者精神层面消费欲望同时为消费者带来精神上的愉悦与享受的产品属性。目前，随着信息与知识进入消费市场并日渐形成主流消费趋势，阅读产业已然成为信息经济和知识经济的重要组成部分，并且是大多数发达国家经济发展的支柱产业。

阅读产业的双重属性是阅读产品的生产过程所决定的，阅读产品包括精神生产过程和物质生产过程两个阶段，前者是指阅读产品的创意、创作、设计阶段，后者是指文化产品的复制与大规模生产阶段。一方面，在物质生产阶段，必须按照经济规律办事，以较少的投入获得较大的产出，在生产、流通、分配、消费过程中，要遵循价格机制、竞争机制、供求机制、风险机制的约束；另一方面，文化产品是一种精神性产品，它对人们的人生观、价值观、世界观的塑造起着巨大的作用，影响着人们的思想观念。因此，阅读产业具有社会效益与经济效益双重效益。我国的阅读产业要将社会效益放在首位，同时，按照市场需求，处理好与其他产业之间的平衡关系，努力追求良好的经济效益。

此外，作为一种产业类型，阅读产业也具有和其他产业一样系列化、标准化、生产过程分工精细化和消费的大众化等特征。

（二）人才和创意是阅读产业的核心要素

人才、创意以及有创意的人才在阅读产业的发展过程中起着至关重要的作用，这也是阅读产业与其他众多产业的不同之处。创意是人作为主体用自己的思维和观念对阅读、内容、文化资源与服务供给发挥策划、设计、研发、加工、再创造和再提高等作用的过程，是将产业资源转化为产品及服务并优化的过程，是产业创造价值和发展的源泉。

（三）阅读产业需要版权制度来确保产业价值的实现

如果说人才和创意是阅读产业的核心要素，那么版权资源则是阅读产业的核心资源。对创意的保护就是版权保护，在阅读产品的生产与流通中，交换的就是这种版权。在这个过程中，或购买其使用权，或购买其所有权，或购买其衍生权。通过买卖，让渡的是版权即精神产品的创作权及创意。创意生产者或者自己再投资，直接进入产品的市场化与产业化生产，或者通过让渡人身权或财产权，使其他投资人成为复制产品生产者，进行工业化大规模生产。

当前，要营造适宜阅读产业发展的外部条件，制定健全的知识产权法，严格执行，加大力度保护知识产权是当务之急。信息技术的迅猛发展给知识产权的保护提出了许多新课题，相关的法律法规仍有待健全和完善。应针对阅读产业遇到的现实问题，制定专门的经济、法律政策，为其发展营造一个规范、健康、有序的环境。同时，在全社会营造尊重和保护知识产权的良好氛围，加大对侵权、盗版行为的打击力度，维护阅读产业正常有序生产和消费，保护阅读产业的可持续发展。

第二节　阅读市场与商业模式

满足市场需求是产业发展的根本动力，紧跟市场发展动向是产业进步的重要途径。对阅读产业来说，繁荣的阅读市场和有序健全的阅读市场体系，可以推动产业结构不断调整和完善，促进生产要素的合理流动，实现资源的优化配置，从而推动阅读产业的持续发展。一旦市场不景气，消费主体消费习惯和消费意愿转向其他场域，产业的持续发展必将受到阻碍。因此，稳定的经济环境、有效的政策措施、良好的产业生态是推动阅读产业发展的重要保障。

与此同时，阅读产业的发展也与商业模式的创新密不可分。商业模式这个概念早已受到学界和业界的广泛关注，但是截至目前，对商业模式的概念和定义，学术界并没有达成共识。霍金斯把商业模式看作是企业与其产品和服务之间的商务关系，一种构造各种成本和收入流的方式，通过创造收入来使企业得以生存；奥府尔（Afuah）等把商业模式定义为企业获取并使用资源，为顾客创造比竞争对手更多的价值以赚取利润的方法。本文所探讨的阅读产业的商业模式就是指上述对商业模式经济类的定义，即"将商业模式描述为企业的经济模式，其本质内涵为企业获取利润的逻辑"[①]。因此，从根本上说，商业模式也就是"盈利模式"。

一、阅读产业组织

阅读产业组织，即在市场竞争的压力下，为符合市场环境要求、提高社会经济效率，动态地调整组织功能、组织形式和组织规模，顺应阅读产业链上下游形成的企业组织形式。有学者认为，产业组织是企业自组织、市场组织和政府组织资源配置方式的综合表现。[②] 相对而言，本文所阐述的阅读产业组织是狭义上而言，即在市场的调控下，阅读产业形成的企业组织。阅读产业组织主要包括：图书出版集团或出版社，报业集团和报社，期刊出版集团或期刊社，发行集团或公司，印刷集团或公司，广告公司，电视台，电影公司，影视节目制作公司，数字出版公司，视频网站，网络电视台，互联网和移动互联网上的文字、视频内容提供商、自媒体内容生产团队，等等。以上组织各自发挥着自身特有的资源优势与渠道优势，围绕专属的核心竞争力开展一系列产业经营。

二、阅读市场与产业结构

（一）阅读市场

阅读市场是阅读产业的重要组成部分，完善和健全的阅读市场能够促进各类阅读产品和市场要素的自由流动，实现资源的合理配置，推动阅读产业迅速

---

① 原磊：《国外商业模式理论研究评介》，《外国经济与管理》第29卷第10期。
② 李平、李珩：《构建有效竞争的产业组织》，《社会科学家》2013年第10期。

发展。随着现代工业和国民经济的快速发展，物质产品极大丰富，满足了人们最基本的物质需求，在此基础上，人们的消费需求从单纯的物质需求转向更高层次的精神需求，而满足这些精神需求的重要途径之一就是阅读行为或阅读消费，因此阅读市场也随之兴起。

阅读市场需要传统科技和新兴技术改变产品或服务的功能结构，降低生产成本，提高生产效率，改善用户体验；需要创意来提高产品和服务的精神质量，注入审美和品位等附加价值，来满足阅读市场的多元化需求。培育和发展统一、高效的阅读市场，促进阅读市场体系的日趋完善，对推动阅读产业的发展起着重要作用，是阅读产业促进经济增长和繁荣的主要动力。

深入分析我国阅读市场的分布情况可以发现：一是由于经济文化发展水平的不平衡，阅读市场在地域上分布不平衡，主要集中在经济中心城市和中东部经济发达地区；二是阅读产业的资源和生产要素分布在不同部门、所有制的组织之中，而体制性障碍阻碍了这些资源和生产要素的合理流动和有效配置；三是地域的分割造成市场的碎片化，统一完善高效的阅读产物体系有待建立；四是长期计划指令性管理造成阅读资源的垄断性经营；五是阅读产业的要素市场还不完备，如资本、产权、评价等要素体系还很薄弱的；六是阅读产业中传统新闻出版产业和新媒体产业的发展不平衡、不充分的问题。当前，我国新闻出版和文化体制改革已经取得很大成就，市场体系已经初步建立并处于不断发展和完善之中。发展和完善阅读市场需要从满足读者的阅读需求，培养读者的阅读行为出发。

第一，应当从优化阅读市场的外部环境入手，根据市场经济的规律，结合所在区域的实际经济情况，适当调整战略布局和产业发展规划。政府部门根据充分的调研做好顶层设计，调整政策准入门槛，精准扶持相关组织和企业，加快体制改革的步伐，深化与阅读相关的金融、科技、教育、文化体制改革。

第二，通过体制创新，打通阅读市场资源和要素流动的壁垒，使分布在科技、教育、文化等不同部门、不同地域、不同所有制组织中的资源和要素能够合理流动并充分使用，实现按照市场要求配置资源的效果，从而实现资源利用最大化，实现社会效益与经济效益的双效统一。

第三，鉴于阅读市场在地域分布上的不平衡，也由于阅读产业的资源和要素在地域分布上的不平衡，重点城市和中东部经济发达地区应当率先为阅读市场的培育和发展创造条件，通过加快体制创新，制定各项扶持政策，运用各种手段，尽快发展和壮大自身的阅读市场，同时充分发挥这些城市或地区的辐射和带动作用，促进整个区域的阅读产业和阅读市场加快发展。经济欠发达地区要大力探索创新，以满足当地人民最基本的精神文化需要为根本出发点，因地制宜，量体裁衣制定相关产业扶持政策，发展培育适合自身地域特色的阅读产业项目，实现以政策带动项目落地转化，以项目的溢出效益培育当地消费群体的阅读消费习惯，在借鉴和学习产业发达地区经验的基础上，逐步形成适合自身发展的产业结构，夯实产业基础，实现产业价值最大化。

第四，健全的知识产权保护制度，完善的产权、技术交易市场，高效便捷的金融服务以及政策扶持，等等，是培育和发展阅读市场极为重要的前提条件。因此，不断健全和完善知识产权保护的相关法律法规，完善产权、技术交易市场，做好配套的金融服务和政策扶持，也是发展阅读市场的必要举措。

第五，尽快实现阅读产业中传统媒体和新兴媒体的融合发展，加快阅读产业转型升级的步伐。

（二）产业结构

阅读产业结构是指阅读产业在国民经济宏观产业结构中的比例关系以及阅读产业内部各门类、各种要素之间的比例关系。阅读产业结构实际上反映了阅读产业的资源配置的效率和状况，它不仅对阅读产业自身，而且对整个国民经济的可持续发展都具有重要的影响。

在产业结构方面，阅读产业渗透到从第一产业到第三产业的所有产业生产环节。近年来，服务业增长快于工业，服务业占 GDP 的比重不断提高，中国产业结构正发生着深刻变化。而文化产业为提高服务业比重做出重要贡献，正在成为中国经济的新动力。[①]

根据 2017 年 9 月 6 日国家统计局发布的文化产业最新数据，2016 年全国文化及相关产业增加值为 30785 亿元，同比增加 13.0%，占 GDP 4.14%，同比增加 0.17 个百分点，文化产业增加值占 GDP 比重逐年增长，2012 年以来文化产业整体保持快速增长的态势。分行业类型来看，2016 年文化制造业增加值为 11889

---

① 张玉玲：《让文化创造活力激情迸发——2014文化产业发展述评》，《光明日报》2015年5月14日。

亿元，比上年增长 7.6%，占文化及相关产业增加值的比重为 38.6%；文化批发零售业增加值为 2872 亿元，增长 13.0%，占 9.3%；而其中文化服务业增加值为16024 亿元，增长 17.5%，占 52.1%，已成为推动文化产业发展的主体力量。此外，2016 年全国居民用于文化娱乐的人均消费支出为 800 元，比 2013 年增长38.7%；属于文化服务业的文化娱乐支出占全部消费支出 4.7%，高于 2013 年 4.4%的水平，文化产业结构进一步优化和升级。

以"互联网+"为主要形式的文化信息传输服务业发展迅猛。2017 年上半年全国规模以上文化及相关产业企业营业收入增长 11.7%，以"互联网+"为主要形式的文化信息传输服务业增速最快，2017 年第一季度同比增长 32.7%，较2016 年增长 4 个百分点，占文化产业增加值的 7.7%。

据《中国传媒产业发展报告（2018）》显示，随着互联网与传统媒体的融合走向深化，传媒产业已经成为中国数字经济的重要组成部分；中国经济稳中有进，中国居民消费的持续增长和文化传媒消费的稳步提升，带动传媒产业持续增长；2017 年中国传媒产业总规模达 1.89667 万亿元，较上一年同比增长16.6%，其中，2017 年中国传媒产业市场结构中，平面媒体占比 6%，广播电视占比 13%，网络传媒产业占比 15%，移动互联网产业占比 51%，其他 15%。预计未来五年，中国传媒业还将保持两位数增长，2020 年有望突破 3 万亿元。[①]而在 2011 年，中国传媒产业（不包括印刷业）的总产值为 6379 亿元，其中图书出版业的总产值为 645.6 亿元，占比为 10.26%；报纸总产值为 789 亿元，占比 12.37%；期刊 221.7 亿元，占比 3.48%；电视 1193.124 亿元，占比 18.70%；电影 178.4 亿元，占比 2.80%；网络 925.7 亿元，占比 14.51%；移动增值业 1744亿元，占比 27.34%。[②] 从 2011 年新兴媒体的市场份额超过传统媒体开始，传媒产业结构迅速发生变化，传统媒体市场持续整体衰落。

2017 年，移动互联网产业的市场份额已经超过一半，传统媒体总体规模仅占五分之一，其中报刊图书等平面媒体的市场份额约 6%。可见，以网络传媒产业和移动增值产业为主导的互联网阅读业和移动阅读业保持着高增长率，已成

① 崔保国主编：《中国传媒产业发展报告（2018）》，社会科学文献出版社2018年版，第10—14页。
② 崔保国、侯琰霖：《在融合中转型的中国传媒产业》，《2012年：中国传媒产业发展报告》，社会科学文献出版社2012年版，第5页。

为中国阅读产业发展的主要推动力。

三、阅读商业模式

（一）直接通过产品交易获得收入的商业模式

这是阅读产业中图书出版业和报刊业最主要也是最传统的商业模式之一，通过定价模式获得销售收入或发行收入，其前提是图书和报刊内容即具有高价值和高附加值，具有稀缺性和不可替代性，以赢得读者或受众的购买和订阅。

在数字出版类的阅读产业中，把数字内容销售给读者，是数字出版获取收入的重要来源，读者付费阅读、下载或付费订阅是其主要的收入和盈利渠道。如手机订阅、阅读器订阅、按需出版印刷、电子书、增强型电子书、APP 电子书、数据库产品、在线工具书、在线教育等都采取这种商业模式。

传统报刊业的电子版，如数字报纸、数字期刊也在采用订阅付费的商业模式。但是传统报刊的电子版的付费模式发展不容乐观，尤其是用户已经习惯了互联网的免费获取模式，因此，培养用户的付费习惯非常艰难。目前，电子报刊的网络付费模式仍在探索之中，如免费下载后，部分免费阅读，而之前或之后的刊物内容则付费订阅；或提供一定时长的免费阅读期，到期后所有内容均需付费；等等。无论采取怎样的方式，仍是延续了订阅付费这一商业模式。当然，这其中，也有著作权人、数字内容提供商、终端设备生产商等在利益分配机制上的博弈。

从产业可持续发展和保护知识产权的角度来看，全部免费模式必将被淘汰，应从含金量高、最有价值的内容开始部分收费，逐渐培养用户的付费阅读习惯。一方面，要为用户提供更有价值的内容，并建立合理的价格体系；另一方面，要进一步完善网络支付体系，确保用户财产和信息安全，支付方式尽可能方便快捷，让用户能够放心支付和轻松购买。

（二）版权贸易的商业模式

这种模式是国内国际图书报刊和网络小说等通过版权（著作权）的买卖交易以获取收益的商业模式。

版权贸易目前已成为图书、报刊、广电、互联网等阅读产业广泛采用的商业模式之一。优质 IP（Intellectual Property 的简称，意为"知识产权"，版权属于知识产权）已成为行业稀缺资源，IP 开发已成为行业的发展方向。如《爸爸去哪儿》《奔跑吧兄弟》等电视综艺节目被改编成了电影，还开发了相关的游戏、衍生品和图书等产品，《甄嬛传》《失恋 33 天》等网络文学作品改编的影视、游戏产品受到市场肯定，这些 IP 资源的版权分销和多元化开发所带来的边际增值和影响力，使 IP 运营的概念深入人心，成为未来阅读产业的主要商业模式之一。

（三）二次销售模式

当前，报刊业和广电业的基本商业模式仍旧是二次销售模式，即通过向受众出售内容获取发行量和收视率，通过销售发行量和收视率代表的受众注意力来向广告商销售广告版面或广告时段，从而收回成本并实现盈利，其中，广告是最重要的利润来源。

互联网广告是互联网阅读产业中主要的商业模式之一。互联网阅读业中的信息获取类、交流沟通类、网络视频类等，有的通过用户付费下载或订阅来出售阅读产品的内容，获得受众注意力，从而通过点击率和浏览量，甚至是成交量来吸引广告商；有的通过免费在线发布和传播数字出版内容，读者通过接受广告信息来免费获取内容，如传统报刊业开发基于新媒体介质的内容多渠道传播方式，数字报纸、数字期刊、新闻门户网站、新闻客户端、官方博客、微博微信公众账号等主要采用的就是这种商业模式；传统广电"台网互动"所办的网络广播和网络电视等也主要采用这种商业模式。

互联网广告因其可测性、效果评估的精准性以及反馈的即时性受到广告商的青睐，传统报刊业的广告利润持续下降，互联网广告成为广告商的新宠。如在美国具有悠久历史的《西雅图邮报》在停办纸质版之后，主要依靠电子版的在线广告创收，以大的流量换取广告收入，就是这种商业模式的典型案例。

（四）传统媒体通过电子商务打造互联网商业模式

传统媒体与电商平台、产业实体合作"涉水"电子商务，已成为报刊业和电视业探索互联网商业模式的重要途径。例如，东方卫视将这种商业模式应用到真人秀节目《女神的新衣》，观众可以通过其建立的电子商务平台购买节目中出现的服饰；在该台播出的《何以笙箫默》中也采用了这种商业模式，东方卫视与天猫合作，开辟"边看边买"电商平台，观众可以通过手机天猫客户端扫描台标，便可进入"边看边买"页面，挑选电视剧中出现的商品。

2015年10月9日，以现代农业为主题的电商平台"第一农场"正式上线。这一电商平台是由《京华时报》《半岛都市报》《延边晨报》等主流报业媒体合力打造，共同运营。各地加盟媒体既可组织当地农产品入驻"第一农场"线上商城或线下实体店，也可依托各自的品牌和平台进行产品分销，主要是对不同媒体所在地的地标农产品的发掘、生产、包装和推送。这是报业发展电子商务的典型案例，也是一个由传统媒体打造的媒体电商平台。

这一互联网商业模式符合未来的发展趋势，值得传统媒体进一步深耕细作，提升受众和用户的购物体验，培养其消费习惯，从而使传统媒体既可以通过植入广告获取品牌投放费用，又可以帮助电商从节目获得流量入口，提高购买转化率，从中分得渠道收益，抑或是如"第一农场"一样由媒体主导全部环节，自身进行广告投放，自身进行平台运营，自身获取销售利润。对已经可以联网的智能电视来说，未来还可以成为观购合一、多屏合一的互联网电视商城，如此必将极大提升观众的购物体验。这种商业模式必将成为未来媒体主要的商业模式之一。

（五）基金补贴的商业模式

这种模式指的是某些专业图书、行业类或专业类报刊的国家或科研机构的基金补贴模式，这些图书或报刊因内容定位专业、受众面狭窄、销量较小使得销售收入或发行收入太少，但其又是国民经济和文化的发展、综合国力的提高所不可或缺的，因此可以得到国家相关部门或科研机构的基金补贴。

（六）数字出版产业的主要商业模式

总的说来，数字出版产业的商业模式可以分为两种，交易产品获得收入和提供服务获得收入。如上述所提到的在线数据库模式、电子书销售模式等都属于交易产品获得收入的模式；而在线编辑出版服务、教育在线服务、按需印刷等则属于提供服务获得收入的模式。

具体而言，提供服务主要有以下三种类型：

一是出售数字出版服务的商业模式。这种商业模式是数字出版商普遍采用的多种商业模式之一，即以提供数字出版服务来满足消费者需求，从而收取服务费用。如上海世纪出版集团易文网的会员制度和相关活动即是这种商业模式。易文网会员需缴纳一定数目的会费，可以免费阅读部分数字书刊；对于需要购买的数字书刊，可以在价格上给予优惠；也可以免费参加易文网举办的各种相关活动。

二是为个人作者提供出版服务。目前，许多专业出版社或出版网站都为作者提供了图书出版服务，为作者提供图书出版的渠道和平台，同时也为图书质量做好把关，网站则按照服务级别的不同收取相应费用。这种模式也适用于数字期刊为作者提供的出版服务。如学术期刊或专业期刊的开放获取模式，大多是采用以免费为主的出版形式，再提供一些需要额外付费的增值服务，如技术支持、编辑、制作、营销等。

三是个性化增值服务。契合平板电脑和手机的随身携带的特点，运用大数据获取用户位置、习惯、偏好等信息，可以为用户提供个性化的服务，如生活资讯、团购和优惠信息推送、水电气的查询和缴纳等服务。出版商、服务提供商与平台商分享用户数据并进行营收分成。数字出版商也可以通过在线检索、按需印刷等，为读者提供增值服务，为内容和产品增值。

四是知识服务付费模式。1997 年，爱思唯尔学术出版的核心产品 Science Direct 全文数据库问世，收录论文 1200 万篇，自 1999 年开始向用户提供全文在线服务。用户可一次性购买该数据库，也可付年费使用，还可下载按章节合并书刊文章打印装订成册；出版社还把论文和作者访谈视频放在一起，实现内容价值的最大化。2010 年，爱思唯尔提出"在线优先出版"的全新理念，把编排好的论文直接上线。

2006 年，国内万方数据"知识服务系统"推出。2008 年万方数据知识服务平台签约服务站点正式上线，打造在线服务新模式。清华同方知网技术产业集团也探索建立知识服务平台。2016 年 5 月，付费语音问答平台"分答"上线，用户可据此用一分钟找到人为自己答疑解惑。随后，罗辑思维打造"得到APP"，喜马拉雅 FM 创办知识付费节，知乎上线 Live，微博上线"微博问答"。2016 年被称为"知识付费元年"。2017 年知识付费发展不断加速，电商、各类网站纷纷加入，争抢市场。199 元一份的《薛兆丰的经济学课》订阅人数超过 26 万；喜马拉雅"123 知识狂欢节"3 天销售额达 1.96 亿元。《2018 年中国知识付费市场研究报告》显示，2017 年中国知识付费产业规模约 49 亿元，预计 2020 年达到 235 亿元。

上述内容是目前我国阅读产业主要的几种商业模式。在多种商业模式和发展状态共存的情况下，内容提供商、硬件生产商、渠道提供商之间的合作和互动频繁，产业之间和产业内部融合的趋势日益凸显，正如阅文集团，通过优质IP的开发，打造在线付费、实体出版、电子书终端、平台出售、影视、游戏、动漫多领域立体开发，多方位终端共享的全阅产业链模式，也就是美国以亚马逊公司为代表的"内容＋平台＋终端"以及为内容消费服务的全流程数字出版商业模式必将成为阅读产业的未来发展趋势。

第三节　阅读产业类型

科技投入、经济发展水平、国家政策、市场环境等因素都与产业发展息息相关，阅读产业也不例外。媒体融合、数字化和全球化、新闻出版产业的深化改革、更多资本手段的引入等推动我国阅读产业不断创新，为阅读产业创造了更为广阔的发展空间，无论是出版单位、发行企业、平台和渠道商、终端生产商等产业链上下游的不同主体都在稳步前进。阅读产业主要包括图书出版业、报刊业、影视业、互联网阅读业等主要类型，具体而言，每一种产业类型都呈现出不同的现状和特点。

一、图书出版业

当前，我国图书出版业数量供大于求，且面临着良莠不齐、同质化严重、纸张印刷成本上涨、人才流失等问题，同时受网络书店的冲击，实体书店的经营压力加大。因此，我国图书出版业开始从追求数量提升向追求质量效益转变，2015年初，国家新闻出版广电总局发布了《关于开展2015年出版物质量提升年活动的通知》，图书出版业更加注重提升内容质量和编校质量。

2017年，中国纸质图书零售年度市场总规模达到803亿元，年度同比增长率高达14.55%。2017年不但延续了往年图书零售增长势头，年度增速还有所放大。从2014年开始，线上与线下合计的图书零售年度增长率一直保持在10%以上。从零售码洋增速来说，网上书店渠道的增长速度远远高于实体书店渠道。合并大型电商自营零售业务、第三方电商平台及新媒体电商渠道的网店销售在2017

年实现了 25.82% 的增幅，依然是市场的主要推动力。

2017 年，实体书店渠道普遍回暖和码洋增幅回弹。2017 年，线下渠道同比增长由负转正，实现了 2.33% 的零售码洋增长速度。[1] 实体书店开设的网上书店及其背后的电商群体都已经成为重要的发行渠道，呈现出线上线下并举的图书零售格局。线上线下的结合并不只是开拓了新的图书发行渠道，网络新媒体还开创了众筹出版、微信售书等多种图书发行方式，这些方式在图书印制之前就可以为图书找到一定数量的读者，还能收获及时的市场意见反馈。此外，利用新媒体发布海报、宣传片、定制视频等方式来进行新书宣传，扩大影响力，已成为重要的营销方式之一。

实体书店渠道正向增长，一方面，是由于全民阅读促进和推广的力度不断加大，国家政策的扶持与体验经济的兴起，使得实体书店出现了复苏的迹象。实体书店扶持资金试点和税收减免，这两大来自于政府层面的政策鼓励和资金扶持，带动了一批实体书店的转型升级，使其更加注重读者定位，在了解读者需求和阅读趋势的基础上开展服务，出现了很多不同类型的特色书店和特色服务，如西西弗书店和方所书店等；另一方面，是由于实体书店本身的文化理念升级和经营创新举措，拓展了更好的书店体验，吸引、创造了读者需求。如2015 年方所的概念店衡山·和集、诚品大陆首家旗舰店"诚品生活苏州"、北京的中国书店雁翅楼 24 小时书店等非常有特色的实体书店相继开业，之后实体书店都愈发注重开发自身特色定位，用创意升级文化理念。无印良品旗舰店上海淮海 755 店刚一开业就将图书与相关商品搭配摆放在一起，这一创新经营手法有效地促进了图书销售。

如今，各色书吧、书咖等实体书店的文化创意不断推陈出新，成为融合阅读、休闲、社交、信息咨询等多种功能于一体的文化消费场所，很多书店运用良好的城市地理条件，已升级打造成一个城市的"文化会客厅"，如哈尔滨的果戈里书店不仅装修文艺，还定期不定期举办诗歌朗诵、舞蹈表演、生日聚会、音乐会、婚礼等活动，读者踊跃[2]。基于书店业务的文化 Mall 正在成为实体书店

---

[1] 崔保国主编：《中国传媒产业发展报告（2018）》，社会科学文献出版社2018年版，第106—108页。

[2] 三石：《书店革命——中国实体书店成功转型策划与实战手记》，黑龙江教育出版社2016年版。

发展的重要方向。

图书出版业体制机制改革进一步深化。一是图书出版单位都在探索建立有文化特色的现代企业制度。如凤凰出版传媒股份有限公司旗下 4 家发行单位试行企业首席执行官制，重庆出版集团公司、青岛出版集团试点采用了职业经理人制度，中南传媒集团则建立了市场化的薪酬分配机制。二是通过跨所有制跨地域兼并重组来促进出版资源的合理流动，从而发挥不同所有制图书出版企业的不同优势，有利于发挥图书出版企业的地域优势，凸显地域特色。如，湖北教育出版社并购了北京新华君畅文化传播有限公司，成立了北京时代华畅文化有限公司。人民文学出版社并购了上海 99 读书人，使其成为人民文学出版社在上海的子公司，江苏凤凰出版集团并购了海南新华书店集团等。三是在企业内部组织机构改革和资源整合重组方面采取了一些新的举措。如长江少儿出版集团、安徽时代少儿文化发展有限公司、二十一世纪出版社集团有限公司等的成立都是在原有出版集团的基础上，整合少儿资源组建起来的，其目的是为少儿提供全方位、全产业链、一站式服务；在艺术出版产业、教育出版产业、老年出版产业等的资源重组也在进行中。

此外，我国图书出版企业的投融资活动也很是活跃，通过资本运营进一步提升自身实力。一些大型的图书出版集团，如凤凰出版集团、中国国际出版集团通过在国外设立独资出版公司或合资公司，或通过与国外企业进行战略合作，或通过兼并重组国外出版企业等，推动中国出版"走出去"取得了一定的成效。

二、报刊业

据《2017 年新闻出版产业分析报告》显示：2017 年全国共出版报纸 1884 种，较 2016 年降低 0.5%；总印数 362.5 亿份，降低 7.1%；总印张 1076.2 亿印张，降低 15.1%；定价总金额 398.9 亿元，增长 2.3%。报纸出版实现营业收入 578.3 亿元，与 2016 年基本持平；利润总额 37.5 亿元，增长 24.6%。2017 年，全国共出版期刊 10130 种，较 2016 年增长 0.5%；总印数 24.9 亿册，降低 7.6%；总印张 136.7 亿印张，降低 10.1%；定价总金额 223.9 亿元，降低 3.7%。期刊出版实现营业收入 196.6 亿元，增长 1.5%；利润总额 27.4 亿元，降低 6.6%。

中国传统媒体广告市场自 2014 年陷入下降通道，已经连续三年负增长，根据 CTR 媒介智讯的广告监测数据，2014 年传统媒体广告下降了 1.7%，2015 年降幅扩大到 7.2%，2016 年降幅略有收缩但仍然达到 6.0%，2017 年经历先抑后扬终于恢复了 0.2% 的增长，其中报纸广告降幅定格在 32.5%，广告资源量下降 27.3%；期刊广告下降 18.9%，广告资源量下降 23.3%。我国报纸读者持续减少，发行和广告也在持续大幅下滑，但在 2017 年降幅有所收窄，虽然报纸广告大部分行业仍然持续大幅下滑，但三个行业广告有逆势增长，工业用品增长 63.6%，药品增长了 11.2%，酒精类饮品增长了 3.7%。期刊的受众到达率也在逐年下降，[①]但期刊有一部分忠实的读者存在，这部分读者长期保留阅读期刊的习惯且对期刊忠诚度很高。电子期刊市场保持增长趋势，在 2016 年到达率超过纸质期刊后，2017 年继续保持增长势头，成为期刊寻求业务转型升级的新的发展机遇。

报刊读者数量和广告数量的下滑使报刊业面临发行、广告的双重经营困境，而这种困境也是多种因素共同作用的结果，体制机制的变化、新兴媒体的崛起、受众阅读习惯的改变等导致了报刊业发展环境发生了巨大的变化，当然报刊业所面临的困境也与宏观经济环境的变化有关。当前，报刊业通过兼并重组、与新媒体融合、多元化经营、资本运作等多种途径努力摆脱经营困境。

2014 年 8 月 18 日，中央全面深化改革领导小组第四次会议审议通过了《关于推动传统媒体和新兴媒体融合发展的指导意见》，以此《意见》和习近平同志重要讲话为标志，媒体融合正式上升为国家战略，2014 年也被称为媒体融合元年。

当前，我国的报刊业的媒体融合取得了很大的进展，报刊业纷纷开设微博、微信、APP 等新媒体，并积极利用二维码、大数据等新技术与用户互动和交流，更好地满足了受众需求，不仅如此，为用户提供更为个性化的定制信息和服务已成为可能并成为未来重要的探索方向。同时，报刊业通过线上和线下互动协作建设电商网站，或与电子商务网站合作，打造多媒体智媒体营销平台，开展跨界多元经营。如浙江日报报业集团旗下的"浙报传媒"开始涉足旅游业，推出旅游电商平台"悠游浙江"；北京青年报社的北青传媒投资成立电子商务公司，运营电商平台采采网；知音传媒集团试水展览行业，成立了知音展览公司；家庭期刊集团利用自身的读者和资源优势，开始进军早教领域，成立了广东粤幼

---

① 姚林、毛继评：《2017 年中国报纸及期刊产业发展报告》，载《中国传媒产业发展报告（2018）》，社会科学文献出版社 2018 年版，第 84—98 页。

教育科技有限公司；等等。总之，报刊业纷纷试水多元经营，探索多种商业模式，在区域电商、文化艺术产业、旅游业、房地产业等领域都取得了一定的成绩。

三、影视业

当前，我国电视产业一方面继续加强在内容和形式上的创新；另一方面，在新媒体传播领域积极进行内容、平台、渠道和模式等方面的融合尝试。2017 年，电视广告扭转了 2016 年 3.7% 的降幅，增长了 5 倍多，达 1.7%。[①] 传统电视和网络电视日趋深度融合，依法治理和统一标准成为行业治理的政策焦点，随着内容供给结构特别是制播结构的调整，涌现出更多的优秀原创内容。电视节目类型更加多样化，真人秀、演艺竞技、体能竞技、智能竞技等多种综艺节目在电视平台播出，季播节目成为收视增长的动力。由于相关的政策支持，纪录片、公益性节目等的播出时长显著增加。在节目形式上，电视业也在积极探索与新媒体的深度融合，在内容的制作编排上运用新媒体技术推广和加强台网联动，实现了网络、微博、微信等多平台的互动传播格局，采用大数据技术了解观众需求和建议，并及时予以反馈和对节目做出调整。在此基础上转变营销模式，运用网络媒体和社交媒体进行网络营销和社会化营销。

2017 年中国电影产业进入稳定增长时期，2017 年，全国电影总票房为 559.11 亿元，增速远高于前一年。相比之下，2017 年全球票房 399.2 亿美元，其中北美地区 111.2 亿美元，较上一年 114 亿美元的总票房有所下滑。中国内地市场与全球第一大电影市场的票房差距进一步缩小。2017 年，国产电影海外销售收入 42.53 亿元，比上一年增长 11%。国产电影海外收入为国内电影票房总量的 8%，总规模没有明显扩大。[②]

中国电影正走在与新媒体、新技术融合的道路上，随着互联网行业的崛起，在中国电影产业的投资主体中很大一部分来源于互联网企业，互联网企业看到了中国电影巨大的增长空间，纷纷介入中国电影产业以获取新资源、创造新产品，

[①] 胡正荣、李继东、黄炜：《2017 年中国电视产业发展报告》，载《中国传媒产业发展报告（2018）》，社会科学文献出版社 2018 年版，第 31 页。

[②] 尹鸿、孙俨斌：《2017 年中国电影产业发展报告》，载《中国传媒产业发展报告（2018）》，社会科学文献出版社 2018 年版，第 58 页。

从而找到新用户，并创造新价值。继第一个宣布拥有互联网基因的"乐视影业"之后，互联网巨头 BAT 全面进军电影产业，他们投资电影公司、深入渗透电影制作、颠覆性地影响电影营销，阿里影业、爱奇艺影业、企鹅影业和腾讯影业等的成立为中国电影注入了技术创新和产业创新的强大动力，重构了中国电影的产业格局。此外，传统电影企业和二三线的影视公司或兼并、或重组、或联盟，都在努力探索、寻求突破，以应对来自互联网企业的强势竞争。当前，在良好的政策规制和行业自律的背景下，互联网和资本的双轮驱动，使中国电影优秀原创产品极大丰富，中国电影产业获得了巨大发展。

四、互联网阅读业

据 2018 年中国新闻出版研究院第十五次全国国民阅读调查的成果显示，2017 年我国成年国民的网络在线阅读接触率、手机阅读接触率、电子阅读器阅读接触率、Pad（平板电脑）阅读接触率均有所上升。具体来看，2017 年有 59.7% 的成年国民进行过网络在线阅读，较 2016 年的 55.3% 上升了 4.4 个百分点；71.0% 的成年国民进行过手机阅读，较 2016 年的 66.1% 上升了 4.9 个百分点；14.3% 的成年国民在电子阅读器上阅读，较 2016 年的 7.8% 上升了 6.5 个百分点；12.8% 的成年国民使用 Pad（平板电脑）进行数字化阅读，较 2016 年的 10.6% 上升了 2.2 个百分点。有 63.4% 的成年国民在 2017 年进行过微信阅读，较 2016 年的 62.4% 上升了 1.0 个百分点。

从人们对不同媒介接触时长来看，成年国民人均每天手机接触时间最长。我国成年国民人均每天手机接触时长为 80.43 分钟，比 2016 年的 74.40 分钟增加了 6.03 分钟；人均每天互联网接触时长为 60.70 分钟，比 2016 年的 57.22 分钟增加了 3.48 分钟；人均每天微信阅读时长为 27.02 分钟，较 2016 年的 26.00 分钟增加了 1.02 分钟；人均每天电子阅读器阅读时长为 8.12 分钟，比 2016 年的 5.51 分钟增加了 2.61 分钟；2017 年人均每天接触 Pad（平板电脑）的时长为 12.61 分钟，较 2016 年的 13.88 分钟减少了 1.27 分钟。可见，手机和互联网成为我国成年国民每天接触媒介的主体。总体而言，互联网阅读产业主要分为信息获取类、交流沟通类、网络视频类、数字出版类和其他类五大部分。

（一）信息获取类

主要包括新闻门户网站、新闻客户端、社交网站、官方博客、微博微信公众账号等。当前，新闻门户网站的使用率继续呈现下降趋势，而其他的信息获取的阅读渠道的使用量都大幅增加。门户网站开始通过推出自己的自媒体平台、视频应用等方式探索增值服务以实现转型。

在新闻客户端方面，在新闻客户端最初兴起之时，北大媒介与市场调研中心发布的报告显示，门户类新闻客户端的知晓率远高于聚合类新闻客户端，传统媒体旗下新闻客户端的知晓率则更低。目前随着传统媒体和新兴媒体的融合发展，传统媒体类手机新闻客户端体现出了极大的发展潜力。艾媒咨询（iiMedia Research）数据显示，截至 2017 年第四季度，中国手机新闻客户端用户规模增至 6.36 亿人，央视新闻、人民日报、新华社、澎湃新闻客户端用户黏性指数在传统媒体类手机新闻客户端中分列前 4 名；73.7% 的受访手机新闻客户每天都有使用手机新闻客户端，其中每天使用 3 次以上的用户达 24.0%。手机新闻客户端作为用户新闻资讯获取重要渠道，其使用频率较高且忠诚度较高。随着移动端产品功能加强以及体验优化，新闻资讯内容覆盖领域不断扩大，习惯手机新闻客户端的用户也将继续增加。

（二）交流沟通类

主要包括即时通信工具，如微信、QQ 空间、微博、抖音等。据 2018 年中国互联网络信息中心（CNNIC）发布的《第 41 次中国互联网络发展状况统计报告》显示，截至 2017 年 12 月，即时通信用户规模达到 7.20 亿，较 2016 年年底增长 5.395 万，占网民总体的 93.3%。手机即时通信用户 6.94 亿，较 2016 年年底增长 5562 万，占手机网民的 92.2%。从行业发展来看，即时通信产品的差异化、服务连接能力的拓展和办公场景下应用能力的增强是其发展的三个主要方向。即时通信的广告业务一直以来发展势头良好，一方面，是因为即时通信工具与电商网站的联系更加紧密，通过即时通信的用户画像可以获取更加清晰的用户潜在购物需求，为电商网站输送流量；另一方面，手机端即时通信的广告模式尤其受到广泛认可，微信朋友圈广告仅上线一年就为其广告业务营收做出了较大贡献，企业公众号也逐渐成为商家产品营销过程中的"标配"。

据《第 41 次中国互联网络发展状况统计报告》显示，截至 2017 年 12 月，微信朋友圈、QQ 空间用户使用率分别为 87.3% 和 64.4%；微博作为社交媒体，2017 年继续在短视频和移动直播上深入布局，推动用户使用率持续增长，达到 40.9%，较 2016 年 12 月上升 3.8 个百分点。其他一些社交媒体传播影响力显著提升。社交媒体已成为互联网媒体中最为流行的媒体类型之一，凭借用户基数大、信息传播快、互动功能强等特点，成为网上内容传播的重要力量。如知乎、豆瓣、天涯社区使用率均有所提升，用户使用率分别为 14.6%、12.8% 和 8.8%。

（三）网络视频类

据 2018 年中国互联网络信息中心发布的《第 41 次中国互联网络发展状况统计报告》显示，截至 2017 年 12 月，网络视频用户规模达 5.79 亿，较 2016 年年底增加 3437 万，占网民总体的 75.0%。手机网络视频用户规模达到 5.49 亿，较 2016 年年底增加 4870 万，占手机网民的 72.9%。2017 年网络视频行业保持良性发展，用户付费能力明显提升。调查数据显示，2017 年国内网络视频用户付费比例达到 42.9%。

在线视频整体市场规模保持快速增长，并且出现了一些新的增长点。首先，视频用户付费市场在各家视频企业的推动下有了长足的增长，付费用户数量大幅增加；其次，视频广告开始产品化，各视频企业纷纷推出了不同类型的创新营销产品，如网络综艺、网络剧、网络电影、网络直播、短视频平台等，针对广告主不同的需求，面向不同的用户群体，根据大数据实现视频广告的精准性和创新性，促使视频广告出现新的增长；再次，视频行业对于内容的追求精益求精，IP 策略和内容运营以及对内容自制的推动，使得视频内容有了更多的利润想象空间。未来几年仍是付费用户的爆发期，市场环境已经发展成熟，在各视频企业的推动下，视频增值服务将逐渐发展为与广告同等重要的收入来源。

（四）数字出版类

2010 年新闻出版总署在其发布的"发展意见"中首次从产业角度对数字出版进行了定义，数字出版是指利用数字技术进行内容编辑加工，并通过网络传播数字内容产品的一种新型出版方式，其主要特征为内容生产数字化、管理过程数字化、产品形态数字化和传播渠道网络化。阅读产业中的数字出版类的产品形态包括电子图书、数字报纸、数字期刊、网络原创文学、网络教育出版物、网络地图、网络动漫、网络游戏、数据库出版物、手机出版物（包括彩信、手机报纸、手机期刊、手机小说、手机游戏）等。

据中国新闻出版研究院第十五次全国国民阅读调查数据显示，2017 年我国成年国民包括书报刊和数字出版物在内的各种媒介的综合阅读率为 80.3%，较 2016 年的 79.9% 有所提升，数字化阅读方式（网络在线阅读、手机阅读、电子阅读器阅读、Pad 阅读等）的接触率为 73.0%，较 2016 年的 68.2% 上升了 4.8 个百分点。数字化阅读的发展，提升了国民综合阅读率和数字化阅读方式接触率，整体阅读人群持续增加，但也带来了图书阅读率增长放缓的新趋势。

根据行业报告及《中国出版年鉴》相关数据统计，手机出版、网络游戏、互联网广告是数字出版中非常重要的三大部分，在数字出版阅读中，娱乐化、消费化的浅阅读和碎片化阅读占据相当比重。据 2018 年中国互联网络信息中心发布的《第 41 次中国互联网络发展状况统计报告》显示，截至 2017 年 12 月，我国网络游戏用户规模达到 4.42 亿，占整体网民的 57.2%，较去年增长 2457 万人。手机网络游戏用户规模较 2016 年年底明显提升，达到 4.07 亿，较 2016 年年底增长 5543 万人，占手机网民的 54.1%。从产品类型变化来看，得益于游戏直播的强大宣传能力，新兴的沙盒类射击游戏在 2017 年取代 MOBA 游戏成为最受用户喜爱的游戏类型；从市场覆盖范围来看，以腾讯、网易、蓝港互动、心动网络为代表的中国游戏厂商在 2017 年"走出去"的热情高涨。

（五）其他类

主要包括博客和网络文学等。据 2018 年中国互联网络信息中心发布的《第 41 次中国互联网络发展状况统计报告》显示，截至 2017 年 12 月，网络文学用户规模达到 3.78 亿，较 2016 年年底增加 4455 万，占网民总体的 48.9%。手机网络文学用户规模为 3.44 亿，较 2016 年年底增加 3975 万，占手机网民的 45.6%。公开资料显示，阅文、掌阅、纵横等网络文学企业在 2017 年均已实现盈利。从行业发展来看，原创内容的扶持和听书业务的发展是 2017 年网络文学行业变化的两个重要特点。

早在 2015 年，百度、腾讯、阿里巴巴等互联网巨头就开始相继加大对网络文学的投资力度，2015 年 1 月，百度文学与苏宁阅读达成战略合作；3 月，腾讯文学与盛大文学联合重组成立阅文集团；4 月，阿里巴巴进入网络文学领域，成立阿里文学。他们一方面是为了利用网络文学提高、扩大流量；另一方面，则是为了掌握网络文学的版权，进行版权运营，进而掌握进入游戏、电影、电视、动漫等领域的主动权。[①]

以知识产权为核心的网络娱乐产业链已经展现出巨大商业价值，使 "IP" 一词迅速成为网络热词。由热门网络文学作品改编的影视作品如《花千骨》《琅琊榜》《盗墓笔记》等不仅屡创收视新高，改编的游戏也能迅速获得忠实 "粉丝" 的关注，而影视和游戏的改编成功又反哺了网络文学本身的发展。这一现象使得传统出版企业和互联网出版企业都开始高度重视版权运营，注重培养优质 IP。许多出版企业立足于自身众多优质 IP 资源，以此为基础向影视作品、网络游戏、网络动漫等延伸。

五、移动阅读业

移动互联网技术的发展使人们的生活习惯和生活方式发生了重大改变，同时也使读者的阅读需求和阅读行为发生了重大变化，技术创造人的需求，而满足人的需求是一切商业逻辑实现的前提和先决条件。为满足读者在移动场景下的阅读需求，移动阅读业应运而生，电子阅读器、平板电脑、手机、可穿戴设备等便携式移动阅读终端迅速兴起，填补了人们快速生活节奏下碎片化的阅读时间。由于移动互联网技术的逐渐完善和成熟，伴随着 4G 网络的正式商用，移动互联网在用户数量和使用频次上全面赶超传统互联网。

据 2019 年中国互联网络信息中心（CNNIC）发布的《第 43 次中国互联网络发展状况统计报告》显示，截至 2018 年 12 月，我国网民规模达 8.29 亿，较 2017 年年底提升 3.8 个百分点；手机网民规模达 8.17 亿，网民通过手机接入互联网的比例高达 98.6%。网络视频、网络音乐和网络游戏的用户规模分别为 6.12 亿、5.76 亿和 4.8 亿，使用率分别为 73.9%、69.5% 和 58.4%。

当前，手机阅读、手机动漫、手机视频发展迅猛，移动阅读已经成为互联网阅读业最为重要的组成部分，也是各种媒介融合发展的焦点。令众多出版企

---

① 《2015中国出版业发展报告发布》，《出版商务周报》2016年1月25日，http://wwwbisenetcom/article/201601/155921htm。

业对移动网络趋之若鹜的重要原因之一是其商业模式呈现出多种可能和广泛前景。如"今日头条"等手机新媒体将广告功能与购买功能融合在一起,实现了即时购买。手机媒体良好的广告效果使手机广告规模增长迅速,而良好的商业模式无疑能带动手机移动阅读的发展。2015年4月,时代出版传媒公司在其"时光流影"平台正式开通了"微信时光书"功能;天津出版传媒集团旗下北方教育出版网的微视频课程与习题讲解可以通过手机支付即时观看。

《2017—2018中国数字出版产业年度报告》数据显示,2017年我国数字出版产业依旧保持快速发展势头,全年整体收入规模为7071.93亿元。其中,互联网广告、移动出版、在线教育、网络游戏收入位于前4位。其中互联网期刊收入20.1亿元,电子书收入54亿元,数字报纸(不含手机报)收入8.6亿元,博客类应用收入77.13亿元,在线音乐收入85亿元,网络动漫收入178.9亿元,移动出版(移动阅读、移动音乐、移动游戏等)收入1796.3亿元,网络游戏收入884.9亿元,在线教育收入1010亿元,互联网广告收入2957亿元。可见,移动出版在数字出版产业中占据了相当比重,移动出版依然是数字出版的重要发展方向,具有雄厚发展潜力。

小 结

互联网、大数据等技术的飞速发展给人们的生产和生活带来了巨大变化,已渗透并影响着各个行业和各个领域,催生出经济社会发展的新形态。技术的发展改变了人们的生活方式和思维方式,也带来了新的阅读方式革命,形成了重视阅读消费和体验、以读者为中心的阅读产业。全民阅读、媒体融合都需要以人为本,以满足读者阅读需要为中心,打破一切体制、机制、区域等的障碍,促进各种阅读资源、要素、资金、技术、市场的整合和融合,重构阅读产业链,一齐作用于全民阅读,促进人的全面发展和社会的全面进步。

目前,互联网阅读业和移动阅读业应运而生并迅速崛起,阅读产业结构已经发生并正在发生着剧变。阅读产品需要新的渠道和平台与读者建立更强大的连接,满足读者移动化的、碎片化的、细分化的、个性化的、社交化的阅读需求,为读者在阅读时间、工具和渠道上提供便利,而这些正是互联网阅读业和移动阅读业的优势所在。基于大数据技术和云计算的读者数据库使阅读产业有史以来第一次与读者建立起如此亲密和贴近的连接，第一次如此了解自己的读者。而未来，基于读者阅读需求、阅读场景和阅读体验建立起更加完备的阅读服务链和阅读价值链，将是阅读产业发展的必然趋势。

第七章　阅读的社会组织

组织的发展已经成为高度分化的社会中的主要机制，通过这个机制，我们才有可能完成任务，达到个人无法企及的目标。

——理查德·斯格特

内容提示

阅读组织是一种结构化力量

阅读组织的职能和作用

阅读组织的特性

阅读组织的类型多元化

中外阅读组织有悠久的历史

国际国内阅读组织的现状

阅读组织的结构和管理

移动网络时代的阅读组织的嬗变

阅读组织的发展趋势

人是组织性、群体性很强的社会动物，人类的社会组织是人们为了有效地达到特定目标，按照一定的宗旨、制度、系统建立起来的共同活动集体。组织的普遍存在提高了人们的社会活动效率，延伸和扩展了人类自身的能力。

如前面章节所述，阅读作为一种社会行为，它有社会自组织的功能，即通过阅读，人们可以获取语言文字、民族、文化、阶层、信仰、观念甚至兴趣、爱好等的身份和价值认同，同时其自身也需要社会组织。人们为了阅读形成面对不同人群、不同功能和不同类型的社会组织，以组织的有效载体和合力，培养阅读能力和习惯、满足各种阅读需求、倡导和推广社会阅读、提高阅读能力和功效，促进人的全面发展和社会进步。

阅读社会组织（以下简称"阅读组织"）源远流长，世界各国都非常重视阅读组织，我国古代也有阅读组织，但局限于文人圈子内。在全民阅读的倡导和移动网络数字技术的支持下，中外的阅读组织发展迅速，并不断升级。

第一节　阅读组织概述

一、阅读组织的概念

（一）社会组织

社会组织（Social Organization）有广义、狭义之分。广义的社会组织"泛指一切人类共同活动的群体"，包括氏族、家庭、秘密团体、政府、军队等；狭义的社会组织是"人们为了达到某种共同目标而将其行为彼此协调与联合起来所形成的社会团体"[①]，如企业、政府、学校、医院、社会团体等。社会学研究的社会组织主要指狭义的组织。

社会组织是社会发展到一定阶段的产物，在人类社会早期，社会发展水平极为低下，人们共同活动主要是以血缘关系为纽带的非正式群体，如血缘家庭、家族以及以地缘关系为纽带的村社等，它们都是人类发展的初级社会群体形式。由于社会分工的发展，阶级阶层的出现，人们之间的社会关系和社会活动日趋复杂，社会组织适应社会成员的需要逐渐形成并发挥作用。

---

① 肖云忠主编：《社会学概论》，清华大学出版社2012年版，第100页。

人类社会进入工业社会以来，社会生产力飞速发展，社会分工越来越细，社会生活和关系越来越复杂，初级社会群体在很多方面已无法适应社会发展和社会活动的需要。因此，完成特定目标和承担特定任务的大规模社会组织的出现、发展就成为近代工业社会发展的必然趋势。迄今为止，人类所取得的无数成就都体现在支配和管理庞大社会组织的能力上。

现代社会的一个显著特点就是社会组织取代初级群体成为占据主导地位的群体形式。这一趋势改变了人类的社会结构，一是新型的社会组织对传统的人际交往产生影响，组织中的人与人的关系是正式关系，交往需要按照固定的规则和方向进行，具有较强的间接性和片面性的特点；二是从结构上看，每个社会组织都有明确的活动目标，由此与其他社会组织有着明显的界限，组织内部运行依赖一套正式而稳定的关系结构，用以协调组织的多样化活动，实现组织的整合状态。

现代组织活动具有以下特征：一是非人格化。即与传统的人不同，现代人在组织中是一种普遍关系，组织规章的目的是为了限制人的随意性，使个体行为符合组织的要求，从而把社会人转变为一个"组织人"。二是整体的合理性与个体非合理性。现代组织的存在和发展依赖组织目标的实现程度，在组织内部，个体必须在固定的职位上发挥功能，只能按组织的要求行动。每一个组织都以功能合理性为基础，个体无法知道也没有必要知道组织活动的终极目标。因此，现代组织的个体活动与过去相比，很难做到行为的完全合理，个体也很难控制组织的发展过程和行为后果。三是道德与非道德性。即现代组织从本质上来说是理性思考的结果，它是人类创造出来的物质工具，目的是提高人类社会活动的效率。这种工具无论用于道德和非道德目的都是可能的。[1]

社会组织的构成要素包括四个方面：①一定数量的人员，这是社会组织生存的先决条件；②特定的目标，是一个组织存在的依据，指示着组织努力的方向；③正式的规范，并以书面形式明确固定下来，要求组织成员严格遵守；④权威的分层体系，包括由决策层、管理层和执行层所构成的一种支配与服从的金字塔形层级体系。[2]

---

[1] 郑杭生主编：《社会学概论新修》（第四版），中国人民大学出版社2013年版，第209页。

[2] 肖云忠主编：《社会学概论》，清华大学出版社2012年版，第101页。

（二）阅读组织

所谓阅读组织，即为了实现阅读目标而有意识地组合起来的阅读团体，其实质是阅读活动中的人际联系共同体。阅读组织是人类活动比较复杂、高级、大型的社会共同体，包括政府的阅读活动管理组织，有关阅读的行业协会，各级各类幼教单位、中小学校、高校，书报刊出版企业、印刷企业、发行企业，各类各层次的图书馆、书屋，读书（者）俱乐部、读书会，（移动）数字出版单位，移动网络阅读社群，各种阅读的非政府组织，阅读调查研究机构，等等。

从历史上看，阅读组织既是阅读事业发展的结果，也是推动阅读事业前进的重要力量，更是社会阅读事业发展水平的标志。现代社会是一个高度组织化的社会，现代人就是"组织人"，其生存、生活和创造力的发挥越来越与各种社会组织紧密地联系在一起，现代社会成为越来越依赖各种复杂的社会组织来达到其目标的社会。社会的阅读活动也一样，阅读能力和习惯的培养靠组织，读物的供给和保障靠组织，阅读的交流推广靠组织……总之，社会阅读离不开各种组织严密的分工协作来有效地开展和完成。

阅读组织的形成建立在不同阅读目的和阅读行为的基础之上。不同的阅读组织为了不同的阅读目的，具有不同的阅读行为。所谓学校，是青少年通过阅读学习知识和文化的组织；所谓图书馆，是具有相当数量的馆藏读物、供一定范围的读者借阅和阅览、为读者服务的公共组织；所谓出版社，就是编辑、制作、生产各类读物的组织；所谓读书会，是由一群定期聚会的阅读群体，针对一个主题或问题，进行有计划的读书、学习和讨论的组织；等等。

（三）阅读组织类型

阅读组织类型多种多样。

1.按设立方式，可分为国际、各国政府、企业、非政府组织等的阅读组织；

2.按直接形成的社会原因，可分为血缘（家庭图书室、家族读书会等）、地缘（邻里、社区的书屋、读书会等）、业缘（同一行业如中国出版协会、中国图书馆学会等）、趣缘（相同的阅读兴趣组成的读书会如哈利·波特读书会、金庸武侠小说读书会等）和志缘（相同的信仰和志愿，如一些宗教团体阅读组织、党团组织读书会等）等阅读组织；

3. 按年龄，可分为儿童、青年、老年等阅读组织；

4. 按职业，可分为工人、农民、学生、职工、教师、军人等的阅读组织；

5. 按语言，可分为中文（汉语、蒙语、藏语、维吾尔语等）、外语（英、法、德、日、俄、西班牙、阿拉伯等）等阅读组织；

6. 按传播介质，可分为线上、线下（图书、报纸、期刊）阅读组织等；

7. 按功能，可分为阅读的立法、管理、教育、产业、公益、推广、交流、调研等组织；

8. 按行业，可分为教育界、文化界、传媒界、出版界、科技界、通信界等阅读组织；

9. 按组织活动的地位，可分为专业和业余的阅读组织；

10. 按组织松散程度，可分为正式和非正式的阅读组织；等等。

二、阅读组织的职能、作用、特性

（一）阅读组织的职能

1. 教育培养职能。教育是阅读组织的基本职能，各级各类学校是最古老的阅读组织，它通过教育未成年人和成年人学习语言文字，获得阅读能力，培养阅读习惯，掌握知识技能，从而认识、适应和改造社会。公共图书馆从产生那天起就具有社会教育的职能，促进阅读是其重要职责。国际图联（IFLA）颁布的《公共图书馆宣言》中提出公共图书馆第一条职能就是"养成并强化儿童早期的阅读习惯"，第三条"支持个人自学教育"，等等。

2. 生产传播职能。各类新闻出版机构、网上阅读组织都是读物创作、生产、传播的重要机构，通过生产满足各种不同的阅读需求。公共图书馆更有传播（传承）文化的职能。

3. 倡导推广职能。无论是学校、图书馆、书报刊出版发行组织，还是新兴的阅读媒体、社群组织都把倡导推广社会阅读作为其重要职能。因为只有全民阅读，才能实现这些阅读组织的社会和经济效益，从而使这些组织的作用能够得到更大的发挥。

4. 协调综合职能。政府、行业协会、联盟等通过综合协调，充分调动、配置各种优势阅读资源要素，提高组织社会的合力，形成社会阅读的强有力氛围，使更多的国民参与阅读活动，并使社会阅读效益最大化。

5.共享交流职能。在各种阅读组织中，读者因为共同的阅读兴趣而相聚，同时又因为共同阅读而更加自律，产生了更强的阅读动力，通过互相交流阅读心得和体会，从而促进了阅读理解的深入和阅读水平的提高。

6.创新营利职能。读物的创作生产是创新性智力劳动，一些阅读组织通过生产发行读物，满足读者的阅读需求和消费而获取必要的回报、盈利，以鼓励社会的精神生产的可持续，并使人类智力和文明成果得以积累传承和永续利用。

（二）阅读组织的作用

社会心理学认为，群体是指为了一定的共同目标，以一定方式相结合，彼此之间存在相互作用，心理上存在共同感和相互认同的两人以上的人群。个体与群体的关系是相互依存的，个体离开群体就失去与大社会联系的结点，心理活动和行为就失去直接参照，就不能获得不断的社会支持与社会比较反馈，从而自我意识失去基点。

人是群体性的动物，也是组织性强的动物。加入群体的归属需要在人的需要中占重要地位，成为群体的成员，可以给人带来受保护感和安全感，群体中的成员比孤独者更为健康快乐。个体一旦组成群体，他就有了自己不能简单由个体来解释的新的特征，因为整体大于部分之和。群体的心理气氛、群体激化（指群体成员中原已存在的倾向性得到加强）与群体思维等现象是个体所不具备的。群体是个体直接联系社会的中介，个体对社会的反馈和影响也需要群体来实现。

团体组织是具有某些共同社会心理特征的人的共同体。这个共同体的成员通常在一定的价值规范、目标的引导下相互作用、相互影响、协同活动。因此，共同目标、归属感、认同感需要、共同兴趣和组织团体内的赞许、鼓励等组织支持的压力情景是人们加入组织的主要原因，也是组织的社会心理功能。

从阅读角度看，阅读是人类获取组织力的基本行为，阅读也需要有组织。阅读和写作能力是人类优于其他动物的独有行为，这种能力实际上是一种组织和检索信息知识的能力。人们的阅读、写作能力可以超越自身交际活动的时空界限，延长记忆时间，扩展记忆范围，而且世代相传，特别是现代社会更庞大、更复杂、更多样，这种阅读能力不仅使人类因为语言文字、民族、信仰、文化、阶层、观念甚至兴趣爱好等身份和价值认同，进行自组织，而且可以增强社会的精细化组织强度。有人说，中国共产党是迄今世界上最庞大的社会组织，为什么能"战无不胜""所向披靡"？首要的就是中共有强大的学习阅读能力，掌握了人类社会的发展规律，共产党员有了共同一致的信仰、信念和信心，形成了强大的、坚不可摧、共同奋斗的凝聚力和向心力。

据阅读史专家戴联斌指出，文化史和阅读史专家都很关注读书会和文学社，以揭示书籍和阅读行为的社会特征。阅读史家伊丽莎白·朗（Elizabeth Long）曾实地考察研究过一个读书会。在读书会里阅读不再是传统意义上孤立的个体行为。朗氏认为，在读书会，阅读其实是一种社会参与，因为读者需要其他人作样板，需要听听其他人对所读文本的反应，需要其他人推荐书、评论书，并互通有无。朗氏强调，口头交流和群体互动都对阅读行为有重要影响。[①]

读者反应理论研究专家费什认为，读者群体本质上就是"阐释团体"或者"阅读共同体"。不同的文本有与之相对应的不同的读者群体。此外，在社会阅读活动中，不同的心理和社会原因也会促使不同的读者群体形成。[②]不同的读者群有着不同的群体意识，而同一读者群内部有着一定的群体阅读目标和阅读规范，如大致趋同的阅读价值观和阅读方式。也就是说，在一个"阅读共同体"或"阐释团体"中，读者有着相似的文本阐释方式和阅读风格，而不同的读者群又具体体现为不同的阅读兴趣和阅读倾向，自发形成的读者群是形成阅读组织的基础。人类为了达到社会阅读的目的，提高阅读的功效，构建了各种不同功能的阅读组织。

阅读组织的作用可归为如下几点：

1. 培养阅读能力和习惯。阅读是学习各类文化知识的基础和前提。因此，社会通过各级各类学校组织等培养人们从小掌握阅读能力，培养良好的阅读习惯，使之终身不断学习，让人们在阅读中开阔视野、增长知识、陶冶情操、感受快乐，不断丰富精神世界，增强精神力量，认识社会，适应社会，融入社会，改造社会。图书馆、书屋、读书会等组织对培养国民的阅读习惯，提高阅读能力作用显著，人们通过参加这些组织，激发阅读兴趣，培养阅读习惯，提升阅

---

① 戴联斌：《从书籍史到阅读史——阅读史研究理论与方法》，新星出版社2017年版，第109页。
② 王余光、汪琴：《中国阅读通史》，时代出版传媒股份有限公司、安徽教育出版社2017年版，第190页。

读能力。

2.满足各种阅读需求。社会通过出版、印刷、发行、经营销售等组织,生产、供给、满足各类各层次读者所需要的读物;现代移动网络通过建立数字阅读中心、通讯服务组织、各类终端设备制造组织,满足读者的移动数字阅读需要;通过建立各级各类图书馆、书屋、阅览室保障社会成员的基本阅读需要;等等。

3.倡导和推广社会阅读。学校、图书馆、出版社、书店和各类阅读行业组织、读书会、网络阅读社群等倡导以阅读为乐、阅读为荣的理念,团结和组织人们开展丰富多彩的阅读活动,在全社会形成多读书、读好书的良好舆论氛围和社会风尚,提高国民素质,促进社会和谐发展。读者通过参加各种阅读组织,可以交流思想,倾听、分享阅读感悟,培养阅读兴趣和习惯,并且通过他们向身边更多的人传播阅读理念,从而在全社会形成崇尚阅读、热爱阅读的社会风气。现代阅读组织的广泛性和普遍性,从官方到民间、从儿童到成人、从现实到网络,各种类型的阅读组织遍布线上线下的各个角落,是推广社会阅读的有效载体。

4.提高阅读能力和功效。参与阅读组织,通过群体中的相互学习,互相帮助,不仅能阅读优秀作品,同时还能和组织内成员交流思想,分享阅读体会,提高辩论的技巧,培养思考和尊重别人意见,以及修正观点、分担责任的态度,从而体验团结及共同阅读的感受,达到相互学习、共同进步的目的。

(三)阅读组织的特性

除了目的性、稳定性、结构性等社会组织的一般特性外,阅读组织还有如下特性:

1.开放性。现代社会,为了普及教育和阅读,提高人口质量和全社会的科学文化水平,各国不论是学校、图书馆、书店,还是其他各类阅读组织,都对所有社会成员开放。只要愿意,谁都可以进(加)入,它是社会成员自觉自愿可以加入的组织。如现代大多数学校实现中小学免费的义务教育,各类公共图书馆更是免费向全体国民开放。

2.知识性。阅读组织都是由学习、生产、传播、整理、利用和研究知识信息的阅读人口组成的,因此是有一定知识水平的人的聚合体,这是其主要特征。

3.倡导性。现代阅读组织倡行全民阅读理念,引领社会成员参与阅读,再通过各种阅读资源和活动引领带动(非强迫)更多社会成员阅读,使社会阅读能力、习惯和行为最大化。阅读组织整合利用智力和信息资源，通过组织各种推广活动、发布工作指南、创建各种交流沟通平台等形式，推动阅读理论发展和实践进步，在组织、指导、服务社会阅读工作方面发挥积极作用。

4.协同性。单一的阅读组织的作用是有限的。各类阅读组织利用各自优势和资源，各司其职、各负其责，在理念和实操层面协同配合，形成培养、满足、服务、指导、推广、交流、调研社会阅读的强大合力。

5.长期性。阅读组织作为人类文明传播、传承的有效载体，历史悠久，品牌过硬，如有些学校、大学、图书馆、出版企业、行业协会等阅读组织达千百年历史，他们长期关注社会大众素养提升和终身学习问题，特别是致力于通过倡导、培育、深耕社会阅读来提高国民素养，形成了深厚的工作积淀和积极的社会效应。

第二节　阅读组织的发展历程和现状

一、国外阅读组织的发展历程

国外阅读组织萌芽很早。据阅读史记载，早在公元前 4000 年前后，古巴比伦所在的美索不达米亚平原就有了大量的文献收藏，当时的文献形态主要是书写在泥板上的楔形文字，称"泥板文书"。这些泥板文书的阅读者主要是当时的特殊社会阶层如贵族和"书记员"（或称苏美尔书吏），拥有"受人敬重的权力"，他们不只是公证速记员、会计、档案员、秘书和官吏，还是主动阅读者。当时有专门的"书记员学校"教授阅读方法，阅读是通过书写学习的。书记员学校毕业的学生可能成为簿记员和会计，为商人或王室服务。"书记员学校"可以说是史上有记载的最早的阅读组织。

1973 年在叙利亚阿勒颇附近，考古学家发现了公元前 2400 年—前 2250 年的埃卜拉王宫，共挖掘出当时的皇家档案馆泥板文书 17000 块，内容包括经济、金融、历史、文学、农业、语言等等，主要供官吏、会计和书记员阅读。美索不达米亚的所有中心城市都有这样的"图书馆"和"档案馆"，这样的信息库对当时的城邦管理不可或缺，也是已发现的人类最早期的阅读组织。

巴比伦亚述王国时期规模宏大的尼尼微图书馆已为考古发掘所证实。这座楔形文字图书馆已经发现 25000 块刻字泥板，可见其规模之大。当时的国王巴尼拔积聚泥板的目的是为了"研读"。

与美索不达米亚一样，埃及也有图书馆这类阅读组织，宫殿、庙宇、行政中心，甚至识字的富人区都有。在伊得福（Edfu）发现的始于公元前 2000 年的图书分类总目显示，古埃及图书管理员曾尝试以分类方式定义经验世界，如"木刻文本目录""地名和物名目录""庙宇文物目录"等等。①

古希腊时期的教育目的是培养口才，兼及获取知识。因希腊语当时对阅读的核心定义仍然是演讲、辩论的口语交际。最早的古希腊和罗马人开始广泛使用书面文字，但在日常生活中仍然以使用口头文字为主，他们口授信函，听人背诵，听新鲜事儿，或聆听阅读文学作品和来往信函。随着书写骤然增多，不同级别、不同阶层的希腊罗马人才开始手捧莎草纸书卷阅读起来。

公元前 7 世纪前后，众多的希腊商贾把埃及的诺克拉提斯建成繁华的商业中心，莎草纸进入人们的日常生活，从而促进地中海东部沿岸的阅读书写活动。最终，以交易莎草纸图书为主的书市在罗马发展起来，随之出现了数十家出版商，雇佣着成百上千的书记员和绘图员。这可能是西方较早的阅读产业组织。即便如此，因从埃及进口的莎草纸反复加价比较贵，能买得起这类书的人还是寥寥无几，主要还是有钱的贵族和图书馆。

公元前 5 世纪，雅典出现最早的书市。公元前 4 世纪的著名学者亚里士多德是酷爱读书的人，他专门为自己积累了一座图书馆，其"学园图书馆"名噪一时，可以教授弟子，研究学问。从此以后，亚历山大的诸托勒密让希腊大规模进口莎草纸，文学在希腊繁荣起来，一部作品抄有多个副本，供私人和公共图书馆收藏，形成了一定的书写文化。在雅典、罗马等大城市中出现了对部分市民实行某种程度开放的公共图书馆。②

亚历山大大帝接管埃及后，施行希腊化，通过基础教育给社会注入活力，少数城邦在私人慈善家的资助下，让自由的男孩和女孩可以到公立学校学习希腊语的阅读和写作，私人教师则是教育有钱有势人家的子弟。

已知最早的公共聚众阅读始于希腊人。早在公元前 5 世纪，希腊历史之父

① ［新西兰］史蒂文·罗杰·费希尔著，李瑞林等译：《阅读的历史》，商务印书馆2009年版，第30—31页。
② 吴晞：《从藏书楼到图书馆》，《图书馆工作与研究》1994年第1期。

希罗多德（Herodotus，约公元前 484—前 425）在奥林匹亚节日上把自己的作品读给聚众听。从中我们可以看到，希腊和罗马的早期公众阅读依然保持着口头文学和书面文学之间的密切联系，作者在一个小团体内朗诵自己的作品，团体里的每个人对他的作品也十分熟悉。每个人既是作者，又是读者。

莎草纸最早给埃及的书面文字赋予活力并成就了亚历山大图书馆。该馆始建于亚历山大的继承人托勒密一世（公元前 323—前 285）时期，它是皇家资助建的，目的是想集中当时的所有书籍。托勒密一世还想将其与教育、研究相结合，托勒密二世（前 280—前 247）系统地实施了这项计划……要求停泊在当时是世界主要港口之一的亚历山大港的每艘船只都必须交出所携带的书卷供誊抄之用，还想方设法要求当时全国所有的书卷都送来供誊抄，上述亚里士多德的"学园图书馆"的收藏也被送到亚历山大图书馆。

亚历山大图书馆建立 150 年后，在托勒密三世时被毁，馆藏的莎草纸书达到 50 多万部。北非出生的作家、诗人卡利马科斯（Callimachus，前 305—前 240）作为该图书馆的馆员为其设计了世界上已知最早的分类体系。藏书按主题分为戏剧、讲演、抒情诗、立法、医学、历史、哲学以及其他，并按希腊字母顺序编目。亚历山大图书馆成为当时地中海一带一流的学术和阅读中心，后来所有图书馆都沿袭了它的模式。[①]

公元前 2 世纪初，罗马出现了与古希腊相似的阅读社团。已知最早的社团是以著名将军大西庇阿（Publius Cornelius Scipio Africanus，前 235—前 183）为核心组织起来的。这个社团也欢迎和扶持非贵族阶级出身的作家，推广希腊的语言和文化，成员之间保持频繁的书信往来。[②]公元前 1 世纪，罗马共和国和帝国时代，作家作为知识分子在社会的地位提高，个人主义占上风，公众朗诵会和文学社团较为活跃，拉丁文坛上举足轻重的人物组建了三个文学社团，为后人提供了阅读组织的成功范例，受到人们的普遍尊重。这些文学社团不仅给当时的作家提供了物质、经济资助，更主要在于它们对艺术、哲学所起的引导作用。

公元 1 世纪，文学组织重新繁荣一时，各种文学形态在各个社团中重新焕

---

① ［法］弗雷德里克·巴比耶著，刘阳等译：《书籍的历史》，广西师范大学出版社2005年版，第27页。
② ［新西兰］史蒂文·罗杰·费希尔著，李瑞林等译：《阅读的历史》，商务印书馆2009年版，第66页。

发出勃勃生机。①西方古代文学社团的成员一般都出身于社会最富有、最有教养的阶层，支助出身贫寒的作家，给他们提供经济上的帮助并以此换取作家的作品。文学社团的贡献之一就是建立了作家之间的合作，这不同于今天作家相对独立的工作状态。公众朗读让许多作家在得到同行的点评之后可以"润色"自己的作品。作家也有相互交换作品的习惯，他们通过相互修改作品帮助彼此提高。地中海沿岸的柯林斯、亚历山大和耶路撒冷等城市的教堂很早就有基督教图书馆，公元231年，基督教哲学家奥里金（Origenes，约185—253）被逐出亚历山大，随后在巴勒斯坦的塞撒雷建立了一座图书馆，凭借其3万册的藏书，成为基督教形成早期的主要知识中心。②

中世纪的阅读多数情况下仍然是一种集体活动。教堂礼拜仪式上诵读《圣经》，修女和道士用餐时也聆听《圣经》，大学的课堂完全成了公共阅读的场所。③西欧中世纪第一个馆藏超过2000册的图书馆是法国阿维尼翁的教皇图书馆，当时欧洲大多数主要教会和皇室图书馆藏书都不过几百册。

公元4—5世纪，传统的罗马教育江河日下，教会学校作为一种新型的学校应运而生。400年后，查理大帝颁布法令，责成法兰克福帝国境内的所有教堂必须设立学校，教授阅读、写作、数学以及音乐（圣歌）等课程。至此，由教区、修道院或教堂设立的教会学校真正繁荣发展。

中世纪鼎盛时期，高级读写教育大多采用所谓的"经院方法"，即初具读写能力的学生通过背诵并比对名家名作的权威注解，成为基督教区的教师。阅读教育是对拉丁文本进行语法分析，辨识并解释每个单词的格或词形变化，获得文本的字面意义等，然后学习和通过正统教义得出更高层的意义，并进行批判性阐释。

12世纪前后，欧洲已形成标准的阅读课程体系。11—12岁的男孩掌握一定的阅读能力然后进入高年级学习两三年，主修文法、修辞和逻辑三科，一般14岁时升入大学，专攻三科中的某一科，也可以进一步学习包括算术、几何、天文、

---

① ［法］卡特琳娜·萨雷丝著，张平、韩梅译：《古罗马人的阅读》，广西师范大学出版社2005年版，第82—84页、第98页。
② ［法］弗雷德里克·巴比耶著，刘阳等译：《书籍的历史》，广西师范大学出版社2005年版，第41页。
③ ［新西兰］史蒂文·罗杰·费希尔著，李瑞林等译：《阅读的历史》，商务印书馆2009年版，第141页。

音乐在内的四科，以及医学和法律。到约 1340 年，意大利佛罗伦萨的 6—13 岁孩子有 45%—50% 就读于各类学校。

欧洲的基督教会学校和神学院孕育了现代意义的阅读教育组织——现代大学。9 世纪末期，法国巴黎圣母院的索邦神学院发展成为巴黎大学，后来规模日益扩展，虽然神学依然是其核心教学内容，但教授的内容已经扩大到文学、法律以及医学等。1180 年，法皇路易七世正式颁布其"大学"称号，标志着最早的大学产生。在巴黎大学成立后，欧洲其他各地的大学相继建立，著名的有牛津大学、剑桥大学、意大利比萨大学等。

意大利是欧洲大学的另一个发源地。1158 年其皇帝费德里克一世颁布法令，规定了博洛尼亚大学不受任何权力的影响，作为研究场所享有独立性，这标志着欧洲现代大学的诞生。

1636 年 10 月 28 日，美国的马萨诸塞海湾殖民地议会通过决议，决定筹建一所像英国剑桥大学那样的高等学府，并拨款 400 万英镑，建立"哈佛学院"，即美国哈佛大学的前身，哈佛大学将欧洲大学之火在北美洲燎原。

随着 1450 年金属活字印刷术的发明和普及，印刷所在欧洲已随处可见，出版人、印刷商、书商和学者往往兼于一身。在印刷的过程中，这些人要请教教授、医生、设计师、画家、翻译家、图书馆馆长等有学问的人，因此，印刷商的作坊就成为一些城镇的学术中心和阅读中心，16 世纪最先进的学术中心从讲演厅和教学中心转移到了印刷商的作坊。[①] 这些印刷作坊大多开设在靠近销售对象的地方，例如巴黎的拉丁语区由于毗邻巴黎大学，而成为全市的印刷中心。圣雅克芸香大街（Rue Saint Jacques）两侧书店林立，印刷商和装订工们散居在周围的大街小巷，整个产业由此崛起。在长达一个世纪的时间内，数以千计的印刷商、装订工、雇工、销售商、中间商及其庞大的家族聚集在这里，通过生产并向周边和海外地区分销书籍谋生。巴黎的一些书商还在靠近各自客户的地方开设专卖书店，如在巴黎圣母院附近销售祈祷书、在法庭附近销售法律书籍等等。

到 1500 年，欧洲已有 250 多个印刷中心。其中，威尼斯的印刷所已多达 150 余家。[②] 活字机印书籍的广泛生产传播与扩散，阅读行为的社会下沉和普及，

---

① ［美］伊丽莎白·爱森斯坦著，何道宽译：《作为变革动因的印刷机：早期近代欧洲的传播与文化》，北京大学出版社 2010 年版，第 90 页。

② ［新西兰］史蒂文·罗杰·费希尔著，李瑞林等译：《阅读的历史》，商务印书馆 2009 年版，第 196 页。

为各类群体阅读活动、阅读组织的兴起奠定了基础。

1478 年，英国印刷先驱 T. 罗德创立牛津大学出版社，标志着现代出版产业组织的诞生。1514 年，剑桥大学出版社成立。1763 年，德国议会通过世界上第一部《普遍义务教育法》，保障了德国阅读教育的义务普及，1807 年普鲁士所有的小学、中学和大学一概由国家出资。德意志从此走上了一条全民免费教育的道路，从而也将德国当时的"阅读革命"推向高潮。

与此同时，公共阅读设施和藏书事业的发展，是阅读组织兴起的又一标志。18 世纪，欧洲各国的君主、亲王、伯爵、主教开始仿照古代陵墓的样式兴建大型图书馆，用以收藏自己阅读、视若珍宝的作品。法国大革命前夕，仅居住在东部贝桑肯城（Besancon）富裕街区的居民就拥有几十万册藏书。大英博物馆图书馆就是在此时建立的。1850 年，英国颁布世界上首部《公共图书馆法》，保障和推广社会阅读。英国、美国、加拿大、澳大利亚及新西兰在 19 世纪前后建立本国的公共图书馆系院，世界上大多数国家都在 20 世纪之后建立自己的公共图书馆系统，且大多在 20 世纪后半叶才开始对外开放。时至今日，各种类型的阅读组织已经在世界各国广泛普及，各种阅读组织和活动方兴未艾、蓬勃发展。

二、现代国外阅读组织主体

（一）各国议会

各国议会是立法机构，社会阅读需要各国议会通过制定有关阅读的法律来保障。如英国议会 1850 年通过《公共图书馆法》，瑞典议会 1905 年颁布《图书馆法》等。现代国家议会都通过制定法律保障和推广阅读，1998 年 5 月，美国国会通过《阅读卓越法》，并由克林顿总统签署生效。1999 年，美国众议院通过了《卓越阅读计划》，配套《阅读卓越法》实施。1994 年，韩国国会制定《图书馆和读书振兴法》，2006 年国会通过《阅读文化振兴法》。2001 年日本国会公布实施《儿童阅读推进法》，全面而有计划地推进与儿童阅读有关的政策。2005 年 7 月，日本国会通过《文字、活字和文化振兴法》，在全国推进国语教育和阅读，同时在全国设立"文字、活字和文化日"，等等。

（二）各国政府

现代各国政府是组织推动社会阅读的主导力量。1450 年谷腾堡金属活字印刷术的实用化、产业化，为德国的阅读普及奠定了基础。18 世纪末，德国政府掀起了历时 25 年之久的"阅读革命"，这场革命的深远影响可比肩法国大革命和英国工业革命。经过这场革命，贵族文化开始没落，读书不再是王公贵族和僧侣阶层的特权，德国的中产阶级开始广泛地接触图书、阅读图书，文学沙龙和图书馆纷纷涌现，文化学习开始成为人们生活的核心，这不仅提高了德国中产阶级的文化涵养，更拉开了整个社会热衷读书的大幕，孕育了德国人厚实的阅读根基。德国目前最大的阅读组织——"德国促进阅读基金会"主要由政府资助建立，其名誉主席由历届德国总统担任，该基金会与德国教育与研究部开展如"德国起跑线"等一系列的阅读推广活动，是德国推进社会阅读的全国中枢机构。该基金会 1988 年成立以来，工作成效卓著，不仅吸引大批名人代言，还培育了大量专业志愿者，更凝聚了社会各界的力量，并带动了各类阅读志愿组织的繁荣生长。

20 世纪 60 年代，韩国政府倡导在全社会掀起了关于"为提高素质而阅读"的热潮，由政府主导，兴起了"阅读大著书运动""图书馆阅读运动""乡村文库运动"等大规模阅读促进活动。1993 年，韩国开始实施全国综合读书指标调查即"国民阅读情况调查"，该调查在 2008 年被认定为国家认证统计，每年开展。文化体育观光部为国民阅读推广的官方机构，每五年需制定一份读书文化振兴基本规划，指导和推动国民阅读的开展。

早在 1983 年，美国教育部就发表调查报告，突出强调阅读、写作、计算机三种能力对于学生发展的重要性。2002 年，美国布什总统签署《不让一个孩子掉队法》，就阅读问题，该法案制定两个配套方案："阅读优先计划"和针对学前儿童的"早期阅读优先计划"，形成了集政策法规、制度、投入、机构标准、绩效评估、科学研究于一体的国家阅读推广体系。

为提高国民知识水平，提升人力资源质量，俄罗斯政府 2006 年制定并实施了《国民阅读扶持与发展纲要》。《纲要》由联邦出版与大众传媒署、俄罗斯图书协会倡议并起草，俄罗斯文化部为整个实施过程提供财政扶持。2016 年 2 月，俄罗斯联邦政府决定将文学年组委会改组为联邦文学、出版、阅读扶持委员会，由国家杜马主席亲自担任组委会主席。

为应对数字化时代的政府管理变化，2009 年法国调整文化部，明确区分文化事业和文化产业，其中负责协调和评估国家媒体多元化发展政策的是文化部媒体和文化产业总局。媒体和文化产业总局通过下属的图书和阅读司实施图书行业的政策制定、行业发展评估和监管的职责，维护图书出版业领域各参与者处于较为平衡的环境，确保法国和国外图书经济的发展，联系全国各大区文化事务局及其图书和阅读委员会。2011 年，法国关于《创新和因特网》报告推出，对电子书概念、电子书定价指导方、网络书店打折与运费等予明确规定。法国政府文化部通过下属公共机构"法国国家图书中心"，多年来致力于以资助的形式支持出版业的内容创作、发行零售、宣传推广等。

（三）有关行业协会组织

有关的行业学会和协会由行业专家学者组成，它们是政府和行业之间的中介和桥梁，能够在民间与政府之间进行有效的沟通，能弥补政府和市场机制的不足，它们是重要的阅读综合、协调、推广组织。

首先是有关阅读的国际行业组织，主要有联合国教科文组织（UNESCO）、国际阅读协会（IRA）、国际图书馆协会联合会（IFLA）、国际出版商协会（IPA）、国际儿童读物联盟（IBBY）等。它们践行自身宗旨，发挥自身优势，加强相互合作，采取多种形式长期致力于全球阅读推广事业，在唤起民众阅读意识，引领世界阅读风尚方面发挥了重要作用。

联合国教科文组织（UNESCO）是联合国的专门机构之一，其宗旨是促进教育、科学及文化方面的国际合作，以利于各国人民之间的相互了解，维护世界和平。阅读推广是其践行宗旨、履行职能的重要工作。自成立至今，该组织倡导和发起了多项阅读推广活动，在各个国家和地区的积极响应及有关国际组织的协同配合下得到深入开展，促进了全球阅读文化的培育和世界阅读风尚的形成。这类活动又分为两类：一是以促进教育为主题、包含阅读推广内容的活动，诸如扫盲（Literacy）、全民教育（Education for All）、终身学习（Life long Learning）等项。二是以促进阅读为主题、以阅读推广为主要内容的活动项目，诸如国际图书十年（1970—1980：International Book Decade）、走向阅读社会（Towards a Reading Society: Targets for the 1980s）、全民阅读（Reading for All）等。

国际阅读协会（IRA）是 1956 年在美国成立的国际阅读、研究、交流的非营利组织，至今成员已超过 10 万人，遍布 100 多个国家，并有 1250 个分会，主要通过开展阅读研究、组织阅读交流、出版学术刊物、组织评奖等方式促进国际社会的阅读。

1896 年成立的国际出版商协会（IPA）是图书和杂志出版业的国际性行业联盟组织，它有 60 多个国家的 70 多个集体会员单位。该协会在国际消灭文盲、版权保护，促进出版自由、阅读自由方面做了大量工作。如前所述，该协会曾大力呼吁、建议设立"世界图书日"等。

国际图书馆协会联合会（IFLA）1927 年成立于英国，它一直致力于全球范围内民众阅读习惯的培养和阅读能力的提升，通过多种形式指导和推动全世界阅读推广事业发展。

国际儿童读物联盟（IBBY）成立于 1953 年 10 月，其总部位于瑞士巴塞尔，是与联合国教科文组织、联合国儿童基金会有咨商关系的国际性非营利组织，是全球儿童读物创作、出版、销售、研究、传播的综合性平台。主要是帮助全球儿童尽可能多地接触高水准的文学、艺术读物。目前已在全世界 69 个国家设立了分会，该组织每两年召开一次世界大会。2018 年 9 月，中国人张明舟当选为该联盟主席。

此外，还有各国的阅读行业组织。如美国出版商协会于 1999 年创立"直击阅读"活动，通过让人们发现自己身边正在阅读的身影，使人们注意到阅读活动每时每刻正在发生，阅读是生活的组成部分。美国图书馆协会 2006 年与美国国家人文艺术基金会等联合发起全国范围内的"大阅读计划"，旨在激发民众对于阅读文学作品的兴趣，成为美国阅读社会建设的开端。美国教育协会 1998 年正式开展"读遍美国"活动，力图让阅读成为孩子们获得成功的重要因素。

俄罗斯图书联盟于 2001 年成立，是俄罗斯大型图书出版社和经销商的行业联盟组织，其最重要任务就是要争取国家对大众传媒和图书出版业的大力支持。2006 年 11 月，为推动国民阅读和图书推广，该联盟与政府有关部门共同制定并发布《国民阅读扶持与发展纲要》。相对于亚洲其他国家，日本的国民阅读促进活动起步较早。1947 年，日本出版界牵头成立了"读书周实行委员会"，1959 年更名为"读书推进运动协议会"。该组织一直致力于在全国组织各类读书活动，推介书籍。目前日本的 41 个都道府县都有"读书推进运动协议会"的分支机构，在全国阅读活动推广中发挥了重要作用。

（四）各级各类学校

学校是阅读教育的主要组织，包括中小学和大学。其中中小学是阅读的基础教育组织，主要培养青少年基本的阅读技能；大学是开阔学生的阅读视野和培养其阅读检索、研究能力的组织。

美国学校非常重视对于学生阅读能力的提高，前述由总统签署的"卓越阅读方案"是一项国家支持、各学校参与的阅读项目，该方案着重帮助提高学校教师的阅读技巧进而带动教学水平；另一方面重点给学生制定科学的阅读指导计划和相应的"阅读书目"，为其创造良好的阅读环境，培养阅读兴趣，提高阅读能力。

美国小学1—3年级即开展初级阅读训练，一是学习字行与声音的对应关系；二是通过视读认识词语；三是通过语言体验扩大词语数量。小学4—6年级，突出培养阅读理解能力，阅读的领域从课本扩大到科学、社会、文学、数学等多方面内容，在阅读中学会更多的词语与困难句法，熟悉各种文章体式，学会运用词典，等等。7—12年级要求能阅读"日报"和《读者文摘》等，发展相应的高级阅读技巧，如做判断、推结论、评价读物和快速阅读等，并且能不断扩充知识、经验背景以及发达的思考和理解能力，特别强调通过梳理问题，培养学生的想象、分析和批判阅读能力。[1]

英国学校阅读教育从"口语—阅读—写作"的顺序展开教学。其阅读教学强调，父母参与儿童的早期识字、朗读和阅读活动即亲子阅读，对培养子女的阅读兴趣、形成阅读技能十分有益。那些经常与父母一起阅读的孩子，阅读能力都比较强。要对家长开展必要的阅读培训，并允许学生把阅读材料带回家与家长共读；英国中学反对在英语阅读教学中过分热衷对语法形态死记硬背式的机械练习；注重朗读训练，在课堂上师生双方用富有感情的朗读活动增强学生语感；还通过阅读实验、个人默读和小组讨论增强阅读效果；文学包括对莎士比亚等文学名家经典的阅读在英国中学阅读教育中有悠久的历史。

法国中小学阅读教育强调，在初学阶段，儿童的阅读兴趣寄于流利朗读等

---

[1] 曾祥芹、韩雪屏主编：《国外阅读研究》，河南教育出版社1992年版，第45页。

阅读行为之中，而不是在对所读文章的理解之中。鉴于儿童阅读的这一特点，阅读教学主要要求学生做到流利，防止教员过于频繁地提问和解释，干扰或中断学生的阅读。中小学阅读教学分为"辨认朗读"和"表情朗读"两个阶段。辨认朗读阶段目的在于使学生扫除拼写辨认障碍，教师只在学生阅读中顺便解释；在表情朗读阶段，教师要使那些进入提高阶段的学生完善所获得的文化知识，开始文化基础知识的学习，通过教师解释"启发"和"激发"，学生能通过表情阅读来传达自己的理解。

德国小学教育的任务除了传授阅读、书写和计算基本技能外，还包括保持和呵护孩子们对世界的好奇心和学习的乐趣，因此，强调跟着少儿认识能力的发展，循序渐进慢节奏的阅读教学。2015 年的国际学生评估测试（PISA）显示，在 72 个国家和地区中，德国学生在阅读方面的成绩高于中国学生。作为世界最具竞争力和创新力的国家，德国的阅读教育经验表明，轻松教育一样可以造就社会所需的合格人才，成就幸福人生。[①]

日本中小学校十分重视阅读，阅读教育深入具体，并自发衍生出"儿童阅读""学习阅读"和"教学阅读"等概念。除了注重课堂阅读教学外，欧美日的学校图书馆也很发达。如美国共有约 98460 所公立和私立学校配备图书馆，公立学校达到 90% 以上，私立学校达到 49% 配备图书馆，这些课外阅读资源在辅助课程教学、鼓励学生发挥创造力以及培养终身学习习惯方面发挥着重要作用。美国发达的高校图书馆在课程阅读指导、丰富知识、开阔视野、培养信息知识素养和检索能力方面做出重要贡献。

总之，阅读教育在欧美日的中小学义务教育乃至大学教育中有重要地位，且各具特色。

（五）各类图书馆

图书馆的职能主要是保存人类文化、开展社会教育、传递知识信息和开发智力资源。图书馆是倡导和推进社会阅读最主要、最有力的组织者、实施者，是推进社会阅读的重要组织。图书馆是现代社会开放、共享阅读的重要阵地。自 18 世纪现代公共图书馆在英国出现以来，图书馆这一阅读组织作为人类文明

---

① 孙进：《德国的小学教育缘何从容淡定》，《光明日报》2019 年 2 月 21 日。

的标志在欧美获得极大的发展。

阅读大国德国图书馆发达，二战时公共图书馆受到重创，战后很快重建恢复。到 2000 年，德国全国有公共图书馆 11322 座，平均约每 6600 人就拥有一座。法国不到万人就有一座公共图书馆。北欧的瑞典社会发达、人民幸福，目前瑞典图书馆有着发达的服务网络、合理的布局和完善全面的社会阅读保障，在首都斯德哥尔摩，每一地铁站周边都会有图书馆，图书馆拥有两个各自可容纳 2000 册图书的"儿童流动图书馆"，学校和幼儿园可以通过电邮预约，邀请"流动图书馆"驶入校园。图书馆还设有"阅读障碍角"，专门服务于读写困难的人群。

2016 年，美国本土除中小学图书馆外，目前共有 26726 家图书馆，其中公共图书馆 16874 家、学术图书馆（包括大学、学院、专科等学校图书馆）3606 家、军队图书馆 237 家、政府图书馆 864 家以及专业图书馆（包括法律、医学、宗教三大类）5145 家。[①]可见美国图书馆之发达，阅读服务保障之优越。加拿大共有分布在全国各地的公共图书馆 3000 座，2600 多个专业图书馆，250 多个高校图书馆，9700 多个中小学图书馆，约平均每 1.18 万人就拥有一座公共图书馆。

（六）传媒出版机构

传媒出版即书报刊和影视、数字出版组织是读物的生产机构，而阅读是读物的消费环节，生产满足消费，消费决定生产，传媒出版机构是当然的阅读组织。

目前全球最大的传媒出版组织都在欧美，如美国的新闻集团（News Corporation）、企鹅兰登书屋（Penguin Random House）、哈珀·柯林斯出版集团（Harper Collins）、西蒙·舒斯特公司（Simon & Schuster）等，德国的施普林格集团（Springer Group）、鲍尔传媒集团（Bauer Livre）等，英国的培生集团（Pearson Group），法国的阿歇特出版集团（Hachette Book Group）等。据统计，法国 2014 年共有包括出版社、日报社、杂志周报社、新闻社、图书零售商、报纸零售商、口笔译公司在内的书报刊出版和发行企业共 3.9 万家，2015 年全年出版图书已超过 10 万种。每个企业的平均全员职工为 3.2 人，略高于其他文化企业的 2.1 人。杂志、周报社共有 2400 家，平均全员职工为 7 人。图书零售商

---

① 范军主编：《国际出版业发展报告（2017年版）》，中国书籍出版社2018年版，第19页。

从 2011 年的 2400 家减少到 2013 年的 1500 家，经过国家支持，2015 年恢复到 3100 多家。法国 2016 年营业额达到 100 万欧元以上的出版社达到 196 家。阿歇特出版集团作为法国最大的出版集团 2016 年有员工 7268 人，销售额达到 22.64 亿欧元。据统计，美国 2016 年出版纸质新书 20.5 万种，电子书出版种数 21.9 万种，图书销售量达 27.1 亿册，年出版业销售收入达 262.4 亿美元。德国 2016 年约有 2632 家出版社，全年出版新书达到 72820 种，比上一年减少近 5%。全年图书销售额达到 92.76 亿欧元。德国法兰克福图书博览会是世界上规模最大、最有影响的行业盛会。[1]

近年来除传统出版外，新兴出版方兴未艾，电子出版、自助出版、众筹出版、3R+ 出版机构和组织大量涌现，风生水起。如在美国，斯马史沃兹（Smashwords）、创作空间自助出版（Create Space）、露露出版（Lulu Enterprises Inc.）、作家之家（Author House）、布鲁伯（Blurb）5 家平台基本垄断自助出版领域。

近年来出版发行企业组织由于受网络冲击，破产倒闭、并购重组、转型升级成为发展趋势。

（七）各类非政府阅读组织

非政府组织是社会的毛细血管和细胞，是除政府以外最重要的社会组织。在欧美日，各类非政府阅读组织、最典型的如读书会在推广社会阅读方面发挥重要作用。

依据瑞典官方的成人教育公告（Adult Education Proclamation）的解释，读书会是指一群朋友根据事先确定的题目或议题，共同进行的有方法、有组织的学习。[2]卡兰德（N. D. Kurland）以瑞典的读书会为例，指出读书会的特性在于，它是一种特殊形式的小团体研读，参与者因共同兴趣而结合在一起，组织者的作用是刺激讨论，参与者通过研读素材——但并没有固定的知识或材料，也没有要达成的特定目标——自愿参与，聚会时间和地点以参与者方便为原则。[3]

---

[1] 范军主编：《国际出版业发展报告（2017年版）》，中国书籍出版社2018年版，第330、26、116页。

[2] 余政峰：《读书会的团体动力因素之研究》，http://www.doc88.Com/p032714151957.html.

[3] 周立黎：《借鉴国外和我国港台地区经验建立和运营图书馆读书会》，《图书馆论坛》2010年第5期。

据统计，目前德国约有 200 多个阅读推广机构、组织，民间组织更是不计其数 [1]，各类阅读推广活动遍布各级政府、学校、图书馆、家庭以及各类社团，促进少年儿童阅读更是重中之重。除此之外，优秀阅读推广组织还有德国联邦及州教育规划和研究促进会委托设立并资助的"阅读在德国"网站、国际阅读推广机构"德国—以色列"阅读媒体俱乐部、朗读志愿者俱乐部、教师俱乐部等。在这些社会组织的推动下，德国实施了大量社会阅读推广项目，其中许多创意具有世界影响力，如"阅读测量尺""阅读起跑线""阅读童子军""阅读小海盗""爸爸给我读书""全国朗读日"等。

日本社会重视阅读推广，从 20 世纪 80 年代开始，"母子阅读社团""儿童图书研究会"等民间阅读团体蓬勃兴起。在英国，英国素养信托基金和英国图书基金是非常重要的阅读推广组织。在美国，有"每方都是赢家"这种分支机构遍布全美十多个州的大型阅读志愿组织。1997 年，新加坡成立全国性读书会——"新加坡读书会"，几年内先后有 20 多个团体成立华文读书会。

加拿大重视国民阅读始自儿童时期，极其注重儿童的校园阅读教育。在阅读设施方面，加拿大经常开展各类阅读推广活动，既有英、美舶来项目，也有本土全民阅读活动，如"一城一书"阅读活动、"暑期阅读营"、"阅读起跑线"等。2008 年，非营利机构"全民阅读运动"（National Reading Campaign）开始致力于加拿大全国阅读推广工作，并在 2009 年、2011 年、2012 年分别在多伦多、蒙特利尔和温哥华召开了三次全民阅读峰会（The National Reading Summit）。

三、我国阅读组织历程

我国是一个有古老耕读传统的国家，阅读组织也历史悠久，源远流长。作为阅读组织雏形的藏书活动，在我国古已有之。黄帝时已有分掌文献的史官，史官是当时最博学的人，也是掌管图书档案的专职人员。夏朝有负责图籍的太史令，据《吕氏春秋·先识览》载："夏太史令终古出其图法，执而泣之……乃出奔如商。"因此夏朝不仅有图法，而且有管理图书档案的专职人员——太史令。[2]商朝的甲骨文是我国最早的藏书实物。《史记·老子韩非子列传》称老子为"周

---

[1] 李蕊：《德国社会阅读推广考察及启示》，《图书馆界》2014年第1期。

[2] 肖东发主编：《中国出版图史》，南方日报出版社2009年版，第13页。

守藏室之史也", 可知周代的藏书室是文献记录最早的藏书机构, 这些藏书机构及相关人员, 则构成了我国阅读组织的雏形。

春秋战国时, 齐国齐桓公于国都稷门外立学宫, 招揽天下贤士, 鼓励讲学辩论, 著书立说。各方学者, 无论派别, 纷至沓来, 学宫兴旺达150年之久, 成为各派学者荟萃中心。鲁国孔子聚徒编书、读书、讲学, 宣传自己的儒家学说。此外, 同期及其前后的老子、庄子和孟子都引徒读书讲学, 这些都可算是我国最早的阅读团体或组织。

魏晋时的"竹林七贤"(阮籍、嵇康、山涛、刘伶、阮咸、向秀、王戎), 他们虽思想倾向不一, 但常集于竹林之下, 肆意酣畅饮酒、吟诗、纵歌、讽议时政, 以后又有东晋王羲之在绍兴的"曲水流觞"、文人雅集等等, 是我国古代士大夫、读书人的聚会组织方式。

历代的官学、私学为我国古代的阅读教育组织。春秋以前, "学在官府", 一直为王官之学垄断。春秋后期, "天子失官, 学在四夷", 私学兴起。孔子创办私学, 根据教学需要, 编定"六经"(《易》《诗》《书》《礼》《乐》《春秋》6种儒家经典)为教材, 诸子著书立说。秦代曾禁私学, 效果不佳。汉武帝时, 根据董仲舒的建议, 在长安城外兴办太学, 以五经博士任教官, 以"四书""五经"等儒家经典作为阅读教材, 收博士弟子50名。于是, 官学作为一种制度臻于完备, 同时经师讲学兴盛。

魏晋南北朝, 社会动荡, 私学有发展。隋唐实行科举制, 为庶族地主直至平民百姓都提供读书入仕的机会。唐末出现书院, 读书人的范围扩大, 教育的发展促进讲学和著述活动的发展。宋元丰元年(1078)创设中央官办小学, 崇宁元年(1102), 朝廷又命各州县普遍建立小学, 负责教育8—12岁的儿童。与官办小学比, 民间小学数量多、兴办早, 并深入到乡村, 《三字经》《百家姓》《千字文》等蒙学读物开始流行。宋代两江、两浙及福建等地, 各类官、私学校的数量比例较高, 各地出现"学校之设遍天下, 而海内文治彬彬矣"。我国古代的阅读的教育组织在此时达到高潮。

书院是我国古代民间教育机构, 也是我国古代阅读组织的一种形式。开始只是地方教育组织, 最早出现在唐朝, 唐末至五代期间, 战乱频繁, 官学衰败, 许多读书人避居山林, 遂模仿佛教禅林讲经制度创立书院, 形成了我国封建社会特有的教育组织形式。书院是实施藏书、教学与研究三结合的高等教育机构,对我国封建社会教育与文化的发展产生了重要的影响。

北宋时，以讲学为主的书院日渐增多。南宋时随理学的发展，书院逐渐成为学派活动的场所。宋代最著名的有四大书院：河南商丘的应天府书院、湖南长沙的岳麓书院、江西庐山的白鹿洞书院、河南登封的嵩阳书院。书院大多是自筹经费，建造校舍。教学采取阅读自学、共同讲习和教师指导相结合的形式进行，以自学为主。它的特点就是为了教育、培养人的学问和德性，而不是为了应试获取功名。

明代书院发展到1200多所，其中有些是官办书院。一些私立书院自由讲学，抨击时弊，成为思想舆论和政治活动场所，最著名的有江苏无锡东林书院。无锡人顾宪成中进士后任吏部文选司郎中，因直言敢谏，竟被削去官籍，革职回乡。在地方贤达的资助和支持下，万历三十二年（1604）修复无锡一所宋朝学者杨时曾经讲过学的"东林书院"，会同顾允成、高攀龙等人，发起东林大会，制定了《东林会约》，规定每年举行大会1—2次，每月小会一次。东林学派的兴起，标榜气节，崇尚实学，对于扭转当时士风起了积极的作用。他们在读书、讲学中经常触及社会现实问题，议论如何改变政治腐败、民不聊生的状况。

明朝统治阶级曾先后4次毁禁东林书院，然而该书院有着顽强的生命力，多次毁而不绝，在严酷的政治压迫下，该书院师生宁死不屈，生存长达半个世纪。东林书院的对联写道："风声雨声读书声，声声入耳；家事国事天下事，事事关心。"从此看，该书院有读书会等阅读组织的性质，它把读书、讲学同关心国事紧密地联系在一起，实际上成了一个舆论中心，逐渐由一个学术团体、读书讲学会形成为政治派别，从而被他们的反对者称为"东林党"，是指政治见解大致相同、在政治活动中经常结合在一起的一批人，但不是现代政党。东林书院表现了我国古代阅读社会组织的一类典型。

清代书院达2000余所，但官学化也达到了极点，大部分书院与官学无异，如张之洞在武昌建立的两湖书院、广州越秀书院等等。到了光绪二十七年（1901年）诏令各省的书院改为大学堂，各府、厅、直隶州的书院改为中学堂，各州县的书院改为小学堂。至此，书院退出了历史舞台。

刻书印刷是我国阅读的产业组织雏形。印刷术发明之前，我国古代读物主要靠手抄手刻，汉代出现专门抄书的职业"佣书业"，出现最早的书市——槐市。唐初我国发明雕版印刷，出现了民间的私营出版业性质的刻坊，来自民间的佛教寺院、道观和书坊为当时的刻书者。五代时，印刷技术大为改进，刻书数量大大增加，出现了官府刻书和学者私家刻书。宋代统治者重文教，提倡儒术，社会经济文化发达，北宋毕昇发明了泥活字，形成了我国官刻（国子监、兴文署设有专职官员，编校人员和刻印工人）、私刻（即家刻，私人出资校刊书籍）、坊刻（是一般书商所办的手工刻书印书机构）互为补充的图书出版体系，形成汴梁、建阳、临安、苏州等地的刻书、印书中心。在清代，官刻集中于皇室内府的武英殿，北京琉璃厂、南京的三山街、苏州的阊门形成较为繁荣的书店街。

历代各类藏书楼是我国阅读社会组织的主轴。我国古代藏书楼分四大体系：官府藏书、寺观藏书、书院藏书和私人藏书。著名历史学家吴晗曾指出："中国历来内府藏书虽富，而为帝王及蠹鱼所专有，公家藏书则复寥落无闻，唯士大夫藏书风气则数千年来，愈接愈盛。智识之源虽被独持于士大夫阶层……其有功于社会文化者亦甚巨。"[1] 因此，藏书楼作为我国古代的阅读组织，客观上对社会阅读起到一定的促进作用，官府藏书为其阅读对象提供阅读条件。

官方藏书机构主要是历代秘书省，历代官藏都向高级官员开放。因此，历代皇室人员、官府要员和秘书省工作人员（大多也是图书编撰家）成为阅读者。如《四库全书》修成后，不仅宫中文渊阁可有条件供人查阅，还在南北要地分建"六阁"，以便各地士人就近抄阅。

私人藏书在我国古代四大藏书系统中无疑是最多的。宋代私家藏书家与前代比成倍增加，有明确文字记载的藏书家达到700余人，其中藏书万卷以上者达到200多人。明清之际，私人藏书进入鼎盛时期，藏书楼开始风行一时，成为古代各类文献收藏的统称。[2]

有关私藏图书对外借阅的记载不在少数。如晋时的范蔚藏书7000余卷，"远近来读者恒有百余人"，他还为借阅者"办衣食"。宋代的宋敏求，家有藏书3万余卷，其以豁达肯借著称。这类乐于将私藏借人阅读的藏书家还有东汉的蔡邕，南朝的崔慰祖，五代的石昂，宋代的胡仲尧、晁公武、郑文英，明代的毛晋，清代的孙星衍、瞿绍基等等[3]，他们既保存了典籍，又使之阅读流传，提高了典

---

[1] 吴晗：《江苏藏书家小史》，《图书馆学季刊》1934年3月第8卷第1期。

[2] 叶昌炽《藏书纪事诗》，记录私人藏书家起于北宋迄于清末共1100人。吉少甫主编：《中国出版简史》，学林出版社1991年版，第12页。

[3] 王余光、汪琴：《中国阅读通史》（理论卷），时代出版传媒股份有限公司、安徽教育出版社2017年版，第146—148页。

籍的文化价值。古代藏书楼的主要目的是保存、积累文化，而不是为了实现知识信息共享。因此，藏书楼还不是现代意义上的阅读社会组织。

宗教作为一种社会文化现象，对社会阅读也产生着很大的影响。我国古代的许多佛寺、道观成为文人墨客静修读书的好地方。有些佛教的精舍和道教的道观就被修建成了书院。如佛教圣地九华山，根据新修的《九华山志》的统计，自唐以来办有书院共 24 所。[①]

总之，在我国，虽然造纸和印刷技术很早就出现了，耕读传家也一直是传统社会的一种理想生活状态，但是，在漫长的封建社会中，阅读却远不是一种普及的大众行为，只是少数权贵、士大夫和读书人的特权，图书等阅读物也是掌握在社会极少数贤达手上，公私藏书楼非一般人能进入和使用。

1840 年鸦片战争以后，国门渐开。特别是清末民初，随着洋务运动的开展，民族危机加深，教育救国深入人心，社会阅读需求增加，社会对改革旧式藏书楼的呼声很高，外加西方天主、基督教会图书馆的传入，促进旧式藏书楼的变革。

戊戌变法时期以康有为、梁启超为代表的维新派主张设立公共藏书楼，1896 年 9 月在梁启超主编的《时务报》上，首次出现了"图书馆"一词。1903年，清政府颁发《奏定大学堂章程》，"图书馆"一词首次被官方文件正式采用。19 世纪末 20 世纪初，各地新式藏书楼纷纷建立，如古越藏书楼、京师大学堂藏书楼等等。1840 年后，传教士先后在我国建立新式图书馆，如上海徐汇天主堂藏书楼、工部局公众图书馆、燕京大学图书馆、武昌文华公书林等，促进我国现代公共图书馆的建立。我国现代图书馆的产生，为现代意义上的阅读组织活动提供了土壤。

19 世纪 60 年代始，清政府为办"洋务"创立同文馆（1862 年），江南制造局翻译馆（1868 年），开始编译书籍。一批近现代出版企业组织如商务印书馆（1897 年）、文明书局（1902 年）、中华书局（1912 年）、亚东图书馆（1913年）、泰东图书局（1918 年）等先后成立，这些组织机构大量翻译西方技术、法律方面的书籍，自然科学和应用科学的译作占到当时译作总数的 70% 以上，使中国传统的以经、史、子、集为主的图书结构发生较大变化，读者阅读的视野扩大了。特别是 19 世纪末 20 世纪初中国现代出版业逐步形成，现代民营出

---

① 王余光、汪琴：《中国阅读通史》（理论卷），时代出版传媒股份有限公司、安徽教育出版社2017年版，第205页。

版机构出版了大量哲学、宗教、社会科学、自然科学、文学艺术等方面的图书，大大丰富了读者的阅读内容。[①]

从国外引进的新兴机器印刷的现代书报刊逐步代替我国古老的线装书，新文化运动推广白话文，消除文本文字符号与口语符号之间的差距及对阅读发展的阻碍，西式现代中小学教育逐步代替本土古老"四书五经"的传统教育。特别是五四运动以后，中国共产党领导的出版机构人民出版社（1921年9月）、上海书店（1923年11月）、长江出版社（1926年11月）、华兴书局（1929年）先后成立。一大批私营出版企业，如华夏书店、光华书店、开明书店等以及共产党领导的生活书店、读书出版社、知识书店一起在艰难的条件下，编辑出版新式图书。

我国现代公立私立大学和中小学逐步开办和普及，阅读人口逐步增加并大众化，现代的公共图书馆运动开启，平民能广泛进入，书报刊逐步普及，我国的阅读社会逐步走来。而阅读社会的形成，为现代阅读组织兴起、发展提供土壤和条件，现代阅读组织兴起、发展又推进阅读的社会化。

在民国肇始的1912年，报刊即有对读书会的报道。自新文化运动后，随着社会上读书风气的兴起，大批读书组织如雨后春笋般创办起来。这些读书组织以读书会冠名的居多，除此之外，还有读书社、读书处、读书劝导会、读书互助团、读书谈话会、读书班、读书研究会、读书竞进会等群众性的读书团体。举办读书会，主要是因应启迪民智的需要，并可缓解普通民众的阅读欲与书贵难求之间的矛盾和民众读书风气的兴起与公共图书馆缺乏的矛盾等。[②]

出版业的繁荣也为读书会的产生和发展提供了条件。进入民国后，特别是经过1919年五四运动的洗礼，期刊出版业日趋繁荣，"中国的出版界，最热闹的恐怕就是1919年了！虽然不能谓之'绝后'，而'空前'却已有定论了！他的精神，就在定期出版物……五四以后，受了爱国运动的影响，新思想传播得更快，定期出版物，出现的愈多。就十一月一个月里而论，我所知道的已经有二十余种的月刊旬刊周刊出现了"[③]。而到1935年6月底，全国各省市杂志出

---

① 王余光、汪琴：《中国阅读通史》（理论卷），安徽教育出版社2017年版，第180页。
② 苏全有、李伊波：《民国时期读书会述论》，《宝鸡文理学院学报（社会科学版）》2013年第5期。
③ 郑振铎：《1919年的中国出版界》，《新社会》1920年第7期。

版品种共计 1518 种。①

这里要特别提到 20 世纪 20 年代毛泽东同志创立的"新民学会""长沙文化书社"，实际上是阅读组织。此外，同时期还有周恩来、邓颖超、刘清扬等人在天津创办的"觉悟社"等，都是典型的以出版、读书活动为中心，团结时代进步青年，开展革命活动的阵地。

1920 年上半年，毛泽东分析湖南革命形势，认为"湖南人现在脑子饥荒，实在过于肚子饥荒"，当务之急是推广新文化，把人们特别是广大青年引导到革命的道路上来。为此，他以新民学会会员为核心，着手筹建文化书社。1920 年 9 月 9 日，文化书社在长沙潮宗街正式开业，易礼容任经理，毛泽东任书社特别交涉员，负责制定书社发展计划，并与全国各有关方面交涉订购书报杂志。文化书社在长沙城内的许多学校如第一师范、楚怡学校等设立了书报贩卖部，聘请了义务推销员。同时重视各地发行网的建设，陆续成立了平江、浏西、衡阳等 9 个分社。1921—1923 年，文化书社曾为中共湘区委员会的秘密联络机关。1927 年 7 月 15 日，文化书社被国民党当局的武装警察搜查、捣毁。8 月 7 日，被国民党湖南省政府下令查封。

革命家同时也是著名学者的于光远曾经回忆道："抗战前在上海、北平、天津、广州等大城市工作过的老同志，都一定记得一九三六年、一九三七年这些地方读书会活动是很开展的。在一个短短的时间内，这种组织像雨后春笋那样地发展了起来。""在抗日战争期间，延安并没有组织像上海、北平等城市青年们的读书会，但是有好几个单位，采用定期开会读书的办法进行干部学习。我认为也可以把这样的会称之为读书会。"②

到 20 世纪 30 年代，我国图书馆事业出现了高潮。据当时的教育部统计，全国图书馆达到了 3186 所，其中独立的图书馆 1419 所，学校图书馆 783 所，民众教育馆 984 所，各类自发的阅读组织也随之出现、发展。

1949 年中华人民共和国成立后，国家普及初等和高等教育，还开展广泛的全社会工农速成教育和文化扫盲运动，使全社会的阅读人口大大增加，也促进新闻出版事业和图书馆事业的发展。特别是改革开放以来，随着我国国民文化需求的增长，阅读环境的改善，我国阅读组织发展迅速。各类学校、各类各层

---

① 宋应离：《中国期刊发展史》，河南大学出版社2000年版，第152页。
② 于光远：《怀念"读书会"组织"读书会"》，《读书》1979年第7期。

次图书馆、书屋、书报刊出版制作机构、网上阅读组织等大量涌现。与此同时，阅读推广机构、社会阅读社团、民间读书会、读者俱乐部、虚拟阅读社区、阅读志愿者等阅读组织方兴未艾，阅读社会真正形成。

2011年6月，中国民间图书馆协会在北戴河成立，召开了"中国首届民间图书论坛"，标志着民间阅读组织已经凝聚成为我国全民阅读推广的一支有生力量。

2013年9月24日，全国首家全民阅读协会——吉林省全民读书协会正式在长春成立。此后，福建、江苏等省份及苏州、徐州、长白山等地市全民阅读社会团体纷纷成立，以促进全民阅读为宗旨的社会团体建设驶入快车道。此外，还有地方教育系统主导建立的福建省读书援助协会、贵州省读书援助协会、山西省读书援助协会等行业性阅读社团，以及社会各界自发组建的凤凰网读书会、黄河青年读书会、中国滋根图书、毛毛虫上书房、红泥巴村读书俱乐部等影响广泛的民间阅读组织。

我国香港特别行政区阅读组织也很发达。香港的中小学教育主要由香港政府的教育统筹局（下称"教统局"）管理，制度上包括学前教育，以私立的幼儿园和幼稚园为主；九年免费教育，为适龄学童提供六年制小学及三年制初中课程；设立两年制高中（中四、中五），为学生提供工作前最基本的教育，设立两年制预科课程（中六、中七），作为学生报考大学前的课程准备。

根据香港课程发展议会在2002年发表的《基础教育课程指引》，为使学生能够养成"会学习"的能力，该《指引》提出"九种共通能力"及"四个关键项目"，包括协作能力、沟通能力、创造力、批判性思考能力、运用资讯科技能力、运算能力、解决问题能力、自我管理能力、研习能力。而为达到这九种能力，特别强调要求学生从阅读中学习、运用资讯科技进行互动学习。

目前香港共有中学410所，小学600所，10所法定大学。香港的公共图书馆最早建于1869年，目前公共图书馆系统非常发达，由康乐及文化事务署管理，其下包括66所图书馆及10所流动图书馆，为香港市民提供十分便利的图书馆服务，总馆藏量达到1211万册。香港的公共图书馆从20世纪90年代开始举办青少年和儿童的读书会，香港的大学读书会大多从2000年之后开始举办。虽然香港地区读书会的历史不长，但卓有成效。香港的公共图书馆阅读推广活动内容十分丰富：①开展读书会活动，包括青少年读书会活动、家庭读书会活动；

②举办香港文学节，于 1997 年开始举办香港文学节，2000 年以后每两年举办一届，活动历时 18 天；③学校、教育团体紧密合作，推行"阅读大使计划"；④推行"社区图书馆伙伴计划"，设立便利图书站和流动图书车；等等。①

在我国台湾地区，学校、图书馆、出版企业等传统阅读组织发达。据台湾图书馆发布的统计，2018 年台湾出版机构达到 4940 家，全年出版新书 39114 种。台湾民间阅读推广特别是儿童阅读运动很活跃。1982 年台湾学者提出"书香社会"的口号，鼓励以书柜代替酒柜，并开始有热心人士在社区推广家庭阅读。1987 年，台北市成立第一个社区读书会——袋鼠妈妈读书会；1990 年"毛毛虫儿童哲学基金会"成立，提倡合作、多元、思考的阅读教学方式；1990 年以后，全岛开始推行"故事妈妈"的模式，成立了 7 个故事妈妈协会。台湾地区还发展了大量志愿者投身公益行动，给儿童讲故事，为儿童阅读作贡献。②

四、目前我国主要阅读组织

（一）阅读立法组织

我国的立法机构主要是全国和各地人民代表大会及其常委会，国务院和各级人民政府是行政法规立法机构，它们是我国当然的社会阅读立法组织。《中华人民共和国公共文化服务保障法》《中华人民共和国公共图书馆法》等涉及社会阅读的法规都是 2016、2017 年分别由全国人大常委会审议通过的。还有《江苏省人民代表大会常务委员会关于促进全民阅读的决定》（2014 年）、《辽宁省人民代表大会常务委员会关于促进全民阅读的决定》（2015 年）、《四川省人大常委会关于促进全民阅读的决定》（2016 年）等地方立法。

2013 年 3 月，我国全民阅读行政法规立法工作正式启动，列入国务院法制办立法规划项目。2017 年 5 月，国务院法制办办务会议审议并原则通过了《全民阅读促进条例（草案）》。与此同时，一些地方性行政法规也相继推出，如《湖北省全民阅读促进办法》（2014 年）、《深圳经济特区全民阅读促进条例》（2016 年）、《吉林省全民阅读促进条例》（2017 年）、黑龙江省《关于促进全民阅

---

① 侯君洁：《香港地区读书会的发展及其启示》，《大学图书馆学报》2015年第6期。
② 郝振省、陈威：《中国阅读——全民阅读蓝皮书》（第一卷），中国书籍出版社2009年版，第21页。

读的决定》（2017 年）等。截至 2018 年年底，全国已有 6 省 3 市对"全民阅读"立法。

在上述立法中，有很多条款涉及阅读组织，不仅规定了阅读组织的形式和设置，如公共图书馆、中小学图书馆（室）、农家书屋、职工书屋、社区书屋、基层综合文化中心、公共阅报栏（屏）等，还要求设立专门的和业余的阅读研究机构，鼓励支持成立读书协会、读书俱乐部等阅读组织，而且对如何给予阅读组织以资金支持、培训阅读推广人等也作了明确规定。

（二）阅读管理组织

我国党和政府以其较强的权威性及其影响力，通过制定相关的政策措施，组织协调各方资源，自上而下逐步推进，使社会阅读活动全面落到实处，是管理和推进社会阅读的主导力量。

早在 1982 年 4 月，上海市就成立振兴中华读书指导委员会，该委员会主任由历届市委副书记担任，并由市宣传、工会、共青团、妇联、新闻出版、文明办、人事等部门和《解放日报》、《文汇报》、《新民晚报》、东方网等主要媒体组成，其主要任务是通过组织开展读书活动，提升上海市民素质，创建学习型社会。1989 年文化部规定，全国公共图书馆每年 5 月的最后一周为"图书馆服务宣传周"，实际上也是一次较大范围的阅读宣传活动。

1997 年，为加强对全民读书活动的指导，我国成立了全国知识工程领导小组。2003 年，该领导小组将全民阅读活动交由中国图书馆学会承办。

2006 年，中宣部、新闻出版总署、文化部、教育部等几个部门在全国部署"全民阅读"活动，标志着我国党和政府对全社会阅读推广活动的高度重视，我国"全民阅读"公国正式开启。2013 年 7 月，原国家新闻出版广电总局"三定"方案公布，将"组织实施全民阅读推广活动"作为出版管理司职责之一，以此为依托，成立了全国全民阅读协调指导机构。2018 年党和国家机构改革，新闻出版管理职能合并到中共中央宣传部，相应的"指导协调全民阅读"成为中宣部的重要职能得到加强。此外，我国教育、文化、科技、广播电视、财政等部门和工、青、妇等群团组织都有相关的社会阅读管理职能。

近年来，党和政府更加重视社会阅读，在全民阅读推广方面做了很多工作，采取了许多有效措施。就各地而言，由政府主导的工作机制也在建立。全国现已有湖南、湖北、江苏、广东、河北、福建等 25 个省（自治区、直辖市）成立了由地方党或政府领导担任负责人的全民阅读组织领导机构。江苏、四川、福建、广西等省区政府还结合地方特点，制定本地的全民阅读发展规划。

各级地方政府在地方性的社会阅读活动中发挥着积极的主导作用，每年都会组织区域性的书展、书市、读书月、读书周等活动，促进当地社会阅读。如"北京阅读季""天山读书节""南国书香节""深圳读书月""苏州阅读节"等活动，均以地方政府为指导，成立了相关阅读指导机构。

（三）阅读行业组织

行业组织和专业学术团体发挥各自代表行业的优势，倡导、协调、指导、研究和推广阅读，对于提升阅读的层次和水平，增强阅读的专业性和科学性发挥着关键作用。有的专业学术团体除了对阅读学进行专门研究，发表各种阅读学研究论文和专著外，还将研究成果应用到阅读的实践中来，参与策划和组织活动，如中国图书馆学会在推广全民阅读活动中就发挥了积极作用，取得了丰硕成果。

2003 年，"全国知识工程领导小组"将每年的"全民读书月"活动交由中国图书馆学会负责承办。此后几年，中国图书馆学会先后组织举办了以"阅读"为主题的系列活动。2005 年以来，该学会每年都要开展全民阅读活动优秀组织奖评选，对在推广全民阅读活动中组织得力、富有创意、取得良好社会效益的地方学会和图书馆进行表彰。2006 年，成立了中国图书馆学会科普与阅读指导委员会，科普与阅读指导委员会又细分为 6 个专门委员会：专家委员会、阅读文化研究委员会、推荐书目委员会、家庭藏书读书委员会、图书馆与社会阅读委员会、媒体与社会阅读委员会，随即开展了许多有影响的主题论坛活动推动全民阅读。此外，中国科学技术协会、中国出版协会、中国教育学会、中国编辑学会、中国阅读学会等等在推广社会阅读方面都各有特色和成效。

深圳市阅读联合会是 2012 年由深圳市委宣传部、深圳市文体旅游局倡导，经深圳市民间组织管理局批准成立的，由致力于推进阅读文化发展的单位、民间读书组织和个人自愿结成的行业性的地方性非营利社会组织，现有会员单位90 家，涵盖了学校、公共图书馆、民间读书组织、宣传媒体、出版、印刷、发行、网络阅读等行业以及从事阅读研究与实践的专家学者、阅读推广人，是国内第一家阅读联合组织。

2013 年 9 月成立的吉林省全民阅读协会是全国首家全民阅读协会，在该协会的推动下，吉林、四平、松原、延边等地市相继注册成立了全民阅读协会，吉林省政协、省残联、省人社厅、吉林工商学院、长春汽车经济开发区等相继成立分会……一个参与广泛的社会化全民阅读体系在吉林全省构建起来。此外，福建等更多的省市区建立了本地的全民阅读协会。

（四）阅读教育组织

培养阅读能力和习惯、倡导阅读理念、推广阅读活动是教育部门的责任。教育是个人提高阅读能力的前提和基础，阅读有助于教育目标的实现，教育的发展与阅读文化建设相辅相成。据 2018 全国教育事业统计，截至目前，全国共有各级各类学校 51.89 万所，各级各类学校共有专任教师 1673 万人。学前教育毛入学率 81.7%，小学学龄儿童净入学率 99.95%，初中阶段毛入学率 100.9%，高中阶段毛入学率 88.8%，高等教育毛入学率 48.1%。2018 年全国共有普通高等学校 2663 所，其中本科院校 1245 所，高职（专科）学校 1418 所，另有研究生培养单位 815 个，普通本专科共有在校生 2831.03 万人。

普及全民阅读，首先要从儿童少年开始。人的一生中心智最活跃的时期是儿童少年时期，人生的最佳阅读时期恰好也在这一时期，一个人的阅读兴趣和习惯更多的是在儿童少年时培养起来的，因此全民阅读的重点是儿童少年阅读。

学校是学生读书、学习、成长的重要场所，学校应把阅读作为实现素质教育、博雅教育、人格教育的主要途径，从小培养儿童少年的阅读习惯，提高阅读能力。近年来，我国各级学校举办了各种类型、各种规模的阅读活动，如加大阅读在教学中的分量，增开阅读课，开展经典诵读，举办班级读书会，开展课外阅读活动，举办校园文化节和主题读书活动等，丰富完善了学校阅读。我国高校由于有更好的阅读条件，更自由的阅读时间，更加丰富的阅读内容，而成为阅读的"天堂"，我国大学生的阅读检索能力大大提高，但也存在阅读深度、系统性有待拓展等问题，容后展开论述。

（五）阅读产业组织

开展全民阅读，首要的是要有好书可读。为读者出书、为读者服务是出版业的职责。出版是生产，阅读是消费，二者之间互为条件、相互制约、相互依存。随着社会的发展，阅读在图书再生产中的地位日益重要，图书的创作、出版越来越受到阅读市场的支配，这在大众出版方面表现尤为明显。因此，出版业必须在引导阅读、开拓阅读市场、组织和参与社会读书活动等方面做出更大的努力。

据统计，截至 2017 年年底，我国共有新闻出版单位 30.5 万家，其中出版社 585 家（包括副牌社 33 家）。2017 年出版新版图书 255106 种。全国共出版报纸 1884 种。全国共有电子出版单位 307 家，出版电子出版物 9240 种。全国共有音像出版单位 381 家，出版音像制品 8259 种。数字出版实现营业收入 5720.9 亿元，占全行业营业收入的 20%。截至 2016 年年底，全国共有出版传媒集团 126 家，其中图书出版集团 40 家，发行集团 27 家，印刷集团 12 家。2016 年，全国 120 家图书出版、报刊出版、发行和印刷集团共实现主营收益 3476.1 亿元，实现利润总额 296.6 亿元。[1]

改革开放 40 多年来，随着我国出版业的繁荣和发展，出版界逐步改变着自己的经营理念，逐步重视和关心大众的阅读需求，参与并组织各种社会阅读活动。如中国出版集团实施"畅销书推广计划"和"常销书推荐计划"，下大气力向读者推荐好书。还有很多出版发行机构组织了自己的线上线下联动的读书会，搭建作者、编者、出版商和读者三方互动沟通的平台，打通出版产业链的"最后一公里"，以使出版商了解读者需求现状，让作者、编者得到更多读者反馈，更有针对性满足读者需求，如人民出版社读书会等。

每年一届的全国书市、北京图书博览会、全国期刊博览会、中国数字出版博览会、中国网络文学大会等等不仅仅是图书、数字内容的展销会，也是一次次全国性的全民阅读推广活动。全国书市每年会在不同的城市举办，各地的书（市）展如北京图书订货会、上海书展、江苏书展、南国书香节等期间，大批作家、专家、学者、社会知名人士、记者云集到举办城市，以读者大会、读者见面会、新书发布会、签售会等多种方式与大众进行深入交流，鼓励大众多读书、读好书。

（六）阅读公益组织

图书馆承担着提供阅读场所、推荐优秀阅读素材、广泛开展阅读推广活动，

---

[1] 中国新闻出版研究院编：《2017年新闻出版产业分析报告》，中国书籍出版社2018年版。

以及向全社会宣传推广书香文化的社会职能。北京大学图书馆馆长，中国共产党创始人之一的李大钊曾说："现在的图书馆已经不是藏书的地方，而为教育的机构。"[①]在信息社会，图书馆的社会教育的作用越来越明显。图书馆不仅通过各种馆藏读物直接传授知识，而且成为开展各种读书活动的重要场所。

国际图联和联合国教科文组织联合颁布的《公共图书馆服务发展指南》中明确指出："公共图书馆的基本宗旨是通过提供各种形式的资源与服务来满足个人和团体在教育、信息和个人发展，包括娱乐和休闲等方面的需求。"我国图书馆和各种书屋（如农家书屋、职工书屋、社区书屋等）等公共阅读场所作为现代社会分布最广泛最重要的社会阅读公益组织，以其专业性和丰富的资源成为读书活动的主要阵地，是倡导全民阅读、终身阅读等阅读理念的中坚，在推进全民阅读上发挥着重要作用、扮演着关键角色。据统计，我国现有各级公共图书馆3172家，每万人拥有公共图书馆面积90平方米，人均拥有公共图书馆藏书0.58册，总流通量64781万人次。全国有各类高校图书馆2000多家，各类中小学图书馆23000多家，各类科研院所图书馆5000多家，农家书屋58.7多万家，社区、职工书屋10万多家。

近年来，各级图书馆针对各地的实际情况，纷纷开展了许多倡导阅读的活动，形式也多种多样，比如阅读指导、读书讲座、推荐书目、阅读调研、巡回送书等，尽可能为各类读者服务。

社区是我国城乡基本的组成单元，推动社区阅读发展是加快社会公共文化服务均等化的"最后一公里"。缺少社区的阅读不是一个完整的全民阅读。[②]当前，我国的全民阅读工作还是由政府主导，未来将逐步向社区扩展，以满足社区多元化发展的需求。需要通过相关立法，健全政策，完善社区阅读设施，增加社区阅读经费，提高社区阅读场所利用率，培养专业阅读推广人员，增强社区居民参与阅读积极性，使社区在全民阅读中的作用得到充分发挥。

除公共图书馆和各种书屋外，还有许多非政府的、不以营利为目的、由民间捐资主办的以社会公益事业为主要追求目标的阅读机构，如公益小书房、满天星青少年公益发展中心、蒲公英乡村图书馆、快乐童年公益阅读坊、"多背

[①] 刘国钧：《近代图书馆之性质与功用》，《刘国钧先生图书馆学论文集》，书目文献出版社1983年版。
[②] 施光全：《社区阅读之我见》，《贵图学苑》2017年第1期。

一公斤"等。

（七）阅读推广交流组织

近年自发形成的社会阅读推广交流组织如读书会等，具有强大的活力和生命力，其覆盖范围广，形式各异，组织结构灵活。与此同时，阅读推广交流组织更能够发挥阅读个性，深入基层，贴近大众阅读生活，对于营造阅读风气具有重要作用，越来越成为推动社会阅读活动的有效力量，是实现全民阅读的社会基础。

读书会是由具有读书意愿的一群人主动组成的非正式、相对松散的读书团体，也是以阅读为纽带联系的广泛的社会网络。它由成员共同推选领导人，共同决定阅读书目、聚会时间、地点和阅读研讨方式，并互相切磋，分享乐趣，共同成长，以期提升读书风气，达成书香社会的目标。它是一个自主、自由、自愿的非正规学习团体，通过成员阅读共同的材料、分享心得与讨论观点，以吸收新的知识，激发新的思考，扩大生命的空间。[①] 读书会的成立有许多不同的模式和类型，如果依组成方式的差异，读书会分成社区读书会（以社区居民为主）、族群读书会（以年龄、性别、宗教、种族、职业等等作为区隔而组成）、主题读书会（以某一主题为阅读讨论内容）、书目读书会（明确限定哪几本书、哪一套书、哪几部电影或哪一位作者、导演的作品为阅读讨论内容）等等。

吴惠茹将国内现有读书会的类型及特点归纳为：民间读书会、图书馆读书会、学校读书会、网络读书会（可分为线上读书会、线上线下联合读书会等）。[②]

读书会作为一种读书形态，通过相近的阅读兴趣、目标、地域等因素聚集而成，具有主题丰富多元、形式灵活多样、参与成员来源广泛等特点，能够满足人们阅读、交流、学习及交友等多种需求。民间阅读组织包括热心和积极推动阅读的非政府组织（NGO）、专业阅读推广人、民间读书会和沙龙、书评人、民间的基金会、志愿者等。读书会既包括针对不特定对象进行互联网线上召集的读书会，也包括具有固定群体，通过朋友相互介绍，引荐入会的读书会，还有如各类"书吧"、书店、学校等，都有其读书会或沙龙，定期或不定期举办读书活动。

---

① 曹桂平：《台湾地区读书会面面观》，《图书馆学研究》2009年第10期。
② 吴惠茹：《以读书会促进全民阅读探析》，《国家图书馆学刊》2014年第6期。

随着政府对全民阅读的持续倡导与推动，社会阅读的热情逐渐被激发起来，随之而来的是读书会的蓬勃兴起。如北京读书人俱乐部，自成立以来从事讲座、沙龙、出版、图书导读等多项业务，并为读书人俱乐部 VIP 会员提供中国文化讲堂、读书人内部会刊、定期赠书、会员阅读助理等多项文化服务内容。2018 年 8 月在北京成立的"文萃堂读书汇"，以品读红色经典为己任，利用在北京核心区位优势和丰富的红色文化资源，依托高端智库精英，竭诚为党史党建教育、青少年研学、"一带一路"宣传和传统文化交流提供服务。

"深圳读书会"是目前深圳影响最大，参与人数最多的网络召集公益读书会，现有会员 2000 多人。活动通过网络平台召集，每周定期举行，现有"主题书会""每月一书""作家系列""书友论坛"等多个板块内容。"物质生活书吧"，自 2001 年以来，通过不定期举办名人读书沙龙的形式，吸引了一大批固定读者群体参与。

绘本馆是近几年来随着绘本阅读的普及，在一些大中城市兴起的一种以绘本为主要收藏对象及运营载体的主题场馆。绘本馆多以 0—12 岁儿童为主要阅读对象，以收藏国内外经典绘本为主，同时配备一些儿童早期教育书籍，因此藏书丰富，品种多而齐全，俨然就是一座小型的主题图书馆，如深圳甘坑客家特色小镇中由华侨城打造的"小凉帽绘本馆"。

同人型阅读组织也是阅读推广交流组织的主要类型，它是指由志缘、业缘、地缘、趣缘等结合组成的一群人，通过定期聚会，针对一个主题或问题，进行有计划的阅读而成立的阅读组织，如各类主题图书会、阅读爱好者协会等，如"亲子阅读俱乐部"，是由亲子阅读爱好者组成的、以帮助提高幼儿阅读能力为目的的社会阅读机构。"中华经典读书会"则是由喜欢中国传统文化经典的读书人组成的。"红泥巴村读书俱乐部"从孩子阅读的导读切入，帮助家长和孩子选书，通过读书活动和游戏，深得孩子家长的喜爱。此外，还有利用网络平台建立虚拟阅读社群，如豆瓣阅读俱乐部、华网读书协会、新浪书友会、网时读书会等。

（八）阅读调研组织

这类阅读组织是由高等院校、科研机构和行业机构等成立的，主要任务是开展阅读的社会调研，阅读理论研究，促进阅读的新概念、新技术、新载体、新设施的开发与应用等，如中国新闻出版研究院国民阅读研究与促进中心、中国阅读学研究会、新阅读研究所、南方分级阅读中心等。

为推动全民阅读活动的蓬勃开展，中国新闻出版研究院于 2010 年 4 月 19 日成立"国民阅读研究与促进中心"。从 1997 年开始启动"全国国民阅读调查"以来，截至 2018 年年底，该中心已经具体承办了 15 次全国国民阅读调查，影响广泛。

中国阅读学研究会（全称"中国写作学会阅读学专业委员会"，China Reading Association，CRA）1991 年 5 月在重庆成立，该研究会是专门从事中外阅读基础理论研究、教学实践，以及国民阅读促进和指导活动的学术团体。南方分级阅读中心是国内首个儿童青少年分级阅读研究中心，由中共广东省委宣传部出资启动，借鉴研究、移植美国最具公信力的分级阅读体系，为南方报业传媒集团旗下的专业多媒体出版和阅读推广项目。

2010 年 8 月在北京成立的新阅读研究所、2003 年 7 月成立的亲近母语儿童阅读研究中心则是推广新阅读理念的民间科研机构。

五、移动网络时代阅读组织的嬗变

21 世纪初以来，随着经济的飞速发展，互联网特别是移动网络数字技术的普及，阅读方式产生变革，全球已有的阅读组织都面临着倒闭、关门、转型、升级、再造、重整和重构，以形成新的阅读组织内外生态链。

（一）很多传统阅读组织在新技术革命的冲击下迅速倒闭和关门

处于阅读产业一线的出版发行企业组织受网络冲击最大，破产倒闭、并购重组、转型升级成为发展趋势。近 10 年来，美国每年约有 500 多家独立小型书店关门。2008 年，拥有百年历史的英国图书零售巨头伍尔沃斯（Woolworths）倒闭。2008 年 6 月，贝塔斯曼宣布关闭旗下在中国 18 个城市的 36 家零售门店，并于同年停止运营"贝塔斯曼中国书友会"。2009 年，英国第三大图书连锁书店鲍德斯（Borders）宣布破产。2010 年，北京最大的民营书店"第三极"书局宣布倒闭；位于上海南京西路的新华书店停止营业；2011 年，北京著名的"风入松"书店经 17 年的发展后宣布关门停业。2015 年以前，福建省每年有 100 家左右的实体书店宣布关门。2013 年，法国第五大图书零售商维珍（Virgin）连锁文化产品大卖场、法国著名的书章（Chapitre .com）书店相继倒闭。2005 年至今，传统出版强国英国超过一半的实体书店相继宣布关闭。近 10 年来，美国每年约有 500 多家独立小型书店关门。

（二）传统的阅读组织加快数字化转型升级，以跟上移动数字时代阅读方式变革的步伐

传统的阅读组织为适应网络和数字新技术革命需要，都通过运用数字化的生产传播方式，加快转型升级，使传统内容资源实现数字技术转换，得以充分有效利用和传播，转型升级成为出版发行企业的发展趋势。法国阿歇特出版集团（Hachette Livre）、德国施普林格出版集团（Springer Group）、德国贝塔斯曼集团（Bertelsmann AG）、美国康泰纳仕集团（Conde Nast Publication Inc.）、美国西蒙·舒斯特集团（Simon & Schuster）、加拿大汤姆森集团（The Thomson Corporation）、英国培生集团（Pearson Group）和企鹅集团（Penguin Group）为代表的传统出版集团和组织都加大数字化生产领域基本设施建设的投资力度，推动传统内容出版资源向数字化出版领域的转型升级。加拿大汤姆森集团已转型成为全球第一个信息服务集团，德国施普林格出版集团成功建立了全球第一个电子期刊全文数据库（Springer Link），等等。[①] 到 2017 年年底，《纽约时报》的数字产品付费订阅户超过 260 万户。此外，传统的图书馆、学校等阅读组织都在加快数字化网络化步伐，使阅读资源和教育资源利用最大化、阅读方式最优化。

（三）出版发行企业谋求强强联合、兼并重组，扩充融合以求再造新生

国际大型出版传媒企业还通过与数字技术提供商、内容投送平台等合作，开发数字产品，搭建数字平台，整合扩充数字资源，力图通过创新经营、服务方式等实现内容和技术的紧密融合。如 2012 年，法国的阿歇特出版集团与谷歌合作，将具有价值的绝版书数字化，并与作者签订发行图书电子版的协议。2012 年，贝塔斯曼与培生集团达成协议，宣布企鹅与兰登书屋合并。2014

---

① 蒋多、杨裔：《互联网时代的阅读产业》，知识产权出版社2016年版，第17页。

年，哈珀·柯林斯出版集团收购著名浪漫小说出版商禾林出版公司（Harlequin Enterprises Limited）等。2014年，美国西蒙·舒斯特公司和亚马逊达成数字出版协议，开启西蒙·舒斯特向亚马逊支付费用、亚马逊为其电子书代理定价的合作模式。我国腾讯收购盛大文学，成立阅文集团，成为目前我国最大的互联网阅读企业。

（四）新出现的数字阅读组织抓紧移动互联网的发展契机，加快进军各种阅读市场

亚马逊、脸书、谷歌、苹果等互联网行业巨头凭借其强大的技术基础和用户资源纷纷进入数字出版领域，并在较短时间抢夺行业霸主地位，打破传统出版领域"一统天下"产业格局和生态。如中国移动2010年推出"手机阅读"，并于2014年推出"和阅读"品牌，中国移动手机阅读基地也早就在杭州建立。

2017年，我国网络文学阅读市场规模总计达到129.2亿元，国内45家重点网络文学网站的文学创作者达到1400万人，其中签约作者达到68万人，各类网络文学作品达到1600万部，其中出版纸质图书达4942部，改编电影计1195部，改编电视剧1232部，改编游戏605部，改编动漫712部。用户规模达到3.78亿人。[①]我国百度、阿里巴巴和腾讯公司等互联网三巨头早就看准这一诱人的市场，加紧网络文学阅读布局，以网络文学作为端口维持读者黏性，发掘经典IP进行相关衍生产品开发。阅文集团的起点中文网、阿里文学、中文在线、超星数字图书馆、网易云阅读、龙源期刊、百度文学等各种新型的网上阅读组织方兴未艾、野蛮生长。

新型"互联网+"、更有品牌优势、注重购书环境和个性化体验的实体书店纷纷出笼，如台湾的诚品书店，上海的大众书店，北京三联韬奋书店和深圳中心书城的24小时店，哈尔滨的果戈里书店等特色体验店相继出现。[②]特别是以在线销售起家的亚马逊2015年于西雅图建立首家实体书店，并要在全美开设300—400家注重读者体验的实体书店。

我国当当网拥有2.2亿会员、4000万活跃用户，长期保有超200万种自营

---

① 王飚等：《中国网络文学发展报告（2018）》，中国书籍出版社2018年版。
② 三石：《书店革命——中国实体书店成功转型策划与实战手记》，黑龙江教育出版社2016年版。

纸质图书库存和超过 40 万种的电子书，数十万种的文创商品，每年数千种优质独家图书，和上千名作者保持着亲密互动。2016 年当当图书销售码洋约 140 亿元。2016 年以来，该网采用"线上与线下相结合、图书与文创相结合，商业行为与政府公益相结合"的模式，在全国陆续开业 145 家 O+O 实体书店。2017 年，当当宣称，其实体书店销售额已突破 2 个亿，实现零亏损。

（五）网络阅读社群正在成为一种新型的阅读组织

目前，线下的阅读组织都通过网络来聚拢和协调内部运作；相较于线下阅读社区，网（线）上阅读社区是指在网络空间形成的、以阅读分享等为目标的虚拟活动团体，是传统读书会在网络上的再生和拓展。[①]

互联网精神的本质在于联络与互动、在于知识的分享和社区的建立，这就为网上阅读组织建立提供无限可能。互联网尤其是移动数字技术重构了人的行为和习性，改变了人们传统的生活方式，使人类重新"部落化"，构建了以网络和数字阅读为介质，具有全新价值取向的阅读范式——社交化阅读，其特征是碎片化、互动化、移动化、便捷化、分享化、个性化，成千上万的读者通过这种阅读范式不断地互动交流从而获得价值身份认同和亲密感，逐步形成各种不同的阅读社群，为了共同的阅读目标和交流互动关系结合起来，形成以趣缘和情感为链条的紧密的阅读群体，实现社交化阅读，并向社群化阅读的转化。不同地域、不同层次、不同年龄等结构的人群因为相同的爱好聚集在一起构成一个虚拟的网络阅读社区，由此大家以分享交流为乐趣，激发一些有见识的读者的自由表达，产生新的知识和信息。如 2013 年开放注册的"知乎"网站，以网络论坛阅读讨论、问答方式，请专业的人探讨专业的事，提升阅读收获感，不到一年，该网站注册读者达到 400 多万。豆瓣是创立于 2005 年，向读者提供图书、电影和音乐，并描述内容和进行作品品评论交流的网络社区，目前读者用户已超过 2 亿。

"独读"不如"众阅"。随着阅读内容的终端化，读者的阅读行为有了庞大的交流群体，给了读者发表评论建立圈子相互交流的平台。微信社群与熟人分享、社交化阅读群体以及"罗辑思维"、"得道"等以更新奇更有品位的互

---

① 冯亚飞、李桂华：《网上阅读社区分类体系构建的多案例研究》，《图书馆论坛》2017年第7期。

动阅读交流体验吸引更多读者（用户）。可以预见，随着网络阅读的发展，阅读的内涵和外延将会不断变化，各种新型的网络阅读组织将会不断涌现。

第三节 阅读组织管理和发展趋势

一、阅读组织结构和管理

阅读组织结构是一个复杂的社会关系体系，它由目标、成员、章程、机构和物质技术装备等组成。

目标。目标是组织成员努力要达到的目的。因为有着共同的目的，才能把阅读者聚拢起来，结合在一起，形成阅读组织。如《全国盲人阅读推广委员会章程》规定该会的宗旨和目标是，发挥各地残联和盲协的主导作用，建立常规机制，动员社会力量，在全国盲人中广泛深入开展读书扫盲活动，帮助盲人获取信息、增长知识、提高技能、陶冶情操，平等共享公共文化服务，更好地融入社会，不断促进盲人文化事业的繁荣和发展。"蒲公英"家庭读书俱乐部的宗旨是：通过推广亲子阅读，让书香浸润家庭，让书香陪伴成长。引领阅读生活，培养良好的阅读习惯，提高读写能力。目标的确定是阅读组织产生的根本前提，而对阅读的目标的追求则是阅读组织存在的条件和发展的动力。目标也是识别阅读组织的性质类别和职能的基本标志，目标对阅读组织起着根本的指导和制约作用。

成员。成员是阅读组织存在和发展的基础，是阅读组织活动得以开展的先决条件。阅读组织的成员取得一定的成员资格后，在阅读组织中扮演一定的角色，行使一定的职权，负起一定的责任，履行相应的义务，成员的退出也要履行一定的手续。成员要具有应有的群体意识，成员之间应经常有小范围的直接互动和大范围的间接互动相结合。

章程。章程是阅读组织所明确规定内部事务的一种共同遵守的文件，包括本组织的宗旨目标、性质、纲领、组织结构、组织原则、成员地位角色、权利与义务、纪律等等，它是组织成员的活动依据和成员行动规范，可以是成文的，也可以是约定俗成、众所周知的，要求成员共同遵守、贯彻执行。阅读组织的章程大致包括总则，业务范围，会员，组织机构和负责人产生、罢免，资产管理、使用原则，章程的修改程序，终止程序及终止后的财产处理，附则，等。"组织读书会，不必拘泥于形式。会名没有，章程没有，都不要紧。要紧的是确确实实有这么几个人（同学、同事等）都想读书而无力买许多书。你和这几个人都谈得来，就可以向他们发起。"①通常一个比较完备的读书会章程包括：名称、宗旨、会员、会址、会费、目标、职员、集会、规约、奖惩、会员的权利和义务等。因此，阅读组织一般通过章程进行管理。

机构。机构是阅读组织为实现目标、功能性发挥作用、维持组织存在并得以正常运转的部门，通常由决策性机构和事务性（执行）机构构成，机构设置是否合理及其效率高低关系到各阅读组织的成败。一般要按照精简、统一、效能、法制的原则设置机构。

物质技术装备。它是阅读组织开展活动的物质基础和技术条件，又是阅读组织的物质外壳，是必不可少的。一般来说包括房屋建筑、办公设施、藏书、书架、阅览桌椅、电脑、数字复印和传输设备、车辆等等。

社会组织管理是指运用权威来协调组织内部人力、物力以实现组织目标的活动，其主要目的是提高组织活动的效率，这种效率除了受环境影响外，在很大程度上还依赖于组织管理。设计合理的组织结构是有效管理的基础。②美国学者戴维·波普诺说："把社会群体与单个人群集合区分开来的一个特征是一套共享的规范。群体规范规定了成员应该如何行动以及违规意味着什么。"③

阅读社会组织管理包括管理系统的结构和组成方式，管理手段、方法等。阅读组织结构就是阅读组织内部各个部分及其相互关系的确定。每个阅读组织都有其内部分工，每个成员都有一定地位和职务，并被赋予相应的权力和责任。这些地位和职务并相对稳定的关系的总和就是阅读组织的结构。阅读组织的内部管理结构关系主要表现为科层关系，所谓"科"的关系是由职能分工协作而产生的平行关系。所谓"层"的关系，是由权力分层而产生的领导和被领导的上下级关系。在一个具体的阅读组织里，这两种交织的关系构成内部结构。在网络阅读社群组织中，意见领袖和网络大Ⅴ往往成为阅读组

---

① 苏全有、李伊波：《民国时期读书会述论》，《宝鸡文理学院学报（社会科学版）》2013年第5期。
② 肖云忠主编：《社会学概论》，清华大学出版社2012年版，第109页。
③ ［美］戴维·波普诺著，李强等译：《社会学》，中国人民大学出版社2007年版，第199页。

织的当然主导。

一般来说，阅读组织结构的复杂程度取决于两方面因素，一是整个社会分工的细密程度，组织是社会分工的产物，分工越发达、细密，则组织结构越复杂；二是阅读组织的规模大小程度，规模越大，则内部分工越细，结构越复杂，就得采用科层制即分科执掌、分层负责的组织结构，如大型的新闻、出版、发行集团或大学、大型图书馆都是这种管理结构。无论如何，阅读组织要尽量采取简约的现代化"扁平式管理"模式，避免"叠床架屋"的复杂的层级管理方式，以防机构臃肿，人浮于事，管理效率低下。如果是企业，还要建立真正的现代企业制度，以多元股份利益形成董事会、监事会和经营管理团队齐备的"法人治理结构"，通过管理层和员工持股形成利益共同体，以使企业成为负责任的市场主体，充满内生动力和发展活力。由于阅读企业组织的经济效益和社会效益双重责任，还要引入特殊管理股（金股）实行一票否决制，以免企业一味追求经济效益，而忽视社会责任。

阅读组织的管理内容包括藏书的管理、读者的管理、内部组织的管理、组织的活动管理等。其中藏书的管理包括藏书的采购、分类和编目、淘汰和更新、借阅和利用等。阅读社会组织要持续运作，必须规划好其组织活动，形成自身特色，吸引更多的人一起参与，享受阅读的乐趣。要组织好阅读活动，需要对阅读活动的内容和形式进行详细策划，安排好人数及讨论的时间地点，选择合适的阅读材料，引导组织成员进行广泛的阅读讨论。此外还须对阅读活动进行评估和总结，从而使之收到预期的效果并可持续。

阅读组织体系。一定社会中的阅读组织之间以及这些阅读组织与外部其他社会组织之间存在着普遍的联系，在这种联系的基础上，形成社会阅读组织的体系，这是由部分阅读组织所组成的关系总和和整体，它表示着阅读组织的外部联系和社会存在方式。阅读组织体系在我国有两个基本类型即行业体系和区域体系，我们俗称的"条条"和"块块"，条条如教育行业、科技行业、图书馆行业、新闻行业、出版行业、印刷行业、发行行业等等，有大有小，可粗可细；块块如北京、上海、广东、深圳、青岛、河南、四川、新疆等，阅读组织体系条条分割、块块的分割以及条条块块的分割、缺乏通畅自由的联系渠道和一致的规范是我国统一、高效阅读市场形成的主要障碍。

二、阅读组织发展趋势

全球化、信息化、市场化等因素重构阅读组织，传统阅读组织都在转型升级，以适应新形势新需要，新的阅读组织积极谋求占领行业制高点，阅读组织发展呈现出多种趋势。

（一）组织主体多元化

目前，在国际国内全民阅读的倡导和推动下，各种社会组织主体都来参与阅读活动。阅读组织主体既有传统的学校、图书馆、出版发行等组织，又有数字化服务商、通讯服务商、互联网企业、自媒体平台；既有有声书服务组织，也有知识服务平台；既有儿童亲子阅读组织，也有缓老养老阅读组织；既有调查评估组织，又有专业化的阅读培训机构；既有线下的实体阅读组织，也有线上的虚拟阅读组织；等等。

阅读组织主体不仅是学校、图书馆等传统机构，国内外很多医院、银行、商业企业、咖啡馆，甚至篮球协会这样的组织也成为阅读推广的参与者。如美国医疗领域的"触手可读"（Reach Out and Read）项目，孩子到医院体检时，在候诊室设阅读区供儿童阅读，医生向父母介绍如何促进孩子阅读，并送给孩子一本书，以此推广少儿阅读。"英超俱乐部阅读之星"项目则是通过有关组织和英超各个足球俱乐部的合作，通过那些篮球明星的阅读来吸引、倡导社会阅读。①

（二）组织规模扩大化

面对全球网络化数字化浪潮，各种网络新兴出版的蓬勃发展、读者阅读方式的变革，国际国内新闻出版企业为整合各种阅读资源和渠道，通过并购重组等不断集团化，使组织机构越来越大，以提高企业的竞争力。如2008年，作为全球最大、为终身学习提供全方位支持的教育出版集团之一，美国圣智学习出版公司（Cengage Learning）斥资7.5亿美元完成对美国霍顿米夫林哈考特出版

---

① 赵俊玲等主编：《阅读推广：理念、方法、案例》，国家图书馆出版社2013年版，第6—8页。

公司（Houghton Mifflin Harcourt Publishing Compang）大学教育部门的收购，此举令圣智在美国高等教育出版领域的市场份额由 19% 增至 23%。2013 年，总部设在荷兰、世界上最大的医学与其他科学文献出版社爱思唯尔（Elsevier）收购开放科学平台 Mendley，以此来弥补自身在学术社交、读者互动等方面的短板。2015 年，西蒙·舒斯特与手机内容推送服务商佛力（Foli）公司合作，为美国各机场、博物馆和酒店的用户免费提供获取完整版电子书的渠道，以此来扩大图书阅读范围。据了解，英国排名前 5 的大出版社（不包括独立出版联盟）的收入占到英国整个阅读市场份额的一半左右。根据《法国图书周刊》对法国年营业额超过 100 万欧元的出版社的调查，2007 年法国此规模以上出版社归属172 家集团或独立出版社，2009 年、2013 年和 2015 年的结果则分别是 154 家、144 家和 110 家，呈数量减少、单个出版企业扩大的趋势。美国前 4 名的出版企业占据全美市场份额的 30%，仅贝塔斯曼一家的销售收入就超过中国 580 多家出版社的总收入。

贝塔斯曼作为全球最大的大众图书出版商，与世界第二的培生集团一样，在数字阅读时代受到亚马逊等数字出版企业的冲击，所以两大世界级出版商决定联合发力，他们不仅进行资本合作，也进行资源整合，希望在与亚马逊为代表的数字出版平台谈判中占有主动权和议价权。而苹果、亚马逊、谷歌等国际大型电子科技公司，也在巩固传统电子业务的同时，不断延伸出版产业链，积极探索新的商业模式。

大阅读时代需要大型的阅读集团，这种大型阅读集团的业务早已超出传统阅读范围和地区局限，并将产业链不断延伸，渗透到电影、电视领域，成为全媒体、大众化集团，对文化资源再利用，其优势在于利用自身充足的资金对各种资源的整合，包括内容、技术、人才等，为读者提供更多更好的品牌服务，取得更多收益，形成市场上的良性循环。

由于网络的交互性，从参与人数来说，网上的阅读交流互动组织规模更大。如人民日报的"强国论坛"现有注册用户超过 217 万，最高同时浏览人数达 350万，论坛用户学历在大学或大专以上的约有 68%。"60 后""70 后"和"80 后"网友各自的比例是 20%、30% 和 30%。一半左右的论坛网友认为强国论坛在自己网络生活中很重要。"今日头条"自 2012 年 8 月推出以来，短短的 6 年时间里，其 APP 累计激活用户数已经超过 7 亿人，月活跃用户数高达 2.63 亿人，按用户量，在国内综合资讯平台中排名第一，用户月均使用时间超过 20 个小时，用户活跃度仅次于微信，其内容审核编辑即达到 4000 人。

（三）组织布局普及化、泛在化

在全民阅读的推动下，在移动互联网的支持下，阅读组织遍布城乡，遍布国内国外，遍布线上线下，遍布白天黑夜，使阅读无处不在（包括 24 小时书店和图书馆等）。我国农家书屋已达 58.7 万家，正在升级数字化；此外，社区书屋、职工书屋、企业书屋等风起云涌，政府的公共文化服务均等化的优惠扶持政策发力，与市场公益行为共同作用，使得我国的阅读组织深入城镇乡村、深入边疆海防、深入工厂社区等每一个社会毛细血管。而移动智能手机、平板电脑、掌上学习机、移动阅读设备日益普及，移动阅读因其无可比拟的便捷、快速，成为现代人上下班，工作闲暇最流行时尚的阅读工具，人们拿起手机，即可边走边读，阅读和阅读组织可以说无时无处不在。

移动互联拓宽学生阅读学习的范围和途径，使各级各类学校的参与式、启发式教学成为可能，终身学习成了普遍趋势。教育机会将可能向全社会所有人开放（如慕课等），任何地方的学生都能学到优秀教师的最好课程，有力促进公共教育和公共文化服务的均等化，促进社会阅读的普及。

（四）组织互动网络化

在移动互联十分便捷的今天，从组织方式看，各种阅读组织之间都运用移动互联网进行联络、沟通和协调，阅读组织内部往往也通过网络微信群等进行沟通、管理和运行。很多阅读组织本身就发端于线上，然后在线下开展实际交流。网上自媒体让读书会组织更加便捷，无论是组织会员、读书分享还是读者交流与会员福利，仅凭网络都可实现这一切。在豆瓣网上，我们可以很容易找到很多读书会的小站，既有读书会信息发布的，也有读书会活动记录的，还有招募读书会经营者的。互联网激发人们对读书会的需求，让相同阅读理念和兴趣的人更多地走到一起，并吸引越来越多的同道，像滚雪球一样使阅读社群越来越大，让阅读组织管理、协调、互动交流更为通畅、便捷。

（五）组织构成融合化、全媒体化

在一个阅读组织内部，特别是阅读产业组织内部，传统媒体为了适应移动互联网时代的需要和信息技术的不断升级，不得不运用新的信息手段，与新兴媒体融合发展。媒体融合应包括一切阅读媒介及其相关要素的结合、汇聚和融合，不仅包括媒介形态如书报刊等传统媒体和互联网、手机、手持智能终端等新兴媒体传播通道有效结合，还包括媒介功能、传播手段、所有权、组织结构等要素的融合。也就是说，媒体融合是信息传输通道的多元化下的新作业模式，是把传统和新兴阅读媒体的资源共享，有机整合，集中处理，通过技术的融合和经营方式的融合，衍生出不同形式的信息阅读产品，然后通过不同的平台传播给读者（受众）。媒体融合应包括组织结构、体制机制、内容、产业、服务、人才、技术和媒体形态等各种要素的融合，从而形成全媒体（即全员媒体、全程媒体、全息媒体、全效媒体）。

传统阅读组织特别是书报刊出版企业要生存下去，适应数字化、网络化时代的阅读选择需要，必须自觉进行融合发展。以美国著名的阅读媒体为例，《纽约时报》公司 2017 年全年订阅总营收超过 10 亿美元，占到公司总营收的六成。其中包括拥有超过 260 万份的数字订阅，涵盖新闻、烹饪和填字游戏产品。2017 年的数字订阅营收增长了 46%，达到 3.4 亿美元，受数字订阅增长的推动，2017 年该报的总营收（包括各类订阅收入）增长了 8%，达到 17 亿美元。

从 2014 年（被称为我国的媒体融合元年）始，在党中央关于传统媒体与新兴媒体融合发展的号召下，我国各类阅读媒体加速融合发展。为打通引导群众和服务群众的"最后一公里"，在中央部署下，截至 2018 年年底，我国县级融媒中心已建成 800 余家。我国县级新媒体平台"两微一端"覆盖率已达 93%，微信公众平台普及率最高，达到 87.5%；其次是网站，达到 73.6% 和微博平台 67.7%。[①] 学校、图书馆等传统阅读组织都加速利用网络和数字化资源融合拓展、延伸、优化各自职能。各类各级学校等阅读教育机构、各级各类图书馆等公共文化服务机构、各新闻出版单位等内容生产机构、各通信运营商服务商等网络传输机构、各类读书会等阅读推广机构也以各种形式聚合起来，实现跨界融合、跨屏融合、跨区、跨体制融合，共同促进社会阅读，实现全媒体，向基层普及延伸。

---

① 谢新洲、柏小林：《全国县级新媒体发展调查分析》，《出版发行研究》2018 年第 12 期。

目前，移动网络和数字阅读正消解"传统读书会"概念外延，重构读书会参与者互动的循环生态，并逐渐形成"以书会友"的趣缘关系，以"垂直细分内容"为连接点，以每位社群成员为情感纽带，传统语境中"读"与"写"的关系被塑造成为一种新的社会交流方式。线上线下联动社群化阅读方式，以读者为中心，强调阅读的社群互动，通过让成员与作者、编者、出版者的高度自由、高频次、高效率的信息传播和沟通交流，用以寻求彼此的价值认同和归属感，促进了读者参与和协作生产机制，读者从内容消费者变成内容生产的共同参与者和利益分享者。线上线下融合联动的读书会，搭建了一个作者、出版商和读者三方的中介平台，作为出版产业最后的产品输出口，它通过社群服务，能有效地实现资源配置以及产品多形态、跨平台、跨领域营销，拓宽更多业务条线，努力实现社群经济效益。[①]

近年来，在全民阅读的号召下，出版、传媒、图书馆、教育、文化、艺术、科技、读者、电信、广告、资本、装备等各种线上线下组织资源实现大融合，共同推动社会阅读。在北京召开的"全国全民阅读工作会议"、在广西南宁召开的"中国全民阅读年会"、在海南召开的"全民阅读论坛"、在杭州召开的"中国数字阅读大会"、在北京召开的"中国网络文学大会"、在上海召开的"全民阅读社会组织座谈会"、在28届书博会期间召开的"全民阅读新媒体峰会"和"首届阅读产业资本论坛""出版界图书馆界全民阅读年会"等多方面阅读峰会是推进信息交流、融合共识的重要平台。

（六）组织服务智能化、精准化

社会阅读是广泛的，覆盖全体人民；而具体的阅读行为又是个性化的，每个人有不同的阅读兴趣和需求。移动网络时代的数字化资源，众多的阅读组织和内容，使读者的阅读无所不在、无时不在，大大方便读者的阅读，读者能够在较为轻松愉快的环境中，自主选择阅读时间和内容，随性享受阅读。阅读内容的泛在化，阅读主体的扩大化，真正实现了以读者为中心的阅读。

随着信息技术的升级，大数据和云计算、人工智能等，又使阅读组织轻松掌握读者网上阅读活动的兴趣、动向、轨迹，据此智能化地给读者推送个性化

---

① 何映菲：《社群化阅读视域下读书会转型研究》，《出版发行研究》2019年第1期。

的阅读对象，生动呈现声形并茂的阅读内容，丰富提升阅读品质，使精准立体化地满足读者阅读需要成为可能，读者的阅读选择更为丰富多彩，以致产生选择的困难。尤其是传统出版社将转型为知识信息服务组织，以读者（用户）为中心，重构传统出版产业链，使读者与作者、出版者的交流互动更为即时与频繁，并参与知识信息生产，使知识信息生产服务更有针对性，服务质量全面提升，并提高读者对服务品牌的忠诚度。[①]

深度学习是新一代人工智能技术的卓越代表，由于在人脸识别、机器翻译、棋类竞赛等众多领域超越人类的表现，深度学习几乎已成为人工智能的代名词。新一代人工智能是以大数据为基础，以模型与算法创新为核心，以强大的计算能力为支撑，将带来阅读方式的进步。

随着阅读组织的广泛兴起，阅读组织的多种多样，读者生活的各个方面（如上学、就餐、上班、体育、娱乐、就诊等）、各个年龄时段（面向儿童、青年、老年等）都存在阅读及其推广服务，阅读组织服务将覆盖读者生活的方方面面。

（七）组织推广专业化

向社会进行阅读推广和阅读指导首先在图书馆界兴起，目前阅读推广正在成为职业，相关阅读推广的理论、方法、技能日趋成熟，形成体系，尤其在儿童阅读推广方面专业化发展速度最快。阅读推广行政管理专业化，政府有专门的职能机构组织统筹协调社会阅读推广活动，此外，除宣传、教育、文化、科技、新闻、出版等组织强化阅读推广职能外，还有专门的组织开展社会阅读的交流、调查、研究、监测、评估、培训、奖励等一系列工作。

读书会也向专业化的垂直细分领域发展，包括明确的专业主题和比较集中的阅读范围。垂直细分专业领域可以满足不同社群成员个性化、人性化的需要[②]，兴趣越小越专越聚焦，才能在细分领域的社群中找到自己的一席之地，而网络数字技术平台为实现这种更专业化、个性化的线上线下联动交流互动提供条件。

---

① 孙利军、邵甜甜：《知识服务，重塑出版与读者关系》，《出版发行研究》2018年第12期。
② 何映菲：《社群化阅读视域下读书会转型研究》，《出版发行研究》2019年第1期。

（八）组织活动全球化

在联合国教科文组织等的倡导下，随着信息化网络化，各国政府和人民逐步认识到社会阅读的重要性，因此阅读组织的活动逐步全球化，如全球越来越多的国家和地区对"全民阅读"活动、"4·23"世界图书和阅读日的响应和参与。

自 1992 年由英国图书信托基金会（Book Trust）、伯明翰图书馆服务部（Birminghan Library Service）和基层医护信托基金会（Primary Care Trust）联合发起创立"阅读起跑线"（Book Start）计划、开创婴幼儿早期阅读启蒙事业以来，已有德国、意大利、波兰、美国、加拿大、澳大利亚、日本、韩国、泰国、印度、南非、智利和我国台湾地区先后参与婴幼儿阅读包服务计划，使向 0—6 岁的婴幼儿赠送阅读包、给予配套的阅读服务、开展"人之初"的关怀逐步成为全球的共识和行为。还有发起于 1998 年美国西雅图市的"一城一书"活动，通过一个城市居民共读一本书来提高公民阅读率，促进社区关系，增进城市居民归属感，经美国图书馆协会提倡推广，现更是发展到全美，逐渐向加拿大、英国并全世界延伸。

小 结

阅读组织是社会成员为了实现阅读目标而有意识地组合起来的阅读团体，它是人类阅读活动比较复杂、高级、大型的社会共同体，包括阅读的立法组织、管理组织、行业组织、教育组织、产业组织、公益组织、交流推广组织、调研组织等等，这些组织的职能是培养国民阅读能力和习惯、满足社会阅读需求、倡导和推进社会阅读、提高社会阅读能力和功效，它具有开放性、知识性、倡导性、协同性、长期性等特性。

历史地看，阅读组织既是阅读事业发展的结果，也是推动阅读事业前进的重要力量，更是社会阅读事业发展水平的标志。现代社会的生产、生活和创造力的发挥越来越与各种社会组织紧密地联系在一起，越来越依赖各种复杂的社会组织来达到其目标。社会阅读也是一样，阅读能力和习惯的培养靠组织，读物的供给和满足靠组织，阅读的交流推广靠组织……总之，社会阅读离不开各种各样的阅读组织。

人类的阅读组织有悠久的历史，中外的阅读组织生态体系的建立和完善经历了漫长的历史过程。改革开放以来，随着我国经济社会的发展，国民教育水平的提高，政府和社会各界的倡导和推广，全民阅读的热潮逐渐兴起，社会阅读活动持续活跃，社会组织力量也日益多元化。

21 世纪以来，随着经济的飞速发展，互联网的普及，特别是移动互联网的普及，阅读方式的变革，全球已有的阅读组织都面临着转型升级，重整和重构，以形成新的阅读组织生态链。网络阅读社群正在成为一种新型的阅读组织。阅读组织发展呈现主体多元化、规模扩大化、布局普及化泛在化、互动网络化、结构融合化全媒体化、服务智能化精准化、推广专业化、活动全球化等趋势。

第八章　阅读的社会保障

不做到人人识字，没有足够的理解能力，没有充分教会居民读书看报，没有这一切物质基础，没有相当的保障，如防荒、防饥等的保障一样，没有以上这些条件，我们就达不到自己的目的。

——列宁

内容提示

阅读需要的结构、层次及其性质

阅读需要产生与满足的制约因素

阅读需要与阅读的社会保障

阅读社会保障的理论和实践依据

阅读社会保障的主要原则和内容

我国阅读社会保障的现状

完善阅读社会保障的着力点

　　人的需要是社会学研究的重要范畴。阅读活动作为一种现实的社会活动，首先产生于读者的阅读需要。阅读需要作为一种精神的社会的需要，具有不同于人的一般需要的规律和特点。如前所述，我国阅读行为实现社会化普及，并已成为现代人基本生活方式的一部分，信息的获取和利用成为现代读者须臾不能离开的生活需要。

　　在全民阅读早已成为国际共识、移动网络数字技术又带来以读者为中心的阅读方式革命的今天，政府和社会应依据《宪法》规定，就像确保国民最低物质经济生活的责任一样，要确保国民最基本的阅读这种精神需求，也就是最基本的信息知识获取和利用的权利和条件，以促进人的全面发展和社会的全面进步。

第一节　阅读需要的结构、层次及其性质

　　阅读需要，从表层来看，可以定义为读者对阅读物（包括以书报刊为主要媒介的纸质读物和以移动网络为主要媒介的数字读物）的一种欲望和要求；从内层来看，则是人们对信息知识的欲求状况，是个体与社会进行交往、交流的一种指向，表现为个体精神上、心理上与外界社会的不平衡感，这是阅读需要的基本含义。

一、阅读需要的结构

　　阅读需要的横向结构，指阅读需要的各个组成要素及其在空间上的平衡关系。它由四部分组成，即需要的主体——读者，需要的客体——文本，需要的间接客体，即提供需要客体的人或机构——作者、内容提供商、电子书生产商、手机运营商、图书馆、书店等文本的生产流通传播系统和社会阅读场所等，满足需要的手段——购买、借阅、点击等。这四要素相互关联，共同构成了阅读需要的结构。

（一）读者

　　读者是指能感知以文本文档为载体，以语言文字符号为外壳的科学文化信

息的"文化人口",它是需要的发出者和主体,它可以指个体读者,也可以是集(团)体读者,如学校、机关、工厂、班组、图书馆等。

（二）作为阅读物的文本

这是具有一定形式和厚度的,或用某种物质作为载体的符号和信息系统(如文字、五线谱、图画、盲文、数字、声音、图像、网络等)。它系统地传递人类的知识信息情感,具有超出时间和空间限制的特点,并有良好的流传质量。

（三）作者和有关经营者

这包括书报刊出版发行企业、内容提供商、网络运营商、电子书生产商、电子生产商、手机运营商、图书馆书店等文本的创作生产流通系统和社会阅读场所等,作为阅读需要的间接客体,是满足阅读需要的社会工作系统。文本的生产和供给是由创作、出版(生产)、印刷(上载)、发行(传播)等一整套工序来完成的,程序环环相扣,缺一不可。图书馆、书店等作为向读者提供读物阅读的社会公益场所,也可看作是满足阅读需要的社会工作系统。

（四）供给方式

这是满足阅读需要的手段,包括以货币支付为手段的有偿满足方式(如书店)和免费的无偿满足需要方式(如绝大多数图书馆、情报信息所、书屋等)。

二、阅读需要的层次

美国著名社会心理学家马斯洛(Abraham H. Maslow, 1908—1970)曾经提出了需要的层次论,他把人的需要归纳为生理、安全、社交、被尊重和自我实现五类,并按其发生程序列为五个层次等级,逐步上升。马斯洛认为,人在满足了温饱、安全、体面的需求后,必然会产生基于求知和审美的阅读需求。

金钱往往是低层次的需求,更高的情感、被尊重、审美、求知和自我实现,却是金钱无法购买的。对人类来说,生命的标准越高,就越不能用金钱来衡量,健美的身体、机敏的头脑、朴素的生活、高尚的思想、雅致的审美、敏锐的感知、精细的情感反应,这些东西绝不是用金钱可以提供的。金钱可以制造消费,却无法填补人们的满足感和成就感。通过阅读则可以满足金钱以外的精神需求。现代化不仅是一次物质革命，也是一次精神革命。因此，有人乐观地认为，今天的中国人已经普遍超越了衣食住行的贫困，或许会等来一个前所未有的阅读时代。

阅读需要的层次也可以说是阅读需要的纵向结构，指阅读需要由低级到高级的排列组合。无论是从读者个性的角度，还是从整个社会的角度，阅读需要总是表现为一定的序列性和上升性，这与人的需要的一般规律性一样，例如，在个体读者的一生中，青少年时期与老年时期的阅读需要可能会有很大不同。阅读需要是一个富有层次的结构，我们一般也把阅读需要分为三个基本层次。

（一）娱乐消遣层

位于阅读需要的"金字塔"的最底层，其覆盖面最大，以脱离扫盲水平到初高中文化程度的读者为阅读主体。他们的阅读兴趣广泛而不专一，消遣猎奇性读物是其基本阅读对象；他们阅读的选择性差，评审能力也较低。对这一层次读者的阅读需要，社会一方面要加以满足，尊重他们的阅读权利和阅读兴趣；同时，也要对其阅读需要不断地加以引导，丰富和发展他们的阅读审美、评判和思维能力，增强其阅读的选择性，并适时地把其阅读需要导入高一级层次。

（二）学习层

这一层次是阅读需要"金字塔"的中间层，以初、高中至大学、研究生在读生为阅读主体。他们以学习、掌握科学文化知识和专业基础知识为主要目的，阅读的盲目性小，选择性大。读者一般都有较突出的阅读个性。这一阅读层的读者在数量上相对上一层次要少一些，他们对文本的使用率高，对文本内容也很挑剔，一般要求阅读有较高文化科学价值的内容。

（三）研究层

该层次位于阅读需要"金字塔"尖顶，以从事专门研究工作的中高级社会和自然科学工作者为主体。他们在整个社会中虽人数不多，但阅读需要面集中，要求内容精深，专业性强，其范围呈线性纵向、横向地发散——纵向，究本穷源；横向，包括古今中外；需要的总特征是"高、精、尖"。具有这类阅读需要的读者是社会的精英分子，阅读书籍成为他们的精神支柱和人生支撑。对该层次阅读需要的满足，能直接或间接作用于社会的物质生产和精神生产，具有更高的战略意义和文化积累价值。

为满足这三个基本的阅读类别和层次，中外出版业形成了三大板块，即大众出版、教育出版和专业出版。三个层次的阅读需要反映在个体读者身上并不是绝对的。如研究层读者也有娱乐、消遣的阅读需要，学习层读者也会表现出研究层的阅读需要和兴趣。它们在个体读者身上是相互交叉和渗透的。从总体上看，阅读需要层次存在着循序渐进、不断上升的趋势。

以一般的人文阅读为例，有人将个体的阅读分为这么几个步骤和层次。

第一层，阅读纯娱乐小说。这是一般阅读的起点，是继婴幼时代的童书而持续的阅读习惯，功效在培养人的敏感性。处在此阅读阶段，顶多算个"文学青年"，因为读书少，常常有怀才不遇的抱怨，比较自我，不免情绪化，有些幼稚，孩子气，看问题缺乏广度和深度，人格比较脆弱。需要加大阅读量，迅速形成新的阅读敏感点，进入第二个阅读层级。

第二层，阅读传统经典小说。当读过了流行的娱乐小说，文字的敏感性培养出来，就不再满足于简单的人物结构，需要阅读些智力层次较高的作品，如《基督山伯爵》《九三年》《飘》《傲慢与偏见》《简·爱》《1984》等书就会被翻出来。由于这类小说剖析人性非常深刻，对人性的反映比较全面，书中有很多复合性人格，使这一层次的读者获得对人性观察的立足点，使得他们的思考更成熟和理性，思维的广度不再限于自我，学会换位思考，体会理解别人，读者的人格基本成熟，知道了责任、义务和使命。但此时的阅读者还未形成更丰富的理性思维，他们在生活中可能是个好丈夫好妻子，工作中是个好员工，但可能是个保守的、窝囊的、缺乏创意的人。

第三层，进入史哲领域。只有对经典小说广泛涉猎，才有可能培养出这方面的兴趣，这是因为经典小说中大量涉及文史领域的概念，诸如古希腊神话、西方历史典故等，上述典故在书中频繁出现，成为读者的阅读敏感点。能够读懂《希波战争史》《伯罗奔尼撒战争史》《理想国》《利维坦》《论法的精神》《国富论》《社会契约论》《新教伦理与资本主义精神》《梦的解析》《文明的冲突》等，这时候读者的大脑开始体系化。这个阶段的阅读者是非常高雅和有品位的，他们有思想、有能力、看问题注重规则，比普通人更看得长远，作出的结论，往往充满智慧的闪光点。但只有他们自己知道，他们无时无刻不在忧心，老有大祸临头的感觉，本质上是他们的思维深度不够，广度拓展不足。

第四层，进入思想领域。有了史哲基础，这时就会阅读大量的思想典籍，如卡尔·波普尔的《猜想与反驳》《客观知识》、伊·拉卡托斯德《科学研究纲领方法论》、蒯因的《从逻辑的观点看》。阅读到这一步，才算是个读书人，阅读数量才能勉强与西方的大学生阅读量相比。这类人的思考，已经不再停留于狭隘的利益和价值，更多注重延展性，注重现实的可操作性。这个时候的思维深度，不是看一件事是否合理，一个规则是否公正，而是看是否符合人性和它的持久性。这时人的危机感的警报已解除，但生活是乏味的、沉重的，甚至有苦行僧的悲情。

第五层，就是形成自己的思想体系，并依据自我体系构建新的阅读书目。这时就有了俯瞰全景的视角，再也不会遭遇人生难题。这时才能生出悲悯之心，才能解脱自我或外部环境强加于你的所有束缚和羁绊，才能获得心灵的、精神的与现实物质的多重自由。

我国目前读者阅读需求的现状。根据开卷2016年全国图书零售市场报告，我国图书零售市场码洋结构是：少儿图书占23.15%，社科图书占23.03%，教辅图书占比15.60%，文学图书占比13.27%，科技图书占比6.99%，语言类图书占比6.99%，生活类图书占比3.91%，艺术类图书占比3.89%，传记图书占比1.42%，其他类图书占比1.17%。图书销售延续2015年的增长势头，同比增长保持在10%—15%之间。以上数据大致反映了目前我国读者阅读的分类结构。

据2016年京东（在线销售）图书音像市场年度报告，童书成为2016年销售最好的图书品类；性别、年龄、区域三大因素影响阅读。购买图书、音像的读者中，男性读者比女性读者高，但具体到各个品类，又各有特点。如购买科技书的读者，男性占比73.8%，女性占比只有26.2%。26—35岁的读者是图书、音像的主要购买力。"70后"读者集中购买文教、童书和生活艺术类。"80后"读者占比的前三类是文教、童书和文学书。"90后"读者主要购买文教、文学和经管励志书。可见，年龄越大，阅读兴趣越偏重实用。广东、北京、江苏、四川、上海、山东、河北、浙江、湖北、陕西等10省市读者最喜欢读书，购买力最强。人均图书消费金额，北京、上海、西藏、浙江、江苏五省（市区）位于前列。以上情况大致反映我国读者目前性别、年龄、区域的阅读消费特征。

我国国民的社会阅读需要近年来的发展趋势。根据田菲的分析①，我国成年国民综合阅读率呈波浪形增长，综合阅读率从 2008 年的 69.7% 增长到 2010 年的 77.1% 仅用了短短两年，在经历了连续四年的增长后，在 2012 年跌至 76.3%。之后用三年时间稳步爬升至 2015 年的 79.6%，为历年最高水平；纸质图书阅读率回升，1999 年我国国民的图书阅读率达 60.4%，为历年最高，以后持续走低，在 2005 年降至历年最低点 48.7%；2007 年之后，我国国民纸质图书阅读率回升，2015 年我国成年国民图书阅读率为 58.4%，与 1999 年的差距不断缩小，图书阅读量与九年前持平；报纸、期刊阅读率呈总体下滑趋势，近三年来图书阅读率居纸质媒介阅读率之首。

数字化阅读方式接触率增势迅猛，连续七年持续上升，于 2015 年达到 64.0%，较纸质图书阅读率（58.4%）高出 5.6 个百分点；手机阅读接触率八年间增长了 3.72 倍，2015 年达到 60%，增速居各类数字化阅读方式之首；电子书阅读率（2015 年达到 26.8%）与电子报刊的阅读率（2015 年电子报阅读率 12.0%，电子刊阅读率 9.4%）差距显著，电子书阅读量（2015 年为人均年 3.26 本）逐步缩小与纸质图书阅读量（2015 年 4.58 本）的差距；人均每天网络在线阅读时长（54.84 分钟）和手机阅读时长（62.21 分钟）的增势较图书等纸质媒介更为强势。

以微信微博为代表的社交化阅读成为表现最突出的新兴阅读方式，2015 年我国成年手机阅读群体的微信使用频率为平均每天 2.67 次，2015 年我国成年国民人均每天微信阅读时长为 22.63 分钟，较 2014 年的 14.11 分钟增加 8.52 分钟；我国成年国民阅读方式日益多样化，包括从网上下载并打印下来阅读，在电子阅读器上阅读，网上在线阅读，在手机上阅读，纸质阅读，等等；0—17 岁未成年人图书阅读率整体呈上升趋势，2011 年我国 0—17 岁未成年人图书阅读率一直在 80% 左右，2012—2014 年持续走低，2015 年出现回升，达到 81.1%。

据亚马逊中国 2018 年全民阅读报告，我国社会阅读有以下趋势：（1）全民阅读氛围浓厚，八成受访者日均阅读半小时以上。（2）阅读成生活的重要组成部分，超六成受访者认为阅读是生活必需。（3）纸电一起阅读是主流，有声书的发展空间大。电子阅读有效促进阅读总量，八成受访者为电子阅读付

---

① 田菲：《我国国民阅读发展趋势研究——基于1999—2015年全国国民调查数据分析》，《出版发行研究》2016年第5期。

费。（4）更好的阅读环境和氛围最能有效促进阅读。（5）大众都爱经典文学，不同群体阅读偏好不同。从性别看，男性受访者偏爱历史传记、社科人文以及科幻文学，女性受访者偏好悬疑推理以及励志温暖类图书；从年龄来看，"50后"至"80后"受访者偏好历史传记和社科人文，"90后"偏好悬疑推理和社科人文，"00后"受访者偏好科幻文学和悬疑推理。阅读外文原版书的受访者也更加趋向年轻化，"90后"和"00后"比其他年龄更爱阅读原版书。

三、阅读需要的性质

读者的阅读需要首先是一种社会需要。按照需要产生来分，可以把人的需要区分为自然需要和社会需要。自然需要是人天生就有的，是生物遗传的结果，它是人作为自然界中一分子所必须具有的。社会需要则是人们在社会生活实践中逐步产生的，是人自我创造的结果。显然，读者的阅读需要是一种社会需要，它不是先天的，正如恩格斯所说："语言和意识一样只是由于需要，由于与他人的交往的迫切需要而产生的。"①社会个体以语言和意识为基础的阅读需要是其道德、审美、智力、交流（往）等需要的综合表现，它是人类社会作为一个整体存在和发展的需要。

其次，读者的阅读需要又是一种心理需要，而绝非是一种生理需要（以生理需要为基础），它具有较强的主观性质。按照辩证唯物主义原理，心理是客观现实的内部映象。存在决定意识，阅读需要也具有一定的客观性。它与读者的社会存在和社会实践有着极其密切的关系，即每个读者的阅读需要都受其所处的社会地位、职业、文化水准、年龄、性别等不同程度的影响和制约，表现为需要倾向的个别差异。

其三，读者的阅读需要还是一种精神需要。阅读需要虽直接表现为对文本等阅读物的需要，但并不是需要文本的物质外壳，而是需要文本上所附载的知识信息等精神、意识形态。可以说，阅读需要是以对文本本身的物质需要作为基础的精神需要。它的这种复杂性，导致了满足这种需要的多种意义。

其四，现代人所处的信息社会，使阅读成为人的一种生活方式，是一种生

---

① 《马克思恩格斯全集》（第3卷），人民出版社1995年版，第35页。

活需要，就像吃、穿、住、行的需要一样，须臾离开不得，即不能对信息符号进行解码或称阅读，人将不能很好地生活，更不能在社会上立足。

四、阅读需要产生与满足的制约因素

如前所述，阅读作为一种社会活动，自产生以来，在任何时代和任何区域都离不开所处的社会条件，这些社会条件包括政治、经济、文化教育、科学技术等诸多方面，比如文化环境条件是直接影响阅读的一个要素。由于阅读是由著者、编辑机构和出版机构（包括网络出版）、文本制作传播与宣传渠道和读者构成的复杂交流链，而这链条的每一个环节都与社会有着广泛的联系，因而，这一因果长链的任一环节失调和不畅，都对阅读有非凡的影响，对社会阅读需求的供给和满足造成不畅。

首先，阅读需要的产生和满足，是阅读产业和事业发展的前提。没有社会的阅读需要，就不可能有著者、编辑机构和出版机构（包括网络出版）、文本制作传播、宣传渠道、利用机构（图书馆等）和读者构成的复杂交流产业链。

其次，阅读需要的产生和满足，是整个阅读产业和事业发展的原动力，社会阅读需要推（拉）动整个阅读产业和事业发展。

其三，社会阅读需要的现状规定着整个阅读产业和事业发展的现状。所以要通过教育不断提高社会阅读力和阅读需求，推动阅读产业和事业的发展。

其四，社会阅读需求也受社会物质生产发展水平的制约。一方面，社会物质生产水平决定着满足各类阅读需要的阅读物的程度（从甲骨文、印刷品到数字产品）；另一方面，社会物质生产的发展，经济的繁荣，人民生活水平的提高，又能使人们产生更多更高的阅读需要。按照需求层次说，人们的物质、生存需要满足后，发展需要、享受需要和自我实现的需要自然而然地提到生活日程上来。社会物质水平的提高，也给人们提供了满足阅读这种需要的条件，如购买阅读物能力的增长，闲暇阅读时间的增多，等等。

社会政治生活的健康发展不仅是阅读活动正常开展的根本保障，而且也是一个时期社会阅读内容倾向的决定要素之一。如"文革"十年，政治上的倒退，使我国社会的阅读活动处于萧条状态，很多优秀健康的图书被查封、销毁。人们阅读的内容仅限定为"红宝书""老三篇"，在文化教育上整整荒芜了一代人。

20 世纪 80 年代以来，我国人民政治生活渐趋正常，随着改革开放政治经济形势的发展，人民生活水平明显提高。近年来全民阅读活动蔚然成风。

阅读需要的产生和满足取决于社会精神生产发展水平。精神生产活动是由一定的社会集团（主要是知识分子）从事的知识、信息等社会的生产，其产品直接满足人的精神文化需要。文本从根本上说是一种精神产品，是精神的物化形态。一个单元（本、部、篇）的文本著作，是由多种因素构成的，既有历史的渊源，又有现实社会的主客观条件；不仅取决于作者个人的知识水平和创造能力，而且受社会因素（如政治、经济、文化、教育以及社会群体的认识水平、地域、环境）的影响，受信息知识流通等的局限。这些都影响着阅读需要。

社会精神生产的产品直接满足人的精神需要，同时也创造着人的精神需要。如在十年"文革"中，精神产品极端贫乏，阅读物内容极其单调，极大地抑制了社会的阅读需要。党的十一届三中全会以后，随着现代化建设的展开，精神文化建设也蓬勃发展，出版了古今中外的大量阅读物，图书出版种数从 1978 年的 14987 种增加到 2017 年的 25.51 万种（新书），极大地满足、丰富、刺激了广大读者的阅读需要。

第二节　阅读需要与阅读的社会保障

一、什么是阅读的社会保障

社会学意义上的所谓社会保障，是指国家对社会成员的基本生活权利给予保障的社会安全制度，国家对国民履行确保其最低经济生活的一种社会责任，它具有进行社会自我调节和控制，以实现社会公平的稳定功能。阅读的社会保障借用社会学的名词术语，在含义上与其有不同，而且具有更深层的意义。它指通过社会的力量，运用社会的有效手段（教育、提供阅读条件包括阅读物、阅读设施等），帮助社会成员取得阅读的能力，培养阅读习惯，满足他们对阅读的基本需要。概括来说就是指国家和社会确保阅读成为人们生活的一部分、不断提高全社会的科学文化水平的制度安排。阅读的社会保障有一整套社会工作系统。

阅读社会保障内容应包括阅读权利保障、阅读能力保障、阅读时间保障、阅读空间保障、阅读物或阅读内容保障、阅读氛围保障和特殊困难群体阅读保障等。

一般可以定量的内容为阅读力的保障和阅读物的保障，狭义的阅读社会保障，则仅指对阅读物的保障，即满足读者对阅读物的需要，包括有偿或无偿地提供利用。

阅读的社会保障是社会主义精神文明建设的一个重要内容。现代化建设必须提高整个中华民族的科学文化水平，普及科学文化知识，这不仅要满足读者现实的阅读需要，采取各种有效措施向读者提供合适的、充分的阅读物；而且更重要的是要唤起、引导出潜在的阅读需要，提高整个社会阅读力。因此，阅读的普及与提高是一项社会事业，对阅读实行社会保障是一项根本性的战略措施。

应该看到，对阅读实行社会保障，是现代社会发展的必然结果，它经历了复杂的历史过程。古代社会不可能对阅读实行社会保障，除了政治、经济、文化方面的原因外，还有生产力发展水平的局限。社会出版印刷能力是生产力发展水平的一个重要方面。古代图书的生产，起初载体取之天然，如龟甲、兽骨等，且都靠手工刻写其上，制造艰辛，得之不易；以后有了绵帛、纸张，靠手抄或雕版印刷；即使后来发明了活字印刷，但由于工艺水平的落后，图书生产规模也非常之小，远远满足不了当时阅读者的需要。当时，阅读物的保障能力也是十分低下的，不可能达到社会化。

阅读保障作为一种社会事业，发端于资本主义社会，由于生产力和科学技术的发展，需要大批熟练的有文化、懂技术的劳动者。资产阶级为了自身的利益，认识到向工人和一般民众普及文化科学知识的重要性，开始赋予人民有限的阅读权利，开办各种国民教育，普及阅读，同时开办了各种类型的公立、私立图书馆，免费向社会公众开放，这种图书馆成为对阅读实行社会保障的最显著标志。这时，图书生产的机械化，特别是德国人谷腾堡发明的凸版、平版、凹版印刷技术和铅活字，使图书文献的生产质量得到革命性的进步，使一般平民购买、获取阅读物相对容易；阅读物也不仅仅局限于图书，发展到报纸、期刊等多种形式，促进了人类知识和思想意识的广泛传播与扩散。

社会主义的公有制和社会化生产，人民掌握国家权力，给阅读的社会保障开辟了更加宽广的道路和美好前景。对阅读实行社会保障，是社会主义生产目的之一。我国在生产发展的基础上，不断满足人民群众日益增长的物质和文化生活的需要。其中后者，就包括实行阅读的社会保障。同时，对阅读实行社会保障，也是我国的一项基本文化政策。

总之，对阅读进行社会保障是现代社会、信息化社会的必要手段，是实现文明社会、良序社会的必要内容，更是社会主义社会对国民阅读权利最基本的维护措施。

二、阅读需要与阅读的社会保障

（一）阅读的社会保障是满足阅读需要的过程和手段

阅读的社会保障包括通过一系列法规制度，保护读者的阅读权利；通过教育，使社会读者获得阅读能力；通过社会的文本内容提供、文献出版生产、发行传播和利用系统，保障阅读物的供给和满足；通过一整套公共文化服务体系如图书馆、书店等为读者提供阅读场所；其合力直接指向读者的阅读需要，其工作运转过程正是满足社会阅读需要的过程。例如，这个工作系统中的文献出版生产过程，从创作、编辑到印制、发行传播，都是针对读者的阅读需要的；又如，这个工作系统中的图书馆，不仅向读者提供出版物，而且还通过各种其他手段（如编制二次和三次文献等）来深化提供知识资源服务，满足读者阅读检索的多方面需要。

（二）阅读需要是阅读社会保障系统工作的依据和完善的动力

如前所述，如果没有阅读社会保障系统的工作和运行，就不能满足读者的阅读需要，反过来，如果没有读者的阅读需要，这个系统就没有存在的依据和完善的动力。从历史发展的纵向来看，对阅读实行社会保障，从无到有，从小到大，从零星、分散到专业化分工，都是阅读需要作用的结果。从横向来看，开展各项阅读社会保障工作，都要以读者的阅读需要作为依据。如编辑工作，要从读者的利益和需要出发，多出好书；图书馆工作要以满足读者阅读需要为根本目的，努力做好分类、编目、藏书建设以及内部组织管理工作。同时，社会阅读需要是一个不断上升的复杂的运动系统，它可以成为阅读社会保障系统发展完善的动力。

三、阅读社会保障的理论和实践依据

（一）马克思、恩格斯关于人的需求理论

在《1844年经济学哲学手稿》中，马克思比较详尽地论述了人的需求问题，提出人有肉体的需要、自然的需求、社会的需求、劳动的需求、个人的需求、交往的需求，而对社会和交往的需求中便深深地蕴含了对人的精神需求的关注。马克思在这里把人的精神需求当作人的权利来看待，视为实现人的解放和全面自由发展的最高境界。马克思、恩格斯在论述需要与人们的生产活动之间的关系时还指出："如果没有生产就不能满足需要，那么没有需要就没有生产。在满足需要过程中而产生的新的需要是生产发展的理想的、内在的动力，生产发展的客观前提。"①

在这个问题上，列宁说得更明白："不做到人人识字，没有足够的理解能力，没有充分教会居民利用书报，没有这一切物质基础，没有相当的保障，如防荒、防饥等的保障一样，没有以上这些条件，我们就达不到自己的目的。"②列宁还在《对于国民教育能够做些什么》一文中赞扬了西方国家（主要是美国和瑞士）的图书馆读者服务工作，他指出，他们所注意的是"使大量成套的图书连儿童也能利用；他们关心的是使读者能够在自己家里阅读公家的图书"③。

在列宁的这一思想的指导下，苏联居民的阅读人口数最高时占到社会总人口的95%以上，国民素质得到极大提高，取得"卫星上天"等许多项科技成就。

（二）社会主义社会生产的目的论

社会主义社会生产的目的就是为了满足广大人民群众日益增长的物质和文化生活的需要，保证社会成员享有充分的福利和得到全面的发展。其根本目的是在发展生产的基础上逐步改善人民生活，使全体人民共享经济发展成果，实现共同富裕，分享"美好的生活"。

社会主义社会要创造比资本主义社会更高的劳动生产率，创造更多的财富。

---

① 《马克思恩格斯全集》第12卷，人民出版社1995年版，第741页。
② 《列宁论图书馆事业》，书目文献出版社1984年版，第56页。
③ 《列宁全集》第19卷，人民出版社1956年版，第272页。

要在生产发展的基础上，通过一系列的社会政策如保障制度、保护制度、扶助制度、补贴制度、监管及准入、倾斜性税收制度、公益救助等来调节社会分配，以达到公平公正。阅读需求是人民群众现代社会文化需求和"美好生活"需要的重要内容，毫无疑问应该通过社会保障来实现和满足。

（三）基本公共服务均等化理论

这一理论是指政府要为社会成员提供基本的、与经济社会发展水平相适应的、能够体现公平正义原则的大致均等的公共产品和服务，即人们生存和发展最基本条件的均等。这是现代政府的基本职责之一。公共事业性服务如公共教育、卫生、文化、科学技术等是我国基本公共服务均等化的主要内容之一。中共十六届六中全会《关于构建社会主义和谐社会若干重大问题的决定》中，已经把教育、文化、社会保障等列为基本公共服务。显然，教育、文化中也包括阅读的社会保障。只有这些基本公共服务做好了，才能使全体社会成员共同享受改革开放和社会发展的成果。

（四）学习型社会理论

学习型社会是美国学者罗伯特·梅纳德·哈钦斯（Robert M. Hutchins，1899—1977）于1968年首次提出的。联合国教科文组织国际教育发展委员会编著、被誉为当代教育思想发展中里程碑的著名报告《学会生存》里，特别强调"终身教育"和"学习化社会"两个概念，把学习化社会作为未来社会形态的构想和追求目标。从此，终身教育和学习化社会的理念就在国际社会迅速传播开来，许多国家、地区和社会团体均将终身学习、全民学习作为推进和实施教育改革和发展的指导原则，成为社会发展和社会进步追求的一个重要目标。

根据这一理论，每个社会成员都当然地享有阅读权，政府和社会应为实现国民的阅读权利提供充足的机会和条件。党的十八大提出"完善终身教育体系，建设学习型社会"的目标。党的十九大政治报告中又把建立学习型社会和学习型政党作为社会发展和党的建设的目标，并把它作为实现全面建成小康社会重大战略任务的根本保障。

（五）文化生产力理论

文化生产力即生产文化产品、提供文化服务的一种能力。文化生产力在当代已经成为综合国力的构成要素之一。如前所述，阅读正是社会文化传播和信息交流的核心通道和内容，人们通过阅读学习知识、掌握信息、传播和传承文化，促进人的自由和幸福。党的十六届四中全会《关于加强党的执政能力建设的决定》首次提出了"文化生产力"的概念，提出要像不断深化经济体制改革来发展物质生产一样，也要不断地进行文化体制改革来解放和发展文化生产力。

（六）全民阅读活动的倡导

1995 年，联合国教科文组织宣布每年的 4 月 23 日为"世界图书和版权日"，1997 年又正式发起"全民阅读"倡议并在全球推广，其宗旨在于让阅读成为人们日常生活中不可或缺的部分，每个人都能享受阅读的乐趣。我国从 2006 年开始，正式部署开展"全民阅读"活动，是中央宣传部、中央文明办和新闻出版总署、教育部、文化部等十多个部门贯彻落实党的十六大关于建设学习型社会要求的一项重要举措。开展十多年来，全民阅读活动在全国各地蓬勃发展，规模不断扩大，内容不断充实，方式和手段不断创新，影响日益扩大。

（七）《宪法》和法律的规定

《中华人民共和国宪法》（以下简称《宪法》）第十四条规定，"在发展生产的基础上，逐步改善人民的物质生活和文化生活"，"国家建立健全同经济发展水平相适应的社会保障制度"。显然，这里的"文化生活"就包括"阅读"生活。《宪法》第二十二条规定："国家发展为人民服务、为社会主义服务的文学艺术事业、新闻广播电视事业、出版发行事业、图书馆博物馆文化馆和其他文化事业，开展群众性的文化活动等。"

《中华人民共和国公共文化服务保障法》《中华人民共和国公共图书馆法》分别于 2016 年 12 月 25 日和 2017 年 11 月 4 日已由全国人大常委会通过并颁布实施，这依据《宪法》、"两法"规定了政府在公共文化服务中的责任、公共文化服务的提供保障措施、公共文化服务的设施（包括公共图书馆）和管理以及相应的法律责任等，并明确把书报刊提供、服务全民阅读等作为公共文化服务的重要内容。这些法规是我们开展阅读社会保障活动的重要依据。

四、阅读社会保障的主要原则和内容

阅读的社会保障应遵循一定的原则，并且有其特定的内容。

（一）主要原则

1. 公益性

即是非营利性并有社会效益的、普惠的。阅读的社会保障项目都是以谋求大众文化的社会效益为目的，它是为满足社会大众或社会中某些人口群体的阅读需要而实施的最基础的项目，具有规模大、投资多、受益面宽、服务年限长、影响深远等公益性项目的一般特点。

2. 基础性

主要体现在社会保障国民基本阅读权利，社会保障阅读的基础设施网络和服务对象要下沉到基层。即通过建设好基础设施、配置好基础资源、培养好基础人才、建立起基础制度，更好地满足国民的读书、看报等最基本的文化需求。

3. 便利性

保障读者的阅读需求首先要考虑方便读者，在时间和空间上如何有利于读者获取阅读物，最大限度地满足读者多方面的甚至是特殊的要求。同时，阅读供给的读物品种和数量要尽可能地丰富多样，要有针对性，便于读者选择和阅览。

4. 系统性

阅读的社会保障是一个开放的社会系统，不仅包括组织结构和人力、技术的因素，而且包括管理、心理和社会方面的因素。从供给到服务，都不是单一层面、单一领域的问题，而是互相关联、互为一体。不仅包括有创作、每个生产环节，还有印制、发行、传播、利用诸多环节；不仅要考虑读者的个体心理，还要考虑读者群体心理、组织心理等诸多整体的要素，这些环节和要素是彼此相互交织、环环相扣的。在管理过程中，这些要素都不是单个人或某种孤立群体的个别心理与行为，而是经过社会心理系统加工了的，所以表现出来的都是社会行为、组织行为和群体行为，它都是借助人们的交往或人际关系相互影响的结果，必须从全面、整体的规律性来考虑，科学地指导阅读保障实践活动。只有统筹

好整个过程、协调好各个保障主体的关系，阅读的社会保障工作才能顺利推进，水到渠成。

5. 法治化

阅读社会保障作为《宪法》保障的国民权利，必须通过一定的专门具体的立法手段来规定，使其有法律的强制效力并便于执行，让各地各部门依法行事，使国民的这一权利得到切实有效的保障。

6. 均等化

社会发展的基本宗旨是人人共享、普遍受益。阅读保障的资源应为全社会共同享有，而不是为个人或少部分人独享或私享。现代社会，推进基本公共文化服务（包括保障阅读服务）均等化，是实现人人共享社会发展成果的必然选择。现实生活中存在地区、城乡、社群、阶层、年龄等的社会文化发展不够的问题，供给不足的问题，共享不够的问题，都是发展不平衡、不充分的问题，可以通过营造阅读氛围、提高供给能力、提高共享水平、提高服务质量、提高公众满意度等方式来提高均等化的水平。

应当看到，基本公共文化服务均等化是衡量共享社会发展成果的可行标准，基本公共文化服务均等化程度的高低直接反映了人们共享改革发展成果程度的高低。另一方面，相对于共享改革发展成果的难测度性，基本公共文化服务均等化的各项指标尽可以量化，所以它是衡量共享改革发展成果的可行标准。

（二）主要内容

就阅读行为来说，读什么，怎么读，的确是个人的事。但如何满足读者的阅读需要，提高阅读能力、供给阅读物、营造阅读氛围、完善阅读的公益基础设施等这样的大事，必须要由政府和社会来保障。

德国、日本、以色列、俄罗斯、美国、法国、韩国、印度、墨西哥、埃及、智利等国用法律、政策来保障和促进阅读。我国《公共文化服务保障法》《公共图书馆法》已出台，有关保障阅读的法规《全民阅读促进条例》正在制定、审议中。江苏、湖北、辽宁和深圳等地已制定地方性的全民阅读法规。

如前所述，我国国民的阅读社会保障是由社会主义生产的目的所决定的，同时需要法律来保障。《宪法》是国家的根本大法，通常规定一个国家的社会制度和国家制度的基本原则，包括国民的基本权利和义务等重要内容，更带有基础性、根本性的法律约束力，是制定其他法律的依据，一切法律、法规都不得同宪法相抵触。

毫无疑问，制定国民阅读的有关法律法规（包括地方性法规）应以《宪法》为基础和依据，根据国民阅读的需要，以"社会保障"为着眼点来进行。即只有国家和社会首先"保障"国民的阅读，才能"促进"社会阅读，"保障"不是干涉国民的阅读自由，而是"促进"阅读自由，"保障"甚至是比"促进"更基础、更硬性的要求。

要通过专门立法来详细规范"阅读的社会保障"行为，如上述《公共文化服务保障法》和《公共图书馆法》等，包括确定政府为促进国民阅读的责任主体、保障国民阅读权利、制定国民阅读规划、将国民阅读经费纳入财政预算、免费提供阅读物、提供公共阅读场所、举办国民阅读活动、发布国民阅读调查情况等。阅读法规的制定应以法律法规的形式明示阅读是一个人最基本的文化权利，警示不读书行为是对权利维护的失责。同时，法律规制为阅读提供切实的物质保障和制度支持，最大限度地保障阅读推广的顺利进行与可持续。

如上所述，国民阅读社会保障应包括阅读的权利保障、阅读的能力保障、阅读的经济保障、阅读的时间保障、阅读的空间保障、阅读物或阅读内容的保障、阅读的氛围（组织）保障、特殊困难群体的阅读保障等基本内容。

阅读的社会保障的目的和目标是，以政府为主导，社会各界共同参与发力，不断推动阅读内容资源、阅读设施、阅读服务的建设和发展，改善国民阅读环境，保障国民的阅读权利，培养国民的阅读习惯，提高国民的阅读能力，丰富国民阅读内容，开阔国民认知视野，促进人的全面发展和社会的全面进步。

1.阅读的权利保障

意即我国国民享有平等的阅读权利和自由，这是国民阅读社会保障的基础，也是平衡阅读的地区、民族、年龄、性别、文化程度、内容等差异的重要依据。国民阅读权本质上应包括：一是国民的阅读权需要得到尊重，不受国家、社会组织和他人的干涉；二是国民的阅读权需要以政府为代表的公共部门采取措施予以保障。

联合国教科文组织在1972年"国际图书年"所发布的《图书宪章》首款即开宗明义，"人人都有读书的权利，社会有义务保证每个人都享有看书的机会"。1995年，联合国教科文组织、国际图书馆联合会发布了《公共图书馆宣言》，其中进一步明确宣告："自由、繁荣及个人的发展，是人类根本的价值体现。人类根本价值的实现，取决于智者在社会中行使民主权利和发挥积极作用能力的提高，人们对社会以及民主发展的建设性参与，取决于人们所受良好教育和存储知识、思想、文化和信息的自由开放程度。"该宣言指出，"公共图书馆，作为人们寻求知识的重要渠道，为个人和社会群体进行终身教育、自主决策和文化发展提供了基本条件"。

我国《宪法》第四条规定"各民族都有使用和发展自己的语言文字的自由"；第三十三条规定国民"在法律面前一律平等""国家尊重和保障人权"；第四十六条规定国民"有受教育的权利和义务"；第四十七条规定国民"有进行科学研究、文学艺术创作和其他文化活动的自由"；第二十二条规定"国家发展为人民服务、为社会主义服务的文学艺术事业、新闻广播电视事业、出版发行事业、图书馆博物馆文化馆和其他文化事业，开展群众性的文化活动等"。还有《公共文化服务保障法》和《公共图书馆法》相关条款都可以作为国民"阅读的权力保障"依据。

党的十八大报告指出，要扎实推进社会主义文化强国建设，让人民基本文化权益得到更好保障。

《国家基本公共服务体系"十二五"规划》中首次在国家层面提出"公共阅读服务"一词，将其作为公益性文化服务的重要内容纳入"十二五"时期公共文化体育服务的国家基本标准。

2016年12月，我国首个《全民阅读"十三五"时期发展规划》明确"面向基层、面向群众，保障全民平等享有基本阅读权益"的基本原则。

国民阅读的权利，即是在法律上将国民的权利赋予阅读，它是非常符合现代人文主义原则的。作为一个成年人来说，想读什么就有权利读什么，这应是国民的基本权利。它体现了两个方面的特征：国民阅读是具有大众理性选择的阅读，而不只是一种合理的阅读；国民阅读还是一种自律的阅读，而不是他律的阅读。

阅读的权利属于全体国民。保障每个国民平等地获得阅读资源、开展阅读行为，是政府不可推卸的责任。国民阅读权作为一项宪法性人权，它是为了满足人的精神需要而享有的一种基本人权，属于精神自由的范畴，本质是国民自主自律的阅读，核心是阅读自由，具体包括国民阅读信息获取的自由、阅读中信息理解的自由和阅读后信息表达的自由。正如马克思所说："没有新闻出版自由，其他一切自由都会成为泡影。自由的每一种形式都制约着另一种形式，正像身体的这一部分制约着另一部分一样，只要某一种自由成了问题，那么整个自由都成了问题。"[①]

国民阅读的权利是文化权利的一项重要内容，阅读是人最基本的文化权利，包括保存共享、平等服务、促进阅读、包容与民主等范畴，建设公共文化服务体系是保障国民文化权利的基本途径。

国民阅读权利是国民信息权利的一种表现形式。它是人们从事信息的生产、组织、拥有、获取、传播和使用活动的权利，具体包括信息发布权、信息获取权、隐私权、知识产权和信息自由、信息公平、信息公开等内容。通过知识产权立法，主要目的是保护信息生产者或拥有者的权利，而政府信息公开等立法主要是保护国民获取信息的权利。

国民阅读权是国民受教育权的范畴，这也是国民阅读权利的实质。保障国民阅读权利是实现受教育权利的有效手段，阻碍国民受教育权利实现的主要的因素是教育资源和条件的有限，无法保证受教育者机会和条件的均等。

国民生活水平的提高和社会各界对于维护和保障国民权利的努力，是中华人民共和国成立 70 年来最伟大的成就之一。阅读是国民的基本权利，从另外一个角度来看，国民的权利和义务虽然由宪法所赋予，但要充分有效地行使，还要通过国民个体不断地学习和实践，阅读无疑是其中重要的途径。国民意识的成长、国民素质的提高正是国家社会成长、进步的必要条件。

如今，技术的进步拓宽了阅读和表达的途径，信息全球化共享成为现实，却难以保证专业性、有效性和创造性，滚滚而来的信息洪流和宣传炒作让人难辨真伪、无所适从、疲惫不堪。有质量的阅读变得奢侈，而这，也应是国民的权利。

阅读是人们求知乐群、改造和更新自然和社会、改造和更新自我的主要途径和手段。保障国民的阅读权利，是文化民生的重要内容，是培养民族文化软实力的基础，是"中国梦"的重要组成部分。普及和促进阅读是政府义不容辞的责任，是公共文化服务的基础工程，是国家现代化的必然选择。

2. 阅读的能力保障

[①] 《第六届莱茵省议会的辩论：关于新闻出版自由和公布省等级会议辩论情况的辩论》，《马克思恩格斯全集》第1卷，人民出版社1995年版，第176页。

就是让国民能认字读书。社会向其成员提供义务教育，使每一个学龄人口和社会成员获得最基本的阅读能力，养成阅读习惯。在此基础上，使社会成员受到充分的教育，扫除文盲，提高社会成员的阅读水平和阅读鉴别力、鉴赏力等。

现代社会，具有一定的阅读力，不仅是维持社会成员基本生活的需要，而且是提高其社会文化程度和生活质量的有效手段，应看作是国民享有的基本权利。如《宪法》第十九条规定"国家发展社会主义的教育事业，提高全国人民的科学文化水平""国家推广全国通用的普通话"等。

社会阅读能力的高低直接影响到一个国家和民族的未来，良好的国民整体阅读力是一个国家文化自信的基础，国民高素质的阅读能力更是建设文明社会的创新活力源泉。

国际阅读学会指出，阅读能力的高低将直接影响一个国家和民族的未来。美国中学生在国际阅读测试中排名不佳甚至引发全美大讨论，认为青少年阅读能力差将直接导致美国竞争力的衰落。美国小学也是下午两三点钟就放学，家长还没下班，图书馆就和学校联手，放学后由校车把孩子送到图书馆，看书、上网、搞活动，等家长下班后来接走，这一切全是免费的。

历年的国民阅读调查都显示，无论是阅读率还是阅读量，我国与先进国家相比都有较大差距。迅速缩小这个差距就需要政府出面大力推进阅读工程。

国民的阅读能力包括"能阅读""愿阅读""善阅读"等多个层面。

其一，要在全社会普及义务教育，大力扫除文盲，让人人都能认字读书。

其二，从儿童抓起，使人人从小养成阅读的习惯。

其三，要在学校教育中把广泛阅读课外读物作为素质教育、博雅教育、人格教育的重要内容；各大学要开设经典阅读课程，进行阅读研究，形成阅读风气，将书香校园的建设向纵深拓展。美国在 20 世纪初就开设名著阅读课程，直到今天；而中国大学至今没有开设专门的名著阅读课程，在当前实用主义、功利主义泛滥的社会文化背景下，实在有纠偏补缺的必要。

其四，家庭要重视各自家庭文化的创建。家长可以把书香家庭的创建作为家庭可持续发展的目标，家长要重视孩子早期阅读和阅读习惯的养成；家长要具备现代思想和教育理念，对当前应试教育体制下孩子读书升学的纯功利性的学习阅读要能有所抵制，应鼓励孩子们更多进行课外的经典阅读；家长尤其是母亲的"新阅读"、亲子阅读共享阅读示范和引导对孩子阅读习惯的养成具有重要作用；家庭文化的建设也可以从建立家庭图书馆开始，鼓励家庭成员创建各自的"一平方米"小图书馆；家庭还可以建立家庭成员的成长档案，通过记录家庭日常大事、召开家庭会、开展家庭阅读活动，比如家庭朗诵活动、家庭读书比赛、家庭读书讨论等进行文化建设。

其五，通过立法、规划、组织、推广、阅读资源的配置等一系列活动，在全社会不断唤醒全民的阅读意识，提高全民的阅读水平。

3.阅读的经济保障

人们总是要在解决了吃、穿、住等基本生活条件以后，才有可能开始阅读这一精神活动。即使以单纯的阅读活动而言，无论读者购买读物、借阅读物、甚或是抄录书文，还是现在的网上阅读也都需要一定经济基础和条件。

阅读需要付出成本和代价。因为知识和信息创造凝聚着作者的心血，读者要花钱支持和鼓励作者的原创，形成整个社会知识生产的可持续和良性循环；真正有附加值、有营养的阅读内容，需要花钱去购买；真正能给人带来收获的阅读，需要身心上的专注和投入；知识、信息的加速传播和阅读接受提高整个社会的文明程度，促进社会经济发展；除读者个人的阅读经济付出外，政府和社会也有必要从经济上保障社会的阅读。

阅读的经济保障，就是政府和社会首先要提高全体人民的生活水平，让全体国民衣食无忧，书香社会只能建立在经济小康的基础上；其次，要通过优惠的政策和充裕的资金支持社会阅读的公益事业和产业，如书店、图书馆、（社区、工厂、农家）书屋、学校等的建设；转变公共财政投入方式，通过政府购买服务、项目补贴等方式，鼓励和引导国民阅读；其三，社会基金、捐赠等也是阅读经济保障的途径，鉴于推动国民阅读工作的公益性，可以由政府主导推动，财政出资建立阅读基金，保障全民阅读规划的实施，建设国民阅读重点工程；其四，政府和社会要通过保护知识产权的实际行动鼓励作者的社会知识信息的原创，提供更多有生命、有温度、有趣味、有效益的原创作品供给阅读。

4.阅读的时间保障

即国民有自由支配的阅读时间。一般来说，人的活动时间大约由三部分组成，一是必要的劳动时间，用以换取个人生活必需的物质资料；二是必要的生活时间，用以解决个人不可或缺的生理问题；三是闲暇时间，用于享受生活本身，如周末和法定的节假日等，必要的闲暇活动时间是阅读有效进行的基本保障。

社会要在发展生产的基础上，减少劳动者的社会必要劳动时间，增加闲暇活动时间，使社会成员有充裕时间阅读自修、阅读消遣等，这既是扩大社会再生产的需要，也是满足国民"美好生活"需要的一部分。公共图书馆和阅览室、书店要延长开馆（店）时间，满足读者需要。列宁曾在《论彼得格勒公共图书馆的任务》一文中指出：图书馆和阅览室的开放时间应当"每天从早八点开放到晚十一点，节日和星期日也不例外"①。我国《宪法》第十九条规定"国家发展劳动者休息和休养的设施，规定职工的工作时间和休假制度"；第四十三条规定"中华人民共和国劳动者有休息的权利"；第四十七条规定"国家对于从事教育、科学、技术、文学、艺术和其他文化事业的国民的有益于人民的创造性工作，给以鼓励和帮助等"。

随着近年来人类科学技术的飞速发展，特别是人工智能和机器人的采用，一方面要求劳动者素质的提高；另一方面，也节省了劳动力，使更多的劳动者从繁重的体力和脑力劳动中解放出来，有了更多的闲暇时间用于休息和娱乐，也用于阅读。在当今这个提倡终身学习的社会里，阅读不仅是个人社交和幸福的手段，更多的是提高劳动者自由和素质的途径，政府和社会应切实保障国民的阅读时间。

5. 阅读的空间保障

保障读者有阅读的安静场所，即发展各类公益的图书馆、文化馆、阅览室、书屋、实体书店、网吧、书房、阅报栏、书报刊显示屏等国民阅读场（处）所。

《宪法》第二十二条规定，"国家发展为人民服务、为社会主义服务的文学艺术事业、新闻广播电视事业、出版发行事业、图书馆博物馆文化馆和其他文化事业，开展群众性的文化活动等"。第十九条规定，"国家发展各种教育设施，扫除文盲，对工人、农民、国家工作人员和其他劳动者进行政治、文化、科学、技术、业务的教育，鼓励自学成才"。

政府和社会应在全面建成小康社会的基础上，顺应和满足国民阅读生活的新期待，加大投入，加强多功能阅读文化设施建设，创新阅读指导和服务方式，加强阅读推广人才队伍建设，形成科学规划、合理布局、覆盖城乡、便利实用、服务高效的公益性阅读设施服务体系。

---

① 《列宁全集》第26卷，人民出版社1956年版，第310页。

6.阅读物或阅读内容的保障

这是阅读社会保障的关键内容，即保障社会成员有充足的阅读物和方便的阅读物获取条件，包括书、报、刊等纸介质文本和网络、移动数字产品等多媒体文档的保障，即让国民有内容可读，这是阅读的对象，是最重要的阅读条件。主要根据社会的经济基础和社会阅读物的生产、流通系统（出版发行系统）和阅读物的集中利用和传播系统（图书情报信息系统、移动网络传播系统）的水平而定。《宪法》第二十二条规定也可作为这一保障的依据。

阅读物的保障还应包括读物的品质保障，读物品质又包括选题的品质、设计品质、编校的质量和印制质量。

在我国，社会主义核心价值观是全体国民社会意识和社会价值的最大公约数。书报刊和融媒体作为知识信息传播的有效载体，应通过各种推荐书目、图书评论、活动、会议、广告、影视、专家演讲、大 V 粉丝群、微博、微信朋友圈、抖音、快手等把社会阅读兴趣、倾向、品位引导到社会主义核心价值观的方向和维度，不断提高国民的阅读素养和品位。政府部门要加强监管，确保各类读物的品质。文化、教育、科技和新闻出版工作者要守底线、知敬畏、明羞耻，杜绝为了经济利益，用低级趣味甚至违法违规内容去迎合读者，或者用假冒伪劣读物糊弄、欺骗读者。

移动网络终端的普及为阅读内容的保障提供十分便捷的条件，人们通过一机在手，既可通信社交阅读，又可在线阅读，对全社会各个角落的阅读活动起到促进作用。但移动网络的在线阅读不能代替有系统、有深度、有理性而冷静的纸质阅读，政府和社会还要通过广泛建立社区书屋、农家书屋等公共图书场所和工厂、部队、学校图书馆，保质保量地把各种阅读物送到社会各个"神经末梢"。

7.阅读的氛围（组织）保障

通过政府、社会组织各种活动，营造氛围，启发、培养、促进国民个体的（包括显性和隐性的）阅读兴趣和需要。除《宪法》第二十二条规定、第四十六条规定外，《宪法》第二十三条还规定"国家培养为社会主义服务的各种专业人才，扩大知识分子的队伍，创造条件，充分发挥他们在社会主义现代化建设中的作用"等。

政府在保障国民阅读中的组织责任。简单而言就是尽可能保障每一个国民的文化权利，为其提供更多更好的资源、产品和服务，使之有地方读书、有时间读书、有好书可读，从而让阅读蔚然成风。

要培育、倡导各种类型、各个层次的阅读社会组织。通过组织来丰富、促进、深化阅读活动；建立各类读书俱乐部或读书小组、虚拟阅读社区、微信阅读群等，促进群体内部读者之间的交流和互动；组织读书比赛，发挥群体对读者个体的激励作用，以形成浓厚的阅读气氛；有针对性地组织对特定阅读群体的营销和劝读，如读书报告会、演讲团和亲子阅读、女性共读等；还应成立全国性的全民阅读协会或学会，作为政府与读书组织之间的中介，加强对各类阅读社会组织的协调、指导。

阅读节的设立可凝聚人们的视线。通过对阅读的深沉思考和深刻感悟，增强全社会对阅读的重视和个体对自身阅读的审视，同时，阅读节的设立有助于全社会凝聚共识，有利于国民阅读理念潜移默化，变为人们意识的自觉自愿。

各级领导人亲自倡导和推动国民阅读。领导人作为执政政要，首先是政治、经济、文化政策的制定者和地方公共资源的调配者，他们对阅读推广的重视，可以给阅读推广以政策层面的支持，能够最大限度地利用公共资源，有利于阅读推广长效机制的构建；其次，领导人自身的思想理念和行为习惯能给广大公众以有效的示范和导引，领导人对阅读的重视和倡导，能唤醒广大公众的阅读意识，激发他们的阅读潜能，营造良好的阅读环境和阅读氛围，真正推动国民阅读深入人心。国外如美国、德国等把阅读活动作为"总统工程"就是这个道理。此外，名流名人也对阅读推广起到很好的示范效应。

倡导送礼新理念。中国是传统的礼仪之邦，"礼"成为社会交往的一个重要准则，"礼尚往来""来而不往非礼也"。为此，可以倡导"以书代礼"社会风气的形成，通过送书、看书、谈书、说书、议书，甚至"丢书"，形成"书为媒""书为友""书为伴"的书香文化大氛围。可以用给婴幼儿送阅读保健包等形式从 0 岁开始培养孩子的阅读习惯。

8. 特殊困难群体的阅读保障

《宪法》第四十四条规定，"退休人员的生活受到国家和社会的保障"。第四十五条规定，公民"在年老、疾病或者丧失劳动能力的情况下，有从国家和社会获得物质帮助的权利""国家和社会帮助安排盲、聋、哑和其他有残疾的公民的劳动、生活和教育"。第四十六条规定，"国家培养青年、少年、儿童在品德、智力、体质等方面全面发展"。

联合国教科文组织在《公共图书馆宣言》中指出：公共图书馆应该在人人享有平等利用权利的基础上，不分年龄、种族、性别、宗教信仰、国籍、语言或社会地位，向所有的人提供服务。每一个人都享有阅读的权利，自然也包括弱势群体和特殊困难群体，如老年人、残疾人、低收入者、农民工群体、留守儿童等，他们往往因各种各样的实际困难而难以正常地进行阅读，因而，阅读的社会保障要一视同仁地了解、关注其阅读需求，并给予其更多的关怀、温暖和照顾，开展必要的"阅读救济"以保障其阅读权益的实现。

第三节　我国阅读社会保障的现状

我国阅读的社会保障自 1949 年以来，特别是 1978 年改革开放后得到很大发展。2006 年"全民阅读"活动启动以后的这十多年来，更是取得了飞跃式的进步。

一、主要进展和成绩

（一）党和国家高度重视保障社会阅读

自 2006 年中宣部、国家新闻出版总署、教育部等部门第一次部署全国性的全民阅读活动以来，这项活动越来越受到党和国家的高度重视，特别是习近平总书记和李克强总理在不同场合现身说法，为全民阅读活动鼓与呼。党的十八大更是第一次把"开展全民阅读活动"写进政治报告。2014—2019 年，"全民阅读"每年都写入国务院《政府工作报告》。《国家"十二五"时期文化改革发展规划纲要》把"全民阅读"列为重要内容，国家"十三五"社会经济规划纲要更是把"全民阅读"列入国家八大文化重大工程，表明党和国家对"全民阅读"的重视程度前所未有。

（二）保障社会阅读的立法取得重要进展

随着各地"全民阅读"活动的广泛开展，党和国家对这项活动的高度重视，国民阅读的立法也取得重要进展。国家层面，2013 年，《全民阅读促进条例》被列入国务院立法计划，并于 2016 年向全社会公开征求意见，即将发布。同时，与国民阅读相关的《公共文化服务保障法》和《公共图书馆法》已先后经全国人大常委会讨论通过，并在全国发布实施。地方层面，湖北、江苏、辽宁、四川等省和深圳市都相继颁布了本省（市）的全民阅读地方法规，还有更多的地方的阅读保障法规正在拟定中。

（三）保障社会阅读的经济基础更为雄厚

自 1978 年改革开放以来的 40 年间，随着社会经济的快速发展，我国人民的物质生活水平得到极大的提高，基本解决了温饱，正在向全面实现小康迈进，人们有更多的收入用于文化教育，用于阅读。据统计，2016 年，全年全国居民人均可支配收入达到 23821 元，其中我国城镇居民人均可支配收入达到 33616 元；全国居民消费支出 17111 元，其中城镇居民人均消费支出 23079 元，其中全国人均教育文化娱乐支出 1915 元，占总收入的 11.2%，人均交通通信费用 2338 元，占总收入的 13.7%。

北京市政府每年拿出 1000 万元用于开展"北京阅读季"活动，2011 年的首届北京阅读季参与者还只有 100 万人次，到 2014 年第四届时已经突破 1000 万人次。为吸引社会力量参与全民阅读建设，北京市给每个示范社区发放 1 万元社区阅读公益基金，引进志愿者队伍帮助社区开展阅读推广活动。

（四）社会阅读人口逐步增多

据 2016 年联合国开发计划署公布的《2016 年中国人类发展报告》，中国学龄儿童的净入学率在过去十年持续稳定在 99% 以上。另据 2011 年国家第六次人口统计资料，当时的能阅读人口占全国总人口的 95.92%，文盲率为 4.08%，在中华人民共和国成立之初的文盲占 80% 以上的基础上，基本扫除青壮年文盲，这与全面实现物质生活小康一样，是个了不起的成就。据统计，2016 年我国高等学校大学生在校人数达 2695.8 万人，毕业人数达到 704.2 万，是 2001 年毕业生人数（114万）的 6 倍。九年义务教育的巩固率为 93.4%，高中阶段毛入学率为 87.5%。

（五）保障社会阅读的供给得到最大程度的满足

据统计，截至 2017 年年底，我国共有新闻出版单位 30.5 万家，其中出版年度新书 25.5 万余种，总印数 22.74 亿册（张），总印张 230.05 亿。全国共出版期刊 10130 种，总印数 24.92 亿册。全国共出版报纸 1884 种，总印数 362.50 亿份。全国共出版电子出版物 9240 种，出版数量 2.8 亿张。全国共出版音像制品 8259 种，出版数量 1.86 亿盒（张）。数字出版实现营业收入 5720.9 亿元，占全行业营业收入的 20%。

全国共有出版物发行网点 16.28 万处。全国累计出口图书、报纸、期刊、音像制品、电子出版物、数字出版物数量 2181.69 万册（份、盒、张）。全国累计进口图书、报纸、期刊、音像制品、电子出版物、数字出版物数量 3119.0 万册（份、盒、张）。[①]

（六）社会成员的阅读时间更加充裕

随着社会生产率的提高，劳动者的社会必要劳动时间逐步缩短，闲暇活动时间逐步增加，使社会成员有充裕时间阅读自修、阅读消遣等。从 1995 年始，我国国民基本实现一周 5 天工作制，和每天 8 小时工作制。据美国劳工局的统计数据，2014 年美国人（15 岁以上）每天的闲暇和体育锻炼时间为 5 小时 5 分钟，其中每天用于阅读书报刊等娱乐消遣的时间为 19 分钟，电脑阅读（也包括数字阅读）的时间为 27 分钟。中国人平均每天的阅读时间为 17 分钟。

2014 年 8 月，三联韬奋 24 小时书店、杭州"悦览树" 24 小时书店、深圳书城中心城 24 小时书吧，联合青岛、西安、郑州等地的 8 家 24 小时书店，发出了"打造'深夜书房'力推全民阅读"的共同宣言，就开办 24 小时书店的宗旨、目的、经营模式等，达成了共识，保障所在城市读者一天 24 小时都有书读（购）。

（七）社会阅读的场所和途径更加多样

据统计，截至 2017 年年底，全国共有各类网站 540 万家，比较活跃的微信公众号超 1500 万个，微博日活跃用户达 2 亿。各级公共图书馆 3172 家，比 2006 年增加 12.6%；每万人拥有公共图书馆面积 90 平方米，比 2006 年增加 64.5%；人均拥有公共图书馆藏书 0.58 册，比 2006 年增加 52.6%。全国有各类高校图书馆 2000 多家，各类中小学图书馆 23000 多家，各类科研院所图书馆 5000 多家，农家书屋 58.7 万家，社区、职工书屋 10 多万家。1000 平方米到

---

① 中国新闻出版研究院编：《2016年新闻出版产业分析报告》，中国书籍出版社2018年版。

5000 平方米的大型实体书店 658 个，1 万平方米以上的超级书城 33 个。公共阅读设施的广泛普及和移动网络技术的社会支持，使国民阅读选择的自主性大大增强了。

湖南省永兴县自 2013 年以来在全县建设了 600 多家免费休闲读书吧，每个社区和学校都有一家。其中，公众读书吧还配有空调、电脑、笔墨纸砚、卫生间、读者留言板，尽可能满足读者在家一样休闲学习的需求，让读者愿意来、坐得住、读得乐。如今，永兴人打麻将的少了，读书的多了；孩子们进网吧的少了，进书吧的多了；社会治安民调满意率由 5 年前的湖南省第 119 位上升到了第 17 位；经济社会排名全省第六。

（八）社会的阅读氛围更为浓厚

全民阅读活动开展十多年来，我国各地开展了丰富多彩的阅读促进活动，政府也下了不小的力气，全国已有江苏、湖北、湖南、广东、福建、河北等 25 个省市区成立了由地方党委和政府领导担任负责人的全民阅读组织领导协调机构。31 个省市区都因地制宜有了本地特色的阅读活动。

据不完全统计，约有 400 多个城市有了自己的阅读节，开展了丰富多彩的读书活动，全国开展的各种具体读书活动项目有 3000 多个，每年吸引 7 亿多读者参与各种形式的读书活动，许多地方政府将全民阅读活动作为城市文化名片进行打造。以"书香中国"为统领，阅读节日活动遍地开花，"北京阅读季""南国书香节""天山读书节""书香江苏""书香八桂""书香荆楚"等各显其能，从庆典仪式到融入生活，已经成为组织全民阅读、服务全民阅读、推广全民阅读的重要平台。全社会形成浓厚的"爱读书、读好书、善读书"的阅读氛围。

与此同时，阅读推广机构、社会阅读社团、民间读书会、读者俱乐部、虚拟阅读社区、阅读志愿者等社会阅读组织发展迅速。2013 年 4 月 23 日，全国首家以助推全民阅读活动为核心使命的民间社团组织——吉林省全民阅读协会正式在长春成立。地方教育系统主导建立的福建省读书援助协会、贵州省读书援助协会、山西省读书援助协会等行业性阅读社团以及社会各界自发组建的凤凰网读书会、黄河青年读书会、红泥巴村读书俱乐部等影响广泛的民间阅读组织等相继成立。

二、存在的薄弱环节

我国社会阅读的保障取得重大进展，但也必须看到，我国的全民阅读仍处于起步阶段，与当今社会经济发展和建设文化强国的要求还不相适应，全民阅读的软硬件与群众需求还不相适应，这将成为制约国民思想道德素质和科学文化素养的瓶颈。目前存在的不足主要有以下几个方面。

（一）社会阅读的意识有待进一步强化

一是政府还没有从国家战略高度来重视阅读的社会保障并加以统筹协调落实。二是民间"读书无用论"悄然兴起。近年来，由于社会贫富悬殊、社会阶层固化、拼人脉资源等社会不良现象影响，特别是在社会经济转型的过程中，导致"读书无用论"的意识有所抬头，致使"读书改变命运"受到质疑。三是手机阅读、网络阅读等虽便捷普及，但内容良莠不齐，社会阅读越来越功利、肤浅、浮躁、低俗、快餐化，以致人文阅读、经典阅读、深度阅读受到冷落和忽视，导致阅读的社会化效益和完善人格效益受到挑战。一些书店面临人力、房租的压力而生存艰难，城市阅读生态堪忧。四是对阅读在教育中的地位认识不足，未认识到阅读是终身学习、终身教育的不可或缺的途径，阅读的功利化、应试化，扼杀和扭曲少儿及家长对阅读的正确认识，剥夺了孩子享受阅读乐趣、开阔阅读视野、提高分析和解决问题的能力、完善人格的时间和权利。

（二）保障社会阅读的法治有待完善

《全民阅读促进条例》等专门针对保障全民阅读的法规尚未正式出台，只有少数省市区的地方全民阅读法规颁布实施。

（三）保障社会阅读的工作运行机制有待健全

全民阅读工作涉及面广，需要全社会共同努力，协同动作，需要政府强有力的组织、协调。但中央层面还没有建立有效的全民阅读协调机制，各地区、各部门的全民阅读推广力量各自为政，造成低效和重复浪费，无法形成合力。全国全民阅读的领导机构和工作机构职能需要更明确的定位，权威性和协调性需要加强。还有各级政府需要进一步明确相应的全民阅读领导机构和工作机构。全国性的全民阅读协会和学会有待建立。

（四）保障社会阅读的经费投入不够

国家全民阅读基金尚未成立，相当多的省市，特别是欠发达地区，缺乏财税政策支持，甚至没有全民阅读工作经费，无力开展全民阅读活动。北京、上海的全民阅读经费每年 1000 万元，湖北最高也不过 1500 万元，各地全民阅读财政投入缺乏政策性年度连续硬性保障。比起美国曾为《卓越阅读法案》的实施拨款 50 亿美元，英国也为"全国扫盲战略"投资约 5.53 亿英镑，我国全民阅读的投资总体显得太少。

（五）保障社会阅读的场所相对不足

据有关资料，联合国 20 世纪 70 年代公布的拥有公共图书馆标准数量是 3 万人一座。我国平均 46 万人才拥有一座图书馆，人均藏书 0.27 册，而瑞士 3000 人 / 座、挪威 4000 人 / 座、以色列 4500 人 / 座、奥地利 4000 人 / 座、芬兰 5000 人 / 座、德国 6600 人 / 座、英国 1.14 万人 / 座、法国 2.2 万人 / 座、美国 3.11 万人 / 座。我国公共阅读服务体系有待完善。

2013 年，国家公共文化服务体系示范区评估验收首次委托第三方开展群众满意度调查。结果显示，群众对文化场馆的知晓度和使用率不高，有 1/4 的居民不知道社区周边公共文化场馆（各级图书馆、文化馆站和社区文化活动室、阅览室、书屋等）的位置，在一年内也从未使用过这些场馆，其中街道文化站和社区文化活动室的知晓度不足四成，使用率仅为两成。

（六）保障社会阅读的后劲不足

长期、持续深入开展的动力明显不足。欧美国家儿童在 6—9 个月开始培养阅读习惯，我国儿童是 2—3 岁开始阅读。我国一年级小学生每年的阅读量大约是 4900 字，只是美国同龄学生阅读量的六分之一。

据调查，我国 0—17 岁的未成年人图书阅读率、阅读量都高于成年人，但在少年儿童阅读量、连续阅读的能力、课外阅读时间等方面与日本、欧美等比仍有很大差距。欧美儿童的课内外阅读以泛读为主，在发达的阅读研究和实践基础上开发的阅读内容，符合儿童心理特征和认知特点，因此也更容易为儿童所接纳和喜爱，有利于培养儿童的阅读兴趣，开拓其思路和视野。同时，阅读也深植于学校教育理念，内置到各门课程的教学中，成为欧美教育的主轴。[①]

根据 2015 年中美大学生阅读书目的比较，北京大学、清华大学、中国人民大学、南开大学、天津大学、山东大学、浙江大学、东南大学、武汉大学、中山大学 10 所大学图书馆借阅率排在第一位的是小说类，诸如《平凡的世界》《三体》《盗墓笔记》《神雕侠侣》《绝代双骄》《天龙八部》《明朝那些事儿》等，思想类的书几乎没有。

美国数据条项目"开放课程"（The Open Syllabus Project）收集 10 所大学，包括哈佛大学、耶鲁大学、普林斯顿大学、哥伦比亚大学、斯坦福大学、杜克大学、麻省理工学院、宾夕法尼亚大学、芝加哥大学和布朗大学的图书馆借阅量排名前十的书籍，分别是柏拉图的《理想国》、霍布斯的《利维坦》、马基雅维利的《君主论》、塞缪尔·亨廷顿的《文明的冲突》、威廉·斯特伦克的《风格的要素》、亚里士多德的《伦理学》、托马斯·库恩的《科学革命的结构》、托克维尔的《论美国的民主》、马克思的《共产党宣言》、亚里士多德的《政治学》，几乎全是思想类的经典著作。

大学生的阅读往往成为社会阅读的风向标，对整个社会的阅读具有引导性、标志性意义。从以上情况来看，美国大学生借阅图书的特点是思想性强的经典和名家名著，具有明显的"深阅读""精阅读"色彩。中国大学生较少阅读有国际视野的书籍，较少阅读综合类或有普遍意义的自然科学和社会科学的书籍，较少阅读富有人文思想的书籍，显示出时尚、流行、消遣的特点，具有明显的浅阅读色彩。[②]

总之，从阅读的年龄起点到阅读的数量到阅读的质量，我国的阅读后劲严重不足。

[①] 中国新闻出版研究院、江苏省全民阅读办编：《国外全民阅读法律政策译介》，译林出版社2015年版，第385页。

[②] 周蔚华：《从中美大学图书馆借阅率排行看阅读差异》，《新阅读》2018年第5期。

三、完善阅读社会保障的着力点

按照我国《宪法》的规定，立足于现代社会对国民阅读的新要求，根据我国国民阅读的社会保障现状，分析研究各国当前对提高国民阅读的社会保障所采取的措施和行动，我国应对提高国民阅读的社会保障水平从以下几方面努力。

（一）立法为据

法律为保障民众的阅读权利提供权威的依据和工作基础。国际社会和各国政府近年来都纷纷制定关于文化服务保障、阅读、图书、图书馆、著作权等的法令，以保障阅读活动平等、自由地开展。

国际方面，联合国教科文组织1972年在"国际图书年"之际发布《图书宪章》，其中第一条就明确规定："每个人都有阅读的权利。社会有责任保证每个人都有机会享有阅读的权利。"1994年，联合国教科文组织和国际图书馆联合会还共同制定《公共图书馆宣言》等。

近年来，世界各主要发达国家甚至一些发展中国家无不通过立法和制定切实有效的政策来保障和促进国民阅读。1998年5月，美国阅读挑战办公室提交的《阅读卓越法》获得国会通过，并由克林顿总统签署生效，这标志着美国正式将阅读促进从政策提高到法制层面。1999年，美国众议院通过了《卓越阅读计划》，配套《阅读卓越法》实施。2002年，布什总统又签署《不让一个孩子掉队法》，就阅读问题，该法案制定两个配套方案——"阅读优先计划"和针对学前儿童的"早期阅读优先计划"，形成了集政策法规、制度、投入、机构标准、绩效评估、科学研究于一体的国家阅读推广体系。

日本2001年制定的《少年儿童读书活动推进法》规定设立"少年儿童读书日"，并确定推进少年儿童读书活动的相关政策。在法律保障下，日本投入少儿阅读的经费大大增加。2005年日本制定的《文字和印刷品文化振兴法》的重要目的在于促进国民阅读以字书写的印刷出版物，"从而为实现智慧理性、精神丰富的国民生活及充满活力的社会生活做出贡献"。韩国2007年制定的《读书文化振兴法》的目的之一是保障国民享有平等的阅读权利，同时把阅读上升到文化的高度，国民阅读的意义得到进一步凸显。西班牙的《阅读、图书和图书馆法》规范了推广阅读和图书创作、出版与传播以及图书馆所应该遵守的规则，以保障人们平等享有接受文化知识和阅读的权利，并协助作者保护知识产权。

一些国家通过发布政策来保障和促进社会阅读。2006年，俄罗斯联邦文化部、出版与大众传媒署和俄罗斯图书协会制定实施了《国民阅读扶持与发展纲要》，由俄罗斯联邦文化部出资，拟从2007年起到2020年，分三个阶段，依托各地阅读中心、大型书展和各类竞赛活动，为国民文化和知识潜力的增长创造新的阅读条件和信息环境。印度的《全国图书推广计划》总结印度多年来推广阅读的经验，政策细致地关注到加强写作、图书出版与发行、举办阅读活动、使用新技术等方面，目的是"让生活在全国各地、包括在最遥远的角落的人们都有书可读"。此外，法国、德国、以色列、瑞典、智利等国都制定本国法律和政策保障，以促进国民阅读。

我国的阅读立法要借鉴他国的经验，切合我国实际，尽快成体系地制定出台；要有针对性，要能切实解决社会阅读的实际问题；通过立法，明确和建立保障、促进我国国民阅读的主体、责任、政策、制度、规划、投入、机构、标准、调查统计、绩效评估、科学研究等一整套国家保障体系，从而使我国的阅读社会保障有根本的遵循和一定之规。

（二）政府为主

阅读的社会保障的范围是全体国民，覆盖各地区、各民族、各方面、各种职业、各个文化层次、各个年龄阶段、各类经济水平等等，各种阅读保障对象的阅读习惯、兴趣、动机、需求、目的各不相同，又受到政治气候、经济环境条件、文化传统、民族习惯等的影响，社会保障的任务艰巨而复杂。

阅读的社会保障主体无疑是各国政府。因为如前所述，阅读的社会保障是保障国民人权（包括受教育权、文化权、信息权等）的重要内容，是国家文明水平的重要评价指标，是国民素养和国家竞争能力的基础。文明世界各国政府都把保障国民阅读权利作为自己的重要职责，立法为据、作出规划、成立机构、投入资金、明确责任、营造氛围、提出要求、制定标准、加强调查、实施检测和评估、奖优罚劣等等。但政府也不能包打天下，需要调动社会各界共同参与，举全社会之力，才能使阅读的社会保障达到社会复杂的各个"神经末梢"或"最后一公里"，满足各类个体的不同需求，使保障和服务水平趋于完善，如地方公共团体、群团组织、行业协会、大众传媒、高校、科研单位、医疗保健、新闻出版经营者、志愿者、企业、学校、图书馆、家庭等等都应该各负其责、各司其职，全社会共同发力，才能确保阅读的社会保障措施真正落到实处。

我国要把阅读的社会保障提高到"国家战略"的高度加以重视和落实。一方面要成立政府权威的全民阅读协调组织，加强全民阅读的综合协调、组织领导、顶层设计，同时要考虑成立全国性的阅读促进协会和全民阅读研究会，统筹民间力量做政府不能做到的事，引导和鼓励社会力量参与阅读的社会保障，如建立全民阅读基金、搭建全民阅读交流平台、推荐阅读好书、进行阅读推广服务、培养阅读推广人才、推进阅读产业发展、协调阅读组织、统筹利用社会阅读资源、组织开展阅读自愿服务、开展阅读主题活动、制定阅读的社会保障标准、完善社会阅读调查评估监测机制、建立目标管理责任和考核办法、评选奖励阅读推广优秀单位和个人、创建阅读文明城市、开展阅读研究等。

日本政府为促进少儿阅读专门立法，制定规划，投入资金，2002 年起将每年 4 月 23 日定为"少年儿童阅读日"，特别以建立公益基金的形式，吸引和支持社会各界共同参与少儿阅读促进活动。韩国政府设立阅读文化总统奖，每年评选一次，奖励那些对促进全民读书和打造读书环境有贡献的人物、机构、团体，值得我国学习和借鉴。

（三）婴幼起步

19—20 世纪初，被认为持进步主义教育主张的知名学者约翰·杜威（John Dewey，1859—1952）和斯坦利·霍尔（Stanley Hall，1844—1924）公开强调，8 岁之前儿童不应学习阅读，否则身心将受到伤害。20 世纪 50 年代这一观点被阅读和教育工作者彻底否定。

现代阅读学研究的诸多成果已经证明，让孩子越早接触阅读，就越有助于让孩子感受到阅读的快乐，培养阅读习惯，启发阅读兴趣，越有助于婴幼儿心智的健康成长（千万不能把阅读片面视为一种"早教"而扭曲和忽视）。而孩童接触阅读晚或少（不）阅读，就可能形成阅读障碍，影响今后的学习能力、学习习惯的养成，最终不利于其成年后认识、适应和融入社会。

1992 年，英国图书信托基金会、伯明翰图书馆服务部和基层医护信托基金会联合发起"阅读起跑线"计划，最先实施向 0—6 岁宝宝和家长免费赠送"阅读包"，并在宝宝成长的几年间给予配套的阅读服务。2004 年 5 月，英国政府设立机构为该计划提供财政拨款和辅助管理，使该计划升级为英国国家公益常规项目，并成功向全世界推广。其主要内容是，为每一个学龄前婴幼儿免费提供阅读包，其中包括根据婴幼儿不同年龄阶段阅读特点研发的不同内容和形式的读物、推荐书目、父母阅读指导资料，保健资料，以及涂鸦板、蜡笔、书签等。发放阅读包的目的是为了让婴幼儿从出生起就能接触书本，培养他们对书本和阅读的终身爱好，从而提升儿童素质，增进亲子共读之乐，保障婴幼儿的阅读权益。日本、德国、美国、韩国、泰国、澳大利亚、意大利、智利、墨西哥、波兰、南非、印度都先后开启了阅读包服务计划，这种"人之初"的阅读关怀成为各国赢得孩子未来的阅读之战。[①]

2009 年 2 月，美国奥巴马总统签署《美国复苏与再投资法案》，其中有 50亿美元用于儿童早期教育，提出"0 — 3 岁教育计划""0 — 5 岁教育计划"，以提高儿童的词汇量和口语能力，并提供有效的阅读教学和评估，推动儿童特别是弱势儿童阅读能力的不断进步。

美国为了维护超级大国地位，必然要求其国民整体素质也要居于世界一流，而阅读恰是提升国民素质的基础。作为一个多种族多元化的移民国家，同等的阅读能力，广泛的阅读兴趣，有助于打破文化的隔阂，增强对国家文化的认同。

我国的阅读教育也要借鉴外国经验，从婴幼儿起步，从小培养孩子的阅读习惯，这是关系到国民阅读后劲和国民素质竞争力的大事。

（四）教育为基

通过终身教育，培养国民阅读习惯，提高国民阅读能力，开阔国民阅读视野，改善国民阅读环境。

学校是受教育的关键场所，对阅读习惯和能力的培养要从婴幼儿开始，要在义务基础教育中加以强化，要在高校本科教育中至臻完善。学校理应在阅读教育中发挥重要作用。要加强学校图书馆的建设，推广校园阅读课程，加大学校阅读课程在素质教育、人格教育中的比重，通过课外阅读开阔学生认知视野，提高他们分析问题和解决问题的能力。加强对阅读课老师的培训，开展阅读笔记大赛，研发科学的阅读教育方法和评价标准，鼓励学校阅读课程与家庭、社

---

① 张文彦：《深入推进全民阅读活动机制问题研究》，见中国新闻出版研究院、江苏省全民阅读办编：《国外全民阅读法律政策译介》，译林出版社2015年版，第369 — 459页。

区积极开展互动，要设计、开创适合中国孩童身心特点和汉语自身阅读规律的阅读基础教育体系等。

少年儿童时期的行为习惯和心理结构，对一个人的修为和习惯有终身的影响，好的教育培养习惯，好的习惯影响孩子的一生。少儿时期是求知和人格塑造的关键时期，是培养阅读的"起跑线"。阅读是最浪漫的教养，爱书的孩子永远不会寂寞。儿童时期养成良好的阅读习惯，就能为一生的阅读习惯打下良好的基础。此外，儿童通过阅读的智力发展，有利于成人后培育健全良好的人格，适应社会、融入社会和改造社会；有利于提高劳动生产力、就业质量、工资报酬、资产占有率等；还有利于社会消除贫困、降低失业率和犯罪率。

这里，日本、美国重视少儿教育的经验值得学习。

早在1947年，日本出版界和学校图书馆协会就成立"读书周实行委员会"。1959年"儿童读书推进会议"规定"儿童读书周"，成立儿童图书研究会、亲子阅读中心等。20世纪60年代儿童作家发起开展亲子阅读运动。2000年前后，日本从国家政府层面对少儿阅读建立促进机制。1999年，日本国会和政府将2000年确立为"儿童阅读年"，举办系列活动，引起全社会对少儿阅读的关注。2001年12月，日本国会通过了《少年儿童读书活动推进法》，这是世界首例。2002年8月，日本内阁又制定发布《推进少年儿童读书活动基本规划》，并将每年4月23日定为"少年儿童读书日"，政府还以建立公益基金方式吸引和支持社会各界参与少儿阅读促进活动。

美国1997年10月由克林顿总统发起"美国阅读挑战"行动，并成立美国阅读挑战办公室，目标是让所有美国儿童在三年级达到独立有效的阅读水平。1998年5月，美国阅读挑战办公室提交的《卓越阅读法案》提案经国会通过，并由克林顿总统签署生效。依照该法制定的《卓越阅读计划》，规划首期以2.6亿美元竞争性经费补助推动儿童及其家庭阅读工作。

2002年，布什总统签署《不让一个孩子掉队法案》，该法案作为《初等和中等教育法案》的修正案，后者于2001年在参众两院获得通过，其中确立以"阅读优先"作为教育的主轴。布什总统认为该法出台的理由是，美国人正在变成"会阅读"和"不会阅读"的两种国民，由此有必要采取措施，努力保障低收入家庭的孩子拥有平等的阅读能力提高机会，从而保障每一个孩子不掉队。《不让一个孩子掉队法案》制定针对学前班到小学三年级的阅读优先计划，分别投入9

亿美元和 7500 万美元，用于贫困地区和学校提高培训教师的阅读教学技能、作为教师的奖励资金、推进亲子阅读、对阅读障碍儿童进行改造期干预、提供课外阅读辅导、支持图书馆等阅读设施建设、加强阅读研究等项内容。[①]

（五）内容为王

最应该保障的是阅读的内容。阅读的内容首先要尽可能地丰富多彩，包括不同介质、不同品种、不同主题、不同观点、不同体裁、不同文种等，要兼容并包；要尽可能精练，要在可能的范围内尽量优选各个国家、各个时代、各个方面、各个领域、各个层次的经典名著（经久不衰、具有典范性和权威性、经过历史选择、公认最有价值的书）给读者，尽可能选择人类一切优秀的认识和思想成果、文化成果给读者，让读者去评判，摒弃低劣、低俗、有害内容，激发读者的正能量；要尽可能适用，适合目标读者对象的各种不同需求，为读者真正喜爱，激发读者的兴趣爱好；尽可能科学，把科学的真理、公认的道理提供给读者，激发读者的再创造力；尽可能有吸引力、感染力，让读者读得进去、难拔出来；阅读内容更要适应现代化，走向数字化，使阅读内容更便捷、迅速、大量地惠及普罗大众。

要加强阅读物的评奖和书评，规范推荐书目，增强权威性和公信力，形成"国家阅读书单"品牌，吸引和引导社会阅读。

（六）活动（组织）促进

开展生动活泼、丰富多彩的阅读活动，营造积极向上的阅读氛围，引导、吸引国民的阅读兴趣，使得阅读便利化、生活化和常态化。通过每年举办阅读活动节日，如"阅读日""阅读周""阅读月""阅读季"等，开展书报刊展览、读书会、名人读书讲座、作者签名售书、阅读写作大赛、阅读心得交流、阅读辩论、阅读活动经验论坛等活动，评选优秀的藏书和对阅读推广有贡献的个人和团体，公布评选排名、城市阅读指数和阅读调查数据等。要重视对阅读志愿者的培养，利用公共论坛、网络加强阅读组织与读者的沟通交流，政府要与社会阅读组织加强合作、互相配合、扬长避短。所有的阅读服务和推广活动要真正吸引人、

[①] 中国新闻出版研究院、江苏省全民阅读办编：《国外全民阅读法律译介》，译林出版社 2015 年版，第 421 页。

教育人、启发人，不要有名无实，表面热闹，一哄而散，要做到可持续、常态化。

（七）政策扶持

随着社会的不断进步，国际社会和各国政府越来越认识到国民获取信息和知识的权利对社会发展的重要意义，越来越关注社会阅读。通过制定一系列阅读、图书文化政策来保障、促进社会阅读的健康发展，包括法律政策、行政政策、经济政策等。

社会阅读有赖于一定的政府部门和社会组织来推动。许多国家和政府通过设立有关管理部门、行业协会、公共服务机构，来制定教育、新闻出版、图书馆事业、产业的发展规划和行业自律规范，实施促进社会阅读的经费投入和分配管理制度，积极促进开展社会阅读活动。通过组织对优秀读物、优秀作者、优秀阅读推广人和机构的表彰奖励，加大对新闻出版、图书馆、学校等公共文化教育机构的投入，通过建立阅读发展基金、专项出版基金、减免出版发行企业税收、给予优惠信贷政策、给予学术出版补贴等措施鼓励出版和阅读。

越是经济发达和国民素质较高的国家，国家对于阅读的资金扶持力度越大，主要发达国家在国民阅读上都投入一定的资金。奥巴马总统2009年签署的《美国复苏与再投资法案》，其中50亿美元用于加强儿童早期教育。日本政府从2002年始分5年投入650亿日元给学校改善少儿阅读环境，2007年开始投入1000亿日元给学校图书馆改善设施和丰富馆藏。

英国在"世界读书日"期间，教育机构和书店向学生共发送1300万英镑的"读书日代金券"，让他们到读书日成员书店换取所喜爱的书。法国文化部作为全民阅读的发起者，一方面通过下属单位尽力联络其他政府部门协助组织；另一方面，每年在部门预算中设立专门资金，资助公益性阅读活动。2008年，法国文化部仅组织读书节一项就花费90万欧元，而拨给法国国家图书中心的图书和阅读推广预算为1370万欧元（不含人员开支）。

国家和地区的经济条件并不能成为制约社会阅读发展的借口和阻力，关键是看政府有关部门有没有长远的眼光，是否真正重视社会阅读，并舍得花钱。日本、韩国等国政府和社会都是在二战后的废墟中就开始认识到社会阅读保障的意义，并为国民阅读进行谋划、加大投入。如韩国在二战结束后，就将促进国民阅读视为从废墟中重建国家和民族文化的基础，"修复产业设施固然重要，但更为重要的是通过教育与阅读，培养具备实力的国家未来栋梁"①。日本更是从明治维新开始重视国民阅读教育。今天韩日两国重视国民阅读并舍得投入已经取得巨大的社会回报。

我国要充分重视全民阅读，真正舍得花本钱，从财政预算、财税优惠和财政补贴、财政购买服务等方面入手，给从事阅读相关事（企）业的书报刊出版、书店、图书馆等更多资金扶持和投入，并随着社会经济的发展逐年增加。建立和实施系统的、专业的、有制度和财政保障的阅读社会保障机制，以不断提高全社会的科学文化水平。政府和社会各界要设立阅读基金，支持和促进全社会的书籍交流和阅读推广。

（八）硬件配套

提高公共阅读率需要政府大力完善阅读设施，营造阅读氛围。既需要做好"增量"，不断提高公共图书馆和藏书及实体书店的拥有量，也要用好"存量"，充分发挥现有各类设施的效能，推动实体书店的转型升级，做"有灵魂"的书店，把各级书店打造成多功能的"城市文化会客厅"，吸引更多人去体验。现在全国已有的图书馆和农家书屋总数不算少，但很多成了图书"仓库"和图书"坟墓"，有的成为闲置和摆设，没有充分利用起来。一方面是所选购的书刊并不对读者的"路数"，另一方面是这些场所本身不够温暖吸引人，没有充分因地制宜开发利用好，造成资源极大的浪费。现有的图书馆和实体书店不能单纯只是借书、还书、购书的场所，要不断转型升级，充分利用这些馆（店、屋）所拥有的廉价、有限的空间和区位优势，举办各种阅读会聚、推广、社交活动，使之成为保障社会阅读的坚实据点。每一个大城市应有1—2家24小时书店，满足读者随时的阅读需求。

（九）特殊救济

特殊人群在社会中处于弱势，对他们进行特殊的照顾和优待，体现文明社会应有的气度和对人格平等的尊重。政府和社会要通过立法改善阅读障碍者的阅读环境，完善阅读资源。图书馆应设立老年、残障人士阅读专区，扶持特殊

---

① 朴朦救：《韩国国民阅读运动的成果与反思》，中韩第15次出版文化研讨会的发言，2013年8月。

人群学校中的阅读活动的开展，等等。

在我国，所谓"特殊救济"，我们认为最重要的是培养儿童的阅读习惯和为老年人提供阅读的便利。我国已进入老龄化社会，如何保障老年人老有所为、老有所乐，这是个社会问题。据统计，我国现有 2.9 亿进城务工人员，有 6100 万农村留守儿童，8900 万各类残疾人（其中视障残疾人 1200 万人）。因此，对老年人、进城务工人员、留守儿童、残疾人开展"阅读救济"十分必要，任务艰巨。

（十）舆论支持

舆论支持对推动社会阅读起着重要的作用。通过媒体和舆论可以推荐书目，介绍阅读经验，进行阅读的引领和示范，开展阅读的讲座，营造阅读氛围，扩大阅读的影响。要特别学会运用网络和手机新媒体进行阅读的引导和互动，营造有利于阅读社会形成和发展的社会环境和舆论氛围，形成全社会良好的阅读风尚。

小　结

阅读的社会保障是满足阅读需要的过程和手段，阅读需要是阅读社会保障系统工作的依据和完善的动力。阅读社会保障包括阅读的权利保障、阅读能力的保障、阅读时间的保障、阅读的空间保障、阅读物或阅读内容的保障、阅读的组织氛围保障和特殊困难群体的阅读保障等。阅读保障作为一种社会事业，发端于资本主义社会，社会主义的公有制和社会化生产，给阅读的社会保障开辟了更加宽广的道路。对阅读实行社会保障，是马克思思想的重要内容，是社会主义生产的目的，是公共文化服务均等化的需要，是建设学习型社会和学习型政党的题中应有之义，是文化生产力的重要内容，是《宪法》的明确规定，是全民阅读的基础工作，也是我国的一项基本文化政策。阅读社会保障的主要原则是公益性、基础性、便利性、系统性、法治化和均等化。

我国的阅读社会保障工作近年来得到了飞跃式的发展和进步，但还有许多薄弱环节，与发达国家相比，差距明显，我们要学习国外先进经验，找准立法为据、政府为主、婴幼起步、教育为基、内容为王、活动（组织）促进、政策扶持、硬件配套、特殊救济、舆论支持等着力点，加强阅读的社会保障，不断提高全社会的科学文化水平。

第九章　阅读的社会控制

社会规范确实可以微妙地限制和控制我们，以至于我们几乎没有察觉。

——戴维·迈尔斯

内容提示

一切社会问题都是社会控制问题

阅读的社会控制的内涵、外延

阅读是社会控制的途径和手段

阅读自身也要进行适度的社会控制

对阅读进行适度的社会控制是为了规范、保障、

　促进社会阅读活动良性发展

阅读的社会控制的功能、意义、原则

阅读的社会控制的内容

阅读自由和社会控制

阅读的社会控制的主要方法和手段

美国社会学家帕克（Robert Ezra Park）和伯吉斯（Ernest Watson Burgess）认为，一切社会问题都是社会控制问题。人们的正常生活，社会的正常运行需要一定的社会秩序。为了保证社会运行的基本秩序，并尽可能使社会运行处于良性循环状态，每个社会都必须对其成员的行为有一定的约束和规范，这就需要一定的社会控制。

由于社会阅读活动对个体的思想和行为具有特殊的影响作用，因此，阅读活动一直是开展社会控制的有效途径和手段；同时，对人们的阅读活动进行适度的社会控制，也一直是整个社会控制中的重要内容。只有对阅读活动进行必要而恰当的社会控制，才能维持社会正常秩序，维持阅读活动正常开展，促进阅读社会活动的进步和发展。

第一节　阅读社会控制的内涵、内容和类型

一、"社会控制"概念的引入

作为社会学中的重要概念，"社会控制"一词最早是由美国社会学家爱德华·罗斯（Edward Alsworth Ross）在其1901年出版的《社会控制》一书中提出的。他在书中进行了大量的论述来说明为达到社会的和谐与稳定，社会必须拥有社会控制机制，其基本含义为"社会对个人或集体的行为所做的约束"。

在罗斯看来，社会控制是指社会对人的动物本性的控制，限制人们发生不利于社会的行为。他认为，在人的天性中存在一种"自然秩序"，包括同情心、互助性和正义感3个组成部分。人性的这些"自然秩序"成分，使人类社会能处于自然秩序的状态，人人互相同情、互相帮助、互相约束，自行调节个人的行为，避免出现因人与人的争夺、战争引起的社会混乱。但是，罗斯为美国社会设想的这种"自然状态"被19世纪末20世纪初高速发展的城市化和大规模移民所否定。

在现代的美国社会，初级群体和社区迅速解体，人们不得不生活在完全陌生的社会环境中，社会交往的"匿名度"大为提高，人性中的"自然秩序"难

以再对人的行为起约束作用，越轨、犯罪等社会问题大量出现。[①]

罗斯认为，必须用社会控制这种新的机制来维持社会秩序，即社会对个人或集团的行为进行约束。他还认为，舆论、法律、信仰、社会暗示、宗教、个人理想、礼仪、艺术乃至社会评价等等，都是社会控制的手段，是达到社会和谐与稳定的必要措施。[②]

20世纪60年代以前，罗斯的社会控制理论曾在美国风行一时。此后，社会控制的理论不断得到修正和充实。有的学者认为，把社会控制仅仅归结为控制人的动物本性，带有根本性的偏差，它否定了人的社会性，无法解释复杂的社会问题。

一般认为，社会控制是指社会组织利用社会规范对其成员的社会行为实施约束的过程。有广义和狭义之分，广义的社会控制，泛指对一切社会行为的控制；狭义的社会控制，特指对偏离行为或越轨行为的控制。社会控制为社会成员提供合乎社会目标的社会价值观念和社会行为模式，调适人际关系，制约和指导成员的社会行为，规定各社会群体或社会集团的社会地位、社会权利和义务，限制它们之间利益竞争的范围，协调社会运行的各个系统，修正它们的运行轨道，调整它们之间的利益关系，控制它们的运行方向和运行速率，使之功能耦合，结构协调，相互配套，尽量使各社会系统同步运行，避免大规模的对抗性冲突，促进社会的良性运行和协调发展。这也是系统论和控制论的思想运用于社会学的结果。

从本质来看，社会控制具有明显的集中性和超个人性。其集中性是指社会控制总是集中地反映了特定社会组织的利益和意志，不管它具有什么具体内容和采取什么具体手段，都服务于社会组织的总体利益和最高意志。超个人性，是指社会控制总是以某种社会名义，代表某个社会组织施行控制。

从作用来看，社会控制具有明显的依赖性和互动性。依赖性指社会控制只有依赖于社会实体才能起作用。这些实体包括社会组织、社会个人和传递社会规范内容的信息媒介。互动性是指社会控制通过社会行为之间的相互影响而起

① ［美］爱德华·罗斯著，秦志勇、毛永政等译：《社会控制》，华夏出版社1989年版，第1—38页。

② ［美］爱德华·罗斯著，秦志勇、毛永政等译：《社会控制》，华夏出版社1989年版，第190—277页。

作用。

从发挥作用的过程看，社会控制具有多向性和交叉性。多向性指控制主体多方面地将各种信息发射出去，而作为中间环节的多种信息传递媒介，又把各种社会精神因素和众多的社会个体相互联系起来，从而使社会控制成为一个多向交叉和多层联结的复杂过程。

社会学家按照不同的标准，把社会控制区分为不同的类型，如正式与非正式控制，政权、法律、纪律、各种社会制度、社会中有组织的宗教，均有明文规定，它们属于正式控制的范畴；而风俗、习惯等则是非正式控制。积极控制和消极控制，这是按使用奖励手段还是惩罚手段来划分的。前者如颁发奖状、奖金、奖章，记功、晋升等；后者如记过、开除、降级、判刑等。无论正式控制或是非正式控制，既可以采取积极控制的手段，也可以采取消极控制的手段，等等。

总之，社会控制固然指社会和群体要对当时社会的违法乱纪行为加以制裁和教育，对偏离社会规范的逾越行为进行限制，而更多的是让人们明了、认识社会规范，特别在认识社会存在的规律之后，自觉地用社会规范来约束自己行为，以达到社会安定目的的一种机制。即它是一种社会行为，是社会通过各种因素、运用各种方式和手段，使个人和团体的行为能够有效地遵从社会规范，从而达到维护社会秩序，保障社会整体协调一致地发展，是一种积极互动的发展过程。即社会控制并不仅仅只是片面控制人们的行为，更重要的是含有协调和积极引导人们行为的内涵。具体而言，它既指整个社会和社会中的群体、组织对其成员行为的指导、约束或制裁，也指社会成员间的相互影响、相互批评和监督，以达到社会的整体和谐和稳定。

二、阅读的社会控制：内涵与目的

阅读的社会控制是借用社会学的"社会控制"概念来描述一种阅读的社会现象，是指社会力量（包括政府、社会组织等）通过一定的方式（直接和间接的）和手段（包括强制和非强制）作用于人的社会阅读活动系统，使人的阅读活动系统自身规范化，以适应当时当地的社会规范，使之为社会服务，从而维护整个社会活动秩序的过程。人的阅读活动系统指为了保障和维持阅读活动顺利进行的一整套工作系统，包括赋予社会主体阅读能力的教育系统，阅读客体（读物）

的创作、生产、传播（发行）、消费、利用系统，保障读者阅读活动进行的时间、空间等的服务系统等，这是一个开放的、可控的社会系统。

阅读的社会控制就是根据一定的社会意志和原则赋予阅读主体以阅读权能，保障阅读资源、条件的供给，对海量的阅读文本的数量和质量等进行选择、优化、浓缩、规制并协调其内部运转的过程。好比一个房屋，需要通过四梁八柱把整个房屋"架构""支撑""控制"起来，以使房屋能经得起外界的风吹雨打、冰雪雷电、冷热寒凉而屹立不倒。四梁八柱是（内）控制，风吹雨打也是一种（外）控制。通过这种内外控制，以使它成其时间和空间的功用，适应自然、社会环境。

从宏观上讲，阅读的社会控制不是针对某一具体读者，也不是针对某一具体读物，而是要对整个社会的阅读活动形成一种有效的约束力和吸引力。因此，阅读的社会控制，其内涵可以理解为社会对其成员的阅读活动加以规定或影响，使其具有一定规范化的过程。这个过程是基于政治利益和社会利益的需要进行的，也是去粗取精的过程。它关注社会环境、需要与社会成员阅读活动之间的相互作用和影响，使阅读活动适应和符合社会规范，维护社会秩序。这一过程是国家、社会组织和公众对阅读活动的影响和规范，也包括阅读团体、读者个人之间的影响和规范，还包括阅读事业、阅读产业内部自身借助社会规范的自我调节、自我约束，等等。

维护社会秩序是阅读的社会控制的目的。人类自从产生阅读行为以来，阅读个体就会有不断的阅读欲望和愿望，寻找阅读资源，利用阅读资源，满足阅读需求。由于人类寻求和满足阅读需求的无限性和盲目性，其阅读行为是天生希望绝对自由的，是不希望受到任何限制和制约的，而阅读资源（包括阅读的主体读者和阅读的客体文本及其内容、阅读的时间和空间等）的生产保障总是有限的，尤其是在古代社会，占有并能使用阅读资源是统治阶级的一种特权，"物以稀为贵"，因此，阅读资源是有社会价值和经济价值的，社会要对阅读资源作一定之规（教育权、所有权、准入权、定价权等），以使阅读行为符合社会利益，也使社会阅读行为可持续。[1] 这样阅读行为就不是一种个人的孤立行为，而是关系到他人和群体的社会行为了，这就使阅读行为难免要受到一定社会秩

---

[1] 卿家康：《文献社会学》，武汉大学出版社1994年版，第318页。

序的制约,这种社会秩序对阅读活动不仅只是简单的禁止,更多的是一种限制(对不利于社会秩序的阅读活动),还有提倡、鼓励、推广和促进(对有利于当时当地的社会秩序的阅读活动)。

人类的社会秩序需要阅读为之维护、为之服务,同时,阅读活动本身也需要一定的社会秩序,维持人们公认的社会阅读活动秩序(包括教育秩序、编辑出版秩序、印制秩序、传播发行秩序、著作权秩序、阅读利用秩序、阅读推广秩序等等),这样,阅读的社会控制便产生了。

遵守一定的社会规范是阅读的社会控制的本质和核心。阅读的社会控制就是通过一定的社会规范来约束人类的阅读活动。所谓社会规范,既是一定社会人们的共同行为准则(包括社会制度、法律规定和行政命令,也包括社会信仰、道德、宗教、习俗和社会价值、社会舆论、社会风尚等等),又是阅读活动系统内部的专业规则和制度,如书报刊出版发行机构、网络电信运营机构、图书馆、学校等内部的工作规范。这些规范是阅读的社会控制的工具、手段和途径,通过这些规范作用于阅读活动各个环节和全过程。

按照系统论和控制论的观点,阅读的社会控制是阅读活动各个系统和各个要素在社会环境作用下功能整合过程。社会阅读活动系统是个开放可控的系统,该系统和各个要素包括阅读主体、客体、时间、空间、设施、方式等等,社会环境则是促使阅读活动开展或制约的社会条件和力量。阅读的社会控制是具有运动自然属性的阅读活动在特定环境作用下,为了实现自己的某种目的或维护现存模式的功能整合过程。社会环境无论是为阅读活动提供某种榜样和范式,还是直接或间接的干预,都会对社会阅读活动系统形成刺激和作用,都经常地、无处不在地影响社会阅读活动系统的功能运动和状态,使读者的阅读行为服从社会整体的需要,使读者的阅读自由与社会调适进步发展达到对立的统一,使阅读总体活动达到对社会发展最充分有效。

社会控制阅读活动系统功能的表现形式是社会根据自身发展的整体需要,对人们的阅读活动提出不同要求,以形成对读物的数量、内容、性质、质量具有控制能力的作用体系,这种作用是对人们的精神生活进行优化、规范的机制之一,它依赖各种渠道和手段,其首先则是调节出版物的出版、发行和宣传过程来达到一定的控制目的。

因此,对阅读活动进行社会控制的目标可以概括为,阅读的社会控制是阅读的社会结构和读者角色定向的一个重要方面，因此要通过控制和引导更好地完成根据读者角色定向的社会化过程，使之形成由各种角色定向关系组成的丰富多彩的阅读社会结构。控制不仅仅是消极地限制读者的阅读行为，而是要对阅读行为进行积极的引导，去协调读者、国家、社会精神生活整体的平衡发展。

三、阅读的社会控制的必要性

（一）阅读本身是社会控制的手段之一

社会控制的功能、意图、目标即按照社会规范维护社会秩序，除了一部分要通过强制进行，另外很大一部分（包括习俗、道德、信仰、纪律规范和舆论意识、知识技能等等控制手段）都要通过文字文本的阅读来广告、宣示、贯彻于社会，同时教育人们尊崇社会规范，调整人们之间的社会关系，促进社会的良性互动，提高人类认识和改造自然社会的能力，推动人类社会进步。

阅读是人类社会中一种特有的、必不可少的精神交流活动，是个体社会化的重要手段，是群体社会对每一个社会成员必然提出的要求，即要求人们通过阅读活动不断地获取知识，不断地积累知识体系，从而逐步扩大知识和深化知识，以便提高认识世界和改造世界的能力，促进个体自我完善和社会的全面进步。阅读也是人类教育的基本方式和社会信息交流的渠道，它可以传播社会思想意识，提供社会规范，使社会成员增长认识辨别能力和社会适应能力，给予他们启发性精神引导，从而增强整个社会的自组织能力，达到社会控制的目的。因此，阅读是社会控制的主要手段之一。

（二）阅读作为一种社会活动，对其自身也要进行适度的社会控制

这是因为，不同的社会发展阶段，不同的社会制度，在政治经济、民族心理、科学技术、宗教信仰诸方面的情况都不相同，因而对社会阅读的要求也不相同，社会成员的阅读动机和阅读需要也随之发生变化。即社会总是要对社会成员的阅读内容、方式、性质作一定的规范。

一定的社会必然有一定的社会阅读活动秩序，这是阅读社会活动自身开展的基础和条件，如创作秩序、出版编辑秩序、分类编目秩序、印制秩序、版权秩序、

传播发行秩序、阅读推广秩序等，都必须适应当时的整体社会规范。这种规范，是社会阅读活动系统内部根据整体社会规范的自我调节，既是规范、调节社会阅读活动行为，更是积极促进或引导一个时期的阅读风尚，把阅读社会功效引导到最大限度符合当时的社会的总体目标、核心价值的方向上来，促进社会的整体和谐进步。

（三）海量信息的无限和个体阅读选择接收信息的有限之间的矛盾，需要一定的社会控制

目前处于一个知识剧增、信息爆炸的时代，各种传媒特别是互联网媒体向人们展示着铺天盖地的知识和信息。随着信息传播速度的加快，各种纷繁复杂的信息不可避免地对参与新媒体信息传播的社会公众形成了更加严峻的阅读挑战。

信息过剩造成的选择障碍和困境（难），甚至是个人在面对无法承载的信息量时产生一种无形的压迫感而无力分析和处理所接收的信息，造成选择的困惑，这即是美国信息架构师理查德·沃尔曼（Richard Saul Wurman）提出的"信息焦虑"。通过阅读获取的信息必须是可以消化和理解的，如果不能够理解，就会导致焦虑的产生。因此，需要社会控制对阅读信息进行优选、浓缩、精炼。

在移动网络数字信息背景下，读者拥有前所未有的阅读权利，不仅可以自由查找选取自己感兴趣的阅读信息，而且可以在网上自由地发布信息。由于大数据和云计算技术，给读者不断推送个性化、差异化的阅读信息成为可能，随时随地选择信息的权力，不再只属于作者、传播者，更多地掌握在读者自己手里。

现代社会和移动互联网为阅读自由提供最大可能，同时也为最方便查找、检索信息和知识，满足个性化、差异化阅读需要，实行阅读社会控制提供便捷手段。

（四）阅读的多样性和选择性，特别是未成年人选择的盲目性，需要一定的社会控制

早在古希腊时期，著名思想家苏格拉底即用"药物"一词来比喻写作与阅读，意味着这可能是一剂良方，也可能是一味毒药。苏格拉底的学生柏拉图曾在《理想国》中特别关注儿童和青少年的阅读范围。他指出，由于年轻幼稚的人们有

着如此之大的可塑性，以至于他们可能轻易地受到故事、诗歌的误导，因此，要对故事、诗歌进行审查，对讲故事、朗诵诗歌的人进行监督。因为读写可以洞悉并影响人们的思想，改变人们的道德观，变更他们的思维方式，甚至塑造人们的身份，因此，需要对读写的效果的"不确定性"进行规范，以维护理想国的社会秩序。此后几千年来，关于对读写行为和效果进行规范的教导不绝于耳。

阅读是一种个人行为，阅读内容因人、因事、因兴趣爱好、因环境变化而异，具有多样性是阅读的一个基本特征。同时阅读又对每个人的社会化发展方向产生影响，即把读者塑造成什么样的社会角色影响甚大，所以阅读也是公共社会行为。一个人的阅读质量和数量决定着他的素质和能力乃至对社会贡献的大小。而消极的、低质量的阅读，不仅不利于一个人身心的发展，而且使人走入迷途，甚至引起社会问题。特别是未成年人求知欲旺盛，但受阅历、知识的限制，自控能力弱，缺乏辨别是非的能力，面对浩瀚的书山文海，选择读物难免带有盲目性，因此需要根据未成年人的年龄特点、阅读能力、兴趣爱好、思想状况和教育需要，认真地帮助他们选择有益的读物，避免他们不加选择、不辨优劣地进行阅读，而走错、走偏、走歪人生方向。应对未成年人的阅读行为和阅读倾向以一定的方法和手段进行引导，加以规范，推动其阅读活动朝社会期望的方向发展，如目前欧美流行的、对未成年人开展的分级阅读和我国推荐书目等。

四、阅读的社会控制的内容和类别

（一）对读者阅读活动权能和过程的社会控制

权能是权利主体行使权利的资格和能力。阅读权能包括阅读权利能力和行为能力，应是作为基本人权的受教育权和文化权的主要内容。一般来说，一国的全体国民都应享有阅读权，这是联合国教科文组织提倡"全民阅读"的题中应有之义。我国《宪法》第33条规定，国民"在法律面前一律平等。国家尊重和保障人权"。

阅读行为能力是指国民独立进行阅读行为、参加阅读活动的能力。阅读行为能力受年龄、智力、教育程度、专业知识等综合因素的影响。这里，教育成为知识（也是阅读）控制的直接路径，如规定学校目的和相应知识要求，规定学校教学科目和课程内容，指定教科书和阅读材料，给特定身份人以特定的学习机会，在课程知识学习与职业安排之间建立对应关系，通过筛选考试内容约束课程知识，区分不同的学校类型并给以不同的学习内容，[①] 还有，阅读在教育中的地位和具体课程、时间、安排，等等。

读者阅读能力不一样，接触文本的方式也不一样。各色各样的读者群，都有他们自己独特的阅读规范和套路，这些"条条框框"又决定了他们如何使用书籍，如何解读文本，使用什么样的工具，遵循什么样的阐释程序，等等。而不同的读者又在阅读过程中注入不同的阅读期待和兴趣。所有这些因素，一齐决定读者怎么阅读文本，怎么抽绎出意义。[②]

根据有关法律规定，我国18岁以下的未成年人属于限制阅读行为能力人，他们对阅读的领域、方式等有一定的选择权，家长与学校应该予以充分尊重和保护。同时，家长和学校在阅读内容与方法上具有指导权，应履行指导义务。我国18岁以上的国民属于阅读权的完全行为能力人，享有自主选择和决定权。对由于精神原因、智力、教育程度等因素而不能独立判断和选择的，社会有义务给予指导和帮助；对8岁以下的婴幼儿及儿童，属于无行为能力人，家长、学校和社会应履行充分的保障和指导义务。

根据阅读主体行为或活动的不同，主要分为对个体阅读活动和对群体阅读活动的规范。根据阅读物的专深程度，又分为学习、消遣、研究等阅读活动的层次和类别。如对个体阅读活动，因为个体阅读的自由度相对较大，因此，主要通过法律、法规的限制，更多的却是通过社会舆论、社会思潮和风尚、阅读推广、阅读指导、推荐书目、参考咨询、图书宣传、书评、排行榜等来影响、引导个体阅读。群体、组织阅读活动主要体现在群体的共同信仰、世界观、价值观，或具有共同的兴趣爱好并相互影响，或承担相同的政治、专业任务，形成共同的阅读趣味、品位、特色。

对学习层次的读者，国外特别是英、美等国采取分级阅读，即根据学生的学级以及其阅读能力和心智发展水平安排、提供相适宜的阅读物。在我国，每个学习阶段，学校和教师都会根据教学任务的需要指定必读（课文）书目；对

---

① 吴刚：《知识演化与社会控制——中国教育知识史的比较社会学分析》，教育科学出版社2002年版，第197页。
② 戴联斌：《从书籍史到阅读史——阅读史研究的理论与方法》，新星出版社2017年版，第89页。

某一专业研究者也都有专家指定的入门（行）必读书目和进行文献检索的必读书目；即使对一般的消遣读者，他也难免不受社会法律法规的限制而不能读到某些书，又或者因为社会的时尚和风尚、广播电影电视和网络的影响，从众而阅读某些特定的读物。

（二）对阅读内容的控制

这是阅读社会控制的主要方面。每一个社会和历史阶段都对信息知识即阅读内容进行一定的社会控制。一个社会在某一阶段选择哪些内容信息知识作为读物供阅读交流、传播、传承，根据什么原则通过什么机制选择控制，都有一定的社会之规，都要有利于维护自己的统治和社会的秩序。我国从秦统一中国建立中央集权起就开始利用国家机器大刀阔斧地进行思想控制。君权以这样一些原则作为知识信息选择的标准：[①] ①关于君权神授；②强调个人自我控制及内心修炼；③表现人伦教化的；④利于帝国安定的；⑤经世致用的；⑥装点文辞的。以上这些内容一般会选择出版供社会阅读。而被禁止和被忽视的信息知识：①是有关皇权兴衰命运的，如天文学；②是有违朝廷权威性，如各种史讳；③是可能引发政权变乱的，如某些兵家知识；④是与当朝正统观念相左的；⑤是专科知识，"巫医乐师百工之人，君子不齿"（《韩愈·师说》）；⑥是自然界的知识；⑦有关事物原理的解释性知识；等等。以上内容往往被出版"净化""过滤"，有些内容即使出版后被发现，也一律查禁、销毁。

除此之外，封建专制王朝还通过"官守其书""学术统于王官""以吏为师"等统一读书人思想，通过图书文献制作、官学私学教育、选官制度等机制来加以控制和强化。正如法国阅读史家巴比耶所强调的，"'人民'之所以不出现在（书面阅读）材料中，是因为它属于口头表达的世界，因为社会统治的模式同样依靠一种本质上的文化尺度。进一步说，对于'绝大多数'来说，书面的东西并非自由的保证，而首先是控制、登记、管理和禁锢的手段"[②]。

学者温庆新从阅读史视域探讨《四库全书》纂修后认为，清代统治者以政

---

① 吴刚：《知识演化与社会控制——中国教育知识史的比较社会学分析》，教育科学出版社2002年版，第191页。

② ［法］巴比耶：《阅读的运作：史学与问题论上的几点见解》，《中国和欧洲：印刷术与书籍史》，商务印书馆2008年版，第196页。

教意图及政治权力的主动介入，通过纂修《四库全书》确立那时阅读的"官定"文本，限定阅读活动的文本、内容、传播渠道及意义指向，促使阅读活动靠向当时的政教意图，试图以此实现"稽古右文、聿资治理"的目的。这就限定阅读者对文本意义的个性化"体验"，使阅读者被迫全方位接受那时的官方意志，最终建构一种清代政统所需的阅读信仰与知识谱系。[①]

这种以国家意志为主导而建构的阅读者与文本之间的关系，并非导向阅读者充分激活文本意义的独特价值，而是淡化阅读者主体能动性的发挥，强化或规范读者阅读的过程及对文本内容的阐发，从而强制改变读者的阅读习惯，关闭读者影响文本意义生成的非官方渠道。也就是说，《四库全书》的纂修，首先预判了阅读者对文本意义生成的可能性结果，并通过选材、编排、注释等一系列方面进行符合那时政统所需的引导，促使《四库全书》的传播范围与意义指归，都能得到合理有效的管控。这就很大程度上限定了清代乾嘉时期及其后的阅读群体借阅读的活动，来挖掘其所阅读文本的可能意义，更是限定了阅读者基于阅读而引发的生命伦常之类的哲思。也就使得当时的阅读活动，势必由一种原本相对个性化与私人化的"心灵"体验，全面转而向意义固定化的国家意志靠拢，从而有意淡化阅读活动中阅读者的兴趣爱好与审美标准，阻隔阅读者与阅读物之间的双向交流与互动，限定阅读者阅读时的闲适心态与自由精神的发挥。

以上做法，使得那时通过征集汇编的书籍，皆能被纳入当时的政治环境中，作为一种文化物品乃至教育必需品而出现。从《四库全书》作为一个编修出版的典型，可见清代封建统治者以主动介入的方式来影响图书的出版与被阅读的活动环节，最终实现保护统治者的国家利益与价值导向的意图。

（三）对阅读文本生产、传播、消费各环节、各领域的控制

阅读文本包括书报刊及数字文档等，作为阅读活动的对象和客体，其生产、传播和消费构成阅读的产业链和社会过程，同时又形成不同产业环节与领域，如出版、印刷、发行、数字阅读、电信运营等等，都要按照一定的社会规范和专业规范来作用于这些环节和领域，使其按社会要求，维持正常的运转和运行秩序，并相互衔接、相互协调、共同运作、循环往复，不断上升，以达到整个

---

① 温庆新：《阅读史视域下纂修〈四库全书〉的历史意义》，《天府新论》2018年第3期。

社会工作目标。正如夏蒂埃所说，阅读就是"读者世界"与"文本世界"结合产生意义的过程。"而文本世界则是由文本本身、它的物质形态，以及背后的社会规范构成的，这个世界的结构、规范、制度都约束文本意义的生产。"[1]

阅读文本生产环节是这个产业链和社会过程的起点，是读物的创作、编辑、出版、印制过程，决定着社会阅读的内容、品质和多寡。规范首先要从生产环节入手，要按社会需要，建立读物的生产体制，法国巴比耶先生说得明白，"出版控制可在作品出版前实施（预防性审查），或在作品传播之后（抑制性审查），但它也可以被运用于生产结构组织（出版社），或是用于发行网络（对书商和传播者的控制，对阅览室、图书馆中流通图书的监管，等等）。组织结构及控制逻辑完全是变化的"[2]。其次，有一整套社会意识形态和法律法规制度来制约规范读物的生产，哪些内容能出版、哪些内容不能出版，任何文明社会都有一套筛选机制。其三，读物的编辑、出版、印制本身有一套严密的操作程序和工作制度、工作规范。其四，为确保编辑出版印制品质，还有读物品质的保障和评价机制。其五，为使出版物的生产达到一定的供需平衡，还得"以需定产"，以使出版物的品种、数量、价格和结构与社会阅读需求结构基本协调一致，等等。

阅读文本的传播（发行）环节是读物与读者中间传递环节，是中介，规范在这里起着瓶颈制约作用。无论是网上网下纸质读物发行销售，还是数字文档的传播都有一系列的社会规范，它要求传播（发行）者以最快的速度、最优的服务、最优的价格把生产的读物送达读者，同时把读者的需求反馈给生产环节以不断调整、修正创制行为，更好地满足读者需要。

阅读文本的消费环节是产业链和社会过程的终点，是阅读文本的利用环节，直接与读者消费行为相关，关系到读什么、怎么读的问题。因此，规范最终要落实在这个环节，因此具有决定意义。要把握社会阅读消费的规模、结构和方向，使社会阅读消费与读物的生产状况、精神文化消费水平以及整个社会消费水平相协调、与社会核心价值和精神文明相呼应。还应通过阅读推广、阅读指导、图书宣传、书评、排行榜等引导阅读消费。

---

[1] 戴联斌：《从书籍史到阅读史——阅读史研究的理论与方法》，新星出版社2017年版，第121页。
[2] ［法］弗雷德里克·巴比耶著，刘阳等译：《书籍的历史》，广西师范大学出版社2005年版，第157页。

（四）对阅读资源（工具）的社会控制

即对阅读的时间和空间、服务和利用的控制。历代封建王朝均制定有收藏、整理和利用图书典籍的相关制度，对阅读活动加以规范控制。如西汉时就曾对皇家藏书规定，凡未经皇帝许可，不能私借，不能录制副本，否则予以严厉制裁。中国古代藏书楼都有严格的借阅制度，如明代宁波范钦建的"天一阁"，其藏书制度规定"代不分书，书不出阁"，还规定藏书柜门钥匙由子孙多房掌管，非各房齐集不得开锁，外姓人不得入阁，不得私自领亲友入阁，不得无故入阁，不得借书予外房，外姓女性不能入阁，违反者将受到严厉的处罚，可见控制阅读之严。

还有社会读者闲暇阅读时间的多少、阅读场所的多寡、服务的好坏等都受到社会生产力、整体社会文明水平等的制约。

（五）阅读社会控制过程的行为层次

即在哪些层次、如何实现社会控制。一是通过信仰、社会意识形态的教化和法律法规的制约，阅读文本生产、传播和消费者（读者）主动规避某些读物的生产、传播和消费，限定生产、传播和阅读某些读物，自我约束；二是通过舆论宣传疏导、引导社会主体的阅读行为；三是通过一定手段限制阅读行为等（如对《金瓶梅》的限制发行和借阅）；四是依法查禁和制止某些已出版和印行传播的读物。

（六）有社会控制就有"反控制"

对阅读的社会控制也不例外，如我国历史上，除官史外，民间出于还原历史真相的意图出现了很多的野史和传说读本，在对神秘的天象学和算学的窥探中另行发展了各种方术，从对过于入世的儒教的超越中滋生了各种民间崇拜；在世代相传的劳动尝试和积累—错误中产生各种民间工艺知识读物，等等。[①] 还有，如官方越是查禁某个读物，该读物越是能在地下流行，而且出现"洛阳纸贵"、一书难求的状况。美国"体制之父"、政治思想家托马斯·潘恩（Thomas

---

① 吴刚：《知识演化与社会控制——中国教育知识史的比较社会学分析》，教育科学出版社2002年版，第192页。

Paine）在 1776 年出版的宣扬美国独立、反对英国殖民的《常识》一书，不到 3个月即发行达 12 万册，虽遭英国殖民政府查禁，最终在北美这个当时不足 200万人口的地方居然发行达到 50 万册以上，成为当时仅次于《圣经》的超级畅销书，极大地鼓舞了美国人民独立建国的决心。

美国著名作家、诺贝尔文学奖获得者约翰·斯坦贝克（John Steinbeck）所著的描写经济大萧条时期下层人民、主要是农民的苦难的小说《愤怒的葡萄》，1939 年出版不久，即遭一些州的查禁。就在圣路易斯州颁布焚书令不到一周，小说即卖出 11340 册，到 1939 年年底，该书发行量达到 43 万多册。

针对文本对阅读过程的控制，阅读史家夏蒂埃注意到，读者也不是被动的。他指出，阅读史的一个基本问题就是阅读行为的内在"张力"，即一方面阅读个体和社会有能力"推陈出新"，另一方面种种限制、规范和传统则束缚读者思考、表达和实践。社会规范和阅读实践之间的张力，共同决定读者对文本作出反应。书籍的至高目标就是要建立一种秩序，不管这秩序是作者、出版者和印刷者设想的，还是权威人士和机构强加的，也不管它的初衷是为了解读、认识文本还是其他，总之，它就是一套限制和义务，一套要人恪守的规矩和名分，而在阅读过程中有些读者总是要突破和颠覆其中的秩序。

读者阅读的"推陈出新"，这件事本身取决于他的阅读能力以及他所属的阐释社群共有的文化习惯。书籍试图把规范和传统强加给读者，一旦遭遇读者内在的感知和判断能力，这"墨守"和"出新"之间的张力就会显得愈发强烈。夏蒂埃引用书籍史研究者詹尼斯·拉德薇的话说，"请注意阅读在操作上的互动性，他有利于我们区分或识别意识形态的强制压迫和实践中的反抗，后者虽然受控，影响有限，但从未停止过对意识形态控制的抗议和斗争"。当然，阅读的时间、地点和人不同，具体的阅读行为就有差异，而读者和文本之间关系中的内在矛盾也会有不同的表现。[①]

五、阅读的社会控制的类型

一般来说，阅读的社会控制有以下类型。

---

① ［法］罗杰·夏蒂埃著，吴泓渺、张璐译：《书籍的秩序》，商务印书馆2013年版，第150页。

（1）宏观控制和微观控制。宏观控制如国家制度和意识形态决定的对阅读活动的限制，微观控制如阅读活动专业领域的控制，或对某一具体图书的查禁等。

（2）强力控制和非强力控制，也称硬控制和软控制。强力控制指法规制度规定的、必须执行的，如我国人大常委会通过的《公共文化服务保障法》《公共图书馆法》和国务院《出版管理条例》等都有一定的强制性，有违反的罚则；非强制控制如信仰信念、伦理道德、风俗习惯、社会舆论等对阅读的影响。

（3）直接控制和间接控制。直接控制如当面指出某些违纪违法行为，并勒令予以纠正；间接控制指通过一定的媒介周转进行的控制。

（4）积极控制和消极控制。积极控制通过表扬、表彰、奖励、宣传、推广某些阅读活动；消极控制如对某类劣质图书的通报批评。

（5）有组织控制和无组织控制。有组织的控制如政府、行业协会、单位等对阅读活动的干预；无组织控制指无系统、缺乏组织结构的控制，如风俗、习惯、舆论、谣言、时尚等对阅读的影响。

（6）个人控制和团体控制。个人控制如通过个人权力以行政命令形式对阅读进行的干预，某一书评作者对某一读物的评论对读者阅读的影响；团体控制则是指出版社、图书馆、学会、协会等团体规则对读者阅读的作用。

（7）内部控制和外部控制。内部控制指社会阅读活动系统内部根据一定专业规则进行的控制，如图书出版标准、报纸印制质量规范等；外部控制指社会阅读活动系统外部作用于它的社会规则，如社会上发生某件刑事案件或某个社会舆论对阅读活动的影响。

总之，社会控制有多种手段，主要有强制和非强制（或称硬控制和软控制）两种。硬控制指采用强制性的手段，如政权以法律、制度、行政、纪律等对社会成员的价值观及行为方式实行控制；软控制指运用非强制性手段，以信仰信念、伦理道德、风俗习惯、社会舆论和工作流程选择对社会成员的价值观和行为方式实行控制。

第二节　阅读社会控制的原则、意义和功能

通过阅读来获取知识有利于改善个人的知识结构、思想意识，并可进一步转化为政治资源。从古至今、从国外到国内，各国政府、社会都会通过对阅读

的社会控制来管理、干预、规范、推行主流社会意识形态，维护应有的社会秩序。同时社会阅读活动系统本身也要通过一定的规则进行管理和规范，以使其按照一定秩序运行，同时适应社会整体要求，为社会服务。

现代社会，由于法治观念的确立并在绝大多数国家的实行，各国大多实行的是依法治理，对阅读的社会控制也纳入法治的范围，必须坚持现代法治的基本原则 [①]。同时，这种社会控制必须以阅读自由与阅读权利得到充分、切实的依法保障为前提和基础。因此，现代社会实行阅读的社会控制应该遵循何种原则，实现何种功能，这是对阅读实行社会控制的基本问题。

一、阅读的社会控制的基本原则

（一）保障原则

现代社会，大多数国家都把国民阅读权作为一项宪法性人权，它是为了满足人的精神需要的一种基本人权，属于精神自由的范畴，其实质是国民的受教育权、文化权、信息权的反映和体现，也是国民知情权、参政权、发展权等权利的实现途径。联合国《图书宪章》《公民权利和政治权利国际公约》《经济社会和文化权利国际公约》和我国《宪法》《公共文化服务保障法》《公共图书馆法》都有保障国民的阅读权利的明确规定。

阅读的权利属于全体国民。维护和保障每个国民平等、有效地获取阅读资源、开展阅读活动、提高阅读效能，是政府和社会不可推卸的责任。阅读权利本质是国民自主自律的阅读，核心是阅读自由。它是一项隐性权利，国家应予充分的尊重和保护。阅读权作为一种在阅读活动中所享有的自由，主要包含阅读权利、阅读平等、阅读保障、阅读自由和阅读救济等多方面的内容，这些内容，都离不开政府的立法和实施、社会的帮助和支持。因此，保障国民的阅读权利成为阅读社会控制的首要原则。

（二）效率原则

阅读效率既包括一定时间内检索并获得所需要的阅读内容的速度，又包括

---

① 周艳敏、宋慧献：《现代文化管制的正当性与基本原则》，《出版发行研究》2017年第12期。

阅读理解的程度。首先就是通过一定社会和专业规则把阅读内容和资源有条有理地组织、规范起来，使之便于查找和阅读，这是阅读的社会控制最基本的要求，也是原则。比如任何阅读文本都需要进行编辑并分类编目，以使阅读内容、阅读文本有序地编排，便于检索查找，更便于阅读。古代苏美尔人把图书馆分类编目人员称为"宇宙之授命者"，图书馆的分类编目意味着解构人类经验，可见图书分类、编目之神圣和重要。

正如最早的阅读社会所发现的，"只有把无限的事物有限化才能更有益于获取信息"[①]。我国历史上从孔子编订六经即确立"经世致用"的编辑思想，以达儒家经典"修身齐家治国平天下"之用。分类编目上，从西汉刘向、刘歆父子整理图书所用的"七分法"到后来清朝编辑《四库全书》所用的经、史、子、集"四分法"，无不体现阅读效率原则，其中对儒家"四书五经"的强调、推崇不动声色地体现和反映了当时社会主流意识形态，从而很完满地实现对当时阅读的社会控制。

美国图书馆学家麦尔威·杜威（Melvil Dewey，1851—1931）1876年编制的《十进制分类法》顺应了资本主义上升时期大量培训技术工人的需要，其分类思想体系、分类原则、类别称谓都反映了当时资本主义社会对现代科学的认识，很快得到全美公共和大学图书馆的普遍应用。再比如，所谓"书目控制"，学界有各种解释，而其实质就是通过建立书目集中管理系统，对文献进行宏观控制，以最有效地实施文献资源合理而充分的使用。[②]简言之，就是通过目录对海量文献进行著录、标引、存储，以便于查找、检索和阅读利用。

（三）质量原则

质量主要包括出版选择、生产的质量、读者的阅读质量等等。这是因为，阅读文本的生产、传播和消费都是有限的，必然要根据社会需要进行选择、规范，这个选择、编辑、规范的过程就是根据当时社会要求、社会标准去粗取精、去伪存真的过程，也就是"质量化""精炼化"的过程，这正是阅读的社会控制过程，不合当时当地社会规范和道德标准的读物是缺乏或没有质量的。

---

① ［新西兰］史蒂文·罗杰·费希尔著，李瑞林等译：《阅读的历史》，商务印书馆2009年版，第19页。
② 柯平主编：《文献经济学》，中国书籍出版社2001年版，第261页。

我国清朝采取编纂大型图书的方式，"稽古右文"，笼络文人志士，搜集征用民间藏书，对不符合统治需要的图书典籍则打入另册，最终达到"寓禁于征"、统一思想的目的。清乾隆年间编撰《四库全书》时被查禁毁版的图书就有3929部。中世纪后期在欧洲实行政教一体的国家里，所谓"异教徒"的图书不仅招致查禁，而且遭受大规模的焚烧。1538年，英国亨利八世颁布法令，要求"禁止或避免用英文印刷错误及异端的观点"，规定任何一本英文书不经国王特许，不得进口，违者监禁，没收书籍并罚款；任何一本书不经枢密院或指定官员的许可不得在王国内印刷，违者由国王监禁并处以罚款。

为了保障读者阅读的品质，社会还必须筛选具有真知灼见、真情实感、读者真正需要，或能提高升华读者心智道德的阅读品提供给读者。同时，还要保证读物的设计品质、编辑校对质量和印制质量、功效质量等，为了规范这方面的质量，社会和行业都制定了相应的规则、标准和评价办法。

随着网络数字信息传播速度的加快，海量阅读内容、信息过剩导致读者对阅读内容的选择困难和障碍，思考性的深度阅读、经典阅读越来越受到挤压，更需要对海量阅读信息根据一定社会和专业规范进行浓缩、精炼和有效管理，这是社会的责任，也是阅读效率和质量原则决定的。

（四）公益原则

公共利益是一个国家或地区内所有人生存享有，但不允许任何人专有的、具有公共效用的资源和条件，简称公益。虽然自古以来国家的形式变化多样，但公共利益一直是国家存在的正当性理由，公共利益已经成为现代社会运行与管理中的核心价值观。

联合国《公民权利和政治权利国际公约》（ICCPR）第19条提供了国际性规范准则，即各国可以为了"保障国家安全或公共秩序，或公共卫生或道德"限制表达自由。我国宪法和有关法规也对国家安全、公共秩序、公共道德作出相应界定，并明确予以维护。比如对有人传播淫秽作品或恐怖言行，社会的道德感都将受到伤害，尤其是对未成年人。因此，要防止淫秽作品或恐怖言行的传播，需要社会的监督和政府管制。[1]

---

[1] 周艳敏、宋慧献：《文化法学导论》，北京大学出版社2017年版，第95页。

（五）他人权利原则

"他人权利"通常包括他人的名誉权、隐私权与著作权等，如果国民侵犯了，即构成对他人权益的侵犯，应承担相应的法律责任。政府可以为了保护他人的合法权益对阅读内容、行为及活动等实施一定的管控。按照《公民权利和政治权利国际公约》第19条，为了"尊重他人的权利或名誉"，可以限制表达自由。我国《宪法》《民法通则》《刑法》《著作权法》等法规都对此有明确的规定。

根据法规及司法实践，如果被传播的作品与信息涉及对他人的评论、含有他人的私人信息，就有可能因某些失当侵害相关人的名誉或隐私。如果所涉作品使用了他人的作品，就可能与他人著作权发生冲突。在这种情况下，如何处理创作自由、评论自由与他人名誉、隐私和著作权之间的冲突，不仅是一个复杂的立法问题，更是一个比较复杂的司法实践问题。

应该说，他人权利保护与公共利益保护不是一个同等权利。具体言之，与他人隐私、名誉和著作权相比，阅读自由等权益及其所包含的公共利益可能遭受损害或威胁时应该占据着优先被保护的地位，且可能具有现实的紧迫性。比如，当出版物中以所谓"恶搞"的方式批评一个公众人物时，如果这种批评不怀恶意，未捏造事实，甚至也有助于人们认识有关问题，该公共人物保护其名誉权的诉求就难以成立和实现，因为创作自由及其所含的公共利益更重要。

（六）法定原则

法定原则是一切政府进行社会控制的基本原则，因为政府管控无论如何是对国民和法人权利的限制，是对自由的干预，如果不遵守法定原则，难免会造成政府管控的滥权。阅读的社会控制也理当如此，即对阅读的社会控制必须以明确的法律授权为前提，尤其是强力控制手段。控制法定原则含有控制合宪之意，即任何国家的法律如果允许对表达行为和阅读活动实施限制，都必须依据宪法，而不是任意妄为的。

二、对阅读活动进行适度社会控制的功能和意义

阅读活动是一种社会活动，只有对人们的阅读活动进行一定的约束，才能

使社会阅读活动系统内部维持一定的秩序，使之规范化，使社会阅读活动能够可持续地开展，因此，对阅读活动适度进行社会控制是社会阅读活动有序开展的基本保障。人们的阅读活动又是整个社会活动的一个方面，只有把阅读活动置于整个社会规范制约之下，它才能为社会所接纳，从而有机地融合于整个社会活动之中，为社会服务，促进社会发展，也为自身发展打下存在和发展的基础。

（一）维护社会正常秩序

社会控制是阶级统治的重要手段，阅读的社会控制亦然。因为社会制度、法律规定和行政命令，也包括社会信仰、道德、宗教、习俗和社会价值、社会舆论、社会风尚等等大都要通过阅读渠道为人所掌握，成为人的自觉行动，包括提供社会规范和行为模式，规范社会地位和权利义务，调整利益关系，协调社会行动等等的意识、信息、舆论、指令，中外古今在相当长时期内都是通过阅读活动来实现的。因此，社会阅读活动其实质是一定社会政治的一种表现形态或政治的延续，也必然要受到当时当地政治意识形态的影响。推广、查禁哪些阅读内容，鼓励、收缩哪些阅读活动都要根据维护当时政治、经济、社会、文化秩序的需要来进行。

从我国历史的发展来看，官府在图书资料的制作和利用上均采取了严格的限制。早在战国时期，为了适应封建专制政治的需要，一些诸侯开始实行"挟书禁令"的文教政策，这种措施到了封建社会高度统一的中央集权国家建立时愈演愈烈，如秦朝的"焚书坑儒"，西汉"罢黜百家、独尊儒术"，清代的"文字狱"等，对不符合统治需要的文献典籍均予查禁焚毁。

现代社会各国对阅读的社会控制依然是维护社会核心价值和秩序、管理和规划社会的重要手段，但基本上采用法制手段。如全球许多国家和地区对宣扬极端宗教、恐怖主义、法西斯主义、种族主义等内容读物的禁止，对淫秽、制毒贩毒等类读物的查禁和限制等，对个人隐私、名誉权的保护和维护，对造谣、诽谤、侮辱等的禁制，都属于阅读的社会控制范畴。

现代大众传播媒介，包括报纸、杂志、广播、电视、互联网、图书等，充分利用人们的好奇心理、从众心理、逆反心理等因素，通过控制信息的传播来控制社会行为。

（二）维持社会阅读活动的正常开展

社会控制是维持社会阅读活动秩序的必要条件。正常的秩序也是阅读社会活动自身开展的基础和条件。有了一定的秩序，如出版编辑秩序、印制秩序、版权秩序、传播发行秩序、阅读推广秩序等等，才能发展阅读事业和产业，壮大和丰富社会阅读活动，为社会总体目标服务。而社会阅读活动秩序的建立、健全和改进，都有赖于阅读的社会规范。在社会阅读活动系统内部，各种个体和群体、主体和客体、内部和外部、数量和质量之间总是存在一些矛盾和利益冲突的，社会阅读活动的矛盾和冲突是其发展的动力，需要通过阅读的社会控制来调节和维持社会阅读活动系统内部的稳定和秩序，以保障阅读社会活动的正常开展。

（三）促进阅读社会活动的进步和发展

阅读的社会控制是促进阅读社会活动存在和发展的必要条件和手段。阅读活动是人类文明传承传播的非常通道，是现代人生存和发展的重要手段。任何时代和社会都要推动和倡导阅读朝一定的方向和维度发展进步，这是社会的目的，控制只是手段。只有在国家制度、舆论、核心价值观等的规范作用下，人们才能确立共同的社会阅读目标和共同的阅读行为准则，产生阅读思想和行为，从而实现阅读社会活动的进步。

在我国现今开展的"全民阅读"活动中，由于积极倡导社会主义核心价值观，广泛宣传优秀书刊，有意识地组织各种形式的读书活动，使读者自觉或不自觉地受其影响从而形成一种良好的社会阅读风气并逐步向学习型社会转变。阅读的社会推广活动就是借助一种强大的外部力量，形成一种潜在的团体和社会吸引力和压力，使读者产生服从和从众心理，自觉或不自觉地受其影响和支配而去追寻阅读。因此，对阅读适度进行社会控制也是促进和推动阅读社会活动发展的重要力量。

（四）对阅读行为过度社会控制的破坏作用和负面影响

根据社会学理论，适度地对阅读行为进行社会控制，对社会良性运行和协调发展有着十分重要的意义，而"欠度"控制和"过度"控制都是不利的。这里要掌握控制的"度"，包括力度、刚度和致密度。欠度控制则不适当地放纵人们的社会行为造成"一盘散沙"；过度控制，又可能导致"万马齐喑"、鸦雀无声、社会僵硬，未必是好事，对社会创新活力造成压制和伤害。因此，正确把握社会控制的"度"，实行适度社会控制，既十分重要，又是非常困难的。

中外历史上由于专制统治的权力任性和恣意妄为，往往"情不自禁"地对阅读活动实行"过度"控制，其对社会生产力和社会文明进步产生的破坏作用和负面影响也是显而易见的。历史上的专制统治者往往从当时当地的自身利益出发，主观臆断，限制读者阅读内容和范围，也许对维护当时当地的社会统治有利，但历史地看、宏观地看，无论是对阅读主体读者的思想禁锢，对阅读客体读物的禁绝、删改等，还是对阅读方式的粗暴干涉，如强制进行集体阅读，都是对人类文明进步的极大摧残和浩劫，这样的事例也是很多的。

欧洲16世纪中叶开始直到20世纪中叶，罗马教廷发布《禁书目录》54种，即使1948年最后一版教廷禁书目录，居然也列出4000种著作，被禁作家有几十个，教会所禁的图书几乎就是一个人类精神文明的宝库。俄罗斯19世纪沙皇的禁书，包含了别林斯基、陀思妥耶夫斯基、车尔尼雪夫斯基等大批优秀作家的书。十月革命后，政府对书刊审查力度更严，按照斯大林的说法，一切有害的文字都得连根铲除。据统计，1918年到1988年，苏联出版的700亿册图书和小册子中，有大约350亿册消失了。[1] 在我国，历代帝王通过焚书、禁印、删改、审查等实施阅读控制和思想管制，从秦始皇的"焚书坑儒"到清代的"文字狱"，中华文明屡遭劫难，教训极为深刻。

三、阅读自由与阅读的社会控制

自由是指在一定条件下人类可以自我支配，凭借自由意志而行动，并为自身的行为负责。从社会学角度来说，自由是不要侵害别人的前提下可以按照自己的意愿行为。

按谭小军、周安平的观点，阅读自由不仅包括阅读各阶段的自由即阅读前寻求信息和思想的自由、阅读中接受信息和思想的自由、阅读后传递信息和思

---

[1] 王余光、汪琴：《中国阅读通史》（理论卷），安徽教育出版社2017年版，第210—211页。

想的自由，还包括阅读形式的自由即口头的、书写的、印刷的或选择任何其他媒介的自由。[①]

20 世纪下半时期，英国思想家以赛亚·伯林（Isaiah Berlin，1909—1997）将自由划分为"消极自由"和"积极自由"。他认为，积极自由是指人在"主动"意义上的自由，社会主体个人的决定和选择，都是自身的主动意志而非任何外部力量驱使。而消极自由指的是在"被动"意义上的自由。即人在意志上不受他人的强制，在行为上不受他人的干涉，指"免于强制和干涉"的状态。

阅读自由属于消极的自由，国家应履行充分的尊重义务。阅读自由主要包括以下几个方面的内容：①选择自由，即选择阅读作品和内容的自由。作品好与坏全由读者说了算，读者有权根据自己的兴趣爱好选择阅读对象。马克思曾说，"读者是文本的最高评判者"。②使用阅读介质的自由，如纸质或数字阅读介质。③采用阅读方式的自由，如朗读、诵读、默读、听读等。④使用阅读设施的自由，如图书馆、书屋等提供阅读平台和资源保障，国民有选择这些场所借阅读物以及是否在这些场所进行阅读的权利和自由，他人不得任意干涉和阻碍。⑤组织、参加阅读活动的自由。自由参加各种阅读组织和各种阅读推广活动等。⑥解释的自由。阅读，不仅仅是信息的获取，更是通过与文本作者的对话而实现读者自我建构的心理过程。

不同的读者对文本有不同的理解和解释。文学艺术解释的自由带来了大量的精神产品，科学解释的自由促进了科学的进步，而这些受益者是广大的社会公众。解释自由应包含自由创作以及创作成果受保护的权利，不同的读者阅读同一内容有不同的理解与解释。

自由是人生存和发展的渴求，是人的天然习性。应该强调，现代政府和社会应最大限度地切实保障国民的阅读自由，这不仅是国民的权利和义务，而且是言论和出版自由的基础。可以说，保障国民阅读自由就是保障社会文明的进步发展和持续高扬，就是保障国家和社会的思想文化科技的创新创造活力。

应该指出，阅读的社会控制从表面和字面意思来看，与阅读自由是矛盾和冲突的，实际上，二者是既对立又统一的。

对阅读行为进行适度的社会控制是维护社会阅读系统正常运转的基础和前

---

① 谭小军、周安平：《回归阅读权利　助推全民阅读立法——关于阅读权结构的法理思考》，《中国新闻出版广电报》2017年6月29日第8版。

提，也是阅读自由能够实现的基础和前提。没有对社会阅读活动进行适度的社会控制，使社会阅读活动按一定的规则和秩序运行，如读物的编印发制度，阅读权利、场所的保障等等，阅读自由就没有基础和前提。

对阅读行为进行适度的社会控制使阅读自由更有效率和质量。社会通过各种法律、行政、制度等手段对社会阅读活动进行一定控制，如按一定标准对阅读内容的精选、优化、浓缩和管理，对印制质量的把关等，使阅读活动更有效率和质量。

对阅读行为进行适度的社会控制使阅读的自由更可持续。社会通过对阅读进行一定的控制，如对著作权、版权的保护，进行出版业税费的减免、补贴，阅读公益场所的建设等手段使社会阅读活动更有保障和更可持续。

阅读自由和人身的其他自由一样也不是绝对的，这是因为，人们在一定社会中生活，总是要受到这个社会的法律、法规和意识形态等软硬两方面的影响和限制，还有如主客观条件，语言文字的隔阂，使阅读物的内容和形式、阅读活动的时间和空间等受到局限。

由于阅读活动的外部性特征，阅读不仅是国民自己的事情，阅读还关涉到他人和社会国家的整体利益。正如义务教育对国民来说既是权利，同时也是必须履行的义务，阅读权的社会权属性在一定程度上决定了其自由也是有一定限制的。例如，现代各国都对读物中出现叛国、诽谤、泄密、伪证等视为违法，对宣扬种族主义、纳粹主义、宗教极端思想、恐怖主义和淫秽、吸毒贩毒等内容予以制约就是证明。我国《出版管理条例》第二十五条就从多方面对图书的出版做了限制性规定。所以，阅读的自由，是在法律范围内的自由。

约束是自由之母。人们之所以会追求某种自由，就是因为人们感觉某种不舒适的约束，但是如果你感觉不到这种约束，那么你也就不会由此而产生渴求自由意识和行为。所以，感觉约束是产生自由的前提。任何权利皆应受到限制，阅读自由也应受道德自律和法律限制，受到社会价值的积极引导。因此，阅读自由是相对的。

自由行为是指权利主体根据法律规定自由地选择自己的行为，即在法律规定的范围内可以选择为或不为，也可以请求他人为或不为一定行为，还可以请求国家相关机构保护自己的合法行为等。自由在一定社会是以不侵害别人的自由为前提的，是依法的自由。这种限制，并不意味着自由观念的无意义，相反，在法律法规限制之外，存在广阔的自由天地，读者的阅读自由是广泛而需要得到充分的保护的，阅读自由的保护也需要政府和社会的立法来实现。因此，阅读自由和社会控制就像是一对孪生兄弟，相生相伴。

阅读选择没有绝对自由，它仅仅依靠读者个体的自律与监督是不够的，还需要政府权力作为一种补充力量介入。政府不仅作为一个管控者，也作为自由权力的调配者，平衡、调整文化资源的配置，保障读者阅读权利，开展弱势困难群体的阅读救济，等等。

我国属社会主义国家，阅读自由有一定边界，社会控制更要有合理的限度。应把关注的重点放在如何在阅读自由与社会控制之间寻找一个平衡点，既让政府参与社会控制卓有成效，又能更好地维护阅读的自由。个人的阅读自由要以维护社会利益、他人权益为前提，保持两者的平衡，共同维护社会的稳定和发展。

社会主义文化事业担负着满足人们精神生活需要、维护社会安定、促进社会协调发展的神圣使命。只有阅读自由和社会控制达到平衡，社会安定，文化健康发展，我们每个人才能体验享受到阅读自由带来的愉悦和快乐。只有真正找准了阅读自由和社会控制的平衡点，不断改进社会控制的方法，把握对阅读的社会控制的"度"，使阅读自由和社会控制相得益彰，才能实现公众和政府、人与社会的最大和谐。

第三节　阅读的社会控制的途径和手段

上面已经提到，对阅读的社会控制可以运用多种手段、多条途径，最常见的有进行强制性的约束和采取非强制性的疏导、指引、促进，宏观的调控和微观的制约等。强制性的约束如制定专门法律、政策、条例等，规范阅读活动正常的秩序；也可以通过大众传媒等非强制性手段对社会阅读行为和阅读倾向进行推广、引导与促进，如组织各种各样的读书活动，倡导正确的阅读潮流，形成良好的阅读风尚，传播先进的科学文化知识，提高人们的文化水平和道德水准，促进科技的进步、经济的发展和社会的安定。

宏观控制是对作为阅读活动系统的社会环境所进行的控制，如法律、意识形态、经济、科技等，微观控制途径主要是阅读活动系统内的专业出版选择、编辑、推荐书目、图书评论、图书宣传等。两者也不是绝对分开的，即"微观"包括"宏观"的意图，"宏观"里也有"微观"的要求。

下面主要从宏观和微观两个方面论述阅读的社会控制手段和途径。

一、宏观控制途径

（一）法律和行政

法律是国家的产物，是指统治阶级（泛指政治、经济、思想形态上占支配地位的阶级），为了实现统治并管理国家的目的，由享有立法权的立法机关（如我国的全国人民代表大会和全国人民代表大会常务委员会）经过一定立法程序，制定、修改并颁布，并由国家强制力保证实施的基本法律（如刑法、刑事诉讼法、民法通则、民事诉讼法、行政诉讼法、行政法、商法、国际法等）和普通法律（如商标法、文物保护法等）。法律是国家的统治工具，也即是社会控制的最有力工具，它规定了人们的权利和义务，是一整套需强制执行的社会行为规范。

法律对社会控制具有明示、矫正、预防和惩戒的作用，其最终作用就是维护社会秩序，保障社会人身安全与利益。按层次可划分为：①宪法，②法律，③行政法规，④地方性法规等。其中宪法是高于其他法律的国家根本大法，是国家法的基础与核心，它规定国家制度和社会制度最基本的原则、国民基本权利和义务、国家机构的组织及其活动的规则等。法律是从属于宪法的强制性规范，是宪法的具体化，是国家法的重要组成部分。行政法规是国家行政机关根据宪法和法律制定的行政规范的总称。

行政是按照法律规定的权限和程序去行使国家职能从而实施的法律行为，是除审判和检察工作以外的国家机关执法行为，是行政主体对国家事务和社会事务以决策、组织、协调、监督、管理和调控等特定手段发生作用的活动。行政与法律、执法密切相关，尤其在我国政治生活中发挥着重要作用。

阅读作为人类特有的社会活动，为了维持阅读活动的有序运行，人类很早就运用法律和行政来对其实行社会控制。史载我国最早的依法禁书发生在公元前4世纪战国时代的秦国秦孝公时期，当时秦国为富国强兵，接受了法家公孙鞅（即后来的商鞅）的变法理论，实行严刑峻法，重视农业生产和军队建设，在文化思想领域实行禁锢，即"燔《诗》《书》而明法令"（《韩非子·和氏篇》），开辟禁毁文化典籍实行统治的先河。秦至五代的禁书重点是禁谶纬、天文、佛道之书，一直延续至清代。最早的禁谶纬、星气之学的法令是西晋泰始三年（267年）由司马炎颁布的。[①]

欧洲 1501 年罗马教皇亚历山大六世下令不得刊印一切未经教会检查的书，教廷大规模禁书并推行书籍审查制度。1512 年开始召开的第五次拉特兰宗教会议批准了对印刷品的事先检查制度，编定禁书目录。利用禁书目录来限制书籍的流通，以对直接抵制、质疑或抨击宗教信仰或政治的书籍进行查禁。直到1966 年教会才最终宣布取消禁书目录。[②]

法律和行政对阅读的社会控制主要表现为以下几点。

1. 保障读者的阅读权利

如英国废除书报检查制度与废除专制制度基本上是同步的，英国光荣革命后，议会于 1689 年通过的《权利法案》第 9 条规定成为推进英国臣民言论自由的先声。英国议会 1695 年 2 月决定中止许可证法，使英国成为第一个废除出版前检查制度的国家。1789 年，法国在《人权宣言》中也规定，"每个国民享有言论、著述和出版的自由，但在法律限制内，应对滥用自由负担责任"。荷兰、挪威等国也于 19 世纪初废除了出版前检查制度。特许制度、检查制度随着封建王权的结束和资产阶级政权的建立最终退出了历史舞台。1791 年美国通过包含宪法第一修正案在内的"权利法案"，这一法案强调："国会不得立法……侵犯言论或出版自由。"而类似恶意诽谤、诲淫诲盗、煽动暴乱这样的言论，政府还是立法限制。因此，要确定"言论自由""出版自由"两项权利的边界。我国"宪法"中也规定了国民的言论、出版自由权利。

法律权利必须具备三大要素：利益、权能和自由行为。其中，利益是权利的目标和方向，也是动力源泉；权能是权利的基础，是权利实现和行使的基本条件；自由行为作为权利的表现形式，它既是权利主体利益追求的手段、方式，又是权能的外化形式，自由行为是权利的核心部分。1986 年，美国里根总统签署了"99—494"公共法案，该法案认为，阅读是国民的基本权利，美国民众的识字能力和知情权是促进美国民主的重要因素。该法案对国民阅读权的法理阐释，为随后的美国教育改革和阅读立法奠定了基调。

---

① 陈正宏、谈蓓芳：《中国禁书简史》，学林出版社2009年版，第5页。
② ［法］弗雷德里克·巴比耶著，刘阳等译：《书籍的历史》，广西师范大学出版社2005年版。

各国为了保障国民的阅读权利，推广、深耕阅读，近年来在阅读方面都进行专门的立法。如 1998 年美国国会通过了《阅读卓越法》，2002 年，布什总统提出"不让一个孩子掉队"的中小学教育法案，以"经费补助"和"师资培训"的方式提高儿童阅读能力的"阅读优先"政策是其主轴。日本 2001 年通过并施行《关于推进中小学读书活动法》，2005 年又通过《文字及印刷品文化振兴法案》，韩国 2006 年通过《读书文化振兴法》，此外，还有西班牙《阅读、图书和图书馆法》（2007）、墨西哥《促进阅读和图书法》（2008）、以色列《国家图书馆法》（2007）等。

我国的阅读立法工作也进展很快。《中华人民共和国公共文化服务保障法》于 2016 年 12 月 25 日由第十二届全国人大常委会第二十五次会议通过，并决定于 2017 年 3 月 1 日开始实施。该法规定了公共文化服务的设施和管理、公共文化服务的提供、保障措施和法律责任等，并明确把阅读服务、书报提供等作为公共文化服务的重要内容。这是中华人民共和国成立六十多年来首次依据《中华人民共和国宪法》对公共文化服务（包括阅读权利）以国家法律的形式予以保护和保障，必将对保障我国国民的阅读权利、促进我国全民阅读活动的深入开展、提高全民族的科学文化素质产生深远的影响。随后，《中华人民共和国公共图书馆法》也于 2017 年 11 月 4 日由第十二届全国人民代表大会常务委员会第三十次会议通过，自 2018 年 1 月 1 日起施行。该法是为了加强对公共图书馆管理、推进公共图书馆事业的发展、较好地保障人民群众的公共读书阅览权利而制定的法规。

与此同时，各省、市、地区全民阅读活动领导小组也在积极酝酿、推进地方阅读立法工作，有的已经走在国家立法之前。如湖北省、江苏省、辽宁省、深圳市的全民阅读法规也陆续出台，以地方法规的形式推动全民阅读。

行政手段是保障国民阅读顺利开展的重要方法。主要通过政府文件、规划、通知等来体现，如俄罗斯政府颁布《国家支持与发展阅读纲要》、我国政府制定的《全民阅读"十三五"时期发展规划》等。推进国民阅读离不开政府完备的顶层设计和引导力。

2.维护读物的生产传播秩序

有些直接针对读物（包括书报刊等文本）生产传播（发行）的法律，在于规范读物的生产传播秩序，如新闻法和出版法等。历史上，新闻立法通常和出版立法联系在一起。英国于1529年起实行印刷出版特许制，出版业非经国王许可，不得开业。资产阶级革命时期，封建特许制瓦解，又通过向报业征印花税等方法控制报业。

目前，世界各国一是制定专门的新闻法或新闻出版法，如法国、意大利、德国、瑞典、芬兰、澳大利亚、埃及、印度等国都有专门的新闻法。另一种是没有专门的新闻法，而是在宪法、刑法、保密法等法律中设有适用于新闻、出版的法律条款，如刑法中的"诽谤罪"条款等，美、英、日等国家均属于这种情况。近代中国第一个新闻出版法规是1906年7月的《大清印刷物专律》。我国目前没有制定专门的新闻法和出版法，《刑法》第二百二十五条规定"非法经营罪"，第二百五十条规定"出版歧视、侮辱少数民族作品罪"等及其相关司法解释，国务院颁布的《出版管理条例》《印刷管理条例》等行政法规是规范、维护我国读物的生产传播秩序的基本依据。

3. 保护出版者、著作者权利，促进社会阅读活动的可持续发展

为了确认作者对其创作的文学、艺术和科学作品享有权利，规定因创作、传播和使用作品而产生的权利与义务，各国都颁布有关著作权和版权的法律来保护和调整出版者、著作者和读者之间的关系，以保障出版者、著作者的权利，促进社会阅读活动的可持续发展。

作者有权处理自己的作品，有权分享因作品被使用而产生的经济利益，是18世纪欧洲资产阶级革命时期形成的现代版权概念。英国1710年4月10日生效的《安妮女王法令》被认为是世界上第一部版权法，该法对欧洲及世界各地以后的版权立法影响较大。此后不久，丹麦于1741年通过版权法，西班牙于1762年、美国于1790年、法国于1793年、德国于1794年、俄国于1828年也先后制定了版权法令。中国由于封建专制主义势力比较顽固，商品经济不发达，资产阶级革命的兴起和现代版权观念的产生较晚，直到1910年才制订版权法，即清宣统二年的《大清著作权律》。民国时期，北洋军阀政府和国民党政府分别于1915年和1928年通过了"版权法"。1949年中华人民共和国成立后，1991年我国制定第一部《著作权法》。我国《刑法》第二百一十七条规定"侵犯著作权罪"、第二百一十八条规定"销售侵权复制品罪"等。

4. 管理读物内容的生产流通，保护未成年人的健康成长

现代随着互联网科技的发展，绝大多数国家都采用法律，对网络淫秽色情

阅读内容信息进行控制，特别是对未成年人阅读进行保护。如英国的《黄色出版物法》《青少年保护法》《录像制品法》《禁止滥用电脑法》，德国的《传播危害青少年文字法》，美国的《儿童网上保护法》《通讯端正法》，等等。我国《刑法》第一百五十二条规定"走私淫秽物品罪"，第三百六十三条规定"制作、复制、出版、贩卖、传播淫秽物品牟利罪"，第三百六十四条规定"传播淫秽物品罪"，都是为了管理读物的生产、流通，保护未成年人的健康成长。我国的扫黄打非工作从 1989 年开始，开展 30 年时间，就是通过综合协调督促行政执法和运用司法手段，依法扫除淫秽色情出版物和打击非法出版活动，保护未成年人的健康成长，维护社会健康秩序。

（二）意识形态

意识形态属哲学范畴，可以理解为对事物的理解、认知，它是一种对事物的感观思想，它是观念、观点、概念、思想、价值观等要素的总和。人的意识形态受思维能力、环境、信息（教育、宣传）、价值取向等因素影响。不同的意识形态，对同一种事物的理解、认知也不同。意识形态的内容，是由各种具体的意识形成的政治思想、法律思想、经济思想、社会思想、教育、艺术、伦理、道德、宗教、哲学等构成的有机的思想体系。它是社会的经济基础、政治制度、人与人的经济关系和政治关系的反映。

首先，意识形态的各种形式起源于以生产劳动为基础的社会物质生活，随着经济基础的变化而变化。意识形态以特殊的方式，从不同侧面反映现实的社会生活，它们相互联系，相互制约，构成意识形态的有机整体。意识形态不是人脑中固有的，也不是从天上掉下的，归根结底来源于社会存在。

意识形态实际上是政治权力的精神表现，是由政治权力支撑并极力倡导的政治思想和观念。意识形态的形成通常与一个政权的兴起和变革息息相关，它不仅是政治权力的象征，还是思想领域的判断标准。一般来说，意识形态有政治性、抽象性、强制性、象征性等特点。意识形态既要通过物化为文本的阅读进行交流和传承，同时它对社会阅读活动又有普遍的规制作用。这种规制不是强制性的，而是以一种观念形态不知不觉地影响着读者的阅读行为和社会的阅读物的取向。

其次，意识形态以一种无处不在的、就如空气一样弥漫状态，即有人的地方就有其存在的感觉规定着人的行为方向和价值取向。

其三，它以观念、观点、思想、道德、舆论、价值等形成一个社会的主流文化、阅读环境生态，以诱导性、指引性左右着社会的阅读活动。一个社会的主流意识形态形塑读者对世界、对人生、对价值的"三观"，影响读者对阅读物的选择（即读哪些书）和对读物内容的理解、阐释、评价。

正如阅读史家罗杰·夏蒂埃所提醒的，"请注意阅读在操作上的互动性（即读者与文本之间），它有利于我们区分或识别意识形态的强制压迫和实践中的反抗，后者虽然范围受控，影响有限，但从未停止过对意识形态控制的抗议和斗争"[①]。

意识形态不仅决定着读者的思想和行为，而且规定着一个社会读物的生产传播总体架构、内容取舍、取向、阅读产业发展方向和维度。如我国从西汉采用董仲舒的"罢黜百家，独尊儒术"为意识形态的指引，因而就把传统的儒家经典作为读物的尊崇和供奉，并形成研究和阐发儒家经典的学问——"经学"，"崇圣尊经"成为人们的思维定式。再如 20 世纪的 50—60 年代，社会制度与意识形态对抗为主要特征的"冷战"出现后，以苏联为首的共产主义阵营从价值理念到现实国家安全上对美国的自由主义构成威胁，引发美国社会焦虑，催生出了要求捍卫所谓自由世界的"麦卡锡主义"，在美国开展反共宣传攻势，包括招募外国编辑和专栏作家、资助报纸和杂志、支持出版机构、传教等。

种族主义遭到了国际社会的严厉谴责和反对。19 世纪美国发生的几次排华浪潮、20 世纪德国法西斯煽动的排犹浪潮，都属此类。在当今世界，某些宗教或民族之间的冲突仍然表现为强烈的种族主义的特征。近年来各种关于"黄祸论""中国威胁论""中国崩溃论""中国傲慢论"等层出不穷，对中国危害巨大。我们要通过提升中国的文化软实力，重视国际话语权的提升，"讲好中国故事，传播中国声音"。

（三）制度

也可以称为建制，泛指以规则或运作模式，规范个体行动的一种社会结构。这些规则蕴含着社会的价值，其运行保障着一个社会的秩序。在不同的行业、

---

① ［法］罗杰·夏蒂埃著，吴泓渺、张璐译：《书籍的秩序》，商务印书馆2013年版，第 150 — 151页。

不同的部门、不同的岗位都有其具体的做事准则，目的都是使各项工作按计划按要求达到预计目标。

制度之所以可以对个人行为起到约束的作用，是以有效的执行力为前提的，即有强制力保证其执行和实施，否则制度的约束力将无从实现。因此，制度就如人们身边不停发生作用的无形锁链，约束、指引着我们的行为和尺度，所以说要"将权力关进制度的笼子"。

制度有三个层次：第一层次是社会形态、政治制度，如封建制度、资本主义制度、社会主义制度等；第二层次是具体社会制度，如文化制度、司法制度等；第三层次是具体规范、规则等，如某行业或单位的评审制度、财务制度等。

制度对阅读活动的控制主要表现在以下几个方面。

1. 规定着阅读的品质

每一社会制度下有不同的社会阅读活动制度和品质。如封建社会制度、资本主义制度和社会主义制度下，各有不同的社会阅读活动制度和不同的社会阅读品质。它们通过法律、政策、规划、行政权力等多种手段对社会阅读行为和阅读倾向进行社会控制，规定阅读内容的价值、内容的取舍，调节社会阅读需求，引导社会阅读活动的方向。

正如读者反应批评家乔纳森·卡勒（Jonathan D. Culler）所认识到的，读者"阐释文本时遵循的原则不是读者创造的，而是制度和体系教给他的"，是"制度教会了读者去阅读"。因为，在阅读中，读者会牢牢地固守一些后天习得的主观模式、范式、信仰和价值观来理解阐释，这些东西都来自他们的文化和社会背景，来自社会文化制度。[①]

在我国几千年的封建制度下，统治阶级垄断图书和文化学术，使阅读成为少数人的特权。"官守其书""学术统于王官"就是例证。[②]统治阶级对某种文化、学术的鼓励和打压，影响相关阅读活动的兴衰。通过"以吏为师""以君为师""学而优则仕"等政治文化传统控制着读书人的思想，以帝王和各级官吏的思想和行为为楷模，把统治者的意志普及化为全社会的意志，使思想从属于政治。战国时期，从商鞅、韩非到李斯都提倡用政治系统来统率文化系统，实行文化专

---

① 戴联斌：《从书籍史到阅读史——阅读史研究的理论与方法》，新星出版社2017年版，第37—38页。

② 王余光、汪琴：《中国阅读通史》（理论卷），安徽教育出版社2017年版，第182页。

制主义。秦代的禁书绝学，汉代以后更是通过设置和控制学校来控制和统一读书人的思想，如官办学校，私学的官学化，等等。

2. 规定着社会阅读活动模式、从事阅读产业人员的行为方式，维护阅读产业的正常秩序，保障社会阅读活动的正常运转

从历史上来看，我国历朝都设立官方编校机构，从事编校活动，刊刻经典，从早期的史官制度，到东汉设置、魏晋南北朝兴起、隋唐五代发展、宋元兴盛、明相沿袭的秘书监制度，直至清政府的专门化的图书出版法律出现，以及各朝官刻系统的发展壮大，既逐步形成了中国古代图书编撰和出版管理制度，又体现了官方对图书编撰和出版的约束和管制。[①]

随着西方现代出版制度的引入，我国在继承传统的基础上，逐步形成了现代编辑审稿制度、总编辑制度、三审制度、印刷排版制度、报刊发行规则、图书馆读者借阅制度、出版物市场管理制度及至数字编辑规则等等制度。

3. 调适社会阅读活动各环节的内部关系

通过各种制度的建立，如版权制度、稿酬制度、出版单位呈缴本制度、图书馆馆际互借制度、阅读资源共享制度等等，明确读物创作生产传播各个环节的职能、权利和义务，协调各个环节、各个职责的关系和利益，使之减少、避免矛盾和冲突，发挥出最大的整体效益和功能。在调适社会阅读活动过程中，制度也不是一成不变的，也需要不断修订完善以适应新情况。

英国的例子很能说明"制度"及其配套的法律对社会阅读活动关系的调节和影响。前述1710年4月10日在英国生效的《安妮女王法令》被认为是世界上第一部版权法，标志着英国开始建立版权保护制度，对版权进行保护。1710—1774年期间，当时英国的保守政府不仅容许，而且鼓励垄断，伦敦出版业也为精英人士提供很好的写作和出版条件，印行很多校订过的文本，涉及哲学、科学、旅行、政治经济学、文学等领域，但书价垄断高昂，对社会阅读是个强劲的限制，阻碍了观念的传播，人口占大多数的穷人买不起书。

1774—1808年是一个过渡期，即版权空档期，当时很多没有版权保护的诗歌，以各种形式印刷出版，价格相当低廉，学校买来作教材，于是产生了英格兰文学中的第一批经典。1774年后，很多失去版权保护的书大量印行、销售，书价

---

① 王余光、汪琴：《中国阅读通史》（理论卷），安徽教育出版社2017年版，第185页。

下降，低收入的人也买得起书了，读者群就迅速扩大了。

1808年，版权空档期结束，版权保护时代开始，相关法律次第修订、颁行，意味着浪漫主义时代创作的大多数作品，要等到19世纪50年代甚至70年代才失去版权保护，才能低价出售，拥有更多的读者。由于设立了长的保护期，浪漫主义时期实际创作的作品并不是大众实际读到的作品，大众买得起的大多是几十年前写的，甚至是前几代人写的，这就无疑扩大了作家写作出版与读者所读的时间差。[①]

4. 传播阅读文化，促进阅读社会发展

人类的阅读活动有着长久的发展历史，创造积累了丰富的阅读文化，人类阅读文化的继承和发展，正是通过各种专业制度来实现的，如出版的校对制度、书籍的装帧制度、书籍的分类编辑制度等在我国就有悠久的传承发展历史。新的阅读活动制度代替旧的阅读活动制度，不断促进阅读社会的向前发展。

（四）经济

经济是价值的创造、转化与实现，人类经济活动就是创造、转化、实现价值，满足人类物质文化生活需要的活动。简单地说，经济是对物资的管理，是对人们生产、使用、处理、分配一切物资这一整体动态现象的总称。经济手段控制是指政府在自觉依据和运用价值规律的基础上，借助于经济杠杆的调节作用，对国民经济进行宏观调控。经济杠杆是对社会经济活动进行宏观调控的价值形式和价值工具，主要包括价格、税收、信贷、工资等。

社会阅读活动是精神交流活动，是人借助于文本进行的知识信息的传递交流过程，因此，这一过程既有精神交流又有物质（文本、文档、阅读空间等物的介质）交换，社会阅读活动也要受经济手段的控制，主要表现在以下几个方面。

1. 经济是社会阅读活动开展的基础和条件

社会阅读活动的繁盛与活跃有赖经济的繁荣与稳定。社会阅读活动是上层建筑的事，需要经济基础的铺垫。历史上，凡是太平盛世，都是文化大发展的时期，也是盛世修典、崇文修书的时代，如"康乾盛世"便有《康熙字典》《古今图书集成》《四库全书》等大部头书的编修。

---

① 戴联斌：《从书籍史到阅读史——阅读史研究的理论与方法》，新星出版社2017年版，第133页。

2. 调控、引导、促进社会阅读产业发展

通过阅读产业的规划、出版物的低定价、税收的优惠减免、信贷、融资、基金、工资等来调控、引导、促进阅读产业的发展，保障国民阅读权利，满足丰富多彩的社会阅读需求。如 18 世纪，随着欧洲集权主义逐步走向预势，国家垄断、特许制等检查措施都开始失效，当时的奥地利、匈牙利、西班牙、德国、英国和法国都很重视用经济手段控制调节出版物的创作生产，印花税和津贴制度、"保证金"和"知识税"是经济控制的重要手段。再如我国现在实行的对畅销书等课税，同时设立出版基金补贴社会效益好、发行量小、有文化传承价值的读物的出版发行等，还有对违反法规的出版、印刷、发行行为的经济处罚，等等，都是通过经济手段对阅读活动进行控制。

除政府外，社会的企业、事业单位、行业协会、学术团体等也会以投资、捐款、赞助、奖励等方式参与社会阅读产业、公益事业，这有利于社会阅读活动的改善，但又要防止其与自身利益绑在一起而扭曲阅读活动。

3. 保障社会阅读活动的公益化

现代国家政府为不断提高全民族科学文化水平，提高劳动者素质和社会创新能力，通过国民经济的再分配，保障公众的阅读能力，公共阅读设施、场所、读物的供给等，如开展中小学的义务教育，建立维持各级各类公共图书馆、农家书屋、社区书屋，建立公益出版、阅读基金，补贴新闻出版业发展，开展对社会弱势群体的阅读救济，等等。

各国国民阅读活动均得到了政府长期稳定的财政支持。同时，政府吸引社会资本的加入，带动其他社会组织机构对阅读活动的资金支持。这些资金的投入使得活动能够更好地开展。有了资金的保障，阅读推广活动就能够长期有效地开展下去。

我国近年来以积极的财政政策和稳健的货币政策加强对公共图书馆的资源建设，保证图书馆藏书数量与质量。持续建好农家书屋，拨专项资金改善农家书屋的环境，增加其图书资源，点对点进行图书捐助或资金补助，对农家书屋的管理人员进行必要的培训，充分发挥农家书屋的作用。尤其对于偏远地区和少数民族地区，政府加大财政支持保障阅读。

政府对文化设施、全民阅读的活动给予补贴，对于相关读物的购买和场地的建设，可以制定有利于其发展的税收优惠政策，减少或免除对书本的税收，保证实体书店和出版商必要的利益。鼓励出版企业积极参与到图书赠阅与捐赠、作者与写作爱好者文学创作资助等有益于全民阅读的活动中来。对于在阅读活动中赞助的企业给予税收优惠政策或者其他的政策支持。

此外，通过政府的财政购买服务和补贴，以及税收的优惠，鼓励社会力量参与全民阅读。同时，鼓励、支持成立全民阅读公益基金会，号召全社会成员关注全民阅读公益基金的拓展。凡向基金会捐赠的国民、法人、民间团体和其他社会组织，都能依法享受政府有关优惠政策。地方各级人民政府要把建设书香社会落到实处，千方百计建设好公共图书馆、农家书屋、社区书屋、职工书屋、公共阅读报刊亭等公共阅读服务场所。采取政府补贴、减免税收、提供场地等政策，支持实体书店建设，让实体书店继续发挥便民购书、便民阅读的社会效应。还要充分利用一些公共场所，发挥这些场所的阅读服务功能，如车站、机场、地铁、公园、游乐园、运动场、商场、宾馆，甚至公共汽车、居民小区等公共场所，都应当成为有效阅读的空间。

（五）科技

社会上习惯于把科学和技术连在一起，统称为"科技"。科学解决理论问题，技术解决实际问题。科学要解决的问题，是发现自然界中确凿的事实与现象之间的关系，并建立理论把事实与现象联系起来；技术的任务则是把科学的成果应用到实际问题中去。科技的本质是发现或发明事物之间的联系，各种物质通过这种联系组成特定的系统来实现特定的功能。

科技的发展需要阅读的推广和传承，科技水平规定着阅读介质的形式从而也规定着阅读的方式（如朗读、默读、听读等），科技发展促进阅读介质（载体）的不断升级。我国最早的阅读载体是殷商的甲骨，树皮、羊皮、帛、竹简等都成为古人的书写载体，造纸术和活字印刷的发明带来阅读的革命性变化和阅读的社会化普及。

现代移动网络技术不断更新使阅读的形式更丰富、阅读的效率更高、阅读习惯更主动，使阅读由"深度注意力"主导变为"超级注意力模式"。[1] 按照加

---

[1] 周宪：《正视媒介变革，重建深度阅读》，《人民日报》2018年2月23日第24版。

拿大著名的传播学家麦克卢汉的"媒介即讯息"的观点，不同的阅读介质传递的信息的深度、广度、厚度是不一样的，介质本身也传递某种信息，因此，选择不同的介质传递同样的内容，读者所得到的信息也会是不一样的。"任何媒介施加的最强大的影响力就是改变人的关系与活动，使其形态、规模、速度发生变化"[①]，从这个意义上说，科技手段的运用也成为阅读的社会控制途径。

现代信息技术的发展，使人们拥有了更为广泛的阅读和获取信息的权利，使阅读自由最大化，读者随时随地都可以搜寻、阅读想要的内容，但人的精力、能力的有限与阅读内容的无限产生了矛盾，"可以毫不夸张地说，现代社会的未来及精神生活是否安定，在很大程度上取决于在传播科技与个人的回应能力之间是否能维持平衡"，"对媒介影响潜意识的温顺的接受，使媒介成为囚禁其使用者的无墙的监狱"[②]。

随着移动互联网技术和数字信息技术的运用，阅读活动和阅读内容中进行的网络技术控制，成为必然。网络是一种多功能通道，融信息、新闻、商务与文化为一体，并且从互联网到移动互联网，作为文化信息传播媒介已经深入人们的生活，网络行为因而面临着各类法律的规制。从互联网普及的20世纪末开始，由于它具有去中心性、交互性、全球一体化、渗透性强等特性，改变了传统的内容控制模式——单向线性的直接控制。且网络有着覆盖并超越以往所有媒体的传播特性，把对报纸、广播、电视、杂志等传统媒体的内容控制模式，延续到复杂的网络媒体环境中显然难以奏效。因此，人们一直担心各类不良信息造成的影响，尤其是可能给未成年人身心健康造成损害，并想方设法依法实施管制。很多国家出台了管制网络的法律法规，但网络控制依然在探索中。信息技术手段对阅读信息的生成、流通、呈现、阅读接受等进行规制，如以谷歌、百度为首的搜索网站就是典型的利用网络信息技术手段对阅读进行社会控制的结果。

网络技术作为与传统媒体迥异的重要表征，在信息内容的控制中建立一种由政府法规政策、行业自律、网民自律等组成的综合立体性内容控制模式，将起到独特的作用。网络技术同其他所有技术一样是一把双刃剑，它既可以成为

[①]　［加］马歇尔·麦克卢汉著，何道宽译：《理解媒介——论人的延伸》，译林出版社2011年版，第4页。

[②]　［加］马歇尔·麦克卢汉著，何道宽译：《理解媒介——论人的延伸》，商务印书馆2000年版，第49页。

网络内容生产的工具，也可以成为控制网络内容的有效手段。网络如算法技术既可以根据读者的兴趣和意愿推送信息，满足个性化、多样化和差异化的阅读需求，又造成读者的"信息茧房"，即人们关注的信息领域会习惯性地被自己的兴趣所引导，从而将自己的生活桎梏于像蚕茧一般的"茧房"（信息兴趣封闭）中。网络数字时代信息知识爆炸，但人们只习惯于接受自己感兴趣的那类知识信息，网络算法、智能化推送又强化了个人的信息知识范围和边界。美国哈佛大学法学院教授、曾任白宫信息管制事务办公室主任桑斯坦（Cass R. Sunstein）在其著作《网络共和国》（黄维明译，上海人民出版社 2003 年版）中最早提出这一概念，他指出，当个人长期封闭在自己所建构的信息茧房中，久而久之，个人生活呈现一种定式化、程序化，并失去了了解不同事物、观点的能力和机会，身处其中，不可能考虑周全，因为自身的先入之见根深蒂固，普通读者和决策者一样可能会走向不测或灾难。

从服务内容来看，网络经营主体通常可分为向用户提供互联网接入渠道服务的电信运营商和向用户提供信息的网络内容提供商。对功能不同的服务提供主体，法律采取不同的规制方式，通常只有后者才应对其传输的内容承担法律责任，成为阅读内容控制的对象。网络技术控制主要有如下几个主要控制阶段：信息输入阶段的准入控制，信息流动阶段的过滤控制，信息呈现阶段的编辑控制和信息接收阶段的分析检索控制，等等。

二、微观控制途径

（一）出版选择

出版选择是对读物的生产源头进行把关的规制手段，因此，出版选择又可以称之为出版本源导向，是基于内容要素的把关，判断其是否符合一定的出版标准并是否予以禁止或删改等，这个出版标准就来自于法律、制度和意识形态。正如著名阅读史学家罗伯特·达恩顿所说，"出版商是'守门员'，控制着知识的流动"，"他们根据专业经验和个人信念，从无数种能经受大众检验的书稿中挑选出他们认为应该出版的产品。在这个信息称霸的时代，读者对此的依赖程度甚于过去"，"通过选择文本、编辑排版使之具有可读性，然后吸引读者注意，图书出版商提供的服务具有任何技术革新都无法企及的生命力"①。法国社会学家埃斯卡皮用三个动词来概括出版的职能即挑选、生产、发行，他认为这三道程序是相互关联又相互制约的，构成一个出版行为的循环。出版的目的在于将个人的行为引向集体生活，而挑选、生产和发行都应符合个人与集体之间的某种关系。②

在封建社会，无论是秦始皇焚书，乾隆帝编修《四库全书》时的"寓禁于征"，还是罗马教皇的"禁书目录"，其依据、其实质都是为了管制住作品的内容。我国各封建朝代还通过设立官办编校机构，从事编校活动，整理刊刻儒家经典，"御撰""钦定""官修"出版"定本"，编撰史书、政书、类书、丛书等，增删经典，提供图书流通、阅读的文本规范和社会政治、道德标准，确保其正统地位和文本权威，从而达到对人民进行思想控制的目的。③不同的内容涉及不同的利益，所以出版选择必然会具体考虑作品的内容，即其主题思想、题材等。由此，内容区分在出版选择中具有重要意义。

通常情况下，依据作品的内容质量差别，在保障出版自由的前提下，出版选择主要区分为下列几种情形。

第一，对内容的道德属性与社会影响进行评审。某些内容的公开传播会损害公共道德，尤其是有损于未成年人的身心健康的，不能出版，这是世界各国各时代共同的敏感内容，因而会受到普遍性限制。比如，在我国古代历朝历代都出于道德目的而对淫秽书籍实施查禁。今天我国以及很多国家都将传播淫秽品的行为视为犯罪，只是由于民族心理习惯的不同，评价的尺度、量刑标准可能有异。

第二，对内容的宗教信仰倾向以及社会影响的防范。具体可区分为异教管制和宗教信仰歧视两种。异教管制是限制与禁止任何有关异教的内容，古已有之，如1501年罗马教皇亚历山大六世颁布教皇诏书，下令不得刊印一切未经教会检查的书。在这种形势下，教廷大规模禁书并推行书籍预防性审查制度。1512年开始召开的第5次拉特兰主教会议批准了对所有基督教社团印刷品的事先检查

---

① ［美］罗伯特·达恩顿著，熊祥译：《阅读的未来》，中信出版社2011年版，第11页。
② ［法］罗贝尔·埃斯卡皮著，于沛选编：《文学社会学》，浙江人民出版社1987年版，第262页。
③ 王余光、汪琴：《中国阅读通史》（理论卷），安徽教育出版社2017年版，第184—185页。

制度，主要是针对新教、异教的书籍，这种制度在欧洲延续几个世纪。[①]

现代社会也仍有异教管制存在，如伊朗精神领袖霍梅尼宣布查禁拉什迪小说《撒旦诗篇》并对作者进行追杀。在当代，有些基督教国家禁止学校课堂讲授进化论内容，英美一些学校拒绝讨论宇宙创造学说等。还有的国家为消除宗教歧视、宗教冒犯对出版实施内容管制。为防止个人或组织在其作品中表达对其他宗教的歧视甚至诬蔑而实行的内容控制，前述我国刑法第二百五十条规定"出版歧视、侮辱少数民族作品罪"等。

第三，政府出于法律和意识形态的考虑，限制或禁止某些信息、作品的传播，如涉及国家主权、民族尊严、国际关系、国家安全等敏感内容。

第四，促进和推广社会核心价值。如中国共产党的十九大提出，要积极培育和践行社会主义核心价值观，出版方面要对弘扬社会主义核心价值观内容的优秀书稿予以首选。

现代出版选择，就是为读者寻找合适的作者和书稿，加工他们所需要的图书；为作者寻找读者，向他们提供读者阅读需求信息。图书出版规模、出版内容、出版数量及出版物质量对读者的阅读甚至对整个人类社会的文明都有重要的作用。因此，出版选择对阅读行为的社会引导，首先要求阅读要有明确的导向，在出书时，要注意满足一般读者的需要，但不能仅仅被动盲目地迎合读者需求和社会阅读潮流，而要通过出版选择，主动积极地引导阅读潮流，即所谓"创造读者"。其次，重视和满足各个层次读者的特殊兴趣和要求，使出版选择更具层次性和系统性。通过出版选择，不断把社会阅读活动导向较高层次，以提高整个社会的文明程度。

（二）编辑加工

编辑加工是着眼于读物创作生产环节的社会规制手段。图书出版必须经过编辑加工，编辑加工是对图书信息传播的一种把关，是严格把控图书质量源头，使出版内容体系化、规范化的一项专业性工作。

我国殷商时代已有"编"字，它指的是串联龟册的皮筋或丝绳，引申义为"编次"。"辑"古通"缉"，本义为协调驾车的众马，引申义为聚集、收集。"编"

[①] ［法］弗雷德里克·巴比耶著，刘阳等译：《书籍的历史》，广西师范大学出版社2005年版，第161页。

和"辑"合成一个词，分别取其收集、编次的引申义。东汉许慎《说文解字》将"编"解释为"次简也"，即是说把竹简依次编连起来。"编辑"一词是从南北朝时期开始使用的。

随着现代印刷技术发展，于是产生了专门整理加工书稿、编印成书的专业，现代意义上的编辑逐渐形成，即社会文化生产所进行的一系列整理、加工、积累、传播的文化创造活动，如出版社的选题、组稿、审读、加工整理等，或非出版机构中文献资料的整理、编撰工作通报等。随着科技的发展，现代出版的概念不再仅仅局限于图书，还扩大到报纸、期刊、广播、电视、声频、视频、音像、网络等载体，因而，编辑加工的概念也注入了时代内容，除了传统书报刊编辑，还有了视频编辑、图像编辑、网络数字编辑等等。

编辑的本质属性是将精神的、意识的内容凝聚、规制于文本符号的再创造智力活动。编辑是图书出版的主体，是出版物进入社会流通渠道必须经过的环节。就编辑加工的原材料而言，有作者自动投稿也有编辑向作者组稿，没有太多规定性。就整理加工方法而言，是一种符号式、静态的加工过程，在不改变原始创作本意的基本内容与基本状态条件下，通过语言、文字、符号图片、图表等的处理，体现文字内涵、思想深度，增强作品感染力，达到符合出版的最终标准和要求。从最终产生的出版物而言，形态已与原稿有了较大变化，内容也远远不是作者一人之思想，还加上了编辑出版过程中种种作者个人能力所不及的变化。然而，唯一不变的是贯穿作品出版的总体设计思想，它将编辑出版基本原则、专业知识、作者和编者的个人文化素质串联在出版物中。这是编辑永恒不变的本质。

编辑加工的具体内容大致可归纳为两个方面，即内容加工和技术加工。编辑加工是出版的中心环节，是为出版做准备，编辑加工在出版活动的作用主要有以下几个方面。

其一，体现主体思想的策划优化作用。当编辑根据某种原则进行选题规划时，必须先进行总体构思，目标一旦明确再做细细筛选，挑选那些与编辑思想相吻合且能落实到稿件中的作者，将作者作品与编辑思想优化组合在一起后便能策划出成功的产品。选题、组稿的过程融进编辑设计思想，审稿、加工的过程汇入编辑的学识、智慧和审美意识，最终成为作者、读者和编辑共同认可或需要的出版物。

其二，联结作者和读者的中介联结作用。从稿件文字到排版、载体材料选择、封面设计等都包含有编辑含量，编辑在出版活动中的中介联结作用是不可替代的。如果把作者的稿源比喻为上游，读者的阅读比喻为下游的话，编辑处于二者之间。但这个中介不是中立的，而是积极、主动、严格审稿的过程，起到联结上下、沟通前后的作用，上至"最高指示"，下至底层民众心声，编辑是国家法规和意识形态规范的执行者，读者对读物精神需求的满足者，起到沟通上下左右的作用。正是这种中介联结作用使人类文化超越了时间空间，得以代代延续和广泛传播。

其三，提高质量的加工规范作用。编辑加工过的书稿有原稿内容上的完善，形式上的美化和书籍出版结构上的合理调整。经过组稿、审稿、进入了编辑加工环节的作品已基本确定予以正式出版。经过编辑增、删、移、挪、改等加工过的原稿，主题或观点更加鲜明，文字标点正确规范，章节安排更为合理，达到出版要求。当然，保证原稿内容质量是编辑首要任务，也是编辑功底的重要体现，高明的编辑在此过程中会与作者多次沟通，通过作者的耐心修改达到提高出版物质量的目的。

其四，美化书籍的增值升华作用。书籍形式要素很多，开本、标题、字体字号、载体材料质地、颜色、封面、插图、装订方式都要依靠编辑去精心设计，使图书的内容和形式不可分割地融为一体，文编和美编一起赋予书籍协调美、结构美以及作品精神与价值得到升华后的美。

随着数字化技术的日渐成熟和广泛应用，作为出版的主体的编辑，其角色定位、工作方式、组织方式等方面都发生了革命性的变化。原稿作品的数量大幅增加，价值观的多元化、作者的多样化、读者需求的多变化，更加考验着编辑对作者和内容的鉴别、筛选。编辑要具备较高的鉴赏力和职业敏锐性，处理好引领和迎合、教化与娱乐、通俗与庸俗这三方面的关系。编辑工作坚守出版品位，担当文化传播重任。总之，优秀内容的选择和加工，是编辑永远的使命。

（三）发行（传播）

官方对图书发行和传播的控制，主要是实行书报检查制度或查禁制度。据《简明不列颠百科全书》记载，"进行书报检查，就是进行判断和批评，做出评价与估计，以及实行禁止和压制。书报检查的历史是学术、教育、政治制度、宗教信仰以及艺术的历史的一部分"。检查往往导致两种结果，一是对未通过检查的书实行查禁，禁书的命运是被封或被毁；二是对部分通过检查的书，经删节修改后允许发行，或限制在某一范围内流通。① 禁书的主要目的"是控制一切危害统治阶级利益，一切敢于向正统挑战的政治、哲学、宗教和文艺书籍，并不是说诲淫作品不是检查官们注意的目标，但至少不是检查制度的初衷"②。

欧洲 14—19 世纪，英国、德国、法国、意大利、西班牙、葡萄牙等国的国王、政府或宗教组织都因政治、宗教等因素不同程度地实行过对书报刊的检查制度和查禁制度。马克思曾对当时普鲁士王国的书报检查制度进行猛烈的抨击，认为它是对人的思想自由的侵犯。马克思说："整治书报检查制度的真正而根本的办法，就是废除书报检查制度，因为这种制度本身是恶劣的，可是各种制度却比人更有力量。"③ 我国的封建专制社会和国民党统治时期，也实行过严格的书报刊检查制度和查禁制度。

对已出版的读物的发行传播控制在一定范围，以使读物的阅读目标送达精准有效，同时管理其负面影响，也是从发行（传播）途径控制的一种方式，如我国对《金瓶梅》的发行就是限量印制、控制一定的发行范围（主要供教学科研用），以防止其中的淫秽色情描写戕害未成年人。

我国对出版物发行和传播的相关规定包括"内部发行"，是为避免一些单位和个人面向社会公开发行、买卖包含涉密信息的内部发行报刊，造成国家秘密的泄露。内部发行是限定于一定范围内传播，是一种相对较低的保密级别，主要是针对防止"可能的泄密"和"一定的负面影响"。我国的内部发行与我国的内政外交之间存在着十分密切的联系。

（四）推荐书目

推荐书目是着眼于阅读主体阅读路径的一种社会控制手段。推荐书目是文献产生和发展的产物，《中国大百科全书》将其定义为"为指导读书治学或普及文化知识，选择适合特定读者群需要而编成的目录"，"是针对特定的需求

---

① 王龙：《阅读研究引论》，香港天马图书公司2003年版。
② 沈固朝：《欧洲书报检查制度的兴衰》，南京大学出版社1999年版，第11页。
③ 马克思：《评普鲁士最近的书报检查令》，《马克思恩格斯全集》（第1卷），人民出版社2002年版，第134页。

和特定的目的，向读者推荐的精心挑选、汇编的图书目录"①。推荐书目作为读者的顾问和向导，有突出明确的教育性，推荐书目体现的时代社会特征和编目人自己的思想是构成推荐书目教育性的主要因素。

推荐书目在我国发展历史悠久，在读书治学的过程中起着十分重要的作用，是阅读选择过程的重要辅助工具。汉代刘向、刘歆父子的《别录》《七略》，班固的《汉书·艺文志》等，是最早的阅读推荐书目。清代著名学者王鸣盛说："目录明，方可读书；不明，终是乱读。"②清末张之洞的《书目答问》堪称阅读推荐书目的典范。

推荐书目出现的根源在于阅读需求的不断分化以及大批量文献的产生与传播。面对汗牛充栋的文献，任何人不可能穷尽所有，在当今信息时代，更是如此，更需要推荐书目。再者，随着社会各种读书活动的蓬勃开展，推荐书目成为开展读者阅读推广与宣传活动的工具。因此，推荐书目是阅读的社会规制的重要途径和手段。

推荐书目的导读功能主要表现在以下几个方面。

1. 选择

结合阅读对象的文化程度、专业、分工、特长、兴趣、爱好等，精心选择图书。传递有效信息，引导读者学习某一方面的知识，减少读者选择上的盲从。"目录之学，学中第一紧要事，必从此问途，方能得其门而入"③，通常编写推荐书目的往往是某一领域有造诣的专家、学者或大师，而被推荐的往往是研究某一专业和门类的必读书目。

2. 引导

通过推荐书目指导人们的读书活动，引导人们多读书、读好书。开展阅读推广活动，需要编制推荐书目。对于传播经典文化，需要编制经典书目，倡导经典阅读；对于社会热点和百姓关心的话题，需要实时编制畅销书目，倡导大众阅读；对于专业领域的研究，需要编制相应的专题书目，开展专题文献推介，引导专业阅读。总之，针对不同人群编制书目，针对不同人群的需要去推荐书目，对传承历史文明、提高国民素质都有着潜移默化的不可估量的影响。如国家新

---

① 《出版词典》（修订本），中国书籍出版社2014年版，第310页。
② （清）王鸣盛：《十七史商榷》卷七，上海古籍出版社2013年版，第68页。
③ （清）王鸣盛：《十七史商榷》卷一，上海古籍出版社2013年版，第1页。

闻出版广电总局等部门以"向青少年推荐 100 本好书"等方式积极引导青少年阅读，以开列"农家书屋必备书目"等方式引导广大农民多读书、读好书等。

3. 评价

解读经典，用深入浅出的语言，客观评价图书，让读者在短时间内了解全书的概貌、思想观点、社会价值，就能激发读者阅读动机，进而纵览全书。

4. 指南

利用书目是科研工作者开展整个科研活动的基础和前提，因此，推荐书目是科研工作的指南。在信息时代，由于科学研究与知识获取环境的改变，以及信息的高速增长，推荐书目对科学研究的指南作用更加凸显。网络环境下，除了使用传统推荐书目工具，人们还可以利用数据库、网络指南等新型的网络推荐书目工具帮助治学研究。各种网络书目数据库不仅时效性强、学术价值高、数量大，而且依托网络传播速度快、获得性强等优势，对科研工作者发现经典文献、进行科学研究起到了向导作用。

（五）阅读推广和阅读指导

"阅读推广"一词来自于英文的"Reading Promotion"，也可译为"阅读促进"，即向大众推广阅读，泛指为鼓励、引导、促进全民阅读活动而开展的所有具体工作。自联合国教科文组织 1995 年设立"世界图书和版权日"，并于 1997 年倡导"全民阅读"以来，"阅读推广"一词更加频繁出现。更确切地说，阅读推广是指培养大众阅读兴趣、习惯，提高大众阅读能力和水平，优化大众阅读品质，增强大众阅读效果的所有活动。

赵俊玲等认为，阅读推广要从四个方面进行解释，即阅读推广的主体，是特定的阅读推广项目的策划者、组织者、实施者和管理者；阅读推广的客体应该是阅读物、阅读能力和阅读兴趣三者的结合；阅读推广的对象即阅读推广的目标群体，每一个阅读推广项目必须清楚地分析其推广对象的需求、目的，从而有针对性地策划主题，推广符合其目标群体特点的阅读活动，使受众需求得到最大限度的满足；阅读推广方式，一是以读物为中心，一是以读者发展为中心。[1]

张怀涛认为，阅读推广有六大要素，即阅读推广"主体"（能动要素）基

---

[1] 赵俊玲、郭腊梅、杨绍志主编：《阅读推广：理念、方法、案例》，国家图书馆出版社2013年版，第3页。

于一定的阅读推广"目的"（目标取向），面向一定的阅读推广"对象"（服务归宿），选择一定的阅读推广"内容"（实质内涵和运行核心），开展一定的阅读推广"活动"（外在样式、作用平台），达到一定的阅读推广"效果"（社会效应和成果）[①]，比较有概括力。这六个"一定"要素决定了阅读推广的导向性、教育性，因而也说明阅读推广具有的社会控制功能。专业推广机构不仅是阅读活动的举办者，还应该成为阅读活动的组织者和指导者。

目前，阅读推广成为一个世界性的话题和实践，为了"全民阅读"和"终身阅读"，各个国家不同类型的机构，主要是各类型出版发行机构、大中小学、幼儿园、图书馆、民间公益组织、私营阅读推广机构等都开展面向不同对象的阅读推广活动。

阅读指导是与阅读推广最相近的活动，阅读推广概念更大，它包括了阅读指导；而阅读指导更专业，更个性化，更具体化，它是直接针对阅读主体读者进行的阅读目的、内容、方法的积极引导，旨在提高读者的阅读修养，帮助读者确立良好的阅读观，提供科学的阅读方法，把社会阅读规范提供给读者，使社会要求变为读者主体的自觉行为，提高阅读的社会效益。它是对社会阅读活动的一种积极促进和管理。

阅读指导的主体导向是由一个大的社会系统进行的，出版物的编辑出版部门在出版发行业务活动中承担着阅读指导的任务，出版机构应关心大众阅读需求并参与和组织各种社会阅读活动；图书馆既是社会阅读活动的组织者也是社会教育的指导机构，进行阅读指导有其便利性，更是其不可推卸的责任；各级各类学校定期举办阅读活动，并把传授阅读知识和鉴赏能力作为教学活动的重要内容和手段；社会学术团体、科研机构以及各类民间组织开展阅读实践理论研讨，定期举办阅读培训、交流会，对社会成员进行阅读指导。

阅读指导的内容包括，唤起读者的阅读意识、培养读者的阅读技巧和倡导系统阅读，以及在社会上树立标杆和榜样作用等。唤起阅读意识是把读者潜在的阅读愿望和要求诱发出来，提高读者对阅读的认识；培养阅读技巧是提高阅读效果的关键，要求社会向读者推荐介绍有效的阅读方法，提供与阅读有关的行为规范，使阅读活动收到事半功倍之效。特别是在当前全媒体时代，信息量

[①] 徐雁、李海燕主编：《全民阅读知识导航》，南京大学出版社2016年版，第202页。

呈现几何级数增长，给读者选择阅读带来困难，因此，掌握正确的阅读方法，在信息过剩中学会选择适合自身的读物更显重要；阅读讲堂、读书讲座、读书会等成为阅读指导活动中不可缺少的组成部分。此外，常见的阅读指导活动还有评选活动，如优秀读书个人评选、藏书家评选、"书香门第"评选、阅读推广品牌、个人以及优秀读书活动的评选等。

阅读指导是对读者的认识和行为产生作用的过程，出版物作为专门的交流手段，是通过选择、生产、传播到读者手中的。在阅读指导过程中，既需要向读者传递知识又需要积极培育读者兴趣，提高阅读鉴赏力；不仅是对读者阅读行为在方法上的规范作用，而且还配合着对阅读内容的各种思想、观点、理论、技术及学说进行宣传、评价和分析，这些都会使读者在接受阅读指导时不同程度地受到影响、产生作用，使其阅读认识和行为发生变化。

阅读指导与读者的阅读诉求相结合是提高阅读效果的重要方面。阅读指导通过掌握读者的阅读目的、心理、需求及读者个体特征，如职业、年龄、学历水平等，使阅读指导工作具有针对性，达到提高阅读效果的目的。阅读指导的功能在于提高全民的文化素质，通过思想教育功能、文化教育和能力教育功能来体现。

（六）图书宣传

图书宣传是着眼于阅读主体选择的一种社会控制方式，指出版发行部门通过各种媒介向读者传播出版物信息的活动，目的是扩大出版物的影响力，拉动阅读需求，促进出版销售。

图书的宣传推广可以溯源到古代。据《三辅黄图》记载，汉平帝元始四年（公元 4 年）在长安扩建太学，在槐树林设书市（槐市），每逢初一、十五开市，宣传介绍太学生们自己出售的书籍。几乎在同一时期，西方古罗马也有了书店，店主人把出售的书名写在书店门前的楹柱上，吸引读者购买，这就是最早的书籍的宣传推广。

到了现代，随着出版发行事业的发展，图书宣传越来越成为传播出版发行信息，拉动消费的手段。图书宣传的形式多种多样，像通常采用的图书广告、新书预告、书目宣传、征订目录、首发式、签名售书、陈列宣传、口头介绍、书评、电视、网络读书节目、微信朋友读书圈、微博、大 V 推书等，都是图书宣传行之有效的形式。

图书宣传常见在报刊、海报、幻灯、路牌广告等，还有利用广播、电视、网络、微信、微博等视听广告宣传书籍。现代出版产生后，20 世纪 30 年代，我国的出版发行部门就很重视利用报刊刊登书籍广告。例如，著名出版家邹韬奋主持的生活书店，曾在报上刊登《青年自学丛书》广告；作家茅盾主编的《中国的一日》广告版面设计也颇具匠心；鲁迅先生亲自撰写的《海上述林》《毁灭》《铁流》《死魂灵》《八月的乡村》等图书的广告更是脍炙人口。中华人民共和国成立后，《人民日报》《光明日报》《文艺报》《人民文学》等报刊经常登载书籍广告。时至今日，广播、电视、互联网也经常播出书籍广告，有些已经形成固定的宣传专题节目或栏目。

新书预告是在书籍出版前，由出版发行部门向读者预告出版消息、征求订数等的宣传手段，如我国的《全国新书目》《社科新书目》等书目报都附有征订单，供各地书店或读者预订新书的单页或折叠的宣传册。美国、英国、德国、日本等国出版社和书店也都编有各具特色的书讯杂志，如德国的《图书》、日本的《新书展望》《日贩速报》《东贩周报》等。

我国的许多重要著作也通过新闻和出版消息报道的形式向社会宣传，以引起广大读者重视。新闻发布会、记者招待会、新书首发仪式、出版座谈会等活动，也是通过活动和新闻报道宣传书籍的有效方法。

陈列宣传是书店、书展以及配合重大活动日宣传推广图书的重要方法，主要有橱窗陈列和书架书台陈列等形式，以激发读者的阅读兴趣和选购欲望，比如为配合重大节日、纪念日布置的专题橱窗、介绍重要著作的重点书橱窗等。

口头介绍的宣传方式，一种是图书发行、销售人员接待读者时进行的口头宣传，包括介绍新书、同类书、配套书、同一作者或同一主题的书，以及各类书的陈列位置、服务项目、预订办法等，并要随时回答读者的询问。另一种是邀请专家、作者举办读书报告会、讲座等。现代移动网络宣传图书形式更是多种多样，并具有即时性和互动性。

（七）图书评论

图书评论是着眼于阅读客体的一种阅读的社会控制方式。图书评论的目的在于向读者准确地介绍和评价图书，指导读者选择阅读物，使图书在传播过程中充分发挥积极效应。

书评对阅读的社会控制通过以下功能来实现。

（1）书评可以帮助提高图书的写作和编辑质量。正确的书评鼓励、鞭策作者写出高质量的作品，书评人能够在一定的理论高度分析评价图书的社会意义和思想意义，同时可帮助作者或编者发现图书中的缺点和错误。一方面，出版社通过书评向广大读者传递图书信息；另一方面，出版社又通过读者对图书的反映和评价分析读者需求，调整和改进出版策略，提高出书质量。

（2）书评可以帮助控制图书的传播量。优质图书经过书评向读者推荐，能够提高图书的知名度，提升发行量，吸引更多的读者关注和阅读。

（3）书评也带有阅读指导的功能。它可以帮助读者从浩如烟海的图书中选取自己所需的图书，指导读者读什么书、怎么读，积极引导读者阅读好书。比如文学作品必须通过读者的欣赏水平发挥其应有的作用，书评通过对作品的介绍和分析，帮助读者提升欣赏水平和对文学形象的理解，并深刻认识文学作品中所体现的实质意义。

好的书评不但能对图书的价值作出具有权威性的评价、判断，还以其权威性影响出版业的发展方向。像美国的《纽约时报·书评周刊》和《纽约书评》、英国的《泰晤士报·书评周刊》和《伦敦书评周刊》，它们对书籍的褒贬影响到该书籍的销售。

我国书评的历史源远流长，相传春秋时代孔子的学生子夏为《诗经·国风》的首篇《关雎》撰写《诗大序》，可算作我国最早的书评。此后，书评代不乏人，佳篇辈出。近二十余年，国内具有权威性的图书文化评论刊物《读书》《书林》《博览群书》《中国图书评论》《书屋》，《新京报》旗下的独立刊物《新京报·书评周刊》、《南方都市报》的副刊《阅读周刊》等，都是颇有口碑的阅读类报刊。

各地各级图书馆或文化机构或民间组织自发刊印许多内部阅读刊物，如温州市图书馆主办的《温州读书报》、南京凤凰台饭店主办的《开卷》、北京朝阳区文化馆主办的《芳草地》、浙江省海宁市图书馆主办的《水仙阁》、江苏省太仓市图书馆主办的《尔雅》、江苏省江阴市图书馆主办的《读读书》、苏州市图书馆承编的中国图书馆学会阅读推广委员会会刊《阅读时代》、东莞图书馆主办的中国阅读学研究会会刊《悦读时代》等，充分发挥了文化机构的导读专长，结合地方风土人情和文化特色，融知识性和可读性于一体，凭借高品质受到了广泛的关注和好评。

小　结

　　阅读的社会控制是借用社会学的"社会控制"概念来描述一种阅读的社会现象，是指社会力量（包括政府、社会组织等）通过一定的（直接和间接的）方式和手段（包括强制和非强制）作用于人的社会阅读活动系统，使人的阅读活动系统自身规范化，如赋予阅读主体以阅读权能，保障阅读资源、条件的供给，对海量的阅读文本的数量和质量等进行必要、适度的选择、优化、浓缩、规制并协调其内部运转，以维持社会阅读活动的正常进行和发展，适应当时的社会规范，使之为社会服务，从而维护整个社会活动秩序的过程。

　　阅读本身是社会控制的手段之一。阅读作为一种社会活动，对其自身也要进行社会控制，包括对读者阅读活动权能和过程、对阅读文本生产传播消费各环节各领域、对阅读内容、对阅读资源（工具）等的控制。只有对人们的阅读活动进行适度的规范和约束，才能使阅读社会活动系统内部维持一定的秩序，维持其正常运转和可持续发展，从而维护社会正常秩序，促进社会阅读活动的进步和发展。

　　现代阅读社会控制要遵循保障、效率、质量、公益、他人权益和法定等原则，不能权力任性和恣意妄为，不能过度。控制途径和手段多种多样，主要有宏观控制和微观控制，宏观控制如法律、意识形态、经济、科技等，微观控制如出版选择、编辑、发行、推荐书目、阅读指导、图书评论、图书宣传等。

　　阅读的社会控制与阅读自由是既对立又统一的，就像是一对孪生兄弟，相生相伴。适度对阅读的社会控制可使社会阅读更有保障、更有质量、更可持续。在法律法规之外，读者的阅读自由是广泛而得到充分的保护的，阅读自由的保护也需要政府和社会的立法来实现。

　　现代政府和社会应最大限度地切实保障国民的阅读自由，这不仅是国民的权利和义务，而且是言论和出版自由的基础。可以说，保障国民阅读自由就是保障社会文明的持续高扬和进步，就是保障国家和社会的创新创造活力。我们要找到阅读的社会控制和阅读自由两者的最佳结合点，确保社会和谐进步和个人自由的相得益彰。

第十章　阅读的社会调查、监测与评估

社会就是书，事实就是教材。

——卢梭

内容提示

阅读调查与监测的作用和意义

各国国民阅读情况的调查研究

我国阅读调研和监测现状

监测我国国民阅读的特征与发展趋势

国内外阅读评估概要

我国阅读社会评估指标体系

对社会阅读状况开展调研、监测和评估，进行定量实证分析，是进行阅读社会学研究的基础、条件和重要方法，更是了解把握社会阅读动向和变化规律，有针对性地开展阅读产业和保障、服务，进行行业管理和决策的前提。

国外阅读调查与监测主要始于二战以后。进入 21 世纪，随着互联网技术在出版业的逐渐应用以及受信息网络化时代生活方式的影响，各国出现不同程度的阅读危机，一些出版大国也是阅读大国，纷纷开始加强对促进国民阅读的研究。随着全球各国积极推广全民阅读，读者阅读调查、监测与评估工作的重要性开始凸显。全球各个国家相继开展社会阅读调研活动，并有一些成功的调查实践。我国随着"全民阅读"建设的逐步开展，阅读调查工作也获得了较快的发展，成为我国全民阅读工作中的一个重要组成部分。

第一节 阅读社会调查与监测的含义

一、社会调查与阅读社会调查

无论是全球的阅读调查，还是我国的阅读调查，都是引入应用社会调查研究方法到阅读领域而发展起来的，都是基于社会调查基本方法、模式、路径而实行的一个行业性调查研究工作，因此它要遵循社会调查基本的规律和特征。

社会调查是指人们有计划、有目的地运用一定的手段和方法，对有关社会事实进行资料收集整理和分析研究，进而做出描述、解释和提出对策的社会实践活动和认识活动。[1] 它是一个由系统的理论和方法组成的完整的知识体系，其主要内容包括社会调查研究的基本理论、基本方法、基本类型、基本程序和基本原则等。

根据不同的要素（目的、时序、范围、性质等），社会调查研究可以分为不同的类型。按照目的来划分，可分为描述型和解释型研究；依时序，可分为横剖研究与纵贯研究；依调查的性质，可分为定性研究和定量研究；根据调查对象的范围不同，可分为普查、抽样调查、典型调查和个案调查等。

普查是对所要调查的总体中的每个个体进行逐个的无遗漏的调查。抽样调

---

① 风笑天主编：《社会调查方法》（第二版），中国人民大学出版社2016年版，第435页。

查是从所要调查的总体中，按一定方式抽取一部分个体作为样本，通过对样本进行调查得到的结果来推论总体状况的一种调查。典型调查是有意识、有目的地选择有代表性的典型单位作为调查对象，通过对典型单位进行周密细致的调查，达到了解研究总体目的的一种调查。个案调查是选取某一社会单位作为调查对象，详细描述和分析其产生与发展的全过程的一种调查。

一般来说，普查往往是对较大范围的地区或部门进行的调查，例如全国、全省、全市、全行业、全系统等范围进行的普查，其规模很大，属于宏观的社会调查。普遍调查的特点：①普查具有全面性的特点；②普查具有准确性的特点；③普查具有普遍性的特点；④普查具有局限性。主要用于人口普查、工业普查等。因此普查一般难以在阅读领域中见到。

抽样调查是指从所要调查的总体中，按一定方式抽取一部分个体作为样本，通过对样本进行调查得到的结果来推论总体状况的一种调查。抽样调查是阅读调查中最常用的一个调查方法。之所以如此，是由抽样调查的特点决定的。

在调查研究中，往往根据研究的目的和内容，决定是否采用抽样调查的方法，一般在以下几种情况下，采用抽样调查：①对于要了解其全面情况但又无法进行普遍调查的社会事物或现象，常使用抽样调查。②对于某些社会现象虽然可以进行普遍调查，但如果使用抽样调查也能取得同样的效果，就没有必要采用普遍调查而只采取抽样调查即可。对于具有较高同质性的社会事物或现象，也同样可以用抽样调查代替普遍调查。③在对普遍调查进行质量检验或补充修正时，常采用抽样调查。此外，如为制定决策收集有关信息，在实施决策后收集反馈信息，或者了解特定社会背景下的民情民意，也常常使用抽样调查的方法。

采取抽样调查的方式进行阅读调查，有如下几个好处：①节省时间、人力和经费；②可以迅速获得数据资料；③可以迅速收集到内容丰富的资料；④准确性高；⑤应用范围广泛。

人们在采用抽样调查方式进行阅读调查的时候，除了看到其优点，也同时还要看到其局限性。主要体现在三个方面：①抽样调查的内容仍然不够深入、全面，工作量也较大；②在资料处理和分析上，抽样调查需要运用大量的数理统计知识和复杂的技术；③由于抽样调查是由部分来推论总体，而部分与总体之间总会存在误差，因此，抽样的结果只能近似总体，而不能等于总体，抽样误差是不可避免的。

通过抽样调查方式进行阅读调查，一般分为如下几个步骤：①确定研究总体和调查总体；②进行抽样设计和实际抽取样本；③评估样本和收集资料；④分析统计资料和推论总体。

在抽样调查中，抽样环节是这种调查方式一个非常重要的环节，也是许多阅读调查项目中最常忽略的一个方面。在抽样调查中，抽样的基本类型从大的方面看，各种抽样都可以归为概率抽样与非概率抽样两大类，这是两种有着本质区别的抽样类型。概率抽样是依据概率论的基本原理，按照随机原则进行的抽样，因而它能够避免抽样过程中的人为误差，保证样本的代表性；而非概率抽样则主要是依据研究者的主观意愿、判断或是否方便等因素来抽取对象，它不考虑抽样中的等概率原则，因而往往产生较大的误差，难以保证样本的代表性。

除了抽样调查，典型调查也是国际上阅读调查中常常采用的一种调查方法。典型调查是指根据调查研究的目的和要求，在对所要研究的对象进行初步分析的基础上，有意识、有目的地选择有代表性的典型单位作为调查对象，通过对典型单位进行周密细致的调查，达到了解研究总体的目的的一种调查方法。

典型调查有如下几个特点：①有意识地选择具有代表性的单位作为调查对象；②主要是定性调查；③调查方式是面对面的直接调查；④简便灵活。我们需要看到的是，典型调查也有其局限性，主要体现在：首先，它大多适用于范围较小、同质性较强的研究总体，对于较大范围的总体不太适用。其次，它调查对象的选择是调查者根据自己的分析和判断进行的，容易受个人主观因素的影响；一般来说，成功的典型调查往往需要调查者具有较高的思维能力和敏锐的洞察力。第三，它是由个别的典型来推论一般的总体，这种推论往往不能保证其准确性，调查结论的适用范围也难以确定。此外，典型调查收集的资料只能用于定性分析，难于进行科学的定量分析。

典型调查的一般步骤是：①根据工作任务的需要，选择调研课题，确定调查题目；②通过查阅文献资料、访谈等方法，对调查总体作一般性的了解，并对总体中的各个单位进行恰当的分门别类；③根据总体的具体情况，选择具有代表性的单位作为调查对象，对于异质性小的总体，选择的调查对象可以较少一些，对于异质性较大的总体，可以按照总体的不同类别分别选择调查对象；④调查员进驻调查单位，按照调查提纲，进行深入调查，围绕调查目的和任务，客观、全面地收集资料;⑤整理分析资料,对社会现象、社会问题进行说明和解释,并确定调查结论的适用范围;⑥在整理和分析资料的基础上,撰写调查报告,对调查资料进行全面总结,并提出工作建议。

个案调查是选取某一社会单位,如个人、家庭、组织、社区等作为调查对象,通过对其进行深入细致的调查,收集与它有关的一切资料,并详细描述和分析其产生与发展的全过程的一种调查方式。个案调查的优点:①调查深入细致;②调查对象是确定的;③具有具体性和独特性;④调查结果真实可靠;⑤调查方法灵活多样。从局限性看,一是它要对调查对象的整体状况进行详细的描述,为此设计一种正式、客观的观察和记录的方法是很不容易的,这就容易造成调查者在调查中只去发现自己所希望的现象,导致调查结果缺乏客观性;二是它是对个别的、具体的个案单位进行的调查,其调查结果缺乏普遍性,如果把个案调查的结论推广到一般的社会现象中,就容易出现以偏概全的缺陷;三是它要详细了解调查对象的具体情况,搞清楚调查对象的来龙去脉,这往往需要调查者耗费大量时间深入实际调查分析,因而个案调查是比较耗费时间的。

二、阅读调查与监测的定义

统计学意义上的阅读调查与监测是本着科学与公正的态度,根据统计研究的目的和要求,运用科学的调查方法,从研究范围内的全体民众中抽取具有代表性的部分民众作为样本或全部个体,有组织地向样本对象搜集阅读统计资料,以这些样本推论全体民众阅读水平的过程。

随着我国文化体制改革的深入发展,出版传媒行业的产业化和市场化趋势更加显著,最突出的表现就是业内竞争格局的日趋升级,各媒体之间都呈现出激烈的竞争关系,获取高效率竞争力、创新推动力的重要途径之一就是科学、有效地应用媒介市场的调查统计数据。阅读调查与监测,即应用调查与监测方法,对媒介中特定阅读内容或阅读人群的阅读状况进行集中性收集、分析和反馈,从而保证调查与监测数据对阅读现状的现实的、准确的估计,实现对于相关决策的有效支持。

三、阅读调查与监测的方法

西方科学研究的传统是注重使用量化和实证研究方法，在阅读行为的调查研究与监测中，同样十分重视量化与实证分析，问卷调查、实验研究、个案分析等方法经常被使用。我国的全民阅读活动从调查和监测方法上，分为定量研究和阅读实验研究。

定量研究包括入户面对面的问卷访问、邮寄问卷留置调查、电话调查、网络调查等。问卷调查法是我国国民阅读研究使用较多的方法，除了问卷调查法，文献分析法、经验总结法、个案研究法等方法在国民阅读问题的研究中也经常被用到。

实验研究首先包括观察上的技术分析如产品使用分析、浏览器的 cookie 分析等；其次是实验性技术，即由研究人员创造一个半人工的环境测试使用者；再次是通过观察对照得出一些影响因子，如眼动仪试验研究等。

四、阅读调查与监测的意义

调查与监测方法之所以要引入到阅读研究中，是因为调查与监测数据能够满足阅读行业的信息需求，具有以下现实意义。

（一）了解读者阅读现状的需要

受众是传媒市场的核心资源，要争取受众，首先要了解受众。对于传统新闻出版业乃至整个现代阅读产（事）业而言，了解读者阅读需求，首先要掌握一些基本的读者需求信息，如预期市场规模、市场空白度，读者阅读需求偏好、读者对出版物的满意度、读者对图书价格接受程度，等等，都需要借助媒介市场调研来了解。只有充分获取、正确运用调查统计数据，新闻出版业乃至整个现代阅读产（事）业才能把握读者需求进行选题策划、藏书建设和读者工作等，为读者提供优质对路的读物。

（二）掌握出版物市场发展动向的需要

出版物市场的读者具有流动性，阅读渠道和方式也在发生变化。首先，短时间内，读者群会在具体的阅读介质之间流动，比如数字化阅读方式日益发展，大部分读者从纸质阅读方式转变为在线阅读、手机阅读或电子阅读器阅读等等；其次，从长时间来看，读者在不同介质间的接触时长会发生变化。受众在媒介接受地点、渠道、方式上也在发生着变化，比如读者在闲暇时只能选择单一的纸质读物阅读已发展到现在的乘坐交通工具时、休息时、工作中多种媒介渠道，随时随地进行网络阅读、纸质阅读、手机阅读。调查分析这些变化信息，能够帮助当代阅读产（事）业从业者及时发现内容营销中的机会和问题，进而更好地规划内容制作，获取更大的实践收益。同时，指导相关机构为读者提供多元的阅读服务，确保全社会成员"有书读"，引导读者"好读书""读好书"。公共文化服务体系的完善以及图书市场的繁荣，不仅可以扩大当代阅读产（事）业机构的社会效益和经济效益，还能在一定程度上解决"无书可读，无处读书"的问题。

（三）进行阅读市场扩展及营销管理的需要

市场效益关乎一个当代阅读产（事）业单位的生存与发展，对阅读市场预期效益的量化评估以及针对读者人群精准的营销推广显得尤为重要。准确掌握国民阅读状况，借助相关统计数据及实地调研，可以帮助阅读产（事）业单位了解读者兴趣，确定内容发展方向。通过阅读调查所掌握的例如到达率、阅读率、发行量、阅读时长、满意度、获取途径、点击率、搜索量、发帖／回复／转帖量等，以及读者的人口特征，例如性别、年龄、职业、收入等调查统计数据，能客观描述和精确定位读物的传播效果，进而为市场扩展和营销推广提供数据支持。同时帮助阅读产（事）业单位了解读者需求，及时发现供给服务中存在的不足并加以改善。

（四）进行阅读产（事）业组织内部管理的需要

产业化、市场化的运营机制要求对阅读产（事）业内部进行科学、高效的管理。无论是评价读物的内容、媒介传播形式、传播效果，还是奖惩工作人员，只有引入内部竞争才能保证阅读产（事）业组织赢得外部竞争。而描述受众传播效果的数据，如到达率、购买率、阅读率、满意度等，就是有效的考核标准，引入这些调查统计数据不仅有利于阅读产（事）业组织规范内部管理，而且有利于建立良性的竞争机制，进而增加其创新力。

（五）制定阅读行业规划，进行阅读行业管理与决策的需要

相对于主观判断，科学监测和调查统计数据比较客观和精确，因而根据调研数据进行决策可以减少失误的出现。阅读行业部门及相关从业者在进行决策时，能够选择恰当的数据调查方式，收集相关的一手数据，并通过对这些数据的统计分析，获得相关决策问题的解决方法，为行业决策服务。行业监测与调查统计数据能够验证、补充或修正个人的主观判断，并倡导结合使用科学调查和主观思考，以确保决策的正确性。

第二节　阅读调查与监测的发展历程

一、国外阅读调查与监测的发展历程

国外最早的阅读调查可以追溯到英国的 18 世纪 90 年代，当时的《苏格兰统计报告》调查统计英国的读者习惯和地方藏书情况。20 世纪 30 年代，美国开始社会阅读调查；20 世纪 60 年代，匈牙利开始全国性阅读调查，每 10 年一次。此后，法国、德国、苏联等国都开展了社会阅读调查。

阅读调查与监测研究的主体较为广泛，除了从事出版科学研究、教育研究的学者之外，还有大量计算机科学、心理学、认知神经科学等领域的专家学者对这一命题也开展了深入调研。这些阅读调查一类是基于抽样调查方式进行全国性或区域性或针对特定人群进行的大型读者阅读调查，另一类是基于个别类型读者进行的小样本典型读者调查、个案调查，主要作为阅读研究中的典型样本研究。以下重点对各国开展的全国性读者抽样调查进行介绍。

这些国家的读者抽样调查，主要是对全国国民阅读总体发展水平进行调查，掌握国民阅读发展现状、发展趋势、存在的问题等。虽然各阅读调查机构的标准和侧重点不尽相同，但都会对阅读重要性、阅读率、阅读量、阅读偏好、购书情况、藏书情况等方面进行重点调查和监测。

进入 21 世纪，随着互联网技术在传媒业的应用以及受信息网络化时代生活方式的影响，各国出现不同程度的阅读危机，一些出版大国也是阅读大国，纷纷开始加强对国民阅读促进的研究。阅读调查与监测的主体也进一步扩大，不仅有国家机构和行业协会参与，还有很多知名传媒集团、市场调查公司定期或不定期地进行。

一些国家开始有专门的机构从事读者阅读习惯的调查和研究。比如，美国国家艺术基金会定期开展关于美国国民阅读趋势及相关问题的调查和研究，并定期发布报告，英国出版商协会的图书营销委员会也定期开展读者阅读行为调查与研究，希腊国家图书中心定期推出《希腊国民的阅读行为》报告，等等。

（一）国外综合性国民阅读调查与监测

这类阅读调查与监测是根据全国范围内人口分布情况，按照一定的权重对大量样本的调查结果进行推及，对全国读者阅读情况进行评估。调查的样本涉及所有性别、年龄、收入层次的读者，调查内容涉及读者、受众、消费者与该国所有主要的书报刊、广播电视、网络媒体的接触情况，对媒体刊登的各类产品及广告品牌的消费支出情况，以及消费者对媒体和广告品牌的态度与认知，等等。

1. 美国综合性阅读调查与监测项目

（1）美国消费者调查（Survey of the American Consumer）。这项调查是美国传媒研究公司（Media Research Inc., MRI）的注册商标，也是其主要的阅读调查项目。MRI 是一家私营机构，隶属于德国知名的市场研究机构捷孚凯（Geseuschaft fr Konsumforschung, GFK），GFK 也是德国最主要的阅读调查数据来源公司。MRI 从 1979 年开始调查美国的人口分布、产品使用和人们接触媒体的情况，是美国唯一的杂志读者深度对比研究资料的来源，其调查主要用于对读者的媒体使用习惯／心理及产品使用和购买方式／心理的分析。MRI 每年春秋两季发布成人读者（18 周岁以上）调查结果，秋季发布一次对青少年读者的调查结果。

MRI 的调查涉及 239 种刊物以及广播、电视媒体，受调查者分布在美国的 48 个州。调查以邮寄问卷为主，样本从一个有 9000 万以上家庭地址的计算机名单以及其他一些相关信息来源中随机抽取。每户选一个成人参与调查，对被调查者同时开展入户访谈和邮寄问卷。被访者按照严格的地域可行性来选择，样本由三部分组成：大城市样本、非城市样本和从 10 个主要的美国市场中抽取的样本。MRI 每年对样本进行重新抽取，每半年就有 1.3 万个新的被访者加入调查，样本加权推及后可代表全美 22000 万以上人口。①

（2）美国国民阅读调查。这项调查是关于美国国民阅读及相关问题趋势的调查和研究，由美国国家艺术基金会（the National Endowment for the Arts, NEA）组织开始于 1982 年，每 10 年组织一次，并发布报告。2002 年，NEA 对全美超过 17000 名成年人开展调查，并于 2004 年出版了调查报告《阅读危机：美国成人文学阅读调查》，指出不论种族、年龄、区域、收入水平、文化程度，美国阅读人数在不断下降。在休闲时间内阅读过文学作品的美国人 2004 年仅占 47%，而 1994 年前该比例为 61%，1982 年的比例为 57%。这一调查报告揭露了美国的教育危机，自此，美国政府、民间更加重视全民阅读。

随后 NEA 在 2002 年调查数据的基础上，并综合美国教育部门统计数字，于 2007 年发布《阅读，还是不阅读：一个影响国家命运的问题》，将关注点放在青少年阅读行为、阅读能力以及揭示阅读率下降对社会、文化、经济各方面的影响上。报告还指出，每年阅读 12 本以上图书的积极阅读者能主动参与丰富的社会文化生活，往往聚积个人、职业或社会方面的优势，而不阅读者则处于劣势，更容易引发社会各种问题，如辍学、失业、犯罪等。2009 年初 NEA 又发布报告《上升中的阅读：美国文化史的新篇章》，该报告在文学阅读定义中首次包含网络阅读行为。报告指出，2008 年文学阅读率止跌回升，并且有接近 15% 的美国成年人在网络上阅读文学。②

（3）美国人阅读习惯调查。这项调查是由总部设于华盛顿特区的独立性民调机构——皮尤研究中心（Pew Research Center）从 2011 年起首次发起，每年进行一次美国人阅读习惯调查，并发布调查报告。在 2011 年 12 月的调查中发现，71% 的 18 岁以上的美国人过去一年中至少阅读了一本纸质书，17% 的人至少阅读了一本电子书，还有 11% 的人至少听了一本有声书。2016 年阅读习惯调查实施于 3 月 7 日至 4 月 4 日期间，对全美各地的 1520 位成年人以电话访问形式进行。

---

① 姜晓娟：《国外的阅读调查与杂志出版企业的市场研究》，《出版发行研究》2009 年第 4 期。
② 陈晓莉：《全民阅读的"危"与"机"：基于美国国民阅读调查的视角》，《农业图书情报学刊》2010 年第 7 期。

调查中主要发现，纸质图书依然比电子格式的图书更受欢迎，28%的美国人既读纸质书，也读数字书籍（包括电子书和有声书）。38%的人不看任何数字格式的书，只读纸质书，只读数字书籍而不读纸质书的人仅占6%。但过去5年数据显示，纸质图书阅读率从2011年的71%，下降到65%，而电子书阅读率则从2011年的17%上升至28%。从2011年到2016年，在电子书阅读者中，使用电子书阅读器的人数从7%上升到8%，没有太大波动；使用平板电脑阅读电子书的人数从2011年的4%上升到2016年的15%，实现三倍增长；使用手机阅读的人数从2011年的5%上升到2016年的13%，增长超过一倍。报告同时显示，手机阅读占据电子书阅读人数的领先地位，特别是在那些18—29岁的年轻人和未接受大学教育的年轻人中。①

2. 英国国民阅读调查项目

在英国，国民阅读调查是主要的综合阅读调查数据来源，提供英国报纸与消费类杂志的总体读者数据与人口分布信息。开展该调查的国民调查有限公司由英国广告人学会（Institute of Practitioners in Advertising，IPA）、英国期刊出版商协会（Periodical Publishers Association，PPA）和英国报纸出版商协会（Newspaper Publishers Association，NPA）联合创办于1979年，是一家在英国相关行业认可度较高的非营利机构，其宗旨是提供对英国报纸和消费类杂志读者的定量与定性的评估预测，包括为杂志编辑部门和其他感兴趣的机构提供最新的对某种刊物触及的读者的描述，为报刊出版商提供其销售广告位所需的参考数据，以及为广告客户及其代理机构、媒体专业人士提供其策划、购买广告位所需的数据。

英国国民阅读调查数据每年发布一次，调查对象是15岁以上的英国本土居民，调查方法主要是入户访谈，其样本是从英国国内居民的邮政地址中随机抽取，每户访问一到两名成人。调查涉及270种不同的刊物，包括消费类杂志、国家级报纸和部分地区报纸，以及对电影、广播、电视、网络等媒体的调查。其内容包括读者对出版物的阅读率、与阅读媒体相关的问题（如阅读量、阅读媒介来源）、接触其他媒体的情况（如电影、广播、电视）、人口分布数据（如年龄、性别、婚姻、职业）以及生活方式信息（如收入、学历和其他专业资质、驾驶、

---

① 曲蕴、马春编译：《皮尤研究中心发布2016年美国阅读报告》，《公共图书馆》2016年第3期。

度假、投资情况等）。

调查执行每月大约进行 3000 个访问，回应率达到 50%，样本结构能够匹配英国不同性别、社会阶层和地区的人口数量。入户访谈完成后，每月的样本以及年度总样本根据性别、年龄、地区和社会阶层获得权重，以保证对最终数据的分析能够作为反映全国读者情况的结论。样本推及后可代表总人口 480 万以上成年人，这项调查是欧洲延续性读者研究中最大的调研项目。

英国国民阅读调查被广泛用作基本阅读情况信息的首选来源，其结果可显示被调查的每份刊物的整体读者分布情况和每份刊物的总读者数。不过，由于调查不针对特定读者，因此主要被用于分析大众市场出版物的读者或策划面向广泛目标读者的营销活动。利用调查数据策划针对高端读者的营销活动相对比较困难，因为样本量中只有很少部分是高端读者，分类数据也很有限。[①]

此外，英国出版商协会的图书营销委员会也定期开展读者阅读行为调查与研究。

3. 法国阅读调查与监测项目

（1）15 岁以上国民阅读调查。这项国民阅读情况调查的权威数据由法国国家统计和经济研究所（INSEE）统计公布，法国文化部的年度《文化数字》中引用。该项目以 15 岁以上的法国人为调查对象，图书阅读情况中"阅读的图书"不包含教育、培训和职业用书，也不包括连环画和家长给孩子读的书。

2005 年调查显示，58% 的被调查者每月至少阅读一本书，平均每人每年读书 8.4 本。其中 38% 的人一年读了 1—9 本，25% 的人读 10—24 本，15% 的人阅读 25 本以上。2006 年，法国平均每人每年读书 8.3 本，比 2005 年略有下降，其中，15—19 岁的青少年阅读图书数量有所减少，达到了 5 年来的最低水平。法国人把读书作为业余消遣的一种方式，每年至少读一本书的读者在不同年龄段中的比例比较平均，且超过了人群的半数。

（2）"法国人与阅读"调查。这项调查由法国国家图书中心每两年开展一次。最近一次的调查是 2017 年由市场研究公司益普索（Ipsos）执行，调查的目的包括三个方面：一是跟踪法国人的阅读感受和习惯演变；二是更好地了解法国人远离阅读和阅读量下降的原因；三是使那些远离阅读的公众开始阅读或重新回

---

① 姜晓娟：《国外的阅读调查与杂志出版企业的市场研究》，《出版发行研究》2009年第4期。

到阅读中来。

2017 年 3 月的调研报告显示，书籍继续占据着法国人的日常生活，读者的数量与 2015 年相当甚至更多一些，不考虑书籍的类型，90% 的法国人一年中至少读了一本书。此外，数字阅读有显著增长，24% 的读者至少读过一本电子书，而 2015 年该数据仅为 19%。2015—2017 年，纸质书和电子书加在一起的阅读数量从 16 本增加到 20 本。[①]

（3）法国数字图书使用调查。这项调查始于 2012 年，调查目的是观察数字图书读者使用和演变情况并对比纸质图书的使用情况，由法国作者权益公司、法国出版工会和文人协会联合开展。

2016 年公布的数字图书使用情况动向指出，法国图书市场稳定，呈现出数字图书与纸质图书混合使用、相互并存的态势。该调查显示 20% 的受访者阅读数字图书，法国数字图书读者数量增加，这也印证了 2012—2016 这 5 年来所观察到的发展趋势。29% 的数字图书读者拥有多种设备，并使用多种阅读器阅读同一本书。33% 的数字图书购买者有阅读习惯，其中 63% 的人在受访前 1 个月内读过 1 本纸质书，同时至少有一次在购买数字书后又购买了纸质版图书。

4. 德国阅读调查与监测项目

（1）新千年德国阅读行为调查。此项目由联邦教育和科研部资助。该调查显示，1992—2000 年德国国民在日常工作日中可自由支配的时间从 4 小时 21 分钟增至 4 小时 42 分钟，周日有 8 小时的自由支配时间。包括图书在内的纸质媒体阅读仍是德国国民重要的休闲活动。2000 年，德国全体国民中有 28% 的人经常阅读，20% 的人较少阅读，27% 的人处于平均水平，25% 的人基本不读书。与 1992 年的调查结果相比较，2000 年经常阅读的读者比例提高了 3%。图书没有受到电脑高使用率的影响，后者是前者的有益补充。该项研究还证实了家庭情况对社会总体阅读行为的高度影响——如果父母读书的话，那么子女就会成为经常阅读的人。

（2）图书购买与阅读调查。德国书业协会开展的德国图书购买与阅读调查开始于 2008 年，最近一次的调查结果是对 2014 年度德国民众购买图书和阅读的相关数据进行了统计和分析，并于 2015 年发布了《2015 图书购买与阅读研究

---

① 尹丽：《"法国人与阅读"调研报告显示：63%法国人渴望更多时间阅读》，《中国文化报》2017年3月31日。

报告》。

报告显示，虽然经受着新媒体的巨大冲击，书籍依然是德国社会中不可或缺的重要部分，阅读习惯依然根深蒂固。购书人数和读者人数多年来保持稳定。在 2014 年，59％的德国民众购买了图书，83％阅读了图书，而 2008 年的统计中上述两个比例分别为 57％和 90％。半数受访者表示无法接受没有书籍的生活，这一比例与 2008 年的研究结果相比无明显变化。虽然读者人数有所下降，但是有三分之一的读者每年阅读超过 18 本书籍。在网上书店购书的比例由 2008 年的 19％上升到 2014 年的 32％。[①]

5. 加拿大国民阅读调查

加拿大全国性的居民阅读与购买电话调查完成于 2005 年 1 月 31 日，历时近 1 个月。调查者对 1963 名 16 周岁及以上的居民，包括少数团体代表进行抽样调查，调查的主要目的是就加拿大人购买和阅读消遣类图书的情况提供一份详细的统计数据，以此更新 1991 年由加拿大遗产局指定的艾克斯（Ekos）调查得出的数据。此次调查采访时间平均为 27 分钟，主要集中在以下问题：阅读情况、阅读类型、阅读技巧、阅读态度、阅读入门、对公共图书馆的使用、互联网与阅读、图书购买情况以及加拿大作者写作的图书市场反响等。调查结果显示，受互联网冲击，加拿大阅读率呈下降趋势，从 1991 年 24.4 本降到 2005 年 16.8 本。但消遣阅读仍有坚实的基础，并且从 1991 年调查以来，15 年来很少改变。[②]

此外，加拿大图书网（BookNet Canada）定期举行"加拿大闲暇时间和行业非营利性读书习惯"调查。这项调查样本不大，为 750 名成年人，2017 年的问卷回收率为 82％。调查内容包括休闲时间分配、是否每年至少读过一本书，及所读形式等。阅读率在 2017 年为 82％，虽然比例很高但已是连续 3 年下降。结果还显示，20％ 读过书的人是在手机上阅读，比上一年增加 6％。[③]

（二）特定区域或特定媒介的专项阅读调查与监测

1. 英国专项阅读调查项目

---

① 李文：《德国人阅读纸质书习惯根深蒂固》，《公共图书馆》2015年第4期。
② 王卉莲：《加拿大居民阅读与购买调查报告》，《出版发行研究》2005年第12期。
③ 数据节选自加拿大图书网：Year in Review 2016/2017, www.booknet. canada.ca。

2006 年，英国广播公司（BBC）针对成年人进行了"阅读和写作调查"
（RaW Survey）。此项调查是 BBC 委托著名的 TNS 市场调查公司（Taylor Nelson
Sofres ）进行的，在调查中，共对 4000 名来自不同群体的成年人做了面对面的访谈。
调查结果显示，英国人阅读率和阅读习惯存在着地域差异。英格兰西南地区的
人们明显对阅读更加热衷，84% 的被调查者都喜爱阅读，接近三分之一的人称
自己很爱并常常阅读，超过一半的人希望自己能多读书；北爱尔兰的调查结果
两极分化得最严重，虽然三分之一的被调查者称自己喜爱阅读，同时说自己讨
厌阅读的人也是最多的（1/20）；威尔士和英格兰南部地区的人读的书最多，超
过一半的人家中藏书超过 100 册。

与上相对，关于人们不爱读书的理由，英国图文电视有限公司（Teletext
Ltd.）在 2007 年对 4000 个成年读者进行的阅读习惯的调查显示，不阅读的被调
查者的理由包括：太累（48%）、看电视（46%）、玩电子游戏（26%）和工作
得太晚（21%）。

虽然 82% 的英国人喜爱阅读，但真正个人购买图书的比例却不是很高。
2005 年图书市场营销公司（BML）发布的数据表明，33% 的英国人一年中没有
买过一本书，27% 的人年购书 1—5 本，16% 的人年购书 6—10 本，剩下 22%
的人年购书超过 11 本。英国女性比男性更喜欢阅读，她们也比男性更喜欢买书。
有 36% 的男性一年一本书都不买，而女性只有 30%；25% 的女性年购书超过 11
本，远高于男性的 19%。

在读书的动机方面，2007 年 5 月，英国《图书馆和信息快报》（Library and
Information Update）杂志对 4000 个读者进行了调查，结果发现，三分之一的被
调查者阅读"高深的文学"是为了显得自己能力强，实际上他们根本就看不懂。
几乎有一半的被调查者说他们阅读经典著作是为了让自己显得有文化。该调查
还显示，40% 的人在自己读过的书方面撒过谎，理由是"为了让自己能够参与
到话题中去"。10% 的男性说他们会为了给异性留下一个好印象而假装自己读
过某本书，而"大多数人"会为了讨约会对象欢喜而去阅读。在工作中，曾经
对新同事和雇主谎称读过某些书的被调查者分别占到 15% 和 5%。年轻人最容
易把书作为交际的工具，19—21 岁的人中有超过一半的人在读书方面说过谎。

除了个人阅读情况外，英国劳工联合会（Trades Union Congress，TUC）在
2006 年对 1432 名雇员进行了在线调查，结果显示只有 23% 的英国企业设有公

开书库或是图书俱乐部，但是 91.4% 的被调查者称只要单位设立了书库或是图书俱乐部，他们就会使用。另外，83.9% 的被调查者会和同事分享好书；55.2% 的被调查者会在上班的路上阅读或听有声书，有声读物中则是小说最受欢迎（32.6%），其次是报纸（22%）；55.3% 的被调查者会在午饭的时候抽时间阅读放松；有 62.1% 的雇员说想读更多的书，但是没有时间。

2. 德国专项阅读调查项目

鲍尔媒体股份有限公司（Bauer Media AG）在 2005 年开展的"德国人最喜爱的娱乐休闲活动"调查的结果显示，"图书阅读"在德国人最喜爱的娱乐休闲活动中排第七位，2006 年排名上升至第六位。而在 2006 年的调查中，德国国民中"特别喜欢"看书的人占 20.8%，比 2005 年的 20.4% 略微上升了一些。然而基本不读书的人所占比例同样从 2005 年的 15.5% 升至 2006 年的 16.5%。

自 2005 年起，"听有声读物"首次出现在鲍尔公司收录的 43 个项目的调查列表上，相应的结果显示有 4.4% 的人特别喜欢听有声读物（这项活动排在"打高尔夫"之后，居于十大最喜爱娱乐休闲活动的末位），2006 年喜欢听有声读物的受众人数比例稍稍上升到 4.8%。德国人最喜欢的娱乐休闲活动多年来没有太大变动，只有上网这项活动从 2000 年的第 25 位上升到了 2006 年的第 13 位。

（三）青少年群体的阅读调查与监测

1. 英国未成年人阅读调查

（1）英国教育研究基金会未成年人阅读调查——英国教育研究基金会（National Foundation for Educational Research）于 2004 年就未成年人的阅读情况进行的调查显示，62% 的孩子业余时间喜欢看电视多过看书。这项调查还发现，故事书是当时孩子们最喜欢的图书类型。2008 年，该机构对 4500 名 9—11 岁的孩子进行调查后发现，有 55% 的孩子业余时间喜欢看电视多过看书，相比 4 年前的 62% 第一次出现了下降。在最喜欢的图书类型方面，漫画书第一次超越故事书，成为孩子们最喜欢的图书。

（2）英国全国读写素养信托基金会 2013 年进行了一项儿童电子设备阅读状况的调查，共有遍布英国各地的 34910 名学生参与调查。

这次研究发现，52% 的儿童更喜欢通过电子阅读器、电脑和智能手机等电子设备阅读；有 32% 的儿童表示，他们愿意阅读纸质书。还发现，年龄在 8—16 岁的孩子，比起每天阅读电子屏幕来看，阅读印刷书籍的孩子更有可能拥有高于平均水平的阅读能力。[①]

（3）其他青少年阅读调查：2006 年，邦迪（Bounty）家庭营销公司的调查显示，有 62% 的英国父母睡前会为孩子朗读故事书，而三分之一的孩子父母从未在睡前为其朗读。未成年人是否喜欢读书，不仅与同伴的推荐有关，还与父母的榜样与家庭的氛围相关；2008 年，全国读书年（National Year of Reading）的一份报告显示，62% 的青少年曾经因为太喜爱一本书而极力向朋友和家人推荐。同时，男孩和女孩的阅读目的也不尽相同，男孩的阅读更具有实用倾向，31% 的男孩喜欢阅读是因为阅读能增强他们的兴趣爱好。

2. 法国青少年阅读状况调查

法国较权威的青少年阅读状况年度调查开始于 20 世纪 80 年代，随后各类的调查不定期进行。1999 年，法国对 1200 名学生的调查显示，因阅读能带来乐趣、丰富想象力和一定程度上起到逃避现实的作用，几乎所有的被访学生都阅读课外读物；虽然图书受到来自杂志的竞争，但该调查显示图书仍是青少年阅读的第一载体。不过，2004 年的一项调查结果表明，杂志更受 10—14 岁的法国学生的青睐，其次才是图书和连环画。对青少年阅读情况的持续观察表明，法国学生的阅读量不断下降，其中研究性阅读和期刊阅读量停滞不前，甚至呈倒退趋势。许多学生仅满足于阅读教师推荐的教材，而不去阅读原著。

在法国公共图书馆中，近年来，一方面图书馆用户低龄化趋势明显，另一方面，青少年在图书馆的注册率却在下降。2005 年，15 岁以下的图书馆读者注册率下降到了 35%，但仍高于法国全国公共图书馆 17.4% 的注册率。

3. 德国儿童媒体消费行为调查

2018 年 8 月，德国 6 家媒体联合发布了《2018 儿童媒体研究报告》，该报告对 2649 名 4—13 岁年龄段的德国儿童进行调查，进而研究这一年龄段儿童的媒体消费行为。据调查，在数字大潮下，阅读和户外游戏在德国 4 岁至 13 岁儿童的生活中仍占据重要位置。70% 的受访儿童一周多次阅读纸质书籍或杂志，电子书等阅读工具在儿童中使用率很低。该调查认为，儿童更倾向于纸作为媒

[①] 《每日邮报》报道文摘：《英国调查发现电子阅读将削弱儿童读写能力》，《语文教学与研究》2013 年第 21 期。

介的阅读工具。调查同时显示，随着年龄的增长，数字化游戏越来越重要。受访的13岁孩子中有71%玩电子游戏，并且一周不止一次；而在4岁儿童中这一比例为7%。

（四）阅读实验研究

与前面阅读调查角度不同，一些国际学者利用眼球追踪技术和专注于流利阅读的"快速""有目的性"和"理解性"等属性，考察读者对在线阅读的模式和理解力。例如，有关学者从第一语言和第二语言读者的视角，从母语读者和第二语言读者身上获取眼球运动数据，进行分析和比较，得出了母语和第二语言读者的基本的在线阅读能力因素是相似的结论。再如，学者雅各布·尼尔森（Jakob Nielsen）使用"眼球跟踪仪"来探测、跟踪读者眼球在网页上的移动，记录读者在网页哪一部分停留以及停留时间的长短。还有学者采用控制实验的方法，研究网络阅读与纸质阅读对学生理解能力的影响——将50名来自旅游专业的大学生分为两组，一组阅读纸质文献，另一组在线网络阅读。研究分析两组学生对材料的阅读理解情况和所使用的阅读方法的不同。结果表明，网络阅读没有影响学生的综合理解力，但促进了学生采用更多的阅读方法，包括从上往下读和从下往上读。

二、我国阅读调查与监测的发展历程

我国的全民阅读活动由1982年上海发起的"振兴中华"读书活动开始，近年来进入全面深入开展阶段。就阅读调查与监测的连续性和权威性而言，全国范围内大规模采集样本、连续性研究且持续至今的调查项目，是由中国新闻出版研究院主持开展的全国国民阅读调查项目。

为实际掌握开展全民阅读活动的成效和发展对策，我国政府相关部门、学者和研究机构等不同的研究主体，围绕阅读问题，针对不同读者开展了大量规模不等、目标不同、内容有异的调查，不同省市近年来也开始实施本省市居民阅读调查。虽然其中有些调查不能算是科学理性的国民阅读研究，但调查结果无疑对我们全面认识国民阅读的状况有所帮助。这些调查与监测研究种类繁多，层次多样，我们有必要对这些调查与监测研究的发展历程归类梳理。

（一）部分已有的全国性或重点城市阅读调查与监测

1. 综合性阅读调查与监测

（1）全国国民阅读调查。中国新闻出版研究院（前身为"中国出版科学研究所"）从 1998 年开始的全国国民阅读调查，是一项为了解全国国民阅读倾向发展趋势与文化消费现状而进行的连续性、大规模的基础性国家工程，也是最早的全国性阅读调研项目，截至 2018 年已经完成 15 次。

（2）中国市场与媒体研究。新生代市场监测机构的中国市场与媒体研究（CMMS）是 1997 年以来开始进行的关于中国大陆地区城镇居民产品消费习惯和媒体接触习惯的单一来源的年度连续性研究。调研覆盖 30 多个城市，15—64 周岁消费者，样本量达 7 万个，调查报纸、杂志、电视、广播等 7 个媒体 1000 多个品牌，每年分春秋两季发布调研数据。

（3）中国综合社会调查。中国综合社会调查（Chinese General Social Survey，CGSS）是一个全国性、综合性、连续性学术调查项目，由中国人民大学中国调查与数据中心负责执行。从 2003 年开始，每年一次，调查全国范围内的 10000 多户家庭中的个人。CGSS 通过连续、定期、系统的收集，成为多学科的经济与社会数据采集平台，数据在每次年度调查结束两年后，向全社会公布原始数据和所有资料。中国人的公共文化生活与阅读相关活动也是调研中的一部分。

（4）受众生活形态与跨媒体行为调查。央视—索福瑞媒介研究有限公司（CSM）从 2004 年开始，针对全国城市受众开展"受众生活形态与跨媒体行为调查"。调查内容包括跨媒体使用与评价调查、媒体质量评价及电视剧与演员评价调查、受众生活形态调查三大主题，涉及电视、广播、互联网、报纸、杂志、电影、手机、车载电视、跨媒体等多种大众媒介的消费状况。其中，多项内容与阅读密切相关。

2. 图书阅读调查与监测

（1）全国读者调查项目。北京开卷信息技术有限公司作为一家中文图书市场零售数据监测机构，从 2009 年开始不定期举行"全国读者调查项目"。其目的是了解读者的阅读和购书习惯，为出版社和书店服务。

（2）全国读者阅读行为系列调查。2009 年至今，阅读行为调查中心开展了全国读者阅读行为系列调查。成立于 2009 年 4 月的新华书店总店信息中心下属阅读行为调查中心，旨在调查与阅读有关的行为，为书业发展提供有效参考。该中心基于新华书店总店信息中心成品数据开展全国读者阅读行为系列调查，已形成"北京地区阅读行为调查""大中专教材出版数据分析""畅销书榜上的出版社影响力"等报告品牌。

3. 报刊阅读调查

（1）央视市场研究股份有限公司（CTR）平面媒体阅读率调查。CTR 是一家市场资讯及研究分析服务提供商，研究服务涵盖品牌营销和媒介受众，研究领域跨越媒介与受众研究、品牌与传播策略、产品与消费市场分析、渠道与服务管理。其中从 2003 年开展至今的平面媒体阅读率调查，采用国际通用的阅读率模型（Reading rate），已经积累十年以上的中国主要城市读者连续调查数据库，可提供平面媒体（主要是报纸和期刊）广告价值衡量指标。

（2）慧聪报纸杂志行业调查。慧聪集团的子公司慧聪国际咨询媒体研究中心面向企业和政府开展全媒体监测与研究服务，其中涉及 200 余种报纸、杂志的全国性重点城市的调查。

（3）世纪华文中国报刊媒体发行状况调查。世纪华文（CCMC）从 2007 年开始开展中国报刊媒体发行状况调查，覆盖全国 25 个城市 30 余类的 900 多种报刊。

（4）其他报刊阅读调查。像益普索、思维、华南国际等外资机构也开展全国性或重点城市的相关调查，这些调查主要是为广告商提供报刊行业发行数据，离不开读者调查，与阅读也有一定关联。

（二）数字阅读调查与监测

随着数字阅读的兴起，与此相关的调查也逐步兴起。其中，中国互联网络信息中心（CNNIC）1999 年至今开展多项互联网统计调查工作，定期发布相关调查报告，详细描绘了我国互联网的宏观发展状况，为了解我国国民数字阅读的发展脉络也提供了数据支持。

此外，从 2012 年开始，艾瑞咨询集团针对手机用户开展"中国手机阅读用户行为调查"，网易云阅读推出"中国人移动阅读报告"，易观国际针对手机用户开展中国手机阅读市场用户调查，等等。①

（三）特定群体、特定区域以及特定阅读现象的专项阅读调查

很多阅读调查研究是以局部地区的读者或者某一年龄段的人群作为研究对象，或者是某一属性群体阅读倾向的研究调查，等等，这样的研究更具有针对性，能从局部反映一个群体的阅读状况，如《大学生阅读暨高校图书馆阅读推广问卷调查报告（2010）》和《2014 首都青少年阅读状况调查报告》。还有中国新闻出版研究院国民阅读研究与促进中心和中国教育学会小学教育专业委员会联合主办，学友园教育传媒集团发起并协办的 2011 "全国小学生阅读状况在线调查"；湖南省新闻出版局和民进湖南省委联合组织开展的湖南省农村阅读情况专题调研；针对特定职业群体开展的全国性或区域性阅读调查，如中国企业家杂志社于 2006 年开展了针对中国企业家群体的 "中国企业家时尚杂志阅读调查"，决策杂志社于 2007 年针对国家公务员开展了公务员阅读调查。

2011 年至今，亚马逊中国主持开展了针对网购读者的中国最爱阅读的 20 座城市排行榜、图书畅销书排行榜。2013 年，上海市新闻出版局与共青团上海市委组织实施了 "上海青少年阅读调查"。

除了上述特定群体的调查外，还有一些区域性阅读调查，我国各省市也开展了一些相关的全民阅读调查工作，如《2011 年湖南省城市阅读指数调查报告》《新媒体环境下上海市民阅读现状调查报告（2010—2011）》《2014 年度深圳阅读指数报告》《2015 年度嘉兴市居民阅读调查报告》。此外，从 2011 年起连续开展了 8 届的 "书香中国·北京阅读季" 主题活动上，都会定期发布北京地区阅读调查状况，从 2015 年起，报告调整为《2014—2015 年度北京市全民阅读综合评估报告》，并逐年发布。这些调查在一定程度上反映了我国各阶层各地区居民的阅读现状。

针对某一种特定的阅读现象进行的研究也在逐渐增加，网络阅读、手机阅读、移动阅读等新的阅读方式成为研究者的着眼点。

---

① 张晗、王晓华：《城市阅读指数：概念、方法与测量》，《出版发行研究》2016 年第 2 期。

第三节　从阅读调查与监测看国民阅读的特征与趋势

数字环境下，国民整体阅读趋势表现为传统纸质图书阅读率和阅读量缓慢增长，纸质报纸和期刊阅读率、阅读量不断下降。数字阅读接触率增长迅猛，手机已成为主要的数字阅读载体，微信成为新的阅读内容平台。国民综合阅读率从 2008 年至 2017 年的十年间增长超过 10 个百分点，2015 年为 79.6%，接近新闻出版业"十二五"发展规划目标值 80%，2016 年则为 79.9%，到 2017 年增长到 80.3%。传统纸质媒介中，纸质图书阅读率总体呈增长态势，图书阅读量缓慢增长。

数字化阅读发展迅猛，增势强于传统阅读，手机阅读成为数字阅读的主流，数字化阅读已逐渐成为国民重要的阅读方式。新的媒介形式不断涌现，2014 年微信阅读接触率为 34.3%，到 2015 年达到 51.9%，超过 50%，而到 2017 年，国民微信接触率更是达到了 63.4%，超过 60% 大关。2015 年在杭州召开的以"融合创新梦想"为主题的中国数字阅读大会，咪咕数字传媒有限公司在会上发布了 2014 年度数字阅读白皮书。从白皮书中的数据来看，数字化阅读已逐渐成为国民重要的阅读方式。

通过对全国国民阅读调查综合阅读率、传统纸质媒介阅读率及阅读量、数字阅读接触率等指标的比较，可以发现我国国民阅读已呈现出阅读方式多样化、阅读媒介新兴化、阅读取向社会化、阅读内容浅层化、阅读目的功利化等新的发展特点。

（一）全媒体融合时代，阅读方式的多样化和随时随地阅读的特点对传统阅读方式产生了一定的冲击

数字阅读时代是一个"全媒体融合"的时代，手机、网络、电子阅读器等的出现，为人们进行多样化的阅读方式提供了工具支持。人们的阅读方式不再只是传统的文字，而是将文本、图片、音频、视频有效融合在一起，供用户分享，提供用户在传统阅读中无法获取的视觉、听觉等多方面感官感受。2015 年 4 月，国家新闻出版广电总局下发《关于推动传统出版和新兴出版融合发展的指导意见》，要求利用网络技术的优势来解决出版融合出现的问题，推动传统阅读与

数字阅读共同发展。

由于新媒体具有及时有效性、信息海量性、多媒体、超文本链接、可移动性等特点，极大地冲击了读者用于传统阅读的时间分配。现代生活节奏匆忙，许多读者很少有时间能够静下心来"埋首故纸堆"，去品读传统书籍、期刊、报纸等等，取而代之的手机等移动媒体可以随时随地查阅邮件、阅读网络新闻、用微信分享各种信息等。

新媒体的出现可以满足读者在传统阅读中无法体验的临时性、碎片化以及"赶时间"阅读的需求，例如，读者可以利用上下班乘坐交通工具的时间阅读自己所需要的信息。尽管调查结论显示，人们更加偏好"拿一本纸质图书阅读"，但从近五年国民倾向的阅读方式及发展趋势来看，这一偏好程度正在逐渐减弱，数字出版物对传统出版物造成了极大的冲击。

（二）移动阅读新趋势拓展了读者用于阅读的时间和空间，也在一定程度上弥补了新媒体环境对于传统阅读造成的冲击

随着智能机和无线网络的普及，移动阅读成本越来越低廉而逐渐为广大读者所接受，通过移动设备终端进行浏览阅读的方式，即移动阅读的新趋势也逐渐显现。通过手机阅读或安装各类阅读客户端及微博、微信阅读等阅读行为，是目前随着网络科技的发达而显现的一种最广泛的阅读趋势。移动阅读供应商掌阅科技发布的《2015 掌阅移动阅读报告》显示：15—40 岁群体为移动阅读的主力军，其中 90 后又占到移动阅读群体的 63%。

移动阅读新趋势拓展了读者用于阅读的时间和空间。移动阅读具有方便快捷，便于携带，随时随地可阅读的优点，有效提高了读者碎片时间的利用率。相对于传统阅读方式读者可以获取信息的途径方式增多，读者用于阅读的时间和机会也增多了。2015 年掌阅用户年均移动阅读图书 12 册，较 2014 年增长 50%。在移动阅读的时间上，晚上 8—12 点阅读最为集中，其阅读时间比达 32%。虽然新媒体环境对传统阅读产生了一定的冲击，但新媒体环境从另一方面也可以为我所用，读者可以利用零散时间，通过手机、Pad 等移动终端和设备阅读，一定程度上弥补了新媒体环境对于传统阅读造成的冲击。

（三）阅读媒介的新兴化，使得交互式、社会化的阅读成为流行的阅读趋势而受到读者青睐

以微信为代表的社交媒体，既是一种社交工具同时也引领了一种社会化取向的阅读新模式。微信中的各种文章通过订阅方式阅读或通过关注公众号后阅读，并通过相互转载、相互评论、点赞从而完成一个社交化阅读的过程。这种以个人兴趣为中心，以互动分享传播为核心的阅读方式更加注重阅读的社交关系，以互动阅读、相互交流、相互传递为特点，是一种典型的交互式、社会化阅读方式。

朋友圈是用户自己在微信里的亲戚、同学、同事、朋友等所形成的一个信息发布与共享的圈子。相比于微博，微信以朋友间的信任关系来保证分享内容的质量，从而使读者具有更好的阅读体验。据中国出版业发展报告统计，移动终端上最大的阅读客户端就是微信的朋友圈加公众号。2014 年，中国首家微信书城"青岛微书城"在"书香中国万里行青岛站暨青岛全民阅读工程"启动仪式上正式上线运营，积极助力全民阅读活动开展。这种交互式的社交化阅读越来越受到读者们的青睐，也成为目前最流行的一种阅读趋势。

（四）阅读内容的浅层化和娱乐化趋势，迎合了现代人们追求娱乐和休闲的心理，具有明显的信息化时代的特征

随着网络资讯的发展，形成信息海量性、超文本链接等特征，使得人们接收的信息已经达到过饱和状态。信息量剧增，而人们的时间精力都十分有限，无法及时接收和消化传统阅读相对较精深的内容信息，以娱乐阅读为主的，以图像为主、文字为辅的阅读方式逐渐流行。这种所谓的快餐式、碎片式、选择式阅读形式或所谓的浅阅读、泛阅读形式就是阅读的浅层化、娱乐化趋势。其特征是检索速度快、接受感知快、内容遗忘也快，它迎合了现代人们追求娱乐和休闲的心理，是一种大众流行文化和消费文化，具有明显的信息化时代特征。

新媒体的发展导致了阅读内容的浅层化和娱乐化。近几年的手机阅读，特别是微信阅读作为新兴阅读方式，极大地丰富了阅读内涵，受到推崇，甚至成为一部分读者获取知识的来源之一。同时由于微信功能过于庞杂，一些人沉迷

于其娱乐功能，影响了阅读质量。

与传统阅读相比，阅读内容的浅层化和娱乐化又导致读者深阅读不足，长此以往导致读者特别是青少年读者在思考力、感悟力和逻辑力的培养上造成欠缺。阅读只能停留在"娱乐阅读"层面，此层次只利于培养对文字的敏感性，仅是阅读的一个起点。真正的阅读是跨越"娱乐阅读、经典阅读、史哲阅读"层面的第四层面的阅读——思想阅读，只有到第四层并建立自己的一套思想体系才能真正读有所成，而这是新型阅读相对缺乏的部分。

（五）随着社会发展步伐的加快，人们的阅读选择强调实用性，导致阅读目的逐渐偏向功利化

置身压力大、节奏快、竞争激烈的社会之中，人们越来越难以做到"两耳不闻窗外事，一心只读圣贤书"。在互联网阅读方面，无论是阅读新闻、查询信息，还是阅读网络书籍、报刊，网民都是为了满足自己的需求而获取信息，并不是为了学习、扩展知识等而阅读。在传统阅读方面，国民偏爱选择实用性较强的读物，而不是很强调阅读经典。因此，功利化阅读是随之出现的必然现象，是人们快速适应社会并跟上社会发展步伐的手段之一。

中国青年报社会调查中心在 2009 年开展了一项"读书功利化"在线调查，80.2%的被访者认为就业、工作压力以及形势所迫等使功利化阅读成为大势所趋。由此可见，功利化阅读趋势的发展同样可以为阅读者补充知识素养提供帮助，只是对阅读服务提出了更高要求，如阅读内容要更有针对性、阅读方式要更灵活等。

第四节　阅读的社会评估

每年世界各地许多国家都在开展形式多样的阅读活动来推广和倡导全民阅读，那么推广成效需要依靠哪些指标得以彰显，行政职能部门的行为是否符合规定，社会效率如何，这些都需要以评价指标来判断。因此，对全民阅读的研究和对阅读推广效果进行评估也是各国的研究方向之一。

一、阅读的社会评估理论概述

阅读的社会评估理论也是来源于社会学中的社会工作评估理论。社会工作评估也称为社会服务评估，是评估活动的一种，是针对社会工作或社会服务而进行的评估，使用科学的研究方法对社会服务项目的设计、策划、实施和效果等方面进行的测度、诊断和评价的活动。

阅读的社会评估是对全民阅读服务工作的一个评估。既包括全民阅读工作中的评估，也包括全民阅读工作结束后的评估。前者是阅读工作者为了有效开展服务而进行的评估，包括对服务对象需求的评估、对于服务对象方案的评估及选择，以及对社会工作过程的评估；后者是对已开展的阅读社会服务进行的评估，是对阅读社会服务结果、效果和影响的评价。

阅读社会评估的具体对象是社会服务的计划、实施过程及结果。这里的社会服务可以是个人性的、集体性的或社区性的；其服务的内容可能是救助和解困，也可能是预防和发展。

阅读社会工作评估的目的：一是考查阅读社会工作介入效果，服务对象进步情况及介入目标的实现程度；二是总结阅读社会工作经验，改善工作技巧，提升服务水平；三是验证阅读社会工作方法的有效性，通过评估验证、在验证的基础上修改和完善阅读社会工作的介入方法，是评估的一个主要目的；四是进行阅读社会工作研究，通过阅读评估过程系统地汇集资料，积累实践的知识和经验。

阅读社会评估的作用：

一是监督阅读工作介入进度。评估资料是检验介入和工作程序绩效的证据，通过对它们的分析可以起到督促阅读社会工作者，提醒服务对象和社会工作者注意工作方向和进度的作用。

二是发展本土阅读社会工作知识和方法，促进专业成长。评估能够帮助阅读工作者去反思每一个工作环节和整个介入工作的过程，有机会让阅读工作者进行反思、总结介入的得与失。从评估中获得的经验能够用来改善服务机构，提升社会工作者的能力，促进阅读社会工作者的专业成长。

三是巩固改变成果。通过评估可以帮助阅读社会工作者和服务对象回顾改变的过程，服务对象可以从中学习解决问题的方法和策略，帮助他们增强社会功能和解决问题的能力。

四是社会问责，向阅读服务对象做出交代。评估能够让阅读服务对象知道介入工作取得的进展，需求是否得到了满足，介入策略是否实施，目标是否已经实现。

五是进行社会交代。阅读社会评估是阅读社会工作向社会交代其在多大程度上实现了专业目标和它的社会功能的过程，说明阅读资源的使用情况和效益，接受公众的监督，进行专业问责，评估能够确定阅读社会工作的介入是否恰当，并识别出对服务对象的影响，找出需改进的地方，提升后续专业实践的服务质量。

阅读社会评估的类型：一、过程评估，是对整个阅读工作介入过程的监测，包括阅读社会工作介入过程中的评估。它对工作过程的每一步骤、每一个阶段分别作出评估。关心的重点是阅读工作中的各种步骤和程序怎样促成了最终的介入结果，方法是了解和描述介入活动的内容，回答服务过程中发生了什么，以及为什么发生。过程评估在服务过程的各个阶段侧重点不同。二、结果评估，结果是指全民阅读行动最终完成的形态。结果评估是在工作过程的最终阶段进行的评估，包括目标结果和理想结果两个部分，相对而言目标是比较概括的，而结果则是具体并可以度量的。

从全民阅读工作评估看，国际上阅读工作评估与一般性的社会工作评估相比，还有自己的特点与差异。主要体现为，阅读社会评估既包括社会工作评估中的阅读工作效果评估，还包括另一类的评估，即读者阅读能力的评估，也可以称之为服务对象的评估，它的目的不是为了测评阅读工作的成效，而是为了测评读者的个体阅读水平与阅读能力，从而有针对性地提出差异化的对策。当然，这种评估同时也间接反映了开展阅读工作的成效。

二、国外阅读评估概要

国外非常注重个人阅读能力的评估。如俄罗斯《国家支持和发展阅读纲要》，第六章提出了一套定性指标与定量指标相结合的评价标准，用以评估阅读推广活动的社会、经济效益。美国《不让一个孩子掉队法案》针对学生、教师和学校规定了严格的数字标准，奥巴马政府则在 2009 年提出了《统一核心标准》（Common Core Standard）。美国国家教育进展评估项目（National Assessment of Educational Progress，NAEP）是向美国公众报告学生在不同学科的教育进展状况，并且是在美国国内连续、长期开展的中小学生学业评价体系，由全美教育发展评价委员会主持。阅读评估是其中的子项目，用于检测出美国中小学生实际的阅读能力。

NAEP 在 2007 年报告里指出，在全国选取 35 万多名有代表性的四年级和八年级学生，以他们为样本参加 2007 年的阅读评估活动。评估结果显示，被测试的四年级和八年级两个年级的学生，无论白种人、黑种人还是西班牙裔学生在阅读方面比以往取得了一些进步，尤其是阅读能力较差的学生进步明显，同时女生的进步优于男生。[①]

西班牙学者使用早期阅读评估方法（Early Grade Reading Assessment，EGRA），以抽样的方式对西班牙国内的儿童阅读情况进行了调查。这项调查以 400 名 6—8 岁儿童作为样本，证明了对西班牙儿童进行早期阅读障碍风险监测和早期阅读教育计划是有用的。[②] 葡萄牙的国民阅读计划（The National Reading Plan，NRP）是由葡萄牙教育部于 2006 年发起的一项长期、连续的全民阅读活动，计划分为两个五年阶段，共持续十年。NRP 的评估使用了基于各种调查的定量分析和基于文档分析、观察、采访、案例研究等的定性分析。该项目在全国范围内通过多指标、混合方法的指标体系反映国民阅读的情况。[③]

除了本国范围内的评估，国际图书馆界以及国际组织也开展针对全球范围内的阅读评估。

（一）学生能力国际评估计划和全球学生阅读能力进展研究

在知识经济时代阅读素养是学生能力的重要组成部分。为了从基础教育切实增强学生的知识和技能以提升国际实力，一些国家开展了国际性学生能力评

---

① 倪文锦、郑桂华、叶丽新：《阅读评价的国际借鉴》，《课程·教材·教法》2014年第12期。
② 夏立新、李成龙、孙晶琼：《全民阅读综合评价指标体系构建的探索——以〈武汉市全民阅读综合评估指标体系（试行版）〉为例》，《图书情报知识》2015年第4期。
③ 胡维青、陈淑英、张艳花：《葡萄牙"国民阅读计划"的评估及启示》，《图书馆工作与研究》2015年第3期。

估的项目。其中，最具有影响力的两个阅读评价研究分别是 PIRLS 和 PISA。

全球学生阅读能力进展研究（PIRLS），由国际教育成就评鉴委员会（IEA）主办，是一项长期、定期开展的阅读素养评估计划，每五年一个循环。2001 年启动时有 35 个国家、地区参与，2006 年达到 46 个，2011 年达到 55 个，华文阅读区域的中国香港、中国台北、新加坡已经参与该项目。PIRLS 选择的评估对象是处于"学习阅读"和"从阅读中学习"过渡期间的小学四年级学生，具体目的是测量学生阅读素养以及与调查有关的各种影响阅读能力发展的因素。[1]

学生能力国际评估计划（PISA），由经济合作与发展组织（OECD）策划开展，于 1997 年发起并推动。PISA 以 15 岁 3 个月至 16 岁 2 个月的学生为评价对象，PISA 选择阅读、数学、科学三个学科进行评估，每三年确定其中之一作为主要评估内容，九年为一个周期。目前全球已有 70 多个国家和地区参加。我国除香港和台湾地区外，上海已经参加了 PISA 2009 和 PISA 2012，引起了很大的反响，PISA 2015 的测试新增北京、江苏、广东三个地区学生参与。[2]

PIRLS 与 PISA 都是基于阅读的能力层次来评价学生阅读素养，从而帮助各国了解本国学生能力水平，发现影响阅读的因素，提供制订教育政策的有关建议等以促进学生阅读能力的发展。从实际操作来看，这些功能已得到发挥。如德国曾因学生在 PISA2000 中表现不佳，引发新的教育改革。PISA 与 PIRLS 除监测作用外，在预测学生未来发展、改进教学评估等方面也发挥多种积极功能。

（二）国际图书馆界阅读评估

国际图书馆界十分重视阅读活动的评估。国际上，传统的图书馆评估多立足于规划布局、馆藏资源、经费投入等硬性指标，旨在以布局得当的阅读设施、全面系统的馆藏资源、充分有效的经济保障为广大民众提供均等化的公共文化服务。国际图联（IFLA）于 2012 年制定了《基于图书馆的素养项目指南》（Guidelines for Library based-Literacy），其中明确提出："判断素养项目是否成功，需要参考参与人数、用户评价、对社会的影响、用户素养是否提高、项

---

[1] 素廖先、祝新华：《从国际阅读评估项目的最近发展探讨阅读评估策略》，《全球教育展望》2010 年第 12 期。

[2] 冯渊：《PISA 考试对我国中考命题的启示——以阅读题的命制为例》，《中国考试》2014 年第 2 期。

目的结构等方面定期进行评估。"

美国图书馆协会的"一城一书"（One city，One book）活动指南，也明确提出活动评估是活动的最后一个步骤，应对活动影响、效用及范围进行评估。指南提供两类评估模板，一个来源于芝加哥公共图书馆，包括活动知晓方式、参与方式、参与原因等方面；另一个来源于格林斯巴勒公共图书馆，内容更详细，包括读者是否读完推荐图书，对该书的认同，对该书的讨论，对该书的评价，对活动的意见，等等。①

（三）其他阅读评估项目

随着阅读活动举办主体越来越多元，评估也不再局限于图书馆界。如由英国读写素养信托组织（National Literacy Trust，NLT）主办的"阅读之星"（Reading Stars）项目，每年采用问卷调查、访谈等多种形式进行评估，内容涵盖项目开展前后的各种变化。

从2014年的报告来看，"阅读之星"参与人数越来越多，覆盖的范围越来越广，儿童的阅读态度、阅读水平、阅读兴趣、阅读数量、图书馆使用情况、图书选择能力、写作能力、口头表达能力等多个方面都得到了提升。由英国国家阅读促进公益机构图书基金会（Booktrust）主办的"预订一空（Booked Up）"阅读推广活动则从阅读频率、阅读信心、对阅读和图书的态度、家庭图书消费情况四个方面进行评估。②

三、我国阅读评估开展现状

我国开展全民阅读活动多年，基础阅读设施不断改善，社会阅读风气日渐浓厚。为实际掌握开展全民阅读活动的成效和发展对策，我国学者和研究机构开展了大量规模不等、目标不同、内容有异的评估工作。科学测评全民阅读工作取得的成果，发挥评价在全民阅读事业中的导向及监督作用，成为全民阅读

---

① 夏立新、李成龙、孙晶琼：《多维集成视角下全民阅读评估标准体系的构建》，《中国图书馆学报》2015年11月。
② 赵俊玲、郭腊梅、杨绍志：《阅读推广——理论·方法·案例》，国家图书馆出版社2013年版，第180页。

深入持久开展的必然要求。

我国十分重视各类公共阅读设施评估标准的制定与实施，学界和业界在公共文化服务体系的建设方面开展了相关研究和实践。近几年关于建立全民阅读综合评估标准体系，加强全民阅读体系构建进展的动态跟踪，加强全民阅读活动的成效评价等相关问题的研究和实践逐渐展开。

首先，公共图书馆服务评估方面，2008年颁布实施的《公共图书馆建设标准》按照服务人口确定公共图书馆的建设规模，按大中小型分级。① 2012年开始实施的《公共图书馆服务规范》更进一步明确了公共图书馆的服务标准，增加了服务资源、服务效能、服务宣传以及服务反馈的考核指标。② 为鼓励、促进公共图书馆发挥重要作用，文化部自1994年起组织实施全国县级以上公共图书馆评估定级工作，2013年进行的第五次评估定级从设施与设备、经费与人员、文献资源、服务工作、协作协调、管理与表彰、重点文化工程七个方面进行评估。③

其次，基层阅读设施评估方面，2008年7月由新闻出版总署制定的《农家书屋工程建设管理暂行办法》、2008年由中华全国总工会发布的《中华全国总工会关于开展全国工会"职工书屋"建设的实施意见》、2009年10月由文化部颁布的《乡镇综合文化站管理办法》等，都涉及场地面积、藏书量等方面的硬性要求。2013年文化部组织第一次全国乡镇综合文化站评估定级工作，从办站条件、队伍建设、公共服务、领导管理、提高指标五个方面进行评估定级。④ 2011年初，文化部和财政部启动创建国公共文化服务体系示范区（项目）工作，制定了东、中、西部的示范区创建标准，涵盖了公共文化服务体系建设的设施网络建设、服务供给、组织支撑、资金人才和技术保障、服务评估五大方面。⑤ 2015年，中国图书馆学会发布书香城市（县级）、书香社区标准指标

---

① 中华人民共和国文化部：《公共图书馆建设标准：建标108—2008》，中国计划出版社2008年版。

② 中华人民共和国文化部：《公共图书馆服务规范：GB/T28220—2011》，中国标准出版社2012年版。

③ 中华人民共和国文化部：《关于开展第五次公共图书馆评估定级工作的通知》，2017年10月25日，http://59.252.212.6/auto255/201212/t20121221_29410.html?keywords=%E8%AF%84%E4%BC%B0%E5%AE%9A%E7%BA%A7。

④ 中华人民共和国文化部：《文化部办公厅关于开展第一次全国乡镇综合文化站评估定级工作的通知》，2017年10月25日，http://59.252.212.6/auto255/201304/t20130422_29770.Html?keywords=%E8%AF%84%E4%BC%B0%E5%AE%9A%E7%BA%A7。

⑤ 李国新：《示范区（项目）创建与公共图书馆发展》，《中国图书馆学报》2012年第3期。

体系，从阅读设施、阅读资源、阅读活动、阅读服务、阅读环境、阅读成效等方面进行评估。

再次，在经营性阅读设施的评估方面，将书店、书城、报亭等经营性阅读场所进行评估的标准很少，多是将书店作为一项考核指标纳入到评估体系中。如《书香城市（县级）标准指标体系》将"县、乡镇实体书店、书报亭、代销点"作为三级指标，要求"基本健全，以解决市民购书、藏书的便利"[①]；《武汉市全民阅读综合评估指标体系（试行版）》中设置三级指标"书店设置率""书店覆盖率"，考察经营性阅读设施的建设与布局[②]。在实体书店日益受到电子商务极大冲击情况下，通过评估摸清经营性阅读设施的发展瓶颈及潜力，在经营模式、特色服务等方面进行评估就显得尤为重要。

其四，对阅读资源使用和阅读活动效果的评估方面，首先反映在阅读现状的数据上，即国民当前的阅读率、阅读量、阅读时长、阅读方式、阅读偏好等方面，主要用于综合评估城市阅读发展状况和水平的城市阅读指数，主要由城市居民阅读基本建设指标和城市居民阅读行为指标组合而成。由于我国的全民阅读活动自开办以来就具有"城市化"的鲜明特点，已经形成深圳读书月、北京阅读季、书香中国上海周、湖南三湘读书月、广州书香岭南、江苏读书节等品牌活动，进而一些城市和地区研究把握全民阅读状况及其现状时引入了城市阅读指数的概念。例如，湖南省在2011年率先开展了对全省14个市州的阅读调查并发布了全省城市阅读指数调查报告。

2012年，江苏省张家港市发布全国第一个城市评估指标体系——"书香城市"建设指标评价体系，该体系以城市为评价对象，包括阅读设施、阅读资源、阅读组织、阅读活动、阅读环境、阅读成效及保障条件等7个一级指标，以及44个二级指标和87个三级指标。此外，还有深圳市的阅读指数、武汉市的全民阅读综合评价指标体系、北京市的阅读指数评价体系、南京大学书香社会综合评价指标体系等。湖北省和江苏省从2013年起，连续几年委托中国新闻出版研究院调研和发布本省及各地市（州）阅读指数排行榜。这些评价方法有的叫阅

---

① 中国图书馆学会：《中国图书馆学会关于发布书香城市（县级）、书香社区标准指标体系的通知》，2017年10月25日，http:///www.lsc.org.cn/news/201710/25news_7973.html。
② 夏立新、李成龙、孙晶琼：《全民阅读综合评价指标体系构建的探索——以〈武汉市全民阅读综合评估指标体系（试行版）〉为例》，《图书情报知识》2015年第4期。

读指数，有的叫指标体系，都是试图对阅读活动进行综合评价。

第五节　我国书香社会阅读评估指标体系及评价标准

一、我国书香社会阅读评估指标体系的发展背景

党的十八大和 2014 年我国《政府工作报告》提出"倡导全民阅读"，2015 年的《政府工作报告》提出"提供更多优秀文艺作品，倡导全民阅读，建设书香社会"，2016 年《政府工作报告》中延续提出"倡导全民阅读"。2017 年的《政府工作报告》中，全民阅读从前几届的倡导进一步升级为"大力推动"。"全民阅读"和"书香社会"在政府工作报告中共同出现，二者之间存在着密切联系。

书香社会特别强调了读书的价值，书籍是最重要的知识载体。"书香"充溢社会，读书风气盛行，读书是全民阅读发展中最关键的内容。同时，随着信息技术的发展，书籍呈现的形式也趋于多样，数字阅读、视听阅读、网络阅读成为人们读书的新形式，电子书、听书、可视化图书等多样的书籍阅读形式涌现，"读书"的内涵和外延越来越广泛。可见，书香社会的建设很大程度上覆盖了全民阅读的主要内容。

全民阅读工作所取得的成就，为"书香社会"理念在中国的推广奠定了基础。2015 年《政府工作报告》中首次提出"建设书香社会"，这一提法不仅把"倡导全民阅读"提上了一个新高度，更为全面深化改革的政治、经济、社会发展增添了文化底蕴。

书香社会是将促进读书、养成读书习惯作为全民阅读推广的重点。书香社会建设涉及政府、市场、社会组织、个人等多个主体，它极有可能成为大众消费的快速增长点，对经济发展的综合带动作用十分巨大。

随着书香社会的蓬勃发展，相应产生的是如何评价和创建书香社会的问题。2012 年"两会"期间，政协委员聂震宁等 13 人提出《关于将城市阅读指数纳入文明城市指标体系的建议》，建议通过建立科学、可量化的阅读评价指标，反映地区的公共阅读环境的建设情况，进一步改善城市全民阅读状况，提升城市文明水平。原国家新闻出版广电总局在 2016 年出台的《全民阅读"十三五"时期发展规划》中明确指出，应建立书香社会指标体系，定期开展全国国民阅读

调查，建设全民阅读监测体系，监测全民阅读发展水平、阅读服务公众满意度、阅读服务标准实现程度；对全民阅读活动和工程效果进行第三方测评，收集群众反馈意见，对活动进行科学评估。

通过书香社会指标体系，一方面，要明晰书香社会发展中全国和各地区的优势劣势、成果缺点；另一方面，需要对工作发展处于何种水平、与其他地区的差距有所了解。最近几年，全国各地区涌现出积极建设书香社会指标体系的热潮。2012 年 11 月，张家港市发布了全国首个覆盖城乡的"书香城市"建设指标体系，力推全民阅读由模糊定性向科学考量转变。随后几年，苏州、深圳、武汉、镇江、北京等地也开展了地方书香社会评价、建设指标体系的拟制和发布工作。

二、书香社会阅读评估指标体系创建的意义

建立一套科学的评价体系，科学、合理、全面地反映和评价书香社会的发展情况，并且通过评价体系进一步指导书香社会的创建，是构建书香社会指标体系的基本目的。

书香社会指标体系应当能够大体反映我国各地区、各类型社会的阅读发展概况，同时能够对各地阅读环境设施的建设和使用状况进行持续的跟踪分析，进行多地之间的比较甚至展开国际比较。在此基础上，寻找书香社会发展当中的弱势和问题，提出相应的政策建议和对策。评价和促进两方面的目的和意义，缺一不可。因而，书香社会指标体系应当由两部分内容构成，一方面，评价发展状况；另一方面，指导创建内容。既能够用于评价书香社会的发展状况，反映静态的结果，也能够指导书香社会的创建行动，反映动态的过程。基于此，书香社会阅读评估指标体系创建有如下意义。

（一）评估政府阅读工作绩效的手段

书香社会阅读评估指标体系能够成为政府绩效评估的手段，成为各地组织领导机构更好地推动统筹规划和资源配置的有效方法，成为政府提高阅读管理和服务水平的抓手。评价结果的公布，则是大力推行政务公开，构建阳光透明政府的有效方法。

目前，我国已有25个省（直辖市、自治区）建立了全民阅读组织领导机构，这些组织机构大部分由省委省政府牵头，宣传、财政、文化、教育、新闻出版等相关行政部门任成员单位，办公室大多设立在新闻出版部门，这些政府机构在推行全民阅读工作的同时，需要对其工作水平和管理绩效进行评价。书香社会指标体系，经过适当调整，能够适应不同地域、不同类型、不同层级的政府绩效评估，因而其方向导引作用应当大于具体约束作用。同时，县级政府甚至村级组织，对科学管理和绩效评估也产生了强烈的需求，而其面临的实际治理状况往往非常琐碎和复杂，如何通过这样一套体系满足基层治理绩效评估的需求，是指标体系建设的难点。

（二）评价社会阅读服务水平的方式

书香社会指标体系最重要的意义在于它应当反映整体社会阅读服务供给水平。阅读服务供给的主体可能来自政府、市场、社会组织、公益组织和个人，一个国家、省市、地区的全民阅读水平，是多个供给主体多方力量共同作用的结果，因而，书香社会指标体系应当对政府阅读公共服务水平、市场阅读产业服务水平、公益阅读服务水平等阅读服务有一个综合和整体的反映。

评价阅读服务的水平，需要勾勒全民阅读作为政府、市场、社会和个人共同推进的一项工作的概貌，并且使阅读服务与个体感知和满意度之间的关系的建立成为可能，因为大众在评价阅读管理或服务水平时，很难单独抽离出政府的作用，而是需要对一个综合的阅读环境予以评价。全民阅读评价指标体系应当能够综合反映全民阅读环境，反映各供给主体的努力、成果和成效。

（三）创建书香社会的具体指引

书香社会指标体系能够为全民阅读建设提供指导，首先表现在，标准化的测评使对阅读发展的跟踪分析、对不同地区进行综合比较和评价成为可能。例如，它形成一个统一的、同口径的、可比较的阅读指标，在国内具有广泛的可推行性。可以通过评价体系建立分省市的阅读指标，横向比较进行排序；可以获得纵向数据，反映各省份、各城市阅读状况随时间变化而发展变化的趋势。在明晰现状和趋势的基础上，指引全民阅读建设的方向。

更重要的一点是，在科学评价书香社会发展状况的基础上，书香社会体系能够实际地指引全民阅读建设工作，根据评价结果应当能够提出具体的书香社会创建意见和建议，能够指导并提出创建书香城市的具体措施。书香社会指标体系在创建书香社会方面的价值尤其表现在，能够提高政府管理和公共服务水平。通过评估政府阅读工作的绩效，应能够帮助政府部门积累工作经验，改善工作不足，加快基础设施的建设和增强服务能力，有的放矢地开展阅读管理和服务工作。

（四）推动阅读产（事）业全面发展

以客观明了的数据反映我国国民的阅读状况和各地公共阅读文化的建设情况，不仅能够评价政府绩效和管理服务水平、评价社会阅读服务水平、指引书香社会的创建工作，而且能够推动阅读产（事）业全面发展。

书香社会指标体系的发展，能够提高社会对全民阅读活动的重视程度，在社会中形成阅读文化氛围，能够吸引社会各界关注阅读，使阅读参与者积极关注阅读工作的成效，从而有利于促进各地居民的阅读积极性；能够提出具体的指导，使未来阅读服务的内容更加丰富、更具吸引力；在体系的测评过程中，能够促进各地阅读文化设施的建设力度；最终能够提高我国国民的阅读水平，为社会主义文化大发展大繁荣奠定坚实的基础，推动全民阅读产（事）业全面发展。

三、书香社会阅读评估指标体系建设的现状

目前，全国范围内已经出现了多项创建书香社会指标体系的尝试。概观当前的书香社会指标体系，多数体系将阅读环境、阅读基本设施建设和阅读服务提供等作为评价的主要内容，有代表性的如张家港市、武汉市和江苏省以及南京大学创建的指标体系，其中大部分体系侧重评价由政府提供的阅读公共服务，例如武汉市和江苏省的评价体系。此外，还有一些指标体系将个人阅读状况的评价视为同等重要的评价维度，尝试综合反映个人阅读情况和公共阅读服务状况，有代表性的如中国新闻出版研究院创立的书香社会指标体系。

一些城市结合地区特点形成了城市阅读设施与服务评价指标体系。2013年，张家港市首次发布"书香城市"建设评价指标体系，内容涵盖阅读设施、阅读资源、

阅读组织、阅读活动、阅读环境、阅读成效及保障条件等7个维度87项指标，后续出版《张家港市"书香城市"建设指标体系（试行）解析》一书对指标体系进行详细论述。2014年，苏州市"书香苏州"建设指标体系开始试测，从阅读设施、阅读资源、阅读活动、阅读服务、阅读环境、阅读成效和保障条件等7个维度出发，测度了82项指标，在维度和指标设计上与张家港相似。

2015年，江苏省的"书香江苏"建设指标体系，通过阅读服务、阅读活动、阅读成效和阅读保障4个方面的97项指标评价全民阅读的政府工作开展情况。2015年，镇江市的书香建设标准指标体系包含了书香机关、书香校园、书香家庭、读书明星等9类示范点建设和评选标准，每项标准对阅读设施建设、阅读氛围营造、阅读活动开展、个体阅读量、阅读成效等方面进行了量化，属于综合性的评价体系。2015年，武汉市全民阅读综合评估指标体系，测度了阅读工作中的基础建设、服务系统、阅读活动、阅读绩效、保障措施的73项指标，与张家港和苏州市的评价体系类似。

南京大学的书香社会综合指标体系指标涉及体制机制、资金资源、组织人员、阅读行为表现、阅读资源绩效等5个维度132项指标，侧重从政府角度出发对阅读状况进行评价，指标较为详细。

已有的书香社会指标体系具有不同的特色，部分指标体系侧重于"创建"指标，即关注"怎样去做"的创建问题，例如张家港市的指标体系；另一部分指标侧重于"评价"指标，即关注"现状如何"的评价问题，例如深圳市阅读指数指标体系。一部分体系采用了对阅读方和供给方综合测评的指标体系框架，即对阅读供给包括设施与服务水平以及个人的阅读状况进行评测，例如中国新闻出版研究院的指标体系，另一部分体系则将阅读供给作为评测的主要内容，例如南京大学的指标体系。

四、书香社会阅读评估指标体系的构建

各地为积极推进全民阅读工作而不断进行的书香社会指标体系的创新性探索，为创建全国引导性的或全国适用的书香社会指标体系奠定了基础。中国新闻出版研究院研究创建的书香社会指标体系，通过对居民的阅读率、阅读量、阅读观念、阅读公共服务普及度、利用度和满意度的考察，形成书香社会总指

标以反映书香社会的发展状况。

这套指标体系的创立，首先建立在对已有体系的综合考察和比较的基础上，其次建立在书香社会应涵盖"居民阅读水平"和"阅读公共服务"两个维度的理解上，其三是考虑到选取指标应具有简洁性、实用性、标准化和可通约性等特点，其四是基于课题组长期的阅读理论研究、阅读调查经验以及遵循科学的研究方法。

（一）书香社会评价的主要指标

在书香社会评价中，有两项最为重要的指标应予以考察，即居民阅读水平和阅读公共服务水平。其中居民阅读水平是书香社会评价的核心指标，阅读公共服务水平是书香社会评价的重要指标，以下对这两项书香社会评价的主要指标进行阐释。

1.居民阅读水平是书香社会评价的核心指标

评价书香社会，应当将居民阅读水平作为必备的核心指标。首先，居民阅读水平的提高是书香社会建设的终极目标。无论阅读基础设施的建设、阅读资源的集聚、阅读公共服务水平的提高，还是阅读产业的发展、阅读社会组织的涌现、政府全民阅读工作的推进，其终极目标和长远价值都在于提高居民的阅读水平，居民阅读水平体现着书香社会发展的核心价值观。其次，居民阅读水平是书香社会创建的真实反映。一些地区大规模兴建基础设施、举办阅读活动，但阅读设施使用者、阅读活动参与者却寥寥无几，根本原因在于阅读公共服务的质量、精准化程度、个性化程度较低，类似问题唯有从工作成效，即居民阅读水平的层面去测量才能够显现。书香社会的创建工作只有在工作成效和阅读者反馈层面得到切实反映，才能形成可持续的工作链条。

居民阅读水平作为书香社会评价的核心指标，特别会反映在阅读率、阅读量两项指标上，在世界范围内阅读率、阅读量也是反映居民阅读水平的通用指标和关键指标。与此同时，居民阅读水平的考察需要有广阔的思路和视角。例如，对居民阅读量的考察，既包括图书、报纸、杂志的阅读量，也包括数字阅读即电子书、网络在线阅读、手机阅读等的数量；考察的方式既可以从居民自身报告的阅读量情况体现，也可以从居民的购书量、居民的阅读消费等方面体现，在内容和形式上具有灵活性。对居民的阅读质量，可以从阅读内容去评价，也可以从居民自身对阅读的重要性认知去反映，一些特殊指标，如儿童阅读率、3 周岁以前阅读率对于反映阅读习惯、阅读兴趣、早期阅读教育等有重要的指示作用，可以根据研究者的研究旨趣和理论建构纳入指标体系。

2. 阅读公共服务水平是书香社会评价的重要指标

阅读公共服务水平是评价书香社会中的重要指标，反映书香社会建设的客观状况和建设路径。阅读公共服务水平主要印证着阅读基础设施建设、资金支持和人力资源集聚状况，因为人力、物力和财力都是书香社会创建的基础条件。从阅读公共服务评价的内容看，评价应包括三个方面。

第一个方面是公共服务的普及度。即公共服务设施和活动等的覆盖面，包括公共图书馆建设情况，学校图书馆普及情况，社区书屋和农家书屋建设情况，实体书店的建设情况，全民阅读活动开展情况，等等。公共服务普及度考核的是公共服务设施建设情况及阅读活动的数量及规模等，体现了阅读公共服务的覆盖范围及其背后的财政投入情况。

从公共服务基础设施建设角度看，评价包括图书馆、阅览室、文化馆、农家书屋、书店等基础设施，是阅读氛围形成的主要载体，电子阅览室、数字图书馆、新阅读空间也属于重要的阅读设施，这些共同构成书香社会创建的基本条件。农家书屋是农村文化基础设施建设内容之一，通过具体、直接的形式，为农村地区人民提供了重要的信息资源和精神食粮。

从资金支持来看，评价一般包括来源于政府的财政资金和社会的民间资金。政府的财政资金支出在书香社会创建中可以发挥引导和调节作用，针对构建书香社会的具体目标，通过合理匹配资金进入不同渠道，实现对很多具有基础性作用资源和要素的购买。财政资金除了能够为书香社会铺设很好的基础条件之外，还可以引导创建方向，动员对于书香社会构建有很强作用的各种社会支出，产生较好的聚集效应，获得更好的社会效益。一般来说，在市场经济条件下，财政资金可以覆盖社会投资的三大主要类别，从竞争性项目、基础性项目和公益性项目中发现政策着力点，实现对书香社会构建的支持和引导。

阅读产业资金作为社会资金，在合理的激励引导机制下可以发挥出财政资金不可比拟的巨大优势。民营经济参与阅读产业的广度和深度是书香社会构建能否取得全局性成果的基本因素，可以说，民营经济中阅读产业资金的大量投入，是调动社会力量实现书香社会构建的最重要力量。一般来讲，社会上参与阅读产业的民间资金有两类，一类是阅读产业企业的投资，另一类是社会金融资本对阅读产业的投资，两者通过不同的驱动机制对于书香社会的构建产生影响。

从人力资源来看，阅读业的劳动力包括阅读产业从业人员、阅读业专业人士、阅读推广人等。目前还没有调查对阅读业的从业人员进行统计，2013年《中国出版年鉴》的数据表明，出版业2013年全年获得高级职称的人数为346人，这个数字每年维持在300人左右；2014年《中国图书馆年鉴》表明，全国公共图书馆在职高级职称人数为5322人，占总从业人员比例9%，其中正高级职称人数仅占1%，可见阅读领域的专家数量都有待提高；阅读推广人制度目前仍处于发展阶段，2012年深圳进行了首批阅读推广人培训，并出台《阅读推广人管理办法》，计划培训500名阅读推广人。阅读业从业人员呈现专业化趋势，但数量仍相对较少，劳动力素质需要不断提高。并且，阅读业的专业机构和科研机构的数量也相对较少。

第二个方面是阅读公共服务的利用度。即阅读公共服务设施等的利用率，是否经常开放，是否有较多的人来使用，这是建设阅读公共服务设施的目的所在，如果建设了设施而没有充分投入使用，则体现了设施的巨大浪费。阅读公共服务设施的利用度反映了居民参与阅读活动、使用阅读设施、享用阅读服务的实际情况，体现了阅读公共服务的供给水平。

第三个方面是评价阅读公共服务的满意度。通过居民对公共阅读设施和阅读活动等公共服务的满意度评价，考察公共阅读服务的服务质量。具体包含阅读设施服务满意度、农家书屋服务满意度、阅读活动服务满意度和学校图书馆服务满意度等读者对各类公共阅读设施、阅读服务与阅读活动的满意度。阅读公共服务满意度，考察了居民对于阅读设施和阅读活动的满意情况，是阅读公共服务质量和效果的直观反映。

阅读公共服务水平的提高，首先依赖于阅读业从业人员素质的提高，也依赖于社会整体外部环境的发展和优化，包括人文环境、文化氛围、阅读行业发展等，更依赖于管理科学的进步，这需要相对较长时间内的努力。

以上三个方面从阅读公共服务的建设情况、使用情况及服务质量三个环节进行了全面系统的考察，相对全面地反映公共服务的整体水准。

（二）书香社会指标体系的具体指标和总指标合成方法

1.指标维度

书香社会指标体系是以居民在阅读方面的感知和行为为出发点，旨在反映居民阅读水平和阅读公共服务水平的系列指标体系。其中，居民阅读水平是书香社会评价的核心指标，阅读公共服务水平是书香社会评价的重要指标，因而书香社会指标体系中应当涵盖个人与公共两个方面。

2.具体指标阐释

对于具体指标的选取，中国新闻出版研究院研制的书香社会指标体系经过对100多个指标的层层遴选，本着全面科学、简洁精练、可行实用、可量化通约，同时兼顾易获取、代表性强的原则，共设计确定了25项具体指标。

（1）"居民阅读水平"中包含如下两类指标：

第一类，居民阅读行为，是指居民过去一年的阅读行为，包括图书阅读与拥有情况和综合阅读率等两个维度，涵盖了阅读量、阅读率、阅读消费等具体指标。

具体来看，图书阅读与拥有情况中，图书阅读量是指居民过去一年阅读的纸质图书数量，是国际通用的阅读行为评测指标；人均购书量指居民过去一年购买图书的数量，反映了居民的阅读消费情况；家庭藏书量是以家庭为单位调查居民的藏书情况，藏书情况反映了居民的读书兴趣和读书习惯。

综合阅读率维度则涵盖了图书、报纸、期刊、网络在线、手机、电子阅读器阅读率，由于阅读的范围不断扩展，因此使用"大阅读"的概念测算阅读率对阅读情况反映更加精确。本维度中也创新性地加入了3周岁之前的阅读率，因为3周岁之前的阅读情况能够较好地反映出一个国家未来的教育水平、阅读习惯养成和阅读发展后劲，是一个具有预测性的指标。

第二类，居民阅读观念，是指居民对阅读行为的观念和态度，包括阅读重要性观念和阅读数量自我评价两个具体指标。阅读重要性观念直接反映着居民会出现何种的阅读行为，阅读数量自我评价则体现着居民阅读现状和阅读期望是否匹配。

（2）"阅读公共服务水平"中包含如下三类指标：

第一类，阅读公共服务的普及度，是通过居民对公共阅读设施和阅读活动等公共服务知晓情况的调查，用以考察公共阅读服务的普及程度。具体包括公共阅读设施普及度、农家书屋普及度、阅读活动普及度、学校图书馆普及度和购书点分布密度等。阅读公共服务普及度体现了阅读公共服务的覆盖范围及其背后的财政投入情况。

第二类，阅读公共服务的利用度，是通过居民对公共阅读设施和阅读活动等公共服务的使用或参与情况，用以考察公共阅读服务的利用程度。具体包括公共阅读设施利用度、农家书屋利用度、读书活动参与度和学校图书馆利用度等。阅读公共服务利用度反映了居民参与阅读活动、使用阅读设施、享用阅读服务的实际情况，贴切地评价阅读公共服务的供给水平。

第三类，阅读公共服务满意度，是通过居民对公共阅读设施和阅读活动等公共服务的满意度评价，考察公共阅读服务的服务质量。具体包括阅读设施服务满意度、农家书屋服务满意度、阅读活动服务满意度和学校图书馆服务满意度等。阅读公共服务满意度考察了居民对于阅读设施和阅读活动的满意情况，是阅读公共服务质量和效果的直观反映。

针对每一项指标，还可以形成指标提升对策建议。例如，针对居民阅读水平的图书阅读与拥有量，开展城市读书节是有效的提升路径；再如，针对家庭藏书量的提高，开展家庭书架建设、书香家庭建设都是有效方法；针对3周岁以下儿童阅读率的提高，开展亲子阅读工程、设置母婴书包发放计划、扶持各类绘本馆和儿童图书馆发展等均为行之有效的做法。在开展居民阅读水平和公共服务水平评价后，这些提升路径为如何展开下一步创建行动提出了一些具体建议。

书香社会指标体系和在此基础上形成的书香社会总指标的推出，将在全国范围内形成一个统一的、同口径的、可比较的数值系统，以客观明了的数据反映我国国民的阅读状况和各地阅读公共文化服务情况，让社会各界关注全民阅读的同时，也积极关注阅读推广活动的成效，在全国范围内形成书香城市建设情况的综合比较，进而使城市阅读的活动内容更加丰富、更具吸引力，使城市阅读促进活动的组织更加持续深入。

书香社会指标体系的建立，有利于各地有关部门提高对全民阅读活动的重视程度，有利于促进各地公共阅读文化的建设力度，有利于促进各地居民的阅读积极性，进而从整体上提高我国国民的阅读水平，为社会主义文化大发展大繁荣奠定坚实的基础。

原国家新闻出版广电总局提出推进全民阅读走进家庭、社区、学校、军营、机关、企业、农村的"七进"活动，在社会各领域发展阅读，创建书香社会。书香社会指标体系面临着在不同领域的适用性问题。经过调整，相信书香社会指标体系将能够在书香家庭、书香社区、书香校园、书香机关、书香之县、书香之村等分类领域的评价和创建中得以应用。

小　结

各类阅读调查与监测能够反映不同地区、不同年龄、不同学历、不同性别等的阅读整体情况，不同的阅读工作主体可以了解读者阅读需求发展动向，掌握读者阅读变化规律，为各类阅读组织的管理、保障服务活动，提供切实有效的依据。

阅读评估是一项庞大而复杂的系统工程。宏观层面，可以由国家全民阅读主管机关在全国范围内开展全民阅读工作的综合评估，如通过阅读指数等相关指标反映整个国家的全民阅读状况；中观层面，由不同部门、不同地区在国家总体性指导框架基础上，制定相关评估标准，对职责范围内全民阅读工作进行测评，例如，通过公共文化服务体系评估标准对全国公共文化服务体系建设进行评价，省、市、县则通过地方全民阅读综合评估标准对该地区范围内全民阅读状况进行评估；微观层面，依照国家总体性指导框架以及各部门行业或地方评估标准，建立各单位的评估标准，如公共图书馆、高校图书馆全民阅读评估标准等。

这些调查与评估工作，对了解我国国民阅读水平发展变化趋势及地区差异，对促进全民阅读工作的开展，提高全民阅读工作的针对性和有效性，都将发挥重要的作用。

余 论

人类阅读方式变革中的新旧观念博弈带来的启示 [①]

阅读是人类创造的最伟大的文化成就，通过语言文字作为媒介的运用，使人类拥有强大的、广泛的人际沟通交流、享乐方法，更是打开通向广阔的自然和社会的知识之门，阅读成为人类知识信息的首要来源。

人类的阅读活动随着社会的发展而不断进步，它与社会互动并相互促进，人类文明特别是科技的每一次大的进步，都促进阅读这种信息交流传播方式的变革，阅读方式的变革又促使社会结构转型，重塑旧的社会型态，渐次发展出新的社会关系结构和型态。

欧美学者较普遍认为，人类有三次阅读革命，第一次是近代早期15世纪中期，以德国谷腾堡的金属活字印刷技术发现始，朗读逐步转向默读；第二次是18世纪下半叶以机印书技术运用始，精读逐步转向泛读；第三次就是我们现在所处的时代，由于移动网络数字技术的运用和发展，又一次改变和丰富我们的阅读方式，即由纸读转向屏读、默读与听读、社交互动化阅读共存。如果加上人类阅读前期的"从口述转向朗读"这一次，人类的阅读史应有四次革命（变革）或分为四个阶段。而在人类历史上，每一次阅读变革，阅读对社会的影响和力量始终是人们争论的焦点。

阅读作为人类一种解析书面文本的能力，一种可以获得意义的文化素养，

---

① 黄晓新：《中华读书报》2022年8月26日。

往往会拓宽人们的视野，改变人们的价值观和行为，丰富人们的情感，让读者有可能找到解决问题、困境的更多看法和想法，并让他们用新的视角和方法来观察考察世界。阅读往往"催生"读者的创新意识，追求新奇的情感。阅读总是会否定理所当然的既有观念和答案，使人们提出更多问题。总之，读者通过阅读增加阅历、拓宽视野、增强素养，探求意义和真理并逐步实现自我完善。

阅读事关公众（读者）的知情权、认知域、经典的阐释权和评论权等，阅读影响人的行为，阅读促进社会的自组织。因此，阅读从一开始就既被当权者和既得利益者看成启发交流传播的工具，也被视为对既有道德秩序提出诘难和挑战的途径。

这就不难理解，历史上，人们对读写能力的巨大作用的认识总是和人们对读写能力的影响担忧联系在一起，因而阅读始终是一个道德模糊的话题，常常使人产生爱恨交织的相互矛盾的情感。传统阅读意识、价值观与新的阅读行为观念价值观相互碰撞、争锋、博弈，在这个过程中，促进人类群体进步、文明的发展。

（一）

"语言使人类别于禽兽，文字使文明别于野蛮"。人类早期，主要通过口头对话、预言、神话、故事和史诗（即使到了现当代，世界上依然有些少数民族习惯用口传史诗来传播自己的历史和文化）传递信息、交流思想和情感。在欧洲，约公元前 7 世纪希腊发明了字母，到古希腊哲学家苏格拉底（Socrates 公元前 469－公元前 399）出生的时候，手抄书写文本逐步融入希腊人的社会政治文化之中，西方文明中书面社会的发展，使简洁的、规范的、清晰的和符合逻辑的书面文字逐步替代感性的和诗意的口头语言，在此基础上相应地派生出特定的思想概念和学说等。

当时，精通口述传统的苏格拉底开始质疑手抄书写的合法性、合理性，这从其弟子柏拉图（Platu 公元前 427－前 347）记留下来的老师的对话录中可以一窥其对书写阅读的排斥，苏格拉底对书写根本没有兴趣，也不相信书写有什么价值，他说，写下来的东西，无论是关于什么主题，肯定在很大程度上是出于臆造。他认为，如果人们学会了这个，"它将在人们的灵魂中滋生遗忘，他们不再练习记忆，因为他们会依赖外在的书写符号"。

柏拉图笔下的苏格拉底还用"药物"一词来比喻"写作"与"阅读"具有悖论，认为它既可能成为一剂良方，也可能变为一味毒药。苏格拉底告诫说，一部作品不知哪些读者能够理解作者传达的信息并从中获益，可能有更多的读者还会受到误导并产生困惑。他认为，知识一旦落入那些不配拥有它的人手中，就可能变成对既有社会秩序的威胁。他认为，知识不能写下来不看对象地"四处漫游"，让任何人读到它，因为只有少数值得信赖的雅典公民才有资格去从事追求真理的事业。

苏格拉底说，书面的思想有一种形成其自身生命的可能性，而口头对话，比如苏格拉底与其追随者的对话是由那些彼此拥有相似处境和共同气质的个人，是在一种从容和安全的文化背景中进行的，口头交谈重知识、看对象、注重心智协调的程度，是两个和更多人就特定的内容进行讨论并运用概念的结果，而不是来自单一的静默的写成文字的观念，一个人不能像对另一个活生生的人一样，对写成的文字进行提问和辩论。写作的对象是随机性的，写成文字的书面文本四处传扬，什么人都能读到，自然产生不可预测、让人担忧的结果。

很显然，苏格拉底还是想要采用旧的记忆口述传统来应付新的现实，可见当时的人们已经形成思维定势，对于要改变规范和价值，掌握新的书写技能的任何努力都是反感的。

设计"理想国"社会的柏拉图也曾经对书籍给少儿读者带来的不良影响表示深切的忧虑，他极为关心这些可塑性极强、而分辨力有限的"稚嫩"的城邦未来是否能继续维护"理想国"的秩序。柏拉图本人是当时社会上为数较少的书写阅读者，但他意识到，书写阅读比口传文化造成的影响更加难以控制，他曾呼吁对故事和诗歌进行审查，他特别怕书籍和阅读的影响失控危害他所在社会的稳定。

由于书面文字的准确性、权威性和神圣性，罗马帝国时期的中世纪，宗教主导一切，以"书写"和"阅读"作为传达神谕、权力、法令的载体及其阐释，成为权威和制度的代名词。直到 14—15 世纪，口述传统和书写文化之间的冲突依然在进行，书写与特权相联系，这次反对书写和阅读的却是来自社会底层的人。莎士比亚的戏剧《亨利六世》中就反映了 1449 年杰克·凯德（Jack Cade）起义，当时杰克·凯德带领起义军猛攻伦敦，凯德宣称这次起义的目的是恢复传统的口头文化和规范，包括建立在口头公告基础上的法律，不通过书籍和纸张，而是通过传统方式（如木头上刻画记号）来记录债务和商业。起义的目标是杀死所有的律师、教师等，破坏书写文化的生产和传播场所（法庭、档案馆和造纸厂等）。反叛的杰克·凯德代表了被排斥在书写和阅读圈子之外的社会底层的声音。

正如法国阅读史学者夏蒂埃 (Roger Chartier1945—) 所说，莎士比亚通过它来凸显两种文化之间的紧张："一种文化在公共和私人领域越来越依赖书面文字；另一种文化则建立在怀旧和乌托邦的基础上，向往一个没有文字、人人都能听懂的话，人人都认识的符号治理的社会。"莎士比亚的戏剧反映了下层民众对书写活动包含的权利，以及由书写文化所支撑的整个上层建筑（法律、国家和宗教）强加在他们身上的权势感到不满和愤怒。法国当代阅读史家巴比耶 (Fredrec Barbier) 也强调："人民之所以不出现在（书面阅读）材料中，是因为它属于口头表达的世界，因为社会统治的模式同样依靠一种本质上的文化尺度。进一步说，对于绝大多数来说，书面的东西并非自由的保证，而首先是控制、登记、管理和禁锢的手段"。

苏格拉底和柏拉图对于写作和阅读的批评，他们关于阅读如"药物"的观点，以及古希腊文化中对媒介的怀疑，一直延续至今都是人们感兴趣的话题，虽与时俱进，各有时代特色，但主要还是担心文本的不看对象、"四处漫游"，造成对知识信息和社会道德秩序的破坏。也还有一个原因是，即很多文学家和学者认为，写作和阅读的人为性、不自然性和机械性，是人类情感不真实、被动的、外在的东西，它"缺乏情感深度"（加拿大传媒思想家马歇尔·麦克卢汉语），认为自从有了阅读和写作，人类情感上自我表达能力便丧失了。因此世界文学史上的一些大人物，如西班牙小说家、剧作家、诗人米格尔·德·塞万提斯·萨维德拉（Miguel de Cervantes Saavedra，1547—1616），英国诗人、文学评论家塞缪尔·泰勒·科勒律治（Samuel Taylor Coleridge，1772—1834），英国小说家简·奥斯汀（Jane Austen，1775—1817），英国作家乔治·艾略特（George Eliot,1819—1880），托马斯·哈代 (Thomas Hardy,1840—1928) 等和历史上众多哲学家、思想家、学者，尽管他们都是书写和阅读的最积极参与者并从中广为受益，但都怀疑、讨论、反对过书写和阅读。

（二）

1450 年德国约翰内斯·谷腾堡（Johannes Gutenberg，1397—1468）的金属活字印刷技术解放书籍生产力。在这一技术运用之前，欧洲仅有几千本手抄书籍，即便在梵蒂冈图书馆，也仅藏有不到 2000 册书籍，能拥有并能阅读的主要是神职人员、学者、书史和艺术家，加之中世纪教会的控制，书籍的内容以《圣经》及其阐释读物的拉丁文为主，阅读方式主要是由教士、家庭聚众的朗读和听读。

到 15 世纪末，书籍的数量增长到超过 90 万册，其中 60% 以上还是以罗马帝国的统一权威的拉丁文来印制，而以通俗的日常交流的欧洲各民族语言如英语、法语、德语、意大利语和西班牙语等印制的书籍种类和册数却在增长。1530 年后，以民族语言印制出版的书籍种数便超过了用拉丁文印制的书籍。书籍内容不再只是宗教教义，而是逐步普及的、内容广泛的人生哲理、文学和实用知识等大众读物。

与此同时，德国马丁·路德(Martin Luther，1483—1546)的宗教改革，被称为"印刷书籍的孩子"，也极大地促进了印刷书的普及和阅读。宗教改革意味着教义思想的交锋，宗教改革派和反宗教改革的保守派都利用印刷读物来宣扬自己的主张。宗教改革派强调教徒个人阅读《圣经》的公共义务，瑞典甚至规定不会阅读者不能结婚，读写能力因此普及到平民，促进了阅读的社会化、民主化，也促进文化科学的发展和政治思想的解放，印刷品和阅读的影响力从此渗透到欧洲人生活的方方面面。印刷物从精装到平装、小册子，社会上到处可见手捧书卷个人自由静默阅读的人。

个人默读理解读物特别是《圣经》等促进个性解放和个人自由，释放出极大的社会潜力。因为读者从此可不完全按官方的正统观点来解读文本，而可对读物作出自己的理解和判断。起初对大众性的《圣经》个人默读，神学家和社会精英们表现出热情，随后却迟疑不决起来，他们担心那些阅读《圣经》的人可能由此走上异端的道路。英国著名哲学家约翰·洛克((John Locke,1632—1704)曾指出"《圣经》的印刷出版导致信仰的碎片化，而且还促进了对于信仰的个人化解释"。著名思想家弗朗西斯·培根（Francis Bacon，1561—1626）也说："阅读不是为了反驳和诘难，也不是为了信仰而理所当然地接受，而是为了权衡和考量"。

大量印刷读物的出现对精英思想控制和文化特权构成了威胁，那些享有特权和权力的人，对印刷带来的知识民主化满怀敌意。于是，守旧的天主教会和反宗教改革势力便试图对那些视为危险的或异端的出版物加以审核和控制，他们于 1564 年发布禁书目录，试图控制和规范《圣经》及其解释权。

在这个过程中，提出国家起源学说，反对君权神授，主张君主专制、维护"秩序"的英国著名政治家、哲学家托马斯·霍布斯（Thomas Hobbes，1588 — 1679）强烈感受到，由于阅读的自主性对当时的社会秩序的潜在破坏性影响，他把那些有独立见解和批判意识的读者视为对社会秩序健全的威胁，认为这种愚蠢行为助长了政治危机，导致当时英国的内战。他在其著作《利维坦》中列举的几种国家疾病中，把"阅读错误著作"视为"最大最现实的"疾病之一。他坚定地认为，许多读者就是因为阅读了古代的经典（指古希腊和罗马的著作）走向共和主义而挑起内战，他对那种通过阅读作出个人判断的做法表示了忧虑。他认为，对个人良知的授权将起到贬低外部权威的效果。

英国诗人、政论家、民主斗士约翰·弥尔顿（John Milton，1608—1674）则与霍布斯的观点绝然相反，这位曾在英国内战期间狂热地支持共和制的人士，则处心积虑地激发读者的独立性和自主性，并将其视为革命取得成功的关键。在名为《论出版自由》的国会演说词中，弥尔顿运用清晰的逻辑，广证博引，对长老派控制的国会 1643 年制定的"出版许可证法"进行了有力地批判，提出并论证了出版自由的主张。

他指出，书籍就像宝瓶，把作者智慧中最纯净的菁华保存起来，杀人只是杀死理性的动物，而禁止好书则是扼杀了理性本身。

弥尔顿把阅读看着积极和富有挑战性的行为，认为它可以让读者经受考验并使他们进行独立思考。他进一步指出，英国公民拥有足够的道德和理性能力来抵制不良书籍所可能散布的邪恶思想。他坚信，邪恶思想并不是那些包含在印刷书籍中的内容，而是由于人们没有自主性去质疑并拒绝那些带有误导性和腐蚀性的观点。他始终相信读者，认为善于独立思考的读者可以通过接触那些误导性的观点进行比较学习，作出自己的判断。他之所以反对整个出版审查制度，是因为这种制度不利于自由、公开、理性的各种观点的交锋和辩论，而正是这种交锋和辩论构成了公平正义社会的根基。

16 世纪，威尼斯天主教多明我教派的一个修道士菲利普·迪·斯特拉塔曾公然劝说威尼斯议会对印刷加以限制，他在威尼斯议员的支持下，居然在议会上提案反对采用古腾堡的印刷技术运用，他的理由是，为了捍卫书写，需要抵制印刷，因为它唯利是图，滥用经文，快速生产，大量流通粗劣、错误的版本，因而败坏文本；在未经教会同意的情况下使普通公众易于得到不道德或危险的文献，败坏读者心灵和思想；使文本随便向愚人开放，败坏知识。这位修道士对印刷技术的憎恨和反感集中反映当时既有的权势阶层对印刷术可能带来的社会道德秩序的丧失的担忧。

（三）

18 世纪下半叶到 19 世纪之交，瓦特蒸汽机的发明并运用，促进英国和欧洲的工业革命，需要大量掌握阅读能力的熟练技术工人，而大规模的机器印刷业繁荣发展，又使机印书相对便宜并大量供应，于是阅读成为欧洲更为流行的消遣方式，人们的阅读方式和习惯开始更为灵活。

德国历史学家罗尔夫·恩格尔辛（Rolf Engelsing）将 18 世纪出现的大众化阅读以及阅读公众日益增长的影响称为一场"革命"。他在调查了 18 世纪德国不来梅市中产阶级读者的研究后得出结论说，在 18 世纪中期到 18 世纪晚期之间，人们的阅读方式发生了从精读到泛读的转变。他认为，直到 18 世纪下半叶之前，大部分具备读写能力的读者仍在精读，即阅读并反复阅读数量很少的书籍，精读时的经典书籍是《圣经》及相关的书籍，精读具有虔敬性和反思性。而泛读则是人们开始翻阅各种不同的、涉及同一主题的书籍，同时还会比较并评估其中观点的优劣。读者也许还是阅读宗教性的书籍，但却越来越为世俗性的书籍所吸引，主要是越来越多的各类文学书籍。这个时期，读物的类型也逐步增多，除装帧各异的各类书籍，恩格尔辛认为，报纸、期刊等提供更即时、便捷的信息和知识，并常常邀请公众通过阅读来参与各种讨论，促使那些渴望尝新的人快速浏览众多文本，而这正是泛读。恩格尔辛也提醒人们不要过分夸大阅读革命的规模和速度，它是一个渐变的过程。历史表明，不同阅读习惯常常同时并存，如口述传统和朗读至今还在。

美国历史学家大卫·霍尔（David Hall）的研究也支持恩格尔辛的观点。霍尔指出，他所研究的 18 世纪新英格兰社会似已放弃了昔日对极少数宗教虔敬著作的依赖，而开始去消费阅读繁荣的文学市场上的新式出版物——报纸、期刊、小说等，甚至阅读小说的份量超过宗教读物，美国和欧洲都是这样。霍尔认为，这种从精读到泛读的转变，与同时席卷整个西方社会的文化变革密切相关。

首先，之所以出现泛读现象，是因为机印书的大量出版造成读物种类和数量的大量增加。其实人类很早就抱怨，知识信息太多。公元前 2 世纪的罗马诗人朱维纳尔（Juvenal）就曾经对过量的信息表示过担忧，14 世纪人文主义作家彼得拉克(Francesco Petrarca1304—1374)也曾埋怨他所在的时代存在太多抄写员。文艺复兴时期的荷兰人文主义哲学家伊斯拉莫（Erasmus Von Rotterdam1466—1536）也曾经抗议"新书的泛滥"。1600 年，英国作家巴拉比·里奇（Barnaby Rich）曾经哀叹"这个时代最大的病症之一，便是让世界不堪重负的大量书籍，它们每天涌现到世界上，多到我们无法消受的地步"。17 世纪时，对于众多印刷书籍具有严重的负面影响的观点变得非常流行。

其次，过多的书籍意味着过多的选择，而过多的选择又会对书籍本身是否拥有值得信任的真正权威性提出质疑。因此，从古至今的道德家们在提出关于阅读的建议时，总是告诫人们要避免泛读。古罗马的哲学家、政论家塞涅卡(Lucius Annaeus Seneca，约公元前 4 — 65) 曾规劝读者，"阅读太多的书籍会分散读者的注意力""会令读者迷失方向和变得愚钝"，而且他还指出"如果你想要得到那些能够牢固地确立你思想的观点，你就必须把阅读对象限定于有限的几位大思想家，并精读他们的作品"，他的观点至今还被广泛推崇。似乎限制多样性阅读，便可避免读者读到不同观点而导致读者的困惑和不确定性。

其三，社会阅读兴趣的扩展，阅读方式多元化，不仅改变阅读活动，而且改变了阅读的意义，从而使社会精英开始争论什么是良好的阅读，什么是不良的阅读，阅读对读者行为的影响等问题，不良的阅读行为常常被认为是缺少目的性和社会责任感的阅读，以及对于浅显易懂的文本的无节制的消费，阅读小说常常被特别指出是一种可能受到诱惑和迷惑并道德败坏而误入歧途的行为。

总之，西方启蒙时期形成的阅读规范所倡导的基本价值观是，要求读者进行有目的的专注精读并从中受益。于是，社会上开始出现各种对阅读活动加以指导和规范的尝试，影响最大的英文阅读指南是约翰·洛克的《摘录书籍的新方法》，该书 1676 年首先以法文出版，随后翻成英文于 1706 年出版，洛克鼓励人们做读书摘录并认真整理，以养成批判性和有条理的思维。当时的哲学家和评论家都赞美那些以善于学习和自我完善为目的的读者，同时遣责那些任性的、不加选择、囫囵吞枣的阅读行为，即使是当时相对开明的德国著名哲学家伊曼努尔·康德（Immanuel Kant，1724—1804）也对以娱乐为目的的阅读行为采取批判态度，认为如人们毫无节制地去阅读逃避现实的文学作品，会有损于启蒙运动所追求的思想解放。

出版物类型的多样化，阅读公众的增长，也使人们对大量读物出版的日益商业化、带来世界不确定的加速运转、阅读可能带来精神腐蚀的"道德焦虑"，起初是对宣扬宗教异端的读物，自 18 世纪以来是对阅读潜在的对既有社会秩序的颠覆影响，而后是所谓淫秽色情读物对社会的腐蚀影响。在保守派评论家看来，泛读对于既定的道德和社会秩序构成了威胁，并使读者抛弃自己对亲人、家庭和职业的责任。自由主义和亲启蒙运动的人士对阅读"狂热"的批评则是，指责通过阅读寻求快感和娱乐的读者，他们本应追求知识教育和身心解放，现在却沉溺于快感的纯娱乐。

17 世纪初出版的小说《堂·吉珂德》，最能反映阅读小说的不良影响。作者塞万提斯向人们讲述骑士堂·吉珂德因迷恋小说的魔力而丧失现实感的故事，他借此向人们表明，小说可以诱使读者近乎虚幻得发疯。1774 年德国歌德（Johan Wolfgang Von Goethe 1749—1832）发表小说《少年维特之烦恼》，在大西洋两岸同时遭到强烈的批评，导致阅读言情小说和其他通俗小说的社会"道德恐慌"，使时人对泛读引起不谙世事的青少年自杀的担心、使阅读问题从道德领域扩展到生理心理健康领域，从而使人们对当时社会道德秩序威胁的"焦虑"达到顶点。

很多学者都认为，印刷书和阅读能力的普及直接导致 1789 年的法国大革命，因为书籍的阅读促进大众启蒙觉醒和思想的解放。人们开始充分意识到，阅读带来某种改造世界的社会力量，法国大革命的支持者赞美阅读的力量，保守派则把阅读的普及化民主化看成对社会稳定的潜在威胁，尤其是下层民众和违禁文学作品的阅读。

独立战争时期的美国人包括国父托马斯·杰斐逊 (ThomasJefferson1743—1826) 等也曾想利用言情小说对民众的感染力来弘扬美德，后来他的态度发生了转变。他认为，很多人热衷阅读小说，严重阻碍良好的教育，浪费受教育的时间。他还把小说描述为道德上的毒药，认为它污染心灵，摧毁心灵的健康，妨碍人们进行有益的健康的阅读。

由此观之，虽然过了两千多年，但托马斯·杰斐逊这一认识与先哲苏格拉底、柏拉图等人对阅读的观点又何其相似而一脉相承！美国 1774 年建国以来，曾畅销的名著《常识》《查泰莱夫人的情人》《愤怒的葡萄》等刚出版时都遭受到各种原因的查禁。因此，阅读在释放其巨大影响和能量时，总是招致人们的各种担忧和要求加强监管。

（四）

历史上，阅读长时间被人们争论是否对既有的社会秩序构成挑战和威胁，到 20 世纪 60 年代之前，阅读的价值和地位还是得到欧美社会前所未有的正面认同，只是文盲和"不阅读"为人们担心，1945 年成立于法国巴黎的联合国教科文组织（UNISCO）正是从一开始就以扫除文盲、消除愚昧为己任，充分说明这一点。

20 世纪 50—60 年代，主要由于广播电视电影等大众媒介的兴起和逐步普及，使读者和公众有了更多阅读和消遣的选择，造成"娱乐至死"的大众文化现象，表明人类又一次阅读方式变革悄然来临，因而引发了人们对欧美社会阅读的担忧，这时蕴含在社会阅读中的观念矛盾又以一种新的形式表现出来。欧美社会主流人士开始担心广电等大众传媒对社会阅读造成的冲击。鲁道夫·福莱希（rudolf Flesch）1955 年出版《为何强尼不会阅读》，他批评当时美国学校的阅读教育方法只重视"看"和"说"，是普遍迁就低水平的学生，导致学生的读写能力的下降，这本书畅销并引起广泛的讨论，美欧社会阅读危机意识兴起。其实是根源于人们对西方文化和书籍阅读权威性以及教育制度有效性的担忧，即对社会读写能力的培养、读写水平的提高、经典著作的阅读接受及其有效传承，产生普遍的阅读危机感。

从 20 世纪 80 年代开始，欧美各国（包括英、法、德等）通过阅读的社会调查，反映社会阅读问题和解决之道，各国政府陆续开始制定政策，试图鼓励和促进阅读，挽救社会阅读危机。如美国 1983 年组织阅读教育专家调研发表《阅读之国：来自阅读委员会的报告》等，直面美国社会的阅读问题。20 世纪 90 年代初以来，历任美国总统都把推进未成年人的阅读教育作为重要国策和教育的主轴。

与此同时，欧美社会也出现怀疑、批评甚至否定阅读能力对于社会文化和经济发展作出贡献的声音，如著名社会历史学家哈维·J·格拉夫（Harvey J Graff）认为，读写能力有可能成为"争取解放的工具"，其更多的则是一种"实现社会控制"的工具和手段，认为阅读的作用被人为地夸大了。英国历史学家吉斯·托马斯（Keith Thomas）也声称，读写能力不仅可以加强受过教育的上层阶级对下层人民的统治，而且可以用来排斥和贬低其他类型的表达方式。还有人认为，阅读是一种同"强制性权力"有着密切联系的意识形态建构活动，意在培养人们的服从性和社会控制。甚至有学者认为，即使文盲和不能阅读的人，他们依然能掌握和理解信息，采取正确合理的政治经济决策和行动。这些观点表明，在一个有如此众多文本类型和传播途径的社会环境中，书籍和阅读的权威性正在下降，人们显然已不可能象过去那样，理所当然地承认书籍和阅读具有的权威地位。

对于阅读价值的祛魅和对现实社会的疏离带来欧美一股反现代和反文化的思潮，他们对文字书写阅读之前的口传文化大加肯定和赞美，加拿大著名学者麦克卢汉是其突出代表。麦克卢汉对古腾堡带来的印刷文化进行道德批判。他认为，写作和阅读都是非自然的线性人为活动，往往培养出消极、孤僻、缺乏想像、墨守成规和故步自封的非常简单和同质化的读者，印刷文化对于人类意识产生扭曲和压抑性，造成"等级化"和权威尊崇。而口传文化则高于印刷阅读文化，它是最纯粹、最人性化、最神圣、最圣洁的语言表达形式，更具参与性、互动交流性。他希望利用新兴的非印刷的电子和数字传媒来纠正印刷文本阅读所导致的人性扭曲，克服印刷文化和阅读带来的人类碎片化、异化和隔绝，把人类从印刷文化和阅读的静止不变、不自然限制中解放出来，使原始人性回归，体现更具自然性和交互性的人类社会生活方式，复兴有更多关联性、群体性和参与性、平等性，更少个人主义的社会，促发新的社群意识和"地球村"的形成。

麦克卢汉所持有的颇具"技术决定论"的思想逐步得到一些学者的认同，有的学者还阐发麦克卢汉的思想，并在他的基础上提出"第二口传性"的概念来论证由电子通信技术创造的社群意识的优越性，认为书本阅读时代是一个介于史前口述传统和今天出现的电子、数字网络媒体的多感官、多渠道、高参与度交流形式之间的过渡阶段。

然而，也有学者试图反对这种潮流，如1963年，人类学家杰克·古迪（Jack Goody）和文史学家伊恩·瓦特（Ian Watt）就联名发表《识字的效应》一文，他们凭借有力的例证说明阅读和书写能力为人类认识和文化变革产生的历史性影响。他们相信，书写文化比口头文化更高级、更优越，书写阅读可以逐字逐句地回忆以往的内容，作为一种传播模式，可以固定信息，消除差异，稳定持久，有利于抽象和思辨，有利于知识信息的积累和传播，有利于民主政治的发展，也是创新的基础和前提。阅读与政治、文化、经济权力密切相关，民众可以借助阅读获取权力。伊丽莎白·艾森斯坦（Elizabeth Eisenstein）著有《作为变革动因的印刷机》一书，专门探讨欧洲印刷术的起源及其重要性，认为印刷技术是欧洲文化、宗教和社会变革的动力。沃尔特·昂（Walter Ong）则分辨口头传统与书面传统的差别和相互关系，认为后者优于前者。总之，在现代文化失落的氛围中，对印刷文化和阅读产生的质疑和讨论，在欧美社会产生广泛的影响。

当前，移动网络和数字技术的普及深入，给我们提供了多元、即时、互动与便捷的阅读选择工具，一定程度上克服了传统书面阅读交流交往的延时性、局限性，极大地促进了阅读活动的社交化和社会化，同时也给传统的纸质阅读模式造成巨大的冲击，改变和丰富着我们的生产、生活以及阅读方式，表明人类这次的阅读方式变革正向纵深发展，纸读和屏读、静默的个人阅读与社交互动化阅读共存共享共融，阅读更成为热议的话题，人们又开始担心：信息知识太多太快、应接不暇，从而产生"不入流"的新时代文盲；移动网络带来人类难以消化的海量信息；手机快速刷屏对阅读注意力、深度阅读和阅读效益的消解；传统经典阅读的失落；阅读违法违规内容导致的犯罪……甚至出现"阅读危机""书籍的终结""作者之死""读者之死"等等或悲观或乐观论调，因此回首数千年以来人类走过的阅读之路，以及在这个路途上不断重复的新旧观念博弈，难道不能对我们认识今天的阅读方式变革有所启迪和思索吗？！

毫无疑问，阅读并不是独立于人的空洞技巧和能力，而重在它向读者传递的内容，即对于某种共享的知识和文化价值观的传播（"四处漫游"），而共享的价值观和知识信息是以能够得到当时社会主流和文化权威认同作为先决条件的，而这又是历来坚持不同的阅读观念的争论参与者往往有意无意回避的问题。

正如英国著名社会学家弗兰克·富里迪（Frank Furedi 1947—）在《阅读的力量—从苏格拉底到推特》（徐弢、李思凡译，北京大学出版社 2020 年 11 月版）一书中向我们揭示的，阅读的价值不仅仅是对文本的解读和对信息知识的获取这点实用功效，而在于它是读者寻求真理和意义的活动，读写能力也不仅仅是服务于社会政治和经济等的工具性技能，而是读者从阅读中汲取意义并由此探索真理、实现自我完善的能力。他强调，当今尽管存在技术革命，尽管新媒体的影响力广泛而深远，但是人文主义的理念—具有辨别力的读者能够做出自我判断—依然应当是当今的文化理念。因此，要相信和尊重读者基本的、自主的判断和辨别力。

当代社会往往担心数字技术会对读写能力和读者造成有害影响，这种担心常常是错位的，实际上古已有之。要相信，通过阅读而形塑出的个体独立性为人格的发展和实现自我完善提供巨大的可能性，当代社会所面临的主要问题和挑战是文化和政治上的，而不是技术上的！

试论全民阅读的社会学理论化及其逻辑体系 ①

阅读是人类社会独有的活动，是人类文明的标志和象征，是人们除直接参与社会实践外，认识自然和社会、获取知识信息的基本途径和手段，是人类一切文化、科学、教育和精神、社会信息交流交往活动的前提和基础。

阅读系人对文字、符号、图像的感知过程，是"作者—文本（包括文档，下同）—读者"三者构成的社会交流交往活动，其带有广泛社会性。应该说，以语言文字为基础、以知识信息为内容的文本的生产和传播，无论以何种形式呈现，都是供人们阅读才出现和存在的，也只有被读者阅读才能真正实现其社会价值。因此，阅读行为对人类文明的传播和传承、对社会思潮的影响、对主流意识形态的传播、对整个社会的核心价值观塑造极为重要。

全民阅读（Reading for All）作为一项具有国际性倡议的社会活动，其字面意思即是"让全体国民参与、实现阅读"，主要目的是通过推广普及阅读，促进人的全面发展和社会的全面进步。

党和国家高度重视全民阅读，早在 2006 年，中宣部、新闻出版总署、文化部、教育部等 12 个部门即联合部署开展全民阅读。2014—2021 年连续 8 年，国务院《政府工作报告》都倡导和推进全民阅读。2011 年，党的十七届六中全会决议首次提出要"深入开展全民阅读"，2012 年，党的十八大报告明确提出要"开展全民阅读活动"，2017 年党的十九大报告提出建设"社会主义文化强国""完

---

① 黄晓新：原载《出版发行研究》2022年第1期，《新华文摘》2022年第11期全文摘录。

善公共文化服务体系""推动建设学习大国"①。2016—2017年，全国人大常委会分别通过《公共文化服务保障法》《公共图书馆法》保障全民阅读。

习近平总书记身体力行，多次号召"全民阅读"。2013年3月19日，他在接受金砖国家媒体联合采访时说："我爱好挺多，最大的爱好是读书。"2019年9月8日他在给北京图书馆老馆员的回信中希望国图"创新服务方式，推动全民阅读，更好满足人民精神文化需求，为建设社会主义文化强国再立新功"。2019年8月21日，他在甘肃读者集团考察时对大家说，人民群众多读书，我们的民族精神就会厚重起来、深邃起来。要提倡多读书，建设书香社会。

这些年来，全民阅读得到全社会热烈响应，战略更加清晰，立法逐步推进，服务体系逐渐完善，重点群体得到关照，内容丰富多彩，组织层出不穷，推广活动如雨后春笋、方兴未艾……已具有相当的实践基础。

目前，有关阅读心理学、阅读教育学、阅读教学与研究、阅读方法等议题的论著和论文比比皆是，主要是对文本的研究和阅读活动的微观认识，突出地表现在更多地运用了心理学、教育学、语言文学等的研究成果来剖析阅读心理过程和心理特质，比如对读者阅读兴趣、需要、动机和效果的了解，阅读方式方法和技能的掌握，数字阅读的影响，阅读推广的方式方法等方面的研究。这些研究固然对认识阅读规律有益，但它们只能描述阅读活动的个别、精微、具象的方面或是局限于某个行业的认识，把阅读行为（活动）上升到社会学理论高度来进行系统研究的论著和论文却寥寥无几。

阅读是个体社会化的主要途径，更是群体部落化、组织化的利器。当代社会，阅读已经成为国民的基本生活方式，全民阅读逐步发展成为国际行动和国家战略。特别是移动网络数字技术的社会普及、深入，极大地彰显、促进了阅读活动的社交化和社会化，对传统的纸质阅读模式造成了巨大的冲击，改变着人们的思维模式和生产、生活方式。因此，把全民阅读放到更广阔的社会背景下来考察和研究，即从社会学的视角将丰富的全民阅读实践理论化，开展阅读社会学研究，具有重要的现实作用和意义。

因此，笔者依据社会学理论，结合中外全民阅读实践，提出如下阅读社会学的理论思考，以求教于方家。

---

① 习近平：《决胜全面建成小康社会　夺取新时代中国特色社会主义伟大胜利——在中国共产党第十九次全国代表大会上的报告》，人民出版社2017年版，第68页。

（一）、阅读的社会性是全民阅读理论前提

人是有思想意识的高级动物，也是群体性、社会性和组织性强的动物。语言文字是人类最伟大的发明创造，是人类为便于表达思想、情感，便于群体社会组织和代际沟通、交流而发明创制的一套表意的符号和代码，是只有人类才具有的社交生活表达工具。

阅读必须以社会约定俗成的语言文字为基础。同时，阅读行为所需的文献、传媒等阅读要素也是人类社会发展到一定阶段社会交往、交流、沟通、传播、传承的必然产物。文本等客体也只有通过阅读这一人类活动（行为）才能被"激活"和"点亮"，发挥它应有的社会效用。因此，阅读活动的主体——"读者"和阅读的客体——"文本"都是人类社会化的结果。

阅读行为作为个体社会化的主要途径，以生理心理活动为基础，是读者对知识信息的选择过程，是读者对文字信息的理解阐释过程，是读者认识的重构过程，也是信息知识的社会交流过程；是文本的消费过程，也是文本传播社会功能的实现过程。

阅读行为作为一种社会互动，其真正奥秘在于读者与读物、主体与客体相互作用的过程中，整个社会的阅读是人类社会文明信息的交流、传播（承）过程。阅读是社会历史文化积累与传递的非常通道，人类社会的文明借由社会化的文字符号和载体得以保存，通过阅读活动得以传播和传承，通过阅读创新不断扩大文化的体量和深度，通过阅读不断积累，代代相传。

阅读行为对社会具有作用与反作用，[①]一方面，政治、经济、文化、教育、科技、宗教等诸多环境、条件都制约着个体的阅读活动，阅读需求的满足和供给依赖于社会；另一方面，人类通过阅读活动认识社会和自然，改造世界，阅读的效果影响改造社会，如一本《共产党宣言》的阅读和流传曾经给世界带来广泛而深刻的影响和变革。读者作为社会化的产物，其所处的社会环境、心理认知与个体的阅读行为之间存在强大的作用力与反作用力。

阅读还是社会身份、地位的标志，能否阅读语言文字符号以及阅读的深度和广度是衡量、识别一个人社会地位的重要标准。在人类开始阅读行为的早期，阅读甚至是一种特权、一种社会地位的象征，是只有少数精英分子才能掌握的

---

① 黄晓新：《试论全民阅读的社会学研究——兼论阅读社会学》，《出版发行研究》2017年第6期，第21—26页。

行为。现代社会，能读善书作为受教育的标志，把人分为不同的人群和阶层，并使其在社会地位、自身修养、家庭收入、职业类别等方面判然有别。

阅读也是现代国民的社会权利和责任。[①] 人类要在自然和社会中获得自由和幸福，要具备必要的生存和竞争本领。阅读作为人类获取信息知识的重要途径，是培养社会个体生存和竞争力的必要手段，不仅关乎个体自身的命运，也关乎个体赖以生存的整个社会和人类的命运。列宁曾说："文盲是站在政治之外的，必须先教他们识字。"[②] 阅读是为了满足人的心理、精神、社会、生活需要而享有的一种基本人权，是现代国民受教育权、文化权、信息权、政治权等的集中体现。因此，阅读应该是国民的社会权利和责任。

阅读是社会自组织的主要手段。人类优于其他动物最主要的一点就是具有发现、认识、组织、管理信息知识的能力。小的社群靠口语就可组织，庞大的社会管理需要通过读写和辅助记忆的方式（文档、档案、图书等）来加强精细化的管理组织。[③] 阅读是阅读群体内部和阅读群体之间协商整合的手段。阅读某一读物（某一本图书、某一报纸或期刊甚至网络平台）可以作为一种纽带，用以维系社群价值观（如彼此依存、舆情、人情、共同爱好、话题等）。正是依赖这种社会整合功能，阅读得以创建各种社群、维持社群，可以把不同的社群联系起来。有良好、古老阅读传统的社会都是自组织良好的社会，有向心力和凝聚力的社会，也是富于创造力的社会，对人类作出重要贡献的社会。

阅读是提高人口质量的重要方式，阅读交流互动会产生提升文明的社会效果。一个人一生的阅读史，构成他（她）与社会的交流史、思想的成长史、精神人格的发育史，更是他（她）的认知进化史，对个人一生的思想行为产生深刻影响；一个国家和社会一个时期的阅读倾向和潮流，构成了这个国家和社会的文化发展史、思想交流史、认知创造史、文明传承史。正是一个个翻腾、跳跃的阅读小溪，构成了社会阅读交流的汪洋大海。因此，阅读活动进行的深度和广度是测量一个社会文明程度的重要标尺。

信息时代，网络数字技术的普及使阅读的社会性凸显。正如媒介先知麦克

---

① 于殿利：《阅读是一种责任》，《光明日报》2015年4月21日。
② 列宁：《列宁论图书馆事业》，书目文献出版社1984年版，第56页。
③ ［新西兰］史蒂文·罗杰·费希尔著，李瑞林等译：《阅读的历史》，商务印书馆2009年版，第36页。

卢汉所预言，媒介的进化使人类社会呈现出"部落化—非部落化—重归部落化"的演进脉络。与此呼应的是，社会化阅读在不同的媒介时期也具备了表现形式的迁移。人类在以听与诵为主的口传时期，阅读过程由于他者的参与呈现出一种公共性的行为。在文本阅读时代，印刷产品的丰裕使阅读的公共化（聚众朗读）向私人化（个人默读）产生转移，人们在与书本的独处中进行自我想象与认知思考，阅读的社会性特征被淡化。在数字超文本时代所制造的海量信息促使人们产生的认知盈余，基于私人阅读的经验，在摆脱时间、空间的束缚下，通过认知的交换而产生外化的公共交往，阅读的社会性被再度凸显和建构。①

总之，阅读本身是人类的社会性活动，是人类精神发育的大事，是任何个体生命和不同群落社会化组织化的必经过程，全民阅读既是文化理想，也是一项国际性的现实社会活动。因此，我们完全可以运用社会学的理论、方法，坚持"以人民为中心"的发展思想来考察和研究全民阅读。

（二）、阅读的社会化是全民阅读的基础条件

阅读行为的社会化主要是指阅读人口的广泛增多和读物生产传播的社会普及。阅读社会化之前，人类经历了漫长的口耳传播时代。口耳传播的时代、书籍印刷的时代和已经到来的数字文本的时代，既是文化史的不同历史阶段，也具有某种同时代性，口耳传播的阶段与文字书写或者书籍印刷阶段应有一个长期并存的历史。目前，口耳相传的形式在一个人的学龄前阶段，仍然充当着早期教育和早期学习的主要形式。

据考古发现，我国最早的汉字，出现在仰韶文化的晚期，约在距今4000年左右的新石器时代后期成形。据此可知，我国最早的阅读活动距今至少也有4000年左右的历史。

我国社会自古有"耕读传家"的传统，并把读书当作"第一等好事"。我国东汉发明造纸术，雕版印刷在隋唐之际出现，书写方式与技能几乎伴随着华夏文明。在传统社会，乡村里也不乏能读会写的秀才儒生，但阅读却远不是一种普及的大众行为，只是少数经师、权贵、士大夫的特权，图书等阅读物也是掌握在极少数社会上层手上，历朝历代的官私藏书楼非一般人能进入和使用，还远不能形成"阅读的社会"。

---

① 冉华，钟娅：《数字时代社会化阅读的价值再造与反思》，《出版发行研究》2019年第9期，第88页。

1840年鸦片战争后，直至清末民初，国门逐步打开。随着洋务运动的开展，现代公立私立大学和中小学的开办，阅读人口逐步增加并大众化，现代出版事业兴起，图书报刊流行并逐步普及，公共图书馆运动开启，平民可免费进入，我国的阅读社会缓步走来。

19世纪60年代兴起的洋务派，设立译书馆和官书局，大量翻译西方技术、法律方面的书籍，自然科学和应用科学的译作占此时译作总数的70%以上，使我国传统的以经、史、子、集为主的传统的图书结构发生了较大变化，读者阅读的视野扩大了。特别是19世纪末20世纪初中国现代出版业逐步形成，如严复翻译的《天演论》《原富》《法意》等有关西方资本主义政治、经济、社会学等著述，林纾翻译的《巴黎茶花女遗事》《黑奴吁天录》等反映西方社会生活的文学作品的出版，1897年在上海成立的商务印书馆、1912年在上海成立的中华书局等现代民营出版机构出版了大量哲学、宗教、社会科学、自然科学、文学艺术等方面的图书，大大丰富了读者的阅读内容。[1]1891年我国最早的现代大学圣约翰大学在上海诞生，1903年美国传教士韦棣华（Mary Elizabeth Wood，1861—1931）在武昌开办我国最早面向公众的阅读设施——文华公书林。随着政治革新和文化启蒙的开展，阅读方式的转型与变革，阅读人口的增加，视野的开阔，现代意识的觉醒等，一起助推1911年导致清王朝覆灭的辛亥革命和1919年提倡"民主与科学"的五四运动。当然，彼时阅读的社会化程度还较低，如民国时期，据调查估计，全国共有文盲3.3亿人，占总人口的75.33%。[2]

1949年10月中华人民共和国成立后，国家着力普及基础教育，发展高等教育，还开展广泛的全社会工农速成教育和文化扫盲运动，简化汉字，创制汉语拼音，推广普通话，使全社会的阅读人口大大增加，同时出版了大批社科、文艺、教育、科技读物，满足人民群众的阅读需要。

1978年改革开放以来，随着社会经济文化的高速发展，人民生活逐步改善、富裕，教育科技、公共文化、新闻出版事业产业逐步繁荣发展，为充分发挥传播知识信息、传承文明的重要作用，适应不同时期的阅读潮流，不断推出各种形式、介质的各类各层次的读物，极大地丰富了出版物市场，农家书屋、社区

---

① 王余光，汪琴：《中国阅读通史》（理论卷），安徽教育出版社2017年版，第180页。
② 谢培：《清末和民国时期上海的识字扫盲教育》，《成才与就业》1996年第4期，第41—43页。

书屋、全民阅读、东风工程、实体书店建设、数字图书馆、手机阅读平台等一系列社会阅读保障措施取得了巨大的成效，满足了人民群众的精神文化需要，极大地促进了我国阅读的社会化。

目前，就我国社会阅读力和阅读率来说，据 2020 年最新人口统计数据，我国目前具有大学文化程度的人口为 21836 万人。每 10 万人中具有大学文化程度的为 15467 人，15 岁及以上人口的平均受教育年限为 9.91 年，文盲率降为 2.67%。2021 年发布的我国成人国民覆盖书、报、刊及数字各媒介综合阅读率达 81.3.%。[①]

今天，纸质书、电子书、各种阅读类手机应用、有声书、短视频等多种阅读方式更便于读者选择，借助于移动互联网的微信公众号、直播、图书漂流、荐书等阅读传播形式更加多元。特别是自媒体荐书自带"粉丝"和"流量"，使阅读品种更细分。丰富的图书品种满足读者不同的阅读需求，又借助多元载体使得知识和信息能进一步下潜，覆盖到最广泛的群体，使阅读的人群更庞大，阅读产业链不断延伸。目前的阅读产业已不是"作家写书、出版社发行、读者阅读"简单的线性流程，而是同一部作品往往会有计划地推出文字、漫画、有声书等不同载体的版本，有的还被延伸至拍成电影、电视，制作成动漫、手机游戏等，满足读者在不同场景的阅读需求。

可以说，我国目前比历史上任何时期都更能称为"阅读社会"，阅读社会化水平处于前所未有的高度。这是我们开展全民阅读的基础，也是从社会学角度研究全民阅读的基础条件。我们应该扎根中国社会"耕读传家"的深厚土壤和现实的"阅读社会"国情，加强全民阅读的社会学研究，进一步提高国民整体阅读力，满足社会多样化的阅读需求，保障社会阅读条件，促进社会阅读趋势，提升国民阅读品质等。

（三）、阅读的技术进步重置全民阅读社会结构

社会阅读的结构是一个复杂的系统，由作者、阅读文字、阅读内容、阅读介质、读者、阅读方式、阅读方法、阅读设施、阅读服务、阅读时间和空间、阅读的氛围等这些阅读的社会基本元素和它们的组成、架构方式、关系所确定。

数字时代已然来临，深刻改变着人们的生产和生活方式，也深刻冲击着人

[①] 中国新闻出版研究院全国国民阅读调查课题组：《第十八次全国国民阅读调查主要发现》，《出版发行研究》2021 年第 4 期，第 19 页。

们接受教育和学习文化的方式，特别是阅读行为。网络最大限度地释放人类创造阅读内容的能力，最大限度地减少人类获取阅读内容的成本，使阅读内容丰富化，阅读主体扩大化，阅读场景泛在化，实现以读者为中心自主选择阅读的时间和内容，增强读者社会互动、自我愉悦的能力和空间。

欧美阅读研究者提出了"三次阅读革命"的假说：第一次所谓"阅读革命"发生在近代早期，以 1450 年前后谷腾堡的活字印刷术发明为标志，书籍由手抄到活字机印，圣经等宗教阅读物的普及，使阅读方式由传统教士和作者的聚众朗读转向个体的默读；第二次"阅读革命"是在 18 世纪下半叶，由工业革命开启，识字人口增多，阅读公众扩大，宗教文本以外的小说、科技等大众读物增加，使阅读方式由精读转向泛读；第三次"阅读革命"就发生在现当代，文本实现了数字生成和电子传播，[①] 极大地改变了阅读模式和习惯，真正模糊了书写和阅读的界限。读者直接参与写作，不仅随心所欲操控文本写作过程，还随心所欲改写原始文本。阅读和文本的生产、传播同时进行，书写、出版、发行和阅读过程也随之合而为一，使阅读社交化。[②]

数字技术、移动互联网、宽带、5G、大数据、物联网、云计算、VR、AR、元宇宙等媒体新技术层出不穷，对传统新闻出版、广播电视业及人们的阅读适应能力都提出了巨大的挑战，读者的阅读期待、阅读模式、书写方式、文本观念、阅读习惯、阅读行为、阅读场景、阅读时空、阅读功效等及其相关社会关系都被赋予了新的内涵。阅读成为日益普遍的社会现象，而且使阅读的社会交往功能和社会组织功能发挥得越来越强大。同时，也对阅读活动提出了严峻挑战，这种挑战突出地表现在阅读信息资料的无限增长趋势与社会个体阅读接受信息能力的有限性之间的矛盾，即"信息过载"引发"信息焦虑"和"信息溺水"。全社会在充分感受数字阅读的好处的同时，带来认知思维的崇尚理性又缺少理性、既崇拜权威又消解权威，阅读演化为消费文化的符号，甚至"娱乐至死"，人们通过屏读、频读、听读等，使所谓"泛阅读""浅阅读"成为文化精神生产和消费的主要形式。

---

① ［法］罗杰·夏蒂埃著，吴泓缈，张璐译：《书籍的秩序》，商务印书馆2013年版，第11—27页。
② 戴联斌：《从书籍史到阅读史——阅读史研究理论与方法》，新星出版社2017年版，第148—153页。

　　这些所谓的"阅读问题"，其实质是由于网络数字技术对传统的阅读社会结构冲击，造成传统的以纸质读物生产为中心的阅读结构的失衡、失序。传统的阅读产业、阅读组织、阅读保障、阅读控制等的主体结构逐步崩解和坍塌，导致整个结构体系的内外生态出现重构重组和再造。

　　一是原有结构的中心出现转移。由传统的以文本生产者（出版者）为中心，向以读者和阅读为中心转移。以读者阅读为中心主导这一新的社会结构，其他一切阅读要素都要自觉自动地围绕这一中心转移并为之服务，这是在以文本的生产为中心的传统阅读社会结构中前所未有的。读者在这一新的阅读结构中实现了主体普及最大化、内容丰富化、行为自由便利化，于是阅读变得随意任性起来，出现了前所未有的浅阅读、碎片化的阅读、趣味性阅读和社交化阅读等。

　　二是原有结构中的多个主体（如作者、编者、出版者、发行者、读者等）出现了即时互动、碰撞、位移，甚至角色兼职和换位、重合，他们之间的关系发生了重大的变化，促进了阅读数量的增多，阅读内容针对性更强，阅读表现力更丰富多彩，更富吸引力。自媒体时代，线上读者参与创作、出版，读者、作者、编者等交互、互动融为一体，共同完成阅读内容的创作生产过程，使阅读产品的生产、服务、营销和销售、消费利用等环节和生态向新的结构靠拢、聚合、融合和转型升级。

　　三是原有结构中的阅读客体（对象）要素，即文本的创作生产在网络和数字阅读的新结构中生产主体最大化，即谁都可以参与创作生产；文本的呈现立体化全息化，即各种图片、视频、虚拟现实空间等的采用；内容通俗化趣味化，即更能吸引阅读者，以增加读者的忠诚度和用户黏性；信息流动化，使所有阅读的知识信息在网络中无限流动，千百万用户（读者）可以同时随意阅读、利用、添加、修改、重现等。

　　四是原有结构中的阅读环境要素即阅读的空间大大超出专有（业）的空间（图书馆、教室、书房等）和时间，使读者的阅读行为无所不在、无时不在，阅读的时间和空间的利用碎片化、最大化。

　　可以说，由于阅读的技术进步颠覆传统的以"出版生产"要素为中心的阅读社会结构，使之转型重组升级，阅读的社会结构正在重置，以"读者和阅读"要素为中心的新的阅读社会结构正在形成，带动各种阅读要素及其关系的变化，"读者和阅读"逐步成为这一阅读社会结构的主体，他们有了多方面选择甚至为所欲为的"王者"地位，这也是"读者"和"阅读"历史上从来没有像今天这样作为"问题"被全社会重视并被讨论研究的主要原因。从根本上来说，这是社会阅读的进步。

我们要紧紧抓住阅读社会大变革这一历史机遇，充分认识并顺应社会阅读结构的变革和转型升级，因势利导，与时俱进，促进阅读社会要素在新的社会结构中合理流动和重新就位，整合相关资源，重构社会阅读体系，推动、促进、深化网络化数字化智能化时代的全民阅读活动。

（四）、阅读的社会组织传导全民阅读动力

阅读行为本身具有社会的自组织的整合功能。通过阅读，人们可获取语言文字、民族、文化、职业、阶层、信仰、信念、兴趣爱好等身份和价值认同，而自发自愿组织起来。同时，社会要通过、依靠组织来传导阅读的动力，培养和丰富、促进、完善阅读活动的效能。

社会心理学认为，群体是指为了一定的共同目标，以一定方式相结合，彼此之间存在相互作用，心理上存在共同感和相互认同的两人以上的人群。群体是个体直接联系社会的中介，个体对社会的反馈和影响也需要群体来实现。团体组织是具有某些共同社会心理特征的人群的共同体。这个共同体的成员通常在一定的价值规范、目标的引导下相互作用、相互影响、协同活动。因此，共同目标、归属感、认同感需要、共同兴趣、知识价值、信息效用和组织团体内的赞许、鼓励等组织支持的压力情景是人们加入组织的主要原因，也是组织的社会心理功能。

在个体文本的选择、阐释过程中，社会规范、价值观念等从社会思维（阅读的选择、阐释和认识重构受到已有社会思维的影响，包括那些受社会环境塑造的自我认识、信念、态度等意识，是社会影响内化的结果），社会关系（良好的社会关系促使阅读行为的发生，阅读文本的选择可能来自家人、朋友、老师、同学等亲密关系的介绍。微博、朋友圈等社交网络也会诱发阅读产生），社会影响（即塑造社会思维的外在力量，是产生阅读动力最主要的外部刺激因素，包括社会文化、群体影响和说服等社会因素）三个方面发挥作用于人的阅读行为，产生阅读的从众心理（周围的人互相影响阅读同一本书）、服从心理（集体阅读等）、逆反心理（越是查禁的书越想要看个究竟）、猎奇心理、求新心理、

求异心理等。①

阅读是人类获取组织力的基本行为。阅读也需要有组织。阅读和写作能力是人类优于其他动物的独有行为。这种能力实际上是一种组织和检索信息知识的能力。阅读能力不仅使人类进行自组织，而且可以增强社会的精细化组织强度。有人说，中国共产党是迄今世界上最庞大的社会组织，为什么能战无不胜、所向披靡？首要的原因就是中国共产党有强大的学习阅读能力，掌握了人类社会的发展规律，共产党员通过不断地阅读学习获得共同一致的信仰、信念和信心，形成了强大的、坚不可摧的、共同奋斗的凝聚力和向心力。

读者反应理论研究专家费什认为，读者群体本质上就是"阐释团体"或者"阅读共同体""价值共同体"。②在一个"阅读共同体"或"阐释团体"中，读者有着相似的文本阐释方式和阅读风格、阅读趣味、价值取向，而不同的读者群又具体体现为不同的阅读兴趣和阅读倾向。自发形成的读者群是形成阅读组织的基础。

人类为了达到社会阅读的目的，提高阅读的功效，构建了各种不同功能的阅读组织。阅读是学习各类文化知识的基础和前提，各类教育组织首先培养阅读能力和习惯；社会通过出版、印刷、发行、经营销售、利用等组织，生产、供给、满足各类各层次读者所需要的读物；学校、图书馆、出版社、书店和各类阅读行业组织等倡导以阅读为乐、阅读为荣的理念，团结和组织人们开展丰富多彩的阅读活动，在全社会形成多读书、读好书的良好舆论氛围和社会风尚；各类自发组成的读书会、网络社群等通过群体中的相互学习，互相帮助，交流思想，分享阅读体会，提高阅读技巧，培养思辨能力，体验团结共阅（悦）的感受。

21世纪以来，经济飞速发展，移动互联网普及，阅读方式变革，全球已有的阅读组织都面临着转型升级、重整和重构，以形成新的阅读组织生态链。网络阅读社交社群正在成为一种新型的阅读组织，重构了人类的社会结构。阅读组织发展呈现主体多元化、规模扩大化、布局普及化泛在化、互动网络化、结

---

① 戴联斌：《从书籍史到阅读史——阅读史研究理论与方法》，新星出版社2017年版，第35页。第187页。

② 戴联斌：《从书籍史到阅读史——阅读史研究理论与方法》，新星出版社2017年版，第35页。

构融合化全媒体化、服务智能化精准化、推广专业化、活动全球化等特点和趋势。

　　要强调的是，在前述以读者为中心的当代重置的新的阅读社会结构中，从"以人为本""阅读为王"的角度，用人的社会行为——阅读产（行）业①来概括移动网络数字时代的线上和线下的所有为阅读服务的生产和服务行业是适当的，即在传统媒体与新兴媒体融合发展的大背景下，在新媒体技术对传统媒体生存发展的冲击下，从消费者（读者）的视角出发来研究知识生产、文化传播和大众阅读，可以避免在传统语境下对新旧媒体谁主谁次、纸质内容与数字内容谁优谁劣、传统受众与新媒体用户谁盛谁衰的无谓纷争，冲破技术、人才、管理、机构、政策、资金、国家、历史等方面的羁绊，用人的视觉感官"阅读"统摄整个内容生产者、管理者、传播者与消费者。阅读产（行）业作为当代一种共建共享的产业形态，它从"人的阅读行为"的角度，极大地开阔了传统新闻出版产业的认识视野。②延伸出版产品使用的产业链，可以突破传统的行业界限和观念束缚，整合集聚各种资源和要素共同发力来推进全民阅读。而全民阅读更需要阅读产（行）业的融合推进，全民阅读也为当代阅读产（行）业的形成和发展提供了互动的助推力。

　　我们要特别关注阅读社会变革、变迁中的重大问题，通过"以人为本""阅读为王"的组织张力来传导全民阅读的动力，也要通过数字网络时代阅读组织的聚合融合来统筹推进全民阅读，特别要研究新的阅读产（行）业组织的特点、结构、产业链、产品、服务、盈利模式、发展趋势及其相关产（行）业，最大限度地发挥其在全民阅读和社会整合中的功效和作用，加强学习型政党和学习大国的建设。

（五）、阅读的社会保障满足全民阅读需要

　　阅读的社会保障是指以政府为主导，运用社会的有效手段（教育，提供阅读条件包括阅读物、阅读设施，开展阅读活动等），保障国民基本的阅读权利，帮助国民取得阅读能力，培养国民阅读习惯，满足他们对阅读的基本需要。概言之就是指国家和社会确保阅读成为人们生活的一部分、不断促进人的全面发展和社会全面进步的一种制度安排和一整套社会工作系统，其实质是满足阅读需要的过程和手段。

---

① 蒋多、杨乔：《互联网时代的阅读产业》，知识产权出版社2016年版。
② 柳斌杰：《阅读是个大学问》，《人民日报》2018年10月2日第8版。

阅读是以吸取知识、信息、情感、社会价值为目的的生活方式，是人之所以为人、区别于其他动物生活的根本特征之一。现代信息社会，作为一个以语言文字和文本文档为媒介的"符号社会"，阅读是人的信息知识情感的心理、精神需要，也是一种社会需要，更是人们基本的生活需要，像衣食住行一样，成为人赖以生存不可或缺的手段，成为现代人日常的基本生活方式。

正是基于阅读已经成为现代社会国民基本的生活方式，德国、日本、以色列、美国、英国、法国、韩国、俄罗斯、印度、墨西哥、埃及、智利等世界主要国家都用法律、政策来保障和促进社会阅读。① 我国除《宪法》规定外，全国人大通过《公共文化服务保障法》《公共图书馆法》对国民阅读实行社会保障，江苏、湖北、辽宁、四川和深圳等地也已制定地方性的全民阅读法规。

应该看到，对阅读实行社会保障，是现代社会发展的必然结果，它经历了复杂的历史过程。古代社会不可能对阅读实行社会保障，除了政治、经济、文化方面的原因外，还有生产力发展水平的局限。社会出版印刷能力是生产力发展水平的一个重要方面。古代图书的生产，起初载体取之天然，如龟甲、兽骨等，且都靠手工刻写其上，制造艰辛，得之不易；以后有了绵帛、纸张，靠手抄或雕版印刷；即使后来发明了活字印刷，但由于工艺水平的落后，图书生产规模也非常之小，因而远远满足不了当时阅读者的需要。当时，阅读物的保障能力也是十分低下的，不可能达到社会化。

阅读保障作为一项社会事业，发端于资本主义社会。欧洲近代工业的发展、生产力水平的提高，需要大批熟练的有文化、懂技术的劳动者。资产阶级为了自身的利益，认识到向工人和一般民众普及文化科学知识的重要性，开始赋予民众有限的阅读权利，开办各种国民教育，普及阅读，同时开办了各种类型的公立、私立图书馆，免费向社会公众开放。这种图书馆成为对阅读实行社会保障的最显著标志。②

社会主义的公有制和社会化生产，给阅读的社会保障开辟了更加宽广的道路和美好前景。列宁曾说："不做到人人识字，没有足够的理解能力，没有充分教会居民利用书报，没有这一切物质基础，没有相当的保障，如防荒、防饥等的保

---

① 中国新闻出版研究院，江苏省全民阅读办：《国外全民阅读法律政策译介》，译林出版社2014版，第400—434页。
② 黄晓新：《读者阅读需要及其社会保障》，《图书情报知识》1988年第3期。

障一样，没有以上这些条件，我们就达不到自己的目的。"①我国的社会主义现代化建设必须满足人民美好生活的需要。因此，阅读的社会保障是社会主义生产的目的，是精神文明建设的基础，是建设学习型政党和学习大国的题中应有之义，是文化生产力和综合国力的主要构成要素，是人民文化权益保障的基本内容，是城乡公共文化服务的重要组成部分。因此，阅读的普及与提高是一项社会事业，对阅读实行社会保障是我国一项基本文化政策和根本性的战略措施。

要看到阅读需要的产生和满足，是阅读产业和事业发展的前提。其一，没有社会的阅读需要，就不可能有著者、编辑机构和出版机构（包括网络出版）、文本制作传播、宣传渠道、利用机构（图书馆等）和读者构成的复杂交流产业链。其二，阅读需要的产生和满足，是整个阅读产业和事业发展的原动力，社会阅读需要推（拉）动整个阅读产业和事业发展。其三，社会阅读需要的现状规定着整个阅读产业和事业发展的现状。要通过教育不断提高社会阅读力和阅读需求，推动阅读产业和事业的发展。其四，社会阅读需求也受社会物质生产发展水平的制约。一方面，社会物质生产水平决定着满足各类阅读需要的阅读物的程度（从甲骨文、印刷品到数字产品）；另一方面，社会物质生产的发展，经济的繁荣，人民生活水平的提高，又能使人们产生更多更高的阅读需要。按照需求层次说，人们的物质、生存需要满足后，发展需要、享受需要和自我实现的需要自然而然地提到生活日程上来。社会物质水平的提高，也给人们提供了满足阅读这种需要的条件，如购买阅读物能力的增长，闲暇阅读时间的增多等。

国民阅读社会保障应包括阅读的权利保障、阅读的能力保障、阅读的时间保障、阅读的空间保障、阅读物或阅读内容的保障、阅读的组织（氛围）保障、特殊困难群体的阅读保障等多项基本内容。应该说，我国对阅读的社会保障虽然取得了显著成效，但总体程度还不够高、水平还比较低，还需要不断提高和完善。我国政府和社会应依据《宪法》规定，进一步贯彻落实《公共文化服务保障法》《公共图书馆法》。

我们要充分发挥社会公共管理职能，调动全社会的力量，通过立法为据、政府为主、婴幼起步、教育为基、内容为王、组织促进、政策扶持、硬件配套、特殊救济、舆论支持等手段和措施，进一步落实"满足人民过上美好生活的新

---

① 文化部图书馆事业管理局：《列宁论图书馆事业》，书目文献出版社1984年版，第56页。

期待，必须提供丰富的精神食粮""完善公共文化服务体系，深入实施文化惠民工程""推动建设学习大国""保障人民群众基本阅读权益"①等要求，创建稳定、持久、不断发展的全民阅读条件，建设社会主义文化强国。

（六）、阅读的社会控制规范全民阅读社会秩序

阅读的社会控制是指社会力量（包括政府、社会组织等）通过一定的（直接和间接的）方式和手段作用于人的社会阅读活动系统，使人的阅读活动系统自身规范化，以适应当时的社会要求，使之为社会服务，从而维护整个社会活动秩序的过程。人的阅读活动系统指为了保障和维持阅读活动顺利进行的一整套工作系统，包括赋予社会主体阅读能力的教育系统，阅读客体（读物）的创作、生产、传播（发行）、消费、利用系统，保障读者阅读活动顺利进行的时间、空间、设施等的服务系统等，这是一个开放的、可控的社会系统。

我们要根据一定的社会意志和原则赋予阅读主体以阅读权能，保障阅读资源、条件的供给，对海量的阅读文本的数量和质量等进行选择、优化、浓缩、规制并协调其内部主体、客体和服务保障等要素有效运转的过程。好比一个房屋，需要通过四梁八柱把整个房屋"架构""支撑""控制"起来，以使房屋能经得起外界的风吹雨打、冰雪雷电、冷热寒凉而屹立不倒。四梁八柱是（内）控制，防御风吹雨打也是一种（外）控制。通过这种内外控制，可以使它成其时间和空间的功用，适应自然环境与社会环境。其方法途径有法规、行政的约束，更多的则采取疏导指引，即阅读推广、阅读促进和阅读指导，以传播经典阅读，传承人类文明。

阅读是人类社会中一种特有的、必不可少的精神交流活动，它可以吸取社会思想意识和社会规范，获取组织力，达到社会控制的目的，即阅读文本和行为本身主导读者的思想和行为，形成阅读的社会控制。如现代宗教史研究认为，宗教和阅读是彼此关联的两种人类行为，阅读是表达宗教关怀的平台，宗教又反过来一定程度上决定阅读方法和模式，强化阅读行为，读者很难摆脱宗教文本对其思想行为的控制。②人类的社会秩序需要阅读行为为之维护、为之服务，

---

① 习近平：《决胜全面建成小康社会 夺取新时代中国特色社会主义伟大胜利——在中国共产党第十九次全国代表大会上的报告》，人民出版社2017年版，第68、43—44页。

② 戴联斌：《从书籍史到阅读史——阅读史研究理论与方法》，新星出版社2017年版，第161—162页。

因此阅读是社会控制的主要手段之一，这是一方面。另一方面，阅读活动本身也需要一定的社会秩序，以维持人们公认的社会阅读活动秩序（包括教育秩序、编辑出版秩序、印制秩序、传播发行秩序、著作权秩序、阅读利用秩序、阅读推广秩序等），保障阅读活动的正常运转。遵守一定的社会规范秩序是阅读的社会控制的本质和核心。

所谓社会规范，既是一定社会人们的共同行为准则（包括社会制度、法律规定和行政命令，也包括社会信仰、道德、宗教、习俗和社会价值、社会舆论、社会风尚等），又是阅读活动系统内部的专业规则和制度，如书报刊出版发行机构、网络电信运营机构、图书馆、学校等内部的工作规范（出版选题、编辑加工、发行传播、编目推荐、阅读推广、阅读指导、图书评论、推送算法等）。这些规范是阅读的社会控制的工具、手段和途径，通过这些规范，作用于阅读活动各个环节和全过程。①

现代社会，海量信息的无限和个体阅读选择接收信息的有限之间的矛盾，需要一定的社会控制对阅读信息知识进行优选、浓缩、精炼、梳理、标引、归类，以方便查找、检索，满足社会多元化、多样化、个性化、差异化阅读需要。其次，消极的、低质量的阅读，不仅不利于一个人身心的发展，而且会使人走入迷途，甚至引起社会问题。特别是未成年人求知欲旺盛，但受阅历、知识的限制，自控能力弱，缺乏辨别是非的能力，面对浩瀚的书山文海，选择读物难免带有盲目性，因此需要根据未成年人的年龄特点、阅读能力、兴趣爱好、思想状况和教育需要，认真地帮助他们少走弯路，选择有益的读物，避免他们不加选择、不辨优劣地进行阅读而走错、走偏、走歪人生方向。如目前欧美流行的、对未成年人开展的分级阅读和我国推荐书目等。再次，一些公认的有害的内容不利于社会的公序良俗和健康发展，如对宣扬恐怖暴力、淫秽色情、民族仇恨、种族（地域）歧视、毒品走私和虚假、造谣、诽谤等违法违规读物的限制和严禁等。②

要看到，就如有作用力就有反作用力一样，有控制就有"反控制"。根据社会学理论，适度地对阅读行为进行社会控制，规范阅读的社会秩序，对社会

---

① ［法］弗雷德里克·巴比耶著，刘阳等译：《书籍的历史》，广西师范大学出版社2005年版，第157页。
② 黄晓新：《阅读的社会控制：概念、目标、缘由和内容》，《出版发行研究》2021年第4期。

良性运行和协调发展有着十分重要的意义，而"欠度"控制和"过度"控制都是不利的。这里要掌握控制的"度"，包括力度、刚度和致密度。欠度控制会不适当地放纵人们的社会行为，造成一盘散沙；过度控制又可能导致万马齐喑、鸦雀无声、社会僵硬。[①] 如秦始皇的焚书坑儒、清朝的"文字狱"对社会创新活力造成压制和伤害，教训十分深刻。[②] 因此，正确把握阅读的社会控制的"度"，实行适度社会控制，既十分重要，也是比较难以拿捏的。

我们要根据网络数字时代社会信息传播的特点和规律，对全民阅读进行适度、有效的社会规制，在满足社会多元化、多样化、差异化、个性化阅读需要和选择的同时，既要加强对违法违规、虚假有害内容的严查严管，更要突出主题出版，弘扬社会正能量，不断提供优质阅读内容，开展积极的阅读推广、阅读指导，促进社会特别是青少年的分众阅读、分级阅读和经典阅读等。

（七）、阅读与社会互动实现全民阅读目的

社会互动可以称为社会相互作用或社会交往。一般认为，它是指个人与个人、个人与群体、群体与群体之间通过信息的传播而发生的相互依赖性的社会交往活动。社会互动可以是面对面的交往，也可以是借助媒介来进行。人的阅读行为既是个人的事情，也是社会化的行为或活动。

人的阅读行为是社会信息交流的过程，是文本的社会功能的实现过程，是典型的社会互动，是一种"符号互动"，是人类社会最主要、更高级、更理性、更有成效的互动形态，因为社会互动要在一定的情景中通过信息传播（递）来进行，人的阅读行为正是这样一种以社会信息的结晶——文本（档）为媒介的互动，因而是最有质量和能量的社会互动。

人们的阅读行为会受到各种社会因素的影响和制约，如受政治气候、经济基础、教育背景、科技水平、价值观和意识形态等的影响；同时，人的阅读行为也会对社会历史和文明的发展产生作用。在这种不断的双向循环互动中达到阅读的目的，即不知不觉地促进人与社会的丰富发展和文明进步。

随着移动网络数字技术的兴盛和普及，读者越来越喜爱在网络上进行数字互动即社交化阅读。社交化阅读给阅读的社会互动带来变革，使互动主体广泛化、

[①] 郑杭生：《社会学概论新修》（第四版），中国人民大学出版社2013年版，第410—412页。

[②] 陈正宏，谈蓓芳：《中国禁书简史》，学林出版社2004年版，第76页。

身份匿名化、读者中心化；使互动的中介客体流动化、分享化；使互动的过程
即时化、情趣化；使互动的规模和广度、深度、频度和效度超前；使互动的结
果海量生成、丰富多彩，形成知识信息的蓝海；互动还会重塑读者与作者、编者、
出版者的社会角色和关系，重构阅读互动的循环生态，促进阅读产（行）业的发展。

我们要研究阅读与社会互动的规律，特别是社交化阅读的变化规律，更好
地认识、适应和促进全民阅读与社会的良性互动，激发和增强全社会发展活力
和创新活力，实现人民对美好生活的向往，加速社会的文明进步。

（八）、阅读的调查监测评估掌握全民阅读成效

对社会阅读状况开展调研、监测和评估，进行定量实证分析，是进行阅读
社会学研究的基础和重要方法。把握社会阅读动向和变化规律，对阅读现状进
行准确估计，可以有针对性地发展阅读产（行）业，提供有效的阅读保障和服务，
为全民阅读决策提供有力的支持。建立阅读调查、监测和评估机制也是在网络
数字时代各国掌握国民阅读变化状况和规律的国际通用方法。在欧洲，最早的
阅读行为调查出现在 18 世纪 90 年代，当时有《苏格兰统计报告》，这是调查
统计阅读习惯和地方藏书的滥觞。[1]1885 年，俄罗斯彼得堡大学的一个小组就提
出过一项研究农民阅读的纲要。[2] 到目前，英国、美国、法国、德国、西班牙、
俄罗斯、匈牙利、日本、韩国等国都建立了对本国国民的定期分类阅读调查体系，
韩国甚至把国民阅读调查纳入国家统计认证。[3] 自中国新闻出版研究院（中国出
版科学研究所）1999 年开始对我国国民阅读进行系统调查以来，已开展这项调
查多达 18 次，受到全社会的普遍关注和好评。

建立阅读调查、监测与评估机制是全民阅读的重要环节，通过阅读调查与
监测，可以掌握一个社会（区）阅读的广度和深度、社会的文化品质，还可以
反映社会整体的价值趋向和不同群体的阅读的变化。调查与监测数据能够满足
阅读产（行）业的信息需求，是掌握某时某地全民阅读成效的定量方法，为阅
读的产业、组织、保障、引导、服务的优化、完善提供参考，摸清现实情况，
是开展和改善全民阅读活动的前提和基础。

---

[1] 戴联斌：《从书籍史到阅读史——阅读史研究理论与方法》，新星出版社2017年版，第
108页。
[2] 王龙：《阅读研究引论》，天马图书有限公司2003年版，第122页。
[3] 中国新闻出版研究院，江苏省全民阅读办：《国外全民阅读法律政策译介》，译林出版社
2014版，第399页。

完善的阅读调查和监测机制应包括：宏观层面，建立全国国民阅读调查与监测机制，由国家全民阅读主管机关在全国范围内开展全民阅读调查和监测工作；中观层面，建立地方阅读调查与监测机制，如北京市、上海市、湖南省、广东省深圳市、浙江省嘉兴市发布的地区性的阅读调查报告，在一定程度上反映了我国不同地区的居民阅读现状；微观层面，建立某地（社）区甚至某单位的阅读调查与监测机制，了解读者的阅读现状和特点，有针对性地提供阅读市场服务。

建立行业的阅读调查与监测机制。行业内开展阅读调查与监测，为行业管理、企业和事业单位提供信息服务，是阅读调查和监测机制中不可缺少的部分。各类行业阅读调查与监测能够反映不同区域、不同年龄、不同性别、不同职业等的阅读整体状况，不同的阅读推广主体可以据此了解不同行业和类型的读者阅读需求发展动向，掌握读者阅读变化规律，以便为各类阅读提供切实有效的服务。

阅读评估是通过建立客观的指标体系、提供规范的评价标准、使用科学的研究方法，对读者的需求、阅读活动的方案策划设计、活动实施过程和效果等进行跟踪、测度、诊断和全面评价，是评价全民阅读推广成效的重要方法。阅读评估包括对阅读服务工作的评估（过程评估和结果评估）和对阅读推广对象的评估（对读者阅读能力、阅读率的评估）。通过测评读者的个体阅读水平和阅读能力，有针对性地改进工作，提出差异化对策。评估的目的是监督全民阅读工作进度，巩固全民阅读成果，提升全民阅读工作效果。

我们要充分运用阅读调查、监测和评估的手段和方法，随时了解掌握我国国民阅读现状、发展趋势和地区差异，不断改善和优化阅读产（行）业工作，不断提高全民阅读工作的针对性和有效性。

总之，阅读作为人类独有的活动及其具有的社会性是全民阅读运用社会学理论研究的前提；现代阅读的社会化普及是全民阅读的基础条件；目前阅读的网络化、数字化、智能化等技术进步重置全民阅读的结构，使读者和阅读为王，地位凸显；阅读的组织及其活动可以提高全民阅读的效能，形成全民阅读的动力；阅读的社会保障满足全民阅读最基本的精神文化、知识信息需求；阅读的社会控制则是对海量的阅读文本的数量和质量等进行选择、优化、浓缩、精炼、规制并协调其内部各要素有效运转，以规范全民阅读的内外秩序，使其适应社会，满足社会的多元化、多样化、个性化，并为之服务；阅读与社会的互动可以实现全民阅读的目的；而阅读的调查监测评估能使我们及时掌握全民阅读的成效，并使全民阅读不断完善、优化。

笔者认为，这是一个认识管理全民阅读活动，促进全民阅读符合逻辑的、良性循环、可控的、不断升级的社会学理论框架，它既有社会学的理论依据，又有中外全民阅读实践基础；既有学理，又有方法；它观照历史，立足现实，面向未来。就像一部在路上行驶的机动车，有基础、条件和路径，有重置的新结构；也有动力机制、供给保障、档位控制，[①] 还有监测评估，使其根据路况、车情平稳运行，并优化、升级，不断到达目的地。这一理论体系的建立有助于认识把握运用新时代的全民阅读实践规律，为构建书香社会提供理论助力，在理论和实践的互动中不断推进、深化全民阅读工作，促进人的全面发展和社会的全面进步。

---

① 张婷、徐雁：《阅读社会学对全民阅读的启示意义》，《图书馆杂志》2019年第11期。

参考文献

一、论　著

1. 中共中央马克思恩格斯列宁斯大林著作编译局：《马克思恩格斯全集》，人民出版社 1995 年版。

2. 文化部图书馆事业管理局编：《列宁论图书馆事业》，书目文献出版社 1984 年版。

3. 沈继武：《读者工作概论》，武汉大学图书情报学院 1985 年版。

4. 顾晓鸣：《阅读的战略》，上海人民出版社 1986 年版。

5. 张树华、赵世良、张涵：《图书馆读者工作教程》，北京大学出版社 1986 年版。

6. 高瑞卿：《阅读学概论》，吉林教育出版社 1987 年版。

7. 梁彦斌：《读者学》，黑龙江教育出版社 1990 年版。

8. 吉少甫：《中国出版简史》，上海学林出版社 1991 年版。

9. 曾祥芹、韩雪屏：《阅读学原理》，河南教育出版社 1992 年版。

10. 曾祥芹、韩雪屏：《国外阅读研究》（阅读学丛书之五），河南教育出版社 1992 年版。

11. 伍旭升：《大轰动：中外畅销书解秘》，广州出版社 1993 年版。

12. 卿家康：《文献社会学》，武汉大学出版社 1994 年版。

13. 黄葵、俞君立：《阅读学基础》，武汉大学出版社 1996 年版。

14. 胡继武：《现代阅读学》，中山大学出版社 1991 年版。

15. 王继坤：《现代阅读学》，济南出版社 1991 年版。

16.肖东发：《中国编辑出版史》，辽宁教育出版社1996年版。

17.沈固朝：《欧洲书报检查制度的兴衰》，南京大学出版社1999年版。

18.曾祥芹：《阅读学新论》，语文出版社1999年版。

19.宋应离：《中国期刊发展史》，河南大学出版社2000年版。

20.柯平：《文献经济学》，中国书籍出版社2001年版。

21.徐丽芳等：《中国百年畅销书》，陕西师范大学出版社2001年版。

22.吴刚：《知识演化与社会控制——中国教育知识史的比较社会学分析》，教育科学出版社2002年版。

23.周庆华：《阅读社会学》，台北扬智文化出版社2003年版。

24.张必隐：《阅读心理学》，北京师范大学出版社2003年版。

25.白学军等：《阅读心理学》，华东师范大学出版社2017年版。

26.王龙：《阅读研究引论》，香港天马图书有限公司2003年版。

27.龙协涛：《文学阅读学》，北京大学出版社2004年版。

28.陈正宏、谈蓓芳：《中国禁书简史》，学林出版社2004年版。

29.汪家熔：《中国出版通史·清代卷下》，中国书籍出版社2008年版。

30.肖东发等：《中国出版通史·先秦两汉卷》，中国书籍出版社2008年版。

31.郝振省、陈威：《中国阅读·全民阅读蓝皮书》（第一卷），中国书籍出版社，海天出版社2009年版。

32.胡洪侠、张清：《1978—2008私人阅读史》，深圳报业集团出版社2009年版。

33.朱海琳：《学前儿童语言教育》，科学出版社2009年版。

34.图书情报工作杂志社：《国民阅读推广与图书馆》，海洋出版社2011年版。

35.徐雁：《全民阅读推广手册》，海天出版社2011年版。

36.郝振省、陈威：《中国阅读·全民阅读蓝皮书》（第二卷），中国书籍出版社，海天出版社2011年版。

37.刘建华：《传媒国际贸易与文化差异规避》，云南大学出版社2012年版。

38.（清）王鸣盛：《十七史商榷》，上海古籍出版社2013年版。

39.赵俊玲、郭腊梅、杨绍志：《阅读推广：理念·方法·案例》，国家图书馆出版社2013年版。

40.刘建华：《对外文化贸易研究》，中国书籍出版社2013年版。

41.《出版词典》（修订本），中国书籍出版社2014年版。

42.吴平、钱荣贵等：《中国编辑思想史》（上、中、下册），学习出版社 2014 年版。

43.徐雁：《阅读的人文与人文的阅读》，科学出版社 2014 年版。

44.范军：《2017—2018 中国出版业发展报告》，中国书籍出版社 2018 年版。

45.中国新闻出版研究院、江苏省全民阅读办：《国外全民阅读法律政策译介》，译林出版社 2015 年版。

46.周有光：《从世界看中国——周有光百岁文萃》（上），生活·读书·新知三联书店 2015 年版。

47.聂震宁：《舍不得读完的书》，商务印书馆 2015 年版。

48.王余光、徐雁：《中国阅读大辞典》，南京大学出版社 2016 年版。

49.徐雁、李海燕：《全民阅读知识导航》，南京大学出版社 2016 年版。

50.范并思等：《20 世纪西方与中国的图书馆学——基于德尔斐法测评的理论史纲》，国家图书馆出版社 2016 年版。

51.张仲民：《种瓜得豆——清末民初的阅读文化与接受政治》，社会科学文献出版社 2016 年版。

52.蒋多、杨矞：《互联网时代的阅读产业》，知识产权出版社 2016 年版。

53.戴联斌：《从书籍史到阅读史：阅读史研究理论与方法》，新星出版社 2017 年版。

54.崔保国：《中国传媒产业发展报告（2017）》，社会科学文献出版社 2017 年版。

55.周艳敏、宋慧献：《文化法学导论》，北京大学出版社 2017 年版。

56.王余光等：《中国阅读通史》，安徽教育出版社 2017 年版。

57.习近平：《决胜全面建成小康社会　夺取新时代中国特色社会主义伟大胜利——在中国共产党第十九次全国代表大会上的报告》，人民出版社 2017 年版。

58.中国新闻出版研究院：《2016 年新闻出版产业分析报告》，中国书籍出版社 2018 年版。

59.徐同亮、罗娟：《全民阅读视野下公共阅读服务体系建设研究》，江苏人民出版社 2018 年版。

60.黄晓新、刘建华、卢剑锋：《中国报业融合创新研究报告 2017—2018》，中国书籍出版社 2018 年版。

61.范军等：《2017 国际出版业发展报告》，中国书籍出版社 2018 年版。

62.秦俊香：《影视接受心理》，中国传媒大学出版社 2006 年版。

63.张乐宁等：《社会学概论》，中央广播电视大学出版社 1986 年版。

64. 李宏等：《传媒政治学》，中国传媒大学出版社 2006 年版。

65. 厉无畏：《创意产业导论》，上海学林出版社 2006 年版。

66. 罗能生：《全球化、国际贸易与文化互动》，中国经济出版社 2006 年版。

67. 甘碧群：《国际市场营销学》（第二版），高等教育出版社 2006 年版。

68. 刘世雄：《中国消费区域差异特征分析》，上海三联书店 2007 年版。

69. 罗大明：《政治学》，四川科学技术出版社 2008 年版。

70. 张彩凤、苏红燕：《全球化与当代中国文化产业发展》，山东大学出版社 2009 年版。

71. 廖以臣：《体验消费的购买决策过程及其影响因素研究》，武汉大学出版社 2010 年版。

72. 李强：《当代中国社会分层：测量与分析》，北京师范大学出版社 2010 年版。

73. 陆学艺：《当代中国社会结构》，社会科学文献出版社 2010 年版。

74. 肖云忠：《社会学概论》，清华大学出版社 2012 年版。

75. 郑杭生：《社会学概论新修》（第四版），中国人民大学出版社 2013 年版。

76. 范建华：《中国文化产业通论》，云南出版集团 2014 年版。

77. 三石：《书店革命——中国实体书店成功转型策划与实战手记》，黑龙江教育出版社 2016 年版。

78. ［法］雅克·莱恩哈特、［匈］皮埃尔·若萨主编，邱昂等节译：《读书：论阅读社会学》，阿尔马唐出版社 1992 年版。

79. ［法］罗贝尔·埃斯卡皮著，于沛选编：《文学社会学》，浙江人民出版社 1987 年版。

80. ［德］沃·伊瑟尔著，金惠敏等译：《阅读行为》，湖南文艺出版社 1991 年版。

81. ［美］斯文·伯克茨著，吕世生等译：《读书的挽歌——从纸质书到电子书》，中国对外翻译出版公司 2001 年版。

82. ［加］阿尔维托·曼古埃尔著，吴昌杰译：《阅读史》，教育科学出版社 2002 年版。

83. ［法］弗雷德里克·巴比耶著，刘阳等译：《书籍的历史》，广西师范大学出版社 2005 年版。

84. ［法］卡特琳娜·萨雷丝著，张平、韩梅译：《古罗马人的阅读》，广西师范大学出版社 2005 年版。

85. ［英］弗拉斯卡—斯帕达，尼克·贾丁主编，苏贤贵等译：《历史上的书籍与科学》，上海科技教育出版社 2006 年版。

86.［英］丹尼斯·麦奎尔著，刘燕南等译：《受众分析》，中国人民大学出版社2006年版。

87.［法］费夫贺、马尔坦著，李鸿志译：《印刷书的诞生》，广西师范大学出版社2006年版。

88.韩琦、［意］米盖拉编：《中国和欧洲：印刷术与书籍史》，商务印书馆2008年版。

89.［新西兰］史蒂文·罗杰·费希尔著，李瑞林等译：《阅读的历史》，商务印书馆2009年版。

90.［加］马歇尔·麦克卢汉著，何道宽译：《理解媒介——论人的延伸》，商务印书馆2000年版。

91.［美］林·亨特编，姜进译：《新文化史》，华东师范大学出版社2011年版。

92.［美］罗伯特·达恩顿著，郑国强译：《法国大革命前的畅销禁书》，华东师范大学出版社2012年版。

93.［英］弗雷德里克·G·凯尼恩著，苏杰译：《古希腊罗马的图书与读者》，浙江大学出版社2012年版。

94.［美］罗伯特·达恩顿著，熊祥译：《阅读的未来》，中信出版社2012年版。

95.［法］罗杰·夏蒂埃著，吴泓渺、张璐译：《书籍的秩序》，商务印书馆2013年版。

96.［美］芮哲非著，张志强等译：《谷腾堡在上海：中国印刷资本业的发展（1876—1937）》，商务印书馆2014年版。

97.［日］大木康著，周保雄译：《明末江南的出版文化》，上海古籍出版社2014年版。

98.［英］杰里·布罗顿著，赵国新译：《文艺复兴简史》，外国教学与研究出版社2017年5月年版。

99.［美］尼尔·波兹曼著，章艳译：《娱乐至死》，中信出版集团2015年版。

100.［加］季家珍著，王樊一婧译：《印刷与政治：〈时报〉与晚清中国的改革文化》，广西师范大学出版社2015年版。

101.［美］华生著，刘霞译：《行为心理学——一个伟大心理学家的思想精华》，现代出版社2016年版。

102.［英］彼得·伯克著，汪一帆译：《知识社会史》，浙江大学出版社2016年版。

103.［美］莫里·古皮提尔·曼宁著，犹家仲译：《当图书进入战争——美国利用图书赢得二战的故事》，广西师大出版社2017年版。

104.［德］福尔克尔·魏德曼著，宋淑明译：《焚书之书》，中信出版集团2017年版。

105.［法］玛丽埃尔·马瑟著，张琰译：《阅读——存在的风格》，华东师大出版社 2018 年版。

106.［苏］马尔科夫著，雒启珂等译：《社会生态学》，中国环境科学出版社 1989 年版。

107.［美］伯纳德·格伦主编，雷自学等译：《世界七千年大事总览》，东方出版社 1990 年版。

108.［美］理查德·E.凯夫斯著，孙绯等译：《创意产业经济学：艺术的商业之道》，新华出版社 2004 年版。

109.［美］戴维·波普诺著，李强等译：《社会学》，中国人民大学出版社 2007 年版。

110.［美］韦恩·D.霍依尔等著，刘伟译：《消费者行为（第四版）》，中国市场出版社 2008 年版。

111.［美］伊丽莎白·爱森斯坦著，何道宽译：《作为变革动因的印刷机：早期近代欧洲的传播与文化》，北京大学出版社 2010 年版。

112.［美］塞缪尔·亨廷顿著，周琪等译：《文明的冲突》，新华出版社 2012 年版。

113.［美］哈罗德·拉斯韦尔著，何道宽译：《社会传播的结构与功能》，中国传媒大学出版社 2013 年版。

114.［美］戴维·迈尔斯著，侯玉波等译：《社会心理学（第 11 版）》，人民邮电出版社 2014 年版。

115. Ato Quayson.Calibrations, Reading for the Social, University of Minnesota Press, 2003.

116. Leslie Preddy.Social Readers, Promoting Reading in the 21st Century, Libraries Unlimited, 2010.

117. Jeffrey C. Dixon & Royce A. Singleton, Reading Social Research：Studies in inequalities, 2012.

118. Jose Antonio Cordon Garcia & Julio Alonso Arevalo & Raquel Gomez Diaz, Social Reading：Platforms，Applications，Cloudsand Tags, Chandos Publishing，2013.

119. Eileen Hyder, Reading Groups, Libraries and SocialInclusion, Routledge, 2017.

120. Irving Allan, Reading Foucault for Social Work, Columbia University Press,

1999.

121. Amir B. Marvasti, Qualitative Research in Sociology, Sage Publications Ltd., 2003.

二、论　文

1. 郑振铎:《1919 年的中国出版界》,《新社会》1920 年第 7 期。

2. 吴晗:《江苏藏书家小史》,《图书馆学季刊》1934 年 8 月第 1 期。

3. 张克科:《国民经济与社会发展计划中的图书馆事业》,《图书馆学研究》1983 年第 1 期。

4. 黄晓新:《图书馆必须确立并强化读者观念》,《图书馆研究与工作》1986 年第 4 期。

5. 黄晓新:《阅读社会学刍论》,《武汉大学研究生学刊》1987 年第 2 期。

6. 黄晓新:《鲁巴金和他的阅读心理学》,《贵图学刊》1987 年第 4 期。

7. 黄晓新:《读者阅读需要及其社会保障》,《图书情报知识》1988 年第 3 期。

8. 黄晓新:《强化社会的阅读指导功能》,《中国图书评论》1989 年第 3 期。

9. 黄晓新:《阅读的社会过程研究》,《出版发行研究》1989 年第 12 期。

10. 黄晓新:《试论阅读与社会》,《出版发行研究》1991 年第 1 期。

11. 吴晞:《从藏书楼到图书馆》,《图书馆工作与研究》1994 年第 1 期。

12. 谢培:《清末和民国时期上海的识字扫盲教育》,《上海成人教育》1996 年第 4 期。

13. 王龙:《阅读史研究谈论》,《图书馆理论与实践》2001 年第 1 期。

14. 顾明远:《世纪的回顾与展望——中国教育的发展前景和任务》,《中国教育学刊》2001 年第 1 期。

15. 张树华:《我国图书馆事业发展的轨迹与展望》,《图书馆理论与实践》2001 年第 3 期。

16. 王素芳:《网络阅读的发展现状和前景探析》,《图书与情报》2004 年第 3 期。

17. 余珍有:《日常生活中的早期阅读指导》,《学前教育研究》2005 年第 1 期。

18. 孙逊、杨建龙:《都市文化研究（第三辑）——阅读城市:作为一种生活方式的都市生活》,上海三联书店 2007 年第 1 版。

19.周蔚华:《后现代阅读方式的兴起与出版转型》,《中国人民大学学报》2007年第2期。

20.林英:《群体合作:中国阅读文化研究之路》,《图书与情报》2008年第2期。

21.芦海英:《从流行走向经典:大众文本形态分析》,《江海学刊》2008年第6期。

22.姜晓娟、王卉莲:《西欧三国的国民图书阅读情况》,《出版发行研究》2008年第9期。

23.马汉广:《从作者到写手——作者:作为精神主体的确立与缺席》,《文艺理论研究》2009年第3期。

24.肖雪、王子舟:《公共图书馆服务与老年人阅读现状及调查》,《图书情报知识》2009年第1期。

25.曹桂平:《台湾地区读书会面面观》,《图书馆学研究》2009年第10期。

26.梁春芳:《浙江16所本科高校大学生阅读状况调查报告》,《中国阅读》(第一卷),中国书籍出版社2009年版。

27.练小川:《数字时代的阅读》,《中国阅读》(第一卷),中国书籍出版社2009年版。

28.郝振省:《让阅读成为国民基本生活方式的一部分》,《中国阅读》(第一卷),中国书籍出版社2009年版。

29.李新祥:《成果述评:我国国民阅读现状研究》,《浙江传媒学院学报》2010年第14期。

30.周立黎:《借鉴国外和我国港台地区经验建立和运营图书馆读书会》,《图书馆论坛》2010年第5期。

31.吕冬梅:《基于多校区大学生阅读新特点的阅读指导策略》,《江西图书馆学刊》2010年第2期。

32.谢兰燕:《培养幼儿早期阅读的策略与实践》,《中国校外教育》2010年第15期。

33.张珍珍:《近十年上海老年读者群体阅读习惯的实证分析(2000—2010)》,华东师范大学硕士学位论文2011年。

34.郭英剑:《全民阅读舆情:经典阅读期待新思路》,《中国阅读》(第二卷),中国书籍出版社2011年版。

35.马国柱:《关于文化产业发展路径的思考》,《中国出版》2012年第19期。

36.苏全有、李伊波:《民国时期读书会述论》,《宝鸡文理学院学报》(社会科学版)

2013 年第 5 期。

37.黄晖：《罗兰·巴特对"文本理论的重构"》，《贵州社会科学》2013 年第 7 期。

38.刘瑞芳、武晓丽：《公共图书馆开展新生代农民工阅读推广服务探析》，《图书馆工作与研究》2013 年第 11 期。

39.李蕊：《德国社会阅读推广考察及启示》，《图书馆界》2014 年第 1 期。

40.黄桂玲：《以 QQ 群为依托的"悦读班"创建构想》，《农业图书情报学刊》2014 年第 3 期。

41.吴惠茹：《以读书会促进全民阅读探析》，《国家图书馆学刊》2014 年第 6 期。

42.孙宁：《关于老年人阅读的几点思考》，《东方教育》2014 年第 12 期。

43.谢巧玲、肖静、董太安：《老龄化视阈下老年人阅读服务保障研究》，《河北科技图苑》2014 年第 5 期。

44.胡炜青：《国民素质在经济增长过程中的重要性》，《中国集体经济》2014 年第 33 期。

45.张鑫：《基于霍夫兰说服模式的高校图书馆个性化服务》，《情报探索》2015 年第 1 期。

46.沃淑萍：《简论盲人阅读方式与服务模式发展》，《残疾人研究》2015 年第 2 期。

47.侯君洁：《香港地区读书会的发展及其启示》，《大学图书馆学报》2015 年第 6 期。

48.焦枫：《当前网络传播与纸质传播之融合》，《活力》2015 年第 11 期。

49.殷宇杰：《数字阅读的受众研究》，《西部学刊》2015 年第 13 期。

50.沈迪飞：《阅读的进程》，《新华文摘》2015 年第 14 期。

51.孙月沐：《阅读的价值》，《新华文摘》2015 年第 20 期。

52.靳琰、郑媛：《网络如何影响阅读》，《新华文摘》2015 年第 23 期。

53.安园园等：《从社会态度视角看纸质文献的存与亡》，《科技情报开发与研究》2015 年第 4 期。

54.张文彦：《深入推进全民阅读活动机制问题研究》，国外全民阅读法律政策译介，译林出版社 2015 年第 7 期。

55.陈晋：《政治路上——读书、荐书和编书》（上），《新湘评论》2015 年第 11 期。

56.赵昆生、陈晓倩、谭杰妮：《读书、议政思潮与晋初政治》，《重庆师范大学学报》（哲学社会科学版）2016 年第 1 期。

57.拜庆平：《全媒体时代的阅读新趋势、新变化——基于全国国民阅读调查十余年历史数据的总结》，《传媒》2016 年第 11 期。

58.张波：《全民阅读研究知识图谱分析——基于 CSSCI 论文（2006—2016）》，《出版发行研究》2017 年第 6 期。

59.施光全：《社区阅读之我见》，《贵图学苑》2017 年第 1 期。

60.冯亚飞、李桂华：《网上阅读社区分类体系构建的多案例研究》，《图书馆论坛》2017 年第 7 期。

61.陈洁：《社群效应与图书出版产业新态》，《中国出版》2017 年第 20 期。

62.刘应杰：《深刻认识中国和日本的差距》，《前海财富资本》2018 年。

63.胡珍生：《论社会思维的发展规律》，《长白学刊》1997 年第 2 期。

64.王效民：《论社会思维》，《前进》1998 年第 6 期。

65.陈钟林、吴伟东：《社会工作研究的本土化：实践、反思与启示》，《中国青年政治学院学报》2006 年第 1 期。

66.曾杰：《论社会思维的基本形式》，《理论探讨》2007 年第 3 期。

67.赵万里、徐敬怡：《符号互动论视野下的科学社会研究》，《自然辩证法通讯》2007 年第 6 期。

68.宋官东等：《服从行为的心理学研究》，《心理科学》2008 年第 1 期。

69.平飞：《自然天道·自然天性·自然天序》，《社会科学论坛》2008 年第 8 期。

70.张庆、王美芳：《社会判断内容的基本维度研究》，《心理科学》2011 年第 4 期。

71.赵万里、李路彬：《情境知识与社会互动——符号互动论的知识社会学思想评析》，《科学技术哲学研究》2009 年第 5 期。

72.吴潜涛：《正确理解理想信念的科学含义》，《教学与研究》2011 年第 4 期。

73.李平、李珩：《构建有效竞争的产业组织》，《社会科学家》2013 年第 10 期。

74.杜玉华：《社会结构：一个概念的再考评》，《社会科学》2013 年第 8 期。

75.徐博、刘人境、刘林林：《社会互动能否促进知识分享？》，《西安交通大学学报》（社会科学版）2014 年第 5 期。

76.李强、王昊：《中国社会分层结构的四个世界》，《社会科学战线》2014 年第 9 期。

77.原磊：《国外商业模式理论研究评介》，《外国经济与管理》2007 年第 10 期。

78.周艳敏、宋慧献：《现代文化管制的正当性与基本原则》，《出版发行研究》2017 年第 12 期。

79.孙利年、邵甜甜：《知识服务：重塑出版与读者关系》，《出版发行研究》

2018 年第 12 期。

80.何映菲：《社群化阅读视域下读书会转型研究》，《出版发行研究》2019 年第 1 期。

81.谭小军、周安平：《回归阅读权利助推全民阅读立法——关于阅读权结构的法理思考》，《中国新闻出版广电报》2017 年第 8 期。

82.周宪：《正视媒介变革，重建深度阅读》，《人民日报》2018 年第 24 期。

83.钟雄：《社交化阅读：阅读的未来》，《中国新闻出版报》2011 年第 6 期。

84.蒋建国:《推进全民阅读 建设学习大国》,《中国新闻出版广电报》2014 年第 8 期。

85.于殿利：《阅读是一种责任》，《光明日报》2015 年。

86.朱磊：《全国共建成县级以上公共图书馆共 3117 个》，《法制日报》2015 年。

87.张玉玲：《让文化创造活力激情迸发——2014 文化产业发展述评》，《光明日报》2015 年 5 月 14 日。

88.聂震宁：《如何提高国民的阅读力》，《人民政协报》2016 年。

89.姜澎：《阅读并非在十岁就已定型》，《文汇报》2016 年 7 月 8 日。

90.刘成章：《小学生阅读现状堪忧》，《光明日报》2016 年。

91.程汇涓：《口袋书与大众阅读》，《光明日报》2017 年。

92.赖红霞：《从众和服从的神经机制探索——以消费者在线购书为例》，浙江大学硕士学位论文 2010 年。

93.刘璜：《解读阅读之解——从布迪厄与夏蒂埃的阅读研究看社会学与历史学之交融》，北京大学学位论文 2011 年。

94.袁蕊：《中小学教师阅读现状及改进策略研究》，江南大学硕士学位论文 2014 年。

95.崔保国、侯琰霖：《在融合中转型的中国传媒产业》，《2012 年：中国传媒产业发展报告》，社会科学文献出版社 2012 年版。

96.朴朦救：《韩国国民阅读运动的成果与反思》，《中韩第 15 次出版文化研讨会的发言》2013 年。

97.尹鸿、冯飞雪：《2014 年中国电影产业备忘》，《中国传媒产业发展报告》(2015)，社会科学文献出版社 2015 年版。

98.王瑛琦：《我国"社会阅读"的缘起及其研究述评》，《图书馆理论与实践》2015 年第 5 期。

99.彭兰：《2015 年中国移动媒体发展报告》，《中国传媒产业发展报告》(2016)，社会科学文献出版社 2016 年版。

100.中国数字出版产业年度报告课题组：《"十二五"收官之年的中国数字出版》，《2015—2016中国数字出版产业年度报告》，中国书籍出版社2016年版。

101.崔保国、邵鹏：《传媒产业发展与未来媒体趋势》，《中国传媒产业发展报告》（2016），社会科学文献出版社2016年版。

102.姚林：《中国报业经营在广告"断崖式"下降中的转型》，《中国传媒产业发展报告》（2016），社会科学文献出版社2016年版。

103.田珂：《2015年中国报纸媒体传播影响力发展》，《中国传媒产业发展报告》（2016），社会科学文献出版社2016年版。

104.畅伟：《2015年中国图书零售市场发展》，《中国传媒产业发展报告》（2016），社会科学文献出版社2016年版。

105. Sociology of Reading：Literacy and Language［J］.Donald S. Leeds. Literacy Research and Instruction.1974（1）.

106. Sociology of Reading：Social and Cultural Factors［J］.Donald S. Leeds. Literacy Research and Instruction.1974（4）.

107. Sociology of Literature，Sociology of Translation：The reception of Irene Nemirovsky's Suitefrancaise in France and Britain［J］.Angela Kershaw.Translation Studies. 2010（1）.

108. Possibility of "Literature" in Sociology［J］.MasatoHase. International Journal of Japanese Sociology.2014（1）.

109. Melville in the Asylum：Literature，Sociology，Reading［J］.David J. Alworth. American Literary History.2014（2）.

110. Sociology of Literature and Publishing in the Early 21st Century：Away From the Centre［J］.Thomas Franssen，Giselinde Kuipers. Cultural Sociology. 2015（3）.

后 记

　　我从小就喜爱书籍和阅读，至今还最爱逛书店和图书馆，一扎进去很久，沉湎于乱翻书不愿出来。记得在农村读小学时，有次我随大人到离家最近的镇子，第一次见到一家小图书馆很是兴奋。说是图书馆，其实只是一个小的阅览室，空荡荡的室内摆着几排旧桌椅，靠墙有一书架，上面横七竖八码放着些书报杂志。我废寝忘食地在里面翻看了一整天，小小少年对外界的好奇心得到极大的满足。心想，世界上还有这等好事，不要钱，还能安安静静读各种书，以后可常去，这应该是比天堂更美妙的生活……

　　然而随后不久，轰轰烈烈的"文化大革命"波及我那个小镇，打碎了我的阅读梦：年轻时长期在革命队伍中当军医的父亲，因为被划为"右派"回地方行医，而又被打成所谓"反动医学权威"，被抄家游斗，"身陷图圄"，我家也因此"从小康人家而陷入困顿"，感念勤劳、坚毅、慈爱的母亲节衣缩食供我读书。然而，在那个出版和文化荒芜的年代，我只能在随学校开荒、种田、挖鱼池、砍柴等走"五七"道路、搞劳动的空当，从地上和垃圾堆的废纸篓里捡些散页和纸片来读，以此排遣自己内心的烦恼、孤独和苦闷，也曾为了让手头拮据的母亲买一本在其他小朋友手里见过的、图文并茂的《红灯记》剧本不可得而独自哭泣……

　　好不容易盼到"文革"结束，那时我正在家乡一所农村中学读高中。不久邓小平同志复出，高考恢复，群情振奋，算是赶上了好时候，我也随之投入高考的洪流中。记得在填高考志愿时，我毫不犹豫地把"武汉大学图书馆学系"作为第一志愿，一是听人说学文史哲容易"犯错误"，学这个应用文科相对比较"保险"；二是好奇"图书馆"本身还是一门学问，毕业以后从事图书馆工作可以"坐拥书城",圆"不愁书读"的梦想。终于我于1979年9月正式踏入武大的校门,从此决定我此生与图书、阅读的缘分。

武汉大学图书馆学系前身是20世纪初美国传教士韦棣华女士(Mary Elizabeth Wood,1861—1931)创办的文华公书林(图书馆)和文华图书馆学专科学校(1952年院系调整时并入武大)。在武大,我既学图书分类、编目,也学文献学、情报学、目录学、版本学、工具书,也学读者工作……毕业后,曾赴福建师范大学历史系任教两年。1985年7月,我自知当大学老师知识储备不足,又考回到母校武汉大学攻读硕士研究生,开始关注读者和阅读。这时武大的"图书馆学系"已升级为"图书情报学院",包括图书馆学、情报学、档案学和图书发行学等四个专业系科。我的导师、武汉大学图书馆学系原副系主任孙冰炎教授成为刚成立的图书发行学专业的创始人,这使我在进行读者和阅读研究时有了另外的视角。

对于图书馆学、情报学和出版发行学以及教育学来说,读者都是其服务和研究对象,读者是图书文献的接受主体,阅读行为是其本质特征,但在不同的图书文献工作部门却扮演着不同的社会角色,如在学校,读者是受教育者;对于出版者和书店,读者是购买消费者;对于图书馆,读者是图书文献的利用者……这些部门都要了解、研究读者和阅读,但视角不一、方法有异,囿于各自工作范围,不可避免有相当的"门户之见"。

20世纪80年代,我在学习中认识到,语言文字是人区别于动物的根本特征,阅读是人类社会独有的社会活动,是人们认识自然和社会、获取知识信息的基本途径和手段。个人的社会化如学习知识、融入群体、摆脱孤寂等需要阅读,人类社会的"自组织"需要阅读,人类文明的传播、传承需要阅读……人类文明越发达,阅读越昌盛。一个国家、一个社会的人越爱阅读,这个国家、社会就越文明,越发达,越有创新活力。一部人类进化史,正是一部阅读的升华史。世界上的阅读大国都是文明创新、富有活力的强国,无论是"小小超级大国"的以色列,还是欧洲的"带头大哥"德国,无不如此。

阅读是书报刊等文本(包括数字文本)的消费过程,更是这些文本传播社会功能的实现过程。一个人阅读能力的大小,直接关系到他的社会地位高低和他对社会的贡献。一个国家国民阅读力的大小和阅读率的高低,直接关系到国家软实力和综合国力的强弱,影响到全社会的总体文明程度和创造能力。无论是图书馆、出版社，还是书店，读者和阅读都是他们工作的目的和归宿。

15 世纪谷腾堡发明的铅活字印刷术引发欧洲"阅读革命"，阅读方式从集体听传教士解读逐步变革到个体自由默读，进而改变世界，促进欧洲思想解放、宗教改革和文艺复兴。16—19 世纪文化教育的勃兴催生了欧洲的工业革命，教育和阅读的普及培养了大批训练有素的工人，促进社会进步。特别是 20 世纪初以来，阅读已成为教育学、心理学、语言学、传播学、图书馆学、出版发行学共同研究的对象。1956 年，国际上还专门成立研究组织——国际阅读协会（IRA），联合国教科文组织于 1965 年在维也纳成立国际儿童文学和阅读问题研究所，1972 年，明确提出"全民读书"的理念。1997 年更是发起全球"全民阅读"（Reading for all）倡议。1974 年，在维也纳举行的国际阅读协会会议上，宣称"一切人享有阅读权利"，并且提出"迈向阅读的新境界"的口号。此外，国际出版商协会（IPA）、国际图书馆协会联合会（IFLA）和国际儿童读物联盟（IBBY）等国际组织都大力倡导和推广全民阅读。

中华民族之所以生生不息，中华文明之所以没有断流，主要是我们的祖先很早就崇尚阅读，传承丰富的典籍。千百年来，我国民间流传着"忠厚传家久，诗书继世长""千百年旧家无非积德，第一等好事还是读书"的格言，流传着悬梁刺股、凿壁偷光等的阅读故事，传统士大夫的理想生活就是"公卿白屋""渔樵耕读"。近代以来，随着现代教育、现代新闻出版业和公共图书馆的兴起，阅读活动逐步走出传统的私家藏书楼而公益化、大众化、社会化。

然而，翻遍国内外阅读研究论著，主要在语言学、教育学、心理学、图书馆学领域，从社会学角度来认识和研究阅读的论文较少，成体系的专著更是凤毛麟角。这一方面缘于社会学还年轻，另一方面也说明人们对阅读现象的认识还存在局限。

我国 20 世纪 80 年代开始了"振兴中华"读书活动，阅读的社会调查也刚刚开始。我感到我们有必要走出学校、图书馆、书店、出版社，摆脱"屋"的羁绊，跳出对阅读行为的个人、微观、心理、行业等的认识局限，从社会、历史的宏大视野来考察、研究阅读活动和阅读现象，于是我在《武汉大学研究生学刊》（1987 年 10 月）发表了《阅读社会学刍论》，我的硕士毕业论文定为《关于阅读现象的社会学思考》，该论文从"阅读的社会过程""阅读与社会的互动""阅读需要及其社会保障""阅读的社会控制"等方面初步论述了阅读与社会。

在此基础上，我还在 1988—1991 年的《图书情报知识》《出版发行研究》《中国图书评论》上整理发表几篇习作。但总的感觉意犹未尽，因为阅读与社会是一篇大文章，不是短短几篇小文就能够论述清楚的，更何况阅读和社会及其互动都还在不断深化和发展中。

从武汉大学研究生毕业后，1988 年 7 月，我到北京从事新闻出版管理，先后在机关做过发行、市场、音像复制等具体监管工作，没有离开出版与阅读，同时也始终关注社会阅读活动的开展。

随着移动数字新技术兴起，传统纸质阅读方式和模式受到严重冲击，还有我国应试教育的弊病及对学生阅读力的影响，使阅读成为人们关心的社会问题。我感到越来越有必要加强阅读社会学的研究。

1995 年，联合国教科文组织宣布每年的 4 月 23 日为"世界图书和版权日"，其宗旨在于让阅读成为人们日常生活中不可或缺的部分，每个人都能享受阅读的乐趣。2006 年中宣部、新闻出版总署等 12 部门部署开展全民阅读活动，"全民阅读"开始得到党和政府以及社会各界的广泛重视。2011 年，党的十七届六中全会决议首次提出要"深入开展全民阅读"；2012 年，党的十八大明确提出要"开展全民阅读活动"；党的十九大提出要建立"学习型政党"和"学习型社会"；刚刚闭幕的党的二十大也强调"深化全民阅读活动"；2014—2023 年，国务院《政府工作报告》10 次提到"全民阅读"，一次比一次力度大。

党和国家领导人越来越重视社会阅读工作，并身体力行。习近平总书记在多个场合鼓励人们特别是领导干部多读书、善读书、读好书。在接受国外媒体专访时表示："阅读已经成了我的一种生活方式。"2022 年 4 月 23 日习近平总书记致首届全民阅读大会的贺词指出"阅读是人类获取知识、启智增慧、培养道德的重要途径，可以让人得到思想启发，树立崇高理想，涵养浩然之气""希望全社会都参与到阅读中来，形成爱读书、读好书、善读书的浓厚氛围"，这充分体现党中央对推进全民阅读、建设书香中国的高度重视。李克强总理在2015 年"两会"期间会见中外记者时谈道："书籍和阅读可以说是人类文明传承的主要载体，就我个人的经历来说，用闲暇时间来阅读是一种享受，也是拥有财富，可以说终身受益。"并表示这也是连续几年将"全民阅读"写入《政府工作报告》的主要原因。

我国的全民阅读活动已经开展十多年，全社会"多读书""读好书"的社会氛围日益浓厚，各类读物异常丰富，阅读的基础设施（如各类书店、书屋、图书馆等）更加完善，阅读组织层出不穷，阅读活动推广的方式和手段不断创新，阅读立法和组织协调机构有力推进。全民阅读工作已取得相当进展和成绩。我感到总结全民阅读的实践认识成果，开展阅读社会学研究的条件、时机越来越成熟。

2011 年 8 月至 2014 年 8 月，我志愿挂职援疆三年。回京后，组织上安排我到中国新闻出版研究院任职，体现了组织的信任和重托，也符合我干点具体实事的初衷和理念。中国新闻出版研究院前身是 1985 年成立的中国出版发行科学研究所，为我国唯一的国家级新闻出版专业智库。该院从 1999 年开始，受国家新闻出版广电总局（原新闻出版总署）的委托，至今连续开展了 19 次国民阅读与购买倾向调查（2007 年，该项调查获得中央财政资金，从每两年一次改为每年一次），以了解国民阅读与购买图书、报纸、杂志、音像制品、电子出版物等变化的规律和发展趋势，受到读者、出版者和教学、科研、管理部门的普遍肯定和好评，调查所得资料被广泛引用。该院还成立有"国民阅读研究和促进中心"，不定期出版"中国阅读蓝皮书"。为交流全民阅读的经验和研究成果，指导全民阅读活动的开展，该院还办有《新阅读》杂志。

全民阅读实践要求加强阅读的社会学研究，丰富的阅读社会调研材料又为此打下基础，国外这方面的理论也为深入开展研究提供借鉴，而我置身的中国新闻出版研究院更是为此项研究提供养分，使我如鱼得水，有机会捡起 30 多年前的旧课题，着手基于新的全民阅读的丰富实践开展研究。

坚持社会历史的宏观视野，"以人为本""问题导向""知行合一"，按照社会学的基础理论，紧密结合社会阅读的实际来规划和布局谋篇，我列出 10 章，也是阅读社会学的 10 个课题，期待这 10 章形成阅读社会学的基本架构，也是一个封闭的认识、管理社会阅读活动的结构，除阅读社会学概论外，主要有阅读的社会过程、阅读的社会效能、阅读的社会心理、阅读的社会结构、阅读的社会互动、阅读的社会产业、阅读的社会组织、阅读的社会保障、阅读的社会控制、阅读的社会调查监测评估等。

本书的撰写、出版是在我主持的 2016 年中国新闻出版研究院课题"阅读社会学基础研究"的雏形上修改完成的，本书由我总体策划和统筹，并撰写了第一、二、七、八、九章以及第三章、第四章、第五章、第六章的部分内容，最后由我统稿，非常感谢刘建华（协助主撰第三章）、卢剑锋（协助主撰第六章并参与第四章、第五章的撰写）、屈明颖（协助主撰第十章、参与第九章的撰写）、田菲（撰写第四章的部分内容）、徐升国（参与第十章的撰写）等同志对我的热情支持和帮助；感谢庞沁文、李晓晔、查国伟、拜庆平、李文竹、邸昂、孙强、高洁等同志帮助我所做的资料收集、整理和翻译工作。

我们尊敬的老领导、第十二届全国人大教科文卫委员会主任委员、中国出版协会原理事长、清华大学新闻与传播学院原院长、原国家新闻出版总署署长柳斌杰热情鼓励、关心和支持这方面的探索和研究，并亲笔为本书作序；第十二届全国政协委员、中国编辑学会会长、北京印刷学院数字出版与传媒研究院院长郝振省一直热心关注、促成我们的研究，并对本书的撰写提了宝贵的修改意见；人民日报原副总编辑、现任中央人民政府驻香港特别行政区联络办公室副主任卢新宁，第十三届全国政协委员、中国新闻出版研究院院长魏玉山，中国新闻出版研究院原副院长范军，中国人民大学新闻学院教授、博士生导师周蔚华，人民网舆情监测室原常务副秘书长彭铁元，vivo互联网首席公共战略官陈超，vivo互联网总编辑尹兵等同志关心、支持、帮助本书的著作和出版；特别是人民出版社原社长黄书元、总编辑辛广伟和王锋、宰艳红、赵新等同志对本书的出版、修改、完善付出心血，在此一并表示衷心的感谢！

本书首版于2019年5月，出版后受到学界、业界的关注、肯定和好评，并被入选光明日报2019年11月的"光明书榜"，感谢徐雁、张婷、方卿、徐丽芳、范军、王龙、贺娜、陈香、白禄、魏广红等诸多专家学者先后在有关报刊和平台发表书评，对本书予以鼓励和鞭策。感谢日本侨报出版社引进版权，组织日中翻译学院翻译成日文，2022年4月在日本出版发行，并在东京举办有百余人线上线下出席的首发式。新华社、《人民日报》、《光明日报》、中新社、《中国教育报》、《中华读书报》、《中国新闻出版广电报》和"今日头条"等予以报道，日本历史悠久的报纸《每日新闻》和著名的内山书店、东方书店等先后进行推介。

为了使读者更好地了解社会阅读，2023年重印除订正若干错漏，还收入了我最近发表的两篇文章作为"余论"，一篇是历史叙述，一篇为理论阐释。

由于国内外尚没有这方面成体系的著作，我们撰写和出版这一论著只是一次初步探索和尝试，希望为这一专门研究开个头，起抛砖引玉的作用。自知水平有限，学养不够，本书一定存在诸多错漏和不足，敬请读者和专家、学者批评指正。

黄晓新

2022 年 3 月 10 日

责任编辑：宰艳红

封面设计：胡欣欣

责任校对：罗　浩　张　红

图书在版编目（CIP）数据

阅读社会学：基于全民阅读的研究 / 黄晓新　等著 . —北京：人民出版社，2019.5
（2023.5 重印）

ISBN 978 - 7 - 01 - 020659 - 2

Ⅰ . ①阅… Ⅱ . ①黄… Ⅲ . ①阅读—文化社会学—研究　Ⅳ . ① G792

中国版本图书馆 CIP 数据核字 (2019) 第 066631 号

阅读社会学

YUEDU SHEHUIXUE

—— 基于全民阅读的研究

黄晓新　等◎著

人 民 出 版 社 出版发行

（100706　北京市东城区隆福寺街 99 号）

中煤（北京）印务有限公司印刷　新华书店经销

2019 年 5 月第 1 版　2023 年 5 月北京第 2 次印刷
开本：710 毫米 ×1000 毫米 1/16　印张：33
字数：579 千字

ISBN 978 - 7 - 01- 020659 - 2　定价：92.00 元

邮购地址 100706　北京市东城区隆福寺街 99 号
人民东方图书销售中心　电话（010）65250042　65289539